L'HUMANITÉ

UNE PLANÈTE PARTAGÉE DIVISÉE PAR DES NORMES

Un livre pour parler de diversité, d'équité et d'inclusion par la responsabilité sociale.

Matthew Ajiake, PhD

SONIKA
PUBLISHING

San Francisco, Las Vegas, New York, London, Berlin

Bien que les concepts, les processus décisionnels et les pratiques abordés dans ce livre soient axés sur l'organisation, les modèles présentés sont également applicables aux relations familiales et autres relations non fondées sur l'organisation. Comme il s'agit d'un manuel, toutes les présentations ne sont pas applicables à tous les lecteurs telles qu'elles sont présentées, mais comme nous partageons une seule humanité et une seule planète, elles sont applicables à des degrés divers selon la responsabilité, l'association et/ou les impacts. Ils proposent également des mesures concrètes que nous pouvons tous prendre pour combler les lacunes de nos normes de division dans nos sphères d'influence respectives.

Données de catalogage de l'éditeur dans la publication

Nom :   Ajiake, Matthew, auteur.

Titre : Humankind shared planet divided by norms: a handbook for addressing diversity, equity, and inclusion through social responsibility / Matthew Ajiake, PhD.

Description   San Francisco [et autres] : Sonika Publishing, [2022] | Comprend : références bibliographiques.

Identifiants :   ISBN : 978-1-60012-109-8 (livre relié) | 978-1-60012-110-1 (livre électronique) | 978-1-60012-111-X (livre audio)

Sujets : LCSH : Normes sociales. | Ethique sociale. | Problèmes sociaux. | Manières et coutumes. | Changement d'attitude. | Pluralisme culturel. | Équité. | Intégration sociale. | Durabilité. | Systèmes sociaux. | Institutions sociales. | Attitude (Psychologie) | Comportement humain. | Responsabilité sociale des entreprises. | Diversité sur le lieu de travail. | Prise de décision. | Valeurs.

Classification LCC : HM676.A45 2022 | DDC : 306--dc23

Espagnol :   ISBN : 978-1-60012-112-8 (cartonné) | 978-1-60012-113-6 (eBook) | 978-1-60012-114-4 (audiobook)

Français :   ISBN : 978-1-60012-115-2 (couverture rigide) | 978-1-60012-116-0 (livre électronique) | 978-1-60012-117-9 (livre audio)

Portugais :   ISBN : 978-1-60012-121-7 (couverture rigide) | 978-1-60012-122-5 (livre électronique) | 978-1-60012-123-3 (livre audio)

Allemand :   ISBN : 978-1-60012-118-7 (couverture rigide) | 978-1-60012-119-5 (livre électronique) | 978-1-60012-120-9 (livre audio)

DEDICACE

À mes enfants Olivia Ngozi Ajiake (fiancée Dana Farley), Jason Ozaoghena Ajiake (épouse Becca), Austin Bawa Ajiake (fiancée Rhonda Johnson) et à mes petites-filles Eliana (Olere), Josiah Ayodele Ajiake et Grace Anoke Ajiake - vous avez enrichi ma vie au-delà de toute mesure et je vous serai toujours reconnaissant pour votre amour et votre soutien.

Remerciements

Je tiens à remercier tout particulièrement mon éditeur, le Dr Daniel DeCillis, qui a fait preuve d'une grande patience tout au long du processus de changements constants et qui a assuré de façon magistrale la révision du développement et la révision complète de l'ensemble du livre. Je remercie tout particulièrement Lisa Sanchez-Corea Simpson et son mari Justin Simpson qui m'ont également fourni des conseils conceptuels et éditoriaux et m'ont constamment encouragée à aller de l'avant. Merci pour votre amitié. Merci à Dana Wasson pour la révision contextuelle des modèles Ajiake.

La réalisation de ce livre a été en quelque sorte une affaire mondiale, menée par des professionnels hautement qualifiés dans leur domaine, qui ont fait de notre collaboration une expérience agréable. Nous remercions tout particulièrement Oladimeji Alaka (Nigeria) qui a conçu la couverture du livre, Faisal Adeel (Pakistan) qui a conçu l'intérieur du livre, Jaylan McNealy (États-Unis) qui a conçu plusieurs des graphiques et tableaux. Nous remercions tout particulièrement les traducteurs : Annalie Smarry (Allemagne) qui a traduit le livre en français et en allemand et Maria Semideyr (Venezuela) en espagnol.

__Au lecteur :__ Bien que les concepts, les processus décisionnels et les pratiques abordés dans ce livre soient axés sur l'organisation, les modèles présentés sont également applicables aux relations familiales et autres relations non fondées sur l'organisation. Comme il s'agit d'un manuel, toutes les présentations ne sont pas applicables à tous les lecteurs telles qu'elles sont présentées, mais comme nous partageons une seule humanité et une seule planète, elles sont applicables à des degrés divers selon la responsabilité, l'association et/ou les impacts. Ils proposent également des mesures concrètes que nous pouvons tous prendre pour combler les lacunes de nos normes de division dans nos sphères d'influence respectives.

Table des matières

INTRODUCTION

Nous vivons sur une planète partagée qui s'ébranle a cause des préjugés. Chaque organisation, société, communauté, localité, pays et continent a ses propres normes et préjugés. Chaque être humain vivant aujourd'hui a ses propres préjugés. Les normes et les préjugés sont les modérateurs qui façonnent nos prises de décision, car ils sont l'intersection entre nos esprits et nos réalités. Les normes et les préjugés affectent les décisions que nous prenons et les activités dans lesquelles nous nous engageons, que ce soit individuellement ou collectivement.

Les normes vivent dans nos pensées et se manifestent dans nos décisions et activités quotidiennes. Nos succès dans la création d'organisations socialement responsables et dans la réalisation de nos objectifs de développement durable dépendent de la manière dont nous les abordons. Dans ce livre, je me concentre sur les normes de division qui sont discriminatoires et qui ont longtemps été un fléau pour l'humanité. Si les pratiques discriminatoires raciales telles que nous les connaissons aujourd'hui ont moins de 500 ans, l'inégalité entre les sexes et les discriminations religieuses remontent au début de l'histoire. C'est là que la diversité, l'équité et l'inclusion (désignées dans ce livre par les termes DE&I ou DEI), en tant que science sociale émergente, devient un outil très important pour s'attaquer aux normes organisationnelles injustes, même si elles sont approuvées par la société.

Comment définir les normes inéquitables ou injustes ? L'iniquité, dans sa définition la plus simple, est toute forme d'injustice, de partialité ou de tromperie qui se manifeste par des pratiques inéquitables ou inégales. Selon la Federal Trade Commission et les lois américaines Dodd-Frank, chaque pratique déloyale est soumise à trois tests de préjudice fondamentaux : *« Il doit être substantiel ; il ne doit pas être compensé par les avantages compensatoires que la pratique produit pour les consommateurs ou la concurrence ; et il doit s'agir d'un préjudice que les consommateurs eux-mêmes n'auraient pas pu raisonnablement éviter (FTC 1980). "*

Les normes discriminatoires peuvent causer un préjudice personnel, psychologique, spirituel, mental et générationnel aux groupes minoritaires, marginalisés, défavorisés ou vulnérables. Elles s'enracinent et s'amplifient dans des contrats sociaux - des normes décisives qu'ils ne peuvent éviter parce qu'elles sont approuvées et appliquées par la société. Ces contrats sociaux peuvent être traditionnels (inégalité entre les sexes) ou nouveaux, par exemple la ségrégation fondée sur l'histoire européenne et américaine de l'esclavage. Si de nombreux

1

progrès ont été accomplis depuis les années 1960 pour lutter contre les pratiques discriminatoires en Amérique, le racisme systémique et structurel n'a pas disparu. Au contraire, ils restent profondément ancrés dans le logement, l'emploi, les marchés de consommation et les marchés du crédit.

Il existe de nombreuses recherches en sciences sociales sur la définition de la discrimination, qui sont principalement axées sur le comportement. Certains universitaires et experts juridiques affirment que la discrimination en soi ne suppose pas une cause spécifique mais peut être motivée par le racisme (idéologies), les préjugés (attitudes) ou les stéréotypes (croyances) (Pager et Shepherd 2008). Ces experts définissent la discrimination raciale comme ayant soit un impact disparate, soit se manifestant par un traitement différentiel. Dans le cas d'un traitement différentiel, une personne est traitée de manière inégale en raison de sa race ; mais dans le cas d'un impact disparate, elle est traitée de manière égale sur la base de normes ou de règles et de procédures établies, qui favorisent néanmoins généralement un groupe racial par rapport à un autre (Pager et Shepherd 2008).

La littérature contemporaine sur la discrimination raciale remet en question sa pertinence face aux progrès réalisés depuis les années 1960. Mais la réponse du Dr Martin Luther King (qui faisait partie de son discours « I have a dream » à Washington DC) reste vraie : *« Il y a ceux qui demandent aux fervents défenseurs des droits civils : quand serez-vous satisfaits ? Nous ne pourrons jamais être satisfaits tant que le Noir sera victime des horreurs indicibles de la brutalité policière... Nous ne pourrons pas être satisfaits tant que la mobilité de base du Noir consistera à passer d'un ghetto plus petit à un ghetto plus grand... Non, non, nous ne sommes pas satisfaits, et nous ne serons pas satisfaits tant que la justice ne coulera pas comme les eaux, et la droiture comme un puissant ruisseau ».*

Le traitement inéquitable ou inégal de groupes et de personnes sur la base de l'ethnicité ou de la race est la forme la plus simple de la discrimination raciale. Mais la discrimination raciale va au-delà des traitements dus à la race, car les disparités raciales sont plus profondes ; elles se manifestent par des normes de division établies au fil du temps par des politiques et des privilèges qui accordent délibérément des privilèges à un groupe par rapport à un autre. Par exemple, les privilèges des Blancs, établis par des politiques et maintenus par la politique, continuent de générer des inégalités raciales en Amérique, malgré les efforts déployés pour améliorer l'acceptation de notre humanité commune et la qualité de vie des minorités, en particulier des Afro-Américains. Pourquoi ?

Les normes discriminatoires raciales actuelles en Amérique n'ont pas été établies par le seul héritage de l'esclavage, mais par des politiques de logement délibérées qui ont débuté dans les années 30, alors que le pays sortait de la Grande Dépression. À l'époque, le gouvernement a financé l'établissement de quartiers suburbains blancs grâce à des programmes d'investissement incitatifs (dont le GI Bill), tandis qu'il décourageait les quartiers des minorités et des Noirs grâce à des programmes de désinvestissement (dont la surreprésentation ultérieure sur les marchés des subprimes qui a entraîné la perte de maisons appartenant à des Noirs). Ces politiques ont permis aux groupes raciaux blancs de prospérer et de transmettre de génération en génération les richesses accumulées grâce à l'accession à la propriété, ont fourni une base fiscale plus solide et plus durable pour les écoles, ont favorisé la qualité de vie grâce à des écosystèmes environnementaux et d'autres écosystèmes améliorant la vie, ont soutenu l'accès

2

aux soins de santé et leur accessibilité, etc. Il n'y a rien de mal à ces politiques en soi, mais elles ont délibérément marginalisé et privé de leurs droits des populations entières de minorités pendant des générations.

Le capitalisme au tournant du 20e siècle, amplifié par une formidable poussée de prospérité économique après la Seconde Guerre mondiale, aurait dû permettre à tous les peuples de « monter à bord », mais il n'en a rien été à cause des politiques, de la politique et des pratiques des Blancs. Ces décisions et activités ont repoussé économiquement les minorités à l'âge des ténèbres tout en permettant à la population blanche de naviguer à travers des générations de prospérité incontestée.

Une partie de la responsabilité sociale consiste à ne pas tenir quelqu'un pour responsable des actions des autres membres de son groupe d'identification lorsqu'il n'a pas participé au processus de décision. Les Blancs vivant aujourd'hui ne peuvent être tenus pour responsables des décisions et activités perpétrées par leurs ancêtres à l'encontre des minorités, mais ils sont socialement responsables de veiller à ce que ces normes et contrats sociaux discriminatoires ne continuent pas à marginaliser et à désavantager les minorités.

La discrimination raciale en Amérique, ainsi que les décisions et activités systémiques et structurelles qui l'ont entretenue, ne sont pas des règles du jeu équitables. Un terrain de jeu équitable ne peut pas être considéré comme juste et équitable lorsqu'un groupe de coureurs commence une course de 100 mètres à la marque de 50 mètres alors que le reste des coureurs sont regroupés sur la ligne de départ. Le fait de comprendre qu'à la fin de l'esclavage en 1865, les esclaves libérés constituaient la main-d'œuvre la plus qualifiée d'Amérique fournit un contexte éclairant. Que s'est-il passé lorsque les espoirs et les rêves des Afro-Américains hautement qualifiés ont été systématiquement anéantis et que, en tant que groupe humain, ils ont été privés - pendant plus de 150 ans - du moteur économique que le capitalisme a fait naître sur leur dos ? L'idée que l'augmentation du nombre d'Afro-Américains dans la population active est une indication que l'Amérique a atteint la parité dans les relations raciales est une erreur.

Sommes-nous censés oublier que la situation critique des Afro-Américains aujourd'hui est le résultat d'un changement social établi et soutenu par des politiques délibérées ? Si la Bible n'avait pas enregistré les hauts et les bas d'êtres humains qui ont vécu leur vie en couleurs, les enseignants de l'école du dimanche ou les prédicateurs auraient-ils de la matière à enseigner ou à prêcher sur la moralité et sur la façon dont nous pouvons devenir de meilleurs êtres humains grâce à leurs expériences vécues ? Dès le début du développement des relations humaines, nous avons appris que le premier rejeton d'Adam et Ève, Caïn, a tué son frère Abel ; à la question « Où est ton frère Abel ? *« Suis-je le gardien de mon frère ? »* Aujourd'hui, nous répondons à cette question par l'affirmative, lorsque nous reconnaissons les pratiques injustes et inéquitables du passé et que nous créons des solutions pour les résoudre ensemble en tant que gardiens de nos frères et sœurs, en affirmant les personnes et l'impact des décisions et activités humaines qui les ont affectées et continuent de les affecter en tant que groupe de personnes. Par conséquent, l'application de la DE&I comme modérateur des relations humaines dans le cadre de la responsabilité sociale et du développement durable est logique.

Les politiques, les privilèges et la politique des Blancs ont fait de l'Amérique une nation divisée sur le plan racial à bien des égards, ce qui en fait des questions de DE&I qui ne peuvent être résolues en les faisant disparaître ou par des gestes bienveillants ou des théâtres de dénégation. Nous devons les étudier en tant que science sociale afin que les générations actuelles et futures puissent en tirer des enseignements et améliorer notre humanité commune. Si l'on pouvait faire disparaître les inégalités raciales et de genre et arriver à une parité utopique, nous y serions depuis longtemps. Mais les normes systémiques et structurelles de division raciale et de genre nécessitent des réponses systémiques et structurelles. Il n'y a pas de solution facile.

En tant que science sociale émergente, l'ED&I a un impact sur chaque discipline et organisation universitaire. Aujourd'hui, la plupart des disciplines universitaires n'intègrent pas l'éducation et la formation des adultes comme compétence de base, au même titre que les matières d'enseignement général telles que l'histoire occidentale, les arts, la littérature, l'arithmétique, etc. Il s'agit là d'une occasion manquée de sensibiliser et de faire connaître les expériences vécues par notre humanité commune à travers le prisme de l'éducation et de la culture. C'est une occasion manquée de sensibiliser et de faire connaître les expériences vécues par notre humanité commune à travers la lentille de la DE&I. La DE&I est si englobante et pénétrante parce qu'elle implique le cœur des normes de notre humanité - le bon, le mauvais et le laid ! Les étudiants en médecine ont besoin d'une bonne dose de sensibilisation et de formation à la DE&I, tout autant que les médecins en exercice. Les étudiants en ingénierie ont besoin de leçons de DE&I, tout comme les ingénieurs en exercice qui s'occupent de planification communautaire, de construction de ponts et de gadgets qui rendent l'expérience humaine sur la planète Terre plus agréable. Les étudiants en arts et en sciences ont besoin de compétences en DE&I autant que les praticiens qui utilisent les connaissances de ces disciplines pour proposer de nouvelles façons de faire les choses ou d'interagir les uns avec les autres.

Tous les administrateurs scolaires, les professeurs et les travailleurs ont besoin d'une connaissance pratique et d'une compréhension des scénarios DE&I de la société, car c'est essentiel pour aller de l'avant. Il ne s'agit pas d'une réponse à un mouvement de prise de conscience sociale dû à des tensions raciales ou de genre, mais plutôt d'une partie de notre aspiration humaine à la compréhension, à l'acceptation et à l'appartenance. Des interactions familiales aux réseaux organisationnels en passant par les politiques d'unité nationale, le DE&I est un outil inestimable pour redresser les bords tordus des normes de division de notre humanité actuelle. L'ironie du sort veut que nous ne puissions pas réaliser pleinement les avantages des engagements en matière de responsabilité sociale et de développement durable sans utiliser le DE&I comme modérateur ou monnaie d'échange pour faciliter les conversations qui mènent à l'élaboration et à la mise en œuvre de ces engagements. Ignorer les besoins historiques de certaines parties de la population n'est pas socialement responsable et ne permet pas non plus de récolter des fruits durables au niveau mondial, comme l'adoption massive de mesures d'atténuation et d'adaptation au changement climatique pour le bien de notre humanité commune.

Avant de pouvoir aborder nos normes de division, nous devons d'abord découvrir comment elles se sont formées et comment nous les traitons. C'est important car nous ne pouvons pas parler de DE&I sans d'abord comprendre

4

comment notre histoire et les influences sociétales contribuent à la façon dont nous traitons les décisions quotidiennes qui ont un impact sur notre lieu de travail, nos plans de travail et nos partenaires de travail - notre écosystème organisationnel.

Le passé est l'expérience vécue des êtres humains, un continuum qui ne peut être ignoré, nié ou effacé ; il peut nous fournir des leçons pour guérir définitivement notre humanité brisée. Humankind Shared Planet Divided by Norms examine nos expériences passées sur les questions DE&I et fournit des outils et des structures pour les aborder dans une perspective de responsabilité sociale et de développement durable. Ces outils et structures comprennent les sept principes et les sept sujets fondamentaux présentés par l'Organisation internationale de normalisation dans sa norme ISO 26000 sur la responsabilité sociale, soutenue par les objectifs de développement durable des Nations unies.

Comme chaque pays a ses propres problèmes, défis et opportunités en matière de DE&I, nous avons besoin d'une approche systémique pour les évaluer, les traiter et en rendre compte. Comment faire alors pour rassembler ces normes qui divisent et les aborder d'une manière applicable aux familles, aux organisations, aux pays, aux cultures et aux inclinations sociétales ?

Je présente le cadre Connaissance, Creativity, and Governance (CCG) comme un modèle applicable à la manière dont nous pouvons éliminer les normes de division de l'humanité par une approche systémique délibérée, modérée par le DE&I. Le modèle CCG est le point d'ancrage de deux autres modèles dont nous avons besoin pour mettre en lumière les pratiques sociétales injustes et inéquitables. Le cadre CCG fournit un flux continu entre la connaissance et la responsabilité, guidé par des principes sains à travers (1) un appel à l'action sur la diversité fondé sur la connaissance, (2) un modèle de lentille d'équité en 3 étapes axé sur la créativité (opportunité, réconciliation et perturbation) et (3) des mesures d'inclusion axées sur la gouvernance, guidées par des principes d'inclusion raciale et de genre en 3 étapes, axés sur la rédemption, la restauration et la responsabilité.

En nous concentrant sur ce que nous savons de l'histoire et des impacts des normes et des préjugés qui divisent, nous pouvons créer des solutions justes et équitables. Ces solutions doivent être centrées sur des principes d'inclusion qui permettent à nos désirs humains partagés de vie, de liberté et de poursuite du bonheur dans notre génération de refléter les préoccupations et les actions que nous entreprenons pour préserver notre planète commune pour les générations futures afin qu'elles puissent elles aussi vivre dans un monde équitable et juste. Après tout, l'équité et la justice pour tous ne sont pas des pensées utopiques, mais des aspirations humaines qui ont été réduites au silence pendant trop longtemps par ce qui est devenu un système despotique insoutenable - des décisions et des activités sociétales et organisationnelles injustes et inéquitables qui exaltent certains et marginalisent d'autres, en utilisant des différentiateurs artificiels amplifiés par les normes sociétales.

Cela peut expliquer pourquoi les politiques et procédures organisationnelles relatives aux questions de DE&I sont ignorées dans la prise de décision, même par ceux qui ont été bien formés sur l'importance de l'inclusion pour rendre notre humanité commune entière. Pourtant, nous savons par expérience que l'honneur rendu dans un lieu de déshonneur - où notre humanité commune est divisée par des normes - sera toujours déplacé, tout comme une cheville carrée est déplacée dans un trou rond. Les organisations peuvent avoir les politiques et procédures de

DE&I les mieux conçues et les plus éloquentes, mais elles ne sont efficaces que si les personnes qui les utilisent le sont.

Une chose que nous, les humains, partageons avec l'eau, c'est que nous en sommes pleins - de l'eau. On estime que notre corps humain contient entre 65 % et 90 % d'eau. L'eau cherche toujours à être sur un pied d'égalité afin de pouvoir faire ce qu'elle fait de mieux : couler ! De même, les êtres humains recherchent des conditions équitables pour faire ce qu'ils font de mieux : vivre ! En s'écoulant, l'eau peut devenir une source de vie ou une force destructrice, même si elle attend une autre force modératrice de la nature - l'évaporation - pour revenir sur terre sous forme de pluie. De la même manière, en tant qu'êtres humains, nous pouvons choisir de devenir une source de vie pour réévaluer, réimaginer ou nous réinventer à partir des pratiques sociétales injustes et inéquitables du passé - ou étouffer la croissance avec des normes et des préjugés qui divisent.

La question reste de savoir si une génération peut physiquement, mentalement et spirituellement annuler ou effacer les décisions de la génération précédente - qu'elles soient bonnes, mauvaises ou affreuses - qui ont contribué à nos normes de division et qui marginalisent les groupes raciaux, leur refusant les droits et les privilèges d'êtres humains. Pourtant, le passé ne meurt jamais, car c'est une salle de classe vivante qui nous permet d'apprendre les systèmes de division brisés qui ont permis aux pratiques injustes et inéquitables de s'enraciner et de prospérer. Nous faisons face au passé afin de changer pour le mieux, et non pas pour le fuir, car nous ne pouvons changer que ce que nous affrontons, et fuir le passé nous place dans un schéma d'attente constant, un mouvement inutile qui renvoie la proverbiale boîte sur la route des générations.

Ainsi, nous arrivons aujourd'hui à une ère d'objectifs plus élevés, nous invitant à devenir le changement que nous voulons voir dans les normes de division créées et administrées par les générations précédentes. Nous avons encore des normes établies par des personnes qui pensaient, par exemple, que les femmes ne pouvaient pas être des leaders par rapport aux hommes - même si elles jouent naturellement ce rôle en élevant la prochaine génération. Nous avons des hommes qui paient pour les péchés d'autres hommes dans la façon dont les femmes ont été traitées dans le passé, devenant coupables aujourd'hui simplement en se montrant masculins. Nous avons partout des extrémistes blancs qui ont peur de devenir des minorités (ce qui vous indique comment ils pensent que les minorités sont généralement traitées) et qui reprochent aux immigrants noirs et bruns les décisions de leurs propres parents. Nous avons des femmes qui gagnent moins que les hommes pour le même travail - des inégalités fallacieuses encadrées par un idéalisme suprématiste de genre. Nous avons même maintenant des Millennials qui pensent que les Gen Z sont bizarres et ont besoin d'être délivrés de leur dépendance aux médias sociaux - deux générations qui interagiront dans le temps dans un avenir prévisible, tandis que les générations plus âgées disparaîtront. Tout ceci n'effleure même pas la surface de la pléthore de normes de division de l'humanité auxquelles nous devons faire face, car faire semblant qu'elles n'existent pas n'est pas un plan de travail.

L'utilisation que je fais des termes « organisation » et « écosystèmes organisationnels » tout au long de ce livre s'applique à toute cellule familiale, association-groupe, société/association (à but lucratif ou non), école, institution, petite ou grande entreprise, organisme, parti, club, etc. Chaque personne travaille dans ou à travers l'une de ces préoccupations pour exprimer sa volonté ou son objectif ou sa décision sur un contexte ou une décision quelconque. Chaque être humain vivant aujourd'hui a des normes ou des préjugés qu'il apporte à la table. La clé est de les reconnaître, de les comprendre et de s'assurer qu'ils n'influencent pas négativement la prise de décision.

COMMENT LES HUMAINS PENSENT ET PRENNENT DES DÉCISIONS

Avant les années 1980, les cockpits d'avion devenaient un défi pour les pilotes, car les instruments mêmes développés pour les aider à mieux naviguer dans leur avion (normes) devenaient terriblement impersonnels. À partir des années 1980, on s'est attaché à simplifier les processus de décision des pilotes en repensant les technologies du cockpit (nouvelles normes) et la manière dont les pilotes interagissent avec elles en fonction de leur formation et de leur expérience. Des concepteurs ont été engagés pour aider les concepteurs d'instruments, car ils comprenaient le lien entre l'esprit et le contexte dans la prise de décision. Les résultats ont conduit à une nouvelle conception du cockpit qui a permis aux pilotes d'utiliser les technologies d'une manière plus conforme à la façon dont le corps humain utilise ses capacités cognitives (intellect, raisonnement, pensée, cérébral, mental, etc.) pour prendre des décisions (Wiener 1988).

Le DE&I et l'approche utilisée pour relever ses défis et opportunités adoptent généralement un paradigme de cause à effet où les solutions cognitives sont fortement favorisées. Nous concevons des politiques de DE&I, élaborons des procédures soigneusement sélectionnées pour traiter les problèmes, puis faisons des proclamations élaborées qui échouent souvent à des moments clés. Pourquoi ? En ignorant les influences sociales et psychologiques de notre comportement, nous créons des engagements en matière de DE&I qui s'apparentent à un codage de l'intelligence artificielle pour les personnes plutôt que pour les machines. Pourtant, les humains sont « ... des acteurs malléables et émotionnels dont la prise de décision est influencée par des indices contextuels, des réseaux sociaux locaux et des normes sociales, ainsi que des modèles mentaux partagés. *Tous ces éléments jouent un rôle dans la détermination de ce que les individus perçoivent comme souhaitable, possible, ou même "pensable" pour leur vie (Banque mondiale 2015).* "

Notre existence aujourd'hui est façonnée par des normes et des préjugés sociaux modérés que nous devons comprendre si nous espérons mettre fin à ces normes de division DE&I. Ces normes de division créent ou accentuent les inégalités sociétales et organisationnelles et le manque d'inclusion et d'appartenance en jetant dans l'atmosphère sociale la pièce à deux faces du favoritisme et de l'hostilité. Si, en effet, les identités humaines ne sont pas fixes mais malléables, alors même les habitudes les plus ancrées et les plus conflictuelles d'une personne peuvent être remodelées pour produire des décisions équitables et justes. Lors de la conception de plans et de programmes DE&I efficaces, il convient de tenir compte des normes sociales en tant que modérateurs du comportement et des valeurs.

En 2015, la Banque mondiale a produit un rapport sur le développement mondial intitulé « Mind, Society, and Behavior » qui présentait de nouvelles recherches et pratiques issues de nombreuses disciplines sur l'interdépendance entre l'esprit et le contexte dans la prise de décision. Le rapport intègre des résultats tirés de disciplines telles que les neurosciences, la sociologie, l'économie comportementale, les sciences politiques, les sciences cognitives, l'anthropologie et la psychologie pour expliquer notre compréhension des influences sociales et psychologiques sur la façon dont les humains prennent des décisions.

J'adapte les trois modes de pensée de la prise de décision humaine dans ce rapport pour expliquer comment nos pensées jouent dans le paradoxe de la décision DE&I et comment nos préjugés les influencent. Ces trois modes de pensée devraient servir de guides individuels et organisationnels quant à la manière dont les informations présentées dans ce livre sont comprises, utilisées comme monnaie d'échange pour un dialogue continu, et appliquées pour créer de nouvelles normes de guérison pour nos écosystèmes DE&I actuels qui sont en panne. Les trois modes de pensée de la prise de décision humaine sont : (1) la pensée automatique, (2) la pensée sociale, et (3) la pensée par modèles mentaux. Ce rapport de la Banque mondiale a saisi l'interaction entre ces trois modes de pensée :

> *[L]e fait de prêter attention à la façon dont les humains pensent (les processus de l'esprit) et à la façon dont l'histoire et le contexte façonnent la pensée (l'influence de la société) peut améliorer la conception et la mise en œuvre des politiques et des interventions de développement qui ciblent le choix et l'action des humains (le comportement)... Dans les recherches en cours, ces résultats permettent d'expliquer les décisions que prennent les individus dans de nombreux aspects du développement, notamment l'épargne, l'investissement, la consommation d'énergie, la santé et l'éducation des enfants. Les résultats permettent également de mieux comprendre comment les comportements collectifs - tels que la confiance généralisée ou la corruption généralisée - se développent et s'ancrent dans une société (Banque mondiale 2015).*

Comme le soutient ce rapport, l'humanité n'est pas victime de ses propres actions, et nous avons toujours la capacité et la possibilité de changer de cap si nous exerçons notre volonté :

> *[Lorsque l'échec affecte les bénéfices, les concepteurs de produits commencent à s'intéresser de près à la façon dont les humains pensent et décident. Les ingénieurs, les entreprises privées et les spécialistes du marketing de tous bords prêtent depuis longtemps attention aux limites inhérentes à la capacité cognitive humaine, au rôle que jouent les préférences sociales et le contexte dans notre prise de décision, et à l'utilisation de raccourcis mentaux et de modèles mentaux pour filtrer et interpréter les informations (Banque mondiale 2015).*

Par exemple, aux États-Unis, il fut un temps où l'esclavage était légal, et où les esclaves étaient contraints par la loi (et le canon d'un fusil) d'assumer un statut moins qu'humain dans la vie. Les propriétaires d'esclaves blancs et leurs esclaves utilisaient la pensée automatique pour assigner et exister par les rôles et responsabilités sociétaux et les mesures de qualité de vie - opportunités, valeurs et comportements. C'était la norme dans le Sud de l'Antebellum, malgré la déclaration constitutionnelle selon laquelle tous les hommes ont été créés égaux et dotés de droits inaliénables à la vie, à la liberté et à la poursuite du bonheur. C'était également une norme sociale dans le Nord - où les partisans de la fin de l'esclavage étaient majoritaires - et où l'esclavage n'était pas répandu, même si un nombre important de Blancs croyaient encore, de manière innée et dans les situations quotidiennes, qu'ils étaient une race supérieure à toutes les autres. Pour ceux pour qui la suprématie blanche était bénéfique, il était facile d'accepter l'interprétation selon laquelle la lecture constitutionnelle de cette déclaration était aveugle à la couleur et au sexe et ne visait que le bénéfice perpétuel des hommes blancs.

La pensée automatique étiquetait les Noirs comme inférieurs et les Blancs comme supérieurs. La pensée sociale déterminait les rôles ou les responsabilités que les Noirs pouvaient assumer dans la société et les modèles mentaux de suprématie blanche dans tous les aspects de la société dominaient. Un siècle et demi après l'abolition de l'esclavage, l'injustice raciale continue de frapper l'Amérique avec les mêmes trois motifs de renforcement - la pensée automatique, la pensée sociale et le modèle mental. Pourquoi ?

Le racisme systémique et structurel est devenu le contrat social renforçant qui a remplacé la loi et l'esprit de l'esclavage ; il s'est avéré être un ennemi redoutable pour l'Amérique dans sa quête de réconciliation raciale. Les trois modes de pensée offrent de nouvelles perspectives scientifiques sur la manière dont les plans et les programmes de DE&I peuvent devenir des renforceurs de responsabilité sociale plus efficaces lorsqu'une approche systématique est utilisée pour faire passer des valeurs et des comportements organisationnels justes et équitables dans la conscience de l'organisation. Ce type de changement systémique inspiré par la DE&I nécessite l'adhésion des individus pour fonctionner. Les solutions uniques ne suffiront pas, car chaque personne doit évaluer ce qu'elle doit abandonner librement pour que l'organisation et la société progressent vers des pratiques justes et équitables. Il n'est pas facile d'échanger les anciennes valeurs et les anciens comportements contre de nouveaux, mais cela est nécessaire pour que l'humanité progresse collectivement à l'ère de la mondialisation et des intérêts communs partagés, notamment la sauvegarde de notre planète pour les générations actuelles et futures.

Les trois principes de pensée de la prise de décision sont applicables au DE&I parce que chaque personne vivante a été étiquetée, a des modèles de rôle sociétaux et des modèles mentaux de ce qu'elle peut aspirer ou espérer atteindre dans le continuum de la vie, de la liberté et de la poursuite du bonheur. La différence est que, selon le pays, la race, la tribu, le sexe, la secte et d'autres facteurs, tous contribuent à façonner les récits et les influences psychologiques et sociales qui entrent dans la prise de décision.

Au XXIe siècle, certains Blancs américains se demandent pourquoi ils devraient porter une quelconque responsabilité dans l'esclavage alors qu'ils n'ont jamais possédé d'esclaves. Bien que cette question soit légitime, elle ne tient pas compte du continuum d'impacts négatifs qui persistent à travers les valeurs, les comportements et la culture de la société et de l'organisation, parce que l'esclavage et les lois de ségrégation ont existé et sont maintenant confortablement ancrés dans le racisme systémique et structurel et ses nombreuses formes de manifestations.

Par conséquent, en abordant le DE&I dans le contexte américain, ce serait une erreur d'ignorer les influences historiques, psychologiques et sociétales sur le comportement en tant que causes des héritages durables du racisme systémique et structurel. En effet, le fait de ne pas relier les trois principes de prise de décision à l'impact sur le comportement organisationnel et de les négliger permet la poursuite du racisme systémique et structurel par ceux qui, délibérément ou par ignorance, prennent des décisions qui favorisent ces valeurs et ces comportements. Il est vrai que d'autres nations ont leurs propres problèmes de DE&I. Mais si les problèmes peuvent être différents, leurs bastions systémiques et structurels et les déterminations de ceux qui sont privilégiés par eux pour maintenir le statu quo sont étrangement similaires. C'est la raison pour laquelle nous devons comprendre comment la pensée humaine au moment de la prise de décision affecte le résultat.

LA PENSÉE AUTOMATIQUE

Les psychologues s'accordent à dire que les êtres humains prennent généralement des décisions en simplifiant les problèmes et en utilisant deux systèmes de traitement de la pensée différents. Le premier est le système automatique, dans lequel l'individu prend une décision en fonction de ce qui lui vient immédiatement à l'esprit. Le second est le système délibératif, dans lequel l'individu est plus réfléchi et prend en compte un large éventail de facteurs (Banque mondiale 2015). Selon ce rapport de la Banque mondiale,

La plupart des gens pensent qu'ils sont avant tout des penseurs délibératifs - mais bien sûr, ils ont tendance à penser à leurs propres processus de pensée de manière automatique et sous l'influence de modèles mentaux reçus sur qui ils sont et comment l'esprit fonctionne. En réalité, le système automatique influence la plupart de nos jugements et décisions, souvent de manière puissante, voire décisive. La plupart des gens, la plupart du temps, ne sont pas conscients des nombreuses influences qui s'exercent sur leurs décisions. Les personnes qui s'adonnent à la pensée automatique peuvent commettre ce qu'elles considèrent elles-mêmes comme des erreurs importantes et systématiques ; en d'autres termes, elles peuvent revenir sur les choix qu'elles ont faits en s'adonnant à la pensée automatique et regretter de ne pas avoir pris d'autres décisions. La pensée automatique nous amène à simplifier les problèmes et à les voir à travers des cadres étroits. Nous complétons les informations manquantes en fonction de nos hypothèses sur le monde et évaluons les situations sur la base d'associations qui nous viennent automatiquement à l'esprit et de systèmes de croyances que nous tenons pour acquis. Ce faisant, nous risquons de nous faire une image erronée d'une situation, tout comme le fait de regarder par une petite fenêtre donnant sur un parc urbain peut induire quelqu'un en erreur en lui faisant croire qu'il se trouve dans un endroit plus bucolique (Banque mondiale 2015).

Figure 0.1 Pensée automatique

La pensée automatique nous donne une vision partielle du monde

Pour prendre la plupart des décisions et des jugements, nous pensons automatiquement. Nous utilisons un cadre étroit et nous nous appuyons et nous nous appuyons sur des hypothèses et des associations par défaut, ce qui peut nous donner une image trompeuse d'une situation. Même des détails apparemment sans importance sur la façon dont une situation est présentée peuvent affecter la façon dont nous la percevons, car nous avons tendance à tirer des conclusions hâtives sur la base d'informations limitées.

Source : Cette traduction dans Humankind Shared Planet : Divided By Norms, Matthew Ajiake, PhD.
Source originale en anglais : Banque mondiale 2015. Il s'agit d'une adaptation d'un ouvrage original de la Banque mondiale. Les points de vue et opinions exprimés dans l'adaptation relèvent de la seule responsabilité de l'auteur et ne sont pas cautionnés par la Banque mondiale.

Dans l'image ci-dessus, les quatre individus ont pris des décisions à partir d'un mode de pensée automatique car la vue dont ils disposaient leur offrait un cadre étroit. L'eau qui jaillit d'une bouche d'incendie est interprétée à tort comme une pluie et même la personne qui a une vue directe sur la bouche d'incendie déploie un parapluie en croyant qu'il s'agit de pluie à cause des actions des trois autres. Nous avons tendance à compléter les informations supplémentaires en nous basant sur « des hypothèses sur le monde et à évaluer les situations en fonction des associations qui nous viennent automatiquement à l'esprit et des systèmes de croyance que nous tenons pour acquis. » De plus, s'il est vrai que nous avons tendance à tirer des conclusions hâtives à partir d'informations limitées, nous traitons aussi généralement les informations qui ont le plus de sens pour nous - ce qui peut nous amener à ne pas tenir compte de conséquences importantes ou à omettre complètement des informations clés du processus de décision. Parfois, il existe un fossé important entre nos intentions et nos actions. Même en ayant une connaissance claire de toutes les conséquences, les gens peuvent choisir de « prendre des décisions qui privilégient le présent au détriment de l'avenir, de sorte qu'ils échouent systématiquement à réaliser des plans qui correspondent à leurs objectifs et répondent à leurs intérêts. "

Ce paradigme est également applicable lorsqu'une personne a l'autorité et la responsabilité de prendre des décisions au nom d'une organisation socialement responsable, mais qu'elle laisse ses propres influences et préférences dicter les décisions qu'elle prend au nom de l'organisation. Nous savons par expérience que d'autres personnes influencent nos décisions et nos choix par ce qu'elles pensent, attendent et font. Comme le suggère le Rapport sur le développement dans le monde, dans « les situations expérimentales, la plupart des gens se comportent comme des coopérateurs conditionnels plutôt que comme des resquilleurs (Banque mondiale 2015). "

Les politiques et procédures organisationnelles en matière de DE&I qui affectent la prise de décision et les activités sont confrontées au défi supplémentaire d'une adoption généralisée, parce qu'elles doivent faire face à des systèmes de croyance que nous considérons comme acquis, en supposant parfois à tort que nous avons dépassé ces limites. Combien de fois avez-vous entendu quelqu'un dire qu'il ne voit pas la couleur, alors que ses décisions sont influencées par les normes sociétales de division raciale ? À l'inverse, combien de fois un individu a-t-il vu ses décisions qualifiées de racistes parce qu'il appartient au groupe racial dont la vision du monde et les inclinaisons culturelles prédominantes sont historiquement racistes, même s'il n'est pas raciste ? La romancière Jane Austen nous rappelle que « Chacun de nous commence probablement avec un petit préjugé et, sur ce préjugé, construit toutes les circonstances en sa faveur (Banque mondiale 2015). » Comme le suggère le rapport de la Banque mondiale :

> *Nous pensons normalement à nous en termes de système délibératif - l'auto raisonnement conscient - mais les opérations automatiques génèrent des schémas complexes d'idées qui influencent presque tous nos jugements et décisions... Le biais de confirmation contribue à une confiance excessive dans les croyances personnelles. Les gens peuvent ne pas reconnaître qu'ils ne savent pas ce qu'ils prétendent savoir, et ils peuvent ne pas apprendre de nouvelles informations... La persuasion et l'éducation doivent s'engager avec le système automatique pour surmonter la résistance aux nouveaux points de vue (Banque mondiale 2015).*

Les travaux réalisés dans le domaine de l'économie comportementale par des psychologues tels que Daniel Kahneman, Amos Tyversky et bien d'autres ont élargi la base de connaissances sur les rôles que la psychologie, les tendances sociales et culturelles jouent dans la prise de décision. Ces connaissances nous ont appris que les gens pèsent rarement les décisions en les comparant à des alternatives (Banque mondiale 2015). Cela ne signifie pas que les gens ne sont pas capables d'envisager des alternatives, mais plutôt que « les gens sont câblés pour n'utiliser qu'une petite partie des informations pertinentes pour tirer des conclusions (Banque mondiale 2015). » Le rapport de la Banque mondiale a clarifié ces dichotomies :

> *[A]u cours des dernières décennies, les preuves se sont accumulées que la pensée automatique traverse de larges pans du comportement humain au point qu'elle ne peut plus être ignorée. Les anomalies que l'économie comportementale tente d'expliquer ne sont pas mineures et éparses. Il s'agit de régularités systématiques qui peuvent avoir une importance de premier ordre pour la santé, le développement de l'enfant, la productivité, l'allocation des ressources et le processus de conception des politiques lui-même... Dans la théorie économique standard, une hypothèse comportementale importante est que les gens utilisent les informations de manière impartiale et effectuent des calculs minutieux. Ces calculs leur permettent de faire des choix basés sur une considération impartiale de tous les résultats possibles des choix alternatifs qui pourraient être faits. Après avoir fait un choix et observé le résultat, les gens utilisent l'information de manière impartiale pour prendre la décision suivante, et ainsi de suite....... Mais face à l'accumulation de preuves empiriques sur*

Les recherches indiquent également que les gens peuvent passer de la pensée automatique à la pensée délibérative dans un cadre de pensée automatique. Elles décrivent ces deux schémas de pensée comme le système 1, où les décisions sont rapides, automatiques, sans effort et associatives, et le système 2, où elles sont plus lentes et plus réfléchies.

Figure 0.2 Les deux systèmes de pensée automatique

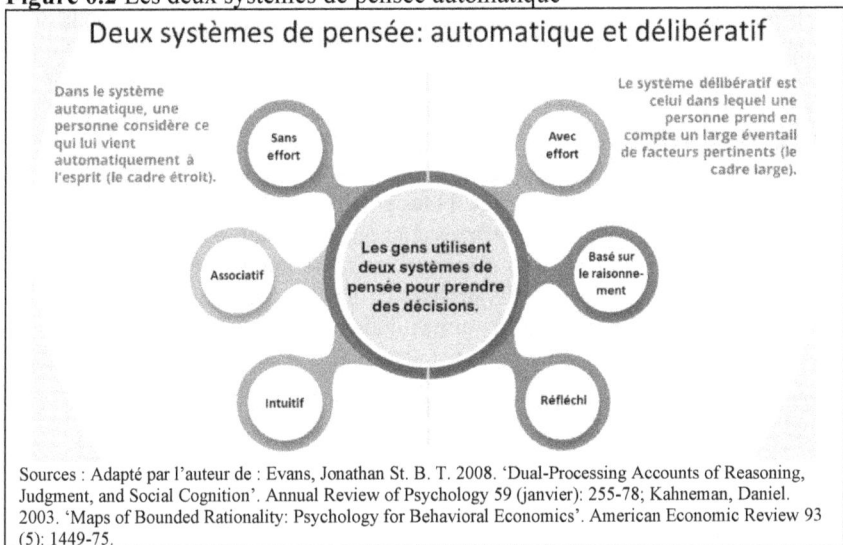

Deux systèmes de pensée: automatique et délibératif

Dans le système automatique, une personne considère ce qui lui vient automatiquement à l'esprit (le cadre étroit).

Le système délibératif est celui dans lequel une personne prend en compte un large éventail de facteurs pertinents (le cadre large).

Sans effort

Avec effort

Associatif

Les gens utilisent deux systèmes de pensée pour prendre des décisions.

Basé sur le raisonne-ment

Intuitif

Réfléchi

Sources : Adapté par l'auteur de : Evans, Jonathan St. B. T. 2008. 'Dual-Processing Accounts of Reasoning, Judgment, and Social Cognition'. Annual Review of Psychology 59 (janvier): 255-78; Kahneman, Daniel. 2003. 'Maps of Bounded Rationality: Psychology for Behavioral Economics'. American Economic Review 93 (5): 1449-75.

Lorsque les politiques et les procédures de DE&I sont rédigées, les organisations supposent que les gens suivent ces directives de manière linéaire - en observant chaque indice établi et en considérant les conséquences de leurs décisions sur tous les groupes de personnes et les environnements touchés. Pourtant, même avant l'ère des médias sociaux, les gens étaient déjà bombardés par les normes relatives à la race et au genre en telle quantité qu'il était presque impossible de les organiser pour favoriser la prise de décisions socialement responsables. En particulier, l'influence des médias sociaux l'emporte de loin sur une partie de la motivation pour des changements socialement responsables dans la prise de décision dans de nombreuses organisations. Alors que notre compréhension des médias sociaux et de leur influence sur la prise de décision n'en est qu'à ses débuts, la théorie économique a évolué pour s'aligner de manière plus réaliste sur la façon dont les gens prennent leurs décisions et sur les raisons qui les motivent. Le rapport sur le développement dans le monde a montré comment l'économie a évolué :

> *Après un répit d'environ 40 ans, une économie fondée sur une compréhension plus réaliste des êtres humains est en train d'être réinventée. Mais cette fois, elle s'appuie sur un vaste ensemble de preuves empiriques - des preuves de très haut niveau issues des sciences comportementales et sociales. L'esprit, contrairement à un ordinateur, est psychologique et non logique, malléable et non fixe. Il est sûrement rationnel de traiter des problèmes identiques de manière identique, mais souvent les gens ne le font pas ; leurs choix changent lorsque l'option par défaut ou l'ordre des choix change. Les gens s'appuient sur des modèles mentaux qui dépendent de la situation et de la culture pour interpréter les expériences et prendre des décisions (Banque mondiale 2015).*

Ce constat est instructif pour les dirigeants et les décideurs qui établissent des cadres organisationnels de DE&I. Ce n'est pas parce que les politiques et procédures DE&I sont écrites et expliquées en détail que le message est intériorisé par la main-d'œuvre et utilisé de manière socialement responsable lors de la prise de décisions. Le rôle de la pensée automatique à ce moment de la décision doit faire partie de la conception curative de DE&I.

LA PENSÉE SOCIALE

Par nature, l'humanité est une espèce qui partage un attribut commun : nous sommes tous des créatures sociales. Nous sommes influencés par nos identités, réseaux, normes et préférences sociales (Banque mondiale 2015). Ceux que nous apprécions fournissent les points d'inférence comportementaux que nous imitons et auxquels nous nous identifions préférentiellement dans notre propre prise de décision. Selon le rapport de la Banque mondiale :

> *De nombreuses personnes ont des préférences sociales pour l'équité et la réciprocité et possèdent un esprit coopératif. Ces traits peuvent jouer dans les bons comme dans les mauvais résultats collectifs ; les sociétés qui ont un niveau élevé de confiance, tout comme celles qui ont un niveau élevé de corruption, nécessitent des quantités importantes de coopération... La socialité humaine (la tendance des gens à se préoccuper et à s'associer les uns aux autres) ajoute une couche de complexité et de réalisme à l'analyse de la prise de décision et du comportement humain (Banque mondiale 2015).*

Lorsqu'il s'agit de DE&I, nous supposons que les gens en général prendraient des décisions justes et équitables basées sur notre humanité partagée lorsqu'ils traitent avec des personnes issues de groupes différents du leur. Nous faisons cette hypothèse en croyant que les politiques et procédures DE&I, pilotées par des formations bien intentionnées et promues par des proclamations exécutives, sont suffisantes pour surmonter les puissants récits sociaux qui renforcent les décisions par les préférences sociales. Le rapport de la Banque mondiale nous rappelle que les hypothèses et la réalité peuvent en fait être très éloignées, car les gens ont tendance à se comporter comme des acteurs conditionnels dans ces situations :

> *Cependant, la socialité humaine implique que le comportement est également influencé par les attentes sociales, la reconnaissance sociale, les modèles de coopération, le soin apporté aux membres du groupe et les*

normes sociales. En effet, la conception des institutions, et la manière dont elles organisent les groupes et utilisent les incitations matérielles, peuvent supprimer ou évoquer la motivation pour les tâches de coopération, telles que le développement communautaire et le suivi scolaire. Les gens se comportent souvent comme des coopérateurs conditionnels, c'est-à-dire des individus qui préfèrent coopérer tant que les autres coopèrent (Banque mondiale 2015).

L'une des principales raisons pour lesquelles les personnes bonnes et décentes appartenant aux groupes dominants guidés par les préférences restent complices est qu'elles bénéficient des avantages des privilèges qui leur sont conférés par les réseaux sociétaux. Cela fait d'eux des coopérateurs conditionnels face aux traitements injustes et inéquitables des groupes qui en bénéficient. La préservation des privilèges devient le cri d'alarme qui renforce l'appartenance à un groupe et la pensée du groupe et qui apparaît de manière proéminente dans les décisions. Cela explique pourquoi toute menace ou perception de la perte de ce privilège fait apparaître les pires normes et préjugés. Pourquoi ? Une explication réside dans le pouvoir des réseaux sociaux. Le rapport de la Banque mondiale l'a supposé :

Nous sommes tous intégrés dans des réseaux de relations sociales qui façonnent nos préférences, nos croyances, nos ressources et nos choix... Les réseaux sociaux sont les ensembles d'acteurs et de liens relationnels qui forment les éléments constitutifs de l'expérience sociale humaine. Les réseaux offrent aux individus la possibilité de renforcer les comportements existants entre eux, mais ils peuvent également transmettre des informations nouvelles et des pressions normatives, déclenchant parfois un changement social... La capacité des réseaux sociaux à la fois à stabiliser et à modifier les modèles de comportement signifie qu'ils peuvent être en mesure de jouer un rôle important dans des contextes sociaux où les institutions formelles font défaut (Banque mondiale 2015).

Les États-Unis fournissent le contexte qui explique comment les réseaux sociétaux stabilisent et modifient les modèles de comportement. En 1865, la proclamation d'émancipation a mis fin à l'esclavage dans tous les États confédérés alors en guerre avec les États-Unis par décret. En 1865, le treizième amendement a mis fin à l'esclavage et à la servitude sous contrat en Amérique. En 1868, le quatorzième amendement a suivi pour accorder la citoyenneté et l'égalité des droits civils et juridiques aux Afro-Américains et aux autres personnes asservies. Puis, en 1870, le quinzième amendement a garanti le droit de vote à tous les citoyens, indépendamment de leur race, de leur couleur ou de leur statut antérieur d'esclave. Tous ces amendements visaient à garantir aux Afro-Américains les droits à la vie, à la liberté et à la poursuite du bonheur, tout comme leurs homologues américains blancs. Plus d'un siècle et demi s'est écoulé depuis lors ; si beaucoup de choses ont changé, beaucoup de choses restent les mêmes dans les préférences sociales qui façonnent les décisions quotidiennes encadrées par les valeurs et les comportements sociétaux en Amérique.

Le fait que l'Amérique se débatte encore avec la reconnaissance raciale laisse perplexe, étant donné qu'elle a fait plus de travail pour corriger son péché originel de l'esclavage par des moyens législatifs que la plupart des pays n'ont fait pour relever leurs propres défis respectifs en matière d'éducation et d'inclusion. Pourtant, les préférences et les réseaux sociaux enracinés sont difficiles à changer, même avec des plans DE&I très raisonnés, comme l'atteste le rapport de la Banque mondiale :

> *Les préférences sociales et les influences sociales peuvent conduire les sociétés à adopter des modèles de comportement collectifs qui se renforcent mutuellement. Dans de nombreux cas, ces modèles sont hautement souhaitables et représentent des modèles de confiance et de valeurs partagées. Mais lorsque les comportements de groupe influencent les préférences individuelles et que les préférences individuelles se combinent aux comportements de groupe, les sociétés peuvent aussi finir par coordonner des activités autour d'un point focal commun, ce qui est peu judicieux, voire destructeur pour la communauté. La ségrégation raciale ou ethnique et la corruption en sont deux exemples (Banque mondiale 2015).*

Une fois que les formations DE&I sont terminées et que la politique et la procédure DE&I documentent l'ordre de l'organisation sur la façon dont chacun doit se comporter lors de la prise de décisions, ces interventions bien intentionnées ne parviennent pas à produire les valeurs et les comportements attendus car les préférences sociales sont des bastions dont on ne se débarrasse pas à la légère. Il faut donc des interventions plus intentionnelles pour contrer les récits sociaux les plus forts. Le rapport de la Banque mondiale fournit cet éclairage :

> *Lorsque des « points coordonnés » auto-renforçants apparaissent dans une société, ils peuvent être très résistants au changement. Les significations et les normes sociales, ainsi que les réseaux sociaux dont nous faisons partie, nous attirent vers certains cadres et modèles de comportement collectif. Inversement, la prise en compte du facteur humain de la socialité peut aider à concevoir des interventions politiques innovantes et à rendre les interventions existantes plus efficaces. En Inde, les clients de la microfinance qui ont été assignés de manière aléatoire à se réunir chaque semaine plutôt que chaque mois, avaient plus de contacts sociaux informels entre eux deux ans après la fin du cycle de prêt, étaient plus disposés à mettre en commun les risques et étaient trois fois moins susceptibles de ne pas rembourser leur deuxième prêt (Banque mondiale 2015).*

Avoir une réponse systémiquement structurée aux inégalités raciales et de genre est probablement le seul moyen infaillible d'établir de nouvelles normes capables de contrer les systèmes systémiques et structurels profondément enracinés sur lesquels reposent les réseaux sociaux sociétaux actuels. Les politiques gouvernementales bien intentionnées et les initiatives d'action positive n'ont pas fonctionné durablement parce que l'on a laissé l'attraction vers des cadres et des modèles de comportement collectifs discriminatoires fondés sur la race et le sexe devenir une force puissante sans force de changement égale et opposée pour la contrebalancer. Nous avons généralement des réunions d'atténuation DE&I et des actions correctives après un fiasco, mais pas dans les rencontres quotidiennes. Les engagements en matière de DE&I ont besoin d'être renforcés juste à temps par des contacts sociaux qui mettent en contexte les changements que nous voulons voir dans les interactions de routine.

Le lieu de travail est généralement conçu de manière fonctionnelle pour que les gens travaillent dans des disciplines ou des domaines spécifiques, et c'est dans ces sphères que les décisions sont prises par des experts en la matière qui devraient être considérés comme des alliés pour changer l'écosystème DE&I de l'organisation, car c'est dans ces contextes que les batailles DE&I sont gagnées ou perdues. Lorsque les individus acceptent les avantages inhérents à notre humanité commune comme une force à exploiter, on peut leur faire confiance pour réimaginer et réinventer leurs propres écosystèmes lorsque DE&I modère la responsabilité sociale et les objectifs de développement durable afin de sauver notre planète pour les générations futures. Elle garantit que ceux qui vivent dans cette génération peuvent atteindre leur but et réaliser leurs rêves grâce à une dynamique plus inclusive. Cela commence par la modération des actions de la pensée sociale vers des modèles plus justes et plus équitables pour tous.

MODÈLES MENTAUX DE PENSÉE

L'adage selon lequel « rien n'est nouveau sous le soleil » s'applique aux modèles mentaux humains, car il est rare qu'une personne invente de nouvelles façons de penser autres que celles auxquelles elle a été, est et continue d'être exposée par les autres, la société et même les organisations. Ces modèles mentaux sont programmés dans nos schémas de pensée sous la forme d'identités, de concepts, de catégories, de récits causaux, de prototypes, de visions du monde et de stéréotypes (Banque mondiale 2015). Dans les modèles mentaux, les perceptions régissent la réalité et les interprétations ; ce que les individus perçoivent comme vrai se manifeste par des valeurs et des comportements qui aboutissent à la prise de décision. Comme le note le rapport de la Banque mondiale :

Les liens entre la perception et la pensée automatique sont forts, comme le souligne Kahneman (2003)... Si les deux impliquent la construction de sens, dans les deux cas, celui qui perçoit ou pense n'a pas conscience de construire quoi que ce soit. Il s'imagine qu'il répond objectivement au stimulus ou à la situation... Les individus peuvent également s'accrocher à des modèles mentaux multiples et parfois même contradictoires - en puisant dans l'un ou l'autre modèle mental lorsque le contexte déclenche une façon particulière de voir le monde. Les modèles mentaux sont importants pour le développement car ils influent sur la prise de décision (Banque mondiale 2015).

Les modèles mentaux ne sont pas intrinsèquement mauvais ; ils rendent le monde de la prise de décision possible. Sans eux, nous ne pouvons pas prendre de décisions partagées ou nous comprendre, construire des réseaux, prendre des mesures collectives ou trouver un terrain d'entente. Ils diffèrent des normes sociales parce qu'il n'y a pas de pression pour se conformer à des valeurs ou des comportements qui sont imposés par la société. Les modèles mentaux sont plutôt des thèmes généraux sur la façon dont un individu s'inscrit dans une compréhension prédéfinie du fonctionnement du monde (Banque mondiale 2015). Les modèles mentaux peuvent également favoriser ou exacerber les normes et les préjugés qui divisent. Par exemple :

Les faits suggèrent que l'expérience historique exerce une puissante influence sur les modèles mentaux et, par conséquent, sur la façon dont les individus comprennent et réagissent au monde. L'héritage de la traite des esclaves dans l'Atlantique en est un exemple. L'esclavage était omniprésent à de nombreuses époques et dans de nombreuses sociétés, mais l'esclavage associé à la traite atlantique avait certaines propriétés qui le rendaient particulièrement destructeur. Les intermédiaires des marchands d'esclaves blancs comprenaient des Africains locaux. Pour se protéger contre la capture et la vente d'esclaves, les individus avaient besoin d'armes à feu, mais pour acheter des armes, ils avaient besoin d'argent. Le principal moyen d'obtenir de l'argent liquide était de kidnapper quelqu'un et de le vendre comme esclave. Ainsi, la traite atlantique des esclaves a monté les frères les uns contre les autres, les chefs contre les sujets et les juges contre les accusés. La baisse du niveau de confiance dans certaines régions d'Afrique aujourd'hui est liée à l'intensité de la traite des esclaves il y a plusieurs siècles. Les régions qui étaient plus exposées aux raids d'esclaves en raison de caractéristiques géographiques accidentelles ont des niveaux de confiance plus faibles aujourd'hui - confiance envers les étrangers, les amis, les parents et les institutions (Banque mondiale 2015).

Les modèles mentaux sur la façon dont le monde fonctionne varient d'une société à l'autre et d'un pays à l'autre ; cela en fait des questions de DE&I pour toutes les organisations, qu'elles aient une portée locale ou mondiale. Si la DE&I encadre la manière dont les décisions justes et équitables sont prises, elle devrait également fournir des modèles mentaux sur le fonctionnement de la responsabilité sociale dans le monde entier.

Le XXIe siècle a connu des mouvements massifs de personnes d'une société ou d'un pays à l'autre. Nous avons également vu des organisations mondiales exercer une influence directe en tant qu'employeurs et fournisseurs de produits et de services. Les modèles mentaux présentent un intérêt particulier pour la prise de décision, car lorsque les individus se déplacent d'une société à l'autre, leurs modèles mentaux sont remis en question par les attentes de leurs nouveaux environnements - main-d'œuvre, lieu de travail et partenaires de travail. Le rapport de la Banque mondiale soutient que :

Les institutions et les modèles mentaux sont étroitement liés ; parfois, un changement de modèle mental nécessite un changement d'institution. Mais dans certains cas, l'exposition à d'autres modes de pensée et à de nouveaux modèles de rôle - dans la vie réelle, dans la fiction et par le biais de délibérations publiques - peut avoir une influence mesurable sur les modèles mentaux et sur les comportements, comme l'investissement et l'éducation (Banque mondiale 2015).

Prenons l'exemple d'un manager d'une entreprise de haute technologie de la Silicon Valley, en Californie, qui a grandi en Inde où ses modèles mentaux étaient encadrés par un système de castes. Bien que toutes les personnes ayant grandi en Inde ne souscrivent pas aux modèles mentaux encadrés par le système des castes, ce manager (dans ce contexte) devra ajuster ses modèles mentaux pour répondre aux attentes d'un pays qui a ses propres modèles mentaux - imparfaits, mais néanmoins des modèles. Que se passe-t-il si le manager indien travaille en Inde et doit prendre des décisions ayant un impact sur les Américains avec un modèle mental basé sur un système de castes ? Comment une organisation peut-elle saisir des modèles mentaux de DE&I larges et socialement responsables ? Le rapport de la Banque mondiale poursuit :

Comme le montrent les études sur les immigrants, les modèles mentaux peuvent être transmis de génération en génération : les modèles mentaux de confiance, de genre, de fertilité et de gouvernement, par exemple, sont généralement appris de la culture dans laquelle on grandit. Les processus d'apprentissage social permettent le transfert intergénérationnel des modèles mentaux. Le passé d'une société peut affecter les perceptions et les évaluations des opportunités par les membres actuels de la société (Banque mondiale 2015)... Comme nous sommes des animaux sociaux, nos modèles mentaux incorporent souvent les croyances et les routines acquises de la culture dans laquelle nous avons été élevés. Une façon d'envisager la culture est de la considérer comme un ensemble d'outils de perception et d'interprétation largement partagés. Ces outils peuvent ne pas être totalement cohérents les uns avec les autres [et] une personne donnée peut adopter des comportements différents lorsque le modèle mental qui lui est le plus accessible change (Banque mondiale 2015).

Les modèles mentaux sont parfois désignés collectivement sous le terme de « culture » car ils proviennent du côté cognitif de nos relations sociales et jouent des rôles clés dans nos prises de décision individuelles en fournissant des liens avec les significations, que nous utilisons pour justifier les actions que nous entreprenons. Le lien entre la culture et le sens sert donc « d'outils pour permettre et guider l'action ; (Banque mondiale 2015) » le rapport de la Banque mondiale a affirmé que :

Les modèles mentaux et les croyances et pratiques sociales s'ancrent souvent profondément dans les individus. Nous avons tendance à intérioriser des aspects de la société, en les considérant comme allant de soi, comme des « faits sociaux » inévitables. » Les modèles mentaux des gens façonnent leur compréhension de ce qui est juste, de ce qui est naturel et de ce qui est possible dans la vie. Les relations et les structures sociales, à leur tour, sont à la base du « sens commun » socialement construit, qui représente les preuves, les idéologies et les aspirations que les individus prennent pour acquis et utilisent pour prendre des décisions - et qui, dans certains cas, accroissent les différences sociales (Banque mondiale 2015).

Dans la classe américaine de changement social, les amendements constitutionnels et les lois sur les droits civiques étaient des outils pour permettre et guider les Américains à choisir une voie vers la réconciliation raciale et à construire une union plus parfaite. Malheureusement, la suprématie blanche et sa quête de domination ont maintenu l'Amérique polarisée sur le plan racial et emprisonné de manière conspiratrice de nombreuses personnes au sein du groupe racial blanc. Le Ku Klux Klan a été formé en 1865 spécifiquement pour défendre et rétablir les normes du Sud (poursuivant la pensée automatique sur les relations raciales). Les lois Jim Crow ont légalisé ces normes par le biais de lois séparées mais égales (poursuite du raisonnement social). Des films tels que Birth of a Nation ont justifié ces normes, établissant des modèles mentaux pour des générations d'Américains blancs quant à leurs rôles et responsabilités dans la société. Ensemble, ces trois institutions ont façonné les modèles mentaux des droits des Blancs (privilèges, politiques, politiques) qui sont au cœur de la suprématie blanche, laquelle se manifeste aujourd'hui encore par des injustices raciales, des pratiques d'équité injustes et une Amérique culturellement exclusive. À propos des modèles mentaux, le rapport de la Banque mondiale en témoigne :

Un ensemble d'écrits d'anthropologues et d'autres spécialistes des sciences sociales souligne que ce que les gens considèrent comme des preuves tangibles et du bon sens (leurs modèles mentaux de base de leur monde et de son fonctionnement) est souvent façonné par les relations économiques, les affiliations religieuses et les identités de groupes sociaux. Une grande partie de ce travail soutient que pour parvenir à un changement social dans une situation où les modèles mentaux ont été intériorisés, il peut être nécessaire d'influencer non seulement la prise de décision cognitive d'individus particuliers, mais aussi les pratiques et les institutions sociales. Un exemple canonique de modèle mental est le stéréotype, qui est un modèle mental d'un groupe social. Les stéréotypes influent sur les possibilités offertes aux personnes et façonnent les processus d'inclusion et d'exclusion sociales. En raison des stéréotypes, les personnes issues de groupes défavorisés ont tendance à sous-estimer leurs capacités et peuvent même se comporter plus mal dans des situations sociales lorsqu'on leur rappelle leur appartenance à un groupe. De cette manière et d'autres, les stéréotypes peuvent s'auto-réaliser et renforcer les différences économiques entre les groupes (Banque mondiale 2015).

Lorsqu'un conseil d'administration de dix personnes, par exemple, est contraint par la loi ou les pressions des parties prenantes d'inclure des minorités et des femmes dans ses rangs, il inclut généralement une seule personne de couleur et une seule femme pour se conformer, puis célèbre ces nominations comme s'il avait pleinement accompli l'intention des idéaux. Il n'est pas difficile de voir que même si les deux nouveaux venus votent en tandem sur les décisions du conseil d'administration, ils restent largement en infériorité numérique, et le réseau des anciens peut facilement poursuivre ses activités comme si de rien n'était. Lorsque l'on fait sentir à la personne de couleur et à la femme qu'elles devraient être reconnaissantes d'être autorisées à faire partie du conseil d'administration, cela renforce les stéréotypes, ajoutant des sentiments acrimonieux de part et d'autre. Le rapport de la Banque mondiale indique :

Puisque nous sommes des animaux sociaux, nos modèles mentaux incorporent souvent les croyances et les routines acquises de la culture dans laquelle nous avons été élevés. Une façon d'envisager la culture est de la considérer comme un ensemble d'outils de perception et d'interprétation largement partagés. Ces outils peuvent ne pas être totalement cohérents les uns avec les autres [et] une personne donnée peut adopter des comportements différents lorsque le modèle mental qui lui est le plus accessible change (Banque mondiale 2015).

Dans l'exemple ci-dessus, l'homme et la femme minoritaires doivent trouver de nouveaux moyens de créer une nouvelle normalité dans le contexte des relations culturelles dans lesquelles ils doivent exercer leurs rôles et responsabilités en tant que membres du conseil d'administration. Étant donné que les normes humaines de division sont gravées dans l'esprit, les politiques et les procédures en elles-mêmes - aussi bien conçues ou intentionnées soient-elles - ne suffisent généralement pas à traiter les questions de DE&I du cœur. Cette situation est encore exacerbée lorsque les personnes qui doivent prendre ces décisions ne sont pas conscientes des principes qui encadrent leurs propres processus décisionnels.

Les dirigeants, les décideurs et toutes les personnes impliquées dans la prise de décisions au sein de l'écosystème d'une organisation doivent être conscients de leurs propres penchants individuels et institutionnels qui ont un impact sur ces décisions et sur les trois principes qui les encadrent - la pensée automatique et sociale et les modèles mentaux. Même les professionnels, les défenseurs et les champions de la DE&I ne sont pas exempts de normes biaisées qui peuvent se glisser dans leur prise de décision. La prise de conscience de ces trois principes de prise de décision, ainsi que des sept principes et des sept sujets fondamentaux du cadre de responsabilité sociale de l'ISO 26000 et des trois modèles présentés dans ce livre, fournit une approche systématique à mettre en œuvre dans les politiques et les procédures autour des engagements DE&I des organisations.

Connaître les principes qui influencent nos décisions permet aux individus et aux organisations de créer des procédures pour atténuer leurs impacts négatifs et conflictuels sur les groupes minoritaires et vulnérables. Après tout, la race, la tribu, le sexe, la caste, la classe et d'autres formes de « ismes » utilisés pour diviser l'humanité sont eux-mêmes perpétués par des normes systémiques et structurelles. Voici les conclusions résumées dans le rapport de la Banque mondiale de 2015 :

En Inde, les garçons de basse caste étaient essentiellement aussi bons dans la résolution d'énigmes que les garçons de haute caste lorsque l'identité de la caste n'était pas révélée... Cependant, dans les groupes de caste mixte, le fait de révéler la caste des garçons avant les séances de résolution d'énigmes a créé un « écart de caste » significatif dans les résultats, dans lequel les garçons de basse caste ont obtenu des résultats inférieurs de 23 % à ceux des garçons de haute caste, en contrôlant les autres variables individuelles (Hoff et Pandey 2006, 2014). Le fait de rendre la caste saillante pour les participants aux tests a invoqué des identités, qui ont à leur tour affecté les performances. Les performances des garçons stigmatisés de basse caste ont diminué par rapport à celles des garçons de haute caste. Lorsque la caste a été révélée aux garçons de haute caste alors qu'ils n'étaient pas mélangés avec des garçons de basse caste, les garçons de haute caste ont obtenu des résultats inférieurs, peut-être parce que la révélation évoquait un sentiment de droit et de « pourquoi essayer ? ». La simple présence d'un stéréotype peut contribuer à des différences d'aptitude mesurées, qui peuvent à leur tour renforcer le stéréotype et servir de base à la distinction et à l'exclusion, dans un cercle vicieux.

Trouver des moyens de briser ce cycle pourrait améliorer considérablement le bien-être des personnes marginalisées. Les données recueillies dans un certain nombre de contextes suggèrent que l'invocation d'identités positives peut contrer les stéréotypes et accroître les aspirations. Le fait d'amener les individus à contempler leurs propres forces a conduit à une meilleure réussite scolaire chez les minorités à risque aux États-Unis, à un plus grand intérêt pour les programmes de lutte contre la pauvreté chez les personnes pauvres et à une augmentation de la probabilité de trouver un emploi chez les chômeurs au Royaume-Uni (Cohen et autres 2009 ; Hall, Zhao et Shafir 2014 ; Bennhold 2013).

Les résultats ci-dessus sont instructifs lorsqu'il s'agit de créer ou de développer des solutions modérées par la DE&I à travers les principes du développement durable, car l'objectif est de briser le cycle des normes qui divisent et non d'amplifier ou de créer de nouvelles normes. La compréhension des sept principes et des sept sujets fondamentaux de la responsabilité sociale modérée par la DE&I donne à une organisation des outils supplémentaires pour garantir que les engagements de DE&I en tant que cadres décisionnels sont mis en œuvre dans l'ensemble de son écosystème avec de nouvelles normes incitatives à valeur ajoutée qui remplacent efficacement les anciennes normes inéquitables.

En outre, étant donné que nos normes mondiales de division sont liées entre elles - comme les inégalités entre les sexes, les races ou les ethnies - il est très important de comprendre où le reste du monde aspire à aller pour rendre notre planète plus sûre et permettre aux humains qui y vivent d'atteindre leur plein potentiel. Les Objectifs de développement durable 2030 des Nations unies offrent aux organisations la possibilité d'avoir un impact par le biais d'actions organisationnelles structurées qui alimentent et soutiennent les actions collectives mondiales. Enfin, le CCG, l'objectif d'équité en 3 étapes et les principes d'action d'inclusion en 3 étapes fournissent une approche synergique en rassemblant toutes les connaissances, tous les principes et tous les outils susmentionnés pour s'attaquer à nos normes de division, en établissant des mesures systématiques de contrepoids au racisme systémique et structurel et aux inégalités entre les sexes.

POURQUOI J'AI CHOISI DE M'IMPLIQUER DANS LES QUESTIONS DE&I

En tant que cadre supérieur, j'ai souvent été déconcerté par le fait que certaines solutions académiques aux défis organisationnels n'incluent pas toujours des personnes qui me ressemblent et qui pensent comme moi. En d'autres termes, ces solutions ne m'identifient pas ou ne m'engagent pas en tant que partie prenante d'intérêt et d'influence.

C'est pourquoi, à la quarantaine, j'ai décidé de retourner à l'école et d'obtenir un doctorat en gestion avec une spécialisation en leadership et en changement organisationnel. Puisque l'adage selon lequel « si vous ne pouvez pas les battre, rejoignez-les » est vrai, j'ai décidé de baser mes recherches et la création de nouvelles connaissances dans les domaines de la gestion du changement et du leadership sur une perspective mondiale, sans être gêné par mon flair africain et la vitalité d'un citoyen du monde. Dans le cadre de ma thèse, j'ai effectué des recherches sur l'application d'un concept de responsabilité sociale sur le triple résultat de la prospérité, des personnes et de la planète dans le secteur public. Cette recherche, intitulée « The Triple Bottom Line and Social Responsibility Framework in Public Sector Management », a été téléchargée dans 130 pays par des personnes représentant 517 institutions (éducation 43 %, commerce 37 %, gouvernement 13 %, autres 3 %). Poussant cette recherche plus loin, je l'applique maintenant dans ce livre au DE&I en tant que modérateur des cadres de responsabilité sociale et de développement durable, tant du point de vue académique que pratique.

Ce livre fait partie de mon propre voyage pour choisir un chemin avec un but plus élevé afin que je puisse laisser le monde meilleur que je l'ai trouvé. En tant qu'Afro-Américain d'origine nigériane, j'ai appris à apprécier mes racines, en particulier grâce à l'estime de soi et à la valeur personnelle qui m'ont été insufflées par ma famille et par la pensée sociale et les modèles mentaux dominants de la société. Cela n'a jamais été aussi clair pour moi que lorsque j'ai entendu le célèbre archevêque sud-africain Desmond Tutu rappeler comment son amour-propre et sa valeur personnelle avaient été endommagés parce qu'il était né et avait grandi dans l'Afrique du Sud de l'apartheid.

L'archevêque Desmond Tutu s'est souvenu d'un moment, dans les années 1970, où il a visité le Nigeria et est monté à bord d'un vol local dont le pilote et le copilote étaient noirs. Tutu était ravi de voir cela, car dans ses modèles mentaux d'Afrique du Sud, un tel spectacle aurait été considéré comme une aberration. Cependant, bien que l'impact de ce spectacle ait été réel pour Tutu parce qu'il a brisé un faux modèle mental de ce que les Noirs pouvaient faire, il ne l'a pas libéré des dommages déjà causés à sa psyché concernant son humanité, renforcés par les normes de division de la société et appliqués à sa vision quotidienne des réalités.

Une fois qu'ils étaient entièrement assis, Tutu est passé sans effort en mode de pensée automatique et est devenu mal à l'aise et effrayé, se demandant si ce jour était son dernier sur Terre parce que des pilotes noirs étaient dans le cockpit. Tutu est ensuite passé en mode de pensée délibérative en donnant un sens à sa peur, car une personne blanche n'avait pas le contrôle dans le cockpit, ce qui signifiait qu'ils allaient probablement s'écraser et mourir. Ce piège de fausses croyances a conduit l'évêque Tutu à conclure plus tard que les normes de discrimination et de division promues par le système d'apartheid « ... peuvent amener un enfant de Dieu à douter qu'il ou elle est un enfant de Dieu... *Vous en venez à croire ce que les autres ont déterminé à votre sujet, ce qui vous remplit de dégoût, de mépris et de haine de soi, acceptant une image négative de vous-même (Tutu 1986) »*.

Les normes de division qui marginalisent les groupes minoritaires et les femmes ne s'arrêtent pas à la négation de leurs droits, mais s'étendent à la dégradation de leur valeur personnelle et de leur bien-être - sur le plan psychologique, social, spirituel et même générationnel. Lorsque l'identité et les capacités d'une personne sont encadrées par des normes sociétales qui divisent et marginalisent à ce point, notre humanité collective est diminuée au-delà de ce que nous pouvons pleinement saisir dans les études de recherche. Les rêves ne se réalisent jamais, les remèdes ne sont jamais inventés et les solutions aux problèmes de l'humanité restent sans réponse. Malheureusement, ces décisions, ainsi que les cadres et les modèles qui les modèrent, sont parfois si profondément ancrés qu'ils se manifestent dans des modèles de pensée automatiques, sociaux et mentaux, sans que les individus ne se rendent compte de ce qui a affecté leurs décisions.

En tant que Nigérian étudiant aux États-Unis, j'ai été confronté aux mêmes modèles automatiques, sociaux et mentaux historiques utilisés pour catégoriser et marginaliser les Noirs. Mais comme je bénéficiais d'une infusion plus profonde d'estime de soi et de valeur personnelle modérée par ma fierté nationale d'être Nigérian, j'ai eu du mal à comprendre la nouvelle pensée sociale et les modèles mentaux utilisés pour m'identifier et m'engager en tant que personne. Il m'a fallu près de trois ans pour me faire une idée de l'ampleur du racisme et de ses diverses manifestations en tant que cadres et modèles qui façonnaient les valeurs et les comportements auxquels j'étais confronté quotidiennement de la part de groupes de personnes blanches, noires et brunes, qui attendaient toutes que je me conforme à leurs modèles de ce que j'étais et de ce que je pouvais ou ne pouvais pas accomplir dans la vie. Mais la conformité à un système qui divise et marginalise est une mort lente, et je voulais vivre une vie qui ne soit pas entravée par les limitations sociétales fondées sur la couleur de ma peau. J'ai appris à ne plus perdre de temps à faire de l'ombre aux personnes qui ne comprenaient pas pourquoi je ne pouvais pas me conformer ou adhérer à un cadre de suprématie blanche ou lui permettre de définir mon humanité, même si je vivais en Amérique.

Tout a commencé pour moi de manière inoffensive à l'université, après avoir vécu avec tous les groupes raciaux et tribaux au Nigeria. Oui, il y avait des différences ethniques et culturelles, mais pas de dichotomies supériorité-infériorité cimentées par les politiques publiques et mises en œuvre dans les normes sociétales. Je me souviens d'un professeur blanc à l'université qui estimait ne pas pouvoir donner un « A » à un Noir dans un cours où les étudiants blancs obtenaient des notes inférieures (pensée sociale). Cela n'avait rien à voir avec le produit du travail, car dans mon cas, le programme de cette classe de seconde était équivalent à celui de ma troisième année de lycée au Nigeria. En un sens, je redoublais une classe pour laquelle j'avais obtenu l'équivalent d'un « A » au Nigeria, mais à cause du profilage racial, je ne pouvais obtenir plus d'un « B » - et c'était « généreux » du point de vue du professeur.

Puis j'ai rencontré un autre professeur blanc qui avait l'expérience de nombreux étudiants nigérians qui obtenaient généralement des « A » dans ses cours. Ce professeur ne savait pas si j'étais vraiment originaire du Nigeria parce que je tournais en rond entre un B et un C+ dans l'un de ses cours (modèle mental de pensée). Je me suis rapidement réveillé de ma torpeur, j'ai aiguisé mes talents et j'ai obtenu des A dans les cours de ce professeur. Je n'allais pas être l'exception ou l'astérisque dans le modèle mental des étudiants nigérians de ce professeur.

Enfin, j'avais un professeur qui avait déjà établi que j'étais un étudiant « D » simplement en me présentant à son cours en noir (pensée automatique). J'ai rapidement compris la situation et j'ai changé le cours en cours assisté, ce qui signifie qu'aucune note ne pouvait être attribuée. Deux semaines avant la fin du cours, j'étais assis en face de ce professeur qui m'expliquait à regret qu'il se battait pour ne pas me donner un « F » pour ce cours. J'ai vu ce professeur sur le point d'exploser lorsque je l'ai informé que j'allais assister au cours.

Je n'avais alors aucune idée du rôle que jouaient les modèles de pensée automatiques, sociaux et mentaux dans la société, et encore moins dans l'environnement académique, qui est principalement dominé par les stéréotypes raciaux et sexuels. Les mêmes modèles de pensée m'ont suivi lorsque j'ai gravi les échelons de l'entreprise avec un MBA, étayé par des expériences professionnelles. Cela ne m'a pas épargné la supposition de certains que j'avais été embauché par discrimination positive, mes qualifications et mes mérites étant expliqués par un profilage stéréotypé. Aujourd'hui, je me sers de ces expériences et de celles d'autres personnes avant moi et de mes contemporains pour rechercher et produire de nouvelles connaissances sur le leadership global et le DE&I dans le monde entier.

La première version de ce livre était un ouvrage de 600 pages intitulé « Diversité, équité et inclusion, une monnaie de responsabilité sociale », mais juste avant sa sortie, j'ai partagé le livre avec certains membres de la Harvard Business School Community Partners qui ont manifesté un intérêt particulier pour le sujet et le matériel. Après avoir examiné le livre et avec l'aide de mon éditrice, Lisa Sanchez-Corea Simpson, du groupe, a déclaré que j'avais en fait trois livres en un seul. Nous avons convenu de la nécessité de rédiger un manuel sur l'éducation et la formation des adultes à l'intention des universitaires et des responsables de la pratique, étant donné que le sujet était en train de devenir une science sociale émergente et que les implications étaient mondiales et ne concernaient pas seulement un pays. Alors, j'ai fait ce que les humains font le mieux : j'ai adapté. J'ai :

1. **réimaginé** une série de livres qui peuvent s'adresser à la plupart des gens dans le monde entier sur les questions, les défis et les opportunités liés à l'ED&I en tant que manuel pour cette science sociale émergente, ainsi Humankind Shared Planet est devenu le nouveau titre du cycle de vie de la série,

2. **réévalué** mon matériel existant et la meilleure façon de le présenter et de l'appliquer de manière plus gérable et cohérente, en commençant par établir les principes et modèles clés présentés dans ce livre pour un écosystème de responsabilité sociale sain modéré par la DE&I, ainsi « ... Divided by Norms, a handbook for addressing diversity, equity, and inclusion through social responsibility » est devenu ce premier volume, et

3. **réinventé ou réorganisé** l'exploration de la DE&I de chaque pays à partir de son histoire ADN unique (problèmes, défis et opportunités) en utilisant les principes et modèles clés présentés dans le premier volume. J'ai ensuite modifié ou réorienté mes recherches et mes écrits existants sur quatre pays, en les transférant dans un deuxième volume. Ainsi, les Global DE&I Stories... a handbook for exploration and navigation of the social science of diversity, equity and inclusion (Histoires mondiales de la DE&I... un manuel pour l'exploration et la navigation dans les sciences sociales de la diversité, de l'équité et de l'inclusion) sont devenues l'objectif et le moteur de chaque pays à examiner chaque année.

Le volume I établit les outils structurels, les principes et les compréhensions clés dans l'utilisation de la DE&I comme modérateur de la responsabilité sociale et du développement durable pour aborder les normes sociétales et organisationnelles qui divisent et marginalisent les groupes de personnes sur des différentiateurs artificiels. Je les ai également utilisés pour rechercher, examiner, explorer et partager de nouvelles compréhensions autour des questions, défis et opportunités de la DE&I dans différents pays.

Le volume II de la série de livres Humankind Shared Planet s'est penché sur les histoires mondiales de DE&I au Brésil, en Inde, au Nigeria et aux États-Unis. Ensemble, ces quatre pays abriteront 27 % de la population mondiale d'ici 2050. Leur forte proportion de la population mondiale, leurs profils éducatifs et la mobilité de leurs citoyens d'une nation à l'autre font de ces quatre pays une force avec laquelle il faut compter, à la fois comme source d'inspiration en matière de DE&I et comme salle de classe pour comprendre les problèmes, les défis et les opportunités de nos normes et préjugés humains qui divisent, ainsi que ce que nous pouvons faire pour y remédier collectivement. D'ici 2100, la population mondiale devrait atteindre 10,9 milliards d'habitants ; ces quatre mêmes pays abriteront encore plus de 27 % de la population. D'ici là, l'Inde devrait se classer au premier rang avec 1,09 milliard d'habitants, le Nigeria au deuxième rang avec 791 millions, les États-Unis au quatrième rang avec 336 millions et le Brésil au treizième rang avec 165 millions (Forum économique mondial 2020).

Ces quatre pays ont leur propre histoire en matière de DE&I, avec un ADN unique qui raconte leur histoire depuis leurs débuts jusqu'à aujourd'hui. Pourtant, ces pays présentent également des corrélations extrêmement riches et exceptionnelles - deux nations construites par des immigrants, qui s'ajoutent à des groupes autochtones préexistants, et deux nations colonisées, dont l'ADN a été façonné à la fois par les colonisateurs et par leurs propres actions après l'indépendance. Ensemble, elles offrent un riche aperçu des normes de division qui contrarient et bénissent notre humanité commune - leurs histoires de DE&I. Ces histoires révèlent les origines de certaines de nos normes de division, ainsi que les clés pour les résoudre ensemble par l'utilisation de certains cadres de base socialement responsables.

LA DE&I EST UNE QUESTION DE LEADERSHIP ET DE GESTION DU CHANGEMENT

Le monde change de plus en plus vite, et l'avènement de l'internet n'a fait qu'accélérer ce rythme ces dernières années. Internet est devenu une force de connexion pour négocier les relations avec toutes les parties prenantes, internes et externes. Les outils de communication tels que les téléphones portables ont uniformisé les règles du jeu au niveau mondial et permis un accès généralisé aux produits et aux services. Des outils technologiques qui auraient laissé les pays en développement dans l'ignorance pendant des décennies sont désormais intégrés de manière transparente et accessibles aux personnes vivant dans les régions les plus reculées du globe. La démographie humaine et le niveau d'éducation des minorités et des groupes vulnérables ont également changé, sans doute en raison, au moins en partie, du fossé entre les communautés qui ont facilement accès à une connexion internet à haut débit et celles qui n'en ont pas.

Chaque fois que des personnes de races ou de sexes différents interagissent, les problèmes, les défis et les opportunités liés à la DE&I existent toujours. Mais le DE&I n'est pas seulement un problème organisationnel ou sociétal, c'est aussi une affaire de famille. La notion d'unité entre un père et une mère est la définition même de la diversité. Les structures familiales sont de plus en plus diverses et présentent des défis d'équité et d'inclusion qui leur sont propres. Ce livre propose des concepts généraux qui peuvent être appliqués aux situations de DE&I familial également.

Aux États-Unis, il est prévu que d'ici 2045, aucune race ou groupe ethnique ne sera majoritaire. Cela signifie que toute organisation soucieuse de durabilité doit faire du DE&I un élément central de ses politiques et procédures et faire tout son possible pour créer un environnement culturellement pertinent. Un écosystème d'entreprise diversifié, inclusif et axé sur l'équité sera le facteur de différenciation entre les organisations d'aujourd'hui et de demain, car la main-d'œuvre deviendra encore plus sélective quant aux valeurs d'entreprise qui correspondent à son objectif supérieur.

Malheureusement, le racisme et la haine profondément enracinée sont devenus encore plus puissants et aggravants, et les organisations en paient le prix en intentant des procès pour les actions de certains de leurs employés. La JPMorgan Chase Bank, par exemple, a récemment versé 24 millions de dollars pour régler un recours collectif avec certains de ses employés afro-américains qui avaient intenté un procès en raison de pratiques discriminatoires de la part de leurs superviseurs et directeurs. Il n'existe pas de solution simple à cette situation ; le racisme dans les entreprises américaines doit être traité au sein de l'écosystème de chaque entité.

La triple ligne de fond (économie, environnement et conversations sociales) est devenue courante, les organisations ayant désormais une vue d'ensemble et l'intégrant dans le cadre de leur responsabilité sociale et de leur vision du monde durable. Alors que le développement durable est abordé de manière disciplinée et structurée, le racisme, le sexisme, le tribalisme et le sectionnalisme systémiques continuent de faire échouer les tentatives de les éliminer. Sans un plan de DE&I clair et efficacement mis en œuvre, les organisations deviennent des environnements où ces stéréotypes se perpétuent.

Lorsque des groupes de personnes du monde entier quittent leurs foyers ancestraux pour de nouvelles patries, la mobilité étant rendue possible par la mondialisation, ils emportent également avec eux des modèles mentaux sociaux ou des contrats sur le comportement humain qui ont un impact sur leur mode de pensée automatique, social et mental. Des études sur les immigrants ont montré que les modèles mentaux sont transférables d'une génération à l'autre parce qu'ils « sont généralement appris de la culture dans laquelle on grandit (Banque mondiale 2015) » *et qu'en tant que créatures sociales, « nos modèles mentaux incorporent souvent les croyances et les routines acquises de la culture dans laquelle nous avons été élevés (Banque mondiale 2015). »* Puisque la « culture » est un outil partagé de perception et de construction humaine, nous savons également qu'une personne a la capacité de démontrer « ...des comportements différents lorsque le modèle mental qui lui est le plus accessible change (Banque mondiale 2015). » Peu de travaux universitaires ont été réalisés pour étudier ces dynamiques en relation avec le DE&I.

Pour que les plans DE&I soient durablement efficaces, ils doivent être systémiques et en réponse directe aux problèmes systémiques et structurels liés à la race, au genre et à d'autres problèmes connexes. Les platitudes sur la DE&I et les promesses de faire mieux à l'avenir ne suffisent plus, à moins qu'elles ne soient soutenues par des mesures concrètes qui mènent à un écosystème d'inclusion et d'appartenance pour tous.

La vérité est que les groupes marginalisés et vulnérables n'ont pas été privés de leurs droits du jour au lendemain. Les actions et les politiques qui ont marginalisé ces groupes ont mis du temps à se développer avant de devenir des normes de division établies et normalisées par les contrats sociaux. Par conséquent, nous ne pouvons pas résoudre les normes de division si nous ne reconnaissons pas leur existence. Le passé ne meurt jamais, et il est téméraire de croire qu'une génération éloignée de lui peut l'effacer ou nier son existence.

Les expériences humaines font partie intégrante du continuum de vie de l'humanité sur la planète Terre et servent de leçons à tirer - en bien ou en mal. Aujourd'hui, les pratiques discriminatoires ont un impact négatif sur les groupes minoritaires et vulnérables, les empêchant de réaliser leur potentiel et d'accéder aux processus institutionnels, aux facilités de crédit, aux opportunités d'emploi et à d'autres avantages facilement accordés à leurs homologues de la majorité.

La question qui se pose à la plupart des organisations, du moins à celles dont les dirigeants sont réellement attachés à une main-d'œuvre, un lieu de travail et des partenaires de travail diversifiés et inclusifs, est de savoir ce qu'il faut faire face au racisme résiduel et aux autres formes de pratiques discriminatoires sociétales. Ces préjugés de longue date sont souvent profondément ancrés dans le cœur ; il est beaucoup plus difficile de les éradiquer avec des notes de service ou des décrets gouvernementaux. Les employés apportent sur le lieu de travail des valeurs et des comportements biaisés appris tout au long de leur vie, dont beaucoup ne se manifestent pas par des comportements explicites mais sont néanmoins présents.

Les préjugés explicites sont flagrants, vécus à l'extérieur et facilement identifiables, tandis que les préjugés implicites se manifestent à l'intérieur. Les préjugés implicites ne sont pas aussi faciles à repérer ou à éradiquer, mais ils donnent des coups de poing déchirants qui ont des répercussions négatives importantes sur les minorités et les groupes vulnérables. Les préjugés implicites sont donc beaucoup plus dangereux que les préjugés explicites. Les préjugés implicites ne peuvent pas être facilement « désappris » ; ils nécessitent un dialogue social, dans lequel les gens décrivent et affrontent les problèmes des préjugés implicites et explicites en s'appuyant sur des expériences vécues pour mettre en lumière la douleur et la souffrance qu'ils provoquent.

Ces valeurs et comportements appris de l'extérieur créent un écart avec les codes organisationnels visant à créer et à promouvoir un environnement de travail équitable, diversifié et inclusif. Promouvoir et faire respecter des décisions et des pratiques équitables et justes est un travail difficile, mais les bénéfices potentiels sont substantiels. Avec une nouvelle génération de travailleurs qui ne sont pas satisfaits de travailler uniquement pour leur salaire et qui veulent trouver un sens plus élevé à leur travail, la compétition pour une main-d'œuvre durable est un investissement difficile mais compétitif pour toutes les organisations. En Amérique, un aperçu positif de la main-d'œuvre suggère qu'il y a davantage de Blancs prêts et désireux de rejoindre la cause d'un changement radical, juste et équitable, des normes qui divisent le pays depuis longtemps. Il convient de les encourager et de les soutenir, et non de les mettre dans le même sac que ceux qui, dans leur groupe démographique, réclament une époque révolue, souhaitant un retour à une quête irréconciliable et irréaliste d'un statu quo suprématiste blanc.

Le monde a changé au cours du dernier demi-siècle, l'Amérique continue de changer, et une grande partie de la population active ne soutient plus les comportements, les valeurs et les normes qui divisent. Par exemple, un rapport d'enquête de la Banque mondiale sur « la réduction de l'écart entre les sexes (Banque mondiale 2022) » soutient qu'aucun pays, aucune communauté ou économie ne peut prospérer à son plein potentiel lorsqu'il ignore la participation pleine et égale des hommes et des femmes. Selon ce rapport d'enquête du Programme d'aide à la gestion du secteur de l'énergie, lorsque les femmes sont engagées de manière égale dans la main-d'œuvre, les performances financières sont accrues, les résultats en matière de développement sont améliorés, l'innovation est stimulée et les environnements de travail sûrs sont normalisés (Banque mondiale 2022). En outre, lorsque les femmes occupent des postes de direction et de gestion, elles peuvent aider les organisations à atteindre plus rapidement l'égalité des sexes et à se transformer pour devenir plus innovantes, plus rentables et même plus généreuses (Banque mondiale 2022). Parmi les autres avantages, citons :

1. Le PIB mondial pourrait augmenter de 28 000 milliards de dollars d'ici 2025 si les femmes participent à l'économie au même rythme que les hommes.
2. L'accès à des emplois et à des actifs de qualité sont des leviers de changement essentiels pour les femmes, les communautés, les entreprises et les économies. Ils sont également des moteurs fondamentaux de la croissance économique, de la réduction de la pauvreté et de la prospérité partagée.
3. De multiples études montrent que les femmes sont de neuf à 23 points de pourcentage plus susceptibles d'obtenir un emploi en dehors du foyer après l'électrification. Bien qu'en 2018, 1 900 milliards de dollars aient été investis, à l'échelle mondiale, les interventions et les investissements visant à combler les écarts entre les sexes dans le secteur restent minimes
4. Au moins 30 % de leadership féminin dans les entreprises est lié à des marges bénéficiaires jusqu'à six points de pourcentage plus élevées que les entreprises sans femmes dans les rangs supérieurs (Banque mondiale 2022).

Bien que les chiffres ci-dessus aient été axés sur l'industrie de l'électrification, ils sont pertinents pour l'impact global que les femmes peuvent avoir dans la main-d'œuvre lorsqu'elles sont représentées en nombre égal à celui des hommes. Aujourd'hui, les femmes représentent 50 % ou plus de la population dans la plupart des pays. Elles sont plus nombreuses que les hommes à obtenir un diplôme universitaire et sont de plus en plus nombreuses à entrer dans la vie active. Toutes ces mesures positives sont les clés permettant de débloquer des valeurs, des comportements et des cultures organisationnelles socialement responsables. C'est l'espoir que la mondialisation peut contribuer à renforcer et à maintenir pour l'humanité.

L'un des leaders du vingtième siècle qui nous a donné une bonne leçon sur l'identification, la réconciliation et la réduction des écarts entre les objectifs ambitieux en matière de DE&I et les expériences vécues est le Dr Martin Luther King, Jr. Le Dr King nous a appris que nous partageons tous une même humanité, que nous vivons sur une même planète et que notre bonheur individuel est intrinsèquement lié aux libertés dont nous jouissons ensemble. Nous sommes des frères et des sœurs, parés de différentes teintes. La couleur de la peau d'une personne ne détermine pas son caractère, ses qualifications ou ses expériences, pas plus que le groupe principal auquel elle s'identifie socialement - certainement pas dans cette nouvelle ère. Ainsi, le Dr King a dépeint de manière prophétique une vision socialement responsable et durable de ce que pourrait devenir l'Amérique en tant que pays, tout en s'attaquant directement à l'état actuel des affaires de la nation en matière de relations raciales à son époque - un espoir capturé par la célèbre chanson de Sam Cooke, « A Change is Gonna Come ». Les paroles du Dr. King sont une source d'inspiration, mais elles étaient aussi une aspiration à cette époque. En utilisant les modèles mentionnés ci-dessus, nous pourrions facilement classer le discours « I have a Dream » du Dr King (King Institute) dans les catégories suivantes :

- **Appel à l'action pour la diversité fondée sur la connaissance**

  Il y a cinquante ans, un grand Américain, dans l'ombre symbolique duquel nous nous tenons aujourd'hui, a signé la Proclamation d'émancipation. Ce décret capital a été une grande lueur d'espoir pour des millions d'esclaves noirs qui avaient été brûlés dans les flammes de l'injustice. Il est venu comme une joyeuse aube pour mettre fin à la longue nuit de leur captivité. Mais 100 ans plus tard, le Noir n'est toujours pas libre. Cent ans plus tard, la vie du Noir est toujours tristement handicapée par les chaînes de la ségrégation et de la discrimination. Cent ans plus tard, le Noir vit sur une île isolée de pauvreté au milieu d'un vaste océan de prospérité matérielle. Cent ans plus tard, le Noir croupit toujours dans les recoins de la société américaine et se retrouve en exil dans son propre pays. Nous sommes donc venus ici aujourd'hui pour mettre en scène une condition honteuse. En un sens, nous sommes venus dans la capitale de notre nation pour encaisser un chèque.

- **Opportunité, réconciliation et perturbation de l'équité fondées sur la créativité**

  Le modèle Ajiake de lentille d'équité en 3 étapes :

  Opportunité d'équité : *Je fais le rêve que mes quatre petits enfants vivront un jour dans une nation où ils ne seront pas jugés par la couleur de leur peau mais par le contenu de leur caractère.* Je fais ce rêve aujourd'hui.

  La réconciliation équitable : *Je fais le rêve qu'un jour, en Alabama, avec ses vicieux racistes, avec son gouverneur dont les lèvres dégoulinent des mots « interposition » et « nullité », un jour, ici même en Alabama, les petits garçons noirs et les petites filles noires pourront se donner la main avec les petits garçons blancs et les petites filles blanches comme des sœurs et des frères. Je fais un rêve aujourd'hui.*

  Perturbation de l'équité : *Je fais le rêve qu'un jour, toutes les vallées seront élevées, toutes les collines et les montagnes seront abaissées, les endroits rugueux seront aplanis, et les endroits tortueux seront redressés, et la gloire du Seigneur sera révélée, et toute chair la verra ensemble.*

- **Étapes concrètes de l'inclusion centrée sur la gouvernance**

  Les principes d'inclusion en 3 étapes d'Ajiake

  Principe 1 axé sur la rédemption : *Ceci est notre espoir. C'est avec cette foi que je retourne dans le Sud. Avec cette foi, nous serons capables de tailler dans la montagne du désespoir une pierre d'espoir.*

  Principe 2 axé sur la restauration : *Avec cette foi, nous serons capables de transformer les discordes de notre nation en une belle symphonie de fraternité.*

<u>Principe 3 centré sur la responsabilité</u> : Avec cette foi, nous serons capables de travailler ensemble, de prier ensemble, de lutter ensemble, d'aller en prison ensemble, de défendre la liberté ensemble, en sachant que nous serons libres un jour.

Le temps « ...de transformer les discordes de notre nation en une belle symphonie de fraternité » est arrivé. L'Amérique peut et doit prendre la tête de cette ère, car en dépit de ses problèmes raciaux profondément enracinés, elle a fait le plus gros travail en matière de DE&I. L'Amérique continue de se débattre avec sa reconnaissance raciale parce qu'elle n'a pas entièrement résolu ses divisions raciales. Pourtant, bien que des préjugés profondément ancrés persistent et se manifestent encore dans les politiques et la culture américaines, l'Amérique n'a pas entièrement abandonné la quête d'une nation plus équitable et inclusive sur le plan racial. Aujourd'hui, l'avènement de la mondialisation en a fait un problème mondial. Il est en fait perturbant de négliger le DE&I de nos jours.

S'il est vrai que l'Amérique est aujourd'hui distraite et divisée comme jamais auparavant, elle n'en reste pas moins un pays qui a démontré sa capacité à se réinventer sans cesse, tant en période de paix que de chaos. L'histoire le prouve. La confrontation raciale et l'aggravation de la discorde en Amérique sont particulièrement vives aujourd'hui parce qu'un groupe privilégié est en train de disparaître. Après tout, la chaleur d'un soleil mourant n'est pas plus chaude au centre, mais dans les périphéries extérieures où les braises s'éteignent. Le centre du soleil est l'endroit où une nouvelle puissance prend vie et revigore l'ordre naturel du soleil. La rhétorique raciale qui enflamme les idéaux de la suprématie blanche peut être brûlante mais n'est plus durable. Il s'agit d'une rhétorique enflammée, crachant de la haine, nostalgique d'une époque révolue.

Les paroles du Dr King sont prophétiques, poétiques et poignantes, surtout pour ceux qui détiennent l'autorité aujourd'hui. Beaucoup de choses ont changé depuis qu'il a prononcé ce discours ; peu d'Afro-Américains vivant en Amérique aujourd'hui sont confrontés et luttent contre les mêmes systèmes racistes que le Dr King et sa génération. On ne nous refuse plus l'accès aux restaurants et aux toilettes ; nous sommes plus rarement confrontés à la laideur du visage diabolique du racisme, et lorsque c'est le cas, il y a souvent une réaction publique contre les racistes. Les Afro-Américains sont plus nombreux à se hisser au sommet des entreprises et de la vie civique, comme le président Barack Hussein Obama - « chaque vallée devient exaltée ».

Toutes les collines et montagnes exaltées du racisme institutionnel et leurs infrastructures de soutien qui s'opposaient à l'égalité des droits et à la liberté d'exercer un emploi rémunéré, de voter et d'exercer nos droits humains ont été et continuent d'être rendues obsolètes - rabaissées, même malgré l'opposition obstinée de ceux qui veulent faire revivre les jours peu glorieux de l'Amérique divisée en manipulant les urnes.

Les « endroits difficiles » de nos tribunaux, où l'application incohérente de la loi a causé une grande injustice aux Afro-Américains, ne sont plus cachés ou reconnus uniquement par les victimes. Les injustices omniprésentes sont désormais plus largement reconnues et, plus important encore, rejetées par les personnes de toutes les couleurs. Les endroits difficiles sont devenus et continuent de devenir simples.

Les « endroits tordus », où des chiens policiers étaient lâchés sur des manifestants pacifiques pour les droits civiques ou où des groupes minoritaires et vulnérables subissaient des cruautés allant jusqu'au lynchage, ne sont plus des réalités quotidiennes. Et lorsqu'ils se produisent, ces événements suscitent la réaction de tous les Américains, et pas seulement des groupes minoritaires concernés. Les endroits tortueux sont devenus et deviennent droits. Bien qu'il y ait encore un nombre affreusement élevé de racistes et d'incitateurs à la haine en Amérique, la plupart des Américains ont fini par accepter notre humanité commune en reconnaissant notre origine commune - révélant la gloire et la sagesse d'un Créateur qui a créé de nombreuses nuances en représentation saine de lui-même, personnifié dans les genres masculin et féminin. La mondialisation amplifie notre interdépendance et notre humanité singulière. C'est pourquoi elle menace ceux qui préfèrent que l'Amérique soit isolée pour le bénéfice idéologique d'un seul groupe.

Certaines personnes soulignent les progrès récents, si durement acquis, et prétendent à tort que les remèdes au racisme appartiennent au passé, car nous vivons dans une société post-raciale. Vivons-nous dans une ère de post-racisme ? Loin de là ! Les formes de racisme et autres -ismes d'aujourd'hui sont, d'une certaine manière, encore plus mortelles car elles sont mieux cachées et plus difficiles à diagnostiquer et à traiter. Historiquement, la peur généralisée des Noirs par les Blancs, qui a soutenu le racisme pendant si longtemps, s'estompe, car les stéréotypes se dissipent lorsque les deux groupes se mélangent, notamment dans le monde du travail et lors des événements sportifs. Des films comme Birth of a Nation amplifiaient ces stéréotypes ; les films d'aujourd'hui, qui présentent généralement des acteurs beaucoup plus diversifiés, sont beaucoup plus susceptibles d'amplifier la vérité sur les vrais Américains.

J'avais à peine trois mois lorsque le Dr King a prononcé son discours transcendant et a appelé tous ceux qui ont aujourd'hui moins de 60 ans à faire partie de la génération qui se tiendrait la main - frères et sœurs d'une humanité partagée. Tenir les mains de nos frères et sœurs nous met métaphoriquement au défi de guérir nos systèmes humains brisés en perturbant les normes discriminatoires. C'est un contraste frappant avec les générations précédentes d'Américains (collectivement) qui ont refusé ou n'ont pas pu réaliser le rêve américain qui englobait les personnes de tous les groupes raciaux et de tous les sexes. Ce rêve est la quintessence de la signification d'Une nation, sous Dieu, indivisible, avec liberté et justice pour tous ! Par conséquent, l'Amérique peut servir d'exemple pour aborder les questions, les défis et les opportunités liés au DE&I, ne serait-ce que parce qu'elle est toujours le leader du monde libre et que les fils et les filles de toutes les nations du monde vivent à l'intérieur de ses frontières. Comme le dit le dicton, le reste du monde va de pair avec l'Amérique !

Cela signifie également que lorsqu'une personne travaille dans une organisation qui n'est pas diversifiée, elle a la responsabilité sociale de faire des vagues, de demander quand le conseil d'administration, la direction et la main-d'œuvre seront plus diversifiés. Lorsque l'on occupe une position d'autorité, que l'on prend des décisions et que l'on établit des pratiques, il faut envisager des moyens d'apporter la guérison. Ne rien faire, c'est être complice. Dans le passé, cela était socialement acceptable. Aujourd'hui, c'est inadmissible.

Les expériences vécues sont la clé. Elles sont aussi réelles pour ceux qui les ont vécues que leur humanité. Ces expériences vécues sont censées éclairer les humains d'aujourd'hui, afin qu'ils puissent prendre des décisions meilleures, plus justes et plus équitables, et promouvoir des activités qui réduisent ou éliminent les normes qui divisent. Les tentatives d'ignorer, de nier ou d'effacer les expériences humaines injustes et inéquitables en matière de DE&I ne font que souligner les raisons pour lesquelles elles doivent être préservées, étudiées et faire l'objet de leçons. Dans un sens, le désir d'effacer ce qui s'est passé dans le passé est un désir d'éviter le changement, à la fois maintenant et dans le futur. Ce n'est pas un plan durable, car il confirme l'adage selon lequel lorsque nous oublions le passé, nous le répétons.

Humankind Shared Planet, Divided by Norms vous invite, vous le lecteur, à venir explorer ce que les humains font le mieux : réexaminer, réimaginer et réinventer nous-mêmes, nos héritages humains qui nous divisent, et nos visions de ce qui est possible, à la fois pour nous-mêmes et pour notre héritage commun. Guidés par des principes de responsabilité sociale et des sujets fondamentaux, nous pouvons créer un monde juste et équitable aujourd'hui tout en veillant à ce que les générations futures puissent faire de même en leur temps - ce qui permettra à l'humanité de vivre sur une planète partagée avec des normes moins conflictuelles. BIENVENUE À BORD !

PREMIER CHAPITRE

INTRODUIRE LA DIVERSITÉ, L'ÉQUITÉ ET L'INCLUSION, ET D'AUTRES CONCEPTS CLÉS ET LEURS APPLICATIONS

L'époque où la diversité, l'équité et l'inclusion étaient une note de bas de page dans les rapports organisationnels est révolue. Ces questions ont pris le devant de la scène dans les institutions publiques et privées, y compris les gouvernements, les entreprises et les universités. Il existe un dialogue dynamique et croissant sur la manière dont ces entités peuvent adapter et améliorer leur réponse individuelle et organisationnelle aux changements exigés, alors qu'elles cherchent à être plus diverses, équitables et inclusives.

Les organisations sont de plus en plus conscientes de leurs rôles et de leurs responsabilités, au-delà des bénéfices pour les parties prenantes financières. Leurs rôles et responsabilités sont de plus en plus clairement définis et étendus. Enfin, nous commençons à considérer notre planète comme un bien commun qui doit être protégé des effets du changement climatique. Alors que les gouvernements et les entreprises privées dépensent des milliers de milliards de dollars pour lutter contre les dommages déjà causés à notre planète, un dommage plus corrosif reste non résolu : nos divisions raciales et de genre. Tout comme notre planète, nos collaborateurs sont des atouts ; ils ne sont pas des marchandises dont on peut user et abuser, mais quelque chose de précieux qu'il faut entretenir, développer et laisser atteindre son plein potentiel.

Les organisations sont comme les personnes ; elles ont des valeurs et des comportements qui amplifient les réalités sociétales au sein de leurs écosystèmes. Les entreprises, qu'il s'agisse de grandes sociétés, de petites entreprises ou de micro-entreprises, tentent en fait de combattre un racisme profondément ancré, les inégalités entre les sexes et d'autres formes de pratiques discriminatoires qui contredisent et sapent leurs valeurs fondamentales déclarées et les pratiques opérationnelles souhaitées. Ces préjugés profondément ancrés constituent les maillons faibles de l'engagement d'une organisation en matière de responsabilité sociale et de sa quête de développement durable. Cela ne signifie pas pour autant que ces maillons faibles sont des causes perdues. C'est ce qui a motivé la création de ce livre. Il s'agit d'un manuel destiné aux organisations qui souhaitent dépasser les objectifs abstraits d'un environnement de travail diversifié, équitable et inclusif, pour atteindre des objectifs tangibles qui mettent en œuvre des solutions pratiques fondées sur les réalités du lieu de travail.

Introduction à la diversité, l'équité et l'inclusion

Black Lives Matter (BLM) est devenu un mantra mondial scandé dans presque toutes les langues de la planète. Il a été inscrit sur toutes les surfaces imaginables et utilisé comme cri de ralliement pour une nouvelle génération, épuisée par le racisme systémique et structurel qui a historiquement défavorisé les personnes noires, brunes et de couleur. BLM expose et remet en question les valeurs sociétales concernant la manière dont nous définissons notre humanité partagée et égale (diversité), la manière dont nous participons individuellement et en tant que groupes aux ressources partagées de notre planète commune (équité) et la manière dont nous appartenons et trouvons à la fois notre place et notre voix dans les systèmes et structures qui régissent ou régulent nos expériences de vie quotidiennes (inclusion). Comme nous l'a rappelé l'archevêque Desmond Tutu,

Lorsque nous considérons les autres comme des ennemis, nous risquons de devenir ce que nous haïssons. Lorsque nous opprimons les autres, nous finissons par nous opprimer nous-mêmes. Toute notre humanité dépend de la reconnaissance de l'humanité des autres (Tutu 2015)

La diversité, l'équité et l'inclusion (DEI) ne sont pas une mode ou une stratégie de gestion de plus que les employés de base peuvent attendre. Au contraire, la DEI représente des normes ou des mœurs de responsabilité sociale fondamentales que les organisations et la société ignorent à leurs risques et périls. Elle est essentielle et a des répercussions considérables sur les personnes, la planète et directement sur les bénéfices et les objectifs de durabilité. En poursuivant des objectifs de responsabilité sociale, les organisations s'attaquent aux problèmes et aux défis du développement durable, qu'elles le reconnaissent ouvertement ou non.

Comprendre notre diversité humaine

La diversité humaine fait référence à toute différence caractéristique entre les individus et les groupes ; elle peut se manifester par la race, le sexe, la nationalité, la religion, l'orientation sexuelle, l'origine ethnique, le statut socio-économique, les différences de capacités physiques et mentales, les idées, les pensées, les perspectives, les valeurs, etc. L'identification de la "race" comme une forme de diversité est une construction sociale que nous avons généralement acceptée, bien que le mot soit un terme impropre et perpétue la division de l'humanité en termes artificiels. La couleur établit-elle des différences dans les "races" humaines qui sont biologiquement distinctes au point de différencier une personne ou un groupe de l'humanité en tant qu'espèce ? La couleur de la peau a-t-elle jamais défini le sexe ou la capacité intellectuelle dans l'utérus ?

La diversité dans le monde est fondée sur des caractéristiques, mesurée démographiquement et appliquée, mais elle peut avoir des significations différentes selon les endroits. Si la plupart des caractéristiques s'appliquent universellement, toutes les différences ne sont pas mesurées dans toutes les juridictions ou appliquées légalement et de manière égale. Par exemple, dans un pays où presque tout le monde est majoritairement d'une seule couleur de peau, l'équité raciale peut ne pas être une priorité majeure. Il en va de même si une nation n'a pas de normes pour honorer et prendre en charge ses vétérans de guerre, ou si elle ne parvient pas à affirmer les rôles des femmes dans la société en dehors des rôles domestiques traditionnels. En général, la diversité est définie par l'ensemble des caractéristiques suivantes:

Tableau 1.1: Catégorisation générale de la diversité humaine

CATÉGORISATION GÉNÉRALE DE LA DIVERSITÉ			
Fondée sur des caractéristiques, mesurée démographiquement et appliquée légalement:			
☐ Race ☐ Sexe ou changement de sexe ☐ Ethnicité ☐ Tribu	☐ Religion ou croyance ☐ Sexe ou orientation sexuelle ☐ Âge	☐ Handicap ☐ Statut d'ancien combattant ☐ Grossesse et maternité	☐ Origine nationale ☐ Langue ☐ Statut socio-économique ☐ Autres

La diversité basée sur des caractéristiques individuelles et/ou de groupe n'aborde généralement pas d'autres préoccupations liées à la diversité au-delà des catégorisations démographiques légales, et ne considère pas non plus notre humanité partagée comme son fondement. La mise en œuvre du programme de responsabilité sociale élargit notre compréhension de la diversité et ouvre un dialogue qui va au-delà des définitions légales, en nous aidant à prendre conscience de notre humanité commune. La diversité de l'être humain nous incite à apprécier notre humanité commune et nous oblige à éliminer les normes qui divisent notre génération afin que les générations futures puissent s'appuyer sur notre bonne volonté collective envers l'humanité.

Comprendre l'équité par rapport à l'égalité.

D'un point de vue philosophique, l'égalité et l'équité sont souvent perçues comme deux pensées différentes : alors que l'égalité consiste à traiter tout le monde de la même manière, sans préférence pour leurs besoins : droits égaux, l'équité consiste à traiter tout le monde de manière équitable en fonction de leurs besoins individuels ou collectifs : droits d'équité.

L'équité concerne les droits et la justice qui s'inscrivent dans des questions équitables, sans favoritisme ni parti pris, qu'ils soient implicites ou explicites. L'état ou la qualité d'être égal est exprimé par des mesures identiques, une quantité, une quantité ou même une identification (comme la société, le groupe, la classe, etc.). Dans le contexte de la justice sociale, l'équité est un traitement "juste" des personnes qui leur donne accès aux opportunités et aux avancées tout en réduisant ou en éliminant les obstacles qui les empêchent d'atteindre le but de leur vie ou de donner le meilleur d'eux-mêmes au travail, à l'école, dans la communauté, etc.

Historiquement, des mesures d'action positive ont été prises pour remédier aux inégalités dans la société. Ces mesures ne sont généralement pas populaires ; elles sont généralement suivies d'une forte réaction des groupes raciaux majoritaires qui pensent que ces actions les privent de certaines choses. Si la discrimination positive a pu aider les États-Unis à faire avancer les relations raciales, par exemple, son impact en tant que solution durable dans un contexte d'opposition souvent formidable a atteint certaines limites. La situation exige des outils ou des mesures nouveaux ou supplémentaires pour changer les inégalités et les injustices sociétales.

The Independent Sector, une organisation américaine qui rassemble des organisations à but non lucratif, des fondations et des entreprises "pour faire avancer le bien commun", propose une définition complète de l'équité:

L'équité est le traitement équitable, l'accès, l'opportunité et l'avancement pour toutes les personnes, tout en s'efforçant d'identifier et d'éliminer les obstacles qui ont empêché la pleine participation de certains groupes. Améliorer l'équité implique d'accroître la justice et l'équité dans les procédures et les processus des institutions ou des systèmes, ainsi que dans la distribution des ressources. Pour s'attaquer aux problèmes d'équité, il faut comprendre les causes profondes des disparités de résultats dans notre société (Kapila, Hines and Searby 2016).

Partout dans le monde, l'inégalité est devenue une forme de dysfonctionnement sociétal nécessitant une attention et une réactivité particulières. En décrivant l'ampleur des inégalités existantes dans notre monde, le document des Nations unies intitulé "Transformer notre monde : le programme de développement durable à l'horizon 2030" indique ce qui suit:

Des milliards de nos concitoyens continuent de vivre dans la pauvreté et se voient refuser une vie digne. Les inégalités se creusent au sein des pays et entre eux. Il existe d'énormes disparités en termes d'opportunités, de richesse et de pouvoir. L'inégalité entre les sexes reste un défi majeur. Le chômage, en particulier celui des jeunes, est une préoccupation majeure. Les menaces sanitaires mondiales, les catastrophes naturelles plus fréquentes et plus intenses, la spirale des conflits, l'extrémisme violent, le terrorisme et les crises humanitaires qui en découlent, ainsi que les déplacements forcés de populations, menacent de réduire à néant une grande partie des progrès réalisés en matière de développement au cours des dernières décennies. (Nations Unies n.d.).

Par conséquent, pour atteindre l'équité ou l'égalité, nous devons d'abord comprendre l'inégalité et ses nombreux visages. Certaines sont évidentes, mais parfois les manifestations de l'inégalité sont si inoffensives que nous devenons insensibles à leurs conséquences à long terme. Par exemple, l'inégalité consiste à utiliser des croyances, des coutumes et des associations de longue date imposées à une personne en raison de son appartenance à un groupe, quelle que soit la façon dont elle diffère des stéréotypes de ce groupe.

L'inégalité se manifeste même dans la façon dont nous construisons nos villes. Les usines de traitement des déchets, les voies ferrées, les autoroutes, etc., ont tendance à se trouver dans des communautés à faible revenu ou vulnérables qui n'ont pas le pouvoir social et politique de s'opposer à leur implantation. Cela a des répercussions négatives sur ces communautés sur le plan économique, environnemental et social. Les membres de la communauté ne sont généralement pas présents à la table des décisions parce qu'ils n'ont jamais été invités, et ils ne sont pas formés à l'art de la défense des intérêts des parties prenantes. Et souvent, la décision des gouvernements de placer ces objets dans les quartiers pauvres est une décision consciente, basée sur la facilité accrue de le faire et les coûts économiques et politiques moindres.

Comprendre l'inclusion

La réalité est que la plupart des organisations d'aujourd'hui - des écoles aux entreprises en passant par les agences gouvernementales et les ONG - souhaitent créer un environnement non seulement inclusif, mais aussi équitable et confortable. Les individus peuvent s'épanouir et dépasser leurs différences pour donner à leur organisation le meilleur d'eux-mêmes. En retour, ils veulent recevoir une bonne éducation, un salaire équitable et donner un sens à leurs efforts, créant ainsi une "plénitude" organisationnelle. Le défi consiste à passer de normes culturelles et sociétales sujettes à l'iniquité aux aspirations d'équité du 21e siècle. L'alignement de la reconnaissance, des récompenses et d'autres formes de renforcement positif pour induire un comportement qui débouche sur des projets porteurs de vie qui apportent du sens et les moyens et ressources pour vivre.

L'inclusion est l'acte intentionnel d'éviter d'exclure des personnes ou de les traiter de manière injuste ou inégale pour quelque raison que ce soit. À la base de l'inclusion se trouve l'idéal d'équité et d'égalité pour tous dans les sphères auxquelles ils appartiennent, ont historiquement appartenu, ou auxquelles ils ont été adéquatement formés et préparés à appartenir. L'inclusion est un idéal important que chacun doit prendre en considération, car il existe des inégalités qui doivent être traitées dans presque tous les aspects de la vie moderne. Si nous ne pouvons pas éradiquer complètement les inégalités dans notre monde, nous pouvons devenir des instruments de guérison des systèmes brisés auxquels nous sommes confrontés dans nos sphères d'influence respectives.

L'esprit d'inclusion est notre capacité et notre engagement individuels et collectifs à embrasser la participation équitable de notre humanité diverse dans toutes nos entreprises. Plusieurs organisations ont aujourd'hui leur propre définition de l'"inclusion" dans le contexte de la diversité et de l'équité, et la plupart de ces définitions parlent de la valorisation de nos différences, à la fois individuellement et en tant que groupes, où toutes les personnes impliquées dans l'entreprise atteignent leur plein potentiel ou leur objectif supérieur. Le secteur indépendant, par exemple, la définit comme suit:

L'inclusion est l'acte de créer des environnements dans lesquels tout individu ou groupe peut être et se sentir accueilli, respecté, soutenu et valorisé pour participer pleinement. Un climat inclusif et accueillant englobe les différences et offre le respect en paroles et en actions pour toutes les personnes. Il est important de noter que si un groupe inclusif est par définition diversifié, un groupe diversifié n'est pas toujours inclusif. De plus en plus, la reconnaissance des préjugés inconscients ou "implicites" aide les organisations à aborder délibérément les questions d'inclusion. (Kapila, Hines and Searby 2016).

La Fondation Ford propose une autre définition qui saisit l'esprit de l'inclusion :

> *...une culture d'appartenance en invitant activement la contribution et la participation de toutes les personnes. Nous pensons que la voix de chaque personne apporte une valeur ajoutée et nous nous efforçons de créer un équilibre face aux différences de pouvoir. Nous pensons qu'aucune personne ne peut ou ne doit être appelée à représenter une communauté entière. (Ford 2022).*

Les organisations, comme les êtres humains, sont des organismes vivants qui existent dans un écosystème comprenant des préjugés inconscients et conscients, des hypothèses non examinées et préconçues, des différences non exprimées et non vérifiées qui façonnent les valeurs, les comportements et les attitudes. Ce sont toutes des manifestations de normes et de préjugés sociétaux et individuels profondément enracinés qui ne peuvent être traités uniquement par les politiques et procédures d'une organisation. Une vision et une mission inclusives encourageant une main-d'œuvre, un lieu de travail et des partenaires de travail diversifiés et inclusifs sont essentielles, mais elles doivent être accompagnées d'exemples concrets et d'une mise en application.

Une organisation peut être limitée dans son pouvoir de changer un employé dont la vision du monde est en conflit avec ses énoncés de vision et de mission. Les valeurs et les comportements personnels sont en grande partie fixés avant l'arrivée d'un employé chez l'employeur. Chaque employé a des préjugés conscients et inconscients profondément enracinés qui se manifestent par des hypothèses non examinées et préconçues. Il faut des dialogues sociaux intentionnels et cohérents sur des sujets qui s'appuient les uns sur les autres pour qu'une organisation produise un environnement de travail diversifié et inclusif. Ces sujets essentiels doivent couvrir des problèmes réels, avoir été examinés et inclure des solutions réalisables afin que chaque employé se sente suffisamment à l'aise pour vouloir adhérer à une vision de l'inclusion qui suscite l'appartenance.

LA BOÎTE À OUTILS : Le cadre ISO 26000, le modèle des 3 optiques d'équité et les principes d'inclusion en 3 étapes

Au XXIe siècle, les parties prenantes sont devenues de plus en plus avisées et beaucoup d'entre elles exigent que les organisations soient socialement responsables. Cela signifie que ces parties prenantes veulent que les organisations s'engagent dans les questions et les défis liés au bien-être de l'environnement et de la société, même si elles poursuivent des objectifs de rentabilité. Et elles veulent que ces organisations reflètent cet engagement dans leurs rapports de performance. Historiquement, DEI n'était que quelques chiffres - une case à cocher dans les volumineux indicateurs de performance que les organisations utilisaient pour définir leur profil de "bons citoyens". Aujourd'hui, la DEI est un mouvement bien établi et en pleine expansion qui exige que les questions d'équité et d'inclusion sociales soient plus centrales dans la cartographie de l'écosystème sain des organisations.

Le monde tel que nous le connaissions a changé de façon spectaculaire après l'attaque du 11 septembre 2001 contre le World Trade Center à New York, et à nouveau en 2020 lorsque le virus COVID-19 a paralysé pays après pays, emportant la vie de millions de personnes dans le monde. En toile de fond de la pandémie, un autre événement profond a eu lieu : le monde a assisté au sacrifice de George Floyd au coin d'une rue américaine. Parallèlement à la prise de conscience et à l'expérience croissantes du changement climatique et des dangers réels auxquels l'humanité actuelle et future est confrontée, ces événements transformateurs ont redéfini notre façon de penser et de protéger l'humanité, plaçant les questions de DEI au centre du récit national.

Le bouleversement socioculturel et la mondialisation appellent des réponses systémiques à la xénophobie, au racisme systémique et à d'autres pratiques discriminatoires structurelles qui sont à l'origine des défis auxquels sont confrontés les individus, les entreprises et les nations aujourd'hui. Ces défis peuvent générer ou exacerber des écarts entre les politiques et procédures et les pratiques décisionnelles réelles. Ces écarts nous offrent l'opportunité d'explorer la résolution des problèmes sous-jacents à travers un cadre holistique. Dans ce livre, je présente un cadre académique de responsabilité sociale validé et trois modèles qui servent de boîte à outils pour combler ces écarts : (1) le cadre ISO 26000 sur la responsabilité sociétale, (2) le modèle Connaissance, créativité et gouvernance (CCG), (3) le modèle Équité, et (4) le modèle Inclusion.

1. Directives ISO 26000 sur le cadre de la responsabilité sociétale

Ce livre a été inspiré par le guide ISO 26000 sur la responsabilité sociale (Organisation internationale de normalisation) parce qu'il incorpore 7 principes et 7 sujets fondamentaux que j'ai utilisés pour intégrer la DEI comme monnaie d'échange pour les dialogues sociaux organisationnels:

Tableau 1.2: La liste des 7 principes et des 7 matières principales

Les sept principes	Les sept sujets de base
1. Responsabilité	1. Gouvernance organisationnelle
2. Transparence	2. Droits de l'Homme
3. Comportement éthique	3. Pratiques de travail
4. Respect des intérêts des parties prenantes	4. L'environnement
	5. Pratiques d'exploitation équitables
5. Respect de l'État de droit	6. Questions relatives aux consommateurs
6. Respect des normes internationales de comportement	7. Implication et développement de la communauté.
7. Respect des droits de l'homme.	

Ensemble, les 7 principes et les 7 sujets fondamentaux forment un cadre intentionnel pour le dialogue social organisationnel où le DEI sert de monnaie d'échange en matière de responsabilité sociale. Cette approche donne à l'organisation une voie raisonnée et intentionnelle vers le développement durable de la responsabilité sociale et vers l'intégrité organisationnelle au-delà de la simple conformité aux lois existantes. Cette voie mène également à la mise en œuvre, à la promotion et à l'intégration de normes de responsabilité sociétale dans tout l'écosystème de l'organisation, en commençant par ses politiques et ses procédures. Si l'ISO 26000 fournit une compréhension commune de la responsabilité sociétale, elle ne remplace pas d'autres outils et initiatives existants tels que le triple bilan. Au contraire, tout en restant cohérent avec les comportements et normes internationaux, ce concept de responsabilité sociale nous permet de développer des synergies avec des cadres tels que le DEI à travers le prisme de la diversité organisationnelle, des conditions et ramifications socio-économiques, culturelles, politiques et juridiques. (ISO 26000 2010).

2. Modèle de connaissance, de créativité et de gouvernance

Le modèle de connaissance, de créativité et de gouvernance ou modèle CCG est fondé sur la notion simple que la connaissance invite la créativité à la table de la gouvernance. En général, nous ne créons pas des choses ou des systèmes dans le vide. Des connaissances de base sont nécessaires, et ce que nous créons a besoin d'une structure (gouvernance) pour établir les règles du jeu, de l'engagement ou de la participation. C'est l'essence même du modèle CCG :

LE CADRE CONNAISSANCE, CRÉATIVITÉ ET GOUVERNANCE (CCG) D'AJIAKE
La connaissance prépare le terrain pour que des solutions créatives émergent d'une prise de conscience basée sur des données et/ou d'informations basées sur des connaissances extraites de données.
La créativité convertit les connaissances informées en actions ou résultats socialement responsables, justes et équitables, menant à des résultats de développement durable.
La gouvernance établit des pratiques décisionnelles et opérationnelles justes et équitables, des règles d'engagement et des voies vers un écosystème organisationnel inclusif.

3. Le modèle de lentille d'équité en 3 étapes

Le modèle de lentille d'équité propose trois lentilles d'équité qui fournissent un cadre pour développer de manière créative des solutions aux problèmes de diversité et d'inclusion en posant les questions difficiles de savoir comment nous sommes arrivés là où nous sommes et ce que nous devons faire pour ne pas y rester. Pour combler les écarts d'inégalité, nous devons nous concentrer sur trois domaines para-médiatiques : l'opportunité, la réconciliation et la perturbation. Ces trois domaines d'intervention nécessitent l'engagement de toutes les parties prenantes appropriées.

LE MODÈLE DE LENTILLE D'ÉQUITÉ EN 3 ÉTAPES D'AJIAKE
L'opportunité d'équité (OE) se concentre sur les opportunités d'ajuster ou de corriger les pratiques inéquitables ou biaisées actuelles (raciales, de genre et autres) par des pratiques justes et équitables socialement responsables.
La réconciliation de l'équité (ER) se concentre sur les préjugés systémiques (raciaux, de genre et autres) et les normes d'équité (valeurs, comportements, traditions et activités) qui devraient être réconciliés, améliorés ou remplacés par des normes systémiques justes et socialement responsables.

> La perturbation de l'équité (ED) se concentre sur les pratiques décisionnelles injustes ou inéquitables et les contrats sociaux discriminatoires qui doivent être stoppés pour que le cadre d'équité socialement responsable (racial, de genre et autres) développe une racine durable.

4. Modèle de principes d'inclusion en trois étapes

Les principes d'inclusion en trois étapes fournissent un cadre de travail pour créer des étapes réalisables qui mènent à un environnement organisationnel inclusif, immédiatement et à long terme. La recherche de l'inclusion doit être : (1) axée sur la rédemption, (2) axée sur la restauration, et (3) axée sur la responsabilité. Bien que ces principes d'inclusion en 3 étapes aient une application universelle, pour les besoins de ce livre, je les utilise dans le contexte de l'inclusion raciale, de l'inclusion de genre et d'autres formes d'inclusion :

LES PRINCIPES D'INCLUSION EN 3 ÉTAPES D'AJIAKE

Le principe de rédemption (RD) devrait guider les étapes ou les actions opportunes prises pour créer un écosystème organisationnel visible, pratique et mesurable, socialement responsable et inclusif (racial, de genre et autres).

Le principe axé sur la restauration (RF) devrait guider les étapes ou les actions en cours qui identifient les barrières d'inclusion inéquitables (raciales, de genre et autres) et les remplacent par des barrières justes et équitables socialement responsables.

Le principe centré sur la responsabilité (RC) devrait guider les étapes ou les actions entreprises pour arrêter ou perturber les normes de division (les valeurs, les comportements, les traditions et les activités du statu quo) qui entravent les pratiques d'inclusion socialement responsables (raciales, de genre et autres).

En résumé, les 7 principes et les 7 sujets fondamentaux de la responsabilité sociale peuvent vous aider, vous et votre organisation, à apporter la guérison et le sens à votre personnel, votre lieu de travail et vos partenaires de travail. Ce livre joue une symphonie de différents sujets fondamentaux qui, lorsqu'ils sont abordés au niveau individuel et organisationnel, enrichissent et améliorent l'équilibre entre le travail et la vie professionnelle pour toutes les parties prenantes - internes et externes.

La plupart des organisations peuvent limiter les préjugés explicites - c'est-à-dire les démonstrations de pratiques discriminatoires - dans une certaine mesure grâce aux politiques et procédures de DEI ainsi qu'aux pratiques culturelles organisationnelles. Un défi bien plus difficile et sinistre pour les organisations qui recherchent la responsabilité sociale est l'ensemble des croyances contradictoires et personnelles, des valeurs bien ancrées et des bastions comportementaux qui forment le sanctuaire des préjugés implicites. Changer cette culture profondément enracinée et s'engager dans un dialogue constructif qui fera la différence, tel est l'objectif des cadres explorés dans ce livre.

ÉTUDE DE CAS N° 1 :

JP Morgan Chase Bank et ses parties prenantes internes

JP Morgan Chase Bank (JP Morgan), une grande organisation bancaire, a pris des mesures significatives et constructives pour articuler ses engagements envers la DEI, et a montré des progrès positifs dans son cadre de diversité et d'inclusion. Ceci est illustré par son engagement comme suit:

Les employés sont notre plus grand atout, et nous nous efforçons d'attirer les talents du plus grand nombre afin de favoriser l'innovation, la créativité et la productivité. Une telle diversité est porteuse d'un pouvoir considérable. En fait, la création d'un environnement diversifié et inclusif est essentielle à notre succès, et nous sommes profondément engagés à embaucher et à retenir des employés de différents milieux, expériences et lieux.

La diversité rassemble des personnes ayant des perspectives uniques, et l'inclusion crée des opportunités pour tous les individus de contribuer et de travailler ensemble pour atteindre le succès. Nous pensons que travailler dans un environnement inclusif motive des efforts exceptionnels ou, plus simplement, nous rend tous meilleurs dans ce que nous faisons.

Notre main-d'œuvre diversifiée aide nos clients et nos partenaires commerciaux à atteindre leurs objectifs. En recrutant des personnes de la plus haute qualité qui reflètent les clients et les communautés que nous servons, nous augmentons notre capacité à fournir les meilleures solutions possibles. (JPMorgan 2022).

Les déclarations ci-dessus sont des déclarations saines, socialement responsables et vivifiantes qui ont valu à l'entreprise d'être acclamée par les organisations qui suivent ces progrès. D'un point de vue stratégique d'identification et d'engagement des parties prenantes, l'engagement ci-dessus démontre une compréhension claire des relations entre les parties prenantes:

- **Entre l'organisation et ses parties prenantes :** *Les employés sont notre plus grand atout, et nous nous efforçons d'attirer les talents du plus grand nombre afin de favoriser l'innovation, la créativité et la productivité. Une telle diversité est porteuse d'un pouvoir considérable. En fait, la création d'un environnement diversifié et inclusif est essentielle à notre succès, et nous sommes profondément engagés à embaucher et à retenir des employés de différents milieux, expériences et lieux.*
- **Entre l'organisation et la société :** *La diversité rassemble des personnes aux perspectives uniques, et l'inclusion crée des opportunités pour tous les individus de contribuer et de travailler ensemble pour atteindre un succès global. Nous pensons que travailler dans un environnement inclusif motive des efforts exceptionnels ou, plus simplement, nous rend tous meilleurs dans ce que nous faisons.*
- **Entre les parties prenantes et la société :** *Notre main-d'œuvre diversifiée aide nos clients et nos partenaires commerciaux à atteindre leurs objectifs. En recrutant des personnes de la plus*

haute qualité qui reflètent les clients et les communautés que nous servons, nous augmentons notre capacité à fournir les meilleures solutions possibles.

Un reportage commercial de CNBC publié le 26 avril 2016 a applaudi la prise de position de l'entreprise et sa reconnaissance, en rapportant:

JPMorgan Chase a dépassé ses pairs en matière de diversité et d'inclusion, selon une mesure publiée mardi. Le géant bancaire a été nommé "Société de l'année pour la diversité" par le National Business Inclusion Consortium et la National Gay & Lesbian Chamber of Commerce. Les groupes ont mis en évidence les 30 meilleures entreprises américaines en matière de diversité.

"Nous sommes fiers de cette reconnaissance par le NBIC", a déclaré Jamie Dimon, président-directeur général de JPMorgan. "Les personnes sont notre actif le plus important et permettent notre croissance et notre succès à long terme. Maintenir un lieu de travail diversifié et inclusif où chacun peut s'épanouir n'est pas seulement la chose intelligente à faire - c'est la bonne chose à faire." (Pramuk 2016).

Cependant, bien que faisant apparemment tout ce qu'il faut dans leur déclaration de mission, JP Morgan a tout de même connu des problèmes de DEI très médiatisés. Le 11 décembre 2019, un article du New York Times écrit par Emily Flitter avait la légende suivante : *"Voici à quoi ressemble le racisme dans l'industrie bancaire".* Dans cet article, Mme Flitter a décrit ce qui pourrait facilement être qualifié de racisme explicite et implicite qui s'est produit au sein de la banque - celle-là même qui a fait connaître par écrit ses engagements en matière de diversité et d'inclusion et de responsabilité sociale et qui a été soulignée par ses dirigeants dans divers forums.

Les préjugés implicites ont eu un impact négatif sur un ancien joueur afro-américain de la National Football League qui s'est vu refuser les mêmes avantages du statut de "client privé" normalement accordés aux clients ayant plus de 250,000 dollars de dépôts, même après avoir progressivement transféré 800,000 dollars à la banque. Le manager à l'origine de cette décision avait accès à tous les documents et positions sur la diversité et l'inclusion défendus par la banque, mais n'a tout simplement pas vu la relation entre lui (partie prenante de la banque) et le joueur de football (partie prenante d'intérêt et représentant de la société). Au lieu de cela, ce manager a agi en fonction de ses propres préjugés implicites à l'encontre de l'ancien joueur de football. Pourtant, si ce même joueur de football faisait partie de l'équipe que le manager soutenait, il aurait pu idolâtrer cette figure sportive, voire lui demander un autographe en faisant fi de tous ses préjugés implicites.

Ce qui est vexant avec les préjugés implicites, c'est que ce manager ne les a jamais partagés avec ses employeurs - lorsqu'ils l'ont embauché ou promu au fil des ans ou avec le joueur de football. Pourtant, ce manager n'avait aucun problème à laisser libre cours à ses préjugés explicites lorsqu'il s'agissait d'une autre situation. Le même manager n'avait aucun problème à exprimer ses préjugés explicites à l'encontre d'une femme qu'il ne connaissait pas personnellement mais à laquelle il attribuait les stéréotypes des personnes qui vivent dans des logements subventionnés par le gouvernement (section 8). Ce responsable a également refusé à cette femme le statut de "client privé", en disant :

Oui, cette femme a reçu une somme importante à la suite du décès de son fils. Non, le gestionnaire n'a pas de statistique ou de soutien expérimental qu'il avait que tous les résidents de la section 8 ne peuvent pas économiser de l'argent. Il y a des Blancs riches qui gaspillent leur argent et ont peu d'économies, et d'autres qui gardent chaque centime et ont de grosses économies. Il en va de même pour les noirs et les bruns, et la différence réside dans les opportunités et non dans les penchants humains.

Les croyances de ce directeur et ses valeurs discriminatoires bien ancrées ont guidé son comportement et ses décisions à l'égard des minorités et des groupes vulnérables, indépendamment de leur capacité et de leur qualification à obtenir le statut de "client privé". Faire payer à des individus les limitations ou les stéréotypes perçus d'un groupe est une façon classique dont les préjugés implicites et explicites se manifestent chaque jour dans tous les secteurs de la société, des églises aux bureaux des entreprises, des bureaux des gouvernements aux salles d'audience, aux écoles et même aux hôpitaux.

Combien des 256,105 (Statista 2022) employés de JP Morgan partagent les vues de ce manager - matériellement ou même philosophiquement ? Si seulement 1 % d'entre eux croyaient ou étaient d'accord avec une telle vision discriminatoire du monde, cela se traduirait par 2,561 employés. Pire encore, si 50% étaient d'accord, vous auriez plus de 128,052 employés dont les points de vue sont contraires aux souhaits de responsabilité sociale de l'entreprise de ses hauts dirigeants.

Allons encore plus loin : certains de ces 256,105 employés de JP Morgan ont-ils participé à des rassemblements de haine séparatiste ? Ou se sont-ils déchaînés contre des groupes minoritaires ou des personnes vulnérables autour de la table du dîner, ou au bar local, ou en ligne ? Comment un employé qui assiste à ces rassemblements le week-end peut-il venir travailler le lundi sans que cette haine ne se répercute sur ses décisions et ses activités de routine ? Comment une organisation peut-elle s'assurer que ce n'est pas le cas ? Comment une organisation peut-elle faire face aux divisions sociétales qui ont dominé le discours politique et qui existent sans doute dans son écosystème de travail?

Pour répondre à ces questions et à bien d'autres du même genre, nous avons besoin d'une construction raisonnée de la responsabilité sociale où la DEI sert de monnaie d'échange pour négocier des décisions à valeur ajoutée et des activités de suivi des performances. À son crédit, le PDG et président de JP Morgan a exprimé sa désillusion dans la lettre suivante adressée à ses employés:

Message de Jamie Dimon

Chers collègues,

Je suis dégoûté par le racisme et la haine sous toutes leurs formes. Tout comportement de ce type - explicite ou voilé, délibéré ou inconscient - est inacceptable et ne reflète pas ce que nous sommes en tant qu'entreprise et la manière dont nous servons nos clients et nos communautés au quotidien.

Nous devons veiller à ce que la culture à laquelle nous aspirons atteigne tous les recoins de notre entreprise. Nous avons fait un excellent travail en matière de diversité et d'inclusion, mais ce n'est pas suffisant. Nous devons absolument nous acharner à faire plus. J'ai demandé à mon équipe de direction d'examiner en permanence nos politiques, nos procédures, nos pratiques de gestion et notre culture afin de fixer et d'atteindre les normes les plus élevées possibles. Nous pouvons toujours faire plus.

Le racisme existe depuis trop longtemps - dans notre pays, dans nos communautés - et malheureusement, parfois, même dans notre entreprise. Mais ce n'est pas ce que nous sommes. Nous voulons que vous participiez tous activement aux progrès nécessaires.

Nous utiliserons ce moment comme une opportunité de faire mieux - en tant que leaders, employés et êtres humains. (Son 2019)

En utilisant le modèle CCG, nous pouvons décomposer la réponse de M. Dimon comme suit :

- **Connaissance :** *Je suis dégoûté par le racisme et la haine sous toutes leurs formes. Tout comportement de ce type - explicite ou voilé, délibéré ou inconscient - est inacceptable et ne reflète pas ce que nous sommes en tant qu'entreprise et la manière dont nous servons nos clients et nos communautés chaque jour... Le racisme existe depuis trop longtemps - dans notre pays, dans nos communautés - et malheureusement, parfois, même dans notre entreprise. Mais ce n'est pas ce que nous sommes. Nous voulons que vous participiez tous activement aux progrès nécessaires.*
- **La créativité :** *Nous allons utiliser ce moment comme une opportunité de faire mieux - en tant que dirigeants, en tant qu'employés et en tant qu'êtres humains... Nous devons nous assurer que la culture à laquelle nous aspirons atteint tous les coins de notre entreprise. Nous avons fait un excellent travail en matière de diversité et d'inclusion, mais ce n'est pas suffisant.*
- **La gouvernance :** *Nous devons absolument nous acharner à faire plus. J'ai demandé à mon équipe de direction d'examiner en permanence nos politiques, nos procédures, nos pratiques de gestion et notre culture afin de fixer et d'atteindre les normes les plus élevées possibles. Nous pouvons toujours faire plus.*

Il serait trop optimiste pour les dirigeants d'une organisation de croire que les mêmes personnes qui sortent le week-end et défendent les valeurs séparatistes ou sont sympathisantes de leur cause ne sont pas représentées parmi leurs employés ou leurs fournisseurs. Dans quelle mesure est-il réaliste de s'attendre à ce que ces employés et vendeurs aient la capacité mentale et émotionnelle de séparer leurs opinions personnelles de la poursuite de l'IED par l'organisation sans mesures d'atténuation?

Il est certain que cette culture séparatiste et propagatrice de haine n'est pas un phénomène uniquement américain. C'est une menace croissante en Europe et elle prend de nombreuses formes dans d'autres pays, car l'impact du réchauffement de la planète et d'autres conditions de changement climatique obligent les gens à migrer vers des lieux plus durables pour eux-mêmes et leurs familles. Au niveau mondial, le racisme, le tribalisme, le sexisme, le régionalisme, le classisme, l'affiliation politique, l'orientation sexuelle et la religion continuent d'alimenter les pratiques discriminatoires. En outre, à mesure que les organisations se mondialisent ou ajoutent des produits et services ayant une portée mondiale et un impact sur divers groupes, leur responsabilité sociale s'accroît et le besoin de DEI augmente.

L'une des clés pour sortir de l'impasse entre les valeurs personnelles, les croyances et l'orientation culturelle clivante d'une personne et la recherche par l'organisation d'une main-d'œuvre, d'un lieu de travail et de partenaires de travail plus diversifiés et inclusifs, est le dialogue social intentionnel, dans lequel toutes les parties prenantes s'engagent les unes avec les autres dans un forum sans jugement. Ces forums, de préférence en petits groupes comme les "brown bag meetings", donnent à l'organisation l'occasion de renforcer ses engagements en matière de diversité et d'inclusion tout en communiquant les coûts réels du manque de diversité et des inégalités pour l'organisation et la société en général. Pour susciter de véritables conversations sur la DEI, une organisation a besoin de sujets fondamentaux de responsabilité sociale qui ont été vérifiés, comme l'ISO 26000 et les trois modèles que je présente dans le cadre des boîtes à outils de réponse.

ÉTUDE DE CAS N° 2 :

Coca Cola et ses parties prenantes externes du cabinet d'avocats

Il arrive qu'une organisation ait également la responsabilité sociale d'user de son influence pour provoquer des changements en matière de DEI dans d'autres organisations. C'est le cas de Coca Cola, une marque mondiale qui s'appuie de manière significative sur des avocats externes pour mener à bien ses activités juridiques. Ces cabinets d'avocats externes n'étaient pas aussi diversifiés et inclusifs que le service juridique de Coca Cola. En tant que leader dans ce domaine, le service juridique de Coca Cola s'attendait à ce que ses cabinets d'avocats externes partagent le même engagement en matière de diversité, d'équité et d'appartenance (inclusion). Ainsi, en janvier 2021, Bradley M. Gayton, alors premier vice-président et directeur juridique de Coca Cola, a envoyé une lettre ouverte à ces cabinets :

28 janvier 2021

A :   Cabinets d'avocats américains soutenant The Coca-Cola Company

Re :   Engagement en faveur de la diversité, de l'appartenance et de la diversité des conseillers juridiques externes.

C'est le cœur lourd que je vous écris. Depuis des décennies, notre profession discute des raisons pour lesquelles la diversité est importante. Nous avons élaboré des cartes de pointage, organisé des sommets, créé des comités et rédigé des plans d'action. Ces efforts ne fonctionnent pas. Le nombre alarmant de portraits de nouveaux associés qui continuent d'être fièrement publiés avec un manque évident de diversité me le rappelle, et lorsque je lis que les associés

47

noirs n'atteindront pas la parité avec la population noire des États-Unis avant 2391.

La dure réalité est que notre profession ne traite pas la question de la diversité et de l'inclusion comme un impératif commercial. Nous sommes trop prompts à célébrer les progrès stagnants et à récompenser l'intention. Nous avons une crise sur les bras et nous devons nous engager dans des actions spécifiques qui accéléreront la diversité de la profession juridique. Notre profession doit être représentative de la population qu'elle sert. Nous tous, qui occupons des postes de direction, devons être les moteurs de ce changement - et nous nous en porterons mieux.

Nous savons comment élaborer et mettre en œuvre des plans d'action clairs, assortis de délais, qui permettent aux organisations et aux industries de résoudre des problèmes complexes. Dans le grand schéma des choses, la question de la diversité de notre profession n'est pas un problème complexe. Si nous l'abordons comme n'importe quel autre impératif commercial, nous allouerons des capitaux et investirons dans les aspects de notre activité qui nous font progresser pour atteindre notre objectif et croître de manière rentable.

En tant que consommateur de services juridiques, nous pensons que la diversité des talents sur nos questions juridiques est un facteur essentiel pour obtenir de meilleurs résultats commerciaux. Nous ne célébrerons plus les bonnes intentions ou les efforts hautement improductifs qui n'ont pas produit et ne produiront probablement pas une meilleure diversité du personnel. Tout simplement, nous ne sommes plus intéressés par les discussions sur les motivations, les programmes ou les excuses pour le peu ou l'absence de progrès - ce sont les résultats que nous exigeons et que nous mesurerons à l'avenir.

Le service juridique de The Coca-Cola Company a réfléchi en profondeur à la conception de nos efforts collectifs et à la manière dont nous pourrions modifier la trajectoire actuelle et infléchir l'arche de manière à ce que nous soyons sur la voie de la parité. Notre plan est loin d'être parfait, mais nous pensons qu'il est plus prometteur que de continuer sur la voie actuelle en espérant atteindre une destination différente. Nous encourageons les autres services juridiques à se joindre à nous dans les initiatives décrites ci-dessous ou à développer les leurs afin d'accélérer encore nos progrès... Bien que les actions ci-dessus se concentrent pour l'instant sur les États-Unis, nous avons l'intention de personnaliser ces initiatives et de les appliquer à l'ensemble de notre organisation mondiale.

Actions de la société Coca-Cola - Au cours des derniers mois, l'équipe juridique mondiale de la société Coca-Cola, ainsi que de nombreuses personnes au sein de l'organisation, ont examiné en profondeur la signification de l'objectif de notre société en ce qui concerne la promotion de la justice sociale, de la diversité, de l'inclusion et de l'appartenance.

Nous pensons que notre entreprise doit être représentative des marchés qu'elle sert. Aux États-Unis, 51 % de nos avocats sont d'origines ethniques diverses, dont 23 % sont noirs, 18 % asiatiques et 10 % hispaniques. En outre, 53 % de nos avocats basés aux États-Unis sont des femmes. Nous nous poussons à penser de manière audacieuse aux actions que nous entreprenons au sein de notre entreprise, dans nos domaines d'expertise et à travers la communauté afin de provoquer un changement collectif significatif.

En tant que fonction, nous pensons que la poursuite de la diversité n'est pas seulement la bonne chose à faire, mais que c'est un impératif commercial de le faire rapidement. Nous savons de première main que la diversité de pensée, de perspective et d'expérience est essentielle pour mener le meilleur travail et les meilleurs résultats pour notre entreprise... J'espère que vous vous joindrez à nous dans ce travail et que vous accueillerez ces changements comme une opportunité. Bien qu'il y ait un long chemin à parcourir pour réaliser un changement systémique en matière de justice sociale, de diversité, d'inclusion et d'appartenance, nous pensons que les actions décrites ci-dessus sont des pas dans la bonne direction et nous sommes impatients de travailler à la réalisation de nos objectifs communs avec nos cabinets d'avocats partenaires. En tant que communauté juridique, nous devons utiliser notre pouvoir collectif et notre connaissance du droit pour apporter des changements significatifs. Ensemble, nous pouvons faire beaucoup de bien et je me réjouis de votre partenariat. (Coca Cola n.d.)

Cette lettre, et les directives révisées sur la diversité des avocats externes qui l'accompagnaient, abordaient les questions clés auxquelles on peut s'attendre lorsqu'il existe une résistance bien ancrée aux changements de reconnaissance raciale, comme l'a dit M. Gayton. Pourquoi y a-t-il eu une telle réaction de la part de certains des cabinets d'avocats concernés ? Cette lettre permet de tirer plusieurs leçons, en abordant des questions telles que celle de savoir si l'Amérique a dépassé le point où l'action positive est constructive, si le confort des riches actionnaires des grandes entreprises doit dicter le rythme des changements systémiques et structurels, et si le moment est venu d'intégrer l'équité raciale dans tout discours de responsabilité sociale et de durabilité. À l'aide des outils que j'ai présentés précédemment, nous allons disséquer la lettre et les réactions qu'elle a suscitées.

Opposition à l'équité et à l'inclusion raciales dans le contexte américain

L'une des plus grandes réactions à la lettre sur la politique de diversité du cabinet d'avocats de Coca Cola a été que le 21 avril 2021, moins de 90 jours après sa publication, M. Gayton a inopinément démissionné de son poste chez Coca Cola. Entre la publication de la lettre et la démission, plusieurs parties prenantes - cabinets d'avocats, médias, actionnaires de Coca Cola, etc. - ont exprimé leur opinion, tant positive que négative, sur les décisions inhérentes à la lettre.

Un groupe de parties prenantes qui n'a peut-être pas été directement touché par les nouvelles directives mais qui a eu une influence sur la société Coca Cola est un groupe d'actionnaires représenté par l'American Civil Rights Project (ACR). (Morenoff 2021) Selon l'ACR, ce groupe d'actionnaires a estimé que la décision et les directives étaient illégales et a rejeté la faute sur les membres du conseil d'administration de Coca Cola. Ils ont menacé de demander l'accès à ses dossiers internes si la société n'annulait pas les nouvelles directives, afin de déterminer si les membres du conseil d'administration avaient manqué à leurs responsabilités fiduciaires. Les grandes entreprises évitent généralement les procès qui exigent l'accès aux dossiers internes d'une société, car ils peuvent s'avérer très coûteux, générer une mauvaise publicité et prendre des années pour passer devant les tribunaux.

Il s'agit maintenant de savoir si le service juridique de Coca Cola avait le pouvoir d'exiger les changements en matière d'équité raciale qu'il voulait voir dans les organisations externes qui traitent ses affaires juridiques et la perte punitive de revenus liée à la non-conformité. D'un point de vue juridique, un cabinet d'avocats - Boyden Gray & Associates, PLLC - représentant les parties prenantes des entreprises directement affectées par la politique de diversité des cabinets d'avocats a déclaré celle-ci illégale et a invoqué la loi sur les droits civils de 1866:

> *Une telle politique de discrimination est illégale. Depuis le Civil Rights Act de 1866 (codifié au 42 U.S.C. § 1981), la loi fédérale interdit toute forme de discrimination raciale dans les contrats privés. Comme l'a fait remarquer l'année dernière la regrettée juge Ginsburg, le § 1981 est une loi "radicale" conçue pour "mettre fin à toute discrimination entre les hommes noirs et les hommes blancs" en ce qui concerne les "droits civils fondamentaux". Et des décennies de jurisprudence ont établi que, quelles que soient les bonnes intentions, les politiques visant à imposer un équilibre racial permanent sont interdites. (Gray 2021)*

Cette déclaration représente les excuses habituelles utilisées pour soutenir le racisme systémique et structurel ; elle est utilisée depuis plus de 155 ans (de 1866 à aujourd'hui). La lettre et l'esprit de la loi inscrite dans le Civil Rights Act de 1866 ont encouragé les États-Unis à poursuivre un programme américain inclusif après l'abolition de l'esclavage. Le Congrès, dirigé par des républicains blancs, estimait à l'époque qu'il était de la responsabilité sociale du gouvernement de fournir, par le biais de la législation, le mécanisme d'une Amérique racialement intégrée.

Ce 39e Congrès a compris les mines terrestres que les États du Sud étaient prêts à poser pour saper toute voie d'équité et d'inclusion raciales mise en place au niveau national et au niveau des États. Ces législateurs républicains savaient que les esclaves libérés continueraient d'être asservis économiquement et politiquement, surtout dans le Sud, malgré le treizième amendement, qui abolissait l'esclavage aux États-Unis. Cette réalité nécessitait la promulgation et l'adoption d'une contre-mesure, ce qui était l'objet du Civil Rights Act de 1866. Contre l'opposition du président Andrew Johnson, cette loi fut adoptée "avec le soutien quasi unanime des républicains, 122 contre 41, marquant ainsi la première fois que le Congrès légiférait sur les droits civils". Cette loi:

> *... stipulait que "toutes les personnes nées aux États-Unis", à l'exception des Indiens d'Amérique, étaient "par la présente déclarées citoyens des États-Unis". La loi accordait à tous les citoyens le "plein et égal bénéfice de toutes les lois et procédures pour la sécurité des personnes et des biens." Pour les républicains radicaux, qui estimaient que le gouvernement fédéral avait un rôle à jouer dans le façonnement d'une société multiraciale dans le Sud de l'après-guerre, la mesure semblait être la prochaine étape logique après la ratification du 13e amendement le 18 décembre 1865 (qui abolissait l'esclavage)... Le président Johnson n'était pas d'accord avec le niveau d'intervention fédérale impliqué par la législation, la qualifiant de " nouveau pas, ou plutôt d'avancée, vers la centralisation et la concentration de tout le pouvoir législatif dans le gouvernement national " dans son message de veto. La loi sur les droits civils de 1866 s'est avérée être la première salve de l'épreuve de force entre le 39e Congrès (1865-1867) et le président sur l'avenir de l'ancienne Confédération et les droits civils des Afro-Américains. (History 2022).*

Le veto du président Johnson à la loi sur les droits civils a été annulé par le Congrès. Ce n'était pas la première fois qu'il opposait son veto à une loi visant à créer une réconciliation raciale dans l'écosystème américain. Le président Johnson, qui est responsable du retour de l'Amérique sur la voie de l'équité et de l'inclusion raciales - une voie entamée par son prédécesseur, le président Abraham Lincoln - soutient qu'aucune aide gouvernementale n'est nécessaire pour les esclaves libérés car, à l'époque, ils constituent la main-d'œuvre la plus qualifiée dont dispose l'Amérique. En opposant son veto au Freedmen's Bureau Bill de février 1866, le président Johnson a décrit ce qui représentait probablement la menace que la plupart des Blancs pauvres ressentaient à l'idée d'avoir des esclaves affranchis comme concurrents de travail:

> Sa condition [celle de l'homme noir] n'est pas aussi exposée qu'on pourrait le croire au premier abord. Il se trouve dans une partie du pays où son travail ne peut être épargné. La concurrence pour ses services des planteurs, de ceux qui construisent ou réparent les chemins de fer, et des capitalistes de son voisinage, ou d'autres États, lui permettra d'obtenir presque ses propres conditions. (History 2022). (C'est nous qui soulignons)

Oui, il est vrai que les esclaves affranchis avaient certains avantages, puisqu'ils avaient travaillé gratuitement dans la plupart des projets d'infrastructure connus à l'époque ; dans le processus, nombre d'entre eux avaient développé des compétences plus avancées, commercialisables et disponibles sur demande. Mais dans la cour de la justice sociale, il était injuste de les désavantager délibérément alors qu'ils n'avaient pas de richesse générationnelle ou d'accès au capital pour actualiser ces actifs de connaissances sans compter sur l'aide du gouvernement. C'est la raison pour laquelle le Congrès a créé le Freemen's Bureau Act de 1865:

> Le 3 mars 1865, le Congrès a adopté "An Act to establish a Bureau for the Relief of Freedmen and Refugees" pour fournir de la nourriture, un abri, des vêtements, des services médicaux et des terres aux Sudistes déplacés, y compris aux Afro-Américains récemment libérés. Le Freedmen's Bureau devait fonctionner "pendant la présente guerre de rébellion et pendant un an par la suite". Il a également créé des écoles, supervisé les contrats entre les affranchis et les employeurs et géré les terres confisquées ou abandonnées. (Sénat américain 2017).

Le Freedmen and Refugee Act s'est attaqué aux problèmes cruciaux de l'époque - problèmes qui restent cruciaux aujourd'hui : faire en sorte que la population afro-américaine et les Blancs pauvres soient épargnés par le racisme systémique et les mauvaises politiques économiques - respectivement et collectivement - afin de construire un avenir pour eux-mêmes et leur postérité américaine. Une question primordiale à l'époque était la distribution ou la réaffectation des terres, une politique économique efficace visant à donner aux esclaves libérés une plus grande maîtrise de leur destin.

Un autre outil efficace et nécessaire de la politique d'équité, à l'époque et aujourd'hui, est la mise en place d'un contrôle gouvernemental sur les contrats et l'emploi. Les esclaves affranchis étaient désavantagés après la guerre civile parce que la population blanche contrôlait toujours les systèmes et les pratiques en matière de contrats et d'emploi, y compris l'accès au capital. Le gouvernement chargé de la surveillance de ces contrats - emploi et approvisionnement - avait la lourde responsabilité de servir d'arbitre de la justice sociale.

Le sénateur Lyman Trumbull de l'Illinois, un homme blanc, a compris les implications de la limitation de la loi sur les Freedmen et les réfugiés à une période d'un an. Il a refusé de laisser l'Amérique suivre une voie graduelle pour aborder l'équité et l'inclusion raciales, et a réussi à faire passer un projet de loi qui prolongeait le délai et incluait un programme plus ciblé vers la guérison des normes de division de la nation.

Malheureusement, le président Johnson, qui avait assuré au sénateur Trumbull qu'il était tout acquis à la guérison de l'âme de l'Amérique, opposa son veto au projet de loi. Bien que l'Assemblée législative ait annulé le veto, l'opposition du président Johnson est devenue un appel au clairon qui a enhardi les suprémacistes blancs à combattre tout ordre social bénéficiant aux groupes de personnes noires et brunes (Sénat américain 2017).

Il n'est pas surprenant que toutes les lois bien intentionnées - la loi sur les freedmen et les réfugiés de 1865 et les droits civiques de 1866 - aient abouti à ce qui revient à une action positive préférentielle en faveur des Blancs, au détriment de la population noire et brune pendant un siècle et demi. L'ingénierie agricole et mécanique, qui faisait alors partie de l'art mécanique, et l'agriculture de plantation étaient les secteurs mêmes où les esclaves noirs avaient établi leur expertise à l'envie des Blancs pauvres qui possédaient des exploitations familiales et tentaient de rivaliser. (Sénat américain 2017).

Le président Johnson est intervenu pour obtenir le soutien de la population blanche pauvre, lésée par les riches propriétaires blancs de plantations et par l'expertise croissante des agriculteurs et ingénieurs noirs, responsables du succès et de la domination des grandes plantations et de la construction et de la réparation des chemins de fer. Les guerres culturelles, qui continuent de miner l'humanité avec leurs normes de division, se répercutent à travers les siècles à partir de ce même complexe.

Le président Johnson a soutenu que la nation n'avait jamais construit d'écoles pour les Blancs en 1865, alors que la loi Morrill avait déjà trois ans. En 1862, le Congrès américain avait établi la loi Morrill, introduite par un membre du Congrès du Vermont, Justin S. Morrill, qui créait des établissements d'enseignement agricole et mécanique parrainés par le gouvernement.

Comme on pouvait s'y attendre à l'époque, les nouvelles écoles, qu'elles soient publiques ou privées, favorisaient de manière disproportionnée les étudiants blancs. L'admission dans les land-grant institutions était réservée aux blancs, ce qui en soi étendait les désavantages sociétaux des noirs et des bruns avec des impacts multi-générationnels significatifs. Ce déséquilibre a conduit à la création d'écoles telles que l'université Howard, qui admettait à la fois des étudiants noirs et blancs, mais c'était l'exception plutôt que la règle ; il y avait à peine assez d'écoles pour accueillir tous les étudiants afro-américains qui avaient besoin d'y accéder. Cette situation a également marqué le début de la prospérité des générations blanches aux dépens de la prospérité des Noirs, et c'est l'une des raisons pour lesquelles toutes les générations d'Américains ont dû faire face à une confrontation raciale.

Lorsque ces établissements d'enseignement supérieur ont pris racine, de nombreux esclaves affranchis possédaient déjà des compétences et une expertise dans les domaines de l'agriculture et des arts mécaniques. Ces compétences étaient le fruit de deux siècles d'expérience dans l'agriculture de plantation, la construction et la réparation de chemins de fer, acquise pendant l'esclavage et la servitude involontaire. Les esclaves affranchis d'âge scolaire auraient pu exceller dans ces écoles de concessionnaires s'ils avaient été autorisés à les fréquenter. Comment le savons-nous ? En grande partie parce qu'ils ont grandi en établissant et en utilisant les meilleures pratiques agricoles de l'époque dans les fermes de plantation en tant qu'enfants travailleurs et qu'ils ont été utilisés comme main-d'œuvre gratuite pour de nombreuses disciplines considérées comme des arts mécaniques (chasse, agriculture, forge, tissage, navigation, guerre et médecine).

Des générations d'Afro-Américains ont été délibérément privées de l'éducation qui leur aurait permis de posséder des biens et de faire fructifier une richesse générationnelle pour eux-mêmes et pour leur postérité. Le rêve américain aurait pu inclure les histoires de réussite des Afro-Américains, tout comme les Allemands, les Irlandais et les Italo-Américains ont écrit leurs histoires de réussite - mais il ne l'a pas fait. L'héritage d'iniquité créé par cette décision est l'une des raisons fondamentales pour lesquelles il y a un travail inachevé dans la société américaine.

Dans une course de 100 mètres, lorsqu'un coureur est placé au point de départ de 60 mètres et que les autres sont censés commencer au point de départ de 0 mètre, il faudrait des pouvoirs surhumains pour qu'ils puissent le rattraper, et c'était et c'est toujours le genre de difficultés auxquelles les Afro-Américains ont été et continuent d'être confrontés en Amérique. Les inégalités qui ont commencé à se manifester dans la société parce que la loi Morrill (1862) est devenue un stimulant de l'action positive des Blancs ont conduit à la loi Morrill (1890) comme mesure corrective. Cette deuxième loi Morrill a mis en place un système de financement fédéral annuel dans le cadre duquel le Congrès a alloué des fonds aux land-grants institutions en raison de leur importance croissante dans la transformation de l'Amérique en un leader mondial dans diverses disciplines universitaires : "Les lois de 1887 et 1914 ont alloué des fonds aux land-grant colleges pour promouvoir le développement de méthodes scientifiques en agriculture. *Le statut de landgrant a été conféré à 30 collèges tribaux amérindiens en vertu de la loi de 1994 sur l'amélioration des écoles américaines. » (Britannica 2017).*

La deuxième loi refusait également le financement aux États qui refusaient l'admission d'étudiants qui n'étaient pas blancs, à moins qu'ils ne fournissent également des installations " séparées mais égales " - une disposition qui a conduit à la fondation de 17 collèges noirs. *(Britannica 2017).* Parmi ces collèges noirs figurent North Carolina A&T (Greensboro), Alcorn State University dans le Mississippi, Tennessee State University (Nashville), Florida A&M University, pour n'en citer que quelques-uns. *(Britannica 2017).* Cependant, les installations minables auxquelles les noirs et les bruns avaient accès étaient à des années-lumière de celles dont bénéficiaient leurs homologues blancs au sein de la même communauté. Cette norme de division a été justifiée dans certains cercles comme étant le produit du capitalisme de l'assiette fiscale - la communauté qui paie le plus d'impôts obtient les meilleures installations - un petitio principii ou argument circulaire si l'on considère qui a sacrifié en premier pour rendre possible l'accès à la richesse.

Il fallut encore 64 ans avant que la Cour suprême ne déclare inconstitutionnelles les institutions "séparées mais égales" - donnant au groupe racial blanc un avantage sans précédent dans la course à la manifestation du droit humain garanti par la Constitution à la vie, à la liberté et à la poursuite du bonheur. Au cours de cette période d'action positive, la postérité des Blancs était pratiquement assurée en raison des possibilités d'éducation qui leur étaient offertes en masse et qui étaient refusées aux groupes raciaux noirs et bruns. L'injustice à profusion ancrée dans le système américain est au mieux vexante car le travail libre des Afro-Américains a construit le système capitaliste qui a fourni à la nation la richesse qui a ensuite été appropriée pour financer les institutions éducatives qui ont ensuite attiré la majorité des Blancs pauvres dans la classe économique moyenne et supérieure au fil du temps:

> *L'influence des land-grants schools sur l'enseignement supérieur américain a été formidable. Au début du 21e siècle, un pourcentage important de tous les étudiants cherchant à obtenir un diplôme aux États-Unis étaient inscrits dans des établissements land-grant. Des recherches pionnières en physique, en médecine, en sciences agricoles et dans d'autres domaines ont été menées dans les landgrant schools, qui, au fil des ans, ont été à l'origine d'une grande partie des doctorats décernés aux États-Unis. Et, parce que leurs politiques d'admission ont toujours été plus ouvertes que celles de la plupart des autres institutions, les land-grant colleges et les universités ont permis aux femmes, aux étudiants de la classe ouvrière et aux étudiants des régions éloignées d'obtenir une éducation de premier cycle et professionnelle à faible coût. (Britannica 2017).*

Depuis le premier Morrill Act (1862) et au cours du siècle et demi qui a suivi, les Noirs se sont battus pour une plus grande égalité ; mais chaque pas en avant s'est soldé par un repoussoir vitriolique. Sous la présidence de Johnson, le terrorisme intérieur pratiqué au nom de la suprématie blanche par le Ku Klux Klan a permis aux Afro-Américains de rester marginalisés et, en tant que communauté, d'être empêchés de créer leur propre richesse générationnelle ou de participer durablement au moteur économique du pays. Les signes d'aisance des Afro-Américains étaient considérés comme un affront par les Blancs qui, mus par des préjugés et des insécurités profondément ancrées, se sentaient obligés de s'opposer à toute entreprise réussie. C'est ce qui s'est passé dans la "Black Wall Street" de Tulsa City en 1921, lorsqu'un quartier afro-américain en plein essor a été réduit en cendres et rasé par une foule d'hommes blancs en colère.

Considérez que moins de soixante ans après l'émancipation (de 1865 à 1921), la communauté afro-américaine de Tulsa City, contre toute attente et contre les obstacles impossibles à surmonter en matière de normes sociétales ou de barrières, avait établi sa propre réalité de rêve américain aux côtés de la communauté blanche. Pourtant, insatisfaits de leur propre réussite, des extrémistes blancs motivés par la haine, la peur et le bellicisme ont déclaré une mini-guerre civile aux citoyens noirs américains, les privant de leurs droits à la vie, à la liberté et à la poursuite du bonheur. Combien de communautés innombrables et anonymes du type "Black Wall Street" ont été rasées au fil des ans et les citoyens afro-américains assassinés en plein jour et la nuit par des foules racistes blanches déchaînées. Pourtant, les Afro-Américains ont continué à trouver en eux la force de continuer à croire et à aimer l'Amérique et à transmettre cet amour profond de Dieu et de leur pays à leur postérité.

La mise en œuvre d'un plan d'action positive blanche dans les établissements d'enseignement supérieur s'est transformée en avantages socioculturels, socio-économiques et politiques blancs à l'échelle de la société, collectivement appelés privilèges blancs. La loi sur les droits civils de 1875 a ouvert la boîte de Pandore aux lois de l'ère Jim Crow, qui ont poursuivi la marginalisation des Afro-Américains. Le GI Bill, à la fin de la Seconde Guerre mondiale, a accéléré la croissance de la classe moyenne blanche, tandis que les lois Jim Crow ont enfermé la population afro-américaine, la privant à nouveau de tout progrès social, économique ou politique significatif.

Par conséquent, l'invocation fanfaronne de la loi sur les droits civils de 1866 contre la politique de diversité du cabinet d'avocats de Coca Cola était un argument fallacieux car elle supposait que l'Amérique était pleinement prise en compte sur le plan racial, tant en matière d'équité que d'inclusion : *"le bénéfice complet et égal de toutes les lois et procédures pour la sécurité des personnes et des biens"*. Le fait qu'après 155 ans, le débat sur l'équité et l'inclusion raciales soit toujours d'actualité et que l'opposition utilise toujours les mêmes arguments éculés, appelle une réponse différente de la part de l'entreprise face à ce cauchemar américain.

Avant la guerre de Sécession, le Sud était profondément ségrégué dans ce que l'on appelle parfois la ségrégation de jure, ou ségrégation par la loi. La ségrégation de jure était également renforcée par les codes noirs et les lois Jim Crow. Dans les endroits où il n'y avait pas de telles lois, la ségrégation de facto était la norme, c'est-à-dire généralement une ségrégation sans loi ni sanction. Par exemple, dans le Nord, où les codes noirs n'existaient pas, la ségrégation existait toujours au niveau des églises, des écoles et des habitations, les Noirs et les Blancs étant séparés sur la base de la race.

En 1890 - l'année même de la promulgation du deuxième Morrill Act - une nouvelle série de lois de ségrégation - les lois Jim Crow - s'est imposée dans le Sud et a transformé l'Amérique en une démocratie de classe parrainée par le gouvernement. Les lois Jim Crow, une extension des codes noirs plus disparates, ont restreint les droits et les libertés des Afro-Américains de manière subtile et ouverte ; elles ont été utilisées par les États du Sud pour contourner les amendements constitutionnels et les lois sur les droits civils. Pour l'essentiel, les lois Jim Crow étaient l'institutionnalisation des valeurs, des comportements et des coutumes du Sud antérieurs à l'émancipation, tous conçus pour maintenir les Afro-Américains au rang de citoyens de seconde zone et promouvoir la suprématie blanche comme norme américaine. Il s'agissait d'une attaque délibérée contre la DEI. Alors que les codes noirs avaient été des réponses désespérées pour maintenir le pouvoir politique dans le Sud, les lois Jim Crow étaient stratégiquement destinées à empêcher les Afro-Américains de devenir un jour une communauté prospère en Amérique.

Les lois Jim Crow ont maintenu les Afro-Américains dans la marginalité en leur refusant l'accès au capital, au vote, à l'éducation, aux soins de santé, à l'emploi, aux églises, etc. L'application de ces lois Jim Crow n'était pas seulement sévère pour les délinquants afro-américains, mais punissait également les Blancs qui défiaient les lois et tentaient d'aider les Afro-Américains. Comme l'indiquent les archives du Congrès :

À partir du dernier quart du XIXe siècle, les Afro-Américains - dont la grande majorité vivait encore dans le Sud - ont connu des souffrances et des privations uniques dans le cadre du système de ségrégation raciale connu sous le nom de Jim Crow. Appliqués par des moyens légaux et extralégaux, les lois et les pratiques qui constituaient le système Jim Crow ont évolué sur plusieurs décennies et ont fini par restreindre les droits civils et politiques, les opportunités économiques et la mobilité sociale des Afro-Américains jusque dans les années 1960... En commençant par le Tennessee en 1870, tous les États du Sud ont adopté des lois contre le mariage interracial. Dans les années 1880, la plupart des lieux publics et de nombreuses entreprises privées avaient des installations réservées aux Blancs et aux Noirs. Il s'agissait notamment d'écoles, de sièges, de fontaines à boire, de lieux de travail, de bâtiments gouvernementaux, de gares, d'hôpitaux, de restaurants, d'hôtels, de théâtres, de salons de coiffure, de blanchisseries et même de toilettes publiques. (History 2008)

Personne ne soutiendra que l'intégration a été réalisée à 100 % ; malgré tous les progrès accomplis, les Noirs n'ont pas bénéficié "pleinement et également de toutes les lois et procédures visant à assurer la sécurité des personnes et des biens". Tels étaient les déséquilibres structurels dans la manière dont les affectations de travail légales sur les projets de Coca Cola étaient impactées. Mais il est un fait que les entreprises reflètent encore aujourd'hui une ségrégation de facto, un héritage persistant de l'esclavage à travers l'impact des lois Jim Crow et tous les autres obstacles placés sur la voie du progrès des Noirs au cours du dernier siècle et demi. Dans le cadre de la responsabilité sociale, la norme ISO 26000 fournit des lignes directrices sur la responsabilité des organisations dans leurs sphères d'influence ; elle soutient clairement l'intention de M. Gayton et de son équipe:

ISO
Un organisme est responsable des impacts des décisions et des activités sur lesquelles il exerce un contrôle formel et/ou de fait. (Le contrôle de fait fait référence aux situations où une organisation a la capacité de dicter les décisions et les activités d'une autre partie, même si elle n'a pas l'autorité légale ou formelle de le faire). Ces impacts peuvent être considérables. En plus d'être responsable de ses propres décisions et activités, une organisation peut, dans certaines situations, avoir la capacité d'affecter le comportement des organisations/parties avec lesquelles elle entretient des relations. De telles situations sont considérées comme relevant de la sphère d'influence d'une organisation. Cette sphère d'influence comprend les relations au sein et au-delà de la chaîne de valeur d'une organisation. Toutefois, la totalité de la chaîne de valeur d'une organisation ne relève pas nécessairement de sa sphère d'influence. Elle peut inclure les associations formelles et informelles auxquelles elle participe, ainsi que les organisations homologues ou les concurrents.

(ISO 26000:2010, page 26)

Il est clair que les partenaires juridiques externes de Coca Cola font partie de sa chaîne de valeur. De plus, Coca Cola, en tant qu'entreprise, a une riche histoire de promotion de la diversité, de l'équité et de l'inclusion. En fait, sur son site web, l'entreprise se félicite comme suit:

La diversité, l'équité et l'inclusion sont au cœur de nos valeurs et de notre stratégie de croissance et jouent un rôle important dans le succès de notre entreprise. Nous tirons parti de la remarquable diversité des personnes à travers le monde pour atteindre notre objectif : rafraîchir le monde et faire la différence. Pour The Coca-Cola Company, la création d'une main-d'œuvre diversifiée et d'un lieu de travail inclusif est une priorité stratégique qui favorise la créativité, l'innovation et le lien avec les communautés que nous servons. Notre aspiration n'est pas seulement de refléter la diversité des communautés où nous opérons, mais aussi de diriger et de défendre un avenir mieux partagé. (The Coca Cola 2008)

Dans le cas de Coca Cola et de ses partenaires externes du cabinet d'avocats, l'autorité légale et formelle existait, comme le prévoit la norme ISO 26000, parce que la première passait un contrat avec la seconde pour effectuer un travail juridique pour lequel elle attendait que ses valeurs et comportements d'équité raciale modèrent la relation. Le travail effectué pour l'entreprise, que ce soit par le personnel interne ou les partenaires externes, devait être guidé par ces valeurs et ces comportements :

ISO *Une organisation n'a pas toujours la responsabilité d'exercer une influence uniquement parce qu'elle a la capacité de le faire. Par exemple, elle ne peut pas être tenue responsable des impacts d'autres organisations sur lesquelles elle peut avoir une certaine influence si l'impact n'est pas le résultat de ses décisions et activités. Cependant, il y aura des situations où une organisation aura la responsabilité d'exercer une influence. Ces situations sont déterminées par la mesure dans laquelle la relation d'une organisation contribue à des impacts négatifs. Il y aura également des situations où, bien qu'une organisation n'ait pas la responsabilité d'exercer une influence, elle peut néanmoins souhaiter, ou être invitée, à le faire volontairement. Une organisation peut décider d'entretenir une relation avec une autre organisation, ainsi que de la nature et de l'étendue de cette relation. Dans certaines situations, un organisme a la responsabilité d'être attentif aux impacts créés par les décisions et les activités d'autres organismes et de prendre des mesures pour éviter ou atténuer les impacts négatifs liés à sa relation avec ces organismes.*

ISO 26000:2010, page 26

Utiliser le modèle CCG pour le changement social

Du point de vue du modèle CCG, M. Gayton et son équipe ont fait preuve d'une connaissance claire de l'inégalité dans l'emploi des avocats noirs par les partenaires externes des cabinets d'avocats et pour ceux qui atteignent le niveau d'associé. Ces inégalités étaient si audacieusement répugnantes qu'elles ont permis à M. Gayton d'expliquer pourquoi un changement radical était inévitable : "...J'ai lu que les associés noirs n'atteindront pas la parité avec la population noire des États-Unis avant 2391."

M. Gayton savait très bien que le changement qu'il recherchait auprès de ses partenaires externes était nécessaire et réalisable, et il connaissait l'avertissement de Martin Luther King Jr. sur le gradualisme comme goulot d'étranglement dans tout mouvement de changement. Le Dr King a expliqué : *"Ce n'est pas le moment de s'offrir le luxe de se calmer ou de prendre la drogue tranquillisante du gradualisme"*. Le changement recherché par Coca Cola avait déjà été réalisé dans son propre service juridique, à en juger par les chiffres :

Nous pensons que notre entreprise doit être représentative des marchés qu'elle sert. Aux États-Unis, 51 % de nos avocats sont d'origines ethniques diverses, dont 23 % sont noirs, 18 % asiatiques et 10 % hispaniques. En outre, 53 % de nos avocats basés aux États-Unis sont des femmes. Nous nous poussons à penser de manière audacieuse aux actions que nous entreprenons au sein de notre entreprise, dans nos domaines d'expertise et à travers la communauté afin de provoquer un changement collectif significatif. En tant que fonction, nous pensons que la poursuite de la diversité n'est pas seulement la bonne chose à faire, mais que c'est un impératif commercial de le faire rapidement. Nous savons de première main que la diversité de pensée, de perspective et d'expérience est essentielle pour obtenir le meilleur travail et les meilleurs résultats pour notre entreprise.

L'intention était bonne. Là où la lettre de M. Gayton et sa mise en œuvre ont échoué, c'est dans les parties créativité et gouvernance du modèle CCG dans le cadre de la responsabilité sociale.

1.   Le manque de créativité dans le modèle Coca Cola

Sur le plan de la créativité, l'implication des parties prenantes dans les décisions qui les concernent est une exigence fondamentale du changement organisationnel axé sur la responsabilité sociale. À partir de cette lettre, nous pouvons déduire sans risque que la créativité dans la recherche de solutions que Coca-Cola recherchait avec ses cabinets d'avocats partenaires externes a été développée en interne, avec une faible participation des cabinets directement concernés par les directives sur la diversité:

Le service juridique de The Coca-Cola Company a réfléchi en profondeur à la conception de nos efforts collectifs et à la manière dont nous pourrions modifier la trajectoire actuelle et infléchir l'arche de manière à ce que nous soyons sur la voie de la parité. Notre plan est loin d'être parfait, mais nous pensons qu'il est plus prometteur que de continuer sur la voie actuelle en espérant atteindre une destination différente. Nous encourageons les autres services juridiques à se joindre à nous dans les initiatives décrites ci-dessous ou à développer les leurs afin d'accélérer encore nos progrès... Bien que les actions ci-dessus se concentrent pour l'instant sur les États-Unis, nous avons l'intention de personnaliser ces initiatives et de les appliquer à l'ensemble de notre organisation mondiale.

Le service juridique de Coca Cola a fait le jeu de ceux qui s'opposent à tout projet visant à donner une chance aux noirs et aux bruns en tant que mesure corrective aux pratiques discriminatoires passées, en commençant par ne pas impliquer toutes les parties prenantes, y compris l'opposition. Il est généralement admis que, notamment dans le Sud, certains Américains n'aiment pas qu'on leur dise ce qu'ils doivent faire et seraient même prêts à agir contre leur propre intérêt pour défendre cet idéal. Pourtant, ces mêmes Américains suivraient aveuglément le diktat de leurs dirigeants préférés. C'est là que l'identification et l'engagement des parties prenantes jouent un rôle clé dans la responsabilité sociale et l'idéalisme durable.

Le département juridique de Coca Cola était la principale partie prenante dans la nécessité de faire en sorte que les cabinets d'avocats externes avec lesquels il passait des contrats aient une représentation équitable d'avocats noirs et issus de minorités travaillant sur leurs New Matters. Mais il y avait d'autres parties prenantes dont les voix n'ont pas été entendues dans la politique du cabinet d'avocats, d'après ce que nous pouvons comprendre de la lettre et des directives. L'occasion manquée a été de ne pas faire appel aux pouvoirs créatifs des partenaires externes du cabinet d'avocats de Coca Cola pour trouver des solutions au problème de diversité décrit dans la lettre. M. Gayton a reconnu que ces parties prenantes disposaient également des connaissances nécessaires pour contribuer à l'élaboration de solutions créatives susceptibles de conduire à une bonne gouvernance:

Nous savons comment élaborer et mettre en œuvre des plans d'action clairs, assortis de délais, qui permettent aux organisations et aux industries de résoudre des problèmes complexes. Dans le grand schéma des choses, la question de la diversité de notre profession n'est pas un problème complexe. Si nous l'abordons comme n'importe quel autre impératif commercial, nous allouerons des capitaux et investirons dans les aspects de notre activité qui nous font progresser pour atteindre notre objectif et croître de manière rentable.

Ces cabinets juridiques externes étaient à la fois des parties prenantes d'intérêt (directement touchées) et la société était également une partie prenante d'influence. La société qui en est venue à faire confiance au leadership et aux engagements de Coca Cola en matière de diversité, d'équité et d'inclusion avait intérêt à savoir que l'entreprise exerçait son influence pour promouvoir ces valeurs dans l'ensemble de sa chaîne d'approvisionnement. L'utilisation unique de "nos efforts collectifs" dans la lettre projette la participation des cabinets d'avocats externes dans la décision que Coca Cola prenait, alors qu'aucune preuve de ce type n'a été partagée. La norme ISO 26000 fournit les indications suivantes sur ce point:

ISO *Bien qu'une organisation puisse elle-même croire qu'elle comprend sa responsabilité sociétale... elle devrait néanmoins envisager d'impliquer les parties prenantes dans le processus d'identification afin d'élargir la perspective sur les sujets et les questions de base. Il est important de reconnaître, cependant, que les questions peuvent être pertinentes même si les parties prenantes ne les identifient pas. Dans certains cas, une organisation peut supposer que, parce qu'elle opère dans une région où des lois traitent des sujets essentiels de la responsabilité sociale, la conformité à la loi sera suffisante pour garantir que toutes les questions pertinentes de ces sujets essentiels sont traitées. Un examen attentif des sujets et questions* *de base [montre] que certaines questions pertinentes ne sont pas réglementées ou sont couvertes par des réglementations qui ne sont pas appliquées de manière adéquate ou qui ne sont pas explicites ou suffisamment détaillées.*

ISO 26000 :2010, page 71

2. Le déséquilibre de la gouvernance partagée dans la conception et la mise en œuvre de la politique de Coca Cola

Du côté de la gouvernance, l'entreprise a laissé la place aux autres cabinets pour qu'ils proposent leur propre plan de diversité et d'appartenance : *"Nous encourageons les autres départements juridiques à nous rejoindre dans les initiatives décrites ci-dessous ou à développer les leurs pour accélérer encore nos progrès."* Cependant, elle n'a pas donné d'indications sur ce qu'elle accepterait ou non en dehors de sa solution élaborée en interne. Un chiffre quantifiable de 30 % a été utilisé (sans aucune explication sur la manière dont il a été obtenu) pour établir les engagements en termes de temps facturé, les évaluations trimestrielles et les critères et mesures de performance relatifs aux partenaires relationnels et à la planification de la succession:

- Sur les " engagements de temps facturé ", la ligne directrice suivante était fournie : "... vous vous engagez à ce qu'au moins 30% du temps facturé aux associés et aux partenaires provienne de divers avocats, et qu'au moins la moitié de ces montants provienne d'avocats noirs. Le travail effectué par des avocats issus de la diversité est censé contribuer à leur développement et à leur avancement au sein de l'entreprise. Ces pourcentages sont approximativement liés aux données démographiques du recensement des États-Unis."

- Sur l'"évaluation trimestrielle", la ligne directrice suivante a été fournie: "L'avocat KO responsable de chaque nouvelle affaire examinera la performance par rapport à votre engagement pour les nouvelles affaires chaque trimestre. Pour les nouvelles affaires qui ne respectent pas l'engagement, il vous sera demandé de fournir un plan pour respecter votre engagement. Si vous ne respectez pas votre engagement au cours de deux examens trimestriels, vous devrez payer une réduction non remboursable de 30 % des honoraires payables pour cette nouvelle affaire jusqu'à ce que vous respectiez votre engagement.

- Sur la page "Partenaire relationnel/Planification de la succession", la ligne directrice suivante était fournie: "Vous identifierez au moins deux avocats diversifiés, dont au moins la moitié sont noirs, comme candidats pour succéder au rôle de partenaire relationnel avec KO. L'objectif de KO est d'avoir au moins 30 % d'associés diversifiés dans nos cabinets les plus dépensiers et nos cabinets préférés, dont au moins la moitié sont noirs.

A. *Application du modèle d'équité en 3 étapes*

Le problème central que Coca Cola a cherché à résoudre par sa politique de diversité des cabinets d'avocats était la diversité (représentation équitable des minorités et des avocats noirs) et l'appartenance (inclusion des avocats noirs dans les rangs des associés). L'optique de l'équité et les principes d'inclusion auraient pu fournir une solution gagnante pour toutes les parties prenantes. Puisqu'il n'y a pas de taille unique, dans le modèle d'équité en trois étapes, Coca Cola aurait eu à sa disposition trois options stratégiques pour traiter (1) le manque de diversité dans le groupe d'avocats externes qui travaillent sur ses missions (distribution équitable), et (2) le manque de mobilité dans les rangs des associés au sein de ces cabinets d'avocats externes qui utilisent les missions de Coca Cola comme des projets d'amélioration de la carrière. La mission New Matters aurait également pu donner l'occasion aux avocats noirs et bruns d'acquérir l'expérience dont ils ont besoin pour devenir associés au fil du temps :

- **L'option d'opportunité d'équité** aurait permis à l'équipe interne de Coca Cola de présenter les opportunités de "New Matters" comme des fruits mûrs avec l'exigence de 30% pour les cabinets qui veulent participer au travail de démontrer comment ils respecteraient ces engagements de temps facturé avant de se voir attribuer le travail. Une société doit pouvoir s'attendre à ce que ses partenaires externes exécutent leur mission en fonction des attentes du client. Tout cabinet d'avocats externe qui ne peut pas démontrer qu'il a la capacité actuelle ou qu'il prévoit d'augmenter sa capacité pour répondre ou dépasser les attentes du client par faute a créé un écart de performance potentiel - la base même pour ne pas obtenir la mission. Dans le cas de Coca Cola, si ces cabinets externes ne peuvent pas montrer comment ils respecteront l'engagement en accordant du temps aux associés et aux partenaires de divers avocats, c'est leur incapacité à effectuer le travail conformément aux spécifications qui a créé l'écart, et non le système d'action positive.

  La direction de l'entreprise a la prérogative de s'assurer que le travail est effectué conformément à ses conditions, à ses valeurs et à ses comportements, et cela se répercute sur les entreprises avec lesquelles elle a passé des contrats ou qui sont sur le point de passer des contrats ou d'exercer une influence. Cela signifie que Coca Cola et les cabinets d'avocats externes ont tous deux la prérogative managériale de choisir comment le travail est effectué dans leurs organisations respectives. La différence est que "celui qui paie le joueur de flûte choisit la musique" et Coca Cola est le joueur de flûte dans ce cas.

  Coca Cola pourrait également demander aux cabinets externes de démontrer comment ils ont transformé leurs cabinets respectifs pour créer un environnement propice à l'attribution de tâches liées à Coca Cola à des avocats diversifiés, et les chiffres projetés devraient étayer ces affirmations. Les cabinets d'avocats externes intéressés par les missions de Coca Cola New Matters devraient être en mesure de démontrer comment ils prévoient de répondre à l'exigence de dotation en personnel racial et d'équité et comment ils prévoient de faire accéder un plus grand nombre de ces avocats au rang d'associés grâce à l'expérience acquise lors des missions de Coca Cola.

- **L'option de réconciliation de l'équité** aurait donné à l'équipe interne de Coca Cola un outil pour exiger que ses partenaires externes mènent et rendent compte de leurs propres évaluations internes pour (1) identifier dans leurs propres écosystèmes les barrières systémiques qui les ont empêchés historiquement d'inclure divers avocats (y compris des avocats noirs) dans les missions de Coca Cola, (2) ce qu'ils prévoient de faire pour éliminer ces barrières et (3) combien de temps il leur faudrait pour mettre en œuvre leurs plans. Cela donnerait à l'équipe interne de Coca Cola la possibilité d'attribuer des missions à des cabinets qui sont en accord avec leurs buts et objectifs déclarés en matière de diversité et d'appartenance aujourd'hui. Une entreprise qui mettrait dix ans, par exemple, à concilier ses engagements en matière de diversité et d'appartenance avec ses propres politiques, son manuel de procédures et ses pratiques de prise de décision devrait se retrouver en queue de liste pour l'attribution de nouvelles tâches. Il s'agit d'une réponse socialement responsable à la "drogue" du gradualisme, comme l'a si bien dit le Dr King. Si une entreprise n'est pas disposée à changer ses pratiques pour être diverse et inclusive, elle s'est techniquement disqualifiée pour travailler pour une organisation comme Coca Cola qui a déjà fait le travail dans son propre éco-système avant de demander à ses partenaires de faire de même.

  Les entreprises qui ne parviennent pas à concilier leurs pratiques décisionnelles et opérationnelles avec leur engagement en faveur de la diversité et de l'inclusion, mais qui espèrent néanmoins obtenir les contrats New Matters de Coca Cola, sont animées par un sentiment de droit. Il est intéressant de noter que le cabinet d'avocats qui a menacé de poursuivre Coca Cola pour la décision et les directives a en fait invoqué le Civil Rights Act de 1866. Il est ironique que la loi sur les droits civils, invoquée ici pour protéger les droits des entreprises à ne pas se conformer aux directives d'inclusivité de Coca Cola, ait été adoptée par ceux qui voulaient une Amérique plus inclusive.

- **L'option de rupture d'équité** aurait donné à l'équipe interne de Coca Cola un outil pour exiger que ses partenaires externes identifient et rendent compte de leurs propres pratiques internes, des choses qu'ils ont cessé de faire parce qu'elles contribuaient aux barrières systémiques empêchant les avocats issus de minorités de travailler sur les Nouvelles affaires de Coca Cola ou de devenir partenaires. Si un cabinet n'a pas ce problème et peut démontrer de manière adéquate que c'est le cas, il doit être récompensé, et non pénalisé comme les autres. Lorsqu'une entreprise a identifié ses propres goulots d'étranglement qui vont à l'encontre des objectifs de la politique de diversité de Coca Cola et a pris des décisions unilatérales pour les corriger, elle devrait être récompensée pour ses efforts. Mais lorsqu'une entreprise ne connaît pas ses goulets d'étranglement internes et ne s'en préoccupe pas, elle ne devrait pas être récompensée par des missions "New Matters" car, ce faisant, Coca Cola deviendrait complice et l'entreprise polluerait l'ensemble du flux de diversité que la politique était censée faire vivre et soutenir.

Ce rapport fournirait des informations vitales à l'équipe interne de Coca Cola, qu'elle pourrait noter dans le cadre de son processus de prise de décision lors de la sélection des entreprises chargées de ses affaires dans le cadre du programme New Matters, sans s'attirer les foudres de ceux qui se sont déjà plaints que Coca Cola pratiquait un système de quotas raciaux au sein d'une entreprise privée. Au contraire, en tant qu'entreprise privée, Coca Cola se réserve le droit de faire des affaires avec des sociétés qui sont en accord avec ses propres engagements internes en matière de diversité et d'appartenance. Si Coca Cola agissait différemment, elle serait complice.

La mise en œuvre du modèle de lentille d'équité en trois étapes dans le contexte de Coca Cola pourrait être aussi simple que le développement d'un mécanisme de notation pour donner la priorité aux cabinets d'avocats externes qui sont prêts, désireux et capables d'exécuter ses missions de "nouvelles affaires" dans le nouveau cadre. Par souci de simplicité, M. Gayton et son équipe auraient pu attribuer des notes de 10 % pour chacune des trois options d'équité :

- Lorsqu'un cabinet d'avocats cherchant à obtenir une mission dans la catégorie "Nouvelles affaires" présente des avocats noirs et issus de minorités qui se verraient confier le travail, il devrait recevoir entre 1 et 10 %.

- Lorsqu'un cabinet démontre qu'il a évalué ses pratiques de recrutement, de promotion et de rétention et qu'il les a rapprochées de ses politiques et procédures afin de devenir socialement responsable en ce qui concerne les objectifs d'équité et d'inclusion des Noirs et des minorités, il devrait obtenir une note de 1 à 10 %.

- Lorsque la même organisation démontre également qu'elle a volontairement évalué ses propres processus et pratiques de prise de décision dans l'attribution du travail qui excluait intentionnellement ou non les avocats noirs et issus de minorités et qu'elle a arrêté ou prévoit d'arrêter ces pratiques (avec des échéances vérifiables), elle devrait obtenir un score compris entre 1 et 10 %.

Lorsque les scores sont comptabilisés, les cabinets ayant obtenu les scores les plus élevés doivent se voir attribuer le travail "New Matters", lorsqu'ils démontrent qu'ils ont également la capacité de mener à bien ce travail en respectant d'autres critères (tels que le respect du budget et des délais). L'entreprise a également la possibilité d'attribuer le travail en fonction de l'état d'avancement de son parcours en matière de diversité, d'équité et d'inclusion, en utilisant l'une des options comme point de décision. Cette approche garantit que la mission et les avocats qui y sont affectés reflètent les mêmes valeurs et résultats que ceux que le service juridique de Coca Cola aurait utilisés et obtenus respectivement s'il l'avait fait en interne.

Figure 1.1: Le décompte du score d'équité

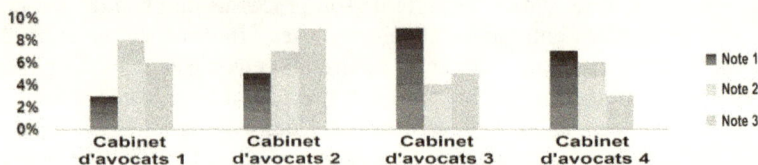

B. Application des principes d'inclusion en 3 étapes

Les principes d'inclusion en 3 étapes auraient pu contribuer à encadrer les solutions proposées par l'équipe juridique de Coca Cola. La lourde amende de 30% de perte de revenus de Coca Cola était en soi troublante, car aucune explication n'a été donnée quant à la raison du choix de ce pourcentage. Il n'est pas surprenant que les opposants conservateurs à la discrimination positive aient soutenu la lettre de l'ACR et aient commencé à recruter d'autres cabinets d'avocats pour s'opposer à la politique de diversité. Leur principal argument concernant le cadre juridique du plan de mise en œuvre de Coca-Cola a mis en évidence les incohérences du plan :

> L'objectif déclaré de Coca-Cola est que les équipes juridiques qu'elle engage "soient représentatives de la population qu'elle sert", et les quotas raciaux minimums de la politique suivent donc grosso modo la distribution raciale de la population américaine en général, plutôt que le marché du travail des avocats. Ainsi, par exemple, la lettre exige qu'au moins 15% du temps soit facturé par des avocats noirs. Les Noirs représentent environ 13,4% de la population américaine, mais seulement 5,9% des avocats. La politique stipule également que "ces engagements minimums seront ajustés au fil du temps en fonction de l'évolution des données du recensement américain." (Gray 2021)

Lorsque des cabinets d'avocats majoritairement blancs risquent de perdre 30 % de leur chiffre d'affaires Coca Cola pour n'avoir pas embauché d'avocats noirs, et peut-être même plus de chiffre d'affaires en raison de la publicité négative, leur réponse rapide et nette n'est pas surprenante. Les stratégies utilisées dans cette réponse ne sont pas non plus surprenantes ; depuis 1866, l'action positive et le système de quotas sont des points de ralliement courants contre les politiques qui bénéficient aux personnes de couleur.

Cependant, étant donné que tous les cabinets d'avocats blancs qui se font concurrence pour les missions de Coca Cola ne sont pas les mêmes, une approche plus nuancée aurait dû être utilisée pour séparer ceux qui veulent que le statu quo se poursuive (où les avocats majoritairement blancs obtiennent les précieuses missions de Coca Cola) de ceux qui sont prêts à travailler avec la politique de diversité et d'inclusion envisagée - et non celle promulguée. Les principes d'inclusion en 3 étapes présentés dans ce livre auraient pu aider la société Coca Cola à éviter complètement ces défis, car ils sont basés sur une responsabilité sociale équitable et un cadre plus durable :

- Principe d'inclusion axé sur la rédemption 1 : Le service juridique de Coca Cola aurait pu engager ses entreprises parties prenantes externes en montrant comment elle respectait ses propres engagements en matière de diversité et d'appartenance. Ces étapes d'inclusion partagée auraient pu fournir des modèles d'actions que ces cabinets juridiques externes auraient pu imiter pour créer des environnements et des opportunités d'inclusion mesurables au sein de leurs propres écosystèmes. Parfois, il est plus facile pour les organisations qui ne sont pas sûres des questions d'équité raciale d'invoquer des quotas raciaux pour brouiller toute exigence de prise en compte de la dimension raciale. Cela ne signifie pas que ces cabinets d'avocats externes sont totalement opposés aux engagements DEI que Coca Cola exigeait pour la réalisation de ses missions New Matters. Mais parfois, ces cabinets sont freinés par les exigences et les attentes, qui semblaient décourageantes.

D'autres, qui préfèrent le réseau des "bons vieux garçons", y voient un dépassement de la part des grands frères, en l'occurrence Coca-Cola. Ces entreprises n'accordent pas la priorité à la diversité et à l'inclusion, mais veulent tout de même obtenir des marchés de Coca Cola à la manière d'un bon vieux country club. C'est le club des ayants droit, et c'est généralement le groupe qui invoque la discrimination positive et les systèmes de quotas comme la panacée contre leurs intérêts qui ont été historiquement exclusifs des avocats noirs et des minorités. Si ce n'était pas le cas, une politique comme celle que Coca Cola impose ne serait pas nécessaire. Ces types d'entreprises ne bénéficient pas de l'onction rédemptrice en raison de leur manque de mesures concrètes visant à atteindre des objectifs de réconciliation raciale et elles ne devraient pas être autorisées à empoisonner le courant d'espoir envisagé par le Dr King et que la stratégie commerciale New Matters de Coca Cola était censée aborder. Le Dr King a dit : *"C'est notre espoir. C'est avec cette foi que je retourne dans le Sud. Avec cette foi, nous serons capables de tailler dans la montagne du désespoir une pierre d'espoir. Avec cette foi, nous serons capables de transformer les discordes de notre nation en une belle symphonie de fraternité. »* Malheureusement, il y a des entreprises qui préfèrent jouer des airs de requiem dans un groupe qui divise les gens sur le plan racial plutôt que de participer à une symphonie inclusive de la diversité.

C'est là que l'expérience d'entreprises comme Coca Cola, qui ont dépassé le stade de la conformité juridique et opèrent désormais comme des organisations socialement responsables et durables dans l'ensemble de leur écosystème interne, peut s'avérer précieuse pour d'autres entreprises et nations. Ces exemples novateurs pourraient aider les entreprises qui se débattent avec les questions de diversité, d'équité et d'inclusion dans leur sphère d'influence en les engageant comme coach, défenseur et exécutant.

Les modèles éprouvés de DEI pourraient également avoir des valeurs de rédemption sociétale de grande portée. Les organisations qui mettent en œuvre des modèles DEI réussis peuvent aider l'Amérique à forger un autre chemin vers la réconciliation raciale, un chemin entamé par le président Abraham Lincoln mais systématiquement déraillé par son successeur et d'autres opposants. Cela est d'autant plus vrai que les personnes qui défendent et mettent en œuvre ces politiques vivent également au sein de la société américaine, qui est actuellement polarisée sur le plan racial après 155 ans de tentatives de progrès par le biais de processus gouvernementaux.

- **Principe 2 de l'inclusion centrée sur la restauration :** L'équipe juridique de Coca Cola aurait pu engager ses entreprises parties prenantes externes en démontrant les mesures qu'elle a prises pour identifier et corriger ses propres barrières d'inclusion équitable autrefois bien ancrées. Lorsqu'elles existent encore, elle aurait pu montrer les mesures qu'elle a mises en œuvre pour y mettre fin. Coca Cola est l'une des plus grandes entreprises du monde et existe depuis longtemps. Il existe certainement des obstacles à l'IED qu'elle a déjà corrigés et d'autres qu'elle s'efforce encore de corriger. Cela donne à Coca Cola le microphone le plus fort de la pièce pour demander légitimement ces changements, guidés par un principe axé sur la restauration. L'autorité de ce principe d'inclusion axé sur la restauration est dérivée de "Justice et liberté pour tous... Nous, le peuple... De plusieurs, un", car l'histoire américaine n'a pas été à la hauteur des principes de ces idéaux. Alors que les programmes gouvernementaux ont cherché à faire évoluer le pays vers la réconciliation raciale avec un succès considérable, les entreprises ont une occasion unique d'amener le pays au sommet de sa propre expérience, où les politiques de diversité peuvent devenir une chose du passé parce que la société dans son ensemble est totalement intégrée. Le Dr King a imaginé une telle Amérique et a conclu son dernier discours par cet encouragement à tous les Américains - blancs, noirs, juifs, musulmans, athées et autres :

  Comme tout le monde, j'aimerais vivre une longue vie. La longévité a sa place. Mais je ne me préoccupe pas de cela maintenant. Je veux juste faire la volonté de Dieu. Et Il m'a permis de monter sur la montagne. Et j'ai regardé par-dessus. Et j'ai vu la Terre promise. Je n'y arriverai peut-être pas avec vous. Mais je veux que vous sachiez ce soir, que nous, en tant que peuple, nous arriverons à la terre promise ! (King Institute 2022)

Quelle terre promise, vous demandez-vous ? L'Amérique existant comme un pays où tous ses citoyens sont pleinement réconciliés sur le plan racial et équitable. Le Dr King a rêvé d'une nation où les petits garçons noirs et les petits garçons blancs, les petites filles blanches et les petites filles noires se tenaient la main et chantaient "enfin libres", où les hommes blancs et les hommes noirs adultes, les femmes blanches et les femmes noires adultes tapaient dans leurs mains pour célébrer un pays qui y est arrivé - une nation réconciliée sur le plan racial. C'est une aspiration puissante, et importante, car si l'Amérique va, le reste du monde va aussi. Pourquoi ? L'Amérique est une "ville brillante sur une colline" - ses citoyens sont le reflet des diverses communautés du monde.

C'est, je l'espère, le principe de restauration qui a motivé la politique de diversité des cabinets d'avocats que M. Gayton a formulée : *"En tant que communauté juridique, nous devons utiliser notre pouvoir collectif et notre connaissance du droit pour apporter des changements significatifs. Ensemble, nous pouvons faire un bien infini et je me réjouis de votre partenariat. "*

- **Principe 3 d'inclusion centré sur la responsabilité :** Coca Cola avait tout à fait le droit d'exiger que ses partenaires externes, les cabinets d'avocats, soient socialement responsables dans leurs engagements DEI, au-delà du minimum requis par la loi. En fait, la norme ISO 26000 fournit des lignes directrices expliquant pourquoi le respect de la loi en tant que devoir fondamental est et représente la responsabilité sociale de l'organisation. Aller au-delà de la loi et faire le bien pour toutes les parties prenantes devrait être l'idéal au sein d'un continuum de responsabilité sociale et de durabilité, et non l'exception. Coca Cola avait raison sur ce principe, comme l'exprime la lettre de M. Gayton :

  En tant que fonction, nous pensons que la poursuite de la diversité n'est pas seulement la bonne chose à faire, mais que c'est un impératif commercial de le faire rapidement. Nous savons de première main que la diversité de pensée, de perspective et d'expérience est essentielle pour mener le meilleur travail et les meilleurs résultats pour notre entreprise... J'espère que vous vous joindrez à nous dans ce travail et que vous accueillerez ces changements comme une opportunité. Bien qu'il y ait un long chemin à parcourir pour réaliser un changement systémique en matière de justice sociale, de diversité, d'inclusion et d'appartenance, nous pensons que les actions décrites ci-dessus sont des pas dans la bonne direction et nous sommes impatients de travailler à la réalisation de nos objectifs communs avec nos cabinets d'avocats partenaires. En tant que communauté juridique, nous devons utiliser notre pouvoir collectif et notre connaissance du droit pour apporter des changements significatifs. Ensemble, nous pouvons faire beaucoup de bien et je me réjouis de votre partenariat.

M. Gayton et son équipe connaissaient le rôle important que joue l'entreprise non seulement à l'intérieur de la frontière américaine mais aussi dans le monde entier et ont bien exprimé l'impact considérable qu'ils recherchaient avec cette politique : *"Bien que les actions ci-dessus se concentrent pour l'instant sur les États-Unis, nous avons l'intention de personnaliser ces initiatives et de les appliquer à l'ensemble de notre organisation mondiale."*

Malheureusement pour M. Gayton et son équipe, les "actions" qu'ils ont décrites n'étaient basées que sur le point de vue d'une seule partie prenante - le sien - et n'incluaient pas la contribution des parties prenantes externes qui étaient directement touchées. Si Coca Cola s'y était pris un peu différemment, ces cabinets de parties prenantes externes auraient pu contribuer à la solution, prendre les engagements et les mesures pour les réaliser de manière holistique grâce à leur forte adhésion, car ils ont été invités à la table de décision - les cabinets mêmes dont Coca Cola avait besoin pour étendre son écosystème de "changement systémique autour de la justice sociale, de la diversité, de l'inclusion et de l'appartenance".

Résumé ou piste de réflexion

Les exemples de JP Morgan et de Coca Cola illustrent à la fois le pouvoir et les défis inhérents aux mouvements menés par les entreprises pour mettre en œuvre la DEI dans la société. D'une part, les entreprises de ce type ont un degré de pouvoir et d'influence que le gouvernement, malgré toute sa portée, n'a pas. Les entreprises ne sont pas soumises aux mêmes tactiques de blocage que celles utilisées si souvent pour faire dérailler les politiques progressistes du gouvernement fédéral. Cela ne signifie pas pour autant qu'il est facile de changer les choses d'un simple trait de plume ou d'une note de service émanant de la direction.

Il est réconfortant de voir deux entreprises aussi importantes prendre des mesures aussi fermes pour intégrer la DEI dans leur propre environnement et dans leurs méthodes de travail. Malheureusement, toutes deux ont fait l'expérience de l'écart entre les attentes et la réalité, et des défis qui se posent lorsqu'on essaie d'apporter des changements auxquels tout le monde n'adhère pas. Les bonnes intentions ne suffisent pas pour une mise en œuvre efficace de la DEI. Le cadre proposé ici est exactement le genre de chose dont JP Morgan et Coca Cola auraient pu bénéficier, de différentes manières, pour combler le fossé entre les aspirations et la mise en œuvre.

CHAPITRE DEUX

COMPRENDRE L'ISO 26000 RESPONSABILITÉ SOCIALE + DÉVELOPPEMENT DURABLE

D éveloppement durable et la responsabilité sociétale sont des termes qui sont parfois utilisés de manière interchangeable, bien qu'il ne s'agisse pas tout à fait du même concept. Le développement durable couvre l'écosystème de la planète, rendu interdépendant par l'intersection de l'économie, de la société et de l'environnement, en abordant les responsabilités générationnelles de l'humanité de manière holistique, en permettant à la génération actuelle de répondre à ses besoins sans affaiblir la capacité de la génération future à faire de même. Nous ne pouvons pas protéger et préserver de manière responsable la planète Terre pour les générations futures tout en refusant à nos concitoyens actuels la possibilité de vivre une vie bien remplie, ancrée dans la liberté et la recherche du bonheur. C'est là que le développement durable (qui est un conglomérat d'attentes de la société) est lié à la responsabilité sociale (qui est la volonté d'une organisation d'agir de manière socialement responsable).

La responsabilité sociale, quant à elle, est la responsabilité d'une organisation à l'égard de la société et de l'environnement, car lorsqu'elle cherche à agir de manière responsable, ses décisions et ses activités touchent aux objectifs communs de l'humanité en matière d'économie, de société et d'environnement. Alors que les activités durables d'une organisation peuvent ou non bénéficier à l'ensemble de la société et de l'environnement, sa recherche d'une utilisation durable des ressources, de moyens de subsistance durables et d'une consommation durable contribue au développement durable (ISO 26000 2010). Par conséquent, les processus décisionnels et les activités socialement responsables d'une organisation, lorsqu'ils sont réalisés en tenant compte des bénéfices, des personnes et de la planète, contribuent au développement durable et la DEI sert de bon modérateur.

L'humanité est actuellement à la croisée des chemins, avec de multiples bouleversements majeurs de juxtaposition entre nos modes de vie et nos routines de travail. Lorsque les choses reviendront à la "normale", lorsque les manifestations de Black Lives Matter cesseront et que la menace du COVID-19 s'estompera, reviendrons-nous aux affaires courantes ? Ou établirons-nous une nouvelle normalité influencée par ces événements et leurs impacts ? C'est une question à laquelle nous commençons à répondre individuellement, en entreprise et en tant que société - aux niveaux local, régional, national et mondial.

Ces événements nous ont forcés, en tant que société, à réfléchir sur nous-mêmes. Ce que le meurtre public de George Floyd a suscité dans le monde entier, c'est notre sentiment d'humanité partagée, notre réponse commune aux meurtres insensés dus à la brutalité policière et notre responsabilité commune en tant que gardiens de nos frères et sœurs lorsque nous sommes confrontés à des inégalités et à des injustices sociales. COVID-19 nous a rappelé que la vie est fragile pour tous - ici aujourd'hui, demain plus rien - et que notre responsabilité les uns envers les autres inclut de faire passer les autres en premier (dans ou hors de la crise pandémique - se faire vacciner, porter des masques et prendre ses distances). Ensemble, nous redressons de manière proactive les torts perpétués par les forces sociétales et environnementales. Ensemble, ces deux événements ont accordé la plupart de nos esprits individuels à un son commun - notre humanité partagée.

Les conséquences durables de ces pratiques discriminatoires systémiques sont les impacts générationnels négatifs intentionnels et non intentionnels sur les minorités et les groupes vulnérables, dont le résultat est la négation des expériences de "vie bien vécue". George Floyd a certainement été privé d'une vie bien vécue ; il ne pourra jamais voir sa fille grandir et devenir la femme pour laquelle elle est née, et elle sera à son tour privée de son père. Il existe aux États-Unis et dans le monde entier des communautés qui souffrent de décisions environnementales prises délibérément pour nuire aux communautés de couleur, comme les eaux polluées par le plomb acheminées par canalisation dans les quartiers de Flint, dans le Michigan, ou les autoroutes placées stratégiquement dans les quartiers où vivent les minorités et les groupes vulnérables (affectant leur santé et leur bien-être pour des générations).

Une "vie bien vécue" ne devrait pas dépendre de la couleur de la peau ou du statut éducatif, économique ou social dans lequel une personne est née, mais plutôt de ce qu'une personne apporte à l'histoire humaine grâce aux expériences significatives qu'elle a pu vivre. C'est l'esprit de la loi qui a commencé avec la singulière déclaration d'indépendance américaine et qui, depuis, a servi d'appel à l'humanité tout entière : *"Nous tenons ces vérités pour évidentes : tous les hommes sont créés égaux ; ils sont dotés par leur Créateur de certains droits inaliénables ; parmi ces droits se trouvent la vie, la liberté et la recherche du bonheur."*

La vie, la liberté et la poursuite du bonheur devraient sonner vrai pour tous les Américains, qu'ils soient citoyens ou non, à chaque coin de rue, dans les assemblées législatives, les tribunaux et les bureaux des chefs d'entreprise (où sont prises des décisions clés ayant des répercussions sur la société et l'environnement). La vie, la liberté et la poursuite du bonheur ne sont pas un trait ou un événement unique, mais un continuum de phénomènes de vie. Par exemple, alors que de plus en plus de baby-boomers prennent leur retraite, l'Amérique a besoin de plus de jeunes travailleurs de tous les groupes démographiques pour maintenir le système de sécurité sociale à flot. Sans une main-d'œuvre durable, il est concevable que le niveau des prestations de sécurité sociale que les baby-boomers attendent à la retraite ne soit pas viable. Quoi qu'il en soit, il est irritant pour les jeunes travailleurs de savoir que leurs paiements de sécurité sociale profitent à ceux qui ne les considèrent pas comme des êtres humains.

La vie, la liberté et la poursuite du bonheur devraient également sonner vrai pour le reste du monde, car il s'agit d'un idéal humain partagé, désormais accentué dans les buts et objectifs du développement durable et dans les décisions et meilleures pratiques en matière de responsabilité sociale des organisations mondiales. Ces valeurs devraient également être importantes pour les organisations car elles ont des impacts mesurables sur les bénéfices, l'environnement et les personnes. Dans la mesure où les employés et les clients croient que leur engagement envers une organisation améliore leur bien-être économique et donne un sens à leur vie, ils sont beaucoup plus motivés à donner le meilleur d'eux-mêmes.

L'agitation à laquelle nous avons assisté ces dernières années montre que la société est prête pour des changements plus profonds. Les marches de protestation civile et les plaidoyers sous diverses formes et formats pour Black Lives Matter sont le début de la montée en puissance d'une nouvelle génération de l'humanité pour la droiture dans nos institutions. Cependant, le vrai travail commencera lorsque nous reviendrons à la vie après COVID-19 et que nous serons forcés de réexaminer nos contrats sociaux et nos pratiques de prise de décision organisationnelle, avec, espérons-le, une nouvelle détermination à faire quelque chose contre notre racisme systémique et structurel permanent et d'autres formes d'inégalités. Ne rien faire et revenir à l'ancien statu quo serait, au mieux, une complicité et, au pire, une duplicité.

Les problèmes de racisme systémique auxquels nous sommes confrontés aujourd'hui ne sont pas nouveaux. Ils font partie du mode de vie américain depuis près de 400 ans. Le colonialisme européen, qui a semé les graines de l'esclavage moderne, a essentiellement commencé comme un terrorisme mondial parrainé par le gouvernement dans les années 1500 et a créé l'obscurcissement systémique de notre humanité commune. Nous avons parcouru un long chemin depuis lors, avec des avancées positives telles que les lois sur les droits civils de 1965. Pourtant, les vestiges des pratiques et des lois discriminatoires sont restés en nous sous la forme d'un racisme systémique et structurel et se manifestent sous de nombreuses formes d'inégalités. Génération après génération, nous avons tenté de résoudre ces problèmes.

Comme cela a souvent été le cas au cours de l'histoire, les progrès en matière de DEI ont suscité une réaction négative de la part de ceux qui s'opposaient à la perte de ce qu'ils considéraient comme leur position privilégiée (socialement et économiquement). Aujourd'hui, certains suprémacistes blancs et sympathisants affirment que le racisme systémique est non seulement justifié, mais qu'il est intrinsèque à la société et remonte à la nuit des temps. Cette tentative de renforcer la légitimité de l'idéologie n'est pas sincère ; ses racines ne remontent qu'à 500 ans tout au plus. La profondeur relativement faible des années de racisme systémique par rapport aux milliers d'années d'histoire de l'humanité nous donne l'espoir qu'une ou deux générations engagées puissent apporter un changement significatif au statu quo inéquitable.

L'élan des protestations positives et réalisables générées par le meurtre de George Floyd dans nos rues et sur nos ondes par tous les groupes de personnes - blancs, noirs, bruns, etc. - sur l'importance de la vie des Noirs nous donne l'espoir que c'est peut-être la génération que Martin Luther King a vue à travers les "yeux de l'esprit". Cette Amérique sera celle où les droits inaliénables de chaque personne produisent un témoignage de "vie bien vécue" à la mort parce qu'elle a vécu dans la terre promise de la liberté et la patrie des braves, ayant fait l'expérience de la vie, de la liberté et de la poursuite du bonheur. C'est ainsi que Martin Luther King a décrit la certitude de la génération qui rapproche l'Amérique d'une union plus parfaite.

Pour atteindre cet objectif, nous devons utiliser la base de connaissances existante sur l'économie, l'environnement et le social et l'enrichir de la base de connaissances tripartite de la DEI et forger ensemble une nouvelle monnaie systémique et structurelle pour négocier le changement dans nos décisions et activités sociétales et organisationnelles. Cela nécessite la création d'un environnement favorable dans toutes les sphères qui soutienne un langage vivant, facilitant les dialogues où nous sommes suffisamment à l'aise pour creuser profondément dans nos préjugés implicites et suffisamment audacieux pour les déraciner.

Nous devons également nous attaquer aux véritables défis exposés par la COVID-19 dans toutes ses manifestations amplificatrices - le manque d'accès aux soins de santé, au capital, à la stabilité du logement, à la sécurité alimentaire et à l'éducation, tel que décrit ci-dessous par les Nations unies:

La pandémie de COVID-19 représente une grave menace pour les services municipaux et la santé mondiale, et transforme radicalement les sociétés dans lesquelles nous vivons. Les mesures d'éloignement physique adoptées en Amérique latine et dans le monde ont un impact direct sur la vie et le bien-être de près de 4,1 milliards de personnes vivant dans les villes. Les populations considérées comme à haut risque comprennent les personnes handicapées et les personnes âgées. Les gouvernements locaux doivent planifier et faire face aux implications politiques, économiques et sociales sans précédent qui résultent des limitations de mobilité, de participation, d'expression et d'interactions sociales. Il est donc essentiel de documenter l'expérience vécue par les personnes handicapées et les personnes âgées, y compris l'identification des obstacles physiques, sanitaires et socio-économiques qui affectent leur participation équitable, pleine et active et leurs droits de l'homme dans les villes où elles vivent. (United Nations 2021)

Les dangers posés par la pandémie sont nouveaux ; les inégalités en matière de disponibilité des soins de santé et de résilience économique ne le sont pas. Mais la maladie a mis en lumière ces problèmes récurrents et généralement sous-estimés.

Cadres de développement durable et de responsabilité sociale

Le développement durable et la responsabilité sociale sont des approches d'orientation systémiques et structurelles complémentaires destinées à répondre aux problèmes, défis et pratiques sociétaux et organisationnels. Les objectifs du millénaire pour le développement (OMD) des Nations unies, qui se sont déroulés de 2013 à 2015, comprenaient huit objectifs, acceptés par tous les pays du monde. Ils visaient à résoudre des problèmes mondiaux tels que la pauvreté, le VIH/sida, l'accès à l'éducation primaire et à garantir que personne ne soit laissé pour compte. Les objectifs de développement durable (ODD), qui ont succédé aux OMD, comportent 17 objectifs et s'étendent jusqu'en 2030:

Les Objectifs de développement durable sont le plan directeur pour parvenir à un avenir meilleur et plus durable pour tous. The SDGs respond to the global challenges we face, including those related inequality, Change, environmental degradation, prosperity, peace and justice. Les 17 objectifs sont tous interconnectés et, afin de ne laisser personne de côté, il est important que nous les atteignions tous d'ici 2030.

Figure 2.1 : Objectifs de développement durable des Nations Unies (SGS des Nations Unies)

Le développement durable n'est pas un concept nouveau pour l'ONU. Le rapport de 1987 de la "Commission mondiale des Nations unies sur l'environnement et le développement : Notre avenir à tous" décrit le développement durable comme ayant trois facettes interdépendantes : économique, environnementale et sociale (Nations Unies 1987). Le développement durable consiste à réaliser un progrès global, chaque génération de l'humanité répondant à ses besoins dans les limites écologiques de la planète, sans sacrifier la capacité des générations futures à répondre à leurs propres besoins.

Depuis 1987, d'autres forums internationaux ont amplifié le mantra du développement durable, notamment la Conférence des Nations unies sur l'environnement et le développement de 1992 et le Sommet mondial sur le développement durable de 2002. Les objectifs de développement durable de 2016 s'inscrivent dans cette tradition de liaison entre les facteurs économiques, environnementaux et sociaux en créant une orientation systémique et structurée, qui fait partie intégrante du traitement des questions et des défis systémiques pérennes locaux et mondiaux. Alors que le développement durable traite des questions économiques, environnementales et sociales de la société et de la manière de les aborder, la responsabilité sociale traite des réponses organisationnelles à ces questions et fournit un cadre pour la manière de les aborder de façon responsable afin de soutenir le développement durable. En agissant de manière responsable dans ces trois domaines, les organisations contribuent aux efforts de la société en matière de développement durable.

La notion de responsabilité sociale des entreprises a évolué au cours des dernières décennies. Elle est un sujet de conversation depuis le 19e siècle, lorsque les magnats de l'industrie nouvellement créés utilisaient les dépenses publiques ostentatoires comme moyen de se glorifier et d'améliorer l'acceptation par le public de leur nouvelle concentration de richesse (par exemple, Andrew Carnegie). Son usage est beaucoup plus répandu depuis le début des années 1970, lorsque la responsabilité sociale des entreprises (RSE) est devenue à la mode, chaque domaine d'intervention se révélant au fur et à mesure que les besoins de la société évoluaient et que des efforts étaient déployés pour y répondre. Au cours de la révolution industrielle, de nombreux leaders industriels prospères ont eu recours à des contributions philanthropiques à des causes caritatives pour répondre aux problèmes de leur époque. Les premiers discours sur la responsabilité sociale se concentraient sur les activités traditionnellement philanthropiques (nourrir les affamés, financer des programmes universitaires, financer des entreprises sociales, etc.) Un siècle plus tard, les pratiques de travail et les pratiques d'exploitation équitables ont été ajoutées à l'éventail de la responsabilité sociale. Au fil du temps, d'autres sujets comme l'environnement, les droits de l'homme, la lutte contre la corruption et la protection des consommateurs ont également été intégrés à la définition de la responsabilité sociale.

Les quatre cadres du développement durable et de la responsabilité sociale

LE PACTE MONDIAL DES NATIONS UNIES

Le modèle mental selon lequel les Nations unies ont quelque chose à voir avec les décisions et les activités d'une organisation lorsqu'elle n'est pas une entité nationale est au mieux inexact. L'image que la plupart des dirigeants d'organisations se font de l'ONU est plutôt celle d'un champion des questions liées à l'État-nation, et non celle de la manière dont une organisation peut devenir durable grâce à ses initiatives. Les ONG sont plus susceptibles de connaître les principes et les activités défendus par l'ONU pour améliorer les meilleures pratiques de gestion en matière de changement climatique, d'éradication de la pauvreté, de droits à l'eau, etc. Néanmoins, depuis 2000, date à laquelle elle a lancé le Pacte mondial des Nations unies, l'ONU est en première ligne pour fournir des ressources et des systèmes de soutien et pour promouvoir la sensibilisation à la manière dont les décisions et les activités commerciales des organisations, petites et grandes, contribuent à la prospérité partagée de l'humanité et à la durabilité de notre planète commune.

En témoigne le Pacte mondial des Nations unies, qui vise à aider les entreprises à devenir plus durables et à inciter les parties prenantes à travailler ensemble à l'avènement d'un monde meilleur et prospère grâce à dix principes communs. Si de nombreuses organisations multinationales ont adhéré au Pacte mondial des Nations unies, il est loin d'avoir été adopté par l'ensemble des organisations de base dans le monde.

Le Pacte mondial des Nations unies couvre quatre écosystèmes : les droits de l'homme, le travail, l'environnement et la lutte contre la corruption. Ces quatre écosystèmes sont guidés par dix principes qu'une organisation peut, le cas échéant, utiliser pour améliorer ses décisions et ses activités afin de préserver son bien-être économique, social et environnemental, tout en contribuant aux objectifs mondiaux de durabilité des Nations unies.

Tableau 2.1: Les dix principes du Pacte mondial des Nations unies

Droits de l'homme	
Principe 1:	Les entreprises sont invitées à promouvoir et à respecter la protection des droits de l'homme reconnus sur le plan international ; et
Principe 2:	[Veiller à ne pas se rendre complices de violations des droits de l'homme.
Travail	
Principe 3:	Les entreprises sont invitées à respecter la liberté d'association et à reconnaître effectivement le droit de négociation collective ;
Principe 4:	L'élimination de toutes les formes de travail forcé ou obligatoire ;
Principe 5:	l'abolition effective du travail des enfants ; et
Principe 6:	l'élimination de la discrimination en matière d'emploi et de profession.
Environnement	
Principe 7:	Les entreprises sont invitées à appliquer l'approche de précaution face aux problèmes touchant l'environnement ;
Principe 8:	entreprendre des initiatives tendant à promouvoir une plus grande responsabilité en matière d'environnement ; et
Principe 9:	Encourager le développement et la diffusion de technologies respectueuses de l'environnement.
Anti-corruption	
Principe 10:	Les entreprises sont invitées à agir contre la corruption sous toutes ses formes, y compris l'extorsion de fonds et les pots-de-vin.

L'objectif général du Pacte mondial des Nations unies est la viabilité des entreprises, ce qui permet d'atteindre les 17 ODD évoqués précédemment. Pour aider les entreprises à adopter les principes, les Nations unies et Deloitte ont élaboré le modèle de gestion du Pacte mondial des Nations unies, qui comporte six étapes. Ces six étapes appellent l'équipe dirigeante de l'entreprise à:

1. **S'ENGAGER** à respecter les principes du Pacte mondial aux plus hauts niveaux de l'entreprise en les intégrant aux décisions et aux activités, le cas échéant.
2. **ÉVALUER** les risques et les opportunités de l'entreprise en utilisant des termes financiers liés aux principes sur l'impact de ses décisions et activités opérationnelles sur chaque principe applicable.
3. **DÉFINIR** sa feuille de route sur la base des résultats de son évaluation en développant et en affinant ses objectifs, ses politiques et ses stratégies.
4. **METTRE EN ŒUVRE** les objectifs, les politiques et les stratégies dans l'ensemble de l'écosystème de l'entreprise - en interne et dans sa chaîne de valeur.
5. **MESURER** et suivre les progrès en permanence.
6. **COMMUNIQUER** ses progrès sur les principes applicables à ses parties prenantes en les mettant en avant vers une amélioration continue.

NORMES DE RAPPORT DE GRI

Le 23 mars 1989, un pétrolier Exxon déverse 11 millions de gallons de pétrole brut dans les eaux du Prince William Sound en Alaska. Il s'agit de la plus grande marée noire qui ait jamais touché le littoral américain à ce jour, couvrant plus de 1,300 miles (History 2021). Cette marée noire a fait des ravages sur la faune et la flore et a causé la mort de "... 250,000 oiseaux de mer, 3,000 loutres, 300 phoques, 250 pygargues à tête blanche et 22 orques (Histoire 2021)". La catastrophe "a peut-être joué un rôle dans l'effondrement des pêcheries de saumon et de hareng dans le Prince William Sound au début des années 1990 (Histoire 2021)" et a entraîné des difficultés économiques pour les Blancs pauvres et les populations autochtones qui vivent dans de nombreuses villes de pêche côtières :

Les pêcheurs font faillite et les économies des petites villes côtières, dont Valdez et Cordova, souffrent dans les années qui suivent. Certains rapports estiment que la perte économique totale de la marée noire de l'Exxon Valdez s'élève à 2,8 milliards de dollars (Histoire 2021).

En 1997, en raison de ce désastre, une nouvelle organisation de directives - la GRI - a été fondée à Boston pour créer de nouveaux principes de responsabilité en matière d'environnement. Si les nouvelles lignes directrices se concentraient initialement sur la conduite environnementale des entreprises, elles se sont étendues à la responsabilité sociale en incluant les questions économiques, sociales et de gouvernance dans ses principes directeurs.

En 2016, la GRI s'est transformée en organisme de normalisation en lançant la première norme de rapport sur la durabilité, baptisée "normes GRI". En 2017, la GRI a collaboré avec le Pacte mondial des Nations unies pour lancer le Guide pour le reporting des entreprises sur les ODD. Depuis lors, la GRI a continué à affiner ses outils axés sur la durabilité et les a utilisés pour concevoir des mesures de performance universelles et spécifiques à chaque secteur. Ces outils sont disponibles gratuitement et constituent une corne d'abondance de mesures de performance qu'une organisation peut utiliser pour mesurer et surveiller ses engagements en matière de durabilité. Certaines de ces mesures sont applicables aux principes de responsabilité sociale.

Aujourd'hui, les normes de la GRI sont divisées en trois cohortes d'impact conçues pour permettre à une organisation de rendre compte de ses activités de manière structurée et transparente aux parties prenantes et autres entités intéressées : (1) les normes universelles, (2) les normes sectorielles qui sont spécifiques à une industrie ou à un secteur et (3) les normes thématiques qui rendent compte de sujets spécifiques importants pour une organisation.

LE CADRE DE RESPONSABILITÉ SOCIALE ISO 26000

Le cadre ISO 26000 pour la responsabilité sociétale a un solide pedigree. Il a été validé par plus de 500 experts de tous les secteurs (privé, public et organisations non gouvernementales) et de 120 pays. Depuis sa publication en 2010, il a été utilisé par plus de 80 pays (et de nouveaux pays le rejoignent chaque année). Le cadre a également servi d'épine dorsale pour les 17 objectifs de développement durable (ODD) des Nations unies.

L'incorporation des 7 principes et des 7 sujets fondamentaux de la responsabilité sociale dans un cadre DEI donne à une organisation un nouvel ordre qui permet aux faiseurs de différence d'apporter la guérison et le sens à leur organisation, à leurs interactions personnelles et à l'écosystème mondial dans son ensemble, l'aidant ainsi à prospérer et le conduisant sur la voie du développement durable.

L'épanouissement organisationnel est un concept nouveau et peut-être utopique, mais il semble très proche si l'on considère que la main-d'œuvre d'aujourd'hui est dominée par des personnes qui veulent faire la différence et trouver un sens à leur travail. L'époque où l'on travaillait uniquement pour un salaire et où l'on gagnait une montre en or après 50 ans est révolue. Le salaire plus le sens et la contribution à l'amélioration du monde sont devenus le but suprême - le cri altruiste de la main-d'œuvre jeune et dynamique d'aujourd'hui. Les organisations qui intègrent les concepts de responsabilité sociale durable et de DEI peuvent capitaliser sur ces désirs.

La norme ISO 26000 a identifié trois relations entre les parties prenantes qui sont cruciales pour la responsabilité sociale et pour la DEI en tant que modérateur: (1) entre l'organisation et ses parties prenantes, (2) entre l'organisation et la société, et (3) entre les parties prenantes et la société. Pour intégrer ces principes et ces sujets centraux dans la DEI en tant que devise de la responsabilité sociale, j'utiliserai trois de mes modèles pour plaider en faveur de l'intégralité organisationnelle comme objectif supérieur des organisations du 21e siècle.

Le modèle ISO 26000 rassemble toutes ces interprétations de la responsabilité sociale dans un cadre de mesure des performances et d'engagement des parties prenantes conçu pour être facilement mis en œuvre dans la plupart des organisations du secteur public. Il y a un siècle, les questions sociétales prédominantes étaient les pratiques d'exploitation et les pratiques de travail équitables. D'autres domaines d'intérêt sociétal ont suivi, comme la lutte contre la fraude et la protection des consommateurs, les droits de l'homme, l'environnement, la corruption, etc. Aujourd'hui, les questions et les défis prédominants sont la reconnaissance de la race et du sexe, tout en redressant les injustices de la société et des entreprises et la justice environnementale. L'Organisation internationale de normalisation (ISO) a produit sa version finale de l'ISO 26000 en 2010. Il s'agit d'un guide sur la manière dont les organisations peuvent agir de manière éthique et transparente, de façon à contribuer à leur santé et à leur bien-être ainsi qu'à ceux de la société dans son ensemble. L'ISO 26000 ajoute ces lignes directrices:

ISO
La présente Norme internationale a été élaborée selon une approche multipartite impliquant des experts de plus de 90 pays et de 40 organisations internationales ou régionales à large assise impliquées dans différents aspects de la responsabilité sociale. Ces experts provenaient de six groupes de parties prenantes différents: les consommateurs, les gouvernements, l'industrie, les syndicats, les organisations non gouvernementales (ONG) et les services, l'assistance, la recherche, les universitaires et autres. En outre, des dispositions spécifiques ont été prises pour assurer un équilibre entre les pays en développement et les pays développés ainsi qu'un équilibre entre les sexes dans les groupes de rédaction. Bien que des efforts aient été faits pour assurer une participation équilibrée de tous les groupes de parties prenantes, un équilibre complet et équitable des parties prenantes a été limité par divers facteurs, notamment la disponibilité des ressources et la nécessité de maîtriser l'anglais.

ISO 26000:2010, page v.

Ce cadre de responsabilité sociale fournit des lignes directrices aux organisations qui cherchent à évaluer leurs décisions, activités et relations passées, présentes et futures avec les parties prenantes internes et externes. ISO 26000 a apporté les avantages suivants en matière de responsabilité sociale pour une organisation:

ISO
La responsabilité sociale peut apporter de nombreux avantages à une organisation. Il s'agit notamment de :

☐ *encourager une prise de décision plus éclairée, basée sur une meilleure compréhension des attentes de la société, des opportunités associées à la responsabilité sociale (y compris une meilleure gestion des risques juridiques) et des risques de ne pas être socialement responsable ;*

☐ *améliorer les pratiques de gestion des risques de l'organisation ;*

☐ *améliorer la réputation de l'organisation et renforcer la confiance du public ;*

☐ *soutenir la licence sociale d'exploitation d'une organisation;*

☐ *générer l'innovation ;*

☐ *améliorer la compétitivité de l'organisation, y compris l'accès au financement et le statut de partenaire privilégié ;*

☐ *améliorer les relations de l'organisation avec ses parties prenantes, ce qui l'expose à de nouvelles perspectives et à des contacts avec un éventail diversifié de parties prenantes ;*

☐ *améliorer la loyauté, l'implication, la participation et le moral des employés ;*

☐ *améliorer la sécurité et la santé des travailleurs, hommes et femmes ;*

☐ *avoir un impact positif sur la capacité d'une organisation à recruter, motiver et retenir ses employés ;*

□ *la réalisation d'économies liées à l'augmentation de la productivité et de l'efficacité des ressources, à la réduction de la consommation d'énergie et d'eau, à la diminution des déchets et à la récupération de sous-produits précieux ;*

□ *améliorer la fiabilité et l'équité des transactions par une participation politique responsable, une concurrence loyale et l'absence de corruption ; et*

□ *la prévention ou la réduction des conflits potentiels avec les consommateurs au sujet des produits ou des services.*

ISO 26000:2010, pages 20-21.

Cela signifie que les organisations doivent également s'engager dans les questions et les défis auxquels la société et l'environnement sont confrontés, y compris les dysfonctionnements systémiques et structurels permanents qui désavantagent les groupes minoritaires et vulnérables tout en accordant des privilèges à un autre groupe sur la base de la pigmentation de la peau.

Les organisations sont bien placées pour se joindre à la société dans la lutte contre les dysfonctionnements systémiques et structurels de la société, car elles fournissent les moyens de parvenir à un développement durable grâce aux vastes ressources qu'elles contrôlent ou sur lesquelles elles ont une influence : les personnes, le profit et la planète. Le contrôle et l'influence qu'exercent les organisations s'accompagnent d'un certain degré de responsabilité sociale, car les décisions et les activités des organisations, sur une base continue et régulière, ont un impact considérable sur les comportements qui affectent l'économie, l'environnement et les questions sociales. La norme ISO 26000 fournit les indications suivantes sur les caractéristiques générales de la responsabilité sociétale :

ISO *[C'est] la volonté d'un organisme d'intégrer des considérations sociales et environnementales dans ses prises de décision et de rendre compte des impacts de ses décisions et activités sur la société et l'environnement. Cela implique un comportement à la fois transparent et éthique qui contribue au développement durable, qui est conforme au droit applicable et qui est compatible avec les normes internationales de comportement. Cela implique également que la responsabilité sociétale soit intégrée dans l'ensemble de l'organisation, qu'elle soit pratiquée dans ses relations et qu'elle prenne en compte les intérêts des parties prenantes.*

ISO 26000:2010, page 6.

Black Lives Matter concerne des problèmes que l'humanité tout entière doit résoudre. Nous ne pouvons pas aborder les questions de réchauffement de la planète et de changement climatique sans inclure les questions d'équité raciale, car les gens sont au cœur de la raison pour laquelle nous voulons sauver la planète en premier lieu. Pour sauver et préserver notre chère planète pour les générations futures, nous devons prendre au sérieux l'équité raciale et l'équité entre les sexes et les aborder dans un cadre global et holistique de réforme et de croissance.

Dans la mesure où le racisme systémique et structurel, les préjugés à l'égard des personnes handicapées, la haine ou d'autres pratiques discriminatoires sont perpétués dans toute société, ils se retrouveront dans les décisions et les activités des organisations. Les organisations sont composées de personnes, et les gens ne laissent pas leurs préjugés à la porte lorsqu'ils viennent travailler. À l'ère de la mondialisation, les organisations ont donc l'énorme responsabilité sociale de se lever et de se faire entendre pour endiguer les marées de ces dysfonctionnements sociétaux et mondiaux, sans attendre que la société ou les institutions gouvernementales les résolvent seules. Cela rend plus durable l'autoroute sur laquelle les conducteurs socialement responsables peuvent passer d'un problème à l'autre, au sein de réseaux cohérents de défis et d'opportunités mondiaux et locaux.

La question de savoir qui vient en premier, la poule ou l'œuf, est tout à fait pertinente lorsqu'il s'agit de DEI dans un contexte organisationnel ou d'entreprise. Comprendre d'abord ce qu'est la <u>diversité</u> et pourquoi elle est importante pour les trois lignes de fond d'une organisation, à savoir les profits, les personnes et la planète, ouvre la porte aux questions <u>d'équité,</u> qui à leur tour mènent directement à la table de <u>l'inclusion,</u> où les personnes assises ont leur mot à dire dans la prise de décision et les activités de l'organisation - son essence même. Ces concepts sont interdépendants et ne peuvent être abordés isolément. Ils commencent par une identification correcte des parties prenantes et des enjeux qu'elles représentent. La norme ISO 26000 fournit les indications suivantes :

ISO
Une partie prenante a un ou plusieurs intérêts qui peuvent être affectés par les décisions et les activités d'un organisme. Cet intérêt donne à la partie un "intérêt" dans l'organisme qui crée une relation avec l'organisme. Cette relation ne doit pas nécessairement être formelle ou même reconnue par la partie prenante ou l'organisation. Les parties prenantes peuvent être qualifiées de "parties intéressées". Pour déterminer les intérêts des parties prenantes à reconnaître, une organisation doit prendre en compte la légalité de ces intérêts et leur cohérence avec les normes internationales de comportement.

ISO 26000:2010, page 6.

Lorsque la table d'inclusion manque de représentations diverses de personnes, de groupes, d'idées, d'expériences et de connaissances, les discours sur l'équité sont, au mieux, limités et blasés. De plus, lorsque les décisions d'inclusion sont prises simplement pour remédier à des anomalies numériques sans d'abord acquérir et apprécier les valeurs de la diversité, elles créent des collines et des montagnes d'inégalités involontaires ou même intentionnelles qui peuvent parfois être presque insurmontables.

Les montagnes d'inégalités créées par un manque de diversité et d'inclusion dans notre vie organisationnelle ont un impact direct sur nos résultats économiques, environnementaux et sociaux. Elles perpétuent notre humanité brisée, accentuent notre désunion permanente et élèvent les différences que nous nous imposons. Par conséquent, comprendre les DEI dans leur ordre légitime nous donne le cadre nécessaire pour les intégrer de manière transparente en tant que monnaie de responsabilité sociale et, ce faisant, atteindre une certaine forme de développement durable tout en créant le chemin de la plénitude au sein de l'écosystème de notre organisation.

ENVIRONNEMENT, SOCIAL ET GOUVERNANCE (ESG)

Les critères environnementaux, sociaux et de gouvernance (ESG) sont un mécanisme de reporting que les investisseurs peuvent utiliser pour évaluer les valeurs et les comportements éthiques, responsables et durables des entreprises. Les investisseurs utilisent les critères ESG pour évaluer les performances futures des entreprises à travers le double prisme de l'impact financier et social. Alors que certains experts affirment que les critères ESG se concentrent sur les indicateurs de performance non financiers qui peuvent avoir des effets négatifs sur la performance financière, d'autres soutiennent que les valeurs sociales améliorent en fait la performance de l'entreprise de manière financière et non financière.

Le cadre actuel de la responsabilité sociale fait de la prise en compte séparée des aspects financiers et non financiers des investissements une erreur, car la mondialisation exige des écosystèmes économiques plus justes et plus équitables dans leur ensemble. Les petites et grandes entreprises d'investissement sont plus attentives à cette tendance. Les critères ESG continuent d'évoluer, mais tendent à se concentrer sur les trois domaines suivants :

Figure 2.2 : Environnement, social et gouvernance (ESG)

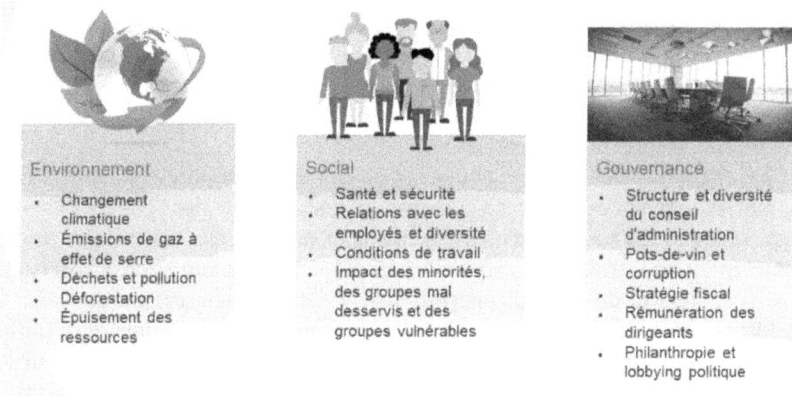

Environnement	Social	Gouvernance
• Changement climatique • Émissions de gaz à effet de serre • Déchets et pollution • Déforestation • Épuisement des ressources	• Santé et sécurité • Relations avec les employés et diversité • Conditions de travail • Impact des minorités, des groupes mal desservis et des groupes vulnérables	• Structure et diversité du conseil d'administration • Pots-de-vin et corruption • Stratégie fiscal • Rémunération des dirigeants • Philanthropie et lobbying politique

Aujourd'hui, alors que les investisseurs se concentrent sur ce que les critères ESG modernes devraient inclure, la réalité est que les disparités de richesse et de revenus dans le monde entier deviennent plus criantes, les nantis continuant à augmenter de manière disproportionnée leur valeur nette au détriment des démunis, qui errent dans un désert de manque et d'objectifs non réalisés. En outre, les idées fausses sur l'ESG abondent : la responsabilité sociale n'est pas un appel à adopter un système économique socialiste, mais plutôt à ce que le capitalisme démocratique réaligne ses valeurs pour soulever chaque bateau, quelle que soit sa taille ou sa situation géographique. Le secrétaire général des Nations unies, Guterres (2022), s'est fait l'écho de cette réalité : "Entre 1980 et 2016, les 1 % les plus riches du monde ont capté 27 % de la croissance cumulée totale des revenus. Les travailleurs peu qualifiés sont confrontés à un assaut des nouvelles technologies, de l'automatisation, de la délocalisation de la fabrication et de la disparition des organisations syndicales (Guterres 2022)."

Figure 2.3 : Rapport de l'ONU sur les inégalités de revenus entre 1980 et 2016

L'inégalité des revenus

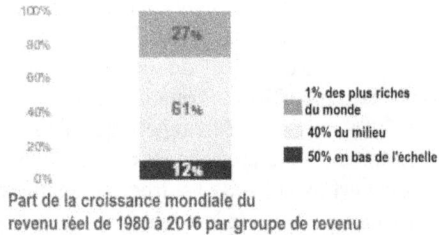

Entre 1980 et 2016, les 1 % les plus riches du monde ont accaparé

27 %

de la croissance totale cumulée des revenus

Part de la croissance mondiale du revenu réel de 1980 à 2016 par groupe de revenu

1% des plus riches du monde
40% du milieu
50% en bas de l'échelle

Source : Adapté et traduit dans Humankind Shared Planet Divided by Norms de la source originale : Guterres, A. 2017.

La valeur du capitalisme démocratique dans la libération et l'amélioration de la créativité humaine pour soutenir et maintenir l'existence humaine sur la planète Terre n'est pas remise en question. Les questions portent sur la nécessité de faire des valeurs de l'entreprise des atouts pour l'humanité, et non pas de les diviser par des normes financières qui perpétuent l'ancien système de diviser pour mieux régner - une entreprise dichotomique d'enrichissement et d'appauvrissement. Cela explique pourquoi la démocratie actionnariale a pris de l'ampleur ces derniers temps, car les institutions d'investissement, petites et grandes, cherchent désormais à répondre aux préoccupations des parties prenantes en réformant les structures de gestion des entreprises.

En cherchant des moyens nouveaux et innovants de faire entendre la voix des parties prenantes dans le processus décisionnel des entreprises, les investisseurs et les sociétés d'investissement examinent des approches variées, notamment les médias sociaux comme modérateurs des décisions d'investissement et du suivi des performances. Les médias sociaux devenant la plateforme préférée de milliards de personnes pour s'engager dans des causes communes, leur impact peut être de plus en plus positif et/ou inquiétant pour les entreprises cotées en bourse. Goetzmann (2022) du Financial Analyst Journal a posé la question suivante :

Cette autonomisation de l'opinion et la montée en puissance des influenceurs médiatiques poseront presque certainement des défis aux gestionnaires d'investissement, en particulier ceux qui sont fiduciaires. Les entreprises deviendront-elles des "mémocraties" détenues et gouvernées par des communautés idéologiques de médias sociaux ? Si tel est le cas, cela est-il bon ou mauvais pour les entreprises, les actionnaires et la société (Goetzmann 2022) ?

L'idée que les médias sociaux peuvent être déployés efficacement pour influencer la valeur des actions devient une réalité qui ne peut être ignorée dans les limites de l'ESG. Par exemple, la flambée des actions de GameStop en 2021, où un groupe d'investisseurs en ligne a investi ensemble sur la base d'un récit de cause commune - en partie combatif et en partie aspirationnel (Goetzmann 2022) - a bien illustré ce phénomène. Pour les investisseurs socialement responsables, les impacts financiers et non financiers sont liés, même s'ils sont pondérés séparément. Il est toutefois également vrai que les bonnes intentions des entreprises en matière d'ESG ne se traduisent pas nécessairement par des décisions et des pratiques socialement conscientes.

L'ESG, comme le phénomène de la Triple Bottom Line (TBL), peut permettre aux entreprises de promouvoir leur "grandeur" ou simplement de cocher les cases de la bonne volonté voulue - mais ne dit pas nécessairement la véritable histoire de leurs pratiques réelles, y compris les bonnes, les mauvaises et les laides. En outre, l'ESG, de par sa nature organique, est tributaire de la politique et de l'actualité ; les tollés suscités par les questions d'actualité ont tendance à s'estomper au fil du temps, un processus que certaines entreprises exploitent avec cynisme. Il est nécessaire de mettre en place une structure systémique d'investissement socialement responsable plus large qui approfondit les racines de l'ESG en se consacrant de manière cohérente aux sujets de base, notamment en ce qui concerne la DE&I.

Intégrer la DEI comme monnaie de responsabilité sociale d'une organisation

Alors que le monde d'aujourd'hui est de plus en plus sensible aux questions de DEI, les individus et les organisations veulent se joindre à la lutte pour changer le cours du racisme systémique et institutionnalisé. L'une des questions est de savoir ce qui peut être fait et quelles solutions ont fonctionné auparavant. Bien que chaque situation puisse être différente, l'utilisation d'un ensemble de principes directeurs et de sujets fondamentaux vérifiés qui ont été réadaptés pour traiter les questions de DEI constitue une voie valable.

Les sept principes et les sept sujets fondamentaux d'ISO 26000 offrent un tel ensemble de principes directeurs qui, lorsqu'ils sont intégrés dans les programmes DEI, fournissent une approche systémique et structurée pour aborder nombre de nos problèmes et défis sociétaux dans un cadre organisationnel, ainsi que des questions pertinentes pour le développement durable.

L'intégration des principes de responsabilité sociétale, des stratégies d'engagement des parties prenantes et des sujets fondamentaux d'ISO 26000 dans un système de management holistique permet à une organisation de tendre vers la globalité organisationnelle tout en atteignant les objectifs de développement durable. Ce cadre doit toutefois être véritablement soutenu par l'organisation, car il y aura toujours des opposants. Un cadre de responsabilité sociale organisationnelle qui ne fait qu'effleurer les questions de DEI et leur traduction en langage de communication à l'échelle de l'organisation verra ses politiques et ses pratiques sapées par ceux qui, dans ses propres rangs, n'ont jamais adhéré au concept d'humanité partagée et de planète partagée.

Le département de police du Minnesota, par exemple, est une organisation qui s'enorgueillit de ses politiques et pratiques DEI. Tous ses officiers, comme les autres officiers de police du pays, prêtent le serment de l'Association internationale des chefs de police, qui est largement accepté : *"Sur mon honneur, je ne trahirai jamais mon badge, mon intégrité, mon caractère ou la confiance du public. J'aurai toujours le courage de me tenir et de tenir les autres responsables de nos actes"*. Et pour les officiers aux États-Unis, ce qui suit fait généralement partie du serment également : *"Je défendrai toujours la Constitution, ma communauté et l'agence que je sers."* De toute évidence, les politiques, aussi ambitieuses soient-elles, ne se sont pas traduites dans la pratique pour de nombreux membres du département - en particulier les policiers qui ont assassiné George Floyd.

Tous les membres du département sont censés comprendre que tous les citoyens de leurs juridictions respectives sont des parties prenantes à la fois d'intérêt (ils paient les impôts, les amendes et les frais qui financent la police) et d'attentes (ils appartiennent à la société et à la communauté humaine qui attend de la police qu'elle respecte son serment). Pourtant, lorsqu'il s'agit de brutalités policières à l'encontre de citoyens et de non-citoyens, certains policiers oublient qui paie pour qu'ils aient une "vie bien vécue". Et lorsqu'il s'agit de brutalités policières à l'encontre de personnes noires et brunes, la tradition est si profondément ancrée dans le racisme systémique et structurel qui est tissé dans le tissu de la société qu'il est difficile de l'extirper.

George Floyd, un habitant de Minneapolis et citoyen américain, a été plaqué au sol sur une chaussée en asphalte dur par deux officiers, tandis que le troisième lui mettait le genou au cou. L'officier l'a tué alors même que Floyd appelait sa mère, décédée deux ans plus tôt. Un quatrième officier se tenait prêt à bloquer toute interférence du public. Ces officiers avaient tous juré "de protéger avec courage, de servir avec compassion". De toute évidence, leurs actions contre M. Floyd en ce jour fatidique n'étaient pas du tout courageuses ou compatissantes.

Les quatre officiers n'ont pas entendu le cri de supplication de M. Floyd qui utilisait le dernier oxygène de ses poumons pour lâcher ses mots désormais célèbres : "Je ne peux pas respirer". Les mêmes officiers n'ont pas tenu compte des supplications des passants de le laisser respirer. Et lorsque les ambulanciers sont arrivés, ils n'ont pas non plus administré les premiers soins pour tenter de réanimer M. Floyd. M. Floyd était-il déjà mort, ou étaient-ils également complices parce que M. Floyd était afro-américain ? Ont-ils essayé d'étouffer l'affaire et de faire passer le décès pour un événement survenu dans un autre lieu - l'hôpital ? Malgré les preuves vidéo irréfutables montrant que les actions des agents étaient en contradiction avec leur propre code de conduite, le MPD a d'abord déclaré que la mort de M. Floyd était un "incident médical". Qu'est-ce qui a mal tourné ?

Dans cette affaire, tout a mal tourné, de l'acte immoral en faillite aux mesures officielles visant à dissimuler la vérité au public, en passant par la complicité des dirigeants institutionnels qui savaient que ces pratiques systémiques existaient dans leurs rangs mais qui les ont normalisées en les laissant s'envenimer. Il est évident que le fait d'avoir des politiques bonnes et bien raisonnées dans les livres ne se traduit pas toujours par des actions des policiers dans la rue.

Les parties prenantes d'un service de police - les agents individuels, leurs syndicats (actuels et retraités), leurs superviseurs et la direction, ainsi que le bras politique et juridique - doivent adhérer à la DEI pour qu'elle fonctionne réellement et soit durable. Tout maillon faible dans ce processus d'adhésion laisse place aux abus, à la négligence et à des normes inapplicables que la société civile attend de ceux qui ont juré de la protéger. Il est donc nécessaire d'identifier et d'engager de manière préventive toutes les parties prenantes pour que toute réforme de la police soit significative et ait des moteurs durables et de responsabilité sociale.

QUESTIONS PERTINENTES POUR LES SERVICES DE POLICE

Le guide suivant a été adapté de la norme ISO 26000 pour poser les questions qu'un service de police doit poser pour identifier et engager pleinement ses parties prenantes lorsqu'il s'engage dans un processus holistique de changement durable et de responsabilité sociale :

- Envers qui le service de police a-t-il des obligations légales?
- Qui pourrait être affecté positivement ou négativement par les décisions ou les activités du service de police?
- Qui est susceptible d'exprimer des préoccupations concernant les décisions et les activités du service de police?
- Qui a été impliqué dans le passé lorsque des préoccupations similaires ont dû être traitées?
- Qui peut aider le service de police à faire face à des impacts spécifiques?
- Qui peut affecter la capacité du service de police à assumer ses responsabilités?
- Qui serait désavantagé s'il était exclu de l'engagement?
- Qui ou quoi dans la chaîne de valeur - communauté, personnes, environnement - est affecté?

Figure 2.4: A police department's stakeholder profile

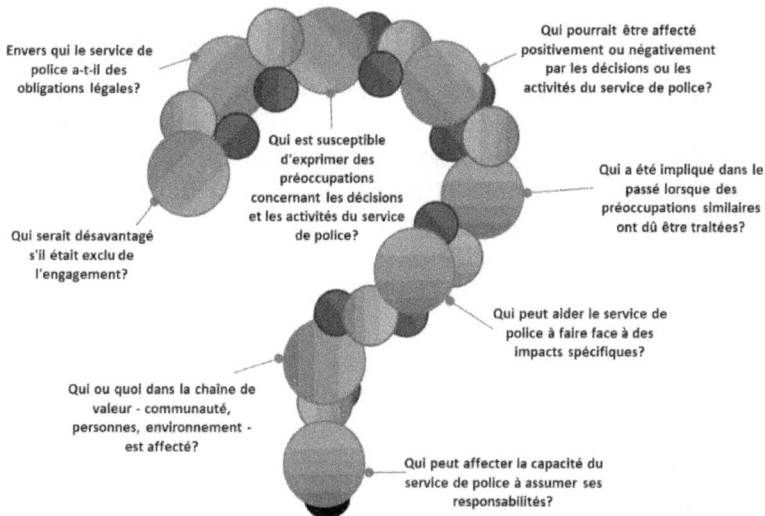

Répondre honnêtement à ces questions permet de mettre en lumière les angles morts que les services de police ignorent ou évitent généralement. Même si la société ne pourra jamais guérir les racistes qui refusent d'être réformés par la raison, les organisations peuvent protéger le caractère sacré de leur engagement en matière de responsabilité sociale en traduisant leurs politiques et leurs pratiques en langage vivant de la DEI et en support ou monnaie de négociation des décisions et des activités. Le Merriam-Webster définit la monnaie comme un "moyen d'échange... d'usage général, d'acceptation ou de prévalence... un moyen d'expression verbale ou intellectuelle". C'est dans cette veine que j'utilise le DEI comme un moyen d'expression verbale ou intellectuelle pour la responsabilité sociale.

En faisant du DEI une monnaie d'usage général acceptable pour négocier des décisions à valeur ajoutée et réaliser des activités de routine, la société et les organisations peuvent institutionnaliser leurs politiques et procédures. La culture diverse et inclusive qu'elle aspire à devenir peut faciliter ses objectifs de développement durable. Mais le diable se cache dans les détails. Pour commencer, nous avons besoin de définitions de travail rationalisées de la DEI, suffisamment larges pour être applicables à toute organisation dans le monde entier, en traitant chacune d'entre elles comme une monnaie.

La DEI comme monnaie pour faire avancer les organisations

- VALEUR MONÉTAIRE 1 DIVERSITÉ : La diversité humaine est l'ensemble des façons individuelles et collectives, mais uniques, dont nous manifestons, identifions ou célébrons notre humanité partagée sur notre planète Terre commune. La diversité naturelle est l'ensemble des ressources environnementales, animées et inanimées, disponibles sur la planète Terre pour être partagées et expérimentées par l'ensemble de l'humanité à tout moment. Nous devons normaliser nos discussions sur la race, le sexe ou les handicaps afin que les questions qui s'y rapportent ne soient pas mises en garde et que les gens ne marchent pas sur des œufs autour du sujet. C'est par le dialogue quotidien que nous découvrons ce que les gens pensent réellement de notre humanité commune et de notre responsabilité partagée à son égard. Un principe directeur devrait être de ne pas avoir d'ennemis permanents, mais de trouver des moyens d'amener même nos frères et sœurs remplis de haine à un lieu de réconciliation lorsqu'ils sont prêts à abandonner la haine.

- VALEUR MONÉTAIRE 2 ÉQUITÉ : L'équité représente la manière dont nous participons ou partageons, individuellement et collectivement, toutes les ressources disponibles et utilisées par notre génération sur notre planète Terre commune, et la manière dont nous concilions les différences lorsque des inégalités apparaissent ou deviennent évidentes. Lorsque nous sommes capables de discuter librement des inégalités et de trouver des solutions communes, nous faisons progresser l'intégralité de l'organisation.

- VALEUR MONÉTAIRE 3 : L'INCLUSION : L'inclusion est notre capacité et notre engagement individuels et collectifs à embrasser la participation équitable de notre humanité diverse dans toutes nos entreprises qui utilisent les ressources de notre planète commune.

Figure 2.5 : Cartes à échanger à valeur de dialogue DE&I

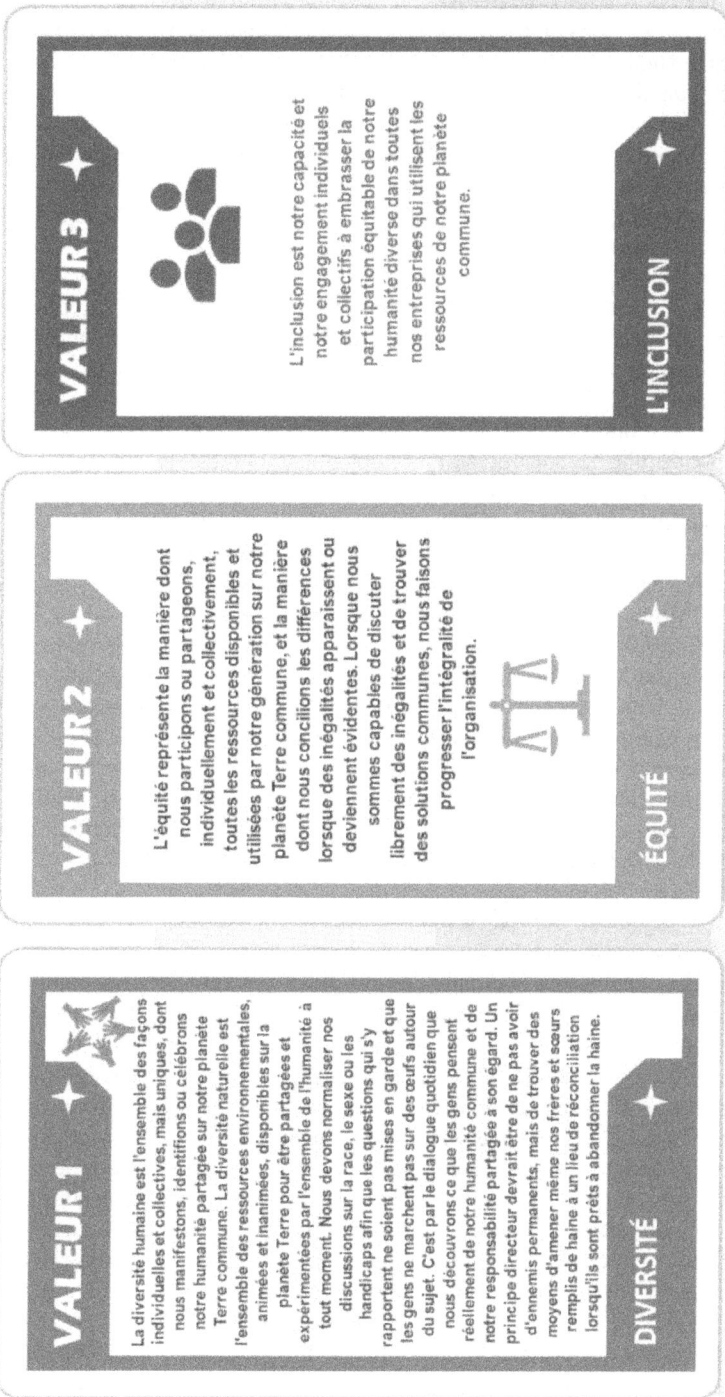

VALEUR 3

L'INCLUSION

L'inclusion est notre capacité et notre engagement individuels et collectifs à embrasser la participation équitable de notre humanité diverse dans toutes nos entreprises qui utilisent les ressources de notre planète commune.

VALEUR 2

ÉQUITÉ

L'équité représente la manière dont nous participons ou partageons, individuellement et collectivement, toutes les ressources disponibles et utilisées par notre génération sur notre planète Terre commune, et la manière dont nous concilions les différences lorsque des inégalités apparaissent ou deviennent évidentes. Lorsque nous sommes capables de discuter librement des inégalités et de trouver des solutions communes, nous faisons progresser l'intégralité de l'organisation.

VALEUR 1

DIVERSITÉ

La diversité humaine est l'ensemble des façons individuelles et collectives, mais uniques, dont nous manifestons, identifions ou célébrons notre humanité partagée sur notre planète Terre commune. La diversité naturelle est l'ensemble des ressources environnementales, animées et inanimées, disponibles sur la planète Terre pour être partagées et expérimentées par l'ensemble de l'humanité à tout moment. Nous devons normaliser nos discussions sur la race, le sexe ou les handicaps afin que les questions qui s'y rapportent ne soient pas mises en garde et que les gens ne marchent pas sur des œufs autour du sujet. C'est par le dialogue quotidien que nous découvrons ce que les gens pensent réellement de notre humanité commune et de notre responsabilité partagée à son égard. Un principe directeur devrait être de ne pas avoir d'ennemis permanents, mais de trouver des moyens d'amener même nos frères et sœurs remplis de haine à un lieu de réconciliation lorsqu'ils sont prêts à abandonner la haine.

Lorsque les objectifs durables et la responsabilité sociale servent de monnaie d'échange pour la DEI, ils permettent aux organisations d'éliminer les pratiques discriminatoires dans un cadre institutionnel plus rapidement et plus efficacement que les mandats légaux ou législatifs. Pourquoi ? La combinaison du "libre arbitre" humain appliqué à la cause du "bien" humain dans l'écosystème d'une organisation affecte le profit, les personnes et la planète. En substance, elle traverse le cercle de la vie, de la liberté et de la poursuite du bonheur.

La DEI en tant que responsabilité sociale doit aller au-delà de la diversité basée sur la conformité et inclure ce qui est dans l'intérêt des résultats souhaités par l'organisation, quels qu'ils soient. Pour une école, il s'agit de s'assurer que l'environnement est propice à l'apprentissage et à l'échange de connaissances. Ses étudiants, son corps enseignant et son administration reflètent la communauté qu'elle sert et vont au-delà des exigences légales pour les minorités et les communautés mal desservies. Pour les services de police, c'est s'assurer que les processus de décision et les activités sont compatibles avec le fait de servir et de protéger la communauté en vérité et pas seulement en nom. En intégrant la DEI à la responsabilité sociale et au développement durable en tant que monnaie d'échange, nous légitimons la libre circulation des moyens imaginés par lesquels nous pouvons collectivement dépasser les injustices systémiques.

Le cas de George Floyd était loin d'être un cas isolé. Daunte Wright, un jeune afro-américain de vingt ans, a été arrêté et tué par la police à Brooklyn Center, dans le Minnesota, juste au moment où les audiences de George Floyd se terminaient. Lorsque le maire de la ville et le chef de la police par intérim ont été interrogés par les médias le lendemain sur le nombre d'agents de police dans le commandement, la réponse a été d'environ 49. Combien d'entre eux vivaient à Brooklyn Center ? "Aucun" fut la réponse, bien qu'ils ne soient pas exactement sûrs. Cela soulève une question fondamentale : pourquoi les quartiers noirs sont-ils surveillés par des officiers blancs qui ne vivent pas dans le quartier et ne semblent pas s'y investir ? Bien que dans la plupart des grandes villes ou métropoles, il soit compréhensible que quelques agents de police d'un quartier noir vivent en dehors de celui-ci, cela devrait être une exception, et non la norme.

L'engagement des parties prenantes est une chose sur laquelle il faut travailler des deux côtés. Après des décennies de privation de droits grâce à la suprématie blanche et à l'héritage des lois Jim Crow, les dirigeants noirs doivent exiger que les agents qui patrouillent dans leurs quartiers ressemblent davantage aux personnes qu'ils servent. La taxation sans représentation devrait conduire à une protestation ou à une demande de changement. Et oui, cela signifie que ces communautés doivent également encourager de manière proactive leurs jeunes hommes qui ne veulent pas suivre la voie académique à s'inscrire dans les académies de police. Si les académies empêchent les candidats issus des minorités d'y entrer, les parties prenantes doivent utiliser des moyens légaux pour ouvrir les portes au cas où le lobbying et les protestations ne fonctionneraient pas. Les entreprises peuvent également s'impliquer, en investissant dans des programmes qui produiraient davantage de policiers de couleur afin d'endiguer les abus historiques.

Le fait est que la brutalité policière en Amérique dure depuis trop longtemps. Il est probable que si deux policiers noirs ou plus avaient été présents sur les lieux lorsque George Floyd a été abattu, ils seraient intervenus. Mieux encore, leur présence au sein de la police aurait pu entraîner une réévaluation des pratiques DEI du département.

La DEI telle qu'elle se manifeste à travers l'ISO 26000 nous donne le cadre pour poser les questions difficiles ou taboues que nous devons poser pour aller au fond des préjugés implicites individuels et organisationnels. Lorsque des cadres supérieurs, par exemple, parlent de leur engagement envers la DEI, mais que 80 % d'entre eux sont blancs, la question devient celle de l'équilibre; une façon d'y parvenir est d'avoir un plan. Cela supprime le facteur de méfiance et rend l'engagement réalisable, car les gens se rallieront plus rapidement à une gestion imparfaite qu'à une gestion prétendant être parfaite.

Les sept principes et les sept sujets fondamentaux de la responsabilité sociale sont repris dans cet ouvrage pour aider les organisations de toutes tailles à aborder systématiquement les questions et les défis liés à la gouvernance organisationnelle, aux droits de l'homme, aux pratiques de travail, à l'environnement, aux pratiques d'exploitation équitables, aux questions relatives aux consommateurs et à la participation et au développement de la communauté. Ces sujets fondamentaux font suite à l'examen et à l'engagement d'une organisation à être responsable, transparente, à faire preuve d'un comportement éthique, à respecter les intérêts des parties prenantes, à respecter l'état de droit, à respecter les normes internationales de comportement et à respecter les droits de l'homme.

Cette approche fondamentale intégrative permet à la structure de gouvernance de chaque organisation d'être encadrée par sa vision et sa mission, mais propulsée ou facilitée par la DEI en tant que monnaie de responsabilité sociale qui guide les décisions et les activités quotidiennes dans la poursuite des objectifs de développement durable. Le reste de ce livre utilisera cette approche intégrative pour défendre la diversité, l'équité et l'inclusion comme monnaie ou modérateur de la responsabilité sociale.

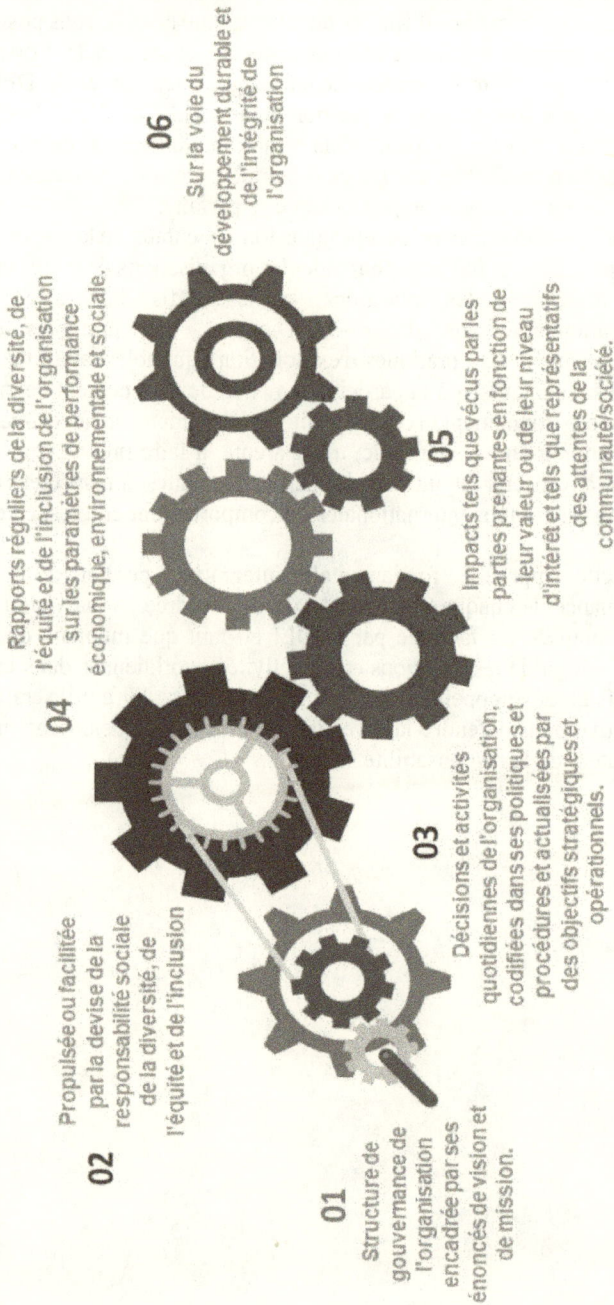

DIVERSITÉ, ÉQUITÉ ET INCLUSION AU TRAVAIL

Intégré à tous les processus de travail d'une organisation

01
Structure de gouvernance de l'organisation encadrée par ses énoncés de vision et de mission.

02
Propulsée ou facilitée par la devise de la responsabilité sociale de la diversité, de l'équité et de l'inclusion

03
Décisions et activités quotidiennes de l'organisation, codifiées dans ses politiques et procédures et actualisées par des objectifs stratégiques et opérationnels.

04
Rapports réguliers de la diversité, de l'équité et de l'inclusion de l'organisation sur les paramètres de performance économique, environnementale et sociale.

05
Impacts tels que vécus par les parties prenantes en fonction de leur valeur ou de leur niveau d'intérêt et tels que représentatifs des attentes de la communauté/société.

06
Sur la voie du développement durable et de l'intégrité de l'organisation

CHAPITRE TROIS

ÉTABLIR LE MODÈLE DE CONNAISSANCE, CRÉATIVITÉ ET GOUVERNANCE (CCG)

Chaque problème ou défi humain commence toujours par un processus d'identification. Quel est le problème ? D'où vient-il ? Comment le résoudre ? Tant que nous ne reconnaissons pas l'existence d'un problème, nous ne pouvons pas commencer à le résoudre. Et sans un cadre de connaissances, nous ne pouvons pas organiser les choses et élaborer un ensemble de règles sur la façon dont les choses doivent fonctionner.

Le modèle de connaissance, de créativité et de gouvernance ou modèle CCG repose sur la notion simple que la connaissance invite la créativité à la table de la gouvernance. Une fois que vous savez quelque chose (connaissance), vous choisissez (créativité) comment agir (gouvernance) sur la base de cette connaissance. William Wilberforce a déduit à juste titre que "vous pouvez choisir de détourner le regard, mais vous ne pourrez jamais redire que vous ne saviez pas".

En général, nous ne créons pas les choses ou les systèmes dans le vide : La connaissance est nécessaire. Ce que nous créons a besoin d'une structure pour établir les règles du jeu. C'est l'essence même du modèle CCG.

J'ai développé le modèle CCG comme un modèle minimaliste pour expliquer l'histoire humaine vaste et variée depuis le début des temps en utilisant la connaissance, en utilisant la créativité et la gouvernance comme simples paramètres ou prédicteurs. En tant que mortels, nous entrons dans le monde avec une ardoise vide : aucune connaissance préexistante dans laquelle puiser, et nous dépendons des connaissances que nous acquérons au fil du temps pour façonner nos comportements, nos valeurs et notre vision du monde. La façon dont nous utilisons ces connaissances dépend des limites, des structures et des systèmes qui régissent ou encadrent notre conscience, nos affinités et notre acceptation individuelles et collectives - toutes prêtes à l'emploi lorsque nous utilisons des modèles de pensée automatiques, sociaux et mentaux.

Je relie en outre ce modèle CCG à la norme ISO 26000 pour évaluer et créer des dialogues socialement responsables autour de la DEI en tant qu'écosystème

91

reposant sur trois paramètres : basé sur la connaissance, axé sur la créativité et centré sur la gouvernance. Ensemble, ils racontent l'histoire holistique d'où nous venons, où nous sommes et où nous nous dirigeons dans notre continuum organisationnel, qui mène généralement au développement durable. Cette approche nous permet d'utiliser la même nomenclature que celle qui prévaut déjà dans les discours organisationnels sur la responsabilité sociale des entreprises, le changement climatique, le développement durable et le triple résultat économique, environnemental et social (ou les personnes, la planète et le profit). Dans le modèle CCG :

- **Les connaissances** préparent le terrain pour que des solutions créatives émergent de la prise de conscience basée sur les données et/ou des informations basées sur les connaissances extraites des données. Nous gagnons ou acquérons des connaissances par l'expérience ou l'éducation sur la base de faits ou d'informations qui entrent dans notre espace cognitif ou intellectuel. La connaissance est "...la conscience, la compréhension ou l'information qui a été obtenue par l'expérience ou l'étude, et qui est soit dans l'esprit d'une personne, soit possédée par les gens en général. (Cambridge 2022)"

- **La créativité** convertit les connaissances informées en actions ou résultats socialement responsables, justes et équitables, menant à des résultats de développement durable. La créativité est synonyme d'être imaginatif, intelligent, ingénieux, innovant, original, créatif - ou même stupide. Sans connaissances préalables, la créativité ne peut exister. Le chef d'orchestre ne peut pas diriger efficacement s'il ne sait pas comment la musique est notée, comment lire les notes, entendre les tonalités et lire les visages. Ces connaissances permettent au chef d'orchestre de diriger les musiciens et de transformer des sons désordonnés en chefs-d'œuvre musicaux agréables.

- **La gouvernance** établit des politiques décisionnelles et des pratiques opérationnelles justes et équitables, des règles d'engagement et des voies vers un écosystème organisationnel inclusif. La gouvernance met en œuvre tout ce qui est connu en fournissant la structure et l'espace pour que les activités se manifestent. La gouvernance est axée sur les activités et documente la manière dont les organisations ou les pays ont choisi de gérer leurs affaires, ainsi que la structure systémique qu'ils utilisent pour prendre des décisions, fixer des priorités, évaluer et suivre les résultats. La gouvernance n'intervient pas seulement au plus haut niveau, mais partout où des produits ou des services ont été créés par la connaissance ; la création et la distribution nécessitent une certaine forme de structure pour les mettre en œuvre, les réglementer ou les faire respecter. Il n'y a rien à gouverner lorsque rien n'a été créé par la connaissance. Ce n'est que par la connaissance que nous créons des normes, des produits et des services, et que nous établissons leur utilisation. Le long de ce continuum se trouve l'inclusion des parties prenantes dont les diverses contributions et le mécénat rendent les produits et services plus importants que ce qui avait été envisagé au départ.

Ensemble, la connaissance, la créativité et la gouvernance définissent le cadre dans lequel nous voyons, interagissons et sommes influencés par la DEI en tant que devise de la responsabilité sociale et du développement durable. Par exemple, lorsque vous êtes conscient d'un système défaillant ou de pratiques injustes (connaissance), et que vous avez élaboré des réponses et des solutions (créativité), l'étape suivante consiste à établir comment le nouvel ordre des choses fonctionnera ou conduira à la plénitude (gouvernance).

Figure 3.1: La boucle du modèle Ajiake Connaissance, créativité et gouvernance (CCG)

La boucle du modèle Ajiake Connaissance, créativité et gouvernance (CCG).
Un continuum de gestion du changement

Boucle CCG d'Ajiake

Les connaissances
preparent le terrain pour que des solutions créatives émergent de la prise de conscience basée sur les données et/ou des informations basées sur les connaissances extraites des données.

La créativité
convertit les connaissances informées en actions ou résultats socialement responsables, justes et équitables, menant à des résultats de développement durable.

La gouvernance
établit des politiques décisionnelles et des pratiques opérationnelles justes et équitables, des règles d'engagement et des voies vers un écosystème organisationnel inclusif.

Au fur et à mesure que l'organisation s'efforce de perfectionner son continuum DEI, les écarts entre les aspirations et la réalité devraient se réduire jusqu'à ce qu'un semblant de plénitude soit atteint. Bien que l'union parfaite de la DEI dans les processus décisionnels et les activités d'une organisation puisse être un peu utopique, plus nous aspirons à cette norme, plus nos organisations ont de chances d'atteindre un équilibre durable entre les bénéfices, les personnes et la planète. Cet équilibre peut être considéré de manière holistique comme la totalité de l'organisation.

Nous pouvons parvenir à un développement durable en intégrant un concept de responsabilité sociale dans nos organisations, notre société et nos politiques, mais cela ne signifie pas que nous parvenions à la plénitude au sein de notre humanité brisée. Les employés peuvent travailler pour une organisation socialement responsable sans avoir l'occasion d'exploiter pleinement leur potentiel ou leur objectif supérieur. C'est une perte pour l'organisation, l'individu et la société dans son ensemble, étant donné que nous passons plus de cinquante pour cent de nos heures d'éveil au travail ou à l'école. Ces normes ou limitations sont souvent le résultat de processus bureaucratiques, inefficaces et inefficients qui n'incluent pas les diverses opinions, pensées et expériences des parties prenantes internes et externes. Elles sont aussi souvent le résultat de stéréotypes historiques qui nous obligent à considérer certaines tâches d'un point de vue centré sur le genre. Comme l'a observé la juge de la Cour suprême Ruth Bader Ginsburg:

Le féminisme... Je pense que l'explication la plus simple, et celle qui capture l'idée, est une chanson que Maple Thomas a chantée, "Free to be You and Me". Libre d'être, si tu étais une fille - médecin, avocate, chef indien. Tout ce que tu veux être. Et si tu es un garçon, et que tu aimes enseigner, que tu aimes être infirmier, que tu aimerais avoir une poupée, c'est bien aussi. Cette notion selon laquelle nous devrions tous être libres de développer nos propres talents, quels qu'ils soient, et ne pas être retenus par des barrières artificielles - des barrières fabriquées de toutes pièces qui ne sont certainement pas célestes.

Ruth Bader Ginsburg

DEI en relation avec le modèle CCG	
Diversité, équité et inclusion	Modèle CCG
L'humanité est une seule espèce. Notre humanité partagée est représentée par des hommes et des femmes parés d'une variété de teintes ou de tons de peau. La diversité humaine est toute différence entre les individus et les groupes ; elle peut inclure la race, le sexe, la nationalité, la religion, l'orientation sexuelle, l'ethnicité, le statut socio-économique, les capacités ou les handicaps physiques et mentaux, les idées, les pensées, les perspectives, les valeurs, etc.	La connaissance prépare le terrain pour que des solutions créatives émergent d'une prise de conscience basée sur des données et/ou d'informations basées sur des connaissances extraites de données. L'humanité partage une seule planète - la Terre - et toutes ses ressources naturelles, mais elle est anormalement divisée par des normes créées par l'homme. Ces normes de division empêchent un trop grand nombre de membres de la génération humaine actuelle de répondre à ses propres besoins alors qu'ils sont censés garantir aux générations futures les ressources nécessaires pour répondre à leurs besoins. Les organisations peuvent accentuer notre humanité commune dans leurs pratiques d'équité et d'inclusion en s'engageant dans des processus décisionnels et des activités socialement responsables. Les engagements socialement responsables sont des actions éclairées qui créent un équilibre sain dans les priorités organisationnelles autour des personnes, des profits et de la planète et qui contribuent au développement durable.
L'équité consiste à traiter chacun de manière équitable en fonction de ses besoins individuels ou collectifs - droits à l'équité. Les résultats des droits à l'équité sont l'élimination des barrières qui abritent des normes discriminatoires telles que le déni d'opportunité, le manque d'accès, les traitements injustes et toutes les formes de disparités sociétales qui avantagent un groupe racial	La créativité convertit les connaissances informées en actions ou résultats socialement responsables, justes et équitables, menant à des résultats de développement durable. La créativité humaine est le meilleur moyen d'aborder les normes de division de l'humanité. Les humains ont créé ces normes de division, et seuls les humains peuvent les éliminer par des solutions créatives. Les organisations peuvent s'attaquer aux inégalités sociétales en évaluant leurs propres processus décisionnels et activités dans l'ensemble de leur écosystème et en s'assurant qu'il s'agit de pratiques équitables et justes. Lorsque ces pratiques ne sont pas conformes aux normes de responsabilité sociale et de développement durable, elles doivent être corrigées

ou de genre par rapport à un autre. L'inclusion est l'acte intentionnel de ne pas exclure des personnes ou de ne pas les traiter de manière injuste ou inégale en raison de leur race, de leur sexe, de leur orientation sexuelle ou d'autres facteurs discriminatoires. À la base de l'inclusion se trouvent l'équité et l'égalité pour tous dans les sphères auxquelles ils appartiennent.	rapidement ou un plan mesurable doit être élaboré pour y remédier au fil du temps. La gouvernance établit des pratiques décisionnelles et opérationnelles justes et équitables, des règles d'engagement et des voies vers un écosystème organisationnel inclusif. La ségrégation et les pratiques discriminatoires de l'humanité ne sont pas naturelles et sont le fait de l'homme ; elles naissent ou sont maintenues par la peur et les pratiques haineuses, généralement renforcées par des valeurs, des comportements, des lois et même des pratiques organisationnelles acquis. Les organisations peuvent s'attaquer à la ségrégation et à la discrimination au sein de leur main-d'œuvre, de leur lieu de travail et de leurs partenaires de travail par le biais de mesures réalisables qui créent des normes inclusives, le mieux étant établi par des normes de responsabilité sociale et de développement durable.

Lorsque le modèle CCG est intégré dans un cadre DEI, il crée un lien synergique pour atteindre la complétude organisationnelle. Bien que nous n'associions pas souvent l'intégralité aux organisations comme nous le faisons avec les personnes, il s'agit toujours d'un objectif ambitieux pour les organisations qui cherchent à atteindre les étoiles DEI en équilibrant leurs objectifs de profits, de planète et de personnes. Les organisations qui se fixent des objectifs audacieux, comme Coca Cola a tenté de le faire avec sa politique de diversité de 30 % dans les cabinets d'avocats (dont la mise en œuvre était imparfaite mais les intentions étaient bonnes), peuvent s'attendre à faire mieux que ce qu'elles étaient au moment où l'objectif a été fixé, car l'adage selon lequel il faut viser la lune et atterrir parmi les étoiles est toujours une proposition gagnant-gagnant. Dans le cadre du modèle CCG,

- La diversité doit être fondée sur la connaissance parce qu'elle met en évidence nos niveaux de confort dans ce que nous sommes et la célébration de ce que nous partageons - notre humanité. Nous ne pouvons pas parler de la diversité dans le contexte de la supériorité d'un groupe racial sur un autre et de la ségrégation comme une pratique nécessaire.

- L'équité est axée sur la créativité car elle établit notre engagement quant au moment et à l'endroit où nous exprimons nos identités individuelles uniques ou vivons à travers des identités imposées dans les domaines de la propriété, de l'appartenance et de la participation. Les niveaux d'engagement en matière de propriété, d'appartenance et de participation sont au cœur de la distribution équitable du moment et du lieu où nous nous montrons, ce qui affecte nos capacités à exprimer pleinement notre objectif supérieur. La façon dont nous résolvons les inégalités dans nos organisations et dans la société dépend de notre foi dans notre humanité partagée et dans les ressources terrestres.

- L'inclusion est basée sur la gouvernance parce qu'elle révèle la confiance en notre humanité partagée par la manière dont nous nous relions les uns aux autres et par notre célébration de la raison pour laquelle nous nous appartenons les uns aux autres. L'inclusion est mesurée par un pendule avec la gouvernance/leadership d'un côté et la domination/leadership de l'autre ; son pivot révèle la façon dont nous nous relions les uns aux autres, et les résultats sont la raison pour laquelle nous nous appartenons les uns aux autres. Au cœur de l'inclusion se trouve le fait de faire aux autres ce que l'on souhaite que l'on nous fasse.

- L'intégralité représente notre confort, notre engagement et notre confiance dans notre humanité commune et notre responsabilité partagée envers l'ensemble de la nature.

Ensemble, la connaissance, la créativité et la gouvernance/dominance constituent le cadre dans lequel nous voyons, interagissons et sommes influencés par DEI.

Figure 3.2 : Modèle Ajiake CCG - un continuum d'intégrité organisationnelle

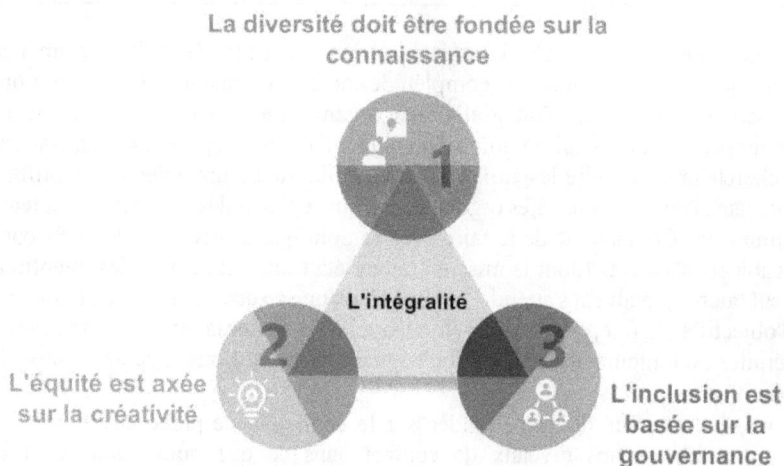

La diversité doit être fondée sur la connaissance

L'intégralité

L'équité est axée sur la créativité

L'inclusion est basée sur la gouvernance

INTÉGRALITÉ

L'intégralité a plusieurs définitions, mais en définissant le terme "intégralité", nous comprenons l'essence de son utilisation pour amener notre humanité brisée à un certain niveau de complétude. Le mot "entier" est défini comme la totalité de quelque chose ou la quantité totale. C'est lorsque toutes les parties d'une chose fonctionnent bien ensemble qu'il y a plénitude. Une société, une communauté ou un pays peut célébrer sa diversité, tout en empêchant un trop grand nombre de ses membres de participer à son moteur économique. Une organisation peut vanter ses stratégies d'inclusion dans des déclarations de vision et de mission bien rédigées, mais les chiffres réels et le respect des différentes opinions peuvent trahir des incohérences. L'intégralité est un facteur déterminant de l'existence et du fonctionnement d'une société ou d'un environnement DEI organisationnel en tant qu'ensemble cohérent. L'intégralité représente notre confort (diversité), notre engagement (équité) et notre confiance (inclusion) dans notre humanité commune et notre responsabilité partagée les uns envers les autres.

Figure 3.3 : La route vers l'intégrité organisationnelle

La route vers l'intégrité organisationnelle
Diversité, équité et inclusion dans le modèle de connaissances, de créativité et de gouvernance (CCG)

04. L'intégralité
L'intégralité représente notre confort, notre engagement et notre confiance dans notre humanité commune et notre responsabilité partagée envers l'ensemble de la nature.

03. L'inclusion
L'inclusion est basée sur la gouvernance parce qu'elle révèle la confiance en notre humanité partagée par la manière dont nous nous relions les uns aux autres et par notre célébration de la raison pour laquelle nous appartenons les uns aux autres.

02. L'équité
L'équité est axée sur la créativité car elle établit notre engagement quant au moment et à l'endroit où nous exprimons nos identités individuelles uniques ou vivons à travers des identités imposées dans les domaines de la propriété, de l'appartenance et de la participation.

01. La diversité
La diversité doit être fondée sur la connaissance parce qu'elle met en évidence nos niveaux de confort dans ce que nous sommes et la célébration de ce que nous partageons - notre humanité.

Leçons tirées du discours sur la lune du président John F. Kennedy et son application à la DEI comme modérateur de la responsabilité sociale et du développement durable

Bien que le discours sur la Lune ne soit pas un discours DEI, je l'utilise ici pour montrer son application à la vie organisationnelle où les normes de responsabilité sociale et de développement durable sont modérées par la DEI. L'humanité allant sur la lune et la DEI en tant que priorité organisationnelle dans les processus décisionnels et les activités sont des idéaux nouveaux, mais pas impossibles, irréconciliables. Ils commencent tous deux par la reconnaissance de l'écart entre notre situation actuelle et celle que nous pourrions atteindre, ce qui constitue l'essence même de la traduction des connaissances en mesures et décisions concrètes.

Le 12 septembre 1962, le président John F. Kennedy a prononcé son discours sur la lune pour convaincre les Américains que le fait d'aller sur la lune n'était pas simplement une option, mais la bonne chose à faire, indépendamment des coûts financiers et autres. Ce discours constitue un bon exemple d'argumentation en faveur du changement à l'aide du modèle CCG, dont l'esprit est déterminant pour les dirigeants d'aujourd'hui. Si le discours sur la lune était ambitieux, il démontre également ce qui peut être réalisé lorsqu'il existe une volonté politique ou organisationnelle de transformer les décisions et les activités systémiques et structurelles passées en une approche plus centrée sur la DEI.

L'ère spatiale que le président Kennedy appelait les Américains à embrasser allait coûter à chacun des impôts supplémentaires, sans aucun avantage prévisible à l'époque. La vérité est qu'une nation et un monde réconciliés sur le plan racial auront également un coût, du moins pour ceux qui bénéficient des déséquilibres que cette réconciliation corrige. Pour certains, il s'agira de reconnaître les effets de la nature oppressive du racisme systémique et structurel pour les opprimés et

97

de s'engager personnellement à ne pas propager de tels systèmes. Pour d'autres, cela pourrait consister à accepter un monde à majorité minoritaire qui ne supporte plus la notion de privilège blanc. Se battre pour s'accrocher à une vision du monde qui s'est ébranlée est peut-être instinctif mais n'est ni prudent ni sage et, pire encore, non durable.

Le président Kennedy est devenu le leader mondial de l'ère spatiale qui a appelé, le premier, les Américains à saisir l'occasion et à mener le monde à la conquête du mystère de l'espace en envoyant un homme sur la lune et en le ramenant sain et sauf sur la planète Terre. Le président a utilisé ce discours pour galvaniser la nation et le monde à travailler ensemble pour conquérir l'espace pour le bien de l'humanité à un moment où la tension entre les États-Unis et l'ancienne Union soviétique était élevée. À l'époque, les Américains étaient en conflit avec le potentiel des armes dans l'espace, après avoir vécu la crise des missiles de Cuba, au cours de laquelle le monde a failli s'éteindre à cause d'une guerre nucléaire à laquelle aucune nation n'aurait survécu. Lorsque l'Union soviétique a introduit clandestinement des armes nucléaires à Cuba, ce qui lui a permis de frapper les États-Unis plus rapidement, une crise a été déclenchée ; les Soviétiques n'avaient d'autre choix que de retirer les missiles ou de s'exposer à une réaction plus violente.

Cette situation n'est pas différente de celle d'une organisation qui tente de persuader ses employés que la DEI est bonne pour les profits, les personnes et la planète, alors qu'ils sont sympathisants des croyances et des valeurs racistes. Comment alors les dirigeants d'une organisation peuvent-ils aller au-delà des politiques et des procédures et toucher le cœur et l'âme de leurs employés pour les convaincre de rejeter la haine et les pratiques discriminatoires ?

Une approche consiste à quantifier en dollars et en cents réels les coûts du manque de diversité et d'inclusion ainsi que d'autres inégalités dans le rapport financier d'une organisation. Ce rapport devrait inclure les avantages actuels et potentiels d'une main-d'œuvre diversifiée et inclusive. Voici comment le président Kennedy a abordé la question de la vente au peuple d'une tâche dont les avantages étaient diffus et à long terme. Sur les coûts de la quête de l'ère spatiale, le président Kennedy a fait un rapport à la nation :

Pour être sûr, tout cela nous coûte beaucoup d'argent. Le budget spatial de cette année est trois fois supérieur à ce qu'il était en janvier 1961, et il est plus important que le budget spatial des huit années précédentes réunies. Ce budget s'élève maintenant à 5 400 millions de dollars par an - une somme astronomique, bien qu'un peu moins que ce que nous payons chaque année en cigarettes et en cigares. Les dépenses spatiales vont bientôt augmenter encore un peu, passant de 40 cents par personne et par semaine à plus de 50 cents par semaine pour chaque homme, femme et enfant des États-Unis, car nous avons accordé à ce programme une priorité nationale élevée - même si je me rends compte qu'il s'agit dans une certaine mesure d'un acte de foi et de vision, car nous ne savons pas encore quels avantages nous attendent.

Sur les avantages connus de la quête de l'ère spatiale, le président Kennedy a également fait un rapport à la nation :

Nous avons choisi d'aller sur la lune. Nous choisissons d'aller sur la lune au cours de cette décennie et de faire les autres choses, non pas parce qu'elles sont faciles, mais parce qu'elles sont difficiles, parce que cet objectif servira à organiser et à mesurer le meilleur de nos énergies et de nos compétences, parce que ce défi est un de ceux que nous sommes prêts à accepter, un de ceux que nous ne sommes pas disposés à remettre à plus tard, et un de ceux que nous avons l'intention de gagner, et les autres aussi. C'est pour ces raisons que je considère la décision prise l'année dernière de faire passer nos efforts dans l'espace de la vitesse inférieure à la vitesse supérieure comme l'une des décisions les plus importantes qui seront prises au cours de mon mandat présidentiel... Au cours des 19 derniers mois, au moins 45 satellites ont fait le tour de la terre. Une quarantaine d'entre eux étaient "fabriqués aux États-Unis d'Amérique" et ils étaient bien plus sophistiqués et fournissaient bien plus de connaissances aux peuples du monde que ceux de l'Union soviétique.

La sonde Mariner, qui se dirige actuellement vers Vénus, est l'instrument le plus complexe de l'histoire de la science spatiale. La précision de ce tir est comparable au lancement d'un missile depuis Cap Canaveral et à son largage dans ce stade entre les lignes de 40 mètres. Les satellites de transit aident nos navires en mer à suivre une trajectoire plus sûre. [Les satellites Tiros nous ont donné des alertes sans précédent sur les ouragans et les tempêtes, et ils feront de même pour les feux de forêt et les icebergs. Nous avons connu des échecs, mais d'autres aussi, même s'ils ne l'admettent pas. Et ils peuvent être moins publics.

Lorsque l'IED fait partie du moyen transactionnel ou de la monnaie d'échange d'une organisation pour négocier le changement, il permet aux dialogues d'être plus ciblés et mesurables. Si la promotion ou la prime d'un haut dirigeant était liée à la manière dont il a aidé l'organisation à combler les inégalités, vous pouvez être sûr qu'il prendrait cette tâche au sérieux.

Préceptes de diversité basés sur la connaissance
CONNAISSANCE ET DIVERSITÉ

La connaissance oscille sur le pendule du bien et du mal ; si nous ne comprenons pas où nous nous situons dans le spectre de la diversité, l'équité et l'inclusion se faneront sur la vigne. Si nous arrivons nus dans le monde sans aucune connaissance innée de nos différences humaines, ces différences sont enseignées et apprises au fil du temps à travers une lentille de bien et de mal imposée par la société. Il n'existe pas de racisme ou de sexisme inné ou d'autres -ismes qui nous divisent, limitent l'accès aux ressources pour certains, créent des barrières à l'entrée pour d'autres et limitent notre plénitude en tant que race humaine. Comme Nelson Mandela l'a déclaré avec éloquence

"Personne ne naît en haïssant une autre personne à cause de la couleur de sa peau, de son origine ou de sa religion. Les gens doivent apprendre à haïr, et s'ils peuvent apprendre à haïr, on peut leur apprendre à aimer, car l'amour vient plus naturellement au cœur humain que son contraire."

Nelson Mandela

Les organisations qui cherchent à relever les défis et à saisir les opportunités de la DEI doivent chercher dans leur base de connaissances ou de sensibilisation pour comprendre le "courant de connaissances" qui traverse les pensées et les processus décisionnels de toutes les parties prenantes - internes et externes - concernant notre humanité commune. La façon dont une personne perçoit la diversité, ou sa relation avec elle, est un miroir de la façon dont elle se perçoit en tant que membre de l'humanité. Ces convictions l'emportent de loin sur tout ce que les politiques et procédures DEI peuvent dire, en partie parce que l'esprit humain est fortement intéressé. Par exemple, une organisation peut se percevoir comme diverse à travers les yeux de la couleur ou du sexe, mais cette connaissance peut ne pas provenir d'une perspective holistique parce que ses "courants de connaissances" institutionnels et ses pratiques sont trop profondément ancrés et influencés par les expériences et les comportements appris de ses employés individuels et d'autres parties prenantes.

Il est courant aujourd'hui de visiter le site web d'une entreprise pour y lire des politiques et des pratiques DEI bien conçues, mais de constater que 80-90% de ses dirigeants sont blancs et que 80-90% des personnes présentées sur les photos représentant le personnel de niveau inférieur et intermédiaire sont des personnes de couleur et des femmes. Un examen plus approfondi pourrait également montrer des chiffres lamentables dans ces niveaux inférieurs et intermédiaires, malgré la diversité sur les photos. Pourquoi cette déconnexion de la part de tous les acteurs de l'écosystème d'une organisation - direction, management, employés de base, parties prenantes externes ? Cette déconnexion ne concerne pas seulement le monde de l'entreprise, mais elle est évidente dans toutes les institutions de la société, y compris les organisations sportives et même les organisations à but non lucratif. On peut affirmer sans risque de se tromper qu'il ne s'agit pas d'un manque de talents minoritaires, mais d'un manque de volonté politique de la part de ceux qui détiennent le pouvoir de démanteler les pratiques discriminatoires structurelles et systémiques dans les valeurs sociétales bien ancrées. Pour y parvenir, toutes les mains doivent être sur le pont : les dirigeants, les cadres moyens et les employés.

C'est la raison pour laquelle nous avons besoin d'opinions et de réflexions diverses de la part de toutes les parties prenantes pour formuler nos connaissances organisationnelles et notre compréhension de la diversité, notamment en ce qui concerne la dynamique socioculturelle qui encadre les valeurs et les comportements des employés clés - leur vision du monde. Sans ces apports divers, nous avons tendance à formuler des visions, des missions et des objectifs stratégiques "licornes" qui reflètent nos valeurs acquises. Ils peuvent profiter à certains mais en exclure d'autres, et ils ouvrent la voie à une gouvernance qui reflète des stratégies DEI imparfaites.

Ces questions ne peuvent plus être reléguées aux fonctions de ressources humaines ou de développement sans autorité significative. Tout comme la course à la conquête de l'espace pour le bien de l'humanité, l'avènement de la mondialisation appelle un leadership audacieux et décisif qui considère la DEI comme faisant partie intégrante de la création d'une culture organisationnelle qui mène à la plénitude. Après tout, la vie est un cadeau que la nature accorde à tous ceux qui la cherchent, quelle que soit la couleur de leur peau, et c'est ce qui compte pour les employés d'aujourd'hui. Les employés veulent savoir qu'ils comptent pour leur organisation en tant qu'êtres humains et qu'ils partagent leurs talents dans l'espoir d'être valorisés et rémunérés équitablement.

CONSCIENCE DE L'ÂGE

Les dirigeants d'une organisation doivent savoir où ils se situent sur l'échelle DEI et où se situe le reste du monde en la matière. La prise de conscience est la première étape du continuum de la connaissance. Alors que l'ère spatiale prenait son essor, le président Kennedy s'est adressé à la session conjointe du Congrès le 25 mai 1961, un peu plus d'un an avant de prononcer le discours sur la Lune ; dans ce discours, il a fait preuve d'une conscience aiguë de la situation exacte du pays:

Avec les conseils du vice-président, qui est président du Conseil national de l'espace, nous avons examiné où nous sommes forts et où nous ne le sommes pas, où nous pouvons réussir et où nous ne le pouvons pas. Il est maintenant temps de faire de plus grands pas - le temps d'une nouvelle grande entreprise américaine - le temps pour cette nation de jouer un rôle de premier plan dans la réalisation de l'espace, qui, à bien des égards, peut détenir la clé de notre avenir sur terre.

De la même manière, la sensibilisation à la DEI ne se limite pas à l'élaboration de politiques, de procédures ou de déclarations écrites pour réglementer le comportement. Elle nécessite une véritable évaluation qui tient compte des visions du monde qui dominent la conscience des citoyens ou des employés et de toutes les autres parties prenantes. L'évaluation ne doit pas nécessairement être un exercice psychologique formel, mais elle doit exploiter les tendances socioculturelles de ses dirigeants, de ses cadres et de ceux qui sont en première ligne pour prendre des décisions.

Chaque génération présente sur le marché du travail a ses propres influenceurs en matière de diversité et d'inclusion, et ils ne sont pas forcément les mêmes. Ce que toutes les générations partagent, c'est une propension aux préjugés implicites et explicites. Si la forme peut différer selon les personnes, leurs manifestations positives ou négatives sont certainement réelles pour ceux qui les reçoivent. Par exemple, si un manager a grandi dans l'Amérique ségrégationniste des années 50 et 60, une organisation doit savoir qu'il a pu être influencé par les violations des droits civiques qui ont donné naissance au mouvement des droits civiques, que ce soit en tant que partisan ou non. La façon dont ce citoyen ou cet employé a évolué au fil des ans dans sa vision du monde sur les questions de droits civiques devrait faire partie du dialogue social, car elle est instructive et peut contribuer à enrichir le dialogue - si celui-ci est exempt de jugement acrimonieux. Encore plus lorsqu'il s'agit de pouvoir et d'autorité et de leur exercice pour ou contre des personnes moins puissantes ou subordonnées. D'un autre côté, un manager qui a grandi dans les années 90 et au 21e siècle n'a peut-être pas connu une Amérique ségrégationniste, mais il peut tout de même avoir acquis une indifférence biaisée en cours de route, qui pourrait faire partie d'un dialogue significatif sur la race, l'équité et l'inclusion sur le lieu de travail. Surtout, les influenceurs des médias sociaux peuvent avoir une influence directe sur la façon dont un employé prend des décisions liées au travail, indépendamment de ce qui est écrit dans la politique ou les procédures de l'organisation ou de ses efforts en matière de DE&I.

Lorsque nous supposons que les individus ont réglé leurs préjugés négatifs, en particulier ceux liés à la race et au sexe, nous découvrons souvent que nous avons joué avec le destin et minimisé la puissance de la peur et de la haine qu'ils renferment. Le fait de supposer que les visions du monde liées à la race et au sexe ont changé avec le temps sans un dialogue douloureux mais significatif peut contribuer à expliquer pourquoi les organisations ont des problèmes avec les procès pour discrimination.

Par exemple, de nombreux officiers de police filmés en train de maltraiter des citoyens appartiennent à des services qui ont des politiques et des pratiques DEI explicites et bien conçues ; il est évident que ces politiques ne se sont pas traduites par des comportements réels sur le terrain. Pourquoi ? Parce qu'il n'est pas naturel de s'attendre à ce que les personnes qui consomment du matériel et des messages provenant d'"entreprises haineuses" deviennent des champions de la DEI lorsqu'elles sont en service, ou des praticiens sans intervention naturelle atténuante. Newton avait raison de dire que pour chaque force, il doit y avoir une force égale et opposée pour que le changement se produise.

Il est important de faire preuve de réalisme en acceptant le fait que les politiques et procédures DEI les mieux conçues, et les discours les plus élégants sur le sujet, ne peuvent pas effacer les préjugés et les stéréotypes bien ancrés. Une fois qu'elles auront accepté cette réalité, les sociétés et les organisations seront bien servies en allouant les bonnes ressources ou énergies aux bons problèmes ou défis. Cela commence souvent par une évaluation honnête de leur position dans la conversation sur la DEI, de leur objectif et de ce qu'il faut pour y parvenir - tout le spectre de la responsabilité sociale.

Le président Kennedy savait ce que la concurrence faisait ou espérait faire dans l'espace et a expliqué au Congrès pourquoi l'Amérique devait prendre sa propre décision concernant cet engagement, et pourquoi :

Reconnaissant l'avance obtenue par les Soviétiques avec leurs gros moteurs de fusée, qui leur donne de nombreux mois d'avance, et reconnaissant la probabilité qu'ils exploitent cette avance pendant un certain temps encore dans des succès encore plus impressionnants, nous sommes néanmoins tenus de faire de nouveaux efforts de notre côté. Car si nous ne pouvons pas garantir que nous serons un jour les premiers, nous pouvons garantir que tout manquement à cet effort nous fera passer en dernier.

Le président Kennedy a examiné les données et a clairement expliqué où en était la nation et où elle pouvait aller en prenant les bonnes décisions quand il le fallait. À l'instar du président Kennedy, les dirigeants des organisations d'aujourd'hui doivent être en mesure d'expliquer de manière claire et concise pourquoi les DEI sont des questions importantes ayant un impact sur le résultat net. Les dirigeants confrontés aux réalités de la DEI partagent le même défi que le président Kennedy face à la nécessité de mener un changement radical dans les explorations spatiales. La différence est que, malgré la nature extrêmement ambitieuse et les avantages immédiats intangibles de la course à l'espace, il s'agit toujours d'un drapeau plus convaincant et politiquement plus universel autour duquel se rallier pour beaucoup que la DEI. Se placer en première ligne des demandes de changement est toujours la meilleure option et la plus productive. Reconnaître que notre monde a été modifié de manière significative par les innovations technologiques n'est pas une faiblesse, car la mondialisation est une nouvelle normalité irréversible. Cela est vrai tant pour les liens économiques que pour la vitesse à laquelle les nouvelles font le tour de la planète. Le massacre public de George Floyd a mis le monde entier en rage et a obligé des millions de personnes à travers le monde à rejoindre le mouvement Black Lives Matter pour le changement, parce que nos sensibilités et nos sensibilités humaines exigeaient une réponse collective. Mais les réponses à des incidents de ce type ont une durée de vie limitée si elles ne sont pas accompagnées de mesures systémiques de changement radical.

RECONNAISSANCE DE NOTRE HUMANITÉ PARTAGÉE

Notre humanité brisée est rendue encore plus brisée par le racisme savant et d'autres formes d'ismes négatifs. Cela inhibe notre humanité commune et nous force à vivre dans des poches d'existence au sein de groupes démographiques "sûrs". Ce phénomène mondial a sans aucun doute été exacerbé par le colonialisme et la traite des esclaves qui ont créé des inégalités importantes dans nos sociétés, nos organisations et nos gouvernements. Ces "-ismes" savants influencent notre prise de décision et la façon dont nous percevons et interagissons avec le monde qui nous entoure - les profits, les gens, la planète. Les politiques et procédures organisationnelles ne peuvent aller plus vite ou plus loin que les personnes censées les suivre et les mettre en œuvre. Lorsque la direction d'une organisation et son équipe de gestion comprennent des personnes brisées, les meilleures politiques et procédures du monde ne vont pas obtenir des résultats par magie.

Malheureusement, les organisations sont censées travailler presque dans l'obscurité avec cette base de connaissances préexistante, car les employés et les parties prenantes sont tous embourbés dans ces -ismes qu'ils ont appris avant de rejoindre l'organisation. Ces comportements, systèmes de valeurs et visions du monde ne sont souvent pas systématiquement remis en question ou abordés lorsqu'il s'agit de DEI, ce qui rend toute forme de remède difficile à appliquer et les résultats recherchés difficiles à obtenir.

Le véritable défi consiste à franchir la distance entre la réalité et les aspirations. Le président Kennedy l'a reconnu et a commencé son discours de la Lune en évoquant la manière de combler l'écart entre ce que nous savons déjà et ce que nous savons que nous devrions être - l'essence même du continuum de la conscience humaine et du changement des connaissances :

Nous nous rencontrons dans une université réputée pour son savoir, dans une ville réputée pour son progrès, dans un État réputé pour sa force, et nous avons besoin des trois, car nous nous rencontrons à une heure de changement et de défi, dans une décennie d'espoir et de crainte, à une époque de connaissance et d'ignorance. Plus nos connaissances augmentent, plus notre ignorance s'étend. Malgré le fait frappant que la plupart des scientifiques que le monde a jamais connus sont vivants et travaillent aujourd'hui, malgré le fait que la main-d'œuvre scientifique de cette nation double tous les 12 ans à un taux de croissance plus de trois fois supérieur à celui de notre population dans son ensemble, malgré cela, les vastes étendues d'inconnu, de sans réponse et d'inachevé dépassent toujours de loin notre compréhension collective.

La diversité est basée sur la connaissance ou sur la connaissance informée et elle met en évidence notre confort dans ce que nous sommes et notre acceptation de ce que nous partageons - notre humanité. Si une personne a des croyances profondément ancrées de supériorité raciale ou ethnique, elle peut passer par les émotions et les processus d'une formation ou d'un séminaire DEI, mais en tant que partie prenante, son engagement sera au mieux limité. Jusqu'à ce que cette personne se sente à l'aise dans son identité au sein de la famille humaine, sa vision du monde bien ancrée sera généralement son modus operandi par défaut. Le président Kennedy a saisi l'essence de notre continuum de connaissances humaines intégratives comme suit :

Aucun homme ne peut saisir pleinement le chemin parcouru et la vitesse à laquelle nous avons progressé, mais condensez, si vous voulez, les 50 000 ans d'histoire de l'homme en un demi-siècle seulement. En d'autres termes, nous savons très peu de choses sur les 40 premières années, si ce n'est qu'à la fin de celles-ci, l'homme avancé avait appris à utiliser les peaux d'animaux pour se couvrir. Puis, il y a environ 10 ans, selon cette norme, l'homme est sorti de ses grottes pour construire d'autres types d'abris. Il y a seulement cinq ans, l'homme a appris à écrire et à utiliser une charrette à roues. Le christianisme a commencé il y a moins de deux ans. La presse à imprimer est apparue cette année, et il y a moins de deux mois, au cours de ces 50 ans d'histoire humaine, la machine à vapeur a fourni une nouvelle source d'énergie.

Newton a exploré le sens de la gravité. Le mois dernier, les lumières électriques, les téléphones, les automobiles et les avions sont devenus disponibles. Ce n'est que la semaine dernière que nous avons développé la pénicilline, la télévision et l'énergie nucléaire, et maintenant, si le nouveau vaisseau spatial américain réussit à atteindre Vénus, nous aurons littéralement atteint les étoiles avant minuit ce soir. C'est un rythme époustouflant, et un tel rythme ne peut que créer de nouveaux maux à mesure qu'il dissipe les anciens, de nouvelles ignorances, de nouveaux problèmes, de nouveaux dangers. Il est certain que les perspectives d'ouverture de l'espace promettent des coûts et des difficultés élevés, mais aussi de grandes récompenses.

Chaque organisation aura sa propre culture unique encadrée par les expériences individuelles et collectives de ses employés et de toutes les autres parties prenantes. Lorsqu'ils élaborent des politiques et des procédures en matière de diversité et d'inclusion, les responsables organisationnels doivent être conscients du courant socioculturel et politique sous-jacent qui traverse leur écosystème humain. La connaissance des fondateurs, de ce qui se passait dans la société à l'époque de la fondation et des mentalités des citoyens ou des employés d'origine qui dominent encore la mentalité actuelle sont quelques-uns des domaines à prendre en considération.

Ces connaissances informeront les dirigeants sur l'efficacité de leur traitement de la DEI en tant que responsabilité sociale, afin qu'ils puissent évaluer s'ils ont créé, comme le président Kennedy l'a judicieusement affirmé, "... de nouveaux maux à mesure qu'ils dissipent les anciens, une nouvelle ignorance, de nouveaux problèmes, de nouveaux dangers". Considérez le fait que l'humanité a eu des problèmes de genre depuis le début des temps, et que malgré nos progrès, nous sommes toujours confrontés à l'insensibilité au genre et aux inégalités en matière de rémunération, de respect et d'appréciation de nos différences. La juge de la Cour suprême des États-Unis Ruth Bader Ginsburg a résumé cette vérité de manière succincte dans une interview accordée à Bloomberg en 2015 :

J'ai été professeur de droit, et c'est ainsi que je considère mon rôle ici avec mes collègues masculins qui n'ont pas eu l'expérience de grandir au féminin, et qui n'apprécient pas pleinement les barrières arbitraires qui ont été mises sur le chemin des femmes.

La volonté d'une organisation d'intégrer la diversité dans ses structures de prise de décision et de responsabilité a un impact direct sur ses engagements en matière de responsabilité sociale, et cela commence par une acceptation claire de notre humanité commune. Cela influe à son tour sur sa transparence et son comportement éthique dans la manière dont l'organisation évalue ses progrès dans la prise en compte des intérêts des parties prenantes et dans son respect de la législation applicable, conformément aux normes internationales de comportement et dans son intégration de ces principes dans les opérations quotidiennes. (ISO 26000 2010) L'archevêque Desmond Tutu a bien résumé la situation : "Toute notre humanité dépend de la reconnaissance de l'humanité des autres. *(Twitter 2015)*"

Selon l'endroit où se trouve le pendule dans son continuum DEI, une organisation agissant sur sa connaissance de la responsabilité sociale sera mieux équipée pour intégrer des principes, des idéaux et des avantages constructifs dans le traitement des questions de diversité. Lorsqu'une organisation est consciente de sa propre histoire et comprend ce qu'elle doit faire pour combler le fossé entre la connaissance et la réalité, c'est seulement à ce moment-là qu'elle peut élaborer des politiques, des procédures et des pratiques DEI efficaces adaptées à ses circonstances uniques. Dans le cas contraire, il s'agit, au mieux, d'une supposition et, au pire, d'un spectacle de DEI.

Considérations sur les opportunités/réconciliations/ perturbations fondées sur la créativité

Notre humanité est quelque chose que nous partageons tous, indépendamment de la couleur de notre peau, de notre sexe ou de notre statut. En tant que mortels, nous naissons et mourons nus, sans avoir la capacité d'apporter nos propres ressources au monde ou de porter celles que nous avons héritées ou accumulées au cours de notre vie. Dès la naissance, nous sommes tous sujets à la maladie, au vieillissement et à la mort éventuelle. Ce sont des choses que nous ne pouvons pas contrôler. Ce que nous pouvons contrôler, ce sont les choix que nous faisons au cours de notre vie, en particulier lorsque nous atteignons l'âge de la responsabilité.

Bien sûr, si l'humanité est fondamentalement imparfaite en raison de sa mortalité, il n'est pas surprenant que nos systèmes et structures soient également imparfaits. Cela signifie que nos systèmes économiques, environnementaux et sociaux doivent être restructurés de temps à autre, car chacun d'entre eux a le potentiel de créer ou de perpétuer des problèmes systémiques, en particulier ceux qui nous divisent. Bon nombre de ces problèmes existent, à vrai dire, depuis la nuit des temps. Notre prise de conscience de ces problèmes est généralement la première étape - la connaissance. La façon dont nous les résolvons est la deuxième étape - utiliser ces moyens basés sur la connaissance. La troisième étape consiste à faire en sorte que ce que nous avons créé résiste à l'épreuve du temps et pour cela, nous avons besoin de règles d'engagement ou de gouvernance.

Le monde a déjà été confronté à des problèmes mondiaux, qui ne sont pas sans rappeler ceux auxquels les organisations sont confrontées aujourd'hui en matière de DEI. Les questions d'équité et les défis liés à la façon dont les ressources de notre planète partagée sont possédées ou utilisées ont toujours existé pour l'humanité. À maintes reprises, d'innombrables façons qui ont varié selon les pays et les époques, les droits de l'homme individuels et la liberté d'exercer ces droits ont été limités par des actions et des impositions humaines - perçues et réelles. Cela explique pourquoi nous avons besoin de considérations d'équité fondées sur la créativité : pour redresser les torts et nous libérer de préjugés profondément ancrés sur la place de chacun, sur la propriété de chacun et sur la possibilité de participer librement à nos entreprises humaines communes.

CRÉATIVITÉ ET ÉQUITÉ

La créativité est la mère de l'équité, car sans l'utilisation des connaissances que nous devons orienter vers une voie de justice, l'équité ne peut naître. Lorsqu'une organisation comprend les "courants de la vie réelle" qui traversent les visions du monde de ses parties prenantes internes et externes, cette conscience et cette connaissance de la diversité lui donnent la clé pour élaborer de manière créative des mesures appropriées pour remédier aux inégalités.

Certes, les inégalités et les injustices d'une organisation sont enracinées dans les contrats sociaux systémiques et structurels mis en place par les personnes en position de privilège au moment de leur création. Pour certains, cela peut être il y a très longtemps, lorsque ces contrats sociaux pouvaient refléter des hypothèses profondément inéquitables.

L'équité est axée sur la créativité et souligne notre engagement en faveur de l'équité dans le moment et le lieu où nous exprimons notre individualité sans imposer de valeurs déshumanisantes aux autres. Chaque personne a un droit inaliénable à la vie, à la liberté et à la poursuite du bonheur. Ces droits se manifestent par un sentiment d'appartenance, de propriété et de participation aux décisions et aux pratiques qui les concernent et/ou les affectent.

En fin de compte, l'égalité pour tous en toutes choses n'est pas pratique, mais l'équité ou la justice pour tous en toutes choses est possible. L'équité n'est pas un cadeau bienveillant que nous faisons aux autres par pure bonté d'âme, mais la bienveillance que nous accordons à tous en raison de notre parcours commun sur la planète Terre. Nous sommes toujours les gardiens de nos frères et sœurs, car c'est la trajectoire la plus élevée que nous puissions suivre en l'honneur de notre humanité commune.

Lorsque les personnes ou les employés croient que les systèmes organisationnels sont contre eux, ils ne sont pas susceptibles d'utiliser pleinement leur créativité pour résoudre les problèmes qui pèsent sur l'organisation. Lorsque les organismes publics utilisent des politiques publiques pour marginaliser ou désavantager un groupe par rapport à un autre, par exemple en implantant des autoroutes ou des installations sanitaires dans des communautés pauvres et/ou minoritaires, les dialogues et les demandes d'équité sont inévitables.

Contrairement à ce que certains pensent, l'équité et l'égalité ne sont pas des termes qui appartiennent uniquement aux communistes. Soutenir les droits de l'homme ne signifie pas que tout le monde doit porter les mêmes vêtements, manger la même nourriture rationnée et gagner le même salaire simplement parce qu'il se présente au travail. Les influenceurs de l'équité nous donnent le cadre nécessaire pour développer de manière créative des solutions aux problèmes de diversité et d'inclusion en posant les questions difficiles sur la façon dont nous sommes arrivés là où nous sommes et sur ce que nous devons faire pour ne pas y rester. Pour combler les lacunes en matière d'équité, nous avons besoin d'une lentille en trois parties, dont les composantes peuvent fonctionner indépendamment ou de concert, pour créer des systèmes justes, équitables et durables. Les trois lentilles d'équité sont : l'opportunité, la réconciliation et la perturbation :

Figure 3.4 : Le modèle de lentille d'équité en 3 étapes d'Ajiake

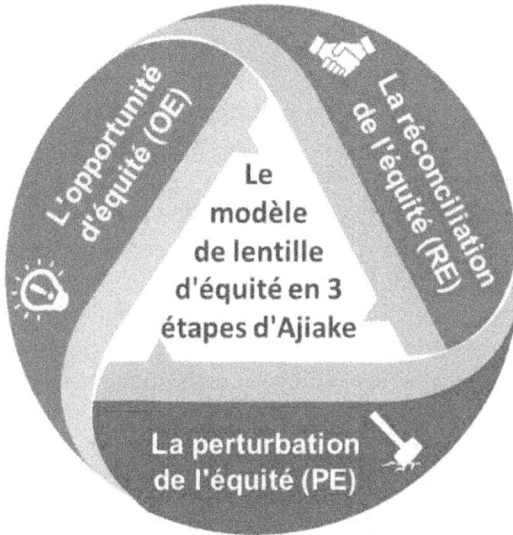

L'opportunité de l'équité nous donne des étapes concrètes pour ce qui doit être fait maintenant pour corriger les pratiques injustes ou inéquitables. La conciliation de l'équité exige que nous réconciliions les valeurs, les comportements et les traditions incohérents, injustes ou inéquitables en alignant ces pratiques sur celles qui sont justes et équitables et auxquelles nous prétendons croire. La rupture de l'équité nous oblige à perturber ou à arrêter la folie qui consiste à perpétuer des pratiques injustes et inéquitables parce que notre humanité commune l'exige.

Le modèle des 3 optiques d'équité appliqué à la DEI

L'application de ce modèle de lentille d'équité en 3 étapes à la DEI en tant que modérateur de la responsabilité sociale et du développement durable permet de clarifier les politiques et les pratiques injustes, et de mettre en évidence ce qui doit être fait pour aligner ces pratiques sur celles d'un monde plus juste et équitable :

> **L'opportunité d'équité (OE)** se concentre sur les opportunités d'ajuster ou de corriger les pratiques inéquitables ou biaisées actuelles (raciales, de genre et autres) par des pratiques justes et équitables socialement responsables.
>
> **La réconciliation de l'équité (RE)** se concentre sur les préjugés systémiques (raciaux, de genre et autres) et les normes d'équité (valeurs, comportements, traditions et activités) qui devraient être réconciliés, améliorés ou remplacés par des normes systémiques justes et socialement responsables.
>
> **La perturbation de l'équité (PE)** se concentre sur les pratiques décisionnelles injustes ou inéquitables et les contrats sociaux discriminatoires qui doivent être stoppés pour que le cadre d'équité socialement responsable (racial, de genre et autres) développe une racine durable.

1. L'opportunité d'équité

Chaque pays dans le monde d'aujourd'hui a ses propres injustices systémiques et structurelles tissées dans son tissu sociétal et sa conscience. Si certains pays ont connu des améliorations significatives au fil du temps, d'autres perpétuent les mêmes injustices, génération après génération. Ce sont souvent les personnes privilégiées qui sont en cause, car elles ne veulent pas renoncer à ce qu'elles considèrent comme leur droit de naissance, tant en termes d'avantages tangibles qu'intangibles. Dans certaines sociétés, le groupe privilégié est déterminé à ne pas céder un pouce, tout en s'attendant à être acclamé pour ses manifestations publiques d'intérêt pour les expériences partagées et le progrès collectif.

Les inégalités entre les sexes font partie des normes les plus divisibles et les plus destructrices. Lorsque 50 % ou plus de la population d'un pays est marginalisée parce qu'il s'agit de femmes, cela signifie que 50 % du développement durable potentiel d'un pays, voire plus, est perdu, aujourd'hui et dans les jours à venir. Comprendre cela nous ouvre la porte pour créer des opportunités d'équité au sein des organisations qui ne nécessitent pas de changement sismique dans nos processus de prise de décision et nos activités, mais simplement la volonté de poursuivre des pratiques équitables et justes.

Il est difficile de changer des ordres anciens et bien établis, car de nombreuses parties prenantes veulent maintenir le statu quo ; elles ont souvent peur de l'impact que le changement pourrait avoir sur elles. Le président Kennedy savait que les États-Unis étaient en retard sur l'Union soviétique en ce qui concerne les vols habités et a admis cette inégalité dans leurs programmes spatiaux. Il est important de noter que le président n'a pas cherché à s'excuser ou à dissimuler le fait que l'Amérique était en retard sur l'Union soviétique ; il a été honnête sur la situation, ce qui lui a permis de fixer des objectifs réalistes, bien qu'ambitieux, pour résoudre le problème. Admettre que le racisme systémique et structurel est tissé dans le tissu américain permet de voir les fruits à portée de main d'un changement possible et de saisir ces opportunités. Dans le cas de Kennedy, l'opportunité d'équité consistait à s'assurer que l'Amérique n'était pas laissée pour compte dans la course à l'espace en jouant les seconds rôles face à l'Union soviétique. Un tel scénario aurait pu entraîner des déséquilibres géopolitiques et économiques semblables à des pratiques inéquitables, les Américains risquant de se soumettre aux diktats de l'Union soviétique. Le président Kennedy a déclaré :

Il est certain que nous sommes en retard, et que nous le serons pendant un certain temps, en matière de vol habité. Mais nous n'avons pas l'intention de rester à la traîne, et au cours de cette décennie, nous allons rattraper notre retard et aller de l'avant. La croissance de notre science et de notre éducation sera enrichie par de nouvelles connaissances de notre univers et de notre environnement, par de nouvelles techniques d'apprentissage, de cartographie et d'observation, par de nouveaux outils et ordinateurs pour l'industrie, la médecine, la maison ainsi que l'école. Les institutions techniques, telles que Rice, récolteront les fruits de ces avancées. Enfin, l'effort spatial lui-même, bien qu'il en soit encore à ses débuts, a déjà créé un grand nombre de nouvelles entreprises et des dizaines de milliers de nouveaux emplois.

Le changement, bien sûr, est menaçant. L'intégration de la DEI comme monnaie d'échange pour la négociation de décisions à valeur ajoutée et la réalisation d'activités organisationnelles aura sans doute ses propres détracteurs qui préféreraient que le changement soit progressif, voire qu'il n'ait pas lieu.

Le 4 avril 1967, lors d'une réunion du Clergé et des Laïcs préoccupés par la guerre au Vietnam, le Dr Martin Luther King a prononcé un discours qu'il a intitulé "Beyond Vietnam : *A Time to Break the Silence"*. Dans ce discours, le Dr King s'est rallié au thème de la réunion : *"Un temps vient où le silence est une trahison"*. Cette vérité s'applique également aux organisations qui poursuivent une prétendue responsabilité sociale et un développement durable tout en ignorant les questions de DEI, limitant son pouvoir de transformation à des mesures superficielles. Voici une version abrégée du discours du Dr King:

Nous vivons une époque révolutionnaire. Partout dans le monde, les hommes se révoltent contre les vieux systèmes d'exploitation et d'oppression et, des entrailles d'un monde fragile, naissent de nouveaux systèmes de justice et d'égalité. Le peuple torse nu et pieds nus se soulève comme jamais auparavant. "Le peuple qui était assis dans les ténèbres a vu une grande lumière. » Nous, Occidentaux, devons soutenir ces révolutions. Il est triste de constater qu'à cause du confort, de la complaisance, d'une peur morbide du communisme et de notre tendance à nous adapter à l'injustice, les nations occidentales, qui ont été à l'origine d'une grande partie de l'esprit révolutionnaire du monde moderne, sont maintenant devenues les anti-révolutionnaires par excellence... Une véritable révolution des valeurs signifie en dernière analyse que nos loyautés doivent devenir œcuméniques plutôt que sectorielles. Chaque nation doit maintenant développer une loyauté primordiale envers l'humanité dans son ensemble afin de préserver ce qu'il y a de meilleur dans leurs sociétés individuelles... Nous sommes maintenant confrontés au fait que demain est aujourd'hui. Nous sommes confrontés à l'urgence féroce du présent. Dans cette énigme de la vie et de l'histoire, il est possible d'arriver trop tard. La procrastination reste le voleur de temps.

Pour que ceux qui occupent des positions privilégiées soient vraiment libres et créent une coexistence significative et pacifique pour leur postérité, ils doivent saisir l'instant et rechercher des opportunités d'équité pour réparer les erreurs du passé qui les ont peut-être privilégiés, car s'ils peuvent en bénéficier à court terme, leur durabilité à long terme exige un changement. Il s'agit de prendre des mesures concrètes visant à créer des stratégies d'opportunités d'équité pour le financement, l'approvisionnement, les engagements, l'embauche, les promotions, et dans tous les domaines où il existe une injustice systémique et structurelle.

2. La réconciliation de l'équité

Il arrive que les injustices systémiques et structurelles dans la société et les organisations doivent être réconciliées pour que la résolution soit juste et équitable, et les leaders organisationnels doivent faire en sorte que le changement se produise. Une pratique injuste et inéquitable systémique et structurelle nécessite plus que des platitudes pour y remédier. Elle nécessite également des pratiques justes et équitables systémiques et structurelles qui tiennent compte des domaines d'injustice et les atténuent ou les éliminent. Cette approche permet d'éviter l'éclairage ou la confusion des problèmes, afin que les réponses ne soient pas formées autour de questions qui n'ont pas été posées.

Aucune condition n'est permanente dans la vie, tout comme il ne devrait pas y avoir d'ennemis permanents sur les questions de justice sociale. Notre humanité commune appelle à la liberté et à la poursuite du bonheur pour tous. Historiquement, les changements démographiques et les structures de pouvoir ont transformé les groupes majoritaires en minorité et appauvri les familles riches ; le changement est inévitable. Mais lorsque les pauvres ont la possibilité de progresser, dans un système conçu pour remédier aux inégalités où qu'elles se trouvent, c'est toute la société qui en bénéficie.

Lorsque nous sommes confrontés aux conséquences permanentes des inégalités, nous devons faire preuve de courage pour trouver des moyens créatifs de rééquilibrer le déséquilibre par des conciliations. Pour ce faire, nous avons besoin de données qui montrent la profondeur et l'ampleur du fossé entre ce que nous disons de nous-mêmes et la réalité. Dans le cas des États-Unis, le pays est né avec un péché originel, l'esclavage, avec le péché concomitant du racisme ; ensemble, ils ont façonné la conscience de la nation. Sur cette toile de fond, on trouve trois documents - la Constitution, la Déclaration d'indépendance et la Proclamation d'émancipation - qui réclament tous la liberté, la justice et l'équité pour tous les citoyens. Il nous reste à combler le fossé entre les aspirations de ces documents et les réalités du système inéquitable qui a prospéré à leurs côtés, en brandissant sélectivement leurs mots (ou en les ignorant) pour justifier des idéaux qui vont à l'encontre de leur intention.

Pour que l'Amérique poursuive son voyage vers une union plus parfaite, elle doit réconcilier les incohérences flagrantes entre ses documents fondateurs et son racisme systémique et structurel ancré dans les réalités quotidiennes de ses groupes minoritaires. C'est pourquoi Martin Luther King est devenu le prophète de la nation en mettant au défi la conscience des Américains blancs de s'asseoir à la table de la fraternité et de la sororité pour que la nation soit entière dans son but, sa mission et son bien-être.

En 1963, lors de la marche sur Washington pour l'emploi et la liberté, de nombreux leaders religieux et politiques bien intentionnés ont conseillé aux leaders des droits civiques de ralentir et de permettre à la nation de changer organiquement et de donner aux Noirs leurs droits inaliénables à la liberté et à la poursuite du bonheur. Tout comme l'urgence féroce en 2020 d'intégrer le DEI comme monnaie d'échange pour la responsabilité sociale, le Dr King a abordé de front la question d'attendre que les relations raciales se règlent d'elles-mêmes avec le temps :

Ce n'est pas le moment de s'adonner au luxe du refroidissement ou de prendre la drogue tranquillisante du gradualisme. L'heure est venue de concrétiser les promesses de la démocratie. Le moment est venu de quitter la vallée sombre et désolée de la ségrégation pour rejoindre le chemin ensoleillé de la justice raciale. Le moment est venu d'élever notre nation des sables mouvants de l'injustice raciale au rocher solide de la fraternité.

La "drogue tranquillisante du gradualisme" est généralement une drogue de choix pour les privilégiés, et non pour ceux qui souffrent des impacts des injustices systémiques et structurelles.

Pour les personnes défavorisées, attendre que les étoiles soient alignées en leur faveur n'est pas un plan d'action. Ce qu'ils veulent, c'est rétablir un certain équilibre dans l'inégalité, et les dirigeants doivent donc chercher des moyens de faire de cette réconciliation une réalité. Le président Kennedy a réussi à défendre l'exploration spatiale en la conciliant avec des objectifs de responsabilité sociale et la poursuite de la durabilité économique de toute ville, État ou région:

L'espace et les industries connexes génèrent de nouvelles demandes d'investissement et de personnel qualifié, et cette ville, cet État et cette région participeront largement à cette croissance. Ce qui était autrefois l'avant-poste le plus éloigné de l'ancienne frontière de l'Ouest sera l'avant-poste le plus éloigné de la nouvelle frontière de la science et de l'espace. Houston, votre ville, avec son Manned Spacecraft Center, deviendra le cœur d'une grande communauté scientifique et d'ingénierie.

Les organisations qui reconnaissent les désaccords raciaux de l'Amérique et leurs impacts peuvent faire valoir les raisons pour lesquelles la DEI est une responsabilité sociale et un développement durable. L'évolution de la démographie américaine vers une population véritablement diversifiée, dans laquelle il n'y aura pas de majorité raciale unique, est un point de départ pour recentrer le plan de main-d'œuvre durable d'une organisation et pour supprimer les obstacles à la diversité et à l'inclusion.

3. La perturbation de l'équité

Il y a des moments et des situations où nous sommes confrontés à des pratiques systémiques et structurelles qui sont si répréhensibles qu'elles doivent être interrompues ou abandonnées, car comme nous l'a rappelé le Dr Martin Luther King Jr, "Ce n'est pas le moment de s'engager dans le luxe du refroidissement ou de prendre le médicament tranquillisant du gradualisme". Dans ces situations, poursuivre ces injustices structurelles ou les laisser s'envenimer équivaut à de la folie. Les questions d'iniquité, comme le changement des anciennes valeurs et des anciens comportements, ne se résolvent pas d'elles-mêmes et ne disparaissent pas avec le temps. Au contraire, ils s'enracinent chez des personnes qui exigent le maintien de leur position privilégiée sans tenir compte des autres personnes affectées. Pour que le changement se produise dans ces cas, nous devons développer des perturbateurs d'équité créatifs en réponse à ces comportements, valeurs et systèmes répréhensibles, car tenter des réformes irréalistes est tout aussi mauvais que de les ignorer. Cela peut même être pire, car la présence d'un effort de réforme superficiel et inefficace axé sur la DEI peut empêcher la mise en place de changements plus significatifs.

Dans son discours sur la Lune, le président Kennedy a également été confronté à une nation réticente à l'idée de faire le pari de la course à l'espace. Après tout, la population avait vu et vécu les horreurs de la Seconde Guerre mondiale, la prolifération des armes nucléaires et le désastre quasi planétaire de la crise des missiles de Cuba.

Ceux qui ont grandi à la fin des années cinquante et au début des années soixante savaient à quel point le monde était proche de la troisième guerre mondiale moins de deux décennies après la fin de la deuxième guerre mondiale. La seule chose qui a permis d'éviter une guerre nucléaire totale a été la décision des Soviétiques de faire marche arrière et de retirer leurs missiles nucléaires de Cuba. S'ils ne l'avaient pas fait, il est fort possible qu'aucun d'entre nous ne serait ici aujourd'hui.

Le développement et le contrôle des armes nucléaires par cinq pays - les États-Unis, l'URSS, la Grande-Bretagne, la France et, plus tard, Israël - ont créé un système de contrôle et d'équilibre ou d'équité en Europe et dans le monde. Depuis, la Chine, l'Inde, le Pakistan et l'Afrique du Sud sont également devenus des nations à énergie nucléaire, jouant ainsi un rôle d'équilibre régional. Cependant, à l'époque où l'exploration de l'espace était encore récente, on supposait que quiconque la contrôlerait aurait une influence considérable sur la vie sur terre. Convaincu et déterminé que le seul pays qui mettrait son avance technologique au service de l'humanité était les États-Unis, le président Kennedy a entrepris de convaincre le reste de la nation de renoncer à ses réticences et de le rejoindre dans cette proposition de l'ère spatiale :

Il n'est donc pas surprenant que certains voudraient que nous restions là où nous sommes un peu plus longtemps pour nous reposer, pour attendre. Mais cette ville de Houston, cet État du Texas, ce pays des États-Unis n'a pas été construit par ceux qui ont attendu, se sont reposés et ont voulu regarder derrière eux. Ce pays a été conquis par ceux qui allaient de l'avant - et il en sera de même pour l'espace. William Bradford, parlant en 1630 de la fondation de la colonie de la baie de Plymouth, a dit que toutes les grandes et honorables actions s'accompagnent de grandes difficultés, et que les deux doivent être entreprises et surmontées avec un courage à toute épreuve. Si cette capsule historique de nos progrès nous apprend quelque chose, c'est que l'homme, dans sa quête de connaissance et de progrès, est déterminé et ne peut être dissuadé. L'exploration de l'espace se poursuivra, que nous nous y joignions ou non, et c'est l'une des grandes aventures de tous les temps, et aucune nation qui s'attend à être le leader des autres nations ne peut espérer rester en arrière dans la course à l'espace.

Le président Kennedy a eu la sagesse de faire sortir la nation du marasme du gradualisme pour la faire passer à l'urgence féroce de mener l'ère spatiale, et chaque génération d'Américains depuis lors en a bénéficié. De la même manière, les leaders organisationnels d'aujourd'hui doivent faire de la DEI une priorité et une devise pour le changement systémique et à l'échelle de l'organisation. Les dirigeants d'entreprise doivent transmettre un sentiment d'urgence en perturbant les normes (valeurs, comportements et traditions) qui nous divisent et promeuvent la suprématie blanche ou les inégalités entre les sexes, tout comme Kennedy l'a fait en galvanisant la nation pour les missions spatiales. Kennedy a réussi à motiver la société américaine à poursuivre une réalisation transformationnelle dans un laps de temps étonnamment court parce qu'il était également prêt à mettre en place les ressources nécessaires pour atteindre les objectifs.

Au cours des cinq prochaines années, l'Administration nationale de l'aéronautique et de l'espace prévoit de doubler le nombre de scientifiques et d'ingénieurs dans ce domaine, d'augmenter ses dépenses de salaires et de frais à 60 millions de dollars par an, d'investir quelque 200 millions de dollars dans des installations d'usine et de laboratoire, et de diriger ou de contracter pour de nouveaux efforts spatiaux de plus d'un milliard de dollars depuis ce centre dans cette ville.

De la même manière, les dirigeants d'organisations doivent également être ouverts aux données économiques qui soutiennent la valeur d'une main-d'œuvre inclusive qui promeut l'équité comme modus operandi. Ils doivent donc être prêts à investir les ressources nécessaires pour créer une main-d'œuvre et un lieu de travail diversifiés, équitables et inclusifs. Si nous pouvons mettre au point une mission lunaire réussie en moins de dix ans, il est certain qu'avec le leadership et les ambitions appropriés, nous pouvons faire des progrès significatifs vers une société plus équitable et plus juste, en commençant par nos entreprises.

Figure 3.5 : Lentille d'équité en 3 étapes d'Ajiake résumée

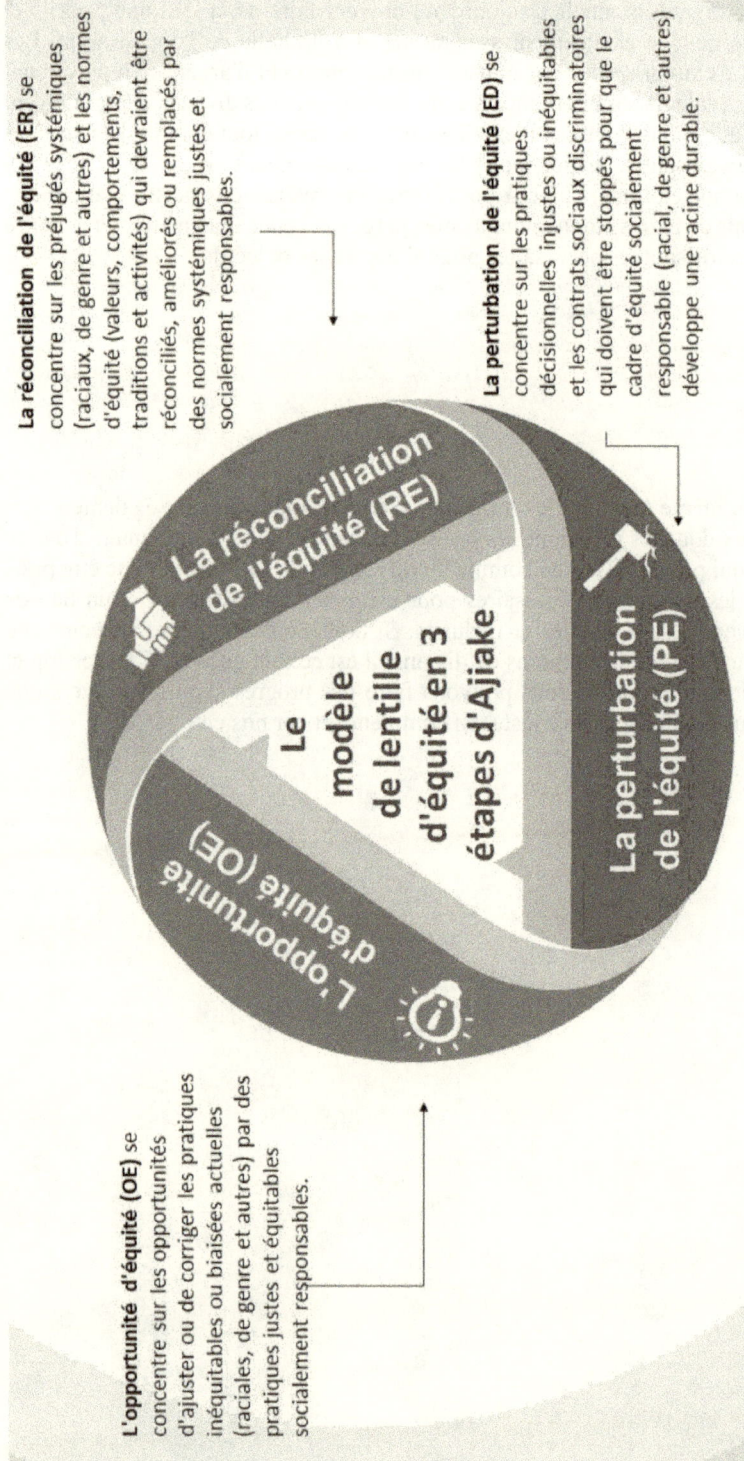

La réconciliation de l'équité (ER) se concentre sur les préjugés systémiques (raciaux, de genre et autres) et les normes d'équité (valeurs, comportements, traditions et activités) qui devraient être réconciliés, améliorés ou remplacés par des normes systémiques justes et socialement responsables.

La perturbation de l'équité (ED) se concentre sur les pratiques décisionnelles injustes ou inéquitables et les contrats sociaux discriminatoires qui doivent être stoppés pour que le cadre d'équité socialement responsable (racial, de genre et autres) développe une racine durable.

L'opportunité d'équité (OE) se concentre sur les opportunités d'ajuster ou de corriger les pratiques inéquitables ou biaisées actuelles (raciales, de genre et autres) par des pratiques justes et équitables socialement responsables.

114

Inclusion centrée sur la gouvernance - Mesures à prendre

La pratique de l'inclusion centrée sur la gouvernance est l'institutionnalisation des opportunités d'équité, des réconciliations et des perturbations en incluant tout le monde dans son écosystème. L'inclusion centrée sur la gouvernance est le baromètre qui indique où nous en sommes, en soulignant la ou les différences entre nos politiques déclarées et nos réalités. Elle révèle la confiance dans notre humanité partagée par la manière dont nous nous relions et incluons tous les groupes de personnes représentés dans notre sphère d'influence démographique dans des rôles significatifs au sein de notre écosystème organisationnel.

Certes, nous ne pouvons pas toujours planifier la vie à la perfection, mais nous pouvons toujours rencontrer et travailler avec la vie là où elle nous trouve. Ceci est vrai pour les organisations qui ne se sont pas développées organiquement en utilisant les principes, les valeurs et la gouvernance de la DEI. Parfois, les organisations sont simplement contraintes par les réalités commerciales ou les demandes des parties prenantes - internes et externes - d'examiner et de résoudre leur problème d'inclusion. La réponse consiste souvent à prendre des mesures très visibles mais superficielles - peut-être à embaucher quelques personnes appartenant à des groupes qui ont été laissés de côté ou à nommer un ou deux membres du conseil d'administration issus de ces groupes. Puis ils se frappent la poitrine et chantent la chanson de la "mission accomplie". Pourtant, l'inclusion est bien plus qu'une simple question de chiffres. Si le nombre de personnes issues de tous les groupes est important, les rôles et les responsabilités qui leur sont attribués le sont encore plus. Le changement doit aller au-delà de l'inclusion symbolique. Lorsque la plupart des dirigeants d'une organisation sont majoritairement issus d'un seul groupe démographique, cela en dit beaucoup plus sur sa culture que sur les politiques et procédures DEI qu'elle applique.

Ceci explique pourquoi l'inclusion est une célébration de notre humanité partagée et de toutes ses similitudes, tout en valorisant nos différences, en leur permettant de s'exprimer et en rejetant la notion selon laquelle une ou quelques personnes représentent un groupe ou une communauté entière. L'inclusion centrée sur la gouvernance énonce des mesures réalisables et devrait documenter notre réponse d'équité aux iniquités systémiques et structurelles, quelle que soit la forme qu'elles prennent. C'est donc à partir de ces connaissances que nous créons notre parcours d'équité et que nous travaillons à une inclusion centrée sur la gouvernance encadrée par des principes rédempteurs, réparateurs et responsables:

Le principe axé sur la rédemption devrait guider les mesures visant à créer un écosystème organisationnel visible, pratique et mesurable, socialement responsable et inclusif (racial, de genre et autres).
Le principe axé sur la restauration devrait guider les étapes qui identifient les barrières d'inclusion inéquitables (raciales, de genre et autres) et les remplacent par des barrières équitables et justes socialement responsables.
Le principe axé sur la responsabilité devrait guider les mesures visant à arrêter ou à perturber les normes de division (les valeurs, les comportements, les traditions et les activités du statu quo) qui font obstacle aux pratiques d'inclusion (raciale, de genre et autres) socialement responsables.

Figure 3.6 : Principes d'inclusion et d'appartenance en 3 étapes d'Ajiake

Principe d'inclusion raciale 1 :
*Le principe de rédemption (RD) devrait guider les étapes ou les actions
opportunes entreprises pour créer un écosystème organisationnel visible,
pratique et mesurable, socialement responsable et inclusif (racial, de genre et
autres).*

Malheureusement, il y a aujourd'hui des personnes dans les organisations du
monde entier qui pensent que les questions de DEI sont exagérées et que nous
devrions simplement autoriser le profilage racial dans l'obtention d'un emploi. Ils
pensent que l'inégalité des salaires entre hommes et femmes et les autres inégalités
disparaîtront d'elles-mêmes. Par exemple, certains experts affirment que nous
devrions laisser le profilage racial dans l'obtention d'un emploi s'épuiser avec le
temps, ou laisser les changements démographiques bouleverser le paradigme
majorité/minorité. Il en va de même pour les disparités salariales entre hommes et
femmes et autres inégalités. Dans l'histoire de l'humanité, ceux qui détiennent le
pouvoir ne le cèdent pas volontiers sans résistance. Les inégalités sont entretenues
par ceux qui bénéficient actuellement du déséquilibre structurel ; ils voudront
maintenir le statu quo jusqu'à ce qu'une demande de changement soit formulée.
Pourtant, l'ère de la mondialisation a fait de la DEI un outil inévitable de
rédemption sociale pour élaborer des considérations d'opportunité d'équité dans
le traitement des questions de diversité et d'inclusion.

L'histoire humaine de l'inclusion n'a pas favorisé les groupes minoritaires et
les femmes dans le monde entier. Ces groupes subissent toujours les retombées
de toute iniquité. Le premier principe d'inclusion devrait donc nous guider vers le
rachat de ce dont ces groupes ont été historiquement privés, comme première
étape vers une communauté holistique. Ce principe accepte les mesures d'action
positive comme première étape pour ouvrir la porte à de réels progrès en matière

de DEI, mais l'action positive ne peut être la seule option pour résoudre les problèmes systémiques et institutionnels. C'est le début d'une solution, pas la fin.

En mettant ses contemporains au défi de racheter leur temps en menant les explorations de l'ère spatiale, le président Kennedy a invoqué les sacrifices des générations précédentes qui ont fourni les avantages dont ils bénéficiaient à ce moment-là. Ce lien a donné au Président l'autorité morale pour exiger que la société prenne les risques nécessaires et saisisse les opportunités du moment :

Ceux qui nous ont précédés ont veillé à ce que notre pays soit à l'avant-garde des révolutions industrielles, des inventions modernes et de l'énergie nucléaire, et notre génération n'a pas l'intention de s'enliser dans les remous de l'ère spatiale à venir. Nous voulons en faire partie, nous voulons la diriger. Car les yeux du monde regardent maintenant vers l'espace, vers la lune et vers les planètes au-delà, et nous avons fait le vœu de ne pas le voir gouverné par un drapeau hostile de conquête, mais par une bannière de liberté et de paix. Nous avons fait le vœu de ne pas voir l'espace rempli d'armes de destruction massive, mais d'instruments de connaissance et de compréhension.

Le président Kennedy a invoqué le pouvoir positif de l'image de ceux qui ont ouvert la voie pour que les Américains puissent bénéficier des avantages de leurs sacrifices. Lorsqu'il s'agit d'inégalités systémiques et structurelles, l'ampleur partagée de leur pouvoir négatif sur les groupes minoritaires devrait être une raison encore plus impérieuse de changer.

Avant l'avènement de la mondialisation, le monde avait déjà connu les ravages de deux guerres mondiales et le développement des armes nucléaires. L'Holocauste et le meurtre de millions de Juifs à cause de la haine, le mouvement des droits civiques aux États-Unis, les mouvements d'indépendance du monde entier contre le colonialisme, et toutes les autres guerres et mouvements (droits des femmes, environnement, droits LGBTQ, etc.) depuis lors sont autant de rappels du chemin parcouru en tant que race humaine.

Ces expériences ont non seulement façonné le monde dans lequel nous vivons aujourd'hui, mais elles nous appellent également à être le changement nécessaire pour faire avancer les engagements de notre organisation en matière de DEI. L'ère de la mondialisation nous oblige à racheter notre humanité brisée par notre sens de la justice sociale ; ce n'est pas la première fois que de tels appels retentissent. La veille de l'alunissage, le 16 juillet 1969, un groupe d'environ 500 manifestants des droits civiques, dirigé par le révérend Ralph Abernathy, icône des droits civiques, s'est rassemblé aux portes du Centre spatial Kennedy pour protester contre le lancement.

Le révérend Abernathy et son groupe avaient apporté avec eux deux mules et un chariot en bois comme métaphores des familles qui n'avaient pas de logement et de nourriture à prix abordable. Fait remarquable, l'administrateur de la NASA Thomas Paine s'est présenté aux portes et a engagé un dialogue avec le révérend Abernathy pour écouter et comprendre les enjeux de leur protestation.

Le révérend Abernathy aurait dit : "Un cinquième de la population manque de nourriture, de vêtements, de logement et de soins médicaux adéquats" et a suggéré que l'argent du programme spatial aurait dû être dépensé "pour nourrir les affamés, habiller les nus, soigner les malades et loger les sans-abri." *(Niiler 2021).* Le révérend Abernathy a demandé à la NASA de "soutenir le mouvement de lutte contre la pauvreté, la faim et les autres problèmes sociaux de la nation", et que les techniciens de la NASA travaillent "à résoudre le problème de la faim. *(Niiler 2021)."""*

L'administrateur de la NASA Paine a répondu :

" Si nous pouvions résoudre les problèmes de pauvreté aux États-Unis en n'appuyant pas sur le bouton permettant de lancer des hommes sur la lune demain... alors nous n'appuierions pas sur ce bouton... [Il a en outre mis le révérend Abernathy au défi de] "... atteler ses wagons à notre fusée, en utilisant le programme spatial comme une incitation pour la nation à s'attaquer audacieusement à des problèmes dans d'autres domaines, et en utilisant les succès spatiaux de la NASA comme un critère permettant de mesurer les progrès dans d'autres domaines." (Niiler 2021).

Alors même que les États-Unis, avec le nouveau programme Artemis de la NASA, prévoient à nouveau d'envoyer des humains sur la lune - quelque cinquante ans plus tard -, la plupart des villes américaines sont malheureusement toujours confrontées à des problèmes de logement abordable et de faim. Et les villes du monde entier sont confrontées aux mêmes problèmes. Le pape François a bien exprimé ce sentiment :

Ces jours-ci, il y a beaucoup de pauvreté dans le monde, et c'est un scandale alors que nous avons tant de richesses et de ressources à donner à tout le monde. Nous devons tous réfléchir à la manière dont nous pouvons devenir un peu plus pauvres.

Les inégalités dans la société, qui se reflètent dans la vie organisationnelle, nous offrent des opportunités d'équité pour redresser les torts et créer des grappes de progrès inclusives, même lorsque des systèmes entiers demandent encore à être réformés. Ce n'est pas parce que les petits changements ne peuvent pas tout résoudre qu'ils ne valent pas la peine d'être réalisés. Ces solutions rapides d'opportunité d'équité peuvent être aussi simples qu'un enseignant qui consacre plus de temps à un enfant défavorisé en difficulté, qu'un responsable de l'embauche qui met en place des stratégies de recrutement d'opportunité d'équité, que des responsables de l'approvisionnement qui utilisent l'approvisionnement d'opportunité d'équité pour répartir la richesse, ou peut-être qu'une institution publique qui utilise des fonds pour créer un fonds de prêt d'opportunité d'équité pour aider les groupes privés de droits auprès des institutions de prêt traditionnelles. L'essentiel est que l'équité nous donne la liberté et les outils pour faire le bien immédiatement, où que nous soyons, au lieu de lever les bras devant l'ampleur du problème.

PRINCIPE D'INCLUSION RACIALE 2 :

Le principe axé sur la restauration devrait guider les étapes ou les actions en cours qui identifient les barrières d'inclusion inéquitable enracinées (raciales, de genre et autres) et les remplacent par des barrières équitables et justes socialement responsables.

Certaines normes sont tellement destructrices, enracinées et omniprésentes qu'elles nécessitent une approche systémique pour restaurer toute forme de normalité humaine par le biais de normes de responsabilité sociale et de développement durable. À l'ère de la mondialisation, où l'internet, les téléphones portables et les médias sociaux ont radicalement transformé la connectivité humaine, le moment est venu pour DEI de modérer ses efforts en matière de responsabilité sociale et de développement durable, car désormais les parties prenantes en termes d'intérêts et d'attentes se trouvent partout sur la planète Terre.

"A qui l'on donne beaucoup, on demande beaucoup" est un véritable mantra pour la responsabilité sociale. Les organisations dont les produits et services ont fait d'elles des titans mondiaux ont la responsabilité sociale de rendre le monde meilleur en montrant la voie en matière de DEI. Lorsque le président Kennedy a prononcé le discours sur la Lune, ces avantages n'étaient qu'un souhait et une prière :

Pourtant, les vœux de cette nation ne peuvent être réalisés que si nous, dans cette nation, sommes les premiers, et, par conséquent, nous avons l'intention d'être les premiers. En bref, notre leadership dans la science et l'industrie, nos espoirs de paix et de sécurité, nos obligations envers nous-mêmes et envers les autres, tout cela nous oblige à faire cet effort, à résoudre ces mystères, à les résoudre pour le bien de tous les hommes, et à devenir la première nation spatiale du monde.

La formulation par le président Kennedy de l'objectif visant à profiter d'abord aux États-Unis a porté des fruits considérables pour les entreprises américaines au cours des cinquante dernières années. Les graines plantées dans cette course à l'espace ont ensuite donné naissance à IBM, Amazon, Apple, Google, Twitter, HP, WhatsApp, Microsoft, Facebook/Meta, Snapchat, INDEED, CISCO, Intel, Salesforce, Oracle et d'autres entreprises technologiques, grandes et petites, dont les produits et services ont un impact sur les gens aux quatre coins du monde. Mais en jetant les bases, le président Kennedy a adopté une approche inclusive en faisant passer les intérêts des gens avant l'objectif d'être le premier à conquérir l'espace : *"Pourtant, les vœux de cette nation ne peuvent être réalisés que si nous, dans cette nation, sommes les premiers, et, par conséquent, nous avons l'intention d'être les premiers."*

De même, nous devons placer notre humanité commune au premier plan de notre responsabilité sociale et de nos constructions de développement durable et travailler agressivement à l'élimination des normes de division que nous avons héritées des générations précédentes et de celles que nous avons formées ou auxquelles nous nous sommes conformés à notre époque. Il est essentiel de faire passer les besoins des gens en premier (tous les gens). La plupart des organisations qui se réclament de la responsabilité sociale considèrent les personnes comme leur principal atout. Comme l'a exprimé la Chase Bank :

La diversité rassemble des personnes aux perspectives uniques, et l'inclusion crée des opportunités pour tous les individus de contribuer et de travailler ensemble pour atteindre le succès dans son ensemble. Nous pensons que travailler dans un environnement inclusif motive des efforts exceptionnels ou, plus simplement, nous rend tous meilleurs dans ce que nous faisons.

Bien qu'il s'agisse d'un cadre DEI axé sur la globalité, l'adhésion des employés de base est le point de rencontre entre le caoutchouc et la route. Le problème est que chaque personne qui rejoint une entreprise est livrée avec des filtres internes et externes qui ont plus d'influence que le mantra d'inclusion de l'organisation. Le Dr Martin Luther King a abordé cette question des domaines de division personnelle dans sa conférence Nobel du 11 décembre 1964, intitulée "La quête de la paix et de la justice" :

> *Chaque homme vit dans deux domaines, l'interne et l'externe. L'intérieur est le domaine des fins spirituelles exprimées dans l'art, la littérature, la morale et la religion. L'extérieur est le complexe de dispositifs, de techniques, de mécanismes et d'instruments au moyen desquels nous vivons. Notre problème aujourd'hui est que nous avons permis à l'interne de se perdre dans l'externe. Nous avons permis aux moyens par lesquels nous vivons de dépasser les fins pour lesquelles nous vivons. Une grande partie de la vie moderne peut être résumée par ce dicton saisissant du poète Thoreau : "Des moyens améliorés pour une fin non améliorée". Telle est la grave situation, le problème profond et obsédant auquel l'homme moderne est confronté. Si nous voulons survivre aujourd'hui, notre "retard" moral et spirituel doit être éliminé. Des pouvoirs matériels accrus sont synonymes de périls accrus s'il n'y a pas une croissance proportionnelle de l'âme. Lorsque le "dehors" de la nature humaine subjugue le "dedans", de sombres nuages d'orage commencent à se former dans le monde.*
>
> *Ce problème du retard spirituel et moral, qui constitue le principal dilemme de l'homme moderne, s'exprime en trois problèmes plus vastes qui découlent de l'infantilisme éthique de l'homme. Chacun de ces problèmes, tout en paraissant séparé et isolé, est inextricablement lié aux autres. Je veux parler de l'injustice raciale, de la pauvreté et de la guerre. (The Nobel Prize 1964)*

Le remède à ce problème est d'avoir des dialogues/conversations DEI cohérents, des formations, des mesures de performance, des groupes consultatifs internes et externes - tous les renforcements qui peuvent et doivent être réalisés dans le cadre d'un plan de responsabilité sociale modéré par DEI. Il est certain qu'une organisation ne peut pas consacrer toutes ses ressources à des questions qui touchent à la société et ignorer ses activités ou services de base - sa raison d'être. Néanmoins, en intégrant la DEI dans ses systèmes et activités de prise de décision, une organisation peut poursuivre une approche inclusive en recrutant et en engageant le plus grand nombre de personnes possible dans le développement de considérations de conciliation de l'équité axées sur la créativité qui abordent de manière significative la diversité et l'inclusion.

Principe d'inclusion raciale 3 :

Le principe centré sur la responsabilité devrait guider les mesures ou les actions prises pour arrêter ou perturber les normes de division (les valeurs, les comportements, les traditions et les activités du statu quo) qui font obstacle aux pratiques inclusives (raciales, de genre et autres) socialement responsables.

Les normes de division qui sont en opposition évidente avec notre humanité partagée doivent être arrêtées, mais de manière responsable, sans créer de conséquences involontaires. Ce principe guide les mesures à prendre qui ne doivent être ni excessivement tolérantes ni punitives, mais plutôt axées sur la fin des pratiques décisionnelles injustes et inéquitables normalisées en matière de race et de genre. Par exemple, les pratiques décisionnelles qui supposent que certains groupes raciaux ou de genre ne peuvent pas faire certains types d'emplois doivent être arrêtées car elles ne sont pas basées sur des faits mais sur des préjugés. Partir du principe qu'une minorité ou une femme ne peut pas être arbitre ou entraîneur dans un match de football ou de soccer professionnel est discriminatoire. L'appartenance d'une personne à un groupe racial ou de genre ne la rend pas automatiquement douée pour une profession qui exige de développer des compétences. De même, les avocats noirs, dans le cas de la politique de diversité de Coca Cola, devraient pouvoir travailler sur les nouvelles entreprises de Coca Cola autant que les avocats blancs et les exclure en raison d'un racisme systémique bien ancré ne devrait pas être toléré.

Au XXIe siècle, nous ne pouvons continuer à tolérer des normes qui discriminent ou désavantagent les groupes minoritaires simplement parce qu'elles existent depuis longtemps. Ce type de pensée est, au mieux, rétrograde et, au pire, centré sur les droits. En même temps, nous devons être guidés par une approche non punitive qui ne punit pas avec zèle une personne pour les torts de son groupe racial.

Ensuite, il y a des situations où nous devons supprimer les inégalités systémiques et structurelles par des décisions d'inclusion centrées sur la gouvernance. Les pratiques discriminatoires systémiques bien ancrées sont difficiles à éliminer par décret, mais c'est une première étape nécessaire. L'esclavage, le péché originel de l'Amérique, a été supprimé par le décret de la proclamation d'émancipation du président Lincoln. Un siècle plus tard, un autre décret du président Lyndon Johnson a introduit la discrimination positive pour remédier à l'absence persistante de progrès dans les relations raciales. Pourtant, nous sommes aujourd'hui confrontés à une nouvelle confrontation raciale massive, déclenchée par la brutalité policière et le racisme systémique et structurel persistant. Les décrets, aussi précieux soient-ils, n'ont pas "résolu" le problème.

L'action positive avait pour but de forcer l'intégration des Afro-Américains et des femmes dans le monde de l'entreprise, où ils avaient longtemps été ostracisés par la ségrégation. Elle était conçue comme un pont vers la terre promise de l'égalité d'emploi et de l'égalité des chances devant la loi. À l'intérieur de cette terre promise, la nation aurait déjà dû se trouver dans un état de responsabilité sociale où l'équité n'était plus une attente réglementée mais une normalité nécessaire. Plus de cinq décennies après l'Affirmative Action, la nation qui a envoyé des hommes et des femmes dans l'espace et en a ramené la plupart sains et saufs devrait avoir réussi la transition vers une société socialement responsable où le racisme systémique et structurel et les inégalités entre les sexes sont des coutumes du passé. Pourtant, nous sommes toujours en proie à de vieilles haines et à de nouveaux noms pour les mêmes idéologies fatiguées. Les suprémacistes blancs et les nationalistes poursuivent leurs demandes insatiables d'attention, orientant le discours racial national d'une manière qui leur convient et les éloignant du dialogue constructif qui les menace. En tant que point de ralliement pour les préjugés, l'action positive est devenue un ennemi plutôt qu'une voie vers le destin socialement responsable de la génération "Mission accomplie" de l'Amérique.

L'un des avantages simples mais essentiels des premières explorations spatiales était l'image de la planète Terre vue de l'espace. Lorsque l'astronaute américain Bill Anders a pris cette célèbre photo du monde, elle a bouleversé notre vision du monde, à savoir que notre planète Terre était constituée d'enclaves géographiques distinctes. Cette photo du lever de la Terre a donné à l'humanité sa première image à couper le souffle du monde dans lequel nous vivons, une vue qui n'était pas découpée en frontières nationales comme toute carte tend à l'être. Cette image a également montré de manière très graphique à quel point nous sommes sinistrement isolés de tous les éléments de l'espace et de tout le reste du cosmos. Elle a également révélé notre vulnérabilité commune en tant que globe unique, accroché à rien, dansant à un rythme que nous ne pouvons pas contrôler. Le seul contrôle que nous ayons est de nous assurer que nous ne rendons pas notre maison inhabitable par nos actions.

Figure 3.7 : Résumé des principes d'inclusion et d'appartenance en 3 étapes d'Ajiake

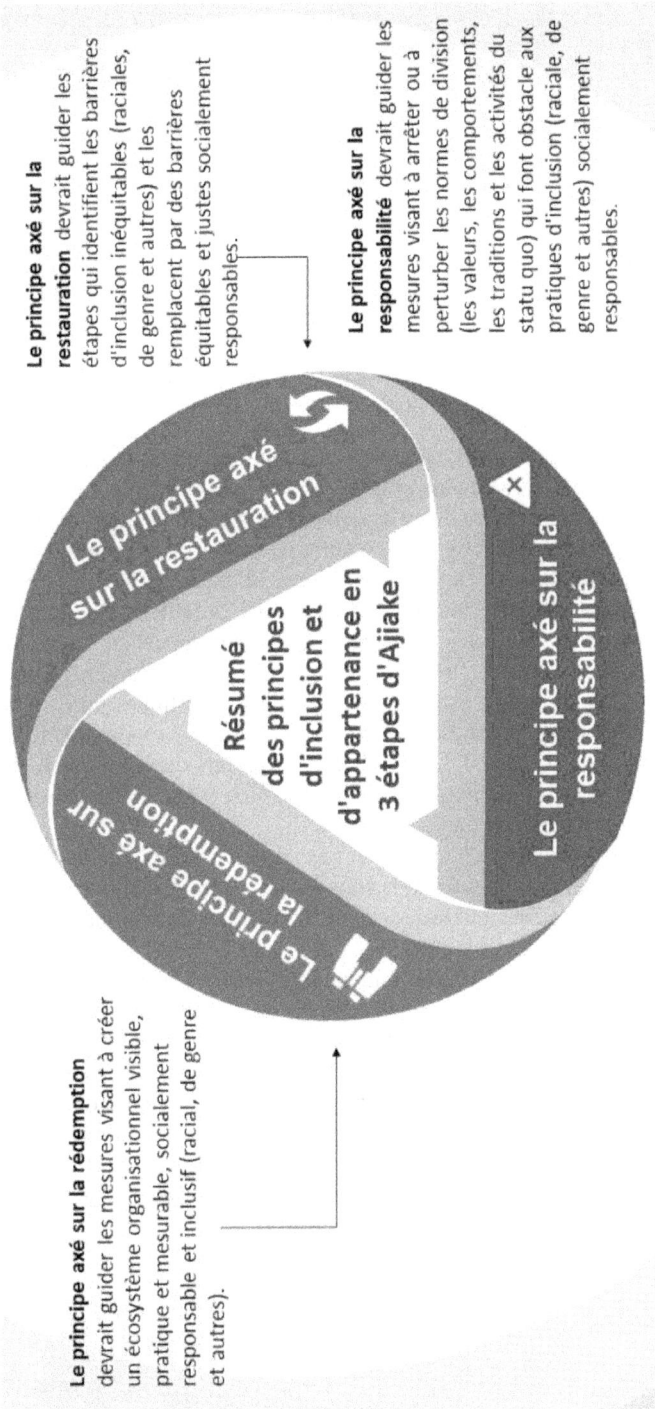

Le principe axé sur la restauration devrait guider les étapes qui identifient les barrières d'inclusion inéquitables (raciales, de genre et autres) et les remplacent par des barrières équitables et justes socialement responsables.

Le principe axé sur la responsabilité devrait guider les mesures visant à arrêter ou à perturber les normes de division (les valeurs, les comportements, les traditions et les activités du statu quo) qui font obstacle aux pratiques d'inclusion (raciale, de genre et autres) socialement responsables.

Le principe axé sur la rédemption devrait guider les mesures visant à créer un écosystème organisationnel visible, pratique et mesurable, socialement responsable et inclusif (racial, de genre et autres).

123

Lorsque le président Kennedy a prononcé les mots suivants dans son discours sur la lune, il n'était pas seulement perspicace, mais aussi prophétique :

Nous nous embarquons sur cette nouvelle mer parce qu'il y a de nouvelles connaissances à acquérir, de nouveaux droits à conquérir, et ils doivent être conquis et utilisés pour le progrès de tous les peuples. Car la science spatiale, comme la science nucléaire et toute technologie, n'a pas de conscience propre. Qu'elle devienne une force pour le bien ou le mal dépend de l'homme, et ce n'est que si les États-Unis occupent une position de prééminence que nous pourrons contribuer à décider si ce nouvel océan sera une mer de paix ou un nouveau terrifiant théâtre de guerre.

Je ne dis pas que nous devrions ou que nous allons rester sans protection contre une mauvaise utilisation hostile de l'espace, pas plus que nous restons sans protection contre l'utilisation hostile de la terre ou de la mer, mais je dis que l'espace peut être exploré et maîtrisé sans alimenter les feux de la guerre, sans répéter les erreurs que l'homme a commises en étendant son pouvoir autour de notre globe.

Aujourd'hui, en raison de ce que nous savons de notre planète Terre grâce à l'exploration spatiale, nous avons plus de raisons que jamais de nous unir en tant que race humaine pour lutter contre le réchauffement de la planète, le changement climatique et prendre collectivement d'autres mesures de précaution pour notre développement durable et celui de notre postérité. Nos engagements en matière de responsabilité sociale visent des objectifs durables. Pourtant, aucune organisation dont les décisions et les activités ont un impact sur diverses parties prenantes ne peut se permettre de poursuivre le développement durable sans aborder la DEI comme une partie intégrante de ses pratiques de responsabilité sociale. Nous pouvons atteindre des objectifs durables "sans alimenter les feux du..." racisme et de la haine, "... sans répéter les erreurs que l'homme a commises en étendant son pouvoir sur notre planète" en semant la haine et les divisions dans les domaines de notre diversité.

Si nous pouvons nous concentrer sur ces mesures de soutien de la terre, nous serons en mesure de faire des progrès significatifs sur nos relations entre les races et les sexes et sur d'autres pratiques organisationnelles discriminatoires qui nous rendent moins diversifiés et inclusifs.

Ensemble, nous pouvons commencer à créer des cultures d'équité qui perturbent les systèmes et les structures qui s'auto-perpétuent dans nos organisations, nos sociétés et nos nations. En établissant des étapes concrètes d'inclusion axées sur la gouvernance, les organisations disposent déjà de la nomenclature en place pour promouvoir le développement durable. Nous utilisons ces nomenclatures pour discuter du changement climatique, du réchauffement de la planète et des questions environnementales. En incorporant cette terminologie dans le discours de la DEI, nous contribuons à propulser son adoption vers la sphère de l'intégralité.

Tableau 3.2 : Le modèle de lentille d'équité en 3 étapes lié aux principes d'inclusion en 3 étapes

Modèle du prisme de l'équité en 3 étapes	Principes d'inclusion en 3 étapes
L'opportunité d'équité (OE) se concentre sur les opportunités d'ajuster ou de corriger les pratiques inéquitables ou biaisées actuelles (raciales, de genre et autres) par des pratiques justes et équitables socialement responsables.	**Le principe de rédemption** devrait guider les étapes ou les actions opportunes prises pour créer un écosystème organisationnel visible, pratique et mesurable, socialement responsable et inclusif (racial, de genre et autres).
La réconciliation de l'équité (RE) se concentre sur les préjugés systémiques (raciaux, de genre et autres) et les normes d'équité (valeurs, comportements, traditions et activités) qui devraient être réconciliés, améliorés ou remplacés par des normes systémiques justes et socialement responsables.	**Le principe axé sur la restauration** devrait guider les étapes ou les actions en cours qui identifient les barrières d'inclusion inéquitables (raciales, de genre et autres) et les remplacent par des barrières justes et équitables socialement responsables.
La perturbation de l'équité (PE) se concentre sur les pratiques décisionnelles injustes ou inéquitables et les contrats sociaux discriminatoires qui doivent être stoppés pour que le cadre d'équité socialement responsable (racial, de genre et autres) développe une racine durable.	**Le principe centré sur la responsabilité** devrait guider les étapes ou les actions entreprises pour arrêter ou perturber les normes de division (les valeurs, les comportements, les traditions et les activités du statu quo) qui entravent les pratiques d'inclusion socialement responsables (raciales, de genre et autres).

Le modèle de lentille d'équité en 3 étapes lié aux principes d'inclusion en 3 étapes

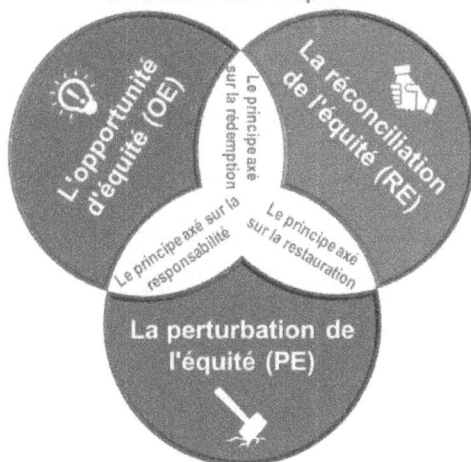

CHAPITRE QUATRE

LES SEPT PRINCIPES DE LA RESPONSABILITÉ SOCIALE MODÉRÉS PAR DEI

Les organisations ne fonctionnent pas en vase clos. Elles partagent beaucoup les unes avec les autres, faisant essentiellement partie d'un écosystème avec d'autres organisations. Cela est également vrai en ce qui concerne la manière dont une organisation entreprend son parcours DEI. En intégrant à ses pratiques DEI les meilleures pratiques déjà approuvées par plus de 500 experts de plus de 125 pays, une organisation peut s'assurer en toute confiance que ses efforts en matière de responsabilité sociale reposent sur des bases solides.

Pourquoi les organisations ont-elles besoin d'être guidées par des principes de responsabilité sociale ? L'une des principales raisons est que les décisions et les activités d'une organisation mettent en évidence ses valeurs, ses comportements et ses pratiques qui ont un impact sur ses écosystèmes internes et externes. Ces écosystèmes s'articulent autour de la prospérité (profit), des personnes et de la planète. Les décisions et les activités d'une organisation peuvent avoir un impact positif ou négatif sur la vitalité socio-économique d'une région. Les principes partagés fournissent le cadre intégré permettant d'aborder les questions économiques et sociales sans sacrifier l'environnement en cours de route.

Les principes guidés tels que les sept principes de la responsabilité sociale sont nécessaires car ils fournissent le cadre pour la prise de décision et les pratiques à appliquer de manière cohérente et appropriée dans toute l'organisation. La DEI - une science sociale émergente visant à mettre fin aux normes de division de l'humanité - sert de modérateur efficace pour développer des normes justes et équitables à l'échelle de l'organisation socialement responsable, guidées par des plans d'équité réalisables, des pratiques inclusives délibérées et des mesures de performance pertinentes. Les résultats pourraient être l'émergence de perspectives d'organisations prospères apportant l'appartenance et la plénitude à notre humanité brisée et à notre planète en danger.

Pour y parvenir, une organisation doit être guidée par des principes qui sont les valeurs universelles de l'humanité dans ses décisions et ses activités. La norme ISO 26000, bien qu'elle ne soit pas une exigence des normes de certification, peut aider les organisations à formuler ces principes. Elle a été conçue pour aider les organisations à clarifier -

ISO *"... ce qu'est la responsabilité sociétale, aide les entreprises et les organisations à traduire les principes en actions efficaces et partage les meilleures pratiques en matière de responsabilité sociétale, au niveau mondial. Elle s'adresse à tous les types d'organisations, quelles que soient leur activité, leur taille ou leur localisation."*

ISO 26000:2010

L'ISO 26000 traite des principes de la responsabilité sociétale et fournit sept lignes directrices qui, lorsqu'elles sont modérées par une construction DEI, fournissent un cadre comportemental structuré pour les règles de conduite et d'engagement d'une organisation avec toutes ses parties prenantes - internes et externes - dans les domaines de la responsabilité, de la transparence, du comportement éthique, du respect des intérêts des parties prenantes, du respect de la règle de droit, du respect des normes internationales de comportement et du respect des droits de l'homme :

PRINCIPE 1 : RESPONSABILITE MODEREE PAR DE&I

La responsabilité au sein d'une organisation socialement responsable doit être guidée par des valeurs et des normes partagées qui fonctionnent pour tous les membres de l'organisation, de manière équitable et mesurable. La responsabilité, comme les autres principes au sein d'une organisation modérée par la DEI, doit également être guidée par un principe de diversité fondé sur la connaissance ou l'information, encadré par un objectif d'opportunité d'équité, de réconciliation et de perturbation axé sur la créativité, et codifié dans des actions, des politiques et des procédures d'inclusion centrées sur la gouvernance.

RESPONSABILITÉ
Appel à l'action pour la diversité fondée sur la connaissance

Une organisation doit se tenir responsable de toutes ses omissions et de tous ses engagements en matière de diversité, d'équité et d'inclusion, ainsi que de leur impact sur les profits, la prospérité, les personnes et la planète dans ses écosystèmes internes et externes.

Ce principe implique qu'une organisation doit accepter les demandes de renseignements appropriées de la DEI et la responsabilité associée de répondre à ces demandes dans le contexte de ses principes généraux de responsabilité à l'échelle de l'organisation.

ISO *La responsabilité implique l'obligation pour la direction de répondre aux intérêts de contrôle de l'organisation et pour l'organisation de répondre aux autorités légales en ce qui concerne les lois et les règlements. La responsabilité de l'impact global de ses décisions et activités sur la société et l'environnement implique également que la responsabilité de l'organisation envers les personnes affectées par ses décisions et activités, ainsi qu'envers la société en général, varie en fonction de la nature de l'impact et des circonstances.*

Le fait de rendre des comptes aura un impact positif tant sur l'organisation que sur la société. Le degré de responsabilité peut varier, mais doit toujours correspondre à la quantité ou à l'étendue de l'autorité. Les organisations qui disposent de l'autorité suprême sont susceptibles de veiller davantage à la qualité de leurs décisions et de leur contrôle. La responsabilité englobe également l'acceptation de la responsabilité lorsqu'un acte répréhensible a été commis, la prise de mesures appropriées pour y remédier et la prise de mesures pour éviter qu'il ne se reproduise.

ISO 26000:2010, Pages 10-11.

RESPONSABILITÉ
Opportunité/réconciliation/perturbation de l'équité fondée sur la créativité

La responsabilité en matière de DEI doit inclure l'acceptation de la responsabilité de tout acte répréhensible, de tout manquement ou de toute inégalité dans la gestion, les opérations et les livraisons de produits et de services de l'organisation, ainsi que dans tous les domaines où ses décisions et ses activités ont un impact significatif sur ses parties prenantes. L'organisation doit rechercher des opportunités d'équité pour renforcer ses structures de responsabilité, concilier toute pratique préférentielle de responsabilité et combler toute lacune dans ses procédures de responsabilité. Principales questions d'équité à prendre en compte:

1. Votre organisation a-t-elle des politiques, des décisions et des activités DEI appropriées dans le cadre de sa vision globale et de ses déclarations de mission ? **(Parle de la possibilité d'équité)**
2. Votre organisation a-t-elle effectué une évaluation récente dans les domaines de la DEI et établi un plan directeur d'équité ou un plan d'atténuation de l'équité approprié ? **(Concerne la réconciliation avec l'équité)**
3. Votre organisation accepte-t-elle l'entière responsabilité de rendre compte, de répondre et/ou de rendre compte de son plan DEI à ses parties prenantes sur une base régulière ? **(Parle de la perturbation de l'équité)**

Tableau 4.1 : Principe de responsabilité modéré par le modèle de l'optique d'équité en 3 étapes :

1. PRINCIPE DE RESPONSABILITÉ DE LA DEI	
Opportunité d'équité	Les organisations devraient considérer l'approche de leur direction en matière de DEI comme une obligation et être responsables de répondre aux intérêts de contrôle de l'organisation en matière de DEI ainsi qu'aux personnes touchées. Bien que la direction doive répondre aux autorités légales en ce qui concerne les lois et règlements relatifs à la DEI, elle doit également chercher à aller au-delà de ces exigences légales lorsque cela est possible. Aller au-delà des exigences légales doit être guidé par la lentille d'opportunité de l'équité en cherchant à corriger les injustices historiques et les barrières créées autour d'elles pour empêcher les organisations de rendre des comptes aux groupes minoritaires et vulnérables touchés par leurs décisions et leurs pratiques.
Conciliation de l'équité	Les organisations doivent évaluer et concilier leurs processus décisionnels et leurs pratiques pour s'assurer que leurs impacts globaux sur la société et l'environnement sont conformes à leurs engagements DEI. Bien que la nature des impacts et des circonstances puisse varier d'une partie prenante à l'autre, la responsabilité envers toutes les parties prenantes doit être cohérente dans son équité et sa franchise.
Perturbation de l'équité	Dans les situations où une organisation socialement responsable découvre des pratiques qui vont à l'encontre de ses engagements DEI en matière de responsabilité envers toutes les parties prenantes, en particulier les groupes minoritaires et vulnérables, elle doit assumer la responsabilité de ses actions et prendre les mesures appropriées pour s'assurer qu'elles sont arrêtées et ne se répètent pas sous une autre forme créative.

Mesures à prendre pour une inclusion centrée sur la gouvernance

Les organisations socialement responsables modérées par DEI devraient avoir des impacts positifs sur toutes les parties prenantes et sur l'environnement parce qu'elles se rendent intentionnellement responsables devant ces parties prenantes pour le bien de l'organisation et de la société. Le degré de responsabilité d'une organisation doit correspondre à l'autorité qu'elle exerce sur chaque section de son écosystème. Cette autorité influe sur les mesures générales qu'elle élabore ou les pratiques qu'elle arrête pour traiter les questions de DEI. Par exemple, dans la deuxième étude de cas du premier chapitre, Coca Cola a exercé son autorité sur son service juridique interne et a obtenu des résultats significatifs en matière de diversité et d'inclusion. Cependant, lorsqu'elle a essayé d'exercer la même autorité de responsabilité sur ses partenaires externes du cabinet d'avocats, elle a rencontré des problèmes parce qu'ils n'ont pas été impliqués dans le développement des solutions DEI, même si la politique de diversité avait du mérite. Par conséquent, une organisation devrait.

Figure 4.1 : Questions de redevabilité centrées sur la gouvernance

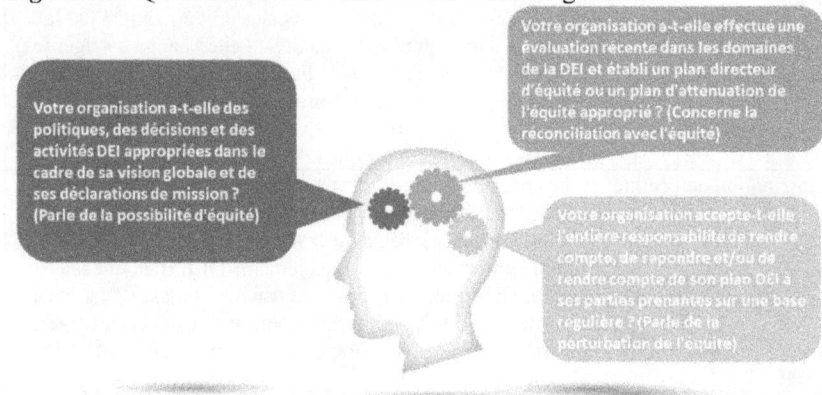

PRINCIPE 2 : TRANSPARENCE MODÉRÉE PAR DEI

Le principe de transparence doit être guidé par des valeurs et des normes communes qui créent une culture de confiance et d'équité dans laquelle les décisions et les activités de l'organisation sont claires pour les parties prenantes internes et externes.

TRANSPARENCE
Appel à l'action pour une diversité fondée sur la connaissance

Une organisation devrait être transparente dans ses décisions et activités en matière de diversité, d'équité et d'inclusion et dans leurs impacts connus sur ses parties prenantes internes et externes et sur l'environnement au sens large.

Cela implique qu'une organisation doit être transparente dans toutes ses décisions et activités qui ont un impact sur ses parties prenantes, en particulier celles qui appartiennent à des groupes minoritaires et vulnérables. Cela implique également que l'organisation doit faire preuve de transparence en s'attaquant, dans des délais raisonnables, à toutes les inégalités et à tous les manques d'inclusion identifiés dans ses décisions et ses activités, et ne pas nécessairement attendre d'avoir effectué une évaluation ou développé un mécanisme de rapport - bien que ces deux pratiques soient bonnes.

Cependant, la transparence ne signifie pas que l'organisation est obligée de divulguer des informations exclusives, y compris tout ce qui est légalement protégé, ou qui a le potentiel de violer "... des obligations légales, commerciales, de sécurité ou de vie privée."

ISO *Le principe de transparence n'exige pas que les informations exclusives soient rendues publiques, et il n'implique pas non plus de fournir des informations qui sont légalement protégées ou qui violeraient des obligations légales, commerciales, de sécurité ou de vie privée. Une organisation devrait divulguer de manière claire, précise et complète, et à un degré raisonnable et suffisant, les politiques, décisions et activités dont elle est responsable, y compris leurs impacts connus et probables sur la société et l'environnement. Ces informations doivent être facilement disponibles, directement accessibles et compréhensibles pour ceux qui ont été, ou peuvent être, affectés de manière significative par l'organisation. Elles doivent être opportunes et factuelles et être présentées de manière claire et objective afin de permettre aux parties prenantes d'évaluer avec précision l'impact des décisions et des activités de l'organisme sur leurs intérêts respectifs.*

ISO 26000:2010, Pages 10-11.

TRANSPARENCE
Opportunité/réconciliation/perturbation de l'équité fondée sur la créativité

Lors de la création, de la mise en œuvre et/ou de la promotion d'une culture de principes de transparence à l'échelle de l'organisation, modérée par la DEI, celle-ci doit être claire et intentionnelle, sans prétention, et adaptée au niveau de sensibilisation des différentes parties prenantes. Les questions de départ modérées par la DEI à méditer à travers le prisme de l'opportunité/réconciliation/disruption de l'équité incluent :

1. Les engagements de votre organisation en matière de DEI sont-ils connus, clairement écrits, facilement disponibles, directement accessibles et compréhensibles pour ceux qui ont été, ou peuvent être affectés de manière significative par ces engagements ? **(Parle de la possibilité d'équité)**
2. Votre organisation divulgue-t-elle de manière claire, précise et complète, et à un degré raisonnable et suffisant, ses politiques, décisions et activités DEI dont elle est responsable, y compris les impacts connus et probables sur les individus, l'organisation, la société et l'environnement ? **(Concerne la réconciliation avec l'équité)**
3. Si les informations DEI de votre organisation ne sont pas opportunes, factuelles ou présentées de manière claire et objective pour permettre aux parties prenantes d'évaluer avec précision l'impact des décisions et des activités de l'organisation sur leurs intérêts respectifs, existe-t-il des plans pour changer ces pratiques ? **(Parle de la perturbation de l'équité)**

Tableau 4.2 : Principe de transparence modéré par le modèle de l'optique d'équité en 3 étapes

2. PRINCIPE DE TRANSPARENCE DES DEI	
Opportunité d'équité	Une organisation socialement responsable doit être transparente dans ses engagements DEI et les divulguer "de manière claire, précise et complète, et à un degré raisonnable et suffisant". Ces engagements DEI doivent être intégrés dans ses politiques, ses décisions et ses activités et, si possible, mettre en évidence les impacts ou les impacts probables sur les minorités et les groupes vulnérables, ainsi que les moyens d'atténuer ces impacts.
Conciliation de l'équité	Une organisation socialement responsable doit s'engager à évaluer en permanence ses processus décisionnels et ses pratiques par rapport à une toile de fond DEI afin de s'assurer que les informations "facilement disponibles, directement accessibles et compréhensibles" ne sont pas cachées à "ceux qui ont été, ou peuvent être, affectés de manière significative" tels que les groupes minoritaires et vulnérables. Cette transparence devrait faire partie de son engagement DEI.
Perturbation de l'équité	Une organisation socialement responsable ne doit pas retenir ou présenter des informations qui ont un impact tardif sur les groupes minoritaires et vulnérables ou leur donner des informations inexactes différentes de celles fournies à un groupe majoritaire. Toutes les parties prenantes doivent être identifiées et recevoir en temps utile des informations leur permettant d'évaluer avec précision "l'impact que les décisions et les activités de l'organisation ont sur leurs intérêts respectifs."

TRANSPARENCE

Mesures à prendre pour une inclusion centrée sur la gouvernance

Lors du développement, de l'amélioration ou de la mise en œuvre d'outils, de politiques et de procédures de prise de décision, les organisations socialement responsables doivent tenir compte de la manière dont les informations divulguées sont reçues et comprises par toutes les parties prenantes, y compris les groupes minoritaires et vulnérables. Parfois, les parties prenantes ayant des expériences culturelles communes sont les meilleurs encadreurs de l'information pour leurs groupes respectifs. Dans d'autres cas, le niveau d'éducation peut constituer un obstacle à la compréhension d'informations critiques qui ont un impact sur les parties prenantes ; une organisation socialement responsable doit être capable de s'adapter ou d'atténuer les obstacles à la communication. Par exemple, si l'on prévoit d'implanter une usine de traitement des déchets dans un quartier minoritaire où la plupart des habitants n'ont qu'un niveau d'études secondaires ou moins, leur fournir des plans d'ingénierie compliqués sur le projet ne constitue pas une transparence de bonne foi. La véritable transparence consiste à partager de manière compréhensible la façon dont l'usine de traitement des déchets pourrait avoir un impact sur eux sur le plan économique, environnemental et social.

Figure 4.2 : Questions de transparence centrées sur la gouvernance

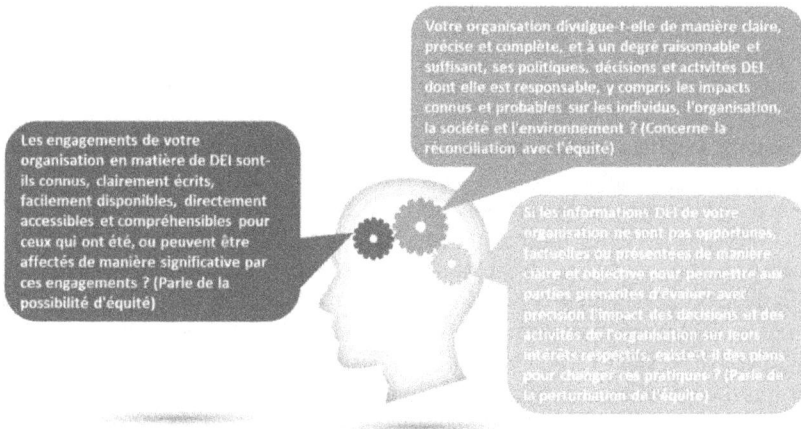

ISO Une organisation doit être transparente en ce qui concerne :

☐ *l'objet, la nature et la localisation de ses activités ;*

☐ *l'identité de toute participation de contrôle dans l'activité de l'organisme ;*

☐ *la manière dont ses décisions sont prises, mises en œuvre et examinées, y compris la définition des rôles, des responsabilités, des obligations de rendre compte et des pouvoirs entre les différentes fonctions de l'organisme ;*

☐ *les normes et les critères par rapport auxquels l'organisation évalue ses propres performances en matière de responsabilité sociale ;*

PRINCIPE 3 : UN COMPORTEMENT ÉTHIQUE MODÉRÉ PAR DE&I

Le principe de comportement éthique doit être guidé par des valeurs partagées qui fonctionnent pour tout le monde dans l'organisation de manière équitable et mesurable et, lorsqu'il est modéré par DEI, il crée un écosystème de comportement cohérent, sans tenir compte de la position, de la race ou du sexe.

COMPORTEMENT ÉTHIQUE
Appel à l'action pour une diversité fondée sur la connaissance

Une organisation doit adopter un comportement éthique dans toutes les questions relatives à la diversité, à l'équité et à l'inclusion, et s'imposer à elle-même et à ses partenaires externes des normes de comportement éthique.

Ce principe implique qu'une organisation doit être prête à faire face aux réalités de ses déficits en matière de DEI sans les balayer sous le tapis ou utiliser une image positive pour tromper les gens sur l'état de l'organisation en matière de DEI. Toute discussion sur les normes de comportement éthique devrait être traitée à travers le prisme de la DEI et inclure le souci des personnes, de la planète et du profit avec un engagement à prendre en compte les intérêts de toutes les parties prenantes. L'absence d'un comportement organisationnel attendu en matière de DEI laisse l'adhésion d'une organisation à des interprétations subjectives, ce qui peut nuire à ses efforts globaux et ne constitue généralement pas une approche cohérente. Le comportement éthique, y compris tout ce qui a un impact sur les questions DEI, devrait être cohérent à tous les niveaux.

Au minimum, une organisation devrait évaluer ou créer son principe de comportement éthique DEI organisationnel et il devrait être :

1. développé conjointement avec les parties prenantes internes et externes, afin que toutes les questions liées à l'équité soient prises en compte et traitées dans le cadre le plus large possible
2. intégré dans les mécanismes de gouvernance et de communication de l'organisation afin de garantir que tout le monde " chante dans le même registre ".

Le comportement d'une organisation doit être fondé sur les valeurs d'honnêteté, d'équité et d'intégrité. Ces valeurs impliquent une préoccupation pour les personnes, les animaux et l'environnement et un engagement à prendre en compte l'impact de ses activités et décisions sur les intérêts des parties prenantes.

Extrait de la norme ISO 26000:2010, page 11.

COMPORTEMENT ÉTHIQUE
Opportunité/réconciliation/perturbation de l'équité fondée sur la créativité

Lors de l'évaluation du comportement éthique d'une organisation par rapport à la DEI, il convient de prendre en compte les opportunités pour s'assurer qu'il est uniformément applicable, qu'il soutient notre humanité partagée et qu'il perturbe tout double standard basé sur un statut privilégié. Principales questions d'équité à prendre en compte :

1. Le comportement de votre organisation en matière de DEI est-il basé sur l'éthique de l'honnêteté, de l'équité et de l'intégrité ? **(Parle de la possibilité d'équité)**
2. Votre organisation promeut-elle de manière proactive une conduite éthique en définissant et en communiquant ses normes de comportement éthique attendues de sa structure de gouvernance, de son personnel, de ses fournisseurs et de ses contractants ? **(Concerne la réconciliation avec l'équité)**
3. Ces normes de comportement éthique attendu incluent-elles les propriétaires, les gestionnaires, et en particulier ceux qui ont "la possibilité d'influencer de manière significative les valeurs, la culture, l'intégrité, la stratégie et le fonctionnement de l'organisation et des personnes agissant en son nom, tout en préservant l'identité culturelle locale?" **(Parle de la perturbation de l'équité)**

Tableau 4.3 : Principe de comportement éthique modéré par le modèle de l'optique d'équité en 3 étapes

3. PRINCIPE DE COMPORTEMENT ÉTHIQUE	
Opportunité d'équité	Une organisation doit examiner son comportement éthique pour s'assurer qu'il est fondé sur des valeurs qui favorisent la DEI. Cela donne à l'organisation la possibilité d'ajuster ou de corriger ses valeurs et ses comportements qui sont en conflit avec ses engagements DEI déclarés.
Conciliation de l'équité	Une organisation doit évaluer, identifier, corriger ou établir un plan pour corriger les valeurs et les comportements qui sont incompatibles avec ses engagements DEI afin d'aborder les impacts de ses activités et décisions sur les intérêts de toutes les parties prenantes, y compris ceux qui ont des impacts connus sur

	les minorités et les groupes vulnérables, les animaux et l'environnement.
Perturbation de l'équité	Une organisation, lorsqu'elle identifie un comportement contraire à l'éthique, doit mettre en place un processus pour y mettre fin et empêcher qu'il ne se reproduise.

COMPORTEMENT ÉTHIQUE

Mesures concrètes d'inclusion axées sur la gouvernance:

Lorsqu'une organisation ne compte pas de minorités et de groupes vulnérables dans ses rangs, le développement d'une politique et de procédures de comportement éthique DEI peut s'avérer difficile, mais pas impossible. Dans ce type de situation, les organisations socialement responsables sont bien servies lorsqu'elles font appel à des voix externes qui représentent ces groupes pour les aider à élaborer leurs politiques et procédures de comportement éthique comme une étape de leur parcours d'équité et d'inclusion. Cela ajoute les valeurs d'honnêteté, d'équité et d'intégrité aux engagements DEI de l'organisation.

Figure 4.3 : Questions de comportement éthique centrées sur la gouvernance

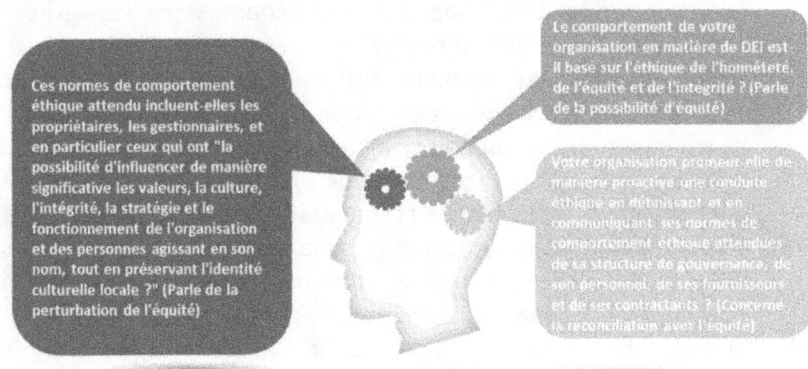

ISO
Une organisation doit promouvoir activement le comportement éthique en

☐ *identifiant et énonçant ses valeurs et principes fondamentaux ;*

☐ *développant et utilisant des structures de gouvernance qui aident à promouvoir un comportement éthique au sein de l'organisation, dans ses prises de décision et dans ses interactions avec les autres ;*

☐ *identifiant, adoptant et appliquant des normes de comportement éthique adaptées à son objet et à ses activités et cohérentes avec les principes énoncés dans la présente Norme internationale ;*

☐ *encourager et promouvoir le respect de ses normes de comportement éthique ;*

☐ *définir et communiquer les normes de comportement éthique attendues de sa structure de gouvernance, de son personnel, de ses fournisseurs, de ses sous-traitants et, le cas échéant, de ses propriétaires et dirigeants, et en particulier de ceux qui ont la possibilité, tout en préservant l'identité culturelle locale, d'influencer de manière significative les valeurs, la culture, l'intégrité, la stratégie et le fonctionnement de l'organisation et des personnes agissant en son nom ;*

- en prévenant ou en résolvant les conflits d'intérêts dans l'ensemble de l'organisation qui pourraient autrement conduire à un comportement contraire à l'éthique ;
- en établissant et en maintenant des mécanismes de surveillance et des contrôles pour suivre, soutenir et faire respecter le comportement éthique ;
- en établissant et en maintenant des mécanismes pour faciliter le signalement des comportements non éthiques sans crainte de représailles ;
- en reconnaissant et en traitant les situations où les lois et règlements locaux n'existent pas ou sont en contradiction avec le comportement éthique ;
- en adoptant et en appliquant les normes internationalement reconnues en matière de comportement éthique lors de la conduite de recherches sur des sujets humains ; et
- en respectant le bien-être des animaux, lorsqu'il s'agit de leur vie et de leur existence, notamment en offrant des conditions décentes de détention, de reproduction, de production, de transport et d'utilisation des animaux.

ISO 26000 :2010, Pages 11-12.

PRINCIPE 4 : RESPECT DES INTÉRÊTS DES PARTIES PRENANTES MODÉRÉ PAR DE&I

Le respect des intérêts des parties prenantes, lorsqu'il est modéré par DEI, doit inclure toutes les parties prenantes, et pas seulement celles que l'organisation préfère. Dans les organisations, les minorités et les groupes vulnérables ne sont souvent pas vus, pas entendus, pas valorisés et on attend d'eux qu'ils acceptent ces normes comme des truismes historiques.

LE RESPECT DES INTÉRÊTS DES PARTIES PRENANTES
Appel à l'action en faveur de la diversité fondée sur la connaissance

Dans le traitement des questions de diversité, d'équité et d'inclusion, un organisme devrait "respecter, prendre en compte et répondre aux intérêts de toutes les parties prenantes (ISO 26000 2010)," y compris les groupes minoritaires et vulnérables.

Ce principe implique que la DEI fait partie intégrante des intérêts de toutes les parties prenantes qui sont affectées par les décisions et les activités de l'organisation dans les trois sphères de la responsabilité sociale : économie, environnement et social. Par conséquent, tout discours de connaissance ou de sensibilisation entourant le respect des intérêts des parties prenantes doit s'appuyer sur des faits, des informations et des compétences acquis à partir d'expériences diverses ou obtenus par l'éducation ou les évaluations organisationnelles. Ce principe laisse également la possibilité d'identifier les parties prenantes. Lorsqu'elles le font, elles doivent être intégrées et non écartées pour des raisons arbitraires telles que l'écoulement d'une période déterminée.

LE RESPECT DES INTÉRÊTS DES PARTIES PRENANTES
Opportunité/réconciliation/perturbation de l'équité axée sur la créativité

Lors de l'évaluation des systèmes d'une organisation sur le respect des intérêts des parties prenantes, la DEI devrait aider à encadrer la discussion et à trouver le bon ton pour établir un principe général. En utilisant la DEI comme une lentille, une organisation socialement responsable devrait chercher des opportunités pour créer une culture et un lieu de travail équitables et inclusifs, pour réconcilier ses processus et pratiques de prise de décision avec tout engagement DEI guidé par l'implication des parties prenantes et dans la perturbation des pratiques qui perpétuent les inégalités de la société. L'organisation ne doit pas négliger les parties prenantes qui ne connaissent pas leurs droits ou ne savent pas comment défendre leurs intérêts. Les questions clés à méditer sont les suivantes :

1. Votre organisation a-t-elle identifié toutes les parties prenantes connues de la DEI ? **(Parle de la possibilité d'équité)**
2. Votre organisation a-t-elle concilié et aligné ses attentes en matière de DEI ou ses engagements déclarés avec les intérêts des autres parties prenantes, y compris les attentes plus larges de sa responsabilité en matière de développement durable et les intérêts d'un lieu de travail juste et sain pour tous ? **(Concerne la réconciliation avec l'équité)**
3. Dans votre processus d'identification des parties prenantes, les individus ou les groupes qui peuvent avoir des droits, des revendications ou des intérêts spécifiques, mais qui ne sont pas des propriétaires, des membres, des clients ou des électeurs, sont-ils inclus ? **(Parle de la perturbation de l'équité)**

Tableau 4.4 : Principe du respect des intérêts des parties prenantes modéré par le modèle de l'optique d'équité en 3 étapes

4. PRINCIPE DE RESPECT DES INTÉRÊTS DES PARTIES PRENANTES	
Opportunité d'équité	Le respect des intérêts des parties prenantes commence par l'identification et l'engagement de toutes les parties prenantes concernées par ses décisions et ses activités.

Conciliation de l'équité	Une organisation doit évaluer, identifier et engager toutes les parties prenantes, y compris celles qui peuvent ne pas être directement impactées par ses décisions, produits, services ou pratiques. Si l'organisation est confrontée à de nouvelles parties prenantes dont elle n'avait pas connaissance auparavant, notamment des groupes minoritaires et vulnérables, elle doit disposer d'un processus pour les impliquer immédiatement et les intégrer dans son modèle.
Perturbation de l'équité	Une organisation doit cesser de considérer les parties prenantes uniquement comme "les propriétaires, les membres, les clients ou les électeurs", mais doit inclure davantage ceux qui "ont des droits, des revendications ou des intérêts spécifiques" également.

LE RESPECT DES INTÉRÊTS DES PARTIES PRENANTES
Étapes concrètes de l'inclusion axée sur la gouvernance

L'identification et l'engagement des parties prenantes est un élément essentiel de la responsabilité sociale des organisations. Les organisations socialement responsables font un effort supplémentaire pour aider les parties prenantes qui n'ont pas l'expérience ou la culture qui leur permettrait de défendre efficacement leurs intérêts. L'adage "les bouches fermées ne sont pas nourries" ne devrait pas s'appliquer ici, car bien souvent, les groupes minoritaires et vulnérables ont été réduits au silence par le racisme systémique et structurel, les inégalités entre les sexes et d'autres pratiques discriminatoires. Dans de nombreux cas, ils ont cessé depuis longtemps de défendre leurs intérêts parce que cela ne les a menés nulle part, et a même eu des conséquences négatives. Pourtant, ces groupes minoritaires et vulnérables finissent souvent par être plus affectés par les mauvaises décisions des entreprises parce que leurs voix ne sont pas incluses dans les décisions et les activités.

Figure 4.4 : Respect centré sur le gouvernement pour les questions d'intérêt des parties prenantes

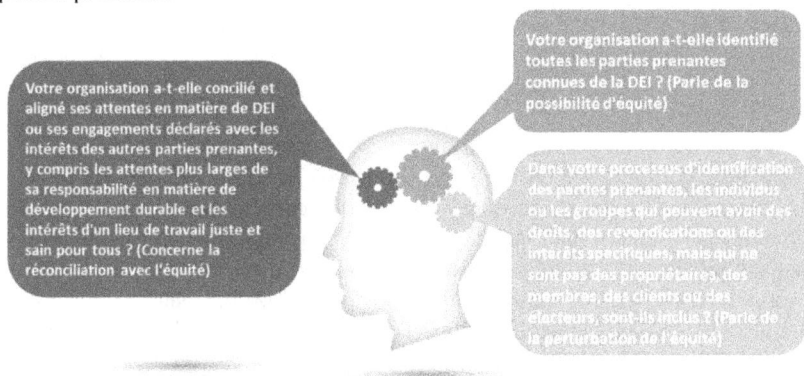

ISO *Une organisation doit*

☐ *identifier ses parties prenantes ;*

☐ *reconnaître et prendre en compte les intérêts ainsi que les droits légaux de ses parties prenantes et répondre à leurs préoccupations ;*

☐ *reconnaître que certaines parties prenantes peuvent affecter de manière significative les activités de l'organisation ;*

☐ *évaluer et prendre en compte la capacité relative des parties prenantes à contacter, à s'engager et à influencer l'organisation ;*

☐ *prendre en compte la relation entre les intérêts de ses parties prenantes et les attentes plus larges de la société et le développement durable, ainsi que la nature de la relation entre les parties prenantes et l'organisation ; et*

☐ *prendre en compte les points de vue des parties prenantes dont les intérêts sont susceptibles d'être affectés par une décision ou une activité, même si elles n'ont pas de rôle formel dans la gouvernance de l'organisme ou si elles n'ont pas connaissance de ces intérêts.*

ISO 26000:2010, Page 12.

PRINCIPE 5 : RESPECT DE L'ÉTAT DE DROIT MODÉRÉ PAR DE&I

Le principe de respect de la règle de droit d'une organisation doit également s'appliquer à l'esprit de la loi, en particulier dans les domaines sociaux et environnementaux où la loi peut être silencieuse et où les impacts négatifs sont pourtant ressentis de manière disproportionnée par les groupes marginalisés et vulnérables.

LE RESPECT DE L'ÉTAT DE DROIT
Appel à l'action en faveur de la diversité fondée sur la connaissance

"Un organisme devrait accepter que le respect de l'état de droit est obligatoire (ISO 26000 2010)" et il devrait en être de même pour ses engagements en matière de diversité, d'équité et d'inclusion, qui peuvent parfois aller au-delà de ce qui est exigé par la loi.

Ce principe implique que les politiques, les décisions et les activités de DEI doivent être conformes à la règle de droit, être rendues obligatoires et être communiquées de manière adéquate à toutes les parties prenantes afin que les politiques ne soient pas sujettes à des interprétations individuelles ou organisationnelles. Ce principe reconnaît également qu'il existe des moments et des situations où les lois existantes ne vont pas assez loin pour combattre les inégalités systémiques et structurelles. Dans ces situations, l'organisation a la responsabilité sociale de transcender ces lois. Dans les cas où elle ne peut pas changer ou influencer le système pour qu'il change, elle doit reconsidérer son association continue avec cet écosystème (local, régional ou national).

ISO *L'État de droit fait référence à la suprématie de la loi et, en particulier, à l'idée qu'aucun individu ou organisation n'est au-dessus de la loi et que le gouvernement est également soumis à la loi. L'État de droit s'oppose à l'exercice arbitraire du pouvoir. Il est généralement implicite dans l'État de droit que les lois et les règlements sont écrits, rendus publics et appliqués équitablement selon des procédures établies. Dans le contexte de la responsabilité sociale, le respect de l'État de droit signifie qu'une organisation se conforme à toutes les lois et réglementations applicables. Cela implique qu'elle prenne des mesures pour connaître les lois et règlements applicables, pour informer les personnes au sein de l'organisation de leur obligation de les respecter et pour mettre en œuvre ces mesures.*

ISO 26000 :2010, Page 12.

LE RESPECT DE L'ÉTAT DE DROIT
Opportunité/réconciliation/perturbation de l'équité motivée par la créativité

La DEI d'une organisation doit être conçue pour se conformer aux lois existantes, mais doit aller au-delà des lois lorsqu'elles ne permettent pas de promouvoir des valeurs socialement responsables. Ces politiques et procédures organisationnelles transcendantes devraient aborder les opportunités d'équité, la réconciliation et les mécanismes de perturbation. Quelques questions clés à considérer :

1. Vos politiques et engagements en matière de DEI sont-ils écrits, rendus publics et appliqués équitablement conformément aux procédures établies ? **(Parle de la possibilité d'équité)**
2. Les engagements de votre organisation en matière de DEI sont-ils conformes aux lois en vigueur et respectés par tous, quelle que soit leur position au sein de l'organisation ? **(Concerne la réconciliation avec l'équité)**
3. Existe-t-il des processus au sein de votre organisation pour s'assurer que la connaissance des lois et règlements applicables ou de vos politiques et procédures d'entreprise relatives à la DEI est connue et actualisée, et que cette information est diffusée de manière appropriée ? **(Parle de la perturbation de l'équité)**

Tableau 4.5 : Respect du principe de l'état de droit modéré par le modèle du Prisme d'équité en 3 étapes

5. RESPECT DU PRINCIPE DE L'ÉTAT DE DROIT	
Opportunité d'équité	Une organisation doit non seulement se conformer à toutes les lois et réglementations en vigueur, mais elle doit également demander à tous les membres de son organisation de faire de même. Cela inclut toutes les lois et réglementations ainsi que les obligations managériales qui concernent la diversité, l'équité et l'inclusion. Les dirigeants de l'organisation doivent s'assurer que tous les employés et les contractants les observent et les mettent en œuvre.

Conciliation de l'équité	Une organisation doit évaluer toutes les lois et réglementations ainsi que ses obligations managériales en matière de DEI pour s'assurer que ses processus décisionnels et ses pratiques sont en accord avec celles-ci. En cas de différences ou de lacunes identifiées, une organisation doit s'assurer qu'elle apporte la correction ou qu'elle développe un plan qui, une fois mis en œuvre, la mettra en conformité.
Perturbation de l'équité	Le respect de l'État de droit implique que les organisations socialement responsables mettent fin aux processus décisionnels et aux pratiques qui sont illégaux et qui vont à l'encontre de la création d'une main-d'œuvre et d'un lieu de travail diversifiés, équitables et inclusifs.

LE RESPECT DE L'ÉTAT DE DROIT

Étapes concrètes de l'inclusion axée sur la gouvernance

En développant des mesures d'inclusion, une organisation socialement responsable devrait être guidée par la DEI et être claire sur la différence entre la suprématie de la loi et la suprématie de notre responsabilité partagée envers l'humanité et la planète. L'idée qu'aucun individu, organisation ou gouvernement n'est au-dessus de la loi renvoie à la suprématie de la loi, à laquelle il convient de se conformer en élaborant les engagements DEI. Cependant, les individus, les organisations et les gouvernements ont la responsabilité de s'assurer que leurs actions respectives ne privent pas l'humanité actuelle ou future des opportunités et des ressources dont elle a besoin pour réussir.

Figure 4.5 : Questions sur le respect de l'état de droit centrées sur la gouvernance

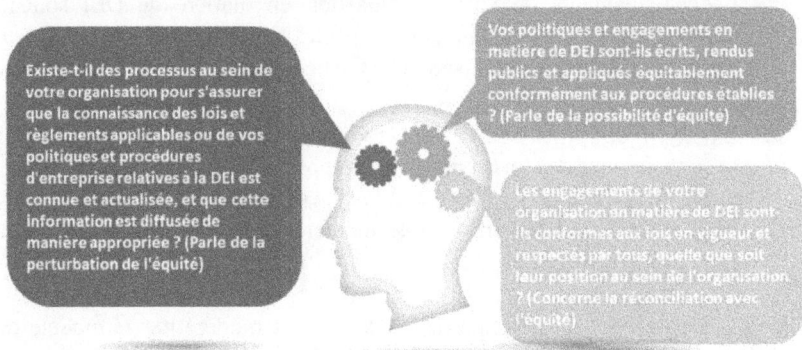

ISO

Une organisation doit

☐ *se conformer aux exigences légales dans toutes les juridictions dans lesquelles l'organisation opère, même si ces lois et règlements ne sont pas appliqués de manière adéquate ;*

☐ *s'assurer que ses relations et ses activités sont conformes au cadre juridique applicable ;*

☐ *se tenir informé de toutes les obligations légales ; et*

ISO 26000:2010, Page 12.

PRINCIPE 6 : RESPECT DES NORMES INTERNATIONALES DE COMPORTEMENT MODÉRÉ PAR DE&I

Un cadre DEI devrait être guidé par un respect partagé des normes internationales de comportement, car toute recherche de développement durable touche à notre humanité commune. Les États-Unis ont malheureusement une longue histoire de rejet des règles et normes internationales "imposées par d'autres", même lorsqu'elles ont un sens ou sont même conformes aux politiques et/ou valeurs américaines. Toutefois, si le gouvernement et la société américains résistent généralement aux cadres internationaux, la plupart des entreprises mondiales actuelles sont basées sur leurs côtes. Cela peut créer des conflits pour ces sociétés basées aux États-Unis qui doivent respecter à la fois les lois américaines et les lois des autres pays où elles font des affaires. La DEI, en tant que monnaie de responsabilité sociale, peut servir de pont diplomatique en créant des activités de prise de décision qui respectent tous les cadres juridiques disparates dans lesquels les organisations opèrent.

LE RESPECT DES NORMES INTERNATIONALES
Appel à l'action en faveur de la diversité fondée sur la connaissance

Une organisation qui aspire à être socialement responsable devrait aborder les questions de DEI dans le cadre de cette recherche et "devrait respecter les normes internationales de comportement tout en adhérant au principe du respect de la règle de droit (ISO 26000 2010)."

Ce principe implique que pour éviter la complicité, une organisation devrait inclure les questions DEI comme partie intégrante de son adhésion au principe du respect de la règle de droit et du respect des normes internationales de comportement. En termes juridiques, la complicité peut désigner des actes d'omission ayant un impact significatif sur la commission d'un acte illégal, tandis qu'en termes non juridiques, elle implique la participation à un acte illégal en n'exerçant pas la diligence requise.

ISO

La complicité a des significations à la fois juridiques et non juridiques.

Dans le contexte juridique, la complicité a été définie dans certaines juridictions comme le fait d'être partie à un acte ou à une omission ayant un effet substantiel sur la commission d'un acte illégal tel qu'un crime, tout en ayant connaissance de cet acte illégal ou en ayant l'intention d'y contribuer.

La complicité est associée au concept d'aide et d'encouragement d'un acte ou d'une omission illégale.

Dans le contexte non juridique, la complicité découle des attentes sociétales générales en matière de comportement. Dans ce contexte, une organisation peut être considérée comme complice lorsqu'elle aide à la commission d'actes illicites par d'autres, qui sont incompatibles avec les normes internationales de comportement ou qui ne les respectent pas, et dont l'organisation, en exerçant une diligence raisonnable, savait ou aurait dû savoir qu'ils auraient des effets négatifs importants sur la société, l'économie ou l'environnement. Un organisme peut également être considéré comme complice lorsqu'il garde le silence sur ces actes illicites ou en tire profit.

ISO 26000:2010, Page 13.

LE RESPECT DES NORMES INTERNATIONALES
Opportunités d'équité/réconciliation fondées sur la créativité

Lors de l'examen de son cadre DEI existant, une organisation devrait également considérer son respect des normes internationales de comportement comme un guide, afin de s'assurer qu'elle ne transgresse pas les normes juridiques locales. Voici quelques questions à se poser sur les facteurs d'opportunité, de réconciliation et de perturbation :

1. Votre organisation dispose-t-elle d'une politique et d'une procédure qui guide son engagement ou son désengagement dans les situations où la loi ou sa mise en œuvre - en particulier celles qui traitent de l'IED - est en conflit avec les normes internationales de comportement ? **(Parle de la possibilité d'équité)**

2. Votre organisation examine-t-elle périodiquement ses relations avec d'autres organisations pour s'assurer qu'elle n'est pas complice en continuant à s'associer à des organisations dont les activités - en particulier celles qui traitent de la diversité, de l'équité et de l'inclusion - ne sont pas conformes aux normes internationales de comportement ? (Concerne la réconciliation avec l'équité)

3. Votre organisation a-t-elle la "volonté organisationnelle" et l'engagement inconditionnel d'utiliser son influence pour chercher de manière proactive à influencer les organisations et les autorités compétentes dont les actions - en particulier celles qui concernent la DEI - sont en conflit avec les normes internationales de comportement ? (Parle de la perturbation de l'équité)

Tableau 4.6: Principe du respect des normes internationales de comportement modéré par le modèle de l'optique d'équité en 3 étapes

6. PRINCIPE DU RESPECT DES NORMES INTERNATIONALES DE COMPORTEMENT	
Opportunité d'équité	Une organisation devrait, dans la mesure où cela est possible et approprié, revoir la nature de ses relations et de ses activités dans les juridictions où ses engagements en matière de DEI sont en accord avec les normes internationales de comportement mais en conflit avec la loi locale ou nationale en vigueur.
Conciliation de l'équité	Une organisation doit identifier et s'engager dans des opportunités et des canaux légitimes où elle peut influencer les organisations et les autorités compétentes sur ses engagements DEI qui sont en accord avec les normes internationales de comportement.
Perturbation de l'équité	Une organisation doit éviter d'être complice de ses engagements DEI qui sont cohérents avec les normes internationales de comportement par les activités de ses organisations partenaires qui sont incompatibles avec ces normes.

LE RESPECT DES NORMES INTERNATIONALES
Mesures concrètes d'inclusion axées sur la gouvernance

La mondialisation a mis en évidence les limites et les obligations de la responsabilité organisationnelle en matière de droit international. Alors que la mondialisation était motivée par les intérêts économiques du premier monde, la nouvelle situation d'interconnexion a dépassé ces pays et a touché à peu près tous les êtres humains de la planète, maintenant ou dans un avenir très proche. Tous les pays du monde ont des lois qui ont été dépassées ou rendues obsolètes par la mondialisation. Le Congrès des États-Unis a du mal à suivre le déploiement rapide des nouvelles technologies qui contournent les lois existantes. Ces changements ont eu l'effet inattendu de donner aux entreprises technologiques de vastes pouvoirs qui transcendent les États-nations, créant des relations et des abus sans précédent.

Les États-Unis, l'un des pays les plus avancés au monde, s'efforcent de créer des lois assez rapidement pour réglementer ou limiter l'impact des décisions et des activités d'entreprises telles que Meta/Facebook, Instagram, Tiktok, Roblox, Discord, Snapchat, etc. Il en va de même pour l'Union européenne et d'autres organismes continentaux, qui tentent tous de s'adapter aux nouvelles normes internationales de comportement tout en appliquant les lois existantes. La situation est bien pire dans les pays en développement, où les citoyens sont entrés de plain-pied dans l'ère moderne grâce à l'internet et aux téléphones portables, laissant leurs lois désespérément à la traîne.

Alors que les gouvernements tentent de réglementer et d'équilibrer un monde numériquement bouleversé, les organisations ont des rôles et des responsabilités importants ; elles ont la possibilité d'utiliser leur influence pour instaurer la paix, promouvoir la diversité et l'inclusion et créer un monde plus équitable. Ces rôles et responsabilités sont mieux gérés par un cadre de responsabilité sociale et de durabilité animé par DEI. Cela donne aux organisations socialement responsables une feuille de route pour les aider à naviguer à travers les questions qui peuvent les amener à être complices de l'adhésion aux normes internationales de comportement tout en respectant l'état de droit dans chaque juridiction où leurs produits et services sont utilisés. Grâce à ces feuilles de route, les organisations auraient déjà effectué les évaluations qui orientent les mesures à prendre et les activités et pratiques à arrêter ou à interrompre pour ne pas être complices.

Figure 4.6 : Questions sur le respect des normes internationales de comportement centrées sur la gouvernance

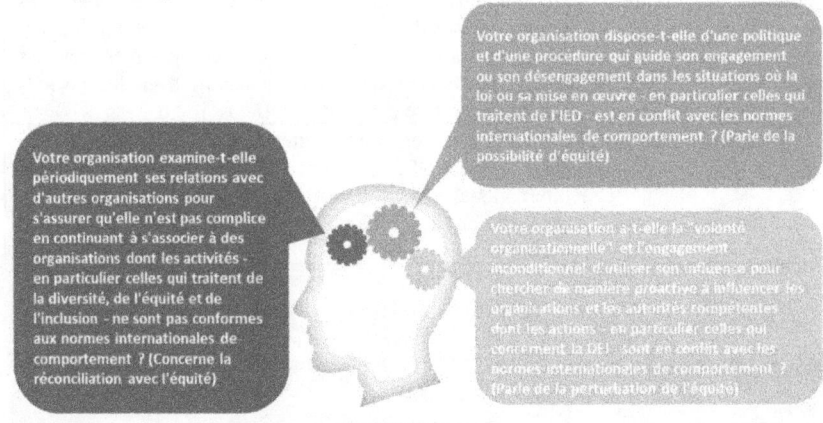

- Dans les situations où la loi ou sa mise en œuvre ne prévoit pas de garanties environnementales ou sociales adéquates, une organisation devrait s'efforcer de respecter, au minimum, les normes internationales de comportement.
- Dans les pays où la loi ou sa mise en œuvre est en contradiction avec les normes internationales de comportement, une organisation doit s'efforcer de respecter ces normes dans toute la mesure du possible.
- Dans les situations où la loi ou sa mise en œuvre est en conflit avec les normes internationales de comportement et où le non-respect de ces normes aurait des conséquences significatives, une organisation devrait, dans la mesure où cela est possible et approprié, revoir la nature de ses relations et de ses activités dans cette juridiction.
- Une organisation doit envisager les possibilités et les canaux légitimes pour tenter d'influencer les organisations et les autorités compétentes afin de remédier à un tel conflit.
- Un organisme devrait éviter d'être complice des activités d'un autre organisme qui ne sont pas conformes aux normes internationales de comportement.

ISO 26000:2010, Page 13.

Une organisation socialement responsable devrait envisager d'utiliser les engagements DEI comme modérateur de ses engagements en matière de droits de l'homme. La DEI et le respect des droits de l'homme sont intrinsèquement liés par la hanche, car une organisation ne peut pas respecter les droits de l'homme sans toucher aux questions de DEI.

LE RESPECT DES DROITS DE L'HOMME
Appel à l'action pour une diversité fondée sur la connaissance

Une organisation doit respecter les droits de l'homme et reconnaître leur affinité inaliénable avec la diversité, l'équité et l'inclusion, tant dans leur importance que dans leurs applications globales.

Ce principe implique que la DEI est au cœur de toute reconnaissance des droits de l'homme fondée sur notre humanité commune. Lorsque les droits de l'homme d'une personne sont violés, c'est une indication de la valeur - ou du manque de valeur - accordée à son humanité par le ou les auteurs de la violation. Cela est vrai tant pour la main-d'œuvre d'une organisation que pour les personnes exclues de la main-d'œuvre en raison de pratiques discriminatoires, qui peuvent se manifester dans les politiques et procédures de prise de décision, d'embauche et de rétention de l'entreprise.

LE RESPECT DES DROITS DE L'HOMME
Opportunité/réconciliation/rupture d'équité motivée par la créativité

DEI et Respect for Human Rights sont des partenaires d'affinité parce qu'ils sont concernés par la défense d'une vision de l'humanité dans laquelle les droits individuels et collectifs dont nous sommes dotés sont respectés. Lorsque ces droits de l'homme sont ou pourraient être violés, nous devrions chercher des moyens de créer une opportunité d'équité, de réconciliation ou un cadre de perturbation pour traiter efficacement la ou les situations. Quelques questions clés à considérer :

1. Votre organisation a-t-elle mis en place une politique et une procédure DEI pour éviter de tirer profit de situations où les droits de l'homme ne sont pas protégés ? **(Parle de la possibilité d'équité)**
2. Votre organisation a-t-elle examiné ses processus et pratiques de prise de décision pour s'assurer qu'ils adhèrent au principe du respect des normes internationales de comportement dans les situations où les droits de l'homme ne sont pas protégés ? **(Concerne la réconciliation avec l'équité)**
3. Lorsque le processus décisionnel ou la pratique de votre organisation ne permet pas d'assurer une protection responsable des droits de l'homme,

des mesures démontrables ont-elles été prises pour y remédier ? **(Parle de la perturbation de l'équité)**

Tableau 4.7 : Principe de respect des droits de l'homme modéré par le modèle de l'optique d'équité en 3 étapes

7. PRINCIPE DE RESPECT DES DROITS DE L'HOMME	
Opportunité d'équité	Une organisation devrait, comme mesure de base, inclure dans ses engagements DEI qu'elle ne profitera pas des situations où les droits de l'homme ne sont pas protégés et qu'elle respectera plutôt ces droits de l'homme en les incluant dans ses processus et pratiques de prise de décision.
Conciliation de l'équité	Une organisation doit évaluer ses relations avec ses partenaires, en particulier dans les endroits "où la loi ou sa mise en œuvre ne prévoit pas une protection adéquate des droits de l'homme". Dans cette situation, l'organisation doit faire connaître son adhésion et son respect des normes internationales de comportement ainsi que ses engagements DEI à travers ses processus décisionnels et ses pratiques qui protègent les droits de l'homme.
Perturbation de l'équité	Dans les situations où une organisation découvre que ses propres engagements DEI ne respectent pas ou ne protègent pas les droits de l'homme, elle doit agir rapidement pour rectifier cela dans sa politique et ses procédures. L'organisation doit également prendre des mesures pour s'assurer que ses processus et pratiques décisionnels respectent les droits de l'homme, même si les politiques de ses organisations

LE RESPECT DES DROITS DE L'HOMME
Mesures concrètes d'inclusion axées sur la gouvernance

Les droits de l'homme sont des droits universels. Chaque être humain mérite d'être traité avec dignité et de voir son humanité respectée. Lors de l'élaboration d'étapes réalisables ou de la révision d'étapes existantes guidées par le principe du respect des droits de l'homme, les organisations socialement responsables devraient également considérer la DEI comme un modérateur ainsi que les principes d'inclusion en 3 étapes comme guide pour les discussions et les engagements.

Figure 4.7 : Questions sur le respect des normes internationales de comportement centrées sur la gouvernance

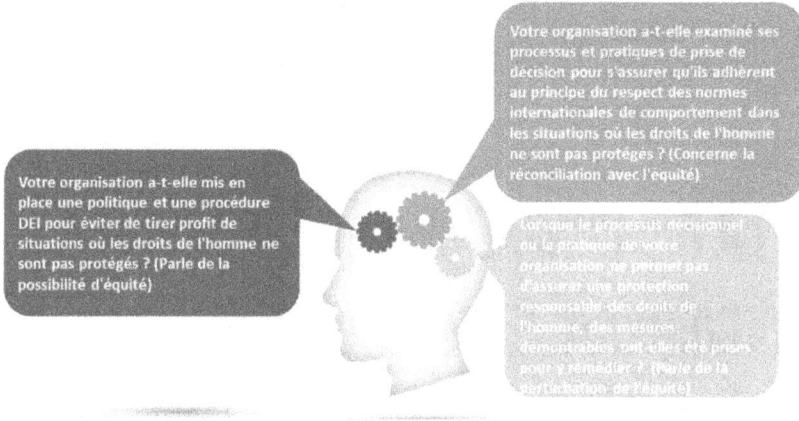

ISO *Une organisation devrait :*

☐ *respecter et, si possible, promouvoir les droits énoncés dans la Charte internationale des droits de l'homme ;*

☐ *respecter l'universalité de ces droits, c'est-à-dire qu'ils sont indivisiblement applicables dans tous les pays, cultures et situations ;*

☐ *dans les situations où les droits de l'homme ne sont pas protégés, prendre des mesures pour respecter les droits de l'homme et éviter de tirer profit de ces situations ; et*

☐ *dans les situations où la loi ou sa mise en œuvre ne prévoit pas une protection adéquate des droits de l'homme, adhérer au principe du respect des normes internationales de comportement.*

ISO 26000:2010, Pages 13-14.

CHAPITRE CINQ

LA DEI COMME MODÉRATEUR DE LA GOUVERNANCE ORGANISATIONNELLE ET DES RELATIONS AVEC LES PARTIES PRENANTES

La gouvernance organisationnelle est le système de prise de décision et de mise en œuvre par lequel les objectifs sont poursuivis. C'est grâce à ce système qu'une organisation réalise sa vision, sa mission, ses buts stratégiques et ses objectifs, en appliquant un ensemble de valeurs et de comportements. C'est également par le biais de la gouvernance organisationnelle que la DEI peut être établie comme monnaie d'échange pour négocier des changements systémiques dans les valeurs, les comportements et les pratiques.

Les relations avec les parties prenantes sont essentielles à une gouvernance efficace. Lorsqu'elles sont ouvertes, transparentes et inclusives, elles permettent aux rouages de la gouvernance organisationnelle de bien fonctionner ; lorsqu'elles ne le sont pas, elles génèrent des frictions ou des conflits. Lorsqu'une organisation reconnaît et assume sa responsabilité sociale et identifie et engage judicieusement ses parties prenantes, l'adoption de la DEI devient une partie de sa devise modératrice globale. J'utilise le terme "monnaie" dans le contexte de l'échange ou de la facilitation du dialogue et des négociations autour de la DEI dans l'écosystème d'une organisation. J'utilise aussi délibérément le terme "adoption" ici pour signifier l'importance de la DEI comme monnaie d'échange pour la responsabilité sociale et les relations avec les parties prenantes, à la fois dans l'identification et l'engagement. Ensemble, la gouvernance organisationnelle et les relations avec les parties prenantes forment l'écosystème d'une organisation durable animée par une vision de plénitude.

Une organisation durable, par sa nature même, cherche à trouver la plénitude dans les écosystèmes des personnes, de la planète et du profit. Une constellation axée sur la diversité et l'intégralité est le produit d'une intégration consciente de la diversité, de l'équité et de l'inclusion dans un continuum de propriété, d'appartenance et de participation. Au fur et à mesure que l'organisation s'efforce de perfectionner son continuum DEI, la gravité de la diversité attire les deux autres en un tout intégré pour célébrer notre humanité commune, nos responsabilités communes et nos ressources mondiales communes, tant humaines que matérielles.

L'équité et l'inclusion pures et simples sont ancrées dans la croyance en notre humanité partagée, qui est la pierre angulaire de la diversité. Toutefois, la croyance en notre humanité commune est un cadeau que nous devons d'abord nous faire à nous-mêmes avant de pouvoir le partager avec les autres. Plus nous sommes à l'aise avec notre humanité individuelle ou partagée, plus nous sommes disposés à considérer l'équité et l'inclusion comme des voies nécessaires à notre voyage individuel et organisationnel vers la plénitude.

Figure 5.1 : Relation entre une organisation, ses parties prenantes et la société

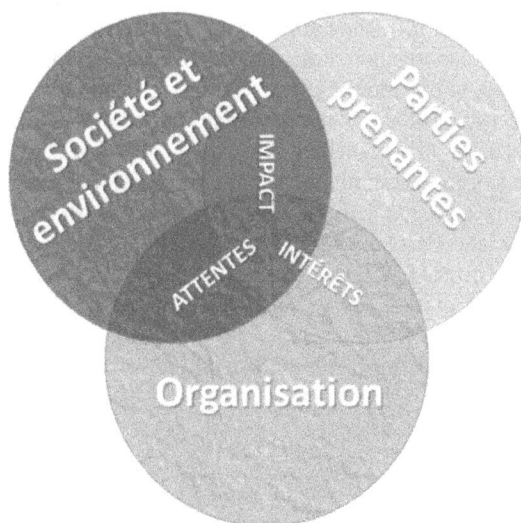

Note : Les attentes de la société peuvent différer des intérêts des parties prenantes. *Source: Adapté et traduit dans Humankind Shared Planet Divided by Norms à partir de la source originale :* ISO 26000.

LE DEI VU PAR LA GOUVERNANCE DES ORGANISATIONS

Les organisations, de par leur pouvoir économique et leur influence sur les décideurs politiques (qui établissent les règles et règlements qui deviennent des lois), sont une force active en soi et ont la force de s'attaquer au racisme et aux inégalités systémiques et structurelles avec célérité, et souvent avec des résultats sociaux plus tangibles que les mandats légaux. Ces organisations peuvent canaliser leur pouvoir et leur influence non réglementés vers des engagements de responsabilité sociale susceptibles d'avoir un impact sur plusieurs générations en matière de création d'opportunités d'équité, de stabilisation de la réconciliation avec l'équité et d'élimination des perturbations de l'équité.

GOUVERNANCE ORGANISATIONNELLE
Appel à l'action pour la diversité fondée sur la connaissance

Les processus décisionnels d'une organisation sont améliorés lorsque l'adoption de la diversité et de l'inclusion est considérée comme un moyen d'atteindre ses objectifs de responsabilité sociale. Les pouvoirs que les organisations exercent au sein de leurs écosystèmes internes et de la société en général sont en jeu. Nous avons fait l'expérience de ces pouvoirs et influences de la part d'entreprises de haute technologie dont la portée dépasse les États-nations. Avec des bureaux dans des dizaines de pays, une infrastructure organisationnelle qui relie en un instant les niveaux de gestion du monde entier et de vastes ressources financières, de nombreuses entreprises de haute technologie ont atteint une mesure d'indépendance opérationnelle et d'influence qui transcende tout pays particulier.

Un pouvoir et une influence aussi vastes et étendus s'accompagnent d'une responsabilité sociale correspondante, qui consiste à inclure la DEI dans leurs structures de pouvoir internes. En termes simples, la gouvernance organisationnelle est dirigée par les personnes. Les gens établissent les règles, suivent les règles et les font respecter. Il est donc impératif d'intégrer la diversité dans les structures organisationnelles de prise de décision. Les inégalités raciales et de genre menacent franchement tout but et objectif de durabilité et de responsabilité sociale. Par exemple, le rapport 2015 "The power of parity" du McKinsey Global Institute (MGI) a déclaré que "... aucun pays n'a atteint l'égalité des sexes dans la population active sans avoir d'abord réduit les écarts entre les sexes dans la société. » *(Devillard, Sancier-Sultan, Zelicourt, & Kossoff 2016)"*
La norme ISO 26000 fournit les informations suivantes sur les systèmes organisationnels:

ISO *Le leadership est également essentiel à une gouvernance organisationnelle efficace. Cela est vrai non seulement pour la prise de décision mais aussi pour la motivation des employés à pratiquer la responsabilité sociétale et à intégrer la responsabilité sociétale dans la culture organisationnelle.*
La gouvernance organisationnelle peut comprendre à la fois des mécanismes de gouvernance formels basés sur des structures et des processus définis et des mécanismes informels qui émergent en lien avec la culture et les valeurs de l'organisation, souvent influencés par les personnes qui dirigent l'organisation. La gouvernance organisationnelle est une fonction essentielle de tout type d'organisation car elle constitue le cadre de la prise de décision au sein de l'organisation.

Les systèmes de gouvernance varient en fonction de la taille et du type d'organisation ainsi que du contexte environnemental, économique, politique, culturel et social dans lequel elle opère. Ces systèmes sont dirigés par une personne ou un groupe de personnes (propriétaires, membres, mandants ou autres) ayant l'autorité et la responsabilité de la poursuite des objectifs de l'organisme.

ISO 26000:2010, Pages 21-22.

La gouvernance organisationnelle accordée à la fréquence de la DEI utilise les nomenclatures de responsabilité sociale comme monnaie de normalisation pour communiquer les valeurs fondamentales, les comportements et les pratiques qui célèbrent notre humanité partagée et protègent la planète. Une organisation ne peut être holistique dans ses objectifs de développement durable si elle ignore la DEI comme moyen d'y parvenir. Dans le contexte de la DEI au sein d'une construction de responsabilité sociale, la gouvernance organisationnelle est à la fois un sujet central pour établir des paramètres justes pour ses opérations et un moyen de réaliser ses valeurs de responsabilité sociale à travers son comportement. La norme ISO 26000 fournit les préceptes suivants à titre d'orientation :

ISO *Une gouvernance efficace doit être fondée sur l'intégration des principes de la responsabilité sociétale... dans la prise de décision et la mise en œuvre. Ces principes sont la responsabilité, la transparence, le comportement éthique, le respect des intérêts des parties prenantes, le respect de l'état de droit, le respect des normes internationales de comportement et le respect des droits de l'homme...En plus de ces principes, une organisation devrait prendre en compte les pratiques, les sujets essentiels et les questions de responsabilité sociétale lorsqu'elle établit et revoit son système de gouvernance.*

ISO 26000:2010, Page 22.

Figure 5.2 : Responsabilité sociale : 7 matières fondamentales - une approche holistique intégrée

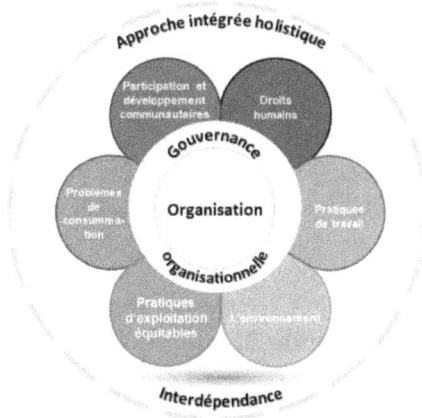

ISO RESPONSABILITÉ SOCIALE : 7 MATIÈRES PRINCIPALES

GOUVERNANCE ORGANISATIONNELLE
Opportunité/réconciliation/perturbation de l'équité
fondée sur la créativité

Les processus et structures de décision organisationnels ne sont jamais parfaits; ils sont créés et mis en œuvre par des personnes, qui sont intrinsèquement imparfaites. Un domaine clé où ces imperfections sont les plus apparentes est celui des inégalités dans les sphères économique, sociale et environnementale, qui ont un impact négatif sur les minorités et les groupes vulnérables. Lors de l'élaboration, de la révision ou de la mise à jour de son plan directeur DEI, une organisation devrait envisager d'utiliser l'opportunité d'équité, la réconciliation et la perturbation comme lentilles pour vérifier l'efficacité de ses processus et structures décisionnels lors de l'intégration de la diversité et de l'inclusion dans son cadre de responsabilité sociale. La norme ISO 26000 fournit le guide suivant:

ISO *Chaque organisation dispose de processus et de structures de prise de décision. Dans certains cas, ceux-ci sont formels, sophistiqués et même soumis à des lois et règlements ; dans d'autres cas, ils sont informels, ancrés dans la culture et les valeurs de l'organisation. Toutes les organisations devraient mettre en place des processus, des systèmes, des structures ou d'autres mécanismes qui permettent d'appliquer les principes et les pratiques de la responsabilité sociétale.*

ISO 26000:2010, page 22.

Les systèmes, processus et structures décisionnels d'une organisation sont les premiers et les meilleurs moyens d'opérer un changement sociétal et d'exercer une influence sur les pratiques discriminatoires de la société et les défis qui y sont liés. En effet, les organisations peuvent mettre en œuvre un exemple de ce que devrait être la plénitude au sein de leurs propres écosystèmes, qui ont également un lien direct avec le changement sociétal. Ce faisant, le plaidoyer en faveur de changements systémiques et structurels dans la société et la culture est plus efficace et axé sur les résultats.

Si, historiquement, les États-nations ont pu ou continuent de mettre en œuvre des lois d'action positive pour contrebalancer les pratiques discriminatoires du passé, les organisations ont un pouvoir bien plus profond et plus fort pour changer ces pratiques injustes et inéquitables en choisissant de mettre en œuvre des valeurs qui défendent notre humanité et notre planète communes. Les organisations parviennent à une culture organisationnelle équitable et inclusive au sein d'une main-d'œuvre diversifiée et avec leurs partenaires de travail externes en énonçant clairement leurs aspirations et engagements en matière de DEI de manière à influencer leurs activités. Ce qui suit représente quelques points de focalisation personnalisés sur la DEI, repris des lignes directrices de l'ISO 26000:

- L'organisation doit étendre ses aspirations et engagements DEI dans ses déclarations de mission par des références claires et concises à ses engagements DEI dans son cadre de responsabilité sociale tout en établissant ses étapes actionnables DEI guidées par les principes d'inclusion en 3 étapes et les principes et questions de responsabilité sociale.
- Lorsqu'elle utilise la DEI comme monnaie d'échange ou langage pour traduire les valeurs et principes de responsabilité sociétale en comportements appropriés, une organisation doit également envisager l'adoption de codes de conduite ou d'éthique écrits qui énoncent clairement ses engagements en faveur d'une main-d'œuvre diversifiée et inclusive, du lieu de travail et du partenariat de travail avec des organisations externes. (ISO 26000 :2010)
- Les organisations devraient également démontrer leurs engagements DEI non ambivalents dans un cadre de responsabilité sociale en les intégrant dans les éléments clés de leur stratégie à l'échelle de l'organisation, codifiés dans leurs politiques, processus et systèmes et illustrés dans leur comportement décisionnel. (ISO 26000 :2010)

En abordant les questions d'équité, une organisation doit examiner sa structure de gouvernance, ses systèmes et processus de prise de décision et d'activités pour s'assurer qu'ils ne sont pas défavorables ou n'entravent pas ses engagements et pratiques DEI déclarés et/ou écrits. Pour être efficace dans l'établissement de ses engagements DEI, une organisation devrait envisager d'utiliser la lentille d'équité en 3 étapes - opportunité d'équité, réconciliation et perturbation - comme repères pour évaluer son cadre de responsabilité sociale. Elle devrait s'organiser autour des sept sujets fondamentaux de l'ISO 26000 : (a) le gouvernement d'entreprise, (b) les droits de l'homme, (c) les pratiques de travail, (d) l'environnement, (e) les pratiques d'exploitation équitables, (f) les questions relatives aux consommateurs, et (g) l'implication et le développement de la communauté. Pour déterminer quel sujet central est pertinent pour une question DEI, les extrapolations suivantes de la norme ISO 26000 peuvent être utilisées comme référence :

- ☐ Dresser la liste de toutes les activités applicables et de leurs liens avec la DEI.
- ☐ Identifier toutes les parties prenantes DEI connues, avec la possibilité de s'adapter à d'autres parties prenantes lorsqu'elles sont connues.
- ☐ Identifier les activités internes de l'organisation avec leurs implications DEI ainsi que celles de ses partenaires externes dans sa sphère d'influence. N'oubliez pas que les décisions et les activités des partenaires externes ou des parties prenantes d'une organisation peuvent avoir des répercussions importantes sur ses propres décisions et activités.
- ☐ Déterminez quels sont les sujets et les questions essentiels qui touchent à la DEI et comment ils se manifestent lorsque l'organisation et d'autres organisations dans sa sphère d'influence et/ou dans sa chaîne de valeur interagissent et mènent les activités liées à la DEI tout en respectant toutes les lois applicables.

□ Examiner les nombreuses façons dont la politique et les engagements de l'organisation en matière de DEI influent sur ses plans, décisions et activités de développement durable, ainsi que sur ses diverses parties prenantes.

□ Examiner les façons dont les parties prenantes et les questions de responsabilité sociale liées à la DEI influent sur les plans, les décisions et les activités de l'organisation, et

□ Identifier toutes les questions de DEI liées à la responsabilité sociale dans les activités quotidiennes, y compris celles qui surgissent périodiquement dans des situations spécifiques.

En utilisant l'optique des 3 équités pour développer ou réviser les systèmes de prise de décision et les activités d'une organisation, les questions de DEI doivent être prises en compte même si aucune loi existante ne les aborde directement. Rappelez-vous que la responsabilité sociale est un moyen par lequel une organisation fait ce qui est juste parce que cela a un impact positif sur nos contrats sociaux et étend nos décisions et nos activités à la sphère du développement durable.

ISO

Même pour les sujets ou questions essentiels couverts par la loi, répondre à l'esprit de la loi peut dans certains cas impliquer une action allant au-delà de la simple conformité. Par exemple, bien que certaines lois et réglementations environnementales limitent les émissions de polluants de l'air ou de l'eau à des quantités ou à des niveaux spécifiques, une organisation devrait utiliser les meilleures pratiques pour réduire davantage ses émissions de ces polluants ou pour modifier les processus qu'elle utilise afin d'éliminer complètement ces émissions. D'autres exemples sont une école qui décide volontairement de réutiliser l'eau de pluie à des fins sanitaires, et un hôpital qui pourrait décider non seulement de se conformer aux lois concernant ses pratiques de travail, mais aussi de lancer un programme spécial pour soutenir l'équilibre entre vie professionnelle et vie privée de son personnel.

ISO 26000:2010, Page 71.

Utiliser le DEI comme modérateur de la gouvernance organisationnelle à travers les sujets fondamentaux de la responsabilité sociétale est une approche raisonnable pour promouvoir l'utilisation pratique des principes et des pratiques de la responsabilité sociétale. C'est également un moyen d'identifier et d'engager de manière appropriée toutes les parties prenantes. En cas de lacunes, l'organisation doit envisager des solutions et des options créatives. Les questions suivantes peuvent faciliter le dialogue :

1. Votre organisation est-elle sensible et engagée dans la DEI en tant que monnaie de responsabilité sociale pour négocier des décisions à valeur ajoutée et réaliser des activités commerciales de routine?

2. Votre organisation dispose-t-elle de processus et de structures décisionnels qui favorisent la DEI dans le cadre de la responsabilité sociale et qui les intègrent efficacement dans ses principes et ses pratiques?

3. Votre organisation a-t-elle reconnu et accepté sa responsabilité envers la communauté dans laquelle elle opère, ainsi qu'envers toutes les parties prenantes qui sont directement touchées par ses activités et y ont des intérêts directs
4. Votre organisation a-t-elle développé des mécanismes pour identifier et impliquer toutes les parties prenantes appropriées ?
5. Votre organisation dispose-t-elle de processus, de systèmes et de structures de diversité, d'équité et d'inclusion qui rendent possible l'application des principes et des pratiques de la responsabilité sociale?
6. Votre organisation assure-t-elle le suivi de ses objectifs et priorités déclarés en matière de DEI par le biais d'examens périodiques?

GOUVERNANCE ORGANISATIONNELLE
Étapes concrètes de l'inclusion axée sur la gouvernance

Les organisations socialement responsables ont des processus et des structures de prise de décision qui soutiennent les sept principes et les sept sujets de la responsabilité sociale. Lorsqu'ils sont modérés par les engagements DEI, ils créent un écosystème où la diversité, l'équité et l'inclusion prospèrent. C'est dans le cadre des processus et structures de prise de décision d'une organisation que les engagements DEI sont le mieux mis en valeur et évalués périodiquement pour s'assurer que l'organisation tient son discours DEI. L'application de ces principes et pratiques dans le cadre d'activités de routine enrichit le dialogue dans l'ensemble de l'organisation. En utilisant les principes d'inclusion en 3 étapes comme guide, une organisation peut utiliser les directives ISO 26000 suivantes, reprises ici lorsqu'elle utilise la DEI comme modérateur de la gouvernance organisationnelle:

1. Traduire les priorités d'action de l'DEI sur les sujets et les défis essentiels en objectifs organisationnels qui sont des stratégies, des processus et des échéances gérables.
2. S'assurer que les objectifs de DEI sont spécifiques, mesurables et vérifiables, avec la contribution des parties prenantes concernées.
3. Établir des plans détaillés pour atteindre les objectifs DEI énoncés, y compris l'identification de tous les rôles et responsabilités, les délais, les budgets et les impacts correspondants sur les autres activités de l'organisation.

Les processus et structures de prise de décision d'une organisation modérée par la DEI doivent lui permettre de :

    ☐ *Développer des stratégies, des objectifs et des cibles DEI de concert avec ses engagements globaux en matière de responsabilité sociale.*

    ☐ *Démontrer son engagement et sa responsabilité en matière de DEI en tant que moteur intégral de la responsabilité sociale et du développement durable.*

    ☐ *Créer et entretenir un environnement et une culture DEI dans lesquels les principes de la responsabilité sociale sont mis en pratique.*

- Créer un système durable pour récompenser la DEI et les autres performances en matière de responsabilité sociale par des incitations économiques et non économiques.
- Utiliser la DEI comme une lentille pour juger de l'efficacité des ressources financières, naturelles et humaines.
- Promouvoir une opportunité équitable, modérée par la DEI, qui permette aux groupes sous-représentés (femmes, groupes raciaux et autres groupes ethniques noirs et bruns) d'occuper des postes de direction dans l'organisation.
- Utiliser la DEI comme modérateur pour équilibrer les besoins de l'organisation et de ses parties prenantes afin de satisfaire à la fois les besoins immédiats des générations actuelles et ceux des générations futures.
- Établir des processus de communication DEI bidirectionnels avec les parties prenantes, en identifiant les domaines d'accords et de désaccords et les mesures négociées prises pour résoudre les éventuels conflits.
- Encourager la participation effective des employés de tous niveaux aux activités de DEI et autres activités de responsabilité sociale de l'organisation.
- Équilibrer le niveau d'autorité, de responsabilité et de capacité des personnes qui prennent des décisions ayant des implications DEI au nom de l'organisation.
- Suivre la mise en œuvre des décisions DEI afin de s'assurer que ces décisions sont mises en pratique d'une manière socialement responsable qui permette de rendre compte des résultats (positifs ou négatifs) des décisions et des activités de l'organisation.
- Examiner et évaluer périodiquement les processus de gouvernance de l'organisation en ce qui concerne la DEI ; ajuster les processus de DEI en fonction des résultats de l'évaluation et communiquer les changements dans toute l'organisation et, le cas échéant, aux parties prenantes externes.

Reproduit de la norme ISO 26000:2010, pages 22-23.

LE DEI VU PAR LES RELATIONS AVEC LES PARTIES PRENANTES

Lorsqu'une organisation reconnaît et assume sa responsabilité sociale et engage correctement ses parties prenantes, l'adoption de la DEI fait partie de sa devise modératrice globale. J'utilise délibérément le terme "adhésion" ici pour signifier l'importance de la DEI comme monnaie d'échange pour la responsabilité sociale et l'engagement des parties prenantes. Ensemble, ils forment l'écosystème d'une organisation durable et axée sur la globalité.

Selon le dictionnaire Merriam-Webster, le terme "Embracement" signifie la volonté "d'embrasser une cause... de prendre ou d'inclure comme partie, élément ou élément d'un tout plus inclusif... d'être égal ou équivalent à...". En tant que monnaie de responsabilité sociale, DEI fournit les connaissances dont nous avons besoin pour embrasser notre humanité commune, exposer les inégalités (et chercher des réponses créatives à celles-ci), et nous mettre au défi de poursuivre des actions d'inclusion intentionnelles pour célébrer notre humanité commune.

La reconnaissance de notre humanité commune conduit à la reconnaissance de notre responsabilité sociale, pierre angulaire de notre diversité humaine. Si l'identification des problèmes liés à l'impact des décisions et des activités d'une organisation et la détermination de la manière d'y répondre dans le sens d'un développement durable constituent l'essence de la responsabilité sociale, celle-ci est régie par la manière dont nous considérons la DEI comme un continuum menant à l'intégrité de l'organisation. Pour être pleinement responsable socialement, une organisation doit également identifier et engager ses parties prenantes de manière holistique, en s'appuyant sur une vision du monde correctement inclusive. Ce continuum et cette vision du monde sont guidés par le modèle CCG :

1. Diversité basée sur la connaissance Responsabilité sociale
2. Engagement des parties prenantes fondé sur l'équité et la créativité
3. Inclusion centrée sur la gouvernance dans la responsabilité sociale et l'engagement des parties prenantes

RELATIONS AVEC LES PARTIES PRENANTES
Appel à l'action en faveur de la diversité fondée sur la connaissance

La diversité et la responsabilité sociale basées sur la connaissance s'étendent à tout ce que nous savons de la responsabilité sociale, en mettant l'accent sur notre humanité partagée comme facteur clé d'atténuation. Aucune décision ou activité en matière de responsabilité sociale ne pourra conduire à la plénitude si le concept de notre humanité commune ségrège les gens en différentes races humaines. Pourtant, la compréhension de la responsabilité sociétale des organisations nous rapproche tous d'un certain niveau de confort, à savoir que la diversité est fondée sur la connaissance et qu'elle met en valeur ce que nous sommes collectivement, illustrant pourquoi le fait de célébrer ce que nous avons en commun nous rapproche individuellement et organisationnellement de la plénitude.

Dans la norme ISO 26000, nous trouvons trois relations identifiées qui mènent à la responsabilité sociale. Il s'agit notamment de (1) entre l'organisation et la société, (2) entre l'organisation et ses parties prenantes, et (3) entre les parties prenantes et la société. En étendant cette réflexion à la diversité, nous voyons la relation entre une communauté diverse (la société) et des parties prenantes diverses au sein des communautés dans lesquelles l'organisation est située et partout où son influence se fait sentir:

1. **Entre l'organisation et sa communauté diversifiée** : une organisation doit connaître son impact sur toutes les communautés dans lesquelles ses produits et services sont utilisés. Cette connaissance ne peut se limiter à celles dans lesquelles elle a une présence physique ou un emplacement, mais doit s'étendre à celles dans lesquelles elle a une influence. Étant donné que cette influence s'étend parfois au-delà des frontières locales, régionales et nationales - comme c'est le cas pour les multinationales - les attentes et le comportement responsable concernant leurs impacts doivent également être envisagés dans une perspective mondiale.

2. **Entre l'organisation et ses diverses parties prenantes** : la nature mondiale des entreprises et des organisations exige aujourd'hui qu'elles identifient et connaissent ceux qui sont touchés par leurs décisions, leurs

159

activités, leurs produits et leurs services - ceux qui ont un intérêt ou un enjeu. Ces impacts peuvent être potentiels ou réels, mais ils créent une relation avec les parties prenantes qui ne doit pas nécessairement être obligatoire par nature pour que la relation existe.

3. **Entre les diverses parties prenantes et la communauté diversifiée** : la mondialisation et les configurations de la société et des communautés sont devenues moins délimitées par des frontières physiques. Les organisations qui s'engagent sur la voie de la responsabilité sociale doivent connaître la différence entre leur relation avec les personnes concernées par leurs décisions et leurs activités (parties prenantes) et les attentes des communautés ou des sociétés en général. Lorsqu'un entrepreneur fournit un service à une organisation, son intérêt à être payé dans les délais est différent des attentes de la société concernant son comportement en matière de responsabilité sociale dans ses décisions et activités.

Figure 5.3: DE&I comme modérateur pour 3 relations entre parties prenantes

Entre l'organisation et sa communauté diversifiée:
Les organisations doivent connaître leurs impacts sur toutes les communautés dans lesquelles leurs produits et services sont utilisés.

Entre l'organisation et ses diverses parties prenantes:
Les organisations doivent identifier et connaître ceux qui sont touchés par leurs décisions, leurs activités, leurs produits et leurs services - ceux qui ont un enjeu ou un intérêt.

Entre les diverses parties prenantes et la communauté diversifiée
Les organisations doivent savoir faire la différence entre leurs relations avec les parties prenantes et les attentes des communautés ou de la société.

Le cadre de responsabilité sociale de la diversité basé sur la connaissance tient compte des relations sociales, économiques et environnementales au sein de la biosphère de la diversité, de l'équité et de l'inclusion. Ces relations symbiotiques entre la DEI et les sphères sociale, économique et environnementale ne sont pas linéaires, mais peuvent prendre de nombreuses formes en fonction des intérêts et des attentes. Il faut une optique de diversité fondée sur la connaissance pour faire le tri entre les divers intérêts qui sont touchés par les décisions et les activités d'une organisation.

IDENTIFICATION ET ENGAGEMENT DES PARTIES PRENANTES
Appel à l'action en faveur de la diversité fondé sur la connaissance

Un sens de la diversité et de la responsabilité sociale fondé sur les connaissances exige la reconnaissance des sujets fondamentaux énoncés dans la norme ISO 26000, à savoir le gouvernement d'entreprise, les droits de l'homme, les pratiques de travail, l'environnement, les pratiques d'exploitation équitables, les questions relatives aux consommateurs, ainsi que la participation et le développement de la communauté. Ces sujets fondamentaux fournissent également le cadre systémique permettant de traiter les questions, les défis, les opportunités et la croissance liés à la diversité.

Ce processus basé sur la connaissance est informé par le précepte suivant : Ce que nous ne quantifions pas, nous ne pouvons pas le mesurer ; et ce que nous ne pouvons pas mesurer, nous ne pouvons pas prendre de mesures concrètes pour l'améliorer. La seule façon d'atteindre nos objectifs est de comprendre notre situation actuelle et la distance entre notre situation actuelle et celle que nous voulons atteindre. Les questions de diversité constituent le fondement des questions d'équité et d'inclusion et doivent être identifiées et évaluées, et leurs impacts significatifs doivent faire l'objet d'un rapport en tant que responsabilité sociale afin que des mesures réalisables puissent être développées pour informer les changements requis. Ces impacts significatifs doivent être liés aux parties prenantes touchées, de sorte que tout impact puisse affecter les décisions et les activités DEI globales de l'organisation, le tout dans un contexte de développement durable.

En outre, l'ISO 26000 recommande que, tout en considérant les sujets et les questions de base liés à la responsabilité sociétale, l'organisation inclue également ses interactions avec d'autres organisations. Cela permet de comprendre que les décisions et les activités d'une organisation ont un impact sur les parties prenantes, et encore plus lorsque des questions de diversité sont en jeu.

ISO *Une organisation qui cherche à reconnaître sa responsabilité sociale doit tenir compte à la fois des obligations légales et de toute autre obligation existante. Les obligations juridiquement contraignantes comprennent les lois et règlements applicables, ainsi que les obligations concernant les questions sociales, économiques ou environnementales qui peuvent exister dans des contrats exécutoires. Une organisation doit tenir compte des engagements qu'elle a pris en matière de responsabilité sociale. Ces engagements peuvent figurer dans des codes de conduite ou des lignes directrices éthiques ou dans les obligations d'adhésion aux associations auxquelles elle appartient.*
La reconnaissance de la responsabilité sociale est un processus continu. Les impacts potentiels des décisions et des activités doivent être déterminés et pris en compte lors de la planification de nouvelles activités. Les activités en cours devraient être examinées si nécessaire afin que l'organisme puisse être sûr que sa responsabilité sociétale est toujours prise en compte et puisse déterminer si des questions supplémentaires doivent être prises en compte.
ISO 26000:2010, page 16.

Dans certaines juridictions, les DEI sont des obligations juridiquement contraignantes incluses dans les lois et règlements applicables ; dans d'autres, la préoccupation pour les DEI est principalement motivée par une préoccupation pour les droits de l'homme ou la responsabilité sociale d'une organisation. Quelle que soit la position d'une organisation sur la question de la diversité, la reconnaissance du fait que la DEI a un impact positif significatif sur les bénéfices, les personnes et la planète est le premier pas vers l'intégrité de l'organisation.

Les lois et les règlements sont très importants, mais la prise de conscience que les résultats peuvent être améliorés en adoptant la diversité ou en y prêtant attention est généralement beaucoup plus forte pour les entreprises privées. Cela nécessite des processus d'évaluation continue pour identifier les impacts directs et potentiels des décisions et activités de l'organisation. Les connaissances tirées de ces processus d'évaluation continue donnent à l'organisation la certitude que ses performances en matière de DEI sont cohérentes avec ses décisions et activités de responsabilité sociale ; lorsque ce n'est pas le cas, des mesures peuvent être prises pour combler les lacunes.

La diversité fondée sur la connaissance et la sphère d'influence de l'organisation

La sphère d'influence d'une organisation comprend les autres organisations sur lesquelles elle exerce une influence et celles avec lesquelles elle entretient des relations permanentes. Bien qu'une organisation socialement responsable ne soit pas responsable des décisions et des actions en matière de diversité de chaque entreprise de cette sphère, on s'attend à ce que, dans les situations où elle a une telle relation, elle exerce son influence pour encourager la conformité à ses normes. Par exemple, de nombreuses villes des États-Unis utilisent leur autorité législative pour influencer les valeurs qu'elles attendent des autres organisations qui font des affaires avec elles. Ceci est conforme à la reconnaissance par l'ISO 26000 qu'une organisation socialement responsable traite de manière transparente et éthique tous les impacts directement associés à ses décisions et activités au sein de ses écosystèmes internes et externes. Une organisation qui valorise la diversité et en a récolté les avantages devrait être prompte à aider les autres, car "à qui l'on donne beaucoup, on demande beaucoup". Plus la relation est forte, plus la possibilité d'exercer une influence est grande.

Il est vrai que le contrôle d'une organisation est techniquement limité à ses propres décisions et activités, mais il en va de même pour le degré d'exposition qu'elle est prête à supporter au nom des autres organisations de sa sphère d'influence dont les valeurs de la diversité, le comportement éthique et la transparence peuvent être opposés aux siens. Par conséquent, une organisation qui a déjà réglé ses problèmes de diversité est mieux placée pour informer et exercer son influence en promouvant ces valeurs et ce comportement éthique dans toute sa chaîne de valeur ou d'approvisionnement. En définitive, dans une organisation de responsabilité sociale de la diversité fondée sur la connaissance, l'évaluation de sa sphère d'influence va de soi. Comme nous l'avons vu, l'exercice d'une diligence raisonnable dans les engagements avec les parties prenantes est un chemin nécessaire vers sa propre intégrité organisationnelle.

IDENTIFICATION ET ENGAGEMENT DES PARTIES PRENANTES
Opportunité/réconciliation/disruption de l'équité fondée sur la créativité

L'identification et l'engagement des parties prenantes en matière d'équité fondés sur la créativité sont des moyens essentiels pour atteindre et améliorer les buts et objectifs de la responsabilité sociale de l'organisation. Dans le modèle CCG, l'équité est axée sur la créativité et établit l'engagement d'une organisation à identifier et à engager ses parties prenantes où qu'elles se trouvent. Il incombe donc à l'organisation d'identifier et d'impliquer de manière créative toutes les parties prenantes, en leur permettant d'exprimer librement leurs intérêts et d'exercer leurs droits dans les domaines de la propriété, de l'appartenance et de la participation aux décisions et activités de l'organisation.

Identification des parties prenantes

L'identification des parties prenantes d'une organisation repose sur la question de savoir qui a un "intérêt" dans les décisions et les activités de l'organisation. Ces parties prenantes peuvent être des individus ou des organisations. Parce qu'elles sont affectées par les décisions et les activités de l'organisation, une relation est créée. Les organisations et les parties prenantes peuvent ne pas savoir qu'une relation existe entre elles, mais il est néanmoins de la responsabilité sociale de l'organisation d'essayer d'identifier ses diverses parties prenantes. L'ISO 26000 adopte une vision large de l'identité de ces parties prenantes :

ISO *Les parties prenantes sont des organisations ou des individus qui ont un ou plusieurs intérêts dans une décision ou une activité d'une organisation. Parce que ces intérêts peuvent être affectés par une organisation, une relation avec l'organisation est créée. Cette relation ne doit pas nécessairement être formelle. La relation créée par cet intérêt existe, que les parties en soient conscientes ou non. Une organisation n'a pas toujours connaissance de toutes ses parties prenantes, même si elle doit tenter de les identifier. De même, de nombreuses parties prenantes peuvent ne pas être conscientes du potentiel d'une organisation à affecter leurs intérêts. Dans ce contexte, l'intérêt fait référence à la base réelle ou potentielle d'une réclamation, c'est-à-dire à la demande d'une chose qui est due ou au respect d'un droit. Une telle revendication ne doit pas nécessairement impliquer des demandes financières ou des droits légaux. Parfois, il peut s'agir simplement du droit d'être entendu. La pertinence ou l'importance d'un intérêt est mieux déterminée par sa relation avec le développement durable.*

Comprendre comment les individus ou les groupes sont ou peuvent être affectés par les décisions et les activités d'une organisation permettra d'identifier les intérêts qui établissent une relation avec l'organisation. Par conséquent, la détermination par l'organisation des impacts de ses décisions et activités facilitera l'identification de ses parties prenantes les plus importantes. Les organisations peuvent avoir de nombreuses parties prenantes. De plus, les différentes parties prenantes ont des intérêts variés et parfois contradictoires. Par exemple, les intérêts des résidents d'une communauté peuvent inclure les impacts positifs d'une organisation, comme l'emploi, ainsi que les impacts négatifs de cette même organisation, comme la pollution.

ISO 26000:2010, page 17.

L'identification des parties prenantes à l'équité fondée sur la créativité commence par les réponses aux questions types suivantes, développées à partir d'ISO 26000 :

ISO   *Pour identifier les parties prenantes, une organisation doit se poser les questions suivantes :*

☐   *Envers qui l'organisation a-t-elle des obligations légales ?*

☐   *Qui pourrait être affecté positivement ou négativement par les décisions ou les activités de l'organisation ?*

☐   *Qui est susceptible d'exprimer des préoccupations concernant les décisions et les activités de l'organisation ?*

☐   *Qui a été impliqué dans le passé lorsque des préoccupations similaires ont dû être traitées ?*

☐   *Qui peut aider l'organisation à faire face à des impacts spécifiques ?*

☐   *Qui peut affecter la capacité de l'organisation à assumer ses responsabilités?*

☐   *Qui serait désavantagé s'il était exclu de l'engagement ?*

☐   *Qui, dans la chaîne de valeur, est affecté ?*

ISO 26000:2010, pages 17-18.

Engagement des parties prenantes

La relation entre les décisions et les activités DEI d'un organisme et ses décisions et activités générales devrait être intégrée. Les deux ne doivent pas être traités comme différents, car ils ont tous deux des impacts sur les parties prenantes et la société en général. (Bien sûr, si les parties prenantes sont généralement impactées parce qu'elles ont des enjeux ou des intérêts dans les décisions et les activités de l'organisation, ceux-ci peuvent être différents de ceux des attentes de la société).

La position de l'ISO 26000 est que les parties prenantes sont celles qui ont un "intérêt" dans les décisions et les activités d'un organisme, tandis que la société a des attentes vis-à-vis de l'organisme, sans nécessairement avoir un "intérêt". Cette différenciation permet à l'organisme d'engager les parties prenantes tout en prêtant attention aux préoccupations et aux attentes de la société (ISO 26000 2010).

L'engagement des parties prenantes est essentiellement un dialogue entre l'organisme et sa ou ses parties prenantes. Ce dialogue fournit un cadre permettant à l'organisme d'acquérir des connaissances sur les impacts de ses décisions et activités sur les parties prenantes et sur les communautés/sociétés qu'elles représentent. L'engagement des parties prenantes est au cœur de la DEI car il permet à une organisation de recevoir un retour d'information sur la manière d'assumer sa responsabilité sociale:

ISO   *L'engagement des parties prenantes peut prendre de nombreuses formes. Il peut être initié par une organisation ou peut commencer comme une réponse d'une organisation à une ou plusieurs parties prenantes. Il peut avoir lieu dans le cadre de réunions informelles ou formelles et peut suivre une grande variété de formats tels que des réunions individuelles, des conférences, des ateliers, des auditions publiques, des tables rondes, des comités consultatifs, des procédures d'information et de consultation régulières et structurées, des négociations collectives et des forums en ligne. L'engagement des parties prenantes doit être interactif et vise à* *donner l'occasion aux parties prenantes de faire entendre leur point de vue. Sa caractéristique essentielle est qu'il implique une communication bidirectionnelle.*

ISO 26000:2010, page 18.

En élargissant ce précepte dans le cadre d'un modèle CCG, une organisation devrait envisager d'intégrer les principes DEI et les sujets fondamentaux de la responsabilité sociale comme guides lors de l'engagement des parties prenantes, afin de garantir des impacts positifs dans tous les domaines de sa "vie" ou de son écosystème économique, environnemental et social.

Dans le modèle CCG, les engagements DEI d'une organisation sont intégrés dans les énoncés de sa vision globale et de sa mission et sont représentés de manière visible dans ses buts et objectifs stratégiques et opérationnels, puis mis en œuvre et renforcés par ses activités quotidiennes. Dans ce scénario, la devise DEI est utilisée dans toutes les opérations de l'organisation, que les décisions et les activités soient prises ou organisées par fonction, par matrice ou par une combinaison des deux. En tant que monnaie d'échange pour les transactions et l'engagement, les principes DEI et les sujets de base permettent de concrétiser la vision et la mission de l'organisation.

Cela fait de la DEI un point d'information ou un guide stratégique qui éclaire les décisions et les activités de l'organisation et fournit des pistes d'évaluation pour mesurer les impacts sur les intérêts des parties prenantes et les attentes de la communauté/société, ainsi qu'au point de départ où les intérêts des parties prenantes et les attentes de la communauté/société s'entremêlent.

Lorsqu'une organisation aborde les questions de DEI en dehors de ses décisions et activités quotidiennes, la procédure est parfois une réflexion après coup, essentiellement réactionnaire ou ad hoc par nature et dans sa mise en œuvre. Par exemple, une organisation peut examiner un point de données confirmant que les rangs de ses employés ou les données démographiques de ses fournisseurs ou de ses cadres ne sont pas représentatifs des attentes des communautés ou de la société dont proviennent toutes leurs parties prenantes "intéressées". Pour résoudre ce problème sans recourir à un cadre DEI, certaines organisations se contentent d'une approche ad hoc.

Cela peut consister à réunir quelques personnes pour élaborer de belles déclarations, des buts et des objectifs en matière de diversité et d'inclusion. Mais en dehors de tout cadre inclusif, l'exercice est inutile, car les responsables du recrutement ou le personnel chargé des achats peuvent continuer à prendre chaque jour des décisions qui ne ressemblent en rien aux engagements ad hoc de l'organisation en matière de DEI. De plus, comme ces efforts sont déployés indépendamment de toute mesure définie ou d'un contexte plus large, il n'existe souvent aucun moyen systémique de quantifier les buts et objectifs de la DEI et aucun moyen pour l'organisation d'en rendre compte d'une manière utile qui encourage une amélioration réelle.

Lorsque la DEI devient naturelle dans l'écosystème d'une organisation, elle guide les décisions et les activités quotidiennes de l'organisation et crée une atmosphère propice à la collecte de données sur la façon dont l'organisation s'acquitte de ses obligations en matière de DEI. Une performance négative en matière de DEI n'est pas la fin du monde mais pourrait au contraire être le début d'un avenir glorieux où toutes les parties prenantes sont plus engagées dans la résolution des problèmes et où les attentes de la communauté/société sont satisfaites dans les délais prévus. Comme le dit le vieil adage chinois, le voyage de mille lieues commence par le fait de savoir faire le premier pas.

Figure 5.4: Identification et engagement des parties prenantes dans l'optique du DE&I

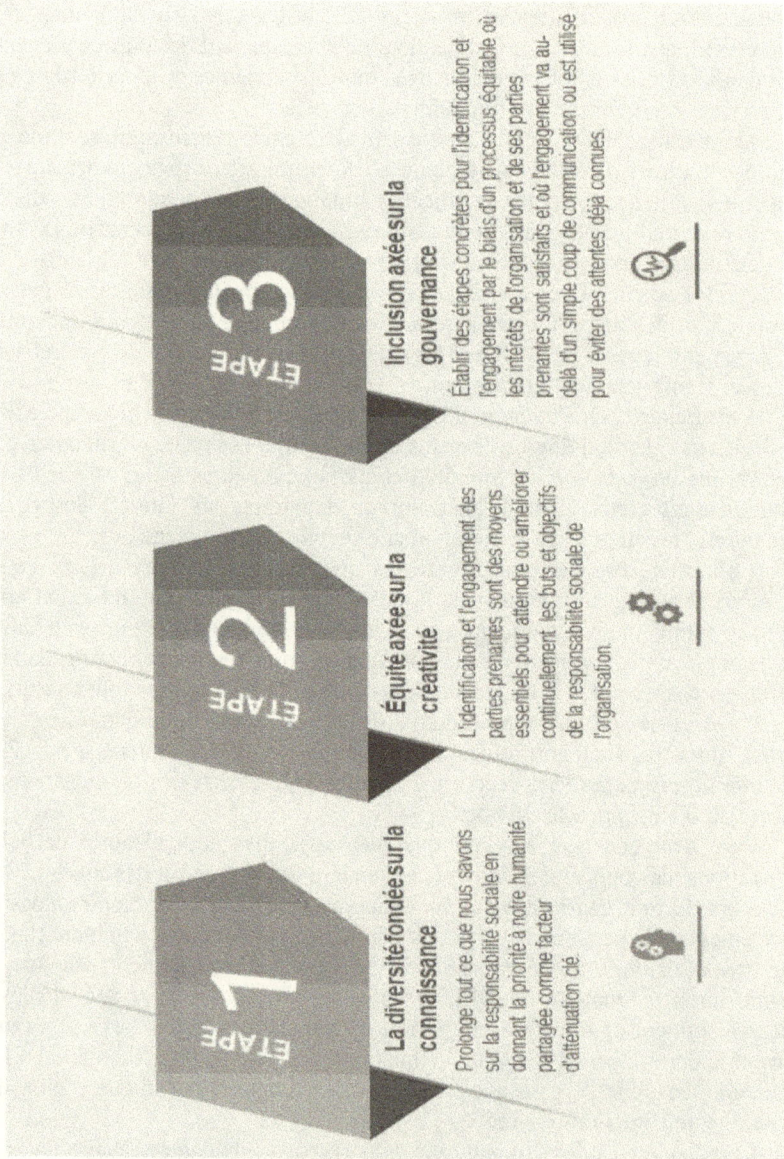

CHAPITRE SIX

LA DEI COMME MODÉRATEUR DES DROITS DE L'HOMME

DEI est au cœur de toute réflexion sur les droits de l'homme car elle englobe les concepts mêmes de justice sociale et d'équité. Les droits de l'homme sont ces droits inaliénables, indivisibles, universels et interdépendants qui touchent au cœur de notre humanité commune. En général, la protection des individus et des groupes contre les violations des droits de l'homme incombe à l'État, qui a la responsabilité de respecter et de réaliser les droits de l'homme dans sa juridiction (ISO 26000 2010). L'ISO 26000 propose deux grandes catégories de droits de l'homme à prendre en compte : (1) les droits civils et politiques qui concernent la liberté d'expression et la vie, la liberté et l'égalité devant la loi, et (2) les droits économiques, sociaux et culturels qui concernent le droit à l'alimentation, à l'emploi, à la santé, à la sécurité sociale et à l'éducation (ISO 26000 2010). Si l'État joue un rôle clé dans le respect des droits de l'homme dans ses juridictions par le biais de ses lois, la Charte internationale des droits de l'homme et d'autres pactes fondamentaux relatifs aux droits de l'homme établis au fil des ans par les Nations unies et d'autres groupes internationaux contribuent également à établir des normes pour ces droits au sein de la communauté internationale.

Il est également généralement admis que la préservation et la protection des droits de l'homme vont au-delà de la relation entre l'État et un individu ou un groupe. Dans ces situations, les organisations non étatiques ont également une responsabilité sociale de défendre et de respecter les droits de l'homme. Dans le domaine de la responsabilité sociale dans le contexte des droits de l'homme, l'ISO 26000 affirme que les organisations "bénéficient d'un ordre social et international dans lequel les droits et libertés [des individus et des groupes] peuvent être pleinement réalisés" (ISO 26000 2010). (c'est nous qui soulignons). En comprenant et en acceptant notre humanité partagée, il est facile de considérer la DEI comme la monnaie de la responsabilité sociale permettant à une organisation de se rapprocher de la plénitude grâce à ses dialogues sur les valeurs et les comportements qu'elle intègre dans ses décisions et ses activités. La norme ISO 26000 fournit les indications suivantes:

> **ISO** *La responsabilité de base des organisations non étatiques est de respecter les droits de l'homme. Cependant, une organisation peut être confrontée aux attentes des parties prenantes qui souhaitent qu'elle aille au-delà du respect, ou elle peut vouloir contribuer à la réalisation des droits de l'homme. Le concept de sphère d'influence aide une organisation à comprendre l'étendue de ses possibilités de soutenir les droits de l'homme parmi les différents détenteurs de droits. Ainsi, il peut aider une organisation à analyser sa capacité à influencer ou à encourager d'autres parties, les questions de droits de l'homme sur lesquelles elle peut avoir le plus grand impact et les titulaires de droits qui seraient concernés.*
>
> *ISO 26000:2010, page 24.*

DROITS DE L'HOMME
Appel à l'action en faveur de la diversité fondée sur la connaissance

Les principes des droits de l'homme dans l'ISO 26000 et les principes DEI sont une seule et même chose ; ils sont universels, indivisibles, inhérents, interdépendants et inaliénables. Tels que repris des lignes directrices de l'ISO 26000, ces principes DEI sont:

1. Universels, car ils s'appliquent à tout être humain, quel que soit son statut;
2. Indivisibles, car aucun droit de l'homme ne peut être ignoré de manière sélective ;
3. Inhérents, car ils appartiennent à chaque être humain en vertu de notre humanité commune ;
4. Interdépendants, car la réalisation d'un droit entraîne ou contribue à la réalisation d'autres droits ; et
5. Inaliénables, parce qu'une personne ne peut y renoncer ou en être privée par des institutions ou des gouvernements.

DROITS DE L'HOMME
Opportunité/réconciliation/perturbation de l'équité fondée sur la créativité

Le respect des droits de l'homme est la marque de l'engagement d'une organisation envers la DEI. Malheureusement, ce n'est pas une marque commune. Notre humanité commune a été brisée depuis longtemps. Toutes les barrières de division qui nous ont empêchés d'atteindre la plénitude individuelle et organisationnelle sont profondément ancrées dans notre psyché et renforcées par notre expérience quotidienne. Le racisme, le tribalisme, le sexisme et les inégalités entre les sexes, pour n'en citer que quelques-uns, ne sont pas apparus du jour au lendemain. Il s'agit de désordres sociaux bien ancrés dans notre passé, qui continuent d'empoisonner nos réalités humaines et notre existence. La plupart des gens ne laissent pas ces valeurs à la maison lorsqu'ils entrent dans la sphère d'une organisation.

Par exemple, on ne peut s'attendre à ce qu'une personne qui appartient à un groupe séparatiste et assiste à ses rassemblements le week-end vienne travailler du lundi au vendredi et agisse soudainement comme un défenseur des valeurs des droits de l'homme et de la réconciliation équitable. S'il serait erroné de supposer que tous ceux qui se rendent à ces rassemblements croient à la haine qu'ils vomissent, il est important de respecter les droits et les libertés de l'individu - sans pour autant sacrifier la nécessité pour l'organisation de protéger et de préserver ses droits à promouvoir ses valeurs de diversité, sa recherche d'équité et ses exigences d'inclusion. Sur ce plan, l'ISO 26000 offre un équilibre judicieux:

ISO *Les États ont le devoir de protéger les individus et les groupes contre les abus des droits de l'homme, ainsi que de respecter et de réaliser les droits de l'homme dans leur juridiction. Les États prennent de plus en plus de mesures pour encourager les organisations basées dans leur juridiction à respecter les droits de l'homme lorsqu'elles opèrent en dehors de cette juridiction. Il est largement reconnu que les organisations et les individus ont le potentiel d'affecter et affectent effectivement les droits de l'homme, directement et indirectement. Les organisations ont la responsabilité de respecter tous les droits de l'homme, que l'État soit en mesure ou non de remplir son devoir de protection. Respecter les droits de l'homme signifie ne pas porter atteinte aux droits d'autrui. Cette responsabilité implique de prendre des mesures positives pour s'assurer que l'organisation évite d'accepter passivement ou de participer activement à la violation des droits. S'acquitter de la responsabilité de respecter les droits de l'homme exige une diligence raisonnable. Lorsque l'État manque à son devoir de protection, une organisation peut être amenée à prendre des mesures supplémentaires pour s'assurer qu'elle respecte les droits de l'homme dans toutes ses activités.*

ISO 26000:2010, page 24.

À moins qu'une organisation ne traite de front les préjugés explicites et implicites, son cadre de responsabilité sociale DEI axé sur l'équité en matière de droits de l'homme ne conduira généralement pas à l'intégrité de l'organisation. Pourquoi ? La réponse simple est qu'il y a peut-être trop de problèmes de DEI mis sous la table parce qu'il est inconfortable d'en discuter et de les aborder ouvertement. Pourtant, il y a une certaine liberté à aborder nos craintes les plus profondes concernant notre humanité divisée au sein du foyer organisationnel figuratif. Une organisation devrait réfléchir au rôle qu'elle peut jouer pour aider à surmonter le mantra "divisé, nous sommes debout" que nous trouvons si souvent dans la société, un mantra qui se manifeste également au travail et interfère avec notre vie organisationnelle. Nous avons tous fait l'expérience d'environnements sociaux ou culturels toxiques dans la société ; ces environnements peuvent se manifester n'importe où - au travail, à l'école, ou même dans les établissements religieux.

L'un des remèdes à ces maux de la société consiste à intégrer les sept principes et pratiques et les sept sujets essentiels de la responsabilité sociale dans les plans d'action en matière d'équité, les formations et les mesures de performance. Il est également utile de créer des groupes ou des champions internes de l'équité et un groupe consultatif externe de parties prenantes. Ces groupes constituent le système de soutien de référence pour que les pratiques durables s'installent et deviennent des normes organisationnelles. L'application des lignes directrices ISO 26000 pour intégrer un comportement socialement responsable dans une organisation peut être améliorée en utilisant la DEI comme monnaie d'échange pour concevoir, mettre à jour ou intégrer le cadre de responsabilité sociale dans l'ensemble de l'écosystème d'une organisation. Il n'est pas utile qu'une fonction au sein de l'organisation soit pleinement engagée dans la DEI dans ses processus et pratiques de prise de décision, alors qu'une autre fonction ignore totalement la notion de création d'un lieu de travail diversifié, équitable et inclusif, ou ne l'aborde que du bout des lèvres. De plus, toute forme de DEI de la part de la direction d'une organisation rend tout effort concerté de changement culturel beaucoup plus difficile et presque impossible à maintenir des gains minimaux. La norme ISO 26000 fournit les indications suivantes :

ISO *Les opportunités d'une organisation pour soutenir les droits de l'homme seront souvent les plus grandes parmi ses propres opérations et employés. En outre, une organisation aura l'occasion de travailler avec ses fournisseurs, ses pairs ou d'autres organisations et la société en général. Dans certains cas, les organisations peuvent souhaiter accroître leur influence en collaborant avec d'autres organisations et individus. L'évaluation des possibilités d'action et d'influence accrue dépendra des circonstances particulières, certaines étant propres à l'organisation et d'autres au contexte dans lequel elle opère. Toutefois, les organisations doivent toujours tenir compte du risque de conséquences négatives ou involontaires lorsqu'elles cherchent à influencer d'autres organisations. Les organismes devraient envisager de faciliter l'éducation aux droits de l'homme afin de promouvoir la sensibilisation aux droits de l'homme parmi les titulaires de droits et ceux qui sont susceptibles d'avoir un impact sur eux.*

ISO 26000:2010, pages 24-25.

Dans le cadre d'un parcours d'opportunité, de réconciliation et de perturbation de l'équité en matière de droits de l'homme axé sur la créativité, une organisation peut prendre en compte les huit questions suivantes liées aux droits de l'homme et les actions d'inclusion axées sur la gouvernance qui les accompagnent. En abordant ces actions réalisables, une organisation devrait considérer les trois questions suivantes :

1. Existe-t-il des opportunités d'équité pour des actions immédiates qui traitent des questions de droits de l'homme ?
2. Y a-t-il des problèmes de droits de l'homme qui mettent en évidence les incohérences entre la politique et les procédures de l'organisation et ses pratiques qui devraient être réconciliées dans l'optique de pratiques équitables et inclusives ?
3. Y a-t-il des violations des droits de l'homme qui doivent être interrompues ou arrêtées parce qu'elles sont contraires à la loi ou à notre sensibilité en matière de justice sociale ?

Lors de l'examen ou de l'évaluation de la responsabilité sociale d'une organisation en matière de droits de l'homme, la norme ISO 26000 fournit les sept activités suivantes comme guides : diligence raisonnable, situations de risque en matière de droits de l'homme, éviter la complicité, résoudre les griefs, éliminer la discrimination et protéger les groupes vulnérables, protéger les droits civils et politiques des employés et des parties prenantes, protéger les droits économiques, sociaux et culturels des employés et des parties prenantes, et aborder les principes et droits fondamentaux au travail.

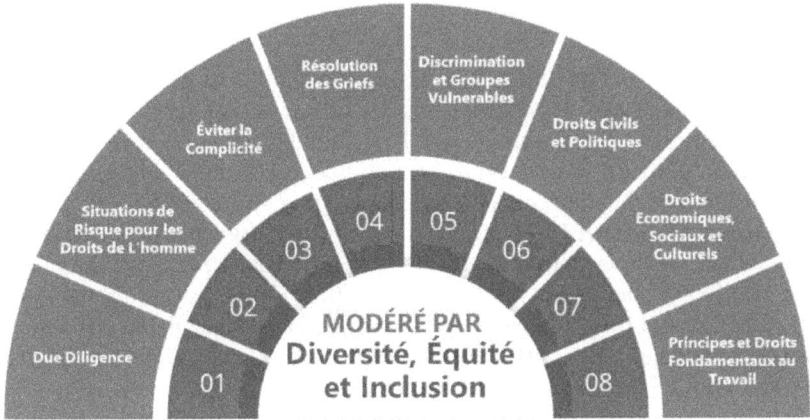

Human Rights Issue 1 : DUE DILIGENCE

Votre organisation dispose-t-elle d'un processus de DUE DILIGENCE qui intègre les questions de diversité, d'équité et d'inclusion dans le cadre de ses engagements en matière de droits de l'homme et de responsabilité sociale ?

DUE DILIGENCE
Appel à l'action basé sur la connaissance

La diligence raisonnable dans le cadre du paradigme de la responsabilité sociale englobe l'ensemble de l'écosystème d'une organisation et comprend ses processus décisionnels, ses activités et ses relations en matière de DEI, tant internes qu'externes. N'oubliez pas que les DEI sont des questions de droits de l'homme et que la diligence raisonnable est un processus proactif d'identification des risques et de création de moyens pour les éviter ou les atténuer. Dans le cadre des droits de l'homme, la diligence raisonnable examine les mesures globales visant à minimiser le risque de violation des droits de l'homme dans les activités et les relations d'une organisation. Lorsqu'elle applique les lignes directrices de l'ISO 26000 au comportement socialement responsable, une organisation doit prendre en compte ses propres pratiques de DEI et celles d'autres organisations sur les territoires où ses activités commerciales ont lieu ou ont un impact, afin de s'assurer qu'elles sont cohérentes avec ses engagements en matière de droits de l'homme.

En cas de violation des droits de l'homme ou de manque de diversité, d'équité et d'inclusion, l'organisation doit faire connaître sa position, directement ou indirectement, en développant, appliquant ou réaffirmant ses propres engagements DEI et en célébrant ses succès partout où elle a l'influence nécessaire pour contribuer à orienter la conversation et à atténuer les défis ou les problèmes. (ISO 26000 2010).

DUE DILIGENCE
Opportunité/réconciliation/perturbation de l'équité fondée sur la créativité

Si l'on étend cela aux questions DEI, il s'agit d'établir un processus de diligence raisonnable dans lequel les engagements DEI d'une organisation sont examinés dans le contexte national dans lequel l'organisation opère ou dans lequel ses activités, ses produits ou ses services sont utilisés (par exemple, les organisations de diffusion d'informations comme Facebook, Salesforce et SAP). L'objectif est d'évaluer les impacts DEI réels ou potentiels de l'organisation pour ses activités - conséquences positives ou négatives - et ceux des organisations dont les activités sont significativement liées à elle (ISO 26000 2010). C'est ce que le service juridique de Coca Cola a tenté de pratiquer avec la politique de diversité qu'il a essayé de mettre en œuvre, comme nous l'avons vu précédemment. La norme ISO 26000 fournit les indications suivantes :

> **ISO** *En identifiant les domaines potentiels d'action, un organisme devrait s'efforcer de mieux comprendre les défis et les dilemmes du point de vue des individus et des groupes potentiellement lésés. Outre cette auto-évaluation, une organisation peut constater que, dans certains cas, il est à la fois possible et approprié de chercher à influencer le comportement d'autres entités en vue d'améliorer leurs performances en matière de responsabilité sociale, notamment celles avec lesquelles elle entretient des liens étroits ou lorsque l'organisation considère que les questions sont particulièrement impérieuses ou pertinentes pour sa situation. À mesure qu'une organisation acquiert de l'expérience dans le domaine de l'amélioration des performances en matière de responsabilité sociétale, elle peut accroître sa capacité et sa volonté d'intervenir auprès d'autres entités pour défendre cet objectif.*

> *ISO 26000:2010, pages 70-71.*

En abordant la diligence raisonnable avec la DEI comme modérateur, une organisation devrait envisager l'application du modèle de lentille d'équité en 3 étapes suivant comme moyen d'établir des normes socialement responsables :
1. **Opportunité d'équité**: Identifier et corriger immédiatement les processus décisionnels et les activités de l'organisation qui sont connus pour être biaisés et avoir un impact négatif sur les minorités, les tribus indigènes, les femmes et les autres groupes discriminés. Dans la mesure

du possible, identifier et énoncer clairement la position de l'organisation en matière de responsabilité sociale DEI à tous ses partenaires externes, en particulier ceux dont les processus décisionnels et les activités sont connus pour être biaisés d'une manière ou d'une autre.

2. **Conciliation de l'équité**: Créer, mettre en œuvre ou améliorer les mécanismes de suivi pour évaluer périodiquement les processus et les pratiques de prise de décision (y compris les manuels de politique et de procédure) afin de s'assurer qu'ils sont conformes aux objectifs ou aux engagements déclarés de l'organisation en matière de DEI. Lorsque ces politiques et procédures sont incompatibles avec les objectifs et engagements DEI déclarés de l'organisation, des mesures correctives doivent être mises en place pour les concilier, les améliorer ou les remplacer par des normes socialement responsables qui sont justes et équitables.

3. **Perturbation de l'équité**: Lorsque des processus et activités de prise de décision ou des normes sont identifiés comme étant carrément discriminatoires ou promouvant des normes discriminatoires à l'égard des personnes de couleur, des femmes et d'autres groupes défavorisés, l'organisation doit prendre des mesures immédiates pour mettre fin à ces pratiques et activités ou présenter un plan d'action pour y mettre fin. Lorsque l'existence de ces normes discriminatoires est bien connue au sein des organisations partenaires externes, l'organisation doit se demander si elle doit poursuivre ces relations.

DILIGENCE DUE
Mesures à prendre pour une inclusion centrée sur la gouvernance

Les mesures d'inclusion centrées sur la gouvernance sont la manière dont une organisation s'engage à utiliser la DEI comme modérateur de ses processus décisionnels et de ses activités en matière de responsabilité sociale. Ces mesures aident l'organisation à faire en sorte que son personnel et ses processus soient complets lorsqu'elle avance dans ses engagements en matière de responsabilité sociale. Lorsqu'une organisation examine ses rôles et responsabilités en matière de diligence raisonnable dans le cadre de sa responsabilité sociale, elle doit également tenir compte de sa taille et de sa situation pour s'assurer qu'elle agit de manière judicieuse et appropriée. Lors de la conception, de l'évaluation ou de l'intégration de la diligence raisonnable en matière de DEI dans les processus et pratiques de prise de décision d'une organisation, les composantes d'inclusion suivantes, centrées sur la gouvernance et basées sur la taille et les circonstances de l'organisation, doivent être prises en compte et encadrées par les principes d'inclusion en 3 étapes :

☐ *Les politiques organisationnelles relatives aux droits de l'homme modérées par les Engagements DEI qui donnent à la fois aux personnes au sein de l'organisation et à celles qui lui sont étroitement associées des orientations ou des conseils utiles.*

- Des moyens d'évaluer l'impact des activités existantes et proposées sur les engagements DEI.
- Des moyens d'intégrer les engagements DEI dans les politiques en matière de droits de l'homme dans l'ensemble de l'organisation
- Des moyens de suivre les performances périodiquement et dans le temps afin de mesurer l'assimilation des engagements DEI dans les processus et pratiques décisionnels de l'organisation et, le cas échéant, de corriger l'approche et les priorités.
- Actions appropriées pour traiter les impacts négatifs de ses décisions et activités sur la DEI.

Reproduit de l'ISO 26000:2010, page 25, 70.

Question des droits de l'homme 2 : SITUATIONS DE RISQUE POUR LES DROITS DE L'HOMME :

Dans les SITUATIONS À RISQUES POUR LES DROITS DE L'HOMME, votre organisation a-t-elle mis en place une politique et une procédure DEI afin de ne pas exacerber ou contribuer aux violations des droits de l'homme des groupes minoritaires et vulnérables ?

SITUATIONS À RISQUE EN MATIÈRE DE DROITS DE L'HOMME
Appel à l'action en faveur de la diversité fondée sur la connaissance

Le racisme systémique et structurel, l'inégalité entre les sexes et les pratiques discriminatoires fondées sur des systèmes de valeurs bien ancrés qui marginalisent des groupes de personnes constituent un terrain fertile pour la manifestation de violations des droits de l'homme. Les organisations doivent reconnaître qu'elles ont un rôle à jouer dans la réduction des normes sociétales qui discriminent et marginalisent les populations et les exposent ainsi aux violations des droits de l'homme. Dans le contexte de la DEI en tant que modérateur de la responsabilité sociale d'une organisation, il existe des situations et des environnements de risque liés à la DEI dans lesquels une organisation est confrontée à des pressions liées au risque potentiel ou existant de violations des droits de l'homme. Dans ces situations de risque en matière de droits de l'homme liées à la DEI, l'organisation devrait faire preuve d'équilibre et d'équité en traitant les questions de DEI injustes et inéquitables, y compris les impacts négatifs associés à ses pratiques décisionnelles sur les groupes minoritaires et vulnérables et sur l'environnement.

ISO *[L'organisation doit tenir compte des conséquences potentielles de ses actions afin que l'objectif souhaité de respect des droits de l'homme soit effectivement atteint. En particulier, il est important de ne pas aggraver ou créer d'autres abus. La complexité d'une situation ne doit pas servir d'excuse à l'inaction.*

ISO 26000:2010, page 26.

SITUATIONS À RISQUE EN MATIÈRE DE DROITS DE L'HOMME
Opportunité/réconciliation/rupture d'équité motivée par la créativité

L'exclusion des groupes minoritaires et vulnérables des décisions et des activités qui ont un impact sur leurs intérêts économiques, environnementaux et sociaux est l'une des façons dont les organisations ont perpétué ou contribué aux abus des droits de l'homme dans le passé. Lorsqu'une société a des antécédents de racisme systémique et d'inégalités entre les sexes, elle est prédisposée à des situations où les groupes minoritaires et vulnérables risquent de subir des violations des droits de l'homme, que ces violations soient intentionnelles ou non. Les organisations sont mieux placées pour redresser ces torts sociétaux lorsqu'elles utilisent la DEI comme modérateur pour établir des normes de responsabilité sociale justes et équitables à l'échelle de l'organisation ; l'utilisation du modèle de l'optique d'équité en trois étapes peut faciliter le processus.

Si une organisation n'est pas sûre de ce à quoi ressemblent les situations à risque dans des circonstances réelles au sein de son propre écosystème ou de la société dans laquelle elle opère, les directives générales suivantes de l'ISO 26000 peuvent être utiles:

ISO
Il existe certaines circonstances et certains environnements dans lesquels les organisations sont plus susceptibles d'être confrontées à des défis et des dilemmes liés aux droits de l'homme et dans lesquels le risque d'abus des droits de l'homme peut être exacerbé. Il s'agit notamment de

- un conflit ou une instabilité politique extrême, l'échec du système démocratique ou judiciaire, l'absence de droits politiques ou civils ;
- la pauvreté, la sécheresse, les problèmes de santé extrêmes ou les catastrophes naturelles ;
- la participation à des activités extractives ou autres qui pourraient affecter de manière significative les ressources naturelles telles que l'eau, les forêts ou l'atmosphère ou perturber les communautés ;
- la proximité des opérations avec des communautés de peuples indigènes ;
- les activités qui peuvent affecter ou impliquer des enfants ;
- une culture de la corruption ;
- des chaînes de valeur complexes qui impliquent un travail effectué sur une base informelle sans protection juridique ; et
- la nécessité de prendre des mesures étendues pour assurer la sécurité des locaux ou d'autres actifs.

ISO 26000:2010, pages 25-26.

Les normes de division systémiques et structurelles - raciales, sexistes, sectaires, tribales, etc. - ont toutes trait à la dévalorisation de notre humanité commune, tant individuellement que collectivement. Les situations ci-dessus peuvent obliger une organisation à prendre des décisions ou à adopter une position sur des questions qui peuvent provenir de normes et de pratiques sociétales brisées. L'objectif primordial dans ces situations est de toujours se placer du côté du respect des droits de l'homme, qu'il s'agisse d'y contribuer, de les promouvoir ou de les défendre.

Les situations à risque en matière de droits de l'homme peuvent être atténuées par une introspection juste et honnête et par l'adoption de mesures réalisables qui intègrent la DEI dans les priorités de l'organisation. Le modèle de lentille d'équité en 3 étapes peut aider les organisations socialement responsables à déterminer l'ampleur de l'impact de la situation de risque systémique liée à la DEI sur les droits de l'homme des minorités et des groupes vulnérables et sur les engagements de l'organisation envers les normes de responsabilité sociale qui mènent au développement durable.

SITUATIONS À RISQUE EN MATIÈRE DE DROITS DE L'HOMME
Mesures d'inclusion axées sur la gouvernance

Pour faire face à l'une ou l'autre des situations énumérées ci-dessus, une organisation doit élaborer une politique globale en matière de DEI qui énonce clairement sa position contre toute violation des droits de l'homme, quelle que soit sa provenance. Cela permet aux représentants de l'organisation de parler d'une seule voix lorsque des situations à risque en matière de droits de l'homme liées à la DEI se présentent, ce qui réduit la pression exercée sur les gestionnaires ou les cadres pour qu'ils fassent leur propre jugement, car la politique et les procédures de soutien ont été réfléchies et les réponses clairement énoncées. Lors de l'élaboration de cette politique et/ou procédure de "questions-réponses", l'organisation doit déterminer lequel des trois principes d'inclusion à utiliser comme guide (axé sur la rédemption, sur la restauration ou sur la responsabilité).

ISO Les organisations doivent être particulièrement vigilantes lorsqu'elles traitent les situations décrites ci-dessus. Ces situations peuvent nécessiter un processus renforcé de diligence raisonnable pour garantir le respect des droits de l'homme. Cela pourrait par exemple se faire par le biais d'une évaluation indépendante de l'impact sur les droits de l'homme. Lorsqu'elles opèrent dans des environnements dans lesquels une ou plusieurs de ces circonstances s'appliquent, les organisations sont susceptibles d'être confrontées à des jugements difficiles et complexes sur la manière de se comporter. Bien qu'il n'y ait pas de formule ou de solution simple, une organisation doit fonder ses décisions sur la responsabilité première de respecter les droits de l'homme, tout en contribuant à promouvoir et à défendre la réalisation globale des droits de l'homme.

En réagissant, une organisation devrait envisager les conséquences potentielles de ses actions afin que l'objectif souhaité de respect des droits de l'homme soit effectivement atteint. En particulier, il est important de ne pas aggraver ou créer d'autres abus. La complexité d'une situation ne doit pas servir d'excuse à l'inaction.

ISO 26000:2010, page 26.

Droits de l'homme - Question 3 : ÉVITER LA COMPLICITÉ

Dans vos processus de prise de décision et vos activités, votre organisation évite-t-elle la COMPLICITÉ sur les questions de DEI, qu'elles soient directes, bénéfiques ou silencieuses ?

Le cadre du CCG fournit un processus raisonné permettant à une organisation d'examiner ses processus décisionnels et ses activités afin de s'assurer qu'elle n'est pas complice d'abus ou d'injustices perpétrés par l'un de ses partenaires. Si une organisation se trouve dans une telle position, elle peut utiliser les solutions créatives d'équité dans le cadre de ses engagements DEI qu'elle intègre dans son manuel de politique et de procédures.

ÉVITER LA COMPLICITÉ
Appel à l'action en faveur de la diversité fondée sur la connaissance

L'une des raisons pour lesquelles le racisme systémique et structurel et l'inégalité entre les sexes persistent dans la société et les organisations est directement liée au fait que beaucoup trop de bonnes personnes ont tendance à ne rien faire à ce sujet. Ils peuvent ne pas être d'accord avec ces inégalités, mais ils ne s'engagent pas non plus à trouver des solutions ou à exprimer une indignation justifiée contre les pratiques organisationnelles et sociétales injustes et inéquitables. Les problèmes de DEI ayant des impacts négatifs persistants sur les groupes minoritaires sont souvent favorisés par cette complicité. Sur une planète partagée où les normes divisent l'humanité, la complicité découle de l'inconfort d'aborder ou d'engager un dialogue constructif sur des sujets tels que la race, les systèmes tribaux ou de castes, le statut privilégié non mérité, etc. Mais sans ces conversations difficiles, les clivages d'inégalité et d'exclusion persistent. La norme ISO 26000 établit le lien de manière succincte : *"La complicité est associée au concept d'aide et d'encouragement à un acte illégal ou à une omission."*

Les questions de DEI ont généralement tendance à être des questions de droits de l'homme, et elles désavantagent de manière disproportionnée les groupes non pas en raison de leur caractère, mais en raison de leur race, de leur sexe et d'autres normes sociétales discriminatoires établies. Lorsque les organisations mènent des activités dans des pays et des sociétés où les normes divisent notre humanité commune, privilégiant un groupe par rapport à un autre sur la base de contrats sociaux injustes et inéquitables, il peut être plus facile pour elles de prétendre qu'elles ne voient pas ou ne connaissent pas le problème - la complicité des entreprises. Pourtant, les organisations d'aujourd'hui, plus que les gouvernements, ont à la fois le pouvoir et les moyens de faire cesser ces normes de division par des pratiques de responsabilité sociale. Cela explique pourquoi les dirigeants des organisations ont besoin d'informations basées sur les connaissances pour savoir quand leurs actions - ou leur absence d'actions - en matière de DEI peuvent les mettre en position de complicité.

La norme ISO 26000 recommande aux organisations d'examiner leurs propres systèmes, processus et structures de sécurité internes pour s'assurer qu'ils respectent les droits de l'homme, ce qui, dans le cadre de la DEI, inclut la protection de la sécurité des victimes et des dénonciateurs de pratiques injustes et inéquitables. Dans cette optique, il est important que l'ensemble du personnel soit formé sur les normes ou pratiques relatives à la DEI qui rendent l'organisation et ses dirigeants complices. Cette formation doit s'étendre non seulement aux employés (à temps plein et temporaires), mais aussi aux partenaires externes (entrepreneurs indépendants et autres accords de partenariat).

Il devrait également y avoir un processus clair d'escalade pour traiter les questions de DEI, avec des lignes d'autorité claires indiquant qui est responsable de quelles décisions et, si nécessaire, faire appel à des experts externes pour obtenir de l'aide. Pour les dirigeants qui ne sont pas sûrs de ce qui constitue une complicité individuelle et organisationnelle, ISO 26000 a fourni ces conseils raisonnés sur les différences :

> **ISO** *Dans le contexte juridique, la complicité a été définie dans certaines juridictions comme un acte ou une omission ayant un effet substantiel sur la commission d'un acte illégal tel qu'un crime, tout en ayant la connaissance de cet acte illégal ou l'intention d'y contribuer.*
>
> *La complicité est associée au concept d'aide et d'encouragement d'un acte ou d'une omission illégale.*
>
> *Dans le contexte non juridique, la complicité découle des attentes sociétales générales en matière de comportement. Dans ce contexte, une organisation peut être considérée comme complice lorsqu'elle aide à la commission d'actes illicites par d'autres, qui sont incompatibles avec les normes internationales de comportement ou qui ne les respectent pas, et dont l'organisation, en exerçant une diligence raisonnable, savait ou aurait dû savoir qu'ils auraient des effets négatifs importants sur la société, l'économie ou l'environnement. Un organisme peut également être considéré comme complice lorsqu'il garde le silence sur ces actes illicites ou en tire profit.*
>
> *ISO 26000:2010, page 26.*

ÉVITER LA COMPLICITÉ
Opportunité/réconciliation/disruption de l'équité motivée par la créativité

Les questions de DEI continuent d'être des domaines clés dans le monde où la complicité potentielle dans les violations des droits de l'homme se manifeste en raison des décisions et des pratiques des organisations. Cette complicité est parfois encore plus lourde dans les sociétés où il existe des lois interdisant de telles pratiques. Aux États-Unis, les lois sur l'action positive et l'égalité des chances en matière d'emploi sont en vigueur depuis des années. Cependant, la main-d'œuvre de la plupart des organisations ne représente pas la diversité des communautés dans lesquelles elles opèrent ou des parties prenantes que leurs produits ou services atteignent. L'Inde dispose de lois positives en matière d'action positive depuis qu'elle a obtenu son indépendance et les a incorporées dans sa Constitution, mais le système des castes, en place depuis des siècles, domine toujours un grand nombre de ses contrats sociaux, influençant la manière dont les processus décisionnels et les activités des organisations sont structurés.

Comment les organisations peuvent-elles d'abord se conformer aux lois existantes en matière de DEI, puis aller au-delà pour se comporter de manière socialement responsable ? La meilleure façon de commencer est d'examiner les normes qui divisent, alimentées par la complicité, et qui sont incompatibles avec nos valeurs communes et nos attentes en matière de comportement socialement responsable. Par exemple, chaque petit garçon connaît la valeur et le rôle significatif que sa mère joue et continue de jouer dans sa vie. Pourtant, lorsqu'il devient un homme et qu'il occupe une position d'influence et de pouvoir, les femmes - un groupe auquel sa mère appartient - sont considérées comme des citoyens de seconde ou de troisième classe et il accepte volontiers cette norme, voire la défend. Il s'agit là d'un comportement complice engendré par la société et qui est répandu comme une norme partagée dans le monde entier.

Il se poursuit par notre prise de conscience de la manière dont les normes de division violent les droits de l'homme, mettant en danger ou limitant les droits individuels ou collectifs à la vie, à la liberté et à la poursuite du bonheur. Il fut en effet un temps où les femmes restaient à la maison et s'occupaient des enfants pendant que les hommes travaillaient. Une norme commune s'est développée selon laquelle les hommes avaient tendance à gagner plus d'argent que les femmes si elles devaient travailler, car on supposait que le revenu de la femme était un deuxième revenu pour sa famille. Néanmoins, certaines femmes devaient travailler parce qu'elles étaient les seules à subvenir aux besoins de leur famille - une réalité qui n'était pas prise en compte dans le contrat social partagé. Ce contrat persiste aujourd'hui ; l'époque des rôles sexuels plus stricts dans la famille est révolue, mais la plupart des femmes continuent de gagner moins que les hommes sur le lieu de travail pour le même travail et la plupart des hommes en mesure de changer cette norme injuste et inéquitable détournent le regard - complices de cette norme de division partagée.

En examinant comment créer des solutions aux problèmes de complicité liés à la DEI, les organisations devraient prendre en compte trois facettes distinctes que l'ISO 26000 a habilement définies dans son concept de responsabilité sociale et qui sont ici réadaptées au cadre de la DEI : la complicité directe, bénéfique et silencieuse :

- Il y a complicité directe en matière de DEI lorsqu'une organisation aide sciemment une autre organisation à violer les droits de l'homme, par exemple en pratiquant une discrimination systématique en matière d'emploi à l'encontre de certains groupes, en sous-payant les femmes par rapport à leurs homologues masculins pour le même travail, en dévalorisant clairement les opinions des groupes minoritaires simplement parce que...

- Il y a complicité bénéfique en matière de DEI lorsqu'une organisation bénéficie directement de produits dont elle a besoin pour son modèle économique rentable et qui sont issus de violations des droits de l'homme, par exemple lorsque, dans ses chaînes de valeur complexes, des travailleurs appartenant à des groupes autochtones voient leurs droits de l'homme violés par ses fournisseurs en toute impunité.

- La complicité silencieuse en matière d'IED, c'est lorsqu'une organisation ne prend pas de mesures pour corriger des pratiques injustes et inéquitables ou pour faire part de ses préoccupations concernant ces violations aux autorités compétentes, par exemple lorsque des quartiers minoritaires sont contraints de boire de l'eau contaminée par du plomb alors que la majorité ou les quartiers aisés disposent d'une eau propre et non contaminée.

En utilisant la lentille d'équité en 3 étapes comme guide, une organisation peut mener sa propre évaluation des domaines dans ses processus de prise de décision et ses pratiques où elle pourrait être complice (opportunité d'équité), examiner ses propres pratiques pour trouver des incohérences dans ses engagements DEI déclarés (réconciliation d'équité), et décider quelles pratiques arrêter ou discontinuer parce qu'elles causent du tort ou désavantagent d'autres groupes (rupture d'équité).

ÉVITER LA COMPLICITÉ
Étapes concrètes de l'inclusion axée sur la gouvernance

Les mesures d'inclusion axées sur la gouvernance sont des moyens par lesquels une organisation aborde et institutionnalise l'iniquité et les pratiques d'exclusion qu'elle découvre dans ses processus décisionnels et ses activités actuels. Le processus de découverte, de développement et de mise en œuvre des mesures à prendre doit être guidé par les principes d'inclusion en trois étapes. Idéalement, elles devraient être axées sur la rédemption, la restauration ou la responsabilité. La norme ISO 26000 a fourni quelques conseils raisonnés sur la manière dont les organisations peuvent intégrer dans le cadre de leurs étapes de diligence raisonnable des repères de responsabilité sociale sociétale et juridique, que j'ai repris ici pour DEI.

Une organisation devrait :

- *ne pas fournir de biens ou de services à des organisations qui les utilisent pour appliquer des normes de discrimination ou de ségrégation (une forme d'abus des droits de l'homme) ;*
- *ne pas s'engager dans un partenariat (formel ou informel) ou une relation contractuelle avec un partenaire qui commet des violations des droits de l'homme (conformes aux violations liées à la DEI ou à l'évitement de la complicité) dans l'exécution du travail contractuel ou dans le contexte du partenariat ;*
- *s'informer sur les questions DEI en rapport avec les conditions sociales et environnementales dans lesquelles les biens et services achetés sont produits ou distribués ;*
- *s'assurer qu'il n'est pas complice de tout déplacement de personnes de leurs terres par des pratiques discriminatoires connues (comme le redlining, le domaine imminent, le redistricting, ou autres), en particulier lorsqu'elles sont incompatibles ou non conformes au droit national et aux normes internationales, et fournir une compensation adéquate aux victimes de tels actes lorsqu'il y a participé, même si ou lorsque cette pratique était une norme sociétale acceptée ou légalement justifiée ;*
- *envisager de faire connaître publiquement sa position sur les questions de DEI par des déclarations ou en prenant d'autres mesures indiquant qu'il ne cautionne pas les violations des droits de l'homme, telles que les normes ou les actes de discrimination ou de marginalisation survenant dans les contrats sociaux ou la dégradation de l'environnement dans le pays concerné ; et*
- *éviter les relations avec des organisations engagées dans des activités antisociales de suprématie tribale, raciale ou de genre.*

Reproduit de la norme ISO 26000:2010, page 27.

Question des droits de l'homme 4 : RÉSOLUTION DES GRIEFS

Votre organisation a-t-elle mis en place des processus pour RÉSOUDRE LES GRIEFS en matière de diversité, d'équité et d'inclusion ?

RÉSOLUTION DES GRIEFS
Appel à l'action en faveur de la diversité fondée sur la connaissance

L'humanité existe sur une planète partagée, mais nous sommes loin d'être unis. Nous avons été divisés par de nombreuses normes néfastes, établies dans la plupart des cas non pas par la raison mais par la peur, des coutumes de survie, des systèmes de valeurs non examinés et des contrats sociaux injustes. Cela expose toute relation humaine à des conflits et à des griefs. Pour les organisations, l'existence de griefs n'est pas le problème ; il y en a à la pelle. Le problème réside dans la manière dont les griefs sont résolus (ou non résolus). Les organisations socialement responsables doivent considérer les griefs liés à la DEI dans le contexte plus large des violations des droits de l'homme. L'une des clés pour garantir l'équité est de mettre en place un mécanisme pour soutenir ceux qui pensent que leurs droits de l'homme ont été violés, compromis ou ignorés.

RÉSOLUTION DES GRIEFS
Opportunité/réconciliation/perturbation de l'équité fondée sur la créativité

Tout mécanisme complet de résolution des griefs fondé sur la créativité devrait être échelonné en traitant chaque grief avec une réponse d'une ampleur appropriée. Par exemple, dans notre discussion précédente sur JP Morgan Chase, il serait injuste de juger les engagements de la direction générale en matière de DEI à l'aune des actions d'un responsable raciste dans une agence locale. Mais lorsque ce manager représente des dizaines, voire des milliers d'employés, la question devient alors de savoir si la direction générale savait que son mécanisme de règlement des griefs lié à l'IED ne fonctionnait pas pour les personnes lésées et quelles mesures elle a prises pour y remédier. Le fait qu'il ait fallu un reportage dans les médias sur les abus liés à la DEI commis par l'un de ses cadres pour que la haute direction soit consciente du problème ou réagisse publiquement à ce sujet suggère que ses engagements en matière de DEI n'étaient pas profondément ancrés dans ses opérations.

Une chose qui manque clairement dans la situation de Chase est une voie claire et efficace pour traiter les problèmes. Les clients afro-américains victimes de discrimination de la part du directeur de la banque n'avaient pas de mécanisme efficace connu pour faire entendre leurs doléances, si ce n'est de s'adresser aux médias. S'il est utile que les médias aient pu intervenir, ces clients n'auraient pas dû avoir à s'adresser aux médias pour trouver une solution. Comme l'exprime habilement la norme ISO 26000, "pour s'acquitter de sa responsabilité de respecter les droits de l'homme, un organisme devrait établir un mécanisme permettant à ceux qui estiment que leurs droits ont été violés de le porter à l'attention de l'organisme et de demander réparation (ISO 26000 2010)."

Chaque jour, cette absence de mécanisme de réclamation ou de mécanisme efficace de réclamation ou encore des mécanismes corrompus continuent d'être l'expérience des minorités, malgré les engagements DEI bien intentionnés et méticuleusement élaborés par les institutions en Amérique et dans le monde. Pour élaborer un mécanisme de réclamation efficace en matière de DEI, les organisations devraient envisager d'utiliser le modèle de lentille d'équité en trois étapes, à savoir

- recherchant des opportunités d'équité pour corriger ou ajuster le mécanisme de grief actuel qui est inaccessible, injuste ou inéquitable (opportunité d'équité)
- évaluant continuellement ses engagements en matière de DEI par rapport à ses systèmes et pratiques organisationnels afin de s'assurer qu'il n'y a pas de divergence entre sa politique et ses procédures déclarées et les pratiques réelles de résolution des griefs dans l'ensemble de son écosystème (conciliation de l'équité)
- s'assurer que sa réponse aux abus liés à la DEI n'encourage pas la poursuite de pratiques qui maintiennent des comportements injustes ou inéquitables avec des moyens de dissuasion faibles ou des actions qui bloquent ou empêchent l'accès aux voies légales disponibles (rupture d'équité).

RÉSOLUTION DES GRIEFS
Étapes concrètes de l'inclusion axée sur la gouvernance

L'inclusion centrée sur la gouvernance pour résoudre les griefs liés à la DEI devrait être un moyen par lequel une organisation fournit une structure supplémentaire par le biais d'étapes réalisables. Cette approche ne devrait pas contourner ou saper les voies légales, mais plutôt traiter les griefs liés à la DEI à un stade précoce, avant qu'ils ne dépassent l'autorité de l'organisation et ne deviennent des questions juridiques. L'échelle de résolution des griefs liés à la DEI et les étapes réalisables bénéficient de l'utilisation des principes d'inclusion en 3 étapes, car le mécanisme de règlement des griefs qui en résulte est axé sur la rédemption, la restauration et la responsabilité. La norme ISO 26000 fournit des indications supplémentaires :

ISO
Un organisme devrait établir, ou assurer d'une autre manière la disponibilité, de mécanismes de recours pour son propre usage et celui de ses parties prenantes. Pour que ces mécanismes soient efficaces, ils doivent être :

☐ *légitimes Cela inclut des structures de gouvernance claires, transparentes et suffisamment indépendantes pour garantir qu'aucune partie à un processus de grief particulier ne puisse interférer avec la gestion équitable de ce processus ;*

☐ *accessibles Leur existence doit être rendue publique et une assistance adéquate doit être fournie aux parties lésées qui peuvent rencontrer des obstacles à l'accès, tels que la langue, l'analphabétisme, le manque de sensibilisation ou de financement, la distance, le handicap ou la peur des représailles ;*

☐ *prévisibles Les procédures doivent être claires et connues, un calendrier précis pour chaque étape et une clarté quant aux types de processus et de résultats qu'elles peuvent et ne peuvent pas offrir, ainsi qu'un moyen de contrôler la mise en œuvre de tout résultat ;*

☐ *équitables Les parties lésées doivent avoir accès aux sources d'information, aux conseils et à l'expertise nécessaires pour s'engager dans une procédure de règlement des griefs équitable ;*

☐ *compatible avec les droits Les résultats et les recours doivent être conformes aux normes internationalement reconnues en matière de droits de l'homme ;*

☐ *claire et transparente Bien que la confidentialité puisse parfois être appropriée, le processus et les résultats devraient être suffisamment ouverts à l'examen du public et tenir dûment compte de l'intérêt public; et*

☐ *basé sur le dialogue et la médiation Le processus doit rechercher des solutions mutuellement convenues aux griefs par le biais d'un engagement entre les parties. Lorsque l'arbitrage est souhaité, les parties devraient conserver le droit de le demander par le biais de mécanismes distincts et indépendants.*

ISO 26000:2010, page 27.

Question de droits de l'homme n°5 : DISCRIMINATION ET GROUPES VULNERABLES

Les politiques et procédures de votre organisation ont-elles été examinées pour garantir que les personnes appartenant à des GROUPES MINORITAIRES et VULNÉRABLES ne sont pas victimes de DISCRIMINATION ?

Les pratiques discriminatoires sont des normes de division courantes et anciennes qui marginalisent notre humanité commune. Tout être humain vivant a connu une forme de discrimination ou une autre - blanc, noir, homme, femme, mince, gros, propre, sale, beau, laid - la liste est longue. Mais il existe des groupes qui ont souffert de manière disproportionnée de pratiques discriminatoires visant le groupe auquel ils s'identifient. Ces groupes comprennent les minorités au sein de communautés plus larges, les femmes et les filles, les populations autochtones, les personnes handicapées, les enfants, les migrants et toute autre personne victime de discrimination en raison de sa race, de sa caste, de sa religion ou d'autres distinctions vulnérables. Les organisations ont un rôle unique à jouer dans le démantèlement des normes de discrimination sociétale, mais cela doit d'abord commencer par l'engagement et la participation soutenue de la haute direction. Si les politiques et les procédures sont nécessaires, elles ne constituent pas l'autorité de référence en matière de pratiques discriminatoires. Au lieu de cela, les décideurs utilisent des modèles de pensée automatiques, sociaux et mentaux - consciemment ou inconsciemment - qui, dans certains cas, annulent les bonnes intentions énoncées dans les politiques et les procédures.

DISCRIMINATION ET GROUPES VULNÉRABLES
Appel à l'action pour une diversité fondée sur la connaissance

Comprendre la discrimination et la façon dont elle se manifeste est essentiel pour les organisations qui poursuivent un programme de responsabilité sociale modéré par la DEI. Lorsque des groupes sont marginalisés, ils ne souffrent pas seulement des actes associés à la marginalisation, mais toute la société - y compris les grandes organisations - en souffre également, car lorsque quelqu'un est déshumanisé ou dévalorisé, cela nous affecte tous. Par exemple, lorsque des entreprises profitent de groupes de populations indigènes en exploitant leurs ressources et en détruisant leur environnement, obligeant les populations et les générations futures à brûler les forêts tropicales pour survivre, l'humanité actuelle et future en paie le prix et est diminuée.

En outre, les normes de division qui discriminent les minorités, les groupes de population vulnérables et les femmes sont généralement bien ancrées et ne disparaissent pas d'elles-mêmes. Au contraire, ces pratiques discriminatoires ont tendance à être à la fois pérennes et perpétuelles en renforçant les désavantages qu'elles créent. C'est une raison de plus pour laquelle les leaders organisationnels doivent être intentionnels dans leurs engagements DEI, en s'assurant qu'ils produisent une culture équitable et inclusive, indépendamment des dysfonctionnements sociétaux créés par ces normes de division. Si ces normes discriminatoires ont pu naître dans la société, elles n'ont pas leur place dans les organisations d'aujourd'hui car elles ne sont pas tournées vers l'avenir et sapent la responsabilité sociale et les objectifs de développement durable. La question pertinente pour les organisations est de savoir ce qui constitue une discrimination. La norme ISO 26000 fournit les indications utiles suivantes :

ISO *La discrimination implique toute distinction, exclusion ou préférence qui a pour effet d'annuler l'égalité de traitement ou d'opportunité, lorsque cette considération est fondée sur un préjugé plutôt que sur un motif légitime. Les motifs illégitimes de discrimination comprennent, sans s'y limiter, la race, la couleur, le sexe, l'âge, la langue, la propriété, la nationalité ou l'origine nationale, la religion, l'origine ethnique ou sociale, la caste, les motifs économiques, le handicap, la grossesse, l'appartenance à un peuple autochtone, l'affiliation syndicale, l'affiliation politique ou les opinions politiques ou autres. Les nouveaux motifs interdits comprennent également l'état matrimonial ou familial, les relations personnelles et l'état de santé tel que le statut VIH/SIDA. L'interdiction de la discrimination est l'un des principes les plus fondamentaux du droit international des droits de l'homme... La discrimination peut également être indirecte. C'est le cas lorsqu'une disposition, un critère ou une pratique apparemment neutre désavantagerait des personnes possédant un attribut particulier par rapport à d'autres personnes, à moins que cette disposition, ce critère ou cette pratique ne soit objectivement justifié par un objectif légitime et que les moyens de réaliser cet objectif ne soient appropriés et nécessaires.*

ISO 26000:2010, page 28.

DISCRIMINATION ET GROUPES VULNÉRABLES
Opportunité/réconciliation/perturbation de l'équité fondée sur la créativité

Les organisations peuvent bénéficier énormément de l'utilisation de la DEI comme modérateur pour établir un environnement sans discrimination. Tout commence par un leadership engagé sur les questions de DEI, qui définit les attentes d'un lieu de travail sans discrimination et engage le leadership et les ressources pour y parvenir. Cela se poursuit par l'application de l'optique d'équité en trois étapes pour examiner ou évaluer la situation de l'organisation en matière de pratiques discriminatoires et celle qu'elle espère atteindre pour devenir une organisation socialement responsable qui maximise les ressources humaines à facettes multiples disponibles dans son écosystème sociétal.

Le DE&I ne devrait pas être une réponse réactionnelle à l'agitation politique ou sociale, mais une carte de visite de l'organisation pour son engagement à rendre ce monde meilleur par ses pratiques décisionnelles. Une main-d'œuvre polyvalente qui permet la participation et l'inclusion des groupes minoritaires, des femmes et d'autres groupes privés de droits doit être considérée comme une proposition commerciale à valeur ajoutée, et non comme un simple geste de bienveillance. Une approche DEI bienveillante peut être ancrée dans de bonnes intentions, mais elle n'est pas nécessairement motivée par des pratiques commerciales saines et est donc souvent difficile à maintenir. Par exemple, l'embauche d'une personne issue d'un groupe marginalisé dans un effectif de plusieurs centaines de personnes est un geste symbolique de bienveillance de la part de la direction à l'égard de la DEI.

L'utilisation du modèle d'optique d'équité en 3 étapes permet à une organisation d'adopter une approche holistique, systémique et intentionnelle pour créer une main-d'œuvre, un lieu de travail et des partenariats de travail exempts de discrimination lorsque DEI sert de modérateur. Cette approche donne à l'organisation une stratégie tripartite qui intègre la triple ligne de fond du profit (prospérité), des personnes et de la planète comme un modèle d'entreprise sain :

- **Opportunité d'équité** En se concentrant sur les possibilités d'ajuster ou de corriger les processus et pratiques décisionnels actuels discriminatoires ou potentiellement discriminatoires, une organisation peut renforcer ses engagements en matière de responsabilité sociale grâce à la DEI. La norme ISO 26000 fournit les indications suivantes :

ISO *Une organisation doit veiller à ne pas pratiquer de discrimination à l'égard de ses employés, partenaires, clients, parties prenantes, membres et de toute autre personne avec laquelle elle est en contact ou sur laquelle elle peut avoir un impact...Une organisation peut adopter une vision positive et constructive de la diversité des personnes avec lesquelles elle interagit. Il peut prendre en compte non seulement les aspects liés aux droits de l'homme, mais aussi les gains pour son propre fonctionnement en termes de valeur ajoutée par le plein développement de ressources et de relations humaines aux multiples facettes.*

ISO 26000:2010, pages 28-29.

- **Conciliation de l'équité** En évaluant ses processus et pratiques décisionnels quotidiens par rapport aux pratiques systémiques ou potentiellement discriminatoires telles qu'elles sont consignées dans sa politique et ses procédures, un organisme peut découvrir les domaines dans lesquels il existe des lacunes ou des incohérences et utiliser ces informations pour les améliorer ou les remplacer par des pratiques plus socialement responsables. La norme ISO 26000 fournit les indications suivantes :

ISO *Un organisme devrait examiner ses propres opérations et les opérations d'autres parties dans sa sphère d'influence pour déterminer si une discrimination directe ou indirecte est présente. Elle devrait également s'assurer qu'elle ne contribue pas à des pratiques discriminatoires par le biais des relations liées à ses activités. Si c'est le cas, l'organisation doit encourager et aider les autres parties à assumer leur responsabilité de prévenir la discrimination. Si elle n'y parvient pas, elle doit reconsidérer ses relations avec ces organisations. Elle peut, par exemple, entreprendre une analyse des manières typiques dont elle interagit avec les femmes, par rapport aux hommes, et se demander si les politiques et les décisions à cet égard sont objectives ou reflètent des idées préconçues stéréotypées. Elle peut souhaiter demander conseil à des organisations locales ou internationales spécialisées dans les droits de l'homme. Un organisme peut être guidé par les conclusions et recommandations de procédures de surveillance ou d'enquête internationales ou nationales.*

ISO 26000:2010, page 28.

- **Perturbation de l'équité** : Une organisation peut briser le cercle des normes de discrimination sociétale en utilisant intentionnellement ses propres processus décisionnels et activités pour les démanteler au sein de son propre écosystème. Cela peut être aussi simple que de s'engager dans des conversations et de prendre des mesures qui cherchent respectivement à comprendre et à traiter les discriminations permanentes qui ont limité les capacités des groupes minoritaires et vulnérables en raison de normes systémiques ou de contrats sociaux bien ancrés. La norme ISO 26000 fournit les indications suivantes :

ISO *Un organisme devrait envisager de faciliter la sensibilisation des membres des groupes vulnérables à leurs droits...Un organisme devrait également contribuer à la réparation des discriminations ou de l'héritage des discriminations passées, chaque fois que cela est réalisable. Par exemple, il devrait s'efforcer d'employer ou de faire affaire avec des organisations gérées par des personnes issues de groupes historiquement discriminés ; lorsque cela est possible, il devrait soutenir les efforts visant à accroître l'accès à l'éducation, aux infrastructures ou aux services sociaux pour les groupes qui n'y ont pas pleinement accès.*

ISO 26000:2010, Pages 28.

DISCRIMINATION ET GROUPES VULNÉRABLES
Mesures à prendre pour une inclusion centrée sur la gouvernance

Les mesures d'inclusion axées sur la gouvernance permettent à une organisation de documenter ses engagements en matière de DEI et d'illustrer comment elle entend créer une main-d'œuvre, un lieu de travail et des partenariats de travail exempts de discrimination. Lors de l'élaboration de ces mesures, les organisations doivent tenir compte des groupes qui ont souffert de désavantages bien ancrés dans leur propre écosystème sociétal et dans les domaines où leurs produits ou services sont utilisés ou ont une influence. La norme ISO 26000 fournit les indications suivantes:

ISO *Les exemples suivants de groupes vulnérables sont décrits ainsi que les actions et attentes spécifiques qui s'y rapportent :*

☐ *Les femmes et les filles représentent la moitié de la population mondiale, mais elles se voient souvent refuser l'accès aux ressources et aux opportunités sur un pied d'égalité avec les hommes et les garçons. Les femmes ont le droit de jouir de tous les droits de l'homme sans discrimination, y compris dans l'éducation, l'emploi et les activités économiques et sociales, ainsi que le droit de décider du mariage et des questions familiales et le droit de prendre des décisions sur leur propre santé reproductive. Les politiques et activités d'une organisation doivent tenir dûment compte des droits des femmes et promouvoir l'égalité de traitement entre les femmes et les hommes dans les domaines économique, social et politique.*

☐ *Les personnes handicapées sont souvent vulnérables, en partie à cause des perceptions erronées de leurs compétences et de leurs capacités. Une organisation devrait contribuer à garantir que les hommes et les femmes handicapés bénéficient de la dignité, de l'autonomie et de la pleine participation à la société. Le principe de non-discrimination doit être respecté, et les organisations doivent envisager de prendre des dispositions raisonnables pour l'accès aux installations.*

☐ *Les enfants sont particulièrement vulnérables, notamment en raison de leur statut de dépendance. Lors de la prise de mesures susceptibles d'affecter les enfants, il convient d'accorder une attention primordiale à l'intérêt supérieur de l'enfant. Les principes de la Convention relative aux droits de l'enfant, qui comprennent la non-discrimination, le droit de l'enfant à la vie, à la survie, au développement et à la libre expression, devraient toujours être respectés et pris en compte. Les organisations doivent avoir des politiques visant à empêcher leurs employés de s'engager dans l'exploitation sexuelle et d'autres formes d'exploitation des enfants.*

☐ *Les peuples indigènes peuvent être considérés comme un groupe vulnérable parce qu'ils ont été victimes d'une discrimination systémique comprenant la colonisation, la dépossession de leurs terres, un statut distinct de celui des autres citoyens et des violations de leurs droits humains. Les peuples autochtones jouissent de droits collectifs, et les individus appartenant aux peuples autochtones partagent des droits de l'homme universels, en particulier le droit à l'égalité de traitement et de chances. Les droits collectifs comprennent : l'autodétermination (c'est-à-dire le droit de déterminer leur identité, leur statut politique et la manière dont ils veulent se développer) ; l'accès aux terres,* à l'eau et aux ressources traditionnelles et leur gestion ; le maintien et la jouissance de leurs coutumes, de leur culture, de leur langue et de leurs connaissances traditionnelles sans discrimination ; et la gestion de leurs ressources naturelles.

☐ traditionnelles sans discrimination ; et la gestion de leur propriété culturelle et intellectuelle. Une organisation doit reconnaître et respecter les droits des peuples autochtones dans le cadre de ses décisions et de ses activités. Une organisation devrait reconnaître et respecter le principe de non-discrimination et les droits des individus appartenant à un peuple autochtone lorsqu'elle prend des décisions et mène des activités.

☐ Les migrants, les travailleurs migrants et leurs familles peuvent également être vulnérables en raison de leur origine étrangère ou régionale, en particulier s'il s'agit de migrants irréguliers ou sans papiers. Une organisation devrait respecter leurs droits et contribuer à promouvoir un climat de respect des droits de l'homme des migrants, des travailleurs migrants et de leurs familles.

☐ Personnes victimes de discrimination fondée sur l'ascendance, y compris la caste. Des centaines de millions de personnes sont victimes de discrimination en raison de leur statut héréditaire ou de leur ascendance. Cette forme de discrimination repose sur une histoire de violation des droits justifiée par l'idée erronée que certaines personnes sont considérées comme impures ou moins dignes en raison du groupe dans lequel elles sont nées. Une organisation doit éviter de telles pratiques et, dans la mesure du possible, chercher à contribuer à l'élimination de ces préjugés.

☐ Les personnes victimes de discrimination fondée sur la race. Les personnes sont discriminées en raison de leur race, de leur identité culturelle et de leur origine ethnique. Il existe une histoire de violations des droits justifiées par l'idée erronée que certaines personnes sont inférieures en raison de leur couleur de peau ou de leur culture. Le racisme est souvent présent dans les régions ayant une histoire d'esclavage ou d'oppression d'un groupe racial par un autre.

☐ Les autres groupes vulnérables sont, par exemple, les personnes âgées, les personnes déplacées, les pauvres, les analphabètes, les personnes vivant avec le VIH/sida et les groupes minoritaires et religieux.

Droits de l'homme – Question 6 : DROITS CIVILS ET POLITIQUES

Votre organisation reconnaît-elle et respecte-t-elle les DROITS CIVILS ET POLITIQUES de ses employés et de ses partenaires, y compris ceux des groupes qui ont souffert d'un déni persistant de leurs droits humains inaliénables ?

Les violations des droits civils et politiques sont les premières couches des violations des droits de l'homme car elles permettent aux auteurs de dévaloriser les personnes et de s'en servir comme justification pour leur causer du tort ou leur refuser des droits accordés à d'autres. Une organisation devrait utiliser la DEI comme un modérateur pour revoir ou modifier sa politique et ses procédures afin de s'assurer qu'elle n'est pas complice d'actes qui privent les individus de leurs droits civils et politiques et de leur dignité en raison du groupe racial ou de genre ou identitaire auquel ils appartiennent.

DROITS CIVILS ET POLITIQUES
Appel à l'action en faveur de la diversité fondée sur la connaissance

En 2020, un officier de police de Minneapolis Minnesota a placé son genou sur le cou de George Floyd et a éteint la vie de ses poumons. Il s'agissait d'une représentation réelle des expériences de vie des groupes de personnes noires et brunes en Amérique. La différence est que M. Floyd est mort, et dans un lieu très public, alors que le poids des préjugés et des pratiques discriminatoires étouffe lentement la vie des personnes noires et brunes chaque jour par des expériences vécues individuelles et partagées. En tant que Noirs d'Amérique, nous savons que nous sommes dans un jeu de la vie où les chances de réussite s'accumulent chaque jour à cause du racisme systémique et permanent qui dévalorise notre humanité. C'est comme si vous commenciez par jouer au football et que dès que votre équipe obtenait une pénalité pour égaliser le score, le jeu passait automatiquement au baseball, sur un terrain différent, avec l'autre équipe déjà complètement équipée - uniforme, crampons, battes et mitaines - alors que votre équipe est toujours en tenue de football. En d'autres termes, dès que vous commencez à égaliser le terrain de jeu, l'autre équipe change les règles pour préserver son avantage. Il s'agit d'une représentation simple de ce qui se passe lorsque les gens sont privés de leurs droits civils et politiques.

Certains attendent des organisations qu'elles soient agnostiques sur les questions de droits civils et politiques, tandis que d'autres attendent d'elles qu'elles se fassent les avocates et les championnes de ces droits. Les organisations qui sont engagées dans la responsabilité sociale et qui souhaitent voir un lieu de travail où les dialogues DEI sont autorisés à circuler librement sans tolérer les normes de division peuvent utiliser la DEI comme modérateur pour établir de nouvelles normes axées sur les parties prenantes. Ces nouvelles normes doivent être respectueuses de chaque personne et leurs contributions ou leur potentiel aux résultats de l'organisation doivent être valorisés et encouragés. L'ISO 26000 fournit les lignes directrices suivantes sur les droits civils et politiques:

ISO *Les droits civils et politiques comprennent des droits absolus tels que le droit à la vie, le droit à une vie digne, le droit de ne pas être soumis à la torture, le droit à la sécurité de la personne, le droit à la propriété, la liberté et l'intégrité de la personne, et le droit à une procédure légale régulière et à un procès équitable en cas d'accusation criminelle. Ils comprennent également la liberté d'opinion et d'expression, la liberté de réunion et d'association pacifiques, la liberté d'adopter et de pratiquer une religion, la liberté d'avoir des convictions, la liberté de ne pas subir d'ingérence arbitraire dans sa vie privée, sa famille, son domicile ou sa correspondance, la liberté de ne pas subir d'atteinte à son honneur ou à sa réputation, le droit d'accès aux services publics et le droit de participer aux élections. ISO 26000:2010, Pages 30.*

DROITS CIVILS ET POLITIQUES
Opportunité/réconciliation/perturbation de l'équité fondée sur la créativité

Les organisations devraient envisager d'utiliser l'optique d'équité en 3 étapes comme guide pour chercher à comprendre comment les minorités et les femmes sont marginalisées et ignorées. Si les droits civils et politiques sont bafoués ou refusés dans leur écosystème, elles doivent le savoir. Engager un dialogue avec les minorités et ceux qui ont été historiquement désavantagés et marginalisés peut aider les organisations à trouver des opportunités d'équité, à réconcilier leurs valeurs DEI déclarées avec leurs expériences réelles, et à arrêter les décisions et les activités qui privent les gens de leurs droits civils et politiques.

DROITS CIVILS ET POLITIQUES
Mesures à prendre pour une inclusion centrée sur la gouvernance

Les mesures d'inclusion axées sur la gouvernance concernant les droits civils et politiques, élaborées à l'aide des principes d'inclusion en 3 étapes, peuvent aider une organisation à respecter ses engagements en matière de DEI en créant un environnement où les questions et les défis liés à la DEI sont discutés dans une atmosphère plus collégiale et respectueuse, et où des solutions sont élaborées collectivement. L'ISO 26000 fournit les conseils suivants pour favoriser cette atmosphère :

> *Un organisme devrait respecter tous les droits civils et politiques individuels. Les exemples incluent, mais ne sont pas limités à ce qui suit :*
>
> ☐ *la vie des individus. Les minorités et les femmes ont historiquement été dévalorisées et, par conséquent, la valeur de leur vie a été jugée inférieure à celle des membres du groupe racial majoritaire. Une organisation peut inverser cette pratique en élevant la voix et la participation des personnes noires et brunes dans l'ensemble de son écosystème. Lorsque, par exemple, un Américain est pris en otage à l'étranger, la couverture médiatique et la réaction générale de la société ne portent pas sur le groupe racial auquel appartient la personne, mais sur le pays. Les organisations peuvent avoir la même réaction lorsqu'un membre de leur personnel voit ses droits civils et politiques bafoués, cela devrait susciter une indignation juste et partagée ;*
>
> ☐ *la liberté d'opinion et d'expression. Une organisation ne doit pas chercher à supprimer les points de vue ou les opinions de quiconque, même lorsque la personne exprime des critiques à l'égard de l'organisation en interne ou en externe, sauf si ces opinions exprimées compromettent sa politique DEI. Lorsque les employés ou les partenaires ne sont pas en mesure de séparer leurs opinions haineuses de l'exercice de leurs responsabilités organisationnelles, une organisation doit se demander si elle doit poursuivre la relation. Ceci est d'autant plus important que les minorités et les femmes arrivent déjà dans la plupart des organisations en surnombre et à des postes inférieurs où leurs contributions sont marginalisées et leurs opinions exprimées scrutées et étiquetées. Les dirigeants de l'organisation doivent intentionnellement solliciter l'opinion de ces groupes défavorisés et mettre en avant leurs contributions aux*

résultats de l'organisation en termes de profits, de personnes et de planète, afin de servir de modèle aux attentes en matière de DEI ;

☐ ***la liberté de réunion pacifique et d'association.*** *Parfois, les organisations désapprouvent les rassemblements ou les associations pacifiques ou prétendent ne pas savoir que leurs employés participent à des groupes haineux qui prônent des normes de division. Si les organisations peuvent choisir de rester neutres quant aux groupes auxquels leurs employés et partenaires appartiennent dans leur vie privée, elles ne doivent pas rester neutres lorsque la haine et les idéaux séparatistes sont introduits dans leur écosystème. La tolérance de rassemblements pacifiques qui encouragent la haine et la ségrégation porte atteinte à notre humanité commune. Les organisations doivent faire connaître leur position et expliquer pourquoi la haine et la ségrégation raciales sont en contradiction avec leurs engagements DEI. Lorsque ses parties prenantes internes et externes sont connues pour leur appartenance à des groupes séparatistes et haineux, les organisations doivent s'assurer que, dans l'exercice de leurs fonctions pour lesquelles elles sont rémunérées, toutes les parties prenantes respectent leurs engagements DEI. Dans cette situation, les organisations doivent envisager des formations supplémentaires, promouvoir des dialogues qui renforcent leur position, etc ;*

☐ ***la liberté de rechercher, de recevoir et de diffuser des informations et des idées par tout moyen, indépendamment des frontières nationales.*** *À l'ère des médias sociaux, cela peut devenir une arme à double tranchant, mais les organisations doivent s'assurer que leur plateforme n'est pas utilisée pour promouvoir la haine, la ségrégation ou la dévalorisation d'autres groupes de personnes ou des actes qui les rendent complices de violations des droits de l'homme ;*

☐ *le droit de posséder des biens, seul ou en association avec d'autres, et la liberté de ne pas être arbitrairement privé de ses biens. La propriété est un domaine dans lequel les groupes raciaux noirs et bruns ont beaucoup souffert des politiques racistes. Qu'il s'agisse du redlining des communautés noires et brunes, des clauses restrictives raciales dans les actes de propriété qui interdisent aux propriétaires blancs de vendre leur maison à des Noirs et à des Bruns, ou des institutions de crédit qui leur refusent délibérément des prêts immobiliers, le racisme et ses pratiques systémiques perdurent dans la société de nombreuses manières. Les organisations peuvent remédier à ces pratiques racistes systémiques et pérennes en prenant des mesures socialement responsables qui en bloquent les manifestations ou le reflet dans leurs processus décisionnels ou leurs activités*

☐ *l'accès à une procédure régulière et le droit à une audience équitable avant toute mesure disciplinaire interne. Les organisations doivent s'assurer que les minorités et les groupes qui ont souffert d'un déni disproportionné de leurs droits civiques et politiques participent à la conception ou à la mise à jour de tout processus décisionnel. Cela permettrait de réduire les pratiques inéquitables et injustes qui datent de l'époque où les noirs et les bruns n'avaient aucun droit.*

☐ *Toute mesure disciplinaire devrait être proportionnée et ne pas impliquer de punition physique ou de traitement inhumain ou dégradant.*

Reproduit de la norme ISO 26000:2010, page 30.

Comment votre organisation intègre-t-elle la DEI dans son programme de droits économiques, sociaux et culturels ?

De nombreuses normes de division dans le monde sont ancrées dans l'intérêt d'un groupe racial ou tribal à contrôler les droits économiques, sociaux et culturels d'autres groupes afin d'assurer et de préserver ses propres privilèges. Ces normes de division trouvent généralement leur chemin dans les écosystèmes organisationnels, où des contrats sociaux injustes se reflètent dans les politiques d'entreprise et se poursuivent sans relâche.

DROITS ÉCONOMIQUES, SOCIAUX ET CULTURELS
Appel à l'action en faveur de la diversité fondée sur la connaissance

Les droits économiques, sociaux et culturels sont le fondement du développement durable, qui se définit comme "... un développement qui répond aux besoins du présent sans compromettre la capacité des générations futures à répondre aux leurs" (WCED 1987). Deux concepts clés ont accompagné l'élaboration de cette définition :
1. le concept de "besoins", en particulier les besoins essentiels des pauvres du monde, auxquels il faut accorder une priorité absolue ; et
2. l'idée des limitations imposées par l'état de la technologie et de l'organisation sociale sur la capacité de l'environnement à répondre aux besoins actuels et futurs (WCED 1987).

Depuis le début de la révolution industrielle, le monde a été témoin de l'accroissement constant du fossé entre les riches et les pauvres ; aujourd'hui, ce fossé a atteint une ampleur alarmante qui était auparavant insondable. Malgré toutes les richesses développées à partir de nos ressources communes, le sort des pauvres est devenu encore plus extrême. Si l'on ajoute à cela les effets du réchauffement de la planète et du changement climatique, il est encore plus évident que notre développement économique continue de se faire au détriment de notre planète commune et de la majorité des pauvres de cette génération et des générations futures. Il faut savoir qu'aucun milliardaire n'a gagné sa fortune sans puiser dans les ressources naturelles de notre planète commune. Même les entreprises axées sur la connaissance s'appuient toujours sur des parties prenantes dont les appareils qui les relient à la connaissance sont fabriqués à partir de ressources naturelles, ce qui unit le triple objectif de profit, de personnes et de planète dans une danse inéluctable. Les droits économiques, sociaux et culturels sont liés à la DEI, et pour les aborder, il faut d'abord comprendre les clivages. La norme ISO 26000 fournit les orientations suivantes sur les droits économiques, sociaux et culturels :

ISO *Toute personne, en tant que membre de la société, a des droits économiques, sociaux et culturels nécessaires à sa dignité et à son développement personnel. Ces droits comprennent le droit à : à l'éducation ; au travail dans des conditions justes et favorables ; à la liberté d'association ; à un niveau de santé adéquat ; à un niveau de vie suffisant pour assurer sa santé physique et mentale et son bien-être ainsi que ceux de sa famille ; à l'alimentation, à l'habillement, au logement, aux soins médicaux et à la protection sociale nécessaire, telle que la sécurité en cas de chômage, de maladie, de handicap, de décès du conjoint, de vieillesse ou de toute autre perte de moyens de subsistance dans des circonstances indépendantes de sa volonté ; à la pratique d'une religion et d'une culture ; et à des possibilités réelles de participer, sans discrimination, à la prise de décisions qui soutiennent les pratiques positives et découragent les pratiques négatives en rapport avec ces droits.*

ISO 26000:2010, page 30.

LES DROITS ÉCONOMIQUES, SOCIAUX ET CULTURELS
Opportunité/réconciliation/perturbation de l'équité fondée sur la créativité

En utilisant le modèle de l'optique d'équité en 3 étapes, une organisation peut développer et instituer stratégiquement des structures qui lui permettent de respecter et de prendre en compte les droits économiques, sociaux et culturels de ses parties prenantes dans le cadre de ses initiatives DEI :

- **Opportunité d'équité** La norme ISO 26000 fournit les indications suivantes :

  ISO *Pour respecter ces droits, un organisme a la responsabilité d'exercer une diligence raisonnable pour s'assurer qu'il ne s'engage pas dans des activités qui portent atteinte, font obstacle ou empêchent la jouissance de ces droits.*

  ISO 26000:2010, page 30.

- **Conciliation de l'équité** La norme ISO 26000 fournit les indications suivantes :

  ISO *Un organisme devrait évaluer les impacts possibles de ses décisions, activités, produits et services, ainsi que des nouveaux projets, sur ces droits, y compris les droits de la population locale.*

  ISO 26000:2010, pages 10-11.

- Perturbation de l'équité : La norme ISO 26000 fournit les indications suivantes :

  ISO *[Un organisme] ne devrait pas, directement ou indirectement, limiter ou refuser l'accès à un produit ou à une ressource essentielle, comme l'eau. Par exemple, les processus de production ne devraient pas compromettre l'approvisionnement en ressources rares d'eau potable. Les organismes*

DROITS ÉCONOMIQUES, SOCIAUX ET CULTURELS
Étapes concrètes de l'inclusion axée sur la gouvernance

La plateforme d'inclusion centrée sur la gouvernance fournit à une organisation la largeur d'esprit créative nécessaire pour sortir des sentiers battus et faire partie de la solution en préservant, protégeant et défendant les droits économiques, sociaux et culturels de ses parties prenantes internes et externes, ainsi que de celles qui ne font pas partie de ces relations. Tout en reconnaissant que les gouvernements et d'autres organisations ont la responsabilité de garantir ces droits au sein des sociétés, une organisation peut également contribuer à leur réalisation. L'ISO 26000 fournit les exemples suivants sur la manière dont les organisations peuvent s'impliquer en

ISO

☐ facilitant l'accès à l'éducation et à l'apprentissage tout au long de la vie pour les membres de la communauté et, lorsque cela est possible, en leur fournissant un soutien et des installations à cet effet ;

☐ joignant leurs efforts à ceux d'autres organisations et institutions gouvernementales qui soutiennent le respect et la réalisation des droits économiques, sociaux et culturels ;

☐ explorer les moyens liés à leurs activités principales pour contribuer à la réalisation de ces droits ; et

☐ adapter les biens ou les services à la capacité d'achat des personnes pauvres.

ISO 26000:2010, page 31.

Droits de l'homme – Question 8 : PRINCIPES FONDAMENTAUX ET DROITS AU TRAVAIL :

Comment votre organisation garantit-elle les PRINCIPES ET DROITS FONDAMENTAUX AU TRAVAIL dans le cadre de ses engagements DEI ?

PRINCIPES ET DROITS FONDAMENTAUX AU TRAVAIL
Appel à l'action pour une diversité fondée sur la connaissance

Les principes et droits fondamentaux au travail se concentrent sur les questions de travail et sont mondialement acceptés comme des questions de droits de l'homme de base. L'Organisation internationale du travail (OIT) reconnaît les droits fondamentaux au travail (OIT 1998) comme la liberté d'association et la reconnaissance effective des droits de négociation collective, ainsi que l'élimination de tout travail forcé, y compris le travail des enfants, et de toute discrimination en matière d'emploi et de profession. Si les principes et droits fondamentaux au travail font désormais partie de l'environnement législatif de la plupart des pays, ces droits doivent également être intégrés dans le cadre global de la responsabilité sociale des organisations.

PRINCIPES ET DROITS FONDAMENTAUX AU TRAVAIL
Opportunité/réconciliation/perturbation de l'équité motivée par la créativité

Certaines entreprises, réputées socialement responsables, luttent néanmoins avec acharnement contre les efforts de syndicalisation, souvent avec beaucoup de sophistication, de ressources et un succès non dissimulé. Dans certains cas, c'est la validité même de la négociation collective comme outil d'amélioration des droits des travailleurs qui est en cause. Ces entreprises reconnaissent l'intérêt de paraître socialement responsables, mais ne sont pas disposées à procéder à certains des profonds changements organisationnels et culturels nécessaires pour mettre en pratique les principes de la DEI. Lors de la révision, de l'évaluation ou de la mise à jour de ses politiques et procédures actuelles en matière de droit du travail dans le contexte de la DEI, une organisation doit utiliser le cadre des droits fondamentaux au travail établi par l'Organisation internationale du travail (OIT) comme guide :

1. L'élimination de la discrimination en matière d'emploi et de profession
2. l'élimination de tout travail obligatoire et forcé
3. la reconnaissance du droit de négociation collective et d'association
4. L'abolition effective du travail des enfants (ISO 26000 2010).

PRINCIPES ET DROITS FONDAMENTAUX AU TRAVAIL
Mesures concrètes d'inclusion axées sur la gouvernance:

Les principes et droits fondamentaux au travail sont généralement légiférés par des juridictions qui ne sont pas du ressort des organisations individuelles. Cependant, les organisations socialement responsables modérées par DEI doivent considérer comment leurs engagements internes adhèrent à l'esprit et à la loi de ces droits au travail. La norme ISO 26000 fournit les indications suivantes :

ISO

☐ *liberté d'association et de négociation collective Les travailleurs et les employeurs, sans distinction aucune, ont le droit de constituer des organisations de leur choix et, sous réserve uniquement des règles de l'organisation concernée, d'y adhérer sans autorisation préalable. Les organisations représentatives formées ou rejointes par les travailleurs doivent être reconnues aux fins de la négociation collective. Les conditions d'emploi peuvent être fixées par négociation collective volontaire lorsque les travailleurs le souhaitent. Les représentants des travailleurs devraient bénéficier d'installations appropriées qui leur permettent de faire leur travail efficacement et de remplir leur rôle sans interférence. Les conventions collectives devraient comporter des dispositions relatives au règlement des différends. Les représentants des travailleurs doivent recevoir les informations nécessaires à des négociations fructueuses.*

☐ **Travail forcé** *Une organisation ne doit pas s'engager dans le recours au travail forcé ou obligatoire, ni en bénéficier. Aucun travail ou service ne doit être exigé d'une personne sous la menace d'une quelconque sanction ou lorsque le travail n'est pas effectué volontairement. Une organisation ne doit pas recourir au travail en prison ni en tirer profit, à moins que les prisonniers n'aient été condamnés par un tribunal et que leur travail soit placé sous la supervision et le contrôle d'une autorité publique. En outre, le travail en prison ne doit pas être utilisé par des organisations privées, à moins qu'il ne soit effectué sur une base volontaire, comme le prouvent, entre autres, des conditions d'emploi équitables et décentes.*

☐ **égalité des chances et non-discrimination** *Une organisation doit confirmer que ses politiques d'emploi sont exemptes de toute discrimination fondée sur la race, la couleur, le sexe, la religion, l'ascendance nationale, l'origine sociale, les opinions politiques, l'âge ou le handicap. Les nouveaux motifs interdits comprennent également l'état civil ou la situation familiale, les relations personnelles et l'état de santé tel que le statut VIH/sida. Ces dispositions sont conformes au principe général selon lequel les politiques et pratiques d'embauche, les salaires, les conditions d'emploi, l'accès à la formation et à la promotion et la cessation d'emploi doivent être fondés uniquement sur les exigences du poste. Les organisations doivent également prendre des mesures pour prévenir le harcèlement sur le lieu de travail en*

    o *évaluant régulièrement l'impact de ses politiques et activités sur la promotion de l'égalité des chances et de la non-discrimination ;*

    o *en prenant des mesures positives pour assurer la protection et la promotion des groupes vulnérables ; il peut s'agir de créer des lieux de travail pour les personnes handicapées afin de les aider à gagner leur vie dans des conditions appropriées, et d'établir ou de participer à des programmes qui traitent de questions telles que la promotion de l'emploi des jeunes et des travailleurs âgés, l'égalité des chances en matière d'emploi pour les femmes et une représentation plus équilibrée des femmes aux postes de direction.*

☐ **Travail des enfants** *L'âge minimum d'admission à l'emploi est déterminé par des instruments internationaux. Les organisations ne doivent pas s'engager dans le travail des enfants ni en bénéficier. Si une organisation a recours au travail des enfants dans le cadre de ses activités ou dans sa sphère d'influence, elle doit, dans la mesure du possible, veiller non seulement à ce que les enfants soient retirés du travail, mais aussi à ce qu'ils bénéficient d'alternatives appropriées, en particulier l'éducation. Les travaux légers qui ne nuisent pas à l'enfant ou n'interfèrent pas avec la fréquentation scolaire ou avec d'autres activités nécessaires au plein développement de l'enfant (telles que les activités récréatives) ne sont pas considérés comme du travail des enfants.*

(ISO 26000:2010, pages 31-32)

Chapitre Sept

DE&I COMME MODERATEUR DU TRAVAIL

Les pratiques de travail d'une organisation ont une portée plus grande que ce que la plupart des organisations reconnaissent ou sont prêtes à accepter. Les organisations créent des emplois, et les emplois donnent aux travailleurs un moyen de satisfaire leurs besoins économiques et sociaux, ainsi que de leur apporter dignité et signification. Sans emplois, une communauté est confrontée à des problèmes sociaux. Avec des emplois productifs, significatifs et équitablement rémunérés, elle se transforme à bien des égards : développement humain, amélioration de la communauté et prospérité partagée. Les pratiques de travail socialement responsables sont aujourd'hui mises au défi parce que les portes de la chaîne d'approvisionnement se sont étendues au-delà des portes d'entrée de la plupart des organisations. La chaîne de valeur mondiale confronte les organisations à des pratiques anciennes mais persistantes telles que le travail des enfants, la servitude pour dettes, la servitude pour dettes - le tout avec des acteurs privés jouant des rôles traditionnellement assumés par les fonctions de ressources humaines. Que fait une organisation lorsqu'elle découvre qu'au sein de son écosystème, des produits et services sont développés, produits et distribués par des travailleurs dont les droits de l'homme et la dignité sont niés ou bafoués par ces pratiques ?

Si la somme totale de toute organisation est son personnel, l'idée s'étend au-delà de ce groupe de parties prenantes internes que sont les employés et inclut toutes les parties prenantes qui effectuent un travail pour son compte, comme les sous-traitants ou les entrepreneurs indépendants. Les pratiques de travail définissent également comment, pourquoi et avec qui le travail est effectué, et comment la rémunération est déterminée. Les pratiques de travail sont donc une partie essentielle de la responsabilité sociale et ont un impact sur la stabilité communautaire (OIT 2008). La norme ISO 26000 propose une large catégorisation des pratiques de travail :

ISO *Les pratiques de travail comprennent le recrutement et la promotion des travailleurs ; les procédures disciplinaires et de règlement des griefs ; le transfert et* *la réinstallation des travailleurs ; la cessation d'emploi ; la formation et le développement des compétences ; la santé, la sécurité et l'hygiène industrielle ; et toute politique ou pratique affectant les conditions de travail, en particulier le temps de travail et la rémunération. Les pratiques de travail comprennent également la reconnaissance des organisations de travailleurs et la représentation et la participation des organisations de travailleurs et d'employeurs à la négociation collective, au dialogue social et à la consultation tripartite... pour traiter des questions sociales liées à l'emploi.*

ISO 26000:2010, page 33.

L'Organisation internationale du travail (OIT), une agence des Nations Unies, fournit des conseils sur les questions de travail depuis les années 1940. Il s'agit de la première organisation mondiale de normes du travail, qui se concentre sur trois domaines : les gouvernements, les employeurs et les travailleurs. L'OIT définit le travail productif comme un travail « effectué dans des conditions de liberté, d'équité, de sécurité et de dignité humaine (ISO 26000 2010) ». Dans sa Déclaration de Philadelphie de 1944, l'OIT a adopté un principe universel selon lequel le travail n'est pas une marchandise et « les travailleurs ne devraient pas être traités comme un facteur de production et soumis aux mêmes forces du marché que celles qui s'appliquent aux marchandises (ISO 26000 2010) ».

À travers le Pacte international relatif aux droits économiques, sociaux et culturels et la Déclaration universelle des droits de l'homme, les principes de l'OIT visent à protéger le droit des travailleurs à gagner leur vie de la manière de leur choix dans des conditions de travail équitables. Le droit du travail varie bien entendu d'un pays à l'autre ; il incombe à chaque gouvernement de se conformer aux normes de l'OIT lors de l'élaboration et de l'application de sa législation du travail, et de veiller à ce que les travailleurs et les organisations aient facilement accès à la justice (ISO 26000 2010). L'ISO 26000 fournit les orientations suivantes :

ISO *Lorsque les gouvernements n'ont pas légiféré, une organisation devrait se conformer aux principes qui sous-tendent ces instruments internationaux. Lorsque la loi est adéquate, une organisation devrait se conformer à la loi, même si l'application par le gouvernement est inadéquate. Il est important de faire la distinction entre le rôle du gouvernement en tant qu'organe de l'État et son rôle en tant qu'employeur. Les organismes publics ou les organisations appartenant à l'État ont les mêmes responsabilités en matière de pratiques de travail que les autres organisations.*

ISO 26000 : 2010, page 34.

Pourquoi les organisations motivées par la recherche du profit devraient-elles respecter ces principes s'ils n'augmentent pas la valeur de leurs actionnaires ? La vérité est que la responsabilité sociale et le développement durable ne sont plus facultatifs dans un monde où les parties prenantes sont éclairées. Il y a, en fait, beaucoup plus de profits à réaliser lorsqu'une organisation utilise la DE&I pour modérer ses activités et inclut les coûts environnementaux et sociaux dans ses résultats. Les jeunes générations d'aujourd'hui ne s'intéressent pas aux organisations dont les engagements en matière de DE&I ne sont pas porteurs de vie, équitables et inclusifs. Sur un marché du travail concurrentiel, la survie à long terme d'une organisation dépend de sa capacité à attirer la bonne main-d'œuvre ; pour ce faire, elle doit bénéficier de conditions de travail conformes à ces normes internationales.

L'ISO 26000 reconnaît que les politiques et pratiques de travail d'une organisation doivent transcender ses propres limites et s'étendre aux travaux effectués par d'autres en son nom, tels que ceux effectués par les contractants, les sous-traitants et d'autres secteurs publics et non gouvernementaux. Ce faisant, les organisations doivent répondre aux attentes de la société qui souhaite qu'elles s'engagent dans des pratiques de travail qui intègrent la DE&I en tant que valeurs commerciales fondamentales.

PRATIQUES DE TRAVAIL
Appel à l'action pour la diversité fondée sur la connaissance

Une organisation socialement responsable doit s'assurer que ses politiques et ses pratiques, ainsi que celles de ses partenaires et de ses contractants, sont conformes aux normes internationales, et que les pratiques sont fondées sur le principe de l'adhésion à la diversité. Pour que cela se produise de manière cohérente, l'organisation doit être guidée par un appel à l'action en matière de diversité des pratiques de travail, fondé sur la connaissance et intrinsèquement lié à un principe fondamental du travail. La dignité de l'humanité a toujours été liée aux emplois que nous occupons, depuis l'époque où nos ancêtres étaient des chasseurs-cueilleurs. Les emplois sont au centre du moteur économique, environnemental et social d'une société, le véhicule utilisé pour transporter les normes de division qui favorisent un groupe par rapport à un autre à travers les générations. Par conséquent, pour combler le fossé créé par ces normes qui divisent, nous avons besoin de DE&I comme moteur de nouveaux principes rédempteurs, réparateurs et responsables qui créent des pratiques de travail équitables et justes.

Les pratiques de travail sont des valeurs fondamentales qui permettent à chaque génération de réaliser son plein potentiel dans la vie, la liberté et la poursuite du bonheur, tout en garantissant que les générations futures fassent de même. Les pratiques du travail sont si importantes pour la société que quatre des dix principes du Pacte mondial des Nations unies sont consacrés au travail :

Tableau 7.1 : Les dix principes du Pacte mondial des Nations unies : travail

Principe 3 :	Les entreprises sont invitées à respecter la liberté d'association et à reconnaître le droit de négociation collective ;
Principe 4 :	L'élimination de toutes les formes de travail forcé ou obligatoire ;
Principe 5 :	L'abolition effective du travail des enfants ; et
Principe 6 :	L'élimination de la discrimination en matière d'emploi et de profession.

- Le principe 3 porte sur le respect des droits des employeurs et de tous les travailleurs à pouvoir promouvoir et défendre leurs intérêts professionnels par le biais d'associations de groupe, ce qui inclut des activités telles que la liberté de former des groupes, de les administrer et d'élire leurs représentants sans crainte d'impunité. Il s'agit d'un domaine où les groupes minoritaires et vulnérables ont historiquement été empêchés de réaliser toute association collective parce qu'ils sont prompts à être taxés de révolutionnaires, de communistes ou d'anti-pouvoirs. La crainte de ne pas permettre aux groupes minoritaires et vulnérables de s'associer pour poursuivre des intérêts communs est une relique de pratiques injustes et inéquitables passées qu'une organisation n'a pas abordées ou qui posent un problème que les dirigeants ne veulent pas ou ne sont pas à l'aise d'aborder. Il s'agit également d'une nouvelle frontière, qui permet à toutes les parties prenantes de construire la force de l'intégralité, où la force du nombre permet un bon plaidoyer et un bon partenariat pour la direction de l'organisation.

- Le principe 4 porte sur le respect de la liberté des individus de s'engager dans un travail librement consenti, les deux parties ayant le droit de mettre fin aux relations sur la base de conditions convenues. Le travail forcé a affecté de manière disproportionnée les minorités et les groupes vulnérables. Si, aujourd'hui, la plupart des organisations socialement responsables ne sont pas impliquées dans des pratiques de travail forcé, en raison de la mondialisation de l'écosystème de la chaîne d'approvisionnement, il incombe néanmoins à chaque organisation de connaître la structure du cycle de vie de la main-d'œuvre utilisée pour produire ses produits ou services. Cette connaissance est importante, ne serait-ce que parce qu'elle permet à l'organisation socialement responsable de ne pas être complice.

- Le principe 5 traite de l'exploitation des enfants lorsqu'ils sont enrôlés comme esclaves, utilisés pour des activités illicites (comme le trafic de drogue ou armés comme soldats) ou exposés au travail à un âge de développement. La convention 182 de l'OIT a établi trois types de travail et l'âge minimum d'admission au travail ou à l'emploi :
  - o les travaux légers (pays développés 13 ans et pays en développement 12 ans),
  - o le travail régulier (pays développés 15 ans et pays en développement 14 ans), et
  - o travaux dangereux (pays développés 13 ans et pays en développement 12 ans).

Les enfants des minorités et des groupes vulnérables qui n'ont pas l'âge de travailler sont traditionnellement impliqués dans les mêmes normes de division qui ont marginalisé leurs parents. Ils sont affectés dans des domaines tels que leur santé, leur sécurité et leur moralité. Les organisations socialement responsables doivent comprendre le cycle de vie complet de l'écosystème de leurs produits et services afin de prendre en compte tous les abus du travail des enfants - lorsqu'ils sont connus - dans leurs opérations et leurs chaînes de valeur. Ceci est cohérent avec l'objectif de chercher à ne pas être complice et de mener une diligence raisonnable pour s'assurer que toutes ses parties prenantes suivent ses principes et pratiques DE&I autour de l'abolition holistique partagée du travail des enfants.

- Le principe 6 porte sur les pratiques d'emploi justes et équitables, où une personne est embauchée sur la base de sa capacité à faire le travail ; elle ne peut se voir refuser un emploi en raison de normes de division telles que la race, le sexe, l'âge, la secte, etc. Les minorités et les groupes vulnérables souffrent depuis longtemps de ces pratiques discriminatoires en matière d'emploi qui portent atteinte à leur estime de soi. Les minorités et les groupes vulnérables sont depuis longtemps victimes de ces pratiques discriminatoires en matière d'emploi, qui les blessent dans leur amour-propre. Que ce soit directement ou indirectement, l'écosystème de l'emploi regorge de domaines où les discriminations peuvent s'envenimer, même dans des pratiques ou des règles saillantes qui excluent mais semblent neutres ou même invitant à l'inclusion. Comme d'autres règles et pratiques discriminatoires, les inégalités systémiques liées à la race et au sexe dans l'emploi sont des forteresses - des forces qui ne cèdent pas d'elles-mêmes au changement, à moins qu'une force égale et opposée, modérée par DE&I, ne soit déclenchée pour les contrer.

PRATIQUES DE TRAVAIL
Opportunité/réconciliation/disruption de l'équité motivée par la créativité

Les règles d'engagement en matière de DE&I sont généralement intégrées dans les pratiques de travail, même si elles ne sont pas spécifiquement nommées ou identifiées. L'ISO 26000 affirme que, même si les lois du travail varient d'un pays à l'autre, il est généralement admis que le gouvernement est responsable du traitement juste et équitable des travailleurs par le biais de
1. L'adoption d'une législation conforme à la Déclaration universelle des droits de l'homme et aux normes du travail de l'OIT,
2. L'application de ces lois, et
3. L'assurance que l'organisation et les travailleurs ont l'accès nécessaire à la justice (ISO 26000 2010).

Mais même lorsque l'État ou le gouvernement ne parvient pas à prendre en compte les DE&I dans sa législation et ses pratiques du travail, l'organisation a toujours la responsabilité de le faire dans un contexte plus large de responsabilité sociale. Chacun a le droit de gagner sa vie en choisissant librement son travail et le droit à un traitement juste et équitable au travail. Lorsque les États n'appliquent pas ces principes, ces droits peuvent être compromis et faire l'objet d'abus, en particulier pour les minorités et les groupes de personnes vulnérables. Cela est d'autant plus vrai lorsque la partie contractante détient le pouvoir de contrôle, ce qui est généralement le cas. C'est la raison pour laquelle, historiquement, des lois sur le travail ont été promulguées pour protéger les intérêts des employés et des autres personnes sous contrat de travail.

Les considérations d'équité en matière de pratiques de travail fondées sur la créativité commencent par le respect de la déclaration de 1944 de la Convention internationale du travail, qui établit le principe fondamental selon lequel le

« travail » n'est pas une marchandise et que les travailleurs ne doivent pas être traités comme un simple facteur de production ou assimilés à des robots, même s'ils sont programmés pour avoir une intelligence artificielle. Ces considérations se poursuivent lorsqu'une organisation respecte toutes les autres lois du travail applicables localement. Les pratiques de travail n'auraient pas besoin d'être codifiées dans la loi si les employés et les travailleurs avaient historiquement été traités équitablement. La vérité est que même lorsque ces lois sont inscrites dans les livres, elles restent une source critique de déséquilibre d'équité et de violations de l'égalité des droits, comme l'indique la prépondérance des procès liés aux pratiques de travail. Cela explique pourquoi le DE&I doit être une voix modératrice dans l'évaluation des pratiques de travail d'une organisation, car il comble le fossé entre la loi et sa responsabilité sociale. Dans l'ensemble, toute évaluation du droit du travail et de la responsabilité sociale de l'organisation devrait inclure l'équité, la réconciliation et la perturbation comme lentilles intégratives.

ISO PRATIQUES DE TRAVAIL

Dialogue Social

Conditions de Travail et Protection Sociale

Santé et Sécurité au Travail

03

02

04

Emploi et Relations de Travail

Développement Humain et Formation sur Le Lieu de Travail

01

MODÉRÉ PAR
Diversité, Équité et Inclusion

05

PRATIQUES DE TRAVAIL QUESTION 1 : LE DE&I COMME MODÉRATEUR DE L'EMPLOI ET DE LA RELATION D'EMPLOI

La création d'emplois et le pouvoir d'employer des personnes au travail est un outil puissant pour façonner, en bien ou en mal, les normes organisationnelles et sociétales. Le développement humain ne peut être pleinement réalisé sans emploi et la réalisation de la vie, de la liberté et de la poursuite du bonheur dépend de la qualité et de la cohérence du travail pour les individus, leurs communautés respectives et le monde. Une vie bien vécue est ancrée dans l'emploi qui repose sur un travail décent, sûr et satisfaisant, tant en termes de temps que de rémunération.

EMPLOI ET RELATIONS DE TRAVAIL Appel à l'action pour une diversité fondée sur la connaissance

Lorsque la main-d'œuvre est traitée comme une marchandise sans considération pour notre humanité commune, une vision déformée du marché de l'emploi se développe. Les relations d'emploi déformées sont à la base de décisions et de pratiques injustes et inéquitables qui sont souvent difficiles à déraciner parce qu'elles deviennent des contrats sociaux, des modèles mentaux et des montagnes de privilèges - des collines suffisamment sacrées pour que certains y laissent leur vie. Pourtant, les répercussions sur les minorités et les groupes vulnérables peuvent entraver la croissance économique pendant des générations. Pendant les années de fondation des États-Unis d'Amérique, les esclaves étaient utilisés comme main-d'œuvre gratuite pour construire les infrastructures du pays. En particulier dans le Sud, le travail des esclaves a contribué à créer la quatrième plus grande économie du monde à cette époque.

Les esclaves sont devenus des experts dans tous les métiers connus à l'époque, notamment l'agriculture, la construction de routes et de voies ferrées, la réparation d'équipements, etc. On ne mentionne pas souvent ce qu'il est advenu des enfants d'esclaves pendant et immédiatement après l'esclavage, en particulier ceux qui avaient moins de 13 ans. Ces enfants de l'esclavage étaient parfois nés intentionnellement pour fournir de la main-d'œuvre gratuite et promouvoir la durabilité de l'entreprise esclavagiste des propriétaires. Les hommes et les femmes étaient forcés de s'accoupler pour produire des enfants au profit du maître. Ces enfants sont nés dans l'esclavage. Dès leur plus jeune âge, ils commençaient à travailler dans la profession qu'exerçaient leurs parents et, grâce à cette expérience, ils acquéraient des compétences professionnelles précieuses.

Sur la base du 5e principe du Pacte mondial des Nations unies d'aujourd'hui, un enfant esclave de 13 ans était éligible aux travaux légers en 1865, mais il a pu commencer à travailler bien avant. À la fin du 19e et au début du 20e siècle - l'ère de la révolution industrielle -, ce même ancien esclave de 13 ans en 1865 aurait eu 48 ans en 1900, époque à laquelle les lois Jim Crow de « séparation mais égalité » étaient devenues un bastion de l'emploi et des relations de travail aux États-Unis. Considérez que le fait de refuser aux Afro-Américains le droit à un emploi durable fondé sur la race les prive du droit à la stabilisation économique et à leur dignité humaine. Ce même enfant de 13 ans en 1865, même s'il avait des années d'expérience professionnelle, était considéré comme inemployable pendant la majeure partie de sa vie adulte. Voici ce que nous savons aujourd'hui de l'impact négatif à long terme du travail des enfants :

> Le travail des enfants est préjudiciable à leur développement physique, social, mental, psychologique et spirituel car il s'agit d'un travail effectué à un âge trop précoce. Le travail des enfants prive les enfants de leur enfance et de leur dignité. Ils sont privés d'éducation et peuvent être séparés de leur famille. Les enfants qui ne terminent pas leur éducation primaire risquent de rester analphabètes et de ne jamais acquérir les compétences nécessaires pour trouver un emploi et contribuer au développement d'une économie moderne. Par conséquent, le travail des enfants se traduit par des travailleurs sous-qualifiés et non qualifiés et compromet l'amélioration future des compétences de la main-d'œuvre. Les enfants ont les mêmes droits humains que les adultes. Mais en raison de leur âge et du fait qu'ils sont encore

> en pleine croissance et qu'ils acquièrent des connaissances et de l'expérience, ils ont certains droits distincts en tant qu'enfants. Ces droits comprennent la protection contre l'exploitation économique et le travail qui peut être dangereux pour leur santé, leur sécurité ou leur moralité et qui peut entraver leur développement ou empêcher leur accès à l'éducation (principe 5 du Pacte mondial des Nations unies).

Pour l'enfant de 13 ans qui fait l'objet de notre étude et pour sa génération, les divers programmes fédéraux conçus pour aider leurs parents n'ont pas eu d'effet bénéfique sur leur situation professionnelle, tout comme ils n'ont pas eu d'effet bénéfique sur leurs parents ou leurs propres enfants. Il n'y avait aucun programme intentionnel visant à réparer les dommages socioculturels ou socio-économiques qu'ils avaient subis, et leur bien-être psychologique n'était même pas considéré comme une question d'importance nationale. En 1870, cinq ans à peine après la fin de l'esclavage, les lois Jim Crow ont balayé le Sud dans une vague de peur et de haine étouffante, présentée comme un droit « séparé mais égal », confirmé par la Cour suprême des États-Unis en 1896 dans l'affaire Plessy contre Ferguson. Elle a été déclarée inconstitutionnelle en 1954, soit près de 90 ans plus tard.

Bien que l'esclavage ait été aboli il y a plus de 150 ans, l'héritage injuste et inéquitable de ce système persiste. Ceci est instructif pour les organisations socialement responsables ayant une empreinte mondiale qui doivent être conscientes de manière holistique de leur emploi et de leur relation d'emploi dans tout un écosystème géographique, y compris dans les endroits où le travail des enfants est encore pratiqué. Aujourd'hui, les valeurs du travail des Afro-Américains sont toujours perçues et rémunérées moins que celles de leurs homologues blancs. Partout dans le monde, les groupes minoritaires et vulnérables - les groupes marginalisés par des systèmes de castes ou des normes de division - restent sous-évalués et sous-compensés pour leur travail et sous-représentés dans la population active.

Il s'agit d'un échec à la fois au niveau du gouvernement et des entreprises individuelles qui propagent et perpétuent ces inégalités. Bien que les gouvernements soient responsables de la réglementation du travail, les organisations ont l'immense responsabilité de veiller à ce que les personnes qu'elles engagent comme travailleurs, directement ou par le biais d'accords intermédiaires, soient classées correctement et rémunérées équitablement, et n'incluent pas le travail des enfants mineurs. La norme ISO 26000 fournit les orientations suivantes :

ISO
Tous les travaux ne sont pas effectués dans le cadre d'une relation d'emploi. Le travail et les services sont également effectués par des hommes et des femmes qui travaillent à leur compte ; dans ces situations, les parties sont considérées comme indépendantes l'une de l'autre et ont une relation plus égale et commerciale. La distinction entre l'emploi et les relations commerciales n'est pas toujours claire et est parfois mal étiquetée, avec pour conséquence que les travailleurs ne bénéficient pas toujours des protections et des droits qu'ils sont en droit de recevoir. Il est important, tant pour la société que pour la personne qui travaille, que le cadre juridique et institutionnel approprié soit reconnu et appliqué. Que le travail soit effectué dans le cadre d'un contrat de travail ou d'un contrat commercial, toutes les

parties à un contrat sont en droit de comprendre leurs droits et responsabilités et de disposer d'un recours approprié en cas de non-respect des termes du contrat.

ISO 26000:2010, page 35.

EMPLOI ET RELATIONS DE TRAVAIL

Opportunité/réconciliation/perturbation de l'équité fondée sur la créativité :

Les lois du travail sont nécessaires car la structure de pouvoir est souvent déséquilibrée dans les relations employeur-employé, les relations de travail des enfants, etc. Chaque pays a aujourd'hui la responsabilité de réglementer les relations employeur-employé dans le cadre des normes internationalement acceptées telles que définies par l'OIT et de garantir des relations, des lieux et des conditions de travail justes et équitables. Dans ce contexte, le terme « travail » désigne le travail effectué contre rémunération, par opposition au travail effectué par des volontaires. Toutefois, lorsque des volontaires sont engagés, l'ISO 26000 recommande aux organisations de continuer à faire face à leur devoir de diligence et à leurs responsabilités en adoptant des politiques et des mesures applicables conformes à celles de leurs employés réguliers. Les organisations socialement responsables recherchent les possibilités de construire des écosystèmes d'accès égal où la tolérance, le développement professionnel et le respect des traditions culturelles sont normalisés dans l'emploi et les relations de travail. Le principe 6 du Pacte mondial des Nations unies propose les orientations suivantes :

☐ Instituer des politiques et des procédures d'entreprise qui font des qualifications, des compétences et de l'expérience la base du recrutement, de l'affectation, de la formation et de l'avancement du personnel à tous les niveaux.

☐ Attribuer la responsabilité des questions d'égalité d'emploi à un niveau élevé, publier des politiques et procédures claires à l'échelle de l'entreprise pour guider les pratiques d'égalité d'emploi, et lier l'avancement aux performances souhaitées dans ce domaine.

☐ Travailler au cas par cas pour évaluer si une distinction est une exigence inhérente à un emploi, et éviter d'appliquer des exigences professionnelles qui désavantageraient systématiquement certains groupes.

☐ Tenir des registres à jour sur le recrutement, la formation et la promotion, qui donnent une vision transparente des possibilités offertes aux employés et de leur progression au sein de l'organisation.

☐ Dispenser une formation sur les préjugés inconscients

☐ Lorsqu'une discrimination est identifiée, élaborer des procédures de réclamation pour traiter les plaintes, gérer les appels et offrir un recours aux employés.

☐ Soyez conscient des structures formelles et des questions culturelles informelles qui peuvent empêcher les employés de faire part de leurs préoccupations et de leurs griefs.

☐ Offrez au personnel une formation sur les politiques et pratiques de non-discrimination, y compris la sensibilisation au handicap. Adapter

> raisonnablement l'environnement physique pour assurer la santé et la sécurité des employés, des clients et des autres visiteurs handicapés.
> ☐ Mettez en place des programmes visant à promouvoir l'accès aux formations de développement des compétences et à des professions particulières.
>
> Principe 6 de l'ONU sur le climat mondial).

Lors de l'examen de son emploi et de ses relations d'emploi, une organisation devrait considérer le cadre de l'optique d'équité en trois étapes comme un guide pour assurer des pratiques justes et équitables.

OPPORTUNITÉ D'ÉQUITÉ DANS L'EMPLOI ET LES RELATIONS D'EMPLOI :

Une organisation socialement responsable doit rechercher les possibilités d'ajuster ou de corriger les emplois et les relations d'emploi actuels inéquitables ou biaisés (raciaux, de genre et autres) par des emplois justes et équitables socialement responsables. Par exemple, elle devrait s'assurer que le travail effectué par les employés ou les contractants issus de groupes historiquement défavorisés - comme d'autres groupes majoritaires - est classé correctement et rémunéré équitablement, et qu'ils sont écoutés parce qu'ils sont aussi des parties prenantes d'intérêt.

ISO *Une organisation devrait*
☐ *donner un préavis raisonnable, fournir des informations en temps utile et, conjointement avec les représentants des travailleurs lorsqu'ils existent, examiner comment atténuer les impacts négatifs dans toute la mesure du possible lorsqu'elle envisage des changements dans ses activités, tels que des fermetures qui affectent l'emploi ;*
☐ *assurer l'égalité des chances pour tous les travailleurs et ne pas exercer de discrimination directe ou indirecte dans toute pratique de travail ;*
☐ *reconnaître l'importance de la sécurité de l'emploi, tant pour le travailleur individuel que pour la société : utiliser une planification active de la main-d'œuvre pour éviter le recours au travail occasionnel ou le recours excessif au travail temporaire, sauf lorsque la nature du travail est véritablement de courte durée ou saisonnière ;*

ISO 26000:2010, pages 35-36.

LA CONCILIATION DE L'ÉQUITÉ DANS L'EMPLOI ET LES RELATIONS D'EMPLOI :

Les organisations socialement responsables normalisent l'évaluation continue de leurs politiques, systèmes et pratiques internes en matière d'emploi et de relations de travail pour s'assurer qu'ils sont conformes aux engagements déclarés en matière de DE&I et aux principes fondamentaux des droits de l'homme et des droits au travail internationaux. Par exemple, si une organisation découvre le recours au travail des enfants par l'un de ses fournisseurs, elle doit exprimer clairement ses objections et élaborer des actions responsables pour exiger du fournisseur qu'il mette fin à ces pratiques s'il souhaite poursuivre la relation. Autre exemple, une organisation ne devrait pas engager uniquement des entraîneurs issus d'un groupe majoritaire ou d'un groupe ayant obtenu un avantage précoce dans l'exercice de ce rôle et ne pas trouver cette pratique en conflit avec toute construction de DE&I socialement responsable. Personne ne naît avec un sifflet dans la bouche avec la programmation pour être un coach. Ce sont des compétences acquises, tout comme le racisme et d'autres formes de normes de division :

ISO *Une organisation devrait*

☐ *être sûre que tout le travail est effectué par des femmes et des hommes qui sont légalement reconnus comme des employés ou qui sont légalement reconnus comme des travailleurs indépendants ;*

☐ *prendre des mesures pour s'assurer que le travail est confié ou sous-traité uniquement à des organisations qui sont légalement reconnues ou qui sont autrement capables et désireuses d'assumer les responsabilités d'un employeur et de fournir des conditions de travail décentes. Une organisation ne devrait faire appel qu'à des intermédiaires du travail qui sont légalement reconnus et lorsque d'autres arrangements pour l'exécution du travail confèrent des droits légaux à ceux qui exécutent le travail... Les travailleurs à domicile ne devraient pas être traités plus mal que les autres salariés ;*

☐ *ne pas bénéficier des pratiques de travail injustes, exploitantes ou abusives de ses partenaires, fournisseurs ou sous-traitants, y compris les travailleurs à domicile. Une organisation doit faire des efforts raisonnables pour encourager les organisations de sa sphère d'influence à suivre des pratiques de travail responsables, en reconnaissant qu'un haut niveau d'influence est susceptible de correspondre à un haut niveau de responsabilité pour exercer cette influence. En fonction de la situation et de l'influence, les efforts raisonnables peuvent comprendre : l'établissement d'obligations contractuelles pour les fournisseurs et les sous-traitants ; la réalisation de visites et d'inspections inopinées ; et l'exercice d'une diligence raisonnable dans la supervision des contractants et des intermédiaires. Lorsque les fournisseurs et les sous-traitants sont censés se conformer à un code de pratique du travail, ce dernier doit être conforme à la Déclaration universelle des droits de l'homme et aux principes qui sous-tendent les normes du travail applicables de l'OIT ; et*

☐ *lorsqu'ils opèrent au niveau international, s'efforcer d'accroître l'emploi, le développement professionnel, la promotion et l'avancement des ressortissants du pays d'accueil. Cela implique de s'approvisionner et de distribuer par le biais d'entreprises locales lorsque cela est possible.*

ISO 26000:2010, pages 35-36.

RUPTURE DE L'ÉQUITÉ DANS L'EMPLOI ET LES RELATIONS DE TRAVAIL :

Les organisations socialement responsables cherchent à perturber les normes sociétales qui portent atteinte aux droits des employés ou des sous-traitants en

207

raison de pratiques préjudiciables ou nuisibles pérennes ou actuelles. Par exemple, une organisation ne devrait pas embaucher des personnes appartenant à un groupe minoritaire en tant qu'employés temporaires perpétuels pour un travail qui nécessite des employés à temps plein ou empêcher les femmes d'occuper des emplois uniquement en raison des normes sociétales relatives au genre. Si un homme peut être arbitre d'un match de football américain ou de football, une femme peut l'être aussi pour le même match, même si tous les joueurs sont des hommes ; après tout, personne ne sourcille lorsque des hommes arbitrent des événements sportifs féminins. En outre, les minorités et les groupes vulnérables ne devraient pas être les premiers à être licenciés lorsqu'une organisation est obligée de réduire ses effectifs parce qu'elle poursuit les pratiques discriminatoires historiques et trahit ses engagements et ses messages de DE&I.

ISO

Une organisation devrait :

☐ *ne pas chercher à éviter l'obligation que la loi impose à l'employeur en déguisant des relations qui seraient autrement reconnues comme une relation d'emploi en vertu de la loi ;*
☐ *éliminer toute pratique de licenciement arbitraire ou discriminatoire ;*
☐ *protéger les données personnelles et la vie privée des travailleurs.*

ISO 26000:2010, pages 35-36.

EMPLOI ET RELATIONS D'EMPLOI Mesures à prendre pour une inclusion centrée sur la gouvernance

Tous les emplois et toutes les relations de travail doivent être guidés par les principes d'inclusion en trois étapes lors de la création, de la modification ou de l'amélioration des politiques et pratiques en la matière. Ces changements ou ajustements de relations - pour être socialement responsables - doivent être axés sur la rédemption, la restauration et la responsabilité.

La façon dont une organisation aborde son continuum DE&I renvoie à ses obligations et à ses droits établis en s'assurant qu'elle reconnaît légalement les travailleurs, qu'ils soient employés ou indépendants. Cela est d'autant plus important lorsque des groupes minoritaires et vulnérables sont concernés, car les employeurs exercent une influence considérable sur leurs employés et leurs contractants. Il est donc nécessaire que la direction de l'organisation se tienne responsable de veiller à ce que tout travail soit rémunéré de manière appropriée et que les travailleurs soient traités équitablement en tant qu'employés ou contractants, indépendamment de leur sexe, de leur profil racial ou d'autres caractéristiques de diversité. En outre, les dirigeants doivent être sûrs, dans leurs systèmes et activités de prise de décision, qu'en tant qu'organisation, ils ne pratiquent pas de discrimination arbitraire fondée sur des facteurs de différenciation artificiels.

Étapes concrètes de l'inclusion axée sur la gouvernance dans l'emploi et les relations de travail

1. En examinant les politiques et procédures de votre organisation en matière d'emploi et de relations professionnelles, comment s'alignent-elles sur votre politique de DE&I, vos engagements et les proclamations de l'entreprise en la matière ?

2. S'il y a des lacunes, quelles sont les étapes et les échéances que vous avez identifiées pour les réduire ou les éliminer en vous basant sur le modèle de l'optique d'équité en 3 étapes ?

3. Toutes les parties prenantes pertinentes ont-elles été identifiées et engagées dans la révision, la modification ou le développement de vos politiques et procédures relatives à vos pratiques d'emploi modéré et de relations d'emploi DE&I ?

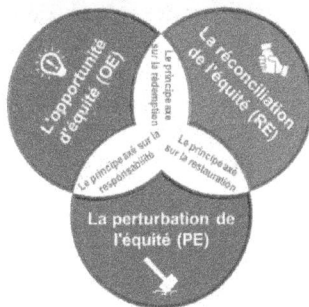

PRATIQUES DE TRAVAIL QUESTION 2 : LA DE&I COMME MODÉRATEUR DES CONDITIONS DE TRAVAIL ET DE LA PROTECTION SOCIALE

Les conditions de travail et la protection sociale sont des questions de DE&I et sont essentielles à la préservation de la dignité humaine et à l'établissement d'un sentiment de justice sociale et d'équité. Elles sont généralement établies par des accords nationaux, régionaux ou autres accords juridiquement contraignants entre ceux qui assignent le travail et ceux qui l'exécutent. Les conditions de travail et la protection sociale font partie intégrante des questions de DE&I car elles relèvent de la responsabilité sociale.

CONDITIONS DE TRAVAIL ET PROTECTION SOCIALE Appel à l'action pour une diversité fondée sur la connaissance

Les organisations sont aujourd'hui confrontées à de nouveaux défis en matière de conditions de travail et de protection sociale. Ces questions comprennent le salaire minimum vital, l'égalité de rémunération entre les sexes, le travail forcé, etc. Si le salaire minimum est généralement imposé par la loi, le salaire minimum vital réel peut être à la fois imposé par la loi et décidé par les entreprises. Le débat sur le salaire minimum a des partisans acharnés dans chaque camp. Des organisations extrêmement riches comme Walmart, Amazon et d'autres entreprises technologiques emploient un grand nombre de personnes au salaire minimum ou presque. Ces entreprises affirment souvent que les avantages généreux qu'elles offrent dépassent les exigences du salaire minimum. D'autres, dans le secteur des services, considèrent le salaire minimum comme un obstacle à leurs profits, en particulier dans les régions où le coût de la vie est très bas ; un salaire minimum conçu pour assurer un salaire de subsistance aux habitants d'une région où le coût de la vie est élevé peut sembler excessif à ceux qui se trouvent ailleurs. Il y a aussi ceux qui font remarquer qu'en raison de la lenteur avec laquelle les législations sur le salaire minimum réagissent à l'inflation et à d'autres facteurs liés au coût de la vie, les travailleurs sont souvent obligés de cumuler deux emplois ou plus pour se hisser au-dessus du seuil de pauvreté. En fin de compte, une organisation socialement responsable veille à ce que ses travailleurs soient correctement rémunérés par des salaires décents qui leur assurent la dignité et l'équilibre entre vie professionnelle et vie privée dans le contexte local, régional ou national où ils vivent et travaillent. L'ISO 26000 décrit les questions liées aux conditions de travail et à la protection sociale comme suit :

ISO   *Les conditions de travail comprennent les salaires et autres formes de rémunération, le temps de travail, les périodes de repos, les congés, les pratiques disciplinaires et de licenciement, la protection de la maternité et les questions de bien-être telles que l'eau potable, l'assainissement, les cantines et l'accès aux services médicaux. De nombreuses conditions de travail sont fixées par les lois et règlements nationaux ou par des accords juridiquement contraignants entre ceux pour qui le travail est effectué et ceux qui l'effectuent. L'employeur détermine un grand nombre des conditions de travail... Il convient d'accorder une attention juste et appropriée à la qualité des conditions de travail... La protection sociale désigne l'ensemble des garanties juridiques et des politiques et pratiques organisationnelles visant à atténuer la réduction ou la perte de revenus en cas d'accident du travail, de maladie, de maternité, de parentalité, de vieillesse, de chômage, d'invalidité ou de difficultés financières et à fournir des soins médicaux et des prestations familiales. La protection sociale joue un rôle important dans la préservation de la dignité humaine et l'instauration d'un sentiment d'équité et de justice sociale. En général, la responsabilité première de la protection sociale incombe à l'État.*

ISO 26000:2010, page 36.

Les organismes devraient s'assurer que les conditions de travail ne sont pas discriminatoires et que la protection sociale est accordée à ceux qui ont été traditionnellement marginalisés par les normes sociales. C'est un domaine où les organisations socialement responsables sont éclairées par leurs actions, qui doivent prendre en compte la qualité de vie de leurs employés, de leurs sous-traitants et de leurs familles. Il y a ensuite la question du travail forcé, qui fait également partie des conditions de travail où les droits des individus sont bafoués même s'ils sont indemnisés. Cela est particulièrement vrai dans les endroits où le travail forcé est encore la norme, même si la position officielle est qu'il a été éradiqué.

Le travail forcé est couvert par le principe 4 du Pacte mondial des Nations unies. Le travail forcé est un travail ou un service effectué par une personne qui fait l'objet d'une certaine forme de menace pour effectuer le travail, lorsque cette exécution n'est pas volontaire et que la personne ne peut pas s'en retirer librement. Le travail forcé peut être perpétré par des acteurs étatiques ou privés. Le travail forcé imposé par l'État peut être motivé par des raisons idéologiques ou politiques, et peut inclure des travaux publics forcés tels que la location de prisonniers (sans contrôle des autorités publiques) à des entreprises ou des particuliers. Les acteurs privés du travail forcé ont généralement recours à une forme de coercition ou d'esclavage ou l'utilisent pour régler des dettes comme la servitude pour dettes ou le travail forcé (une pratique ancienne pour le remboursement des dettes qui peut même inclure les enfants et les parents du débiteur) - (UN Global Compact n.d.). Les organisations qui produisent ou offrent des produits ou des services dont la chaîne d'approvisionnement est variée et située dans différentes parties du monde doivent être conscientes de la prévalence du travail forcé. Pour les organisations mondiales, les dirigeants devraient au moins comprendre le travail forcé et comment s'assurer qu'il n'existe pas dans leur écosystème :

Ce que les entreprises peuvent faire [à propos du travail forcé] :

- ☐ Avoir une politique claire de ne pas utiliser, être complice ou bénéficier du travail forcé ;
- ☐ Lorsque l'adhésion aux dispositions relatives au travail forcé des lois et réglementations nationales est insuffisante, prendre en compte les normes internationales ;
- ☐ S'assurer que tous les responsables de l'entreprise comprennent parfaitement ce qu'est le travail forcé ;
- ☐ Mettre à la disposition de tous les employés des contrats de travail précisant les conditions de service, le caractère volontaire de l'emploi, la liberté de quitter l'entreprise (y compris les procédures appropriées) et les éventuelles sanctions associées à un départ ou à une cessation de travail ;
- ☐ Ne pas confisquer les documents d'identité des travailleurs ;
- ☐ Interdire aux partenaires commerciaux de facturer des frais de recrutement aux travailleurs ;
- ☐ Rédiger les contrats de travail dans des langues facilement compréhensibles par les travailleurs, en indiquant l'étendue et les procédures de départ de l'emploi ;
- ☐ Connaître les pays, régions, industries, secteurs ou activités économiques où le travail forcé est plus susceptible d'être une pratique ;
- ☐ Dans la planification et la conduite des opérations commerciales, s'assurer que les travailleurs en situation de servitude pour dettes ou d'autres formes de travail forcé ne sont pas engagés et, le cas échéant, prévoir le retrait de ces travailleurs du lieu de travail avec des services adéquats et la fourniture d'alternatives viables ;
- ☐ Instituer des politiques et des procédures interdisant d'exiger des travailleurs qu'ils déposent des fonds auprès de l'entreprise ;
- ☐ En cas d'embauche de détenus pour un travail à l'intérieur ou à l'extérieur des prisons, s'assurer que leurs conditions de travail sont similaires à celles d'une relation d'emploi libre dans le secteur concerné, et qu'ils ont donné leur accord pour travailler pour un employeur privé ; -
- ☐ Veiller à ce que les opérations de développement à grande échelle ne fassent pas appel au travail forcé, quelle que soit la phase à laquelle elles se déroulent ; et
- ☐ surveiller attentivement les chaînes d'approvisionnement et les accords de sous-traitance.

Principe 4 de l'ONU sur le climat mondial.

CONDITIONS DE TRAVAIL ET PROTECTION SOCIALE
Opportunité/réconciliation/perturbation de l'équité fondée sur la créativité

La DE&I permet à une organisation d'avoir une vision à long terme, au-delà des simples bénéfices pour les actionnaires. Lorsque le DE&I devient le modérateur, il fournit la plateforme permettant à une organisation d'examiner ses conditions de travail et les protections sociales sur son lieu de travail pour s'assurer qu'elles incluent des intérêts socio-économiques et environnementaux justes et équitables pour les minorités et les groupes vulnérables. Ensemble, l'ED&I a le potentiel de transformer à la fois l'organisation et la société, ce qui se traduit par une prospérité partagée bien plus riche en termes de profits, de personnes et de planète. En appliquant le modèle du Prisme d'équité en 3 étapes aux conditions de travail et à la protection sociale, une organisation dispose d'un cadre de responsabilité sociale à forte valeur ajoutée qui améliore ses performances.

OPPORTUNITÉ D'ÉQUITÉ DANS LES CONDITIONS DE TRAVAIL ET LA PROTECTION SOCIALE

Les opportunités d'équité donnent à une organisation la flexibilité d'agir sur des opportunités justes, équitables et respectueuses de l'humanité qui améliorent ou ajustent équitablement les conditions de travail et les protections sociales. Par exemple, permettre aux travailleurs d'observer les coutumes nationales ou religieuses ou donner aux femmes enceintes des horaires de travail flexibles qui n'entravent pas le travail sont des ajustements faciles à réaliser. Le versement d'un salaire décent aux travailleurs est un autre exemple, et cela ne signifie pas nécessairement qu'il faut se contenter de respecter les lois sur le salaire minimum, mais qu'il faut aller au-delà. L'ISO 26000 fournit les orientations suivantes :

ISO *Une organisation devrait :*

☐ *respecter des niveaux de disposition plus élevés établis par d'autres instruments juridiquement contraignants applicables, tels que des conventions collectives ;*

☐ *observer au moins les dispositions minimales définies dans les normes internationales du travail telles qu'établies par l'OIT, en particulier lorsque la législation nationale n'a pas encore été adoptée ;*

☐ *offrir des conditions de travail décentes en ce qui concerne les salaires, la durée du travail, le repos hebdomadaire, les congés, la santé et la sécurité, la protection de la maternité et la possibilité de concilier travail et responsabilités familiales ;*

☐ *permettre, dans la mesure du possible, le respect des traditions et coutumes nationales ou religieuses ;*

☐ *offrir à tous les travailleurs des conditions de travail qui permettent, dans toute la mesure du possible, de concilier vie professionnelle et vie privée et qui soient comparables à celles offertes par des employeurs similaires dans la localité concernée ;*

☐ *fournir un salaire égal pour un travail de valeur égale ;*

RAPPROCHEMENT EN MATIÈRE D'ÉQUITÉ DANS LES CONDITIONS DE TRAVAIL ET DE PROTECTION SOCIALE

Les rapprochements en matière d'équité permettent à l'organisation de procéder à des évaluations périodiques de ses politiques et procédures, de ses systèmes internes et de ses pratiques décisionnelles afin de s'assurer qu'ils sont conformes aux lois internationales et nationales du travail ainsi qu'à ses engagements en matière de DE&I. Par exemple, si une organisation découvre que ses politiques ne sont pas en accord avec les normes de travail internationales, nationales ou locales ou avec ses engagements DE&I, elle doit rectifier la situation pour se conformer à ces normes. L'ISO 26000 fournit les orientations suivantes :

ISO *Une organisation devrait :*

□ *s'assurer que les conditions de travail sont conformes aux lois et réglementations nationales et sont en accord avec les normes internationales du travail applicables ;*

□ *fournir des salaires et autres formes de rémunération conformément aux lois, réglementations ou conventions collectives nationales. Une organisation devrait verser des salaires au moins adéquats pour les besoins des travailleurs et de leurs familles. Pour ce faire, elle devrait tenir compte du niveau général des salaires dans le pays, du coût de la vie, des prestations de sécurité sociale et du niveau de vie relatif des autres groupes sociaux. Elle devrait également tenir compte de facteurs économiques, notamment des exigences du développement économique, des niveaux de productivité et de l'opportunité d'atteindre et de maintenir un niveau d'emploi élevé. En déterminant les salaires et les conditions de travail qui reflètent ces considérations, une organisation devrait négocier collectivement avec ses travailleurs ou leurs représentants, en particulier les syndicats, lorsqu'ils le souhaitent, conformément aux systèmes nationaux de négociation collective ;*

□ *se conformer à toute obligation concernant la fourniture d'une protection sociale aux travailleurs dans le pays d'opération...*

ISO 26000:2010, pages 36-37.

RUPTURE D'ÉQUITÉ DANS LES CONDITIONS DE TRAVAIL ET LA PROTECTION SOCIALE

Les ruptures d'équité sont des moyens par lesquels une organisation met fin à des pratiques qui rendent les conditions de travail inhumaines, mettent en danger la sécurité des travailleurs ou contreviennent aux lois internationales ou nationales sur les droits de l'homme. Par exemple, la direction d'une organisation devrait appliquer de manière cohérente ses conventions collectives fondées sur les principes du travail et de la protection sociale et ne pas changer unilatéralement de cap lorsqu'elles ne répondent plus à ses objectifs commerciaux sans soumettre ce changement à des renégociations. L'ISO 26000 fournit les orientations suivantes :

ISO   *Une organisation devrait :*

☐   *respecter le droit des travailleurs d'adhérer aux heures de travail normales ou convenues, établies dans les lois, les règlements ou les conventions collectives. Elle devrait également fournir aux travailleurs un repos hebdomadaire et des congés annuels payés ;*

☐   *respecter les responsabilités familiales des travailleurs en leur offrant des heures de travail raisonnables, un congé parental et, si possible, des services de garde d'enfants et d'autres installations qui peuvent aider les travailleurs à atteindre un bon équilibre entre vie professionnelle et vie privée ; et*

☐   *rémunérer les travailleurs pour les heures supplémentaires conformément aux lois, règlements ou conventions collectives. Lorsqu'elle demande aux travailleurs de faire des heures supplémentaires, une organisation devrait tenir compte des intérêts, de la sécurité et du bien-être des travailleurs concernés et de tout danger inhérent au travail. Un organisme devrait se conformer aux lois et réglementations interdisant les heures supplémentaires obligatoires et non compensées, et toujours respecter les droits fondamentaux des travailleurs concernant le travail forcé.*

ISO 26000:2010, pages 36-37.

CONDITIONS DE TRAVAIL ET PROTECTION SOCIALE Mesures à prendre pour une inclusion centrée sur la gouvernance

Les mesures d'inclusion axées sur la gouvernance donnent aux organisations une plateforme pour concentrer leurs décisions sur les engagements en matière de conditions de travail et de protection sociale. Lorsque ces mesures sont modérées par DE&I, elles doivent être guidées par les principes d'inclusion en 3 étapes afin de garantir qu'elles sont axées sur la rédemption, la restauration et la responsabilité sociale.

Étapes d'inclusion axées sur la gouvernance dans les conditions de travail et la protection sociale
1. En examinant les politiques et procédures de votre organisation en matière de conditions de travail et de protection sociale, comment s'alignent-elles sur votre politique de DE&I, vos engagements et les proclamations de votre entreprise en la matière ?
2. S'il y a des lacunes, quelles sont les étapes et les échéances que vous avez identifiées pour les réduire ou les éliminer en vous basant sur le modèle de l'optique d'équité en 3 étapes ? 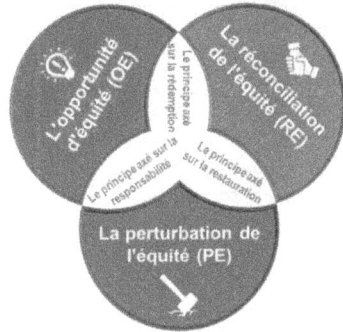
3. Toutes les parties prenantes pertinentes ont-elles été identifiées et engagées dans la révision, la modification ou le développement de vos politiques et procédures concernant vos conditions de travail modérées en matière de DE&I et vos pratiques de protection sociale ?

PRATIQUES DE TRAVAIL QUESTION 3 : LE DE&I COMME MODÉRATEUR DU DIALOGUE SOCIAL

Les dialogues sociaux au sein de toute organisation sont variés, tout comme les styles de communication et les intérêts des parties prenantes. Le DE&I en tant que modérateur offre aux organisations une bonne plateforme pour catégoriser et réaliser des normes productives et positives, en changeant les mécanismes construits avec des contrats sociaux inéquitables et non inclusifs. Avec l'avènement d'une pléthore d'organisations mondiales - reliées par des outils technologiques - le dialogue social est devenu un phénomène mondial qui repousse les limites des conversations entre employeurs et travailleurs. La communication accrue permet le partage des préférences au-delà des priorités et prérogatives locales, régionales ou même nationales. Mais la multiplication des outils de communication n'est pas nécessairement synonyme de dialogue social efficace.

DIALOGUE SOCIAL
Appel à l'action pour la diversité fondée sur la connaissance

Traditionnellement, on considère que les dialogues sociaux au sein des organisations se concentrent sur les échanges d'informations, les consultations ou les négociations entre l'employeur et les travailleurs, et impliquant parfois le gouvernement sur des questions économiques ou sociales qui les intéressent. Ces dialogues sociaux ont parfois lieu entre l'employeur et les travailleurs dans le cadre d'accords et de conflits liés au travail ; d'autres fois, ils ont lieu entre l'employeur et le gouvernement sur des questions de politique sociale. La norme ISO 26000 fournit les orientations générales suivantes :

Étant donné que les employeurs et les travailleurs ont généralement des intérêts à la fois mutuels et concurrents, le dialogue social devient un cadre nécessaire pour les aborder tous les deux. Divers dialogues sociaux se déroulent au sein de l'écosystème d'une organisation, à différents niveaux et à différents moments. Les travailleurs peuvent être frustrés parce qu'ils pensent que leur voix n'est pas entendue dans les décisions de l'employeur concernant leur bien-être. Les employeurs progressistes cherchent de nouveaux moyens de partager leurs bénéfices avec les travailleurs sans passer par des processus de négociation qui pourraient devenir facilement litigieux lorsque des intérêts concurrents ne peuvent être alignés. D'autres s'appuient sur des avantages qui répondent aux préoccupations traditionnelles des travailleurs : la dotation en personnel, les horaires, la rémunération à l'ancienneté, la sécurité et la réalisation d'objectifs de neutralité carbone et d'équité raciale. C'est dans ces pratiques bienveillantes que le fossé se creuse, et les employeurs peuvent en tirer parti dans les dialogues sociaux, mais pas nécessairement dans le domaine des médias sociaux.

Pour les travailleurs plus âgés qui n'appartiennent pas aux groupes de la génération Z et du millénaire, toutes les préoccupations mentionnées ci-dessus sont les raisons essentielles pour lesquelles ils se syndiquent. Pour la génération Z et les milléniaux, il est plus important que les organisations pour lesquelles ils travaillent s'engagent à protéger et à préserver la planète du réchauffement planétaire et du changement climatique. Lorsque ces questions sont présentées en opposition aux campagnes de syndicalisation, une organisation progressiste pourrait facilement diviser les travailleurs, ce qui les empêcherait de s'unir malgré leurs intérêts communs.

Les médias sociaux ont créé un nouveau niveau de connaissance sur le lieu de travail ; les employeurs et les travailleurs ont désormais des dialogues sociaux différents et plus informés que les générations précédentes, ce qui confirme l'adage selon lequel la connaissance est un pouvoir. Bien que les structures de travail aient considérablement changé depuis l'impact de COVID-19, la nécessité de faire entendre la voix des travailleurs dans l'écosystème organisationnel ne peut et ne doit pas être réduite au silence. Les syndicats et les acteurs de l'espace traditionnel de représentation des travailleurs utilisent peut-être encore l'approche traditionnelle du réseautage pour engager leurs mandants sur la même plate-forme de questions - salaires, avantages sociaux, retraite, problèmes disciplinaires, etc. Cependant, les jeunes travailleurs qui ont grandi avec les médias sociaux - la génération Z et les milléniaux - ont des préoccupations différentes en matière d'emploi et des façons différentes de négocier avec leurs employeurs. Ces paradigmes divisés créent des occasions de s'unir autour des engagements de l'organisation en matière de DE&I sans sacrifier la préférence d'un groupe par rapport à l'autre en matière de représentations.

Figure 7.1 : Les générations américaines définies de 1928 à 1996 et suivantes

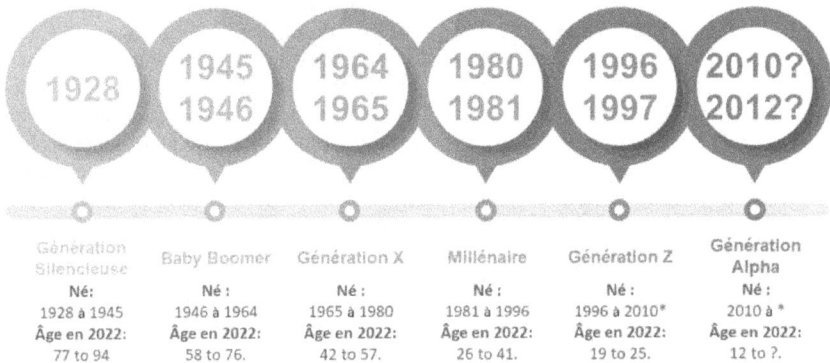

Les générations américaines définies de 1928 à 1996 et suivantes

1928	1945 1946	1964 1965	1980 1981	1996 1997	2010? 2012?
Génération Silencieuse	Baby Boomer	Génération X	Millénaire	Génération Z	Génération Alpha
Né: 1928 à 1945	Né : 1946 à 1964	Né : 1965 à 1980	Né : 1981 à 1996	Né : 1996 à 2010*	Né : 2010 à *
Âge en 2022: 77 to 94	Âge en 2022: 58 to 76.	Âge en 2022: 42 to 57.	Âge en 2022: 26 to 41.	Âge en 2022: 19 to 25.	Âge en 2022: 12 to ?.

Remarque: L'existence de la génération Alpha ne fait aucun doute, mais la question de savoir en quelle année elle a commencé reste posée, et il n'y a actuellement aucun consensus établi quant à sa date de début : 2010 ou 2012, telle est la question.

Lorsqu'ils utilisent DE&I comme modérateur, les employeurs et les travailleurs doivent décider ensemble des différents niveaux de ces dialogues, de ce que chaque niveau est autorisé à négocier et pour quel(s) groupe(s) représentatif(s). L'ère des médias sociaux a tout changé lorsqu'il s'agit de savoir comment, pourquoi et par quels moyens les négociations ont lieu, sont financées et documentées. De nouveaux accords devront être élaborés pour déterminer à quel moment les questions organisationnelles deviennent des questions du domaine public.

Bien que le dialogue social prenne de nombreuses formes au sein des organisations, telles que les unités de négociation, les conseils d'employés, les syndicats, les groupes consultatifs, etc. Aujourd'hui, tant les employeurs que les représentants des travailleurs utilisent les médias sociaux pour soutenir ou affaiblir leurs messages respectifs. Lorsque les travailleurs sont considérés comme des parties prenantes, ils peuvent contribuer à la création d'un environnement de travail qui est au cœur des efforts d'une organisation socialement responsable. Pour les grandes organisations, les unités de négociation sont parfois des partenariats nécessaires entre les employeurs et les travailleurs - permettant des résultats mutuellement bénéfiques. Le principe 3 du Pacte mondial des Nations unies fournit les orientations suivantes :

Sur le lieu de travail

o Respecter le droit de tous les travailleurs de former et d'adhérer à un syndicat de leur choix sans crainte d'intimidation ou de représailles, conformément à la législation nationale ;

o Mettre en place des politiques et procédures non discriminatoires en ce qui concerne l'organisation syndicale, l'adhésion et l'activité syndicales dans des domaines tels que les demandes d'emploi et les décisions d'avancement, de licenciement ou de transfert ;

o Fournir aux représentants des travailleurs des installations appropriées pour aider à l'élaboration d'une convention collective efficace.

o Ne pas interférer avec les activités des représentants des travailleurs lorsqu'ils exercent leurs fonctions de manière à ne pas perturber les opérations régulières de l'entreprise. Des pratiques telles que l'autorisation de collecter les cotisations syndicales dans les locaux de l'entreprise, l'affichage d'avis syndicaux, la distribution de documents syndicaux et la mise à disposition d'espaces de bureau, se sont avérées contribuer à l'établissement de bonnes relations entre la direction et les travailleurs, à condition qu'elles ne soient pas utilisées comme un moyen pour l'entreprise d'exercer un contrôle indirect.

À la table des négociations

o Reconnaissez les organisations représentatives aux fins de la négociation collective ;

o Utiliser la négociation collective comme un forum constructif pour aborder les conditions de travail et d'emploi et les relations entre employeurs et travailleurs, ou leurs organisations respectives ;

o Aborder toute résolution de problème ou tout autre besoin intéressant les travailleurs et la direction, notamment la restructuration et la formation, les procédures de licenciement, les questions de sécurité et de santé, les procédures de règlement des griefs et des différends, les règles disciplinaires et le bien-être de la famille et de la communauté ;

o Fournir les informations nécessaires à des négociations sérieuses ; et

o Equilibrer les relations avec le syndicat le plus représentatif afin de garantir la viabilité des petites organisations et leur permettre de continuer à représenter leurs membres.

Principe 3 de l'ONU sur le climat mondial.

DIALOGUE SOCIAL
Opportunité/réconciliation/perturbation de l'équité fondée sur la créativité :

Toutes les organisations ne sont pas idéalement adaptées pour permettre la création d'unités de négociation au sein de leurs écosystèmes. Mais toutes les organisations socialement responsables considèrent leurs employés et partenaires de travail comme des parties prenantes. En tant que parties prenantes, les préoccupations des employés devraient faire partie de tout dialogue social organisationnel. En outre, il n'appartient pas à l'employeur ou au gouvernement de dicter qui représente les intérêts des travailleurs. De plus en plus, la ligne de démarcation entre les personnes que l'employeur choisit de consulter ou avec lesquelles il négocie au nom des travailleurs s'estompe en raison de l'avènement des entreprises mondiales et des médias sociaux.

Pour de nombreuses organisations mondiales, les syndicats sont perçus comme des reliques du passé et elles repoussent la syndicalisation parce qu'elles estiment que les avantages lucratifs de leurs travailleurs les rendent inutiles. Les travailleurs plus âgés qui sont généralement favorables à la syndicalisation sont frustrés parce qu'ils n'ont pas de position unie, tandis que les jeunes travailleurs (génération Z et millénaires) n'ont aucun point de référence quant à la pertinence des syndicats. Pourtant, la voix des travailleurs doit faire partie du dialogue social quotidien et leurs intérêts, aussi variés et décentralisés soient-ils, ne peuvent être ignorés ou simplement traités par des avantages présentés unilatéralement, aussi bienveillants soient-ils.

Pour les organisations qui s'efforcent de créer une main-d'œuvre, un lieu de travail et des partenaires de travail équitables et inclusifs, le DE&I peut devenir un modérateur précieux. En utilisant le modèle d'objectif d'équité en 3 étapes, une organisation devrait examiner ses pratiques pour créer des changements à l'échelle de l'organisation et de la société sur les dialogues sociaux concernant les contrats sociaux qui divisent et doivent être corrigés pour atteindre le développement durable. L'ISO 26000 a fourni les conseils suivants :

ISO *Les syndicats et les organisations d'employeurs, en tant que représentants choisis des parties respectives, ont un rôle particulièrement important à jouer dans le dialogue social... Le dialogue social est fondé sur la reconnaissance du fait que les employeurs et les travailleurs ont des intérêts à la fois concurrents et mutuels, et joue dans de nombreux pays un rôle important dans les relations industrielles, la formulation des politiques et la gouvernance... Le dialogue social peut prendre de nombreuses formes et se dérouler à différents niveaux. Les travailleurs peuvent souhaiter former des groupes ayant une couverture professionnelle, interprofessionnelle ou géographique plus large. Les employeurs et les travailleurs sont les mieux placés pour décider conjointement du niveau le plus approprié. Une façon d'y parvenir est d'adopter des accords-cadres complétés par des accords locaux au niveau de l'organisation, conformément à la législation ou à la pratique nationale... Parfois, le dialogue social peut porter sur des questions litigieuses, auquel cas les parties peuvent établir un processus de résolution des conflits. Le dialogue social peut également porter sur des griefs pour lesquels un mécanisme de réclamation est important, notamment dans les pays où les principes et droits fondamentaux au travail ne sont pas suffisamment protégés. Un tel mécanisme de réclamation peut également s'appliquer à une main-d'œuvre sous-traitante... Le dialogue social international est une tendance croissante, et comprend le dialogue et les accords régionaux et mondiaux entre les organisations opérant au niveau international et les organisations syndicales internationales.*

ISO 26000:2010, pages 37-38.

OPPORTUNITÉ D'ÉQUITÉ DANS LES DIALOGUES SOCIAUX DE&I

Les employeurs et les travailleurs gagneraient à ce que les dialogues sociaux soient également considérés comme faisant partie d'un concept holistique de

DE&I. Une telle approche offre la possibilité d'utiliser la DE&I comme modérateur pour trouver des solutions justes et équitables aux différends concernant les activités, les rôles et les responsabilités des employeurs et des travailleurs. De plus, si les conflits peuvent être paralysants lorsqu'il s'agit de dialogue social sur le lieu de travail, ceux liés à la DE&I, comme la race ou le sexe, peuvent l'être encore plus. En utilisant l'opportunité de l'équité comme point de mire, les employeurs et les travailleurs peuvent créer une atmosphère sûre et collégiale pour ajuster ou corriger les pratiques actuelles inéquitables ou non inclusives (raciales, de genre et de partage des profits/de la richesse, etc.) par des pratiques socialement responsables et justes. Cela commence par l'instauration d'un climat de confiance en ajustant ou en corrigeant les pratiques qui sont manifestement biaisées par rapport à tout dialogue social.

ISO

Une organisation devrait :

☐ *reconnaître l'importance pour les organisations des institutions de dialogue social, y compris au niveau international, et des structures de négociation collective applicables ;*
☐ *respecter à tout moment le droit des travailleurs de former ou d'adhérer à leurs propres organisations pour défendre leurs intérêts ou pour négocier collectivement ;*
☐ *ne pas faire obstacle aux travailleurs qui cherchent à constituer leurs propres organisations ou à y adhérer et à négocier collectivement, par exemple en les licenciant ou en exerçant une discrimination à leur encontre, en exerçant des représailles ou en proférant toute menace directe ou indirecte de manière à créer un climat d'intimidation ou de peur...*

ISO 26000:2010, page 38.

Le dialogue social offre aux organisations une excellente plateforme pour transformer leurs pratiques en pratiques socialement responsables. Si le dialogue social peut prendre de nombreuses formes, il est important de réaliser que lorsqu'il s'agit de lutter contre les inégalités sur le lieu de travail et dans les communautés affectées par les décisions d'une organisation, l'identification et l'engagement de toutes les parties prenantes concernées sont non seulement cruciaux, mais nécessaires. Que les organisations aient du pouvoir et de l'autorité sur les travailleurs n'est pas discutable ; c'est dans la manière dont ce pouvoir est exercé que les normes socialement responsables entrent en jeu. Les organisations qui poursuivent des dialogues sociaux en tant que responsabilité sociale modérée par DE&I doivent être conscientes de certaines pratiques organisationnelles qui pourraient être injustes et inéquitables envers les travailleurs qui soutiennent, entretiennent ou participent à des discussions sur la syndicalisation ou toute autre représentation. Les points suivants représentent certaines des façons dont ces pratiques injustes se manifestent dans les dialogues sociaux :

1. Lancer un programme de surveillance interne pour contrôler le dialogue des travailleurs autour des activités de représentation collective ou donner l'impression qu'une telle surveillance est en cours pour susciter la peur au sein de la base ou produire une distorsion dans les chambres d'écho du dialogue social.

2. Menacer de refuser les avantages ou les augmentations de salaire promis, les primes annuelles, les promotions ou autres avantages déjà accordés ou en passe de l'être.
3. Faire preuve de déception lorsque les travailleurs abordent le sujet de la recherche d'une éventuelle représentation collective et saper le processus en promettant de nouveaux avantages pour les dissuader de poursuivre.
4. Menacer de perdre l'emploi ou de convertir les emplois actuels en contrats de sous-traitance lorsque les travailleurs insistent pour se syndiquer ou former d'autres associations pour défendre leurs intérêts collectifs.
5. Menacer de déduire des avantages existants tout gain obtenu grâce à la syndicalisation, faisant ainsi de toute victoire dans la négociation collective un exercice futile.
6. S'engager dans la sollicitation de griefs et de plaintes, puis utiliser les données pour cibler de nouveaux avantages qui font dérailler tout dialogue social autour de la négociation collective.
7. Interdire ou décourager les discussions entre travailleurs sur les mesures disciplinaires prises à l'encontre d'une personne pour avoir participé ou voulu appartenir à une unité de négociation collective ou enregistrer des commentaires négatifs dans les dossiers personnels des travailleurs pour avoir participé à une quelconque activité de négociation collective ou de représentation.
8. Laisser entendre ou suggérer que le soutien à la négociation collective ou à toute forme de représentation équivaut à de l'insubordination ou à une forme d'intimidation ou d'intimidation par l'employeur (Streitfeld 2021).

Bien que les pratiques ci-dessus soient des pratiques auxquelles les organisations peuvent se livrer « innocemment », elles sont souvent réalisées de manière tout à fait délibérée, et nuisent à l'engagement des travailleurs en tant que parties prenantes d'intérêt. Elles créent également une atmosphère proche de celle d'un État policier. Ces pratiques sont susceptibles d'entraver la libre circulation des dialogues sociaux sur les contrats sociaux, d'une manière qui perpétue les normes de division et tourne en dérision les efforts de responsabilité sociale. Les groupes traditionnellement en marge des normes acceptées continuent de subir les conséquences de ces pratiques organisationnelles inéquitables et non inclusives et en portent les cicatrices. Les organisations gagneraient à utiliser la lentille d'équité en trois étapes pour aider à encadrer le dialogue sur les questions d'équité et d'inclusion.

LA CONCILIATION DE L'ÉQUITÉ DANS LES DIALOGUES SOCIAUX DE&I

Il existe des dialogues sociaux litigieux liés à la DE&I qu'il est malaisé d'aborder ouvertement depuis longtemps, ainsi que des dialogues émergents en raison de la nouvelle attention mondiale accordée à ce sujet. Dans ces situations, l'employeur et les travailleurs doivent chercher à évaluer régulièrement et à réconcilier les engagements de l'organisation en matière de DE&I avec ses politiques, ses processus décisionnels et ses pratiques réelles. En cas de lacunes, l'accent doit être mis sur l'amélioration des accords et des engagements existants ou sur leur remplacement par des alternatives socialement responsables qui sont justes et équitables. Lorsque les dialogues sociaux sont modérés par le DE&I, ils deviennent un continuum de conversations exploitables - et non pas seulement des événements de formation ou des pow-wow à l'échelle de l'organisation (bien que ceux-ci aient aussi leur place). Les dialogues sociaux dans un cadre informel par des gens qui ne seraient pas surpris de discuter des incohérences dans les politiques et les pratiques en matière de DE&I sont une bonne transition vers la normalisation des normes sociales difficiles qui nous ont divisés. Ces moments impromptus peuvent faire ressortir notre humanité commune et nous permettre de combler les écarts par des mesures concrètes.

ISO

Une organisation devrait :

☐ *lorsque des changements dans les opérations auraient des impacts majeurs sur l'emploi, donner un préavis raisonnable aux autorités gouvernementales compétentes et aux représentants des travailleurs afin que les implications puissent être examinées conjointement pour atténuer le plus possible tout impact négatif ;*

☐ *dans la mesure du possible, et dans une mesure raisonnable et non perturbatrice, donner aux représentants des travailleurs dûment désignés l'accès aux décideurs autorisés, aux lieux de travail, aux travailleurs qu'ils représentent, aux installations nécessaires à l'exercice de leur rôle et aux informations qui leur permettront de se faire une idée juste et précise des finances et des activités de l'organisation...*

ISO 26000:2010, page 38.

PERTURBATION DE L'ÉQUITÉ DANS LES DIALOGUES SOCIAUX

L'employeur et les travailleurs doivent reconnaître la nécessité d'une représentation de chacun de leurs points de vue dans le traitement des questions de DE&I. Une organisation ferait bien d'impliquer toutes les parties prenantes dans le traitement de ses questions de DE&I et de ne pas l'aborder de manière strictement descendante ou par des déclarations lors de conférences de presse. Dans les situations où les lois locales, régionales ou nationales ne prévoient pas de protection adéquate du dialogue social, les organisations ne devraient pas empêcher leurs employés de s'exprimer, mais plutôt créer un mécanisme de plainte valable pour traiter les questions de DE&I. La norme ISO 26000 recommande aux organisations d'envisager de participer à des dialogues sociaux, le cas échéant, « ... au sein des organisations d'employeurs, afin de créer des opportunités de dialogue social et d'étendre l'expression de leur responsabilité sociale par ce biais ». La nécessité pour les organisations de s'exprimer pour rompre les contrats sociaux qui divisent par le biais de dialogues sociaux est plus grande aujourd'hui qu'à tout autre moment en raison du pouvoir et de l'influence des organisations aujourd'hui et des médias sociaux. Notre humanité et notre planète communes exigent que les organisations identifient et s'engagent collectivement à résoudre les normes de division structurelles et permanentes que les générations précédentes n'ont pas abordées et qu'elles ont au contraire rejetées.

ISO *Une organisation devrait :*

☐ *s'abstenir d'encourager les gouvernements à restreindre l'exercice des droits internationalement reconnus que sont la liberté d'association et la négociation collective. Par exemple, les organisations doivent éviter d'implanter une filiale ou de s'approvisionner auprès d'entreprises situées dans des zones industrielles spécialisées où la liberté d'association est limitée ou interdite, même si la réglementation nationale reconnaît ce droit, et elles doivent s'abstenir de participer à des systèmes d'incitation fondés sur de telles restrictions.*

ISO 26000:2010, page 38.

DIALOGUE SOCIAL
Étapes concrètes de l'inclusion centrée sur la gouvernance

Dans la formulation et la facilitation de son dialogue social global sur la responsabilité sociale, une organisation devrait également considérer les DE&I comme une monnaie d'échange pour négocier des décisions à valeur ajoutée. Le cas échéant, l'organisation devrait également envisager de s'impliquer dans des organisations externes pertinentes comme moyen de poursuivre le dialogue social sur la DE&I, où elle peut exercer son influence dans la lutte contre les inégalités en tant qu'expression de sa responsabilité sociale. Les personnes qui travaillent à la création et à la mise en œuvre des politiques et des programmes de DE&I sont-elles représentatives des groupes qui ont été historiquement marginalisés et privés de leurs droits ? Ont-elles une voix indépendante dans tous les dialogues sociaux connexes - y compris la liberté de négocier, d'échanger des informations et d'autres pratiques de consultation sans crainte de représailles ?

S'il n'est pas nécessaire qu'ils soient membres du groupe racial privé de ses droits, ils doivent néanmoins être en mesure de démontrer leur intérêt pour des pratiques diverses, équitables et inclusives. Par exemple, Benjamin Butler était le président de la commission judiciaire de la Chambre des représentants qui a présenté le projet de loi sur les droits civils de 1875. En présentant ce projet de loi, le président Butler a fait part de son expérience personnelle en regardant les Afro-Américains se battre et mourir pour défendre une Amérique équitable sur le plan racial pendant la guerre civile. Il a ensuite fait part de sa détermination personnelle à défendre les droits civils des Afro-Américains : « *Que ma main droite oublie sa ruse et que ma langue se colle au palais si jamais je ne défends pas les droits de ces hommes qui ont donné leur sang pour moi et mon pays.... Dieu aidant, je tiendrai ce serment (History, Art & Archives 2021).* "

Les législateurs afro-américains qui ont servi au 43e Congrès avec le président Butler n'avaient aucun doute sur le fait qu'ils pouvaient lui faire confiance. Bien sûr, les démocrates ont attaqué Butler sans relâche et sa détermination a fini par lui coûter sa réélection. Dans le schéma transcendant de la vie, le président Butler est allé à la rencontre de son créateur en sachant qu'il avait défendu la justice en défendant les droits civils des sans-défense - un attribut divin en effet !

Le dialogue social sur les questions de DE&I, bien qu'il soit lié aux questions plus larges qu'une organisation traite dans le cadre de son écosystème, nécessite toujours une approche plus systémique car les normes de division continuent d'être soutenues par le racisme, les inégalités entre les sexes, les comportements de caste et de tribu, et d'autres formes de xénophobie. En abordant la création, la modification ou la mise à jour des pratiques de dialogue social existantes, une organisation devrait envisager d'intégrer les principes d'inclusion en 3 étapes afin de fournir le cadre adéquat. Les employeurs et les travailleurs engagés dans un dialogue social modéré par DE&I devraient accepter d'être guidés par des principes axés sur la rédemption, la restauration et la responsabilité lorsqu'ils discutent de processus décisionnels à valeur ajoutée et de l'exécution d'activités courantes. Ce cadre donne aux représentants de l'organisation les outils nécessaires pour trouver des moyens créatifs de résoudre les inégalités et les problèmes d'inclusion qui paralysent les sociétés depuis si longtemps.

Étapes concrètes de l'inclusion axée sur la gouvernance dans le cadre du DIALOGUE SOCIAL

1. En examinant les politiques et procédures de votre organisation en matière de dialogue social, comment s'alignent-elles sur votre politique de DE&I, vos engagements et les proclamations de votre entreprise en la matière ?

2. S'il y a des lacunes, quelles sont les étapes et les échéances que vous avez identifiées pour les réduire ou les éliminer en vous basant sur le modèle de l'optique d'équité en 3 étapes ?

3. Toutes les parties prenantes ont-elles été identifiées et engagées dans la révision, la modification ou le développement de vos politiques et procédures concernant vos pratiques de dialogue social modéré en matière de DE&I ?

PRATIQUES DE TRAVAIL QUESTION 4 : LA DE&I COMME MODÉRATEUR DE LA SANTÉ ET DE LA SÉCURITÉ AU TRAVAIL

Les pratiques de santé et de sécurité au travail traitent de la façon dont les employeurs et les travailleurs les envisagent dans un continuum de politiques et de procédures qui encadrent les décisions organisationnelles et les activités réalisées dans un environnement de travail sûr dans l'ensemble de l'écosystème de l'organisation et au-delà. La vie organisationnelle se manifeste souvent avec force par la culture de santé et de sécurité d'une organisation. Une culture de santé et de sécurité ne peut être développée ou améliorée sans l'engagement et le soutien de la direction générale. Mais elle ne peut pas non plus être une culture transmise par une approche descendante, dans laquelle la direction prend toutes les décisions en matière de santé et de sécurité et les travailleurs n'ont pas voix au chapitre.

SANTÉ ET SÉCURITÉ AU TRAVAIL
Appel à l'action pour la diversité fondée sur la connaissance

L'environnement de santé et de sécurité au travail influe sur la manière dont les employeurs et les travailleurs envisagent les politiques correspondantes et sur la manière dont elles sont élaborées ou modifiées au fil du temps, en particulier lorsque les conditions de travail évoluent. Si, traditionnellement, le lieu de travail était supposé être celui désigné et entretenu par l'organisation, le COVID 19 et les directives sur l'hébergement dans un lieu sûr ont tout changé. Depuis la COVID, un modèle hybride fait partie de l'équation et les organisations doivent maintenant trouver de nouvelles façons de soutenir le comportement des travailleurs lié à la santé et à la sécurité au travail, quel que soit l'endroit où ce travail est effectué. Sur le lieu de travail, les organisations socialement responsables ont généralement abordé les questions de santé et de sécurité sous l'angle économique, car elles sont connues pour réduire les coûts globaux, améliorer la satisfaction des travailleurs et faciliter l'exécution du travail.

Mais que se passe-t-il lorsque les travailleurs effectuent un travail à leur domicile ? L'entreprise est-elle également responsable de leur bien-être physique, mental et social lorsqu'ils travaillent à distance ? Par exemple, les blessures au poignet et les douleurs dorsales ont été corrélées aux positions assises sur le lieu de travail et les organisations disposent généralement de politiques et de procédures pour les prévenir. Ces politiques et procédures peuvent-elles être étendues au télétravail ? Ce sont là quelques-unes des questions les plus simples auxquelles les entreprises sont confrontées aujourd'hui. La complexité augmente en fonction du type de travail effectué par le biais du modèle hybride.

De nombreuses entreprises mondiales affirment aujourd'hui que les lieux de travail sont les plus sûrs qu'ils aient jamais été grâce à la surveillance réglementaire exercée par les agences gouvernementales. Certaines vont plus loin en citant les avantages et les bénéfices somptueux offerts aux travailleurs d'aujourd'hui, dont certains étaient inconnus des générations précédentes. Il reste à savoir si les travailleurs pensent que leurs préoccupations en matière de santé et de sécurité sont entendues et prises au sérieux. Que ce soit par le biais des syndicats ou des groupes de représentants des travailleurs, les questions de santé et de sécurité doivent être abordées en collaboration.

La norme ISO 26000 suggère d'utiliser des comités mixtes patronat-syndicats pour la santé et la sécurité comme approche. Dans cette approche, les travailleurs sont impliqués dans la collecte d'informations, le signalement, l'enregistrement et l'investigation des accidents, l'inspection et la réponse aux problèmes soulevés par la direction et les travailleurs, ainsi que l'élaboration et la diffusion de manuels de sécurité et de programmes de formation :

ISO *Les représentants des travailleurs au sein de ces comités ne doivent pas être nommés par la direction mais élus par les travailleurs eux-mêmes. Les représentants des travailleurs au sein de ces comités ne doivent pas être désignés par la direction mais élus par les travailleurs eux-mêmes. Les comités doivent être d'une taille suffisante pour que toutes les équipes, sections et sites de l'organisation soient*

représentés. Ils ne devraient pas être considérés comme un substitut aux comités d'entreprise ou aux organisations de travailleurs..
ISO 26000:2010, page 40.

Un autre aspect de la santé et de la sécurité au travail qui est encore plus important est l'impact sur les minorités et les groupes défavorisés. Un groupe racial qui a été historiquement marginalisé par la société subit souvent la même marginalisation ou dévalorisation de son humanité dans le monde du travail et sur le lieu de travail dans les domaines de la santé et de la sécurité, à moins qu'il n'y ait un engagement intentionnel en matière de DE&I qui l'emporte sur la stigmatisation. Cela explique pourquoi les minorités sont souvent surreprésentées dans les emplois à haut risque et sous-représentées dans les rangs des cadres et des superviseurs. Un problème flagrant des minorités prises dans une lutte sans voix et sans pouvoir au sein d'un écosystème organisationnel est qu'elles ne sont pas prises au sérieux, même lorsqu'elles signalent des conditions de travail qui leur causent du tort. D'autres fois, ces minorités ou ces groupes privés de droits dans la société ont peur de signaler leurs problèmes de santé et de sécurité liés au travail par crainte de perdre leur emploi ou d'autres actions punitives. La norme ISO 26000 fournit quelques conseils dans ce domaine :

ISO

La santé et la sécurité au travail concernent la promotion et le maintien du plus haut degré de bien-être physique, mental et social des travailleurs et la prévention des atteintes à la santé dues aux conditions de travail. Elle concerne également la protection des travailleurs contre les risques pour la santé et l'adaptation de l'environnement professionnel aux besoins physiologiques et psychologiques des travailleurs. Les maladies, les blessures et les décès liés au travail représentent une lourde charge financière et sociale pour la société. La pollution accidentelle et chronique et les autres risques professionnels qui sont nocifs pour les travailleurs peuvent également avoir des répercussions sur les communautés et l'environnement. Les préoccupations en matière de santé et de sécurité concernent les équipements, processus, pratiques et substances (chimiques, physiques et biologiques) dangereux.
ISO 26000:2010, page 38.

SANTÉ ET SÉCURITÉ AU TRAVAIL
Opportunité/réconciliation/disruption de l'équité motivée par la créativité

La culture de santé et de sécurité d'une organisation détermine et diffuse les valeurs et les attentes pratiquées dans l'ensemble de son écosystème. Cela s'explique en partie par le fait que les travailleurs passent une grande partie de leur temps au travail - 40 heures ou plus - et qu'il s'agit du lieu où les infractions à la santé et à la sécurité au travail se produisent traditionnellement avant que leurs répercussions ne se fassent sentir dans les communautés. Dans les grandes entreprises, les syndicats ou les unités de négociation défendaient les intérêts des travailleurs. Les syndicats ont contribué à réduire certains des dangers auxquels les travailleurs et les communautés étaient exposés en raison des politiques et des décisions des entreprises qui les touchaient au travail et dans leur voisinage.

Aujourd'hui, redresser les torts - potentiels et réels - avant même qu'ils ne prennent racine grâce à des pratiques décisionnelles modérées en matière de DE&I (fondées sur le modèle des 3 optiques d'équité) est une approche tournée vers l'avenir qui devient pratique lorsque la santé et la sécurité au travail sont abordées ensemble par toutes les parties prenantes. En examinant l'écosystème de la santé et de la sécurité de l'organisation, il faut prêter attention aux opportunités d'équité, aux réconciliations et aux perturbations de l'équité.

OPPORTUNITÉ D'ÉQUITÉ EN MATIÈRE DE SANTÉ ET DE SÉCURITÉ AU TRAVAIL

Les questions de santé et de sécurité au travail ont une corrélation directe avec les coûts globaux de santé et de sécurité de l'entreprise, ce qui a également un impact sur les trois lignes de fond que sont les bénéfices, les personnes et la planète. Cela fait de la santé et de la sécurité au travail un domaine d'intérêt de DE&I en raison de ses implications en matière de responsabilité sociale. Cela comprend la prévention avant et la protection après une blessure ou un décès, l'impact sur les travailleurs, leur famille immédiate et la communauté dans son ensemble. Les intérêts des parties prenantes ne sont généralement pas un jeu à somme nette linéaire lorsqu'il s'agit de santé et de sécurité au travail. Lorsqu'une mère ou un père de famille se blesse au travail et ne peut plus toucher son salaire, l'impact n'est pas seulement ressenti par eux, mais par tous ceux qui dépendent de ce revenu pour leur subsistance et leur bien-être, y compris, par exemple, leur épicier local. C'est une raison de plus pour aborder la santé et la sécurité au travail comme une question de DE&I et chercher des occasions de corriger rapidement les pratiques injustes et inéquitables :

ISO   *Une organisation devrait :*

- *comprendre et appliquer les principes de gestion de la santé et de la sécurité, y compris la hiérarchie des contrôles : élimination, substitution, contrôles techniques, contrôles administratifs, procédures de travail et équipements de protection individuelle ;*
- *communiquer l'exigence selon laquelle les travailleurs doivent suivre toutes les pratiques de sécurité à tout moment et s'assurer que les travailleurs suivent les procédures appropriées ;*
- *fournir l'équipement de sécurité nécessaire, y compris l'équipement de protection individuelle, pour la prévention des blessures, des maladies et des accidents du travail, ainsi que pour faire face aux urgences ;*
- *fournir une formation adéquate à l'ensemble du personnel sur toutes les questions pertinentes ;*
- *respecter le principe selon lequel les mesures de santé et de sécurité sur le lieu de travail ne doivent pas entraîner de dépenses monétaires pour les travailleurs ; et*
- *fonder ses systèmes de santé, de sécurité et d'environnement sur la participation des travailleurs concernés et reconnaître et respecter les droits des travailleurs à :*

ISO 26000:2010, page 39.

CONCILIATION DE L'ÉQUITÉ EN MATIÈRE DE SANTÉ ET DE SÉCURITÉ AU TRAVAIL

Lorsque les organisations s'engagent à devenir socialement responsables, elles devraient également s'engager à traiter la santé et la sécurité au travail comme faisant partie intégrante de leur culture DE&I. Sur le thème de la culture de la santé, la Fondation Robert Wood Johnson (RWJF) propose un cadre holistique qui peut guider la culture de la santé et de la sécurité au travail modérée par la DE&I :

> *Une culture de la santé est définie au sens large comme une culture dans laquelle la bonne santé et le bien-être s'épanouissent dans tous les secteurs géographiques, démographiques et sociaux ; la promotion de communautés saines et équitables guide la prise de décision publique et privée ; et chacun a la possibilité de faire des choix qui mènent à des modes de vie sains. Pour ce faire, la société doit être libérée des systèmes et des structures qui perpétuent les inégalités raciales. La définition exacte d'une culture de la santé peut être très différente selon les personnes. Une culture nationale de la santé doit englober une grande variété de croyances, de coutumes et de valeurs. En fin de compte, elle sera aussi diverse et polyvalente que la population qu'elle sert (Robert Wood Johnson Foundation, s.d.).*

Cette définition est suffisamment large pour englober les processus décisionnels et les pratiques de l'organisation en matière de santé au travail, modérés par ses coutumes, ses valeurs et ses croyances - la définition même de la culture d'une organisation. En ce qui concerne la culture de la sécurité, le California's State Compensation Insurance Fund a proposé cette définition « Safe at Work California », qui constitue un bon cadre holistique soutenant les croyances, les coutumes et les valeurs organisationnelles modérées par le DE&I. Elle définit la culture de la sécurité comme suit

> *Les attitudes, croyances, perceptions et valeurs qu'une entreprise partage en matière de sécurité au travail. Le fondement de la construction et du*

*maintien d'une culture de sécurité positive est un effort de collaboration.
Elle implique le propriétaire, la direction, les superviseurs et les employés.
Parmi les autres caractéristiques de la culture de la sécurité figurent
l'engagement des employés, la responsabilisation et la communication
interfonctionnelle dans l'ensemble de l'entreprise. Une culture de sécurité
positive met l'accent sur le fait que la sécurité est un élément central conçu
dans tous les aspects de l'organisation. Elle souligne également que la
sécurité est le travail de chacun et qu'il s'agit d'un objectif mesurable qui
vaut la peine d'être atteint (Safe 2020).*

Les organisations socialement responsables doivent évaluer périodiquement leurs politiques, procédures et pratiques en matière de santé et de sécurité pour s'assurer qu'elles sont conformes à leurs engagements en matière de DE&I. Réconcilier la pratique avec la politique nécessite l'engagement de toutes les parties prenantes. L'ISO fournit les conseils suivants :

ISO

Une organisation devrait :

☐ *élaborer, mettre en œuvre et maintenir une politique de santé et de sécurité au travail fondée sur le principe selon lequel des normes de sécurité et de santé solides et les performances de l'organisation se soutiennent et se renforcent mutuellement ;*

☐ *analyser et maîtriser les risques pour la santé et la sécurité liés à ses activités ;*

☐ *traiter les façons spécifiques dont les risques pour la santé et la sécurité au travail (SST) affectent différemment les femmes (telles que les femmes enceintes, celles qui ont récemment accouché ou celles qui allaitent) et les hommes, ou les travailleurs dans des circonstances particulières telles que les personnes handicapées, les travailleurs inexpérimentés ou les jeunes travailleurs...*

ISO 26000:2010, page 39.

RUPTURE D'ÉQUITÉ EN MATIÈRE DE SANTÉ ET DE SÉCURITÉ AU TRAVAIL

Au XXIe siècle, les organisations se trouvent à la croisée des chemins pour sortir le reste de la société et les États-nations du marasme des impacts des révolutions industrielles et des normes sociales clivantes. Pendant longtemps, la santé et la sécurité ont été sacrifiées sur l'autel du profit pour quelques industriels. Certains de ces industriels (et c'est tout à leur honneur), une fois qu'ils ont acquis la célébrité et la notoriété, ont consacré une partie de leur richesse à la résolution des problèmes de santé et de sécurité de la société, mais dans un esprit de bienveillance après coup. La responsabilité sociale est bien plus que des gestes de bienveillance ; elle repose fondamentalement sur le respect de l'État de droit et la conformité à des obligations juridiquement contraignantes.

Le fait que la révolution industrielle ait conduit à l'abus de notre environnement et à la maltraitance des personnes n'est pas remis en question, car le réchauffement de la planète, le changement climatique et les inégalités mondiales sont des miroirs réfléchissants des excès de cette période - qui a jeté les bases de l'évolution de nos connaissances aujourd'hui. Pourtant, à cette époque, les industriels se conformaient à certaines, voire à toutes les lois existantes en matière de santé et de sécurité au travail, des lois qui avaient du mal à rattraper leur retard et à prendre en compte l'impact des décisions des entreprises sur les personnes et la société. Ces lois n'ont alors pas préservé et protégé nos ressources naturelles communes des abus des entreprises, car nous sommes aujourd'hui confrontés aux répercussions du réchauffement de la planète et du changement climatique, encore exacerbées par le clivage entre les super-riches et les pauvres découragés. Il ne s'agit pas d'exempter les révolutions de la technologie et de la connaissance de leurs propres contributions aux processus et pratiques de prise de décision en matière de santé et de sécurité au travail. La différence réside dans le fait qu'aujourd'hui, les organisations ont moins de chances de s'en sortir avec ce qui aurait été traité avec des gants d'enfants dans le passé, en raison de la sensibilisation mondiale et de la facilité avec laquelle les informations peuvent être diffusées. Au minimum,

ISO

Une organisation devrait :

☐ *enregistrer et enquêter sur tous les incidents et problèmes de santé et de sécurité afin de les minimiser ou de les éliminer ;*

☐ *fournir une protection égale en matière de santé et de sécurité aux travailleurs à temps partiel et temporaires, ainsi qu'aux travailleurs sous-traitants ;*

☐ *s'efforcer d'éliminer les risques psychosociaux sur le lieu de travail, qui contribuent ou conduisent au stress et à la maladie...*

ISO 26000:2010, page 39.

SANTÉ ET SÉCURITÉ AU TRAVAIL
Étapes concrètes de l'inclusion centrée sur la gouvernance

Sans une adhésion totale à notre humanité partagée, il peut être plus facile pour un décideur de désigner un environnement de travail à haut risque comme une panacée pour résoudre les disparités en matière d'équité et d'inclusion en embauchant ou en engageant des personnes et des organisations issues de groupes marginalisés. Après tout, si ces groupes marginalisés ne sont pas perçus comme égaux en humanité, les individus qui les représentent pourraient facilement être traités comme une « marchandise » plus facilement remplaçable. C'est par le biais de principes d'inclusion centrés sur la gouvernance que des mesures équilibrées sont élaborées, qui sont socialement responsables et qui ne conduisent pas à un engourdissement statistique. En plus de la liste des leçons du NYT pour l'avenir présentée ci-dessus, l'inclusion centrée sur la gouvernance devrait résoudre les questions d'équité soulevées par la santé et la sécurité au travail en les abordant dans des étapes réalisables qui font avancer l'organisation dans ses engagements de responsabilité sociale. L'ISO 26000 fournit les orientations suivantes :

Étapes actionnables de l'inclusion centrée sur la gouvernance en matière de SANTÉ ET SÉCURITÉ AU TRAVAIL

1. En examinant les politiques et procédures de votre organisation en matière de santé et de sécurité au travail, comment s'alignent-elles sur votre politique de DE&I, vos engagements et les proclamations de l'entreprise en la matière ?

2. S'il y a des lacunes, quelles sont les étapes et les échéances que vous avez identifiées pour les réduire ou les éliminer en vous basant sur le modèle de l'optique d'équité en 3 étapes ?

3. Toutes les parties prenantes pertinentes ont-elles été identifiées et impliquées dans la révision, la modification ou le développement de vos politiques et procédures concernant vos pratiques de santé et de sécurité au travail modérées par DE&I ?

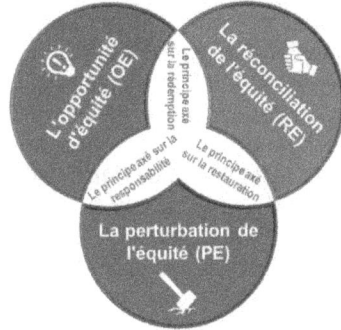

ETUDE DE CAS 3 :
La catastrophe de Union Carbide en Inde et ses conséquences

Le 3 décembre 1984, à environ 0 h 40, Bhopal est entré dans l'histoire comme le lieu de l'un des plus grands accidents industriels des temps modernes. Des niveaux dangereusement élevés de MIC liquide se sont échappés de l'usine de pesticides de Union Carbide India Limited (UCIL). L'un des trois réservoirs de stockage de l'usine a libéré dans l'air des panaches de gaz toxique, plus mortel que le cyanure. Au moment de l'accident, le bilan officiel estimait qu'au moins 2 000 personnes avaient été tuées et plus de 200 000 blessées dans la seule ville de Bhopal.

Cinq ans après l'accident, le 15 février 1989, Union Carbide Corporation (UCC), la société mère d'UCIL, a accepté un règlement de 470 millions de dollars avec le gouvernement indien pour indemniser les victimes (Richter 1989). Vingt-cinq ans après la catastrophe, le 6 juin 2010, huit anciens cadres de l'usine indienne ont été reconnus coupables de négligence. Sept des huit cadres ont été condamnés à deux ans de prison et à une amende de 2 100 $ ou 100 000 roupies, tandis que le huitième était décédé au moment de la condamnation (Kumar 2010). Dans l'ensemble, il a fallu des décennies pour que des personnes soient tenues responsables de l'accident.

Contexte
En 1970, UCIL a établi une usine de pesticides dans le nord de Bhopal. UCIL était une filiale d'une société américaine - Union Carbide Corporation (UCC) - qui possédait 50,9 % de l'usine. Les intérêts indiens, y compris le gouvernement de l'Inde, possédaient 49,1 % (Diamond 1985). La question qui se posera plus tard dans ce partenariat est de savoir si une participation majoritaire se traduit par un contrôle total. Bhopal est la capitale de l'État du Madhya Pradesh, en Inde. La

municipalité de Bhopal, qui couvrait environ 285 kilomètres carrés, était topographiquement divisée par deux barrages : le barrage nord abritait les bidonvilles et la gare ferroviaire où vivaient les pauvres. Le sud était plus aisé, avec des immeubles et des villas modernes.

À la fin de 1977, UCIL a commencé à fabriquer le pesticide localement. Le processus de fabrication du pesticide impliquait d'abord l'expédition d'isocyanate de méthyle (MIC) et d'alpha-naphtol dans des fûts en acier inoxydable - la matière première - depuis l'usine MIC d'Union Carbide aux États-Unis. Ensuite, un cocktail d'autres produits chimiques, dont la monométhylamine (MMA) et le phosgène, a été utilisé pour compléter le cycle de production. Trois réservoirs de stockage souterrains ont été construits avec des matériaux de technologie « sûre » pour éviter les fuites ; ensemble, ils avaient la capacité de stocker jusqu'à 68 000 litres de MIC liquide (Diamond 1985).

Au début des années 1980, l'usine de Bhopal a commencé à fabriquer ses propres MIC à partir de l'équipement de base et du transfert technologique du savoir-faire fourni par l'UCC. Tout indique qu'il s'agissait d'un accord transactionnel entre les gouvernements indiens (national, étatique et local) et Union Carbide (et ses filiales aux États-Unis et en Inde). Il n'y a eu aucun effort de sensibilisation connu pour préparer, avertir ou informer la communauté et ses autorités locales de ce qui pourrait leur arriver, à eux et à leurs proches, en cas d'accident gazier. En fait, le New York Times a rapporté à l'époque :

Presque tous les travailleurs interrogés faisaient leurs premières déclarations publiques depuis la catastrophe. Ils ont fait leur récit en hindi par l'intermédiaire d'un interprète ; certains ont refusé d'être identifiés. Presque tous les travailleurs ont dit qu'ils savaient que l'isocyanate de méthyle était dangereux et certains ont dit qu'ils savaient qu'il pouvait être mortel, mais la douzaine de travailleurs ont dit qu'ils avaient sous-estimé sa toxicité. Personne n'a dit qu'il savait qu'il pouvait tuer rapidement de nombreuses personnes. Le manuel technique de l'Union Carbide Corporation sur l'isocyanate de méthyle est très précis sur les dangers de ce produit chimique et indique qu'il « peut provoquer un œdème pulmonaire mortel », c'est-à-dire une accumulation de liquide dans les poumons. Mais bien que le manuel ait été distribué aux responsables qui manipulent l'isocyanate de méthyle à l'usine de Bhopal et qu'il ait été vu par certains des travailleurs sur place, la plupart des employés de l'usine ne l'avaient pas lu ou compris, selon d'anciens responsables techniques de l'usine (Diamond 1985).

Les employés ont signalé un manque d'équipement de test fonctionnel pour diagnostiquer les fuites de gaz. Ils se fiaient plutôt à leur odorat pour détecter les fuites. Des audits de maintenance étaient réalisés, mais les recommandations étaient rarement appliquées, et lorsqu'elles l'étaient, c'était avec acrimonie. L'économie d'argent était la principale considération dans toute prise de décision - et non les préoccupations de santé et de sécurité des travailleurs ou de la communauté. La société mère UCC s'en servait comme d'un moyen d'autodéfense. Selon le rapport du New York Times de Stuart Diamond, « La Union Carbide Corporation était tenue par la loi indienne de concevoir, d'élaborer, de construire et d'exploiter son usine chimique de Bhopal avec la main-d'œuvre, les matériaux, les machines et le personnel locaux, à moins que la société ne puisse prouver aux autorités indiennes que les ressources locales n'étaient pas disponibles (Diamond 1985). "

UCC a accepté de créer l'usine parce qu'elle pouvait produire les pesticides avec une main-d'œuvre indienne bon marché dans un pays en développement, réduire le coût des marchandises vendues et étendre sa clientèle à toute l'Asie du Sud. Pourtant, le gouvernement indien et UCC savaient que la communauté hôte locale ne disposait pas de la main-d'œuvre qualifiée et de la technologie adéquate pour entretenir une infrastructure chimique aussi délicate. D'après toutes les indications, le gouvernement indien n'a pas mis en place de réglementation stricte pour surveiller les activités de l'usine et UCC n'a guère été incitée à réduire les risques pour les personnes ou l'environnement après le début des opérations de production (Cassels 1993). Après l'accident, UCC a rejeté la faute sur le « sabotage » d'un employé mécontent, tandis que le gouvernement indien lui reprochait les défaillances de conception et d'exploitation de l'usine.

Un collage en cascade de problèmes non résolus qui ont conduit à la catastrophe du gaz de Bhopal

L'usine UCIL a eu sa part de couverture médiatique avant l'accident, aggravée pendant et après. Les paragraphes suivants racontent l'histoire d'une catastrophe qui aurait pu être évitée :

- En 1976, les syndicats locaux se sont plaints de la pollution fréquente de l'usine.
- En 1980, on a signalé qu'un travailleur avait été aspergé de phosgène dans l'exercice de ses fonctions.
- Vers janvier 1982, 24 travailleurs ont été exposés et admis à l'hôpital en raison d'une fuite de phosgène. L'enquête menée après l'incident a révélé que les travailleurs n'étaient pas censés porter des masques de protection, même si la réglementation l'exigeait. Il y avait ensuite la question de savoir si les masques avaient été fournis aux travailleurs en premier lieu.
- Vers le mois d'août 1982, un ingénieur chimiste a été surexposé à des niveaux dangereux de MIC liquide et a subi de graves brûlures sur 30 % de son corps.
- Vers octobre 1982, le superviseur de MIC a subi de graves brûlures chimiques alors que deux de ses employés étaient dangereusement exposés aux gaz.
- De 1983 à la majeure partie de 1984, le MIC, le phosgène, le tétrachlorure de carbone et la monométhylamine ont fréquemment fui, individuellement ou en combinaison.
- Au début de décembre 1984, plusieurs vannes et conduites étaient en mauvais état et les systèmes de sécurité de l'usine étaient pour la plupart non fonctionnels.
- Entre la fin de la nuit du 2 décembre et les premières heures du 3, les problèmes en cascade ont commencé à se manifester, détaillant une usine chimique qui n'avait pas été entretenue correctement et un personnel qui ne savait pas quoi faire face à une catastrophe imminente. Lorsque la sirène s'est déclenchée vers 0 h 50 le 3 décembre, elle a été rapidement coupée pour ne pas alarmer la communauté, une pratique qui avait commencé bien avant cette journée mouvementée.
- Lorsque la police locale a appelé l'usine pour savoir ce qui se passait, on lui a d'abord assuré que tout était sous contrôle, à un moment où tout était déjà devenu incontrôlable. Les travailleurs ont témoigné du fait que garder la police dans l'ignorance des fuites de gaz était une pratique managériale informelle établie de longue date.
- Les habitants de Bhopal ont appris l'accident à leurs dépens ; beaucoup sont morts étouffés par les gaz présents dans l'air, certains dans leur sommeil, d'autres en

essayant de fuir la ville ou de courir à l'hôpital pour obtenir de l'aide. À la lumière du jour, des cadavres humains et des carcasses d'animaux gisent partout.

- L'hôpital local n'a pas été averti qu'il devait s'attendre à un afflux de personnes nécessitant des soins médicaux, ni de la nature du chaos chimique qu'il devait traiter. Lorsqu'ils ont appris qu'il s'agissait d'une exposition au MIC, les membres du personnel de l'hôpital ont découvert qu'ils ne connaissaient pas ce produit chimique et qu'ils n'étaient pas équipés pour traiter une telle intoxication humaine à une telle échelle tout en essayant de rester en vie.

Source : Diamond 1985

L'usine de Bhopal a fini par rejeter tant de gaz toxiques dans l'atmosphère qu'elle a anéanti de manière apocalyptique la vie des humains, des animaux et des plantes. La fuite de produits chimiques de Bhopal s'est produite sans fanfare car le spectacle a commencé bien avant la fuite. Des analyses ultérieures ont révélé une image encore plus accablante de l'impact :

LE BILAN DES VICTIMES DE BHOPAL	
Bilan officiel du 3 au 6 décembre	Plus de 3 000
Premier bilan officieux	7 000 à 8 000
Décès à ce jour	Plus de 15 000
Nombre de personnes touchées	Environ 600 000
Indemnisation	Union Carbide a accepté un règlement de 470 millions de dollars en 1989.

Source : Cour suprême de l'Inde, gouvernement du Madhya Pradesh, Conseil indien de la recherche médicale. Récupéré à partir de :
http://news.bbc.co.uk/1/hi/world/south_asia/8725140.stm

APPLICATION DE LA LENTILLE D'ÉQUITÉ EN 3 ÉTAPES À LA CATASTROPHE DE BHOPAL

Nous pouvons utiliser la lentille de l'équité en 3 étapes pour discuter de manière périphérique de la façon dont une telle catastrophe aurait pu être évitée, sachant très bien qu'il existait d'autres circonstances atténuantes non signalées concernant les processus et pratiques de prise de décision qui ont créé un environnement dans lequel une telle catastrophe pouvait se produire. Le 3 février 1985, le New York Times a publié une liste de leçons tirées de la catastrophe de Bhopal, qui pourraient informer les organisations socialement responsables sur ce qu'elles doivent prendre en considération lorsqu'elles transfèrent leurs technologies dangereuses vers des pays en développement ou les déploient dans les quartiers de personnes marginalisées ou défavorisées. Ces leçons pour l'avenir ont été recueillies lors d'entretiens avec des centaines de spécialistes, de résidents et de fonctionnaires de Bhopal. J'ai réutilisé la liste ici en les assignant à la fin de chaque discussion des Lentilles d'équité en 3 étapes.

OPPORTUNITÉ D'ÉQUITÉ : La plupart des experts s'accordent à dire que les normes suivies par UCC aux Etats-Unis pour atténuer les risques et les risques potentiels posés par l'utilisation de leur technologie pour produire du MIC liquide n'étaient pas les mêmes que celles employées par sa filiale en Inde. Il est normal que les entreprises mondiales emploient des politiques et des procédures différentes à l'étranger - c'est en fait très souvent la raison pour laquelle elles choisissent d'installer des usines à l'étranger, loin de toute surveillance coûteuse.

Pour éviter cela, les organisations doivent adhérer à des normes cohérentes au niveau mondial.

En 1970, le Congrès des États-Unis a adopté la loi sur la sécurité et la santé au travail (Occupational Safety and Health Act) afin de fournir une orientation juridique en matière de santé et de sécurité au travail sur les conditions de travail acceptables. Cela a conduit à la création de l'administration de la santé et de la sécurité au travail (OSHA) en 1971, afin de garantir des conditions de travail saines et sûres aux travailleurs américains et de faire respecter les normes et les lois relatives au lieu de travail. La fourniture d'une assistance aux organisations en matière de sensibilisation, d'éducation et de formation a également été incluse dans le mélange en tant que mesure préventive. De l'avis général, les réglementations et les pouvoirs d'application de l'OSHA ont permis d'assurer la sécurité des travailleurs américains, de protéger les communautés d'accidents industriels évitables et de garantir l'honnêteté des entreprises en matière de sécurité et de santé au travail. Lorsque des violations ou des accidents ont été signalés, l'OSHA a fait respecter la loi en imposant des sanctions juridiques et financières.

L'Inde possède ses propres lois et réglementations en matière de sécurité au travail et d'environnement. Tout porte à croire qu'elles ne sont pas appliquées aussi strictement que les normes de l'OSHA. Les dossiers montrent clairement que les opérations d'UCCIL en Inde ont violé de nombreuses normes de santé et de sécurité au travail ; ils n'ont pas formé, éduqué ou mis en œuvre un effort de sensibilisation de bonne foi pour informer ses employés et ses parties prenantes externes sur la toxicité du MIC. Tous ces manquements étaient des fruits à portée de main - des occasions manquées de faire les bonnes choses pour un projet socialement bénéfique. Les iniquités vont encore plus loin. L'usine a profité économiquement à la nation, à la société et à ses investisseurs, mais seuls les habitants de Bhopal ont subi les conséquences de la catastrophe.

Leçons tirées des interviews du NYT applicables à l'opportunité d'équité :

- ✓ Les installations dangereuses présentent souvent des risques supplémentaires dans les pays en développement, où la main-d'œuvre qualifiée et la compréhension du public font souvent défaut. Une formation spéciale est nécessaire pour compenser ces risques supplémentaires.
- ✓ L'éducation du public est essentielle dans les pays en développement, où les gens ne comprennent souvent pas les dangers des substances toxiques. Des exercices répétés et des signaux d'alerte clairs sont nécessaires (Diamond 1985).

LA CONCILIATION DE L'ÉQUITÉ : La catastrophe de Bhopal a démontré la complicité du gouvernement indien et de l'UCC des États-Unis face aux conventions morales qu'ils ignoraient (Cragg 2005). Le gouvernement indien a accepté l'installation de l'usine de pesticides pour soutenir l'initiative de révolution verte lancée par le gouvernement local de Bhopal pour devenir autosuffisant en matière de production végétale à la fin des années 1960. Cette initiative a permis à la production agricole indienne d'augmenter généreusement. Les avantages économiques étaient substantiels ; citant un économiste agricole d'une grande entreprise internationale située en Inde, le New York Times écrivait quelques jours après l'accident « que les pesticides avaient aidé l'Inde à réduire ses pertes de céréales de 25 % de la récolte il y a 10 ou 15 ans, à 15 % aujourd'hui Boffey 1984) ».

Cependant, même les employés qui étaient les plus exposés ont sous-estimé les dangers d'une fuite de gaz d'isocyanate de méthyle. La communauté a été laissée dans l'ignorance ou activement trompée sur les dangers potentiels auxquels elle était confrontée. Après tout, l'usine fournissait des emplois indispensables et était le principal moteur économique de la communauté. Comme en témoigne la fermeture de l'usine après le désastre, tous les processus de décision, les pratiques et les justifications qui ont placé le profit au-dessus des préoccupations des gens et de la planète n'ont rien donné.

La catastrophe de l'usine de pesticides de Bhopal était un exemple classique d'un phénomène d'engourdissement statistique, dans ce cas concernant la santé et la sécurité au travail - tout cela aurait pu être évité avec un engagement de responsabilité sociale modéré par DE&I. Les organisations socialement responsables respectent l'état de droit et se conforment à des obligations juridiquement contraignantes et s'engagent à aller au-delà lorsque les obligations découlent de valeurs éthiques et autres qui sont partagées par la collectivité. La responsabilité sociale modérée par DE&I peut servir de miroir aux organisations pour examiner ou évaluer l'efficacité de leurs politiques et procédures en matière de santé et de sécurité au travail et prévenir les dangers de l'engourdissement statistique.

Psychologiquement, plus le nombre de personnes impliquées dans des catastrophes ou des événements catastrophiques concernant les personnes, la planète et le profit est élevé, plus il est difficile pour les gens de rester engagés émotionnellement. Dix mille personnes mourant du COVID-19 à l'échelle nationale suscitent de graves inquiétudes, mais au-delà du demi-million, l'engagement des gens a tendance à faiblir. Une panne d'équipement qui pourrait causer d'énormes dégâts mais qui ne provoque que des dégâts mineurs, voire aucun, peut amener les responsables et les superviseurs à minimiser l'urgence de tout travail de maintenance nécessitant des heures supplémentaires - jusqu'à ce qu'un événement catastrophique se produise. Lorsque des groupes d'indigènes locaux brûlent des arbres en Amazonie simplement pour survivre au quotidien, les impacts qui en résultent contribuent au réchauffement de la planète et au changement climatique qui a également des effets incontrôlables dans d'autres régions riches du monde par le biais d'inondations et d'incendies.

Ce qui s'est passé ce jour fatidique à Bhopal a montré à quel point il est difficile et émotionnellement désengageant pour les gens lorsque trop de signaux d'alarme sont ignorés (sans conséquences immédiates), trop de travaux d'entretien retardés ou négligés, et trop de parties prenantes privées de leurs droits (en particulier celles qui devraient avoir un siège à la table) alors que les affaires courantes régissent les opérations quotidiennes.

Une saine conciliation de l'équilibre entre les besoins de développement économique de la population locale, l'éducation, la protection et le développement de la main-d'œuvre (les gens) et la protection de l'environnement à long terme est la meilleure base pour un profit ou une prospérité durable.

Leçons tirées des interviews du NYT applicables à la réconciliation équitable :
- ✓ Les zones plus rurales du monde en développement ne devraient pas être utilisées pour tester de nouvelles technologies complexes.
- ✓ Un sentiment d'urgence à l'égard de tous les problèmes de sécurité et une attention aux pires éventualités - routiniers dans les pays industriels mais souvent non transférés aux pays en développement - devraient faire partie de la formation des travailleurs, en particulier dans les usines où la rotation du personnel est élevée.
- ✓ Le siège de l'entreprise devrait auditer fréquemment ses usines dans les pays en développement, peut-être plus souvent qu'il ne le fait dans ses propres usines.
- ✓ Des systèmes de sécurité de secours sophistiqués, souvent installés dans les pays industriels, sont nécessaires pour compenser les lacunes en matière de formation et de personnel dans les pays en développement, où ils sont plus nécessaires (Diamond 1985).

PERTURBATION DE L'ÉQUITÉ : Lorsqu'on a découvert qu'aucun instrument de test n'était fourni aux travailleurs pour détecter les fuites de gaz, la direction aurait dû intervenir dès le départ. Renifler le gaz après une fuite n'est pas une bonne pratique, mais une recette pour un désastre. Ce problème et de nombreux autres problèmes de maintenance identifiés après l'accident étaient présents avant l'accident mais n'ont jamais été pris suffisamment au sérieux pour être atténués. Il s'agit d'un échec colossal de leadership et de gestion.

Les parties prenantes de la communauté de Bhopal - la population, les responsables de l'hôpital, la police, les ONG - en tant que parties prenantes d'intérêt et d'influence semblent avoir été laissées de côté dans tout le processus. Même les travailleurs n'étaient pas informés de la toxicité des MIC (Diamond 1985). Bien que les pouvoirs publics et l'entreprise aient reconnu l'existence de ces parties prenantes, leur contribution et la courtoisie qui leur est due d'être informés d'un danger potentiel imminent ont été, au mieux, marginalisées. Il est douteux que si l'on avait prédit deux mille morts ou plus en cas de catastrophe, la direction de Bhopal serait restée complice, sachant que la communauté était alarmée par une telle perspective. Mais qu'il s'agisse d'un ou de plusieurs milliers de morts prédits, les processus et pratiques décisionnels devraient toujours pencher du côté de la prudence ou de la prévention et arrêter les activités qui poussent vers des résultats désastreux.

Les leçons tirées des entretiens du NYT sont applicables à l'Equity Disruption :
- ✓ Les cadres de l'entreprise devraient être formés techniquement - et pas seulement administrativement - aux activités qui utilisent des matériaux toxiques ; cette formation peut compenser le manque de savoir-faire technique du personnel local de l'usine.
- ✓ De nombreuses régions du monde en développement connaissent une croissance rapide et ne disposent pas de lois de zonage. Des zones tampons adéquates doivent être placées autour de l'usine pour éviter les dangers de la promiscuité.

237

- ✓ Les différences culturelles entre les pays étrangers et les pays d'accueil doivent être prises en compte. Si l'entretien préventif est un nouveau concept, il doit être enseigné de manière plus approfondie.
- ✓ Les gouvernements des pays d'accueil doivent inspecter de près et en permanence les usines dangereuses et leur direction, en appliquant des sanctions strictes et rapides en cas de manquement à la sécurité.
- ✓ Lorsqu'ils concluent des accords avec des sociétés multinationales, les gouvernements des pays en développement ne devraient prendre en considération que les technologies qui peuvent être gérées en toute sécurité à long terme. Il peut s'avérer nécessaire de modifier les lois qui imposent de remettre complètement les usines au contrôle local (Diamond 1985).

PRATIQUES DE TRAVAIL QUESTION 5 : LE DE&I COMME MODÉRATEUR DU DÉVELOPPEMENT HUMAIN ET DE LA FORMATION SUR LE LIEU DE TRAVAIL

Le développement humain et la formation sont devenus l'épicentre de normes qui divisent, établissant des divisions entre les « nantis » et les « démunis », avec des ruisseaux souterrains et en surface parsemant des panoramas d'inégalités représentant des rêves humains irrécupérables perdus et des potentiels bloqués. Le lieu de travail présente les meilleures opportunités pour les travailleurs de penser au-delà de leurs limites actuelles et de voir les possibilités de ce qu'ils pourraient viser et devenir. Cela fait du développement humain et de la formation sur le lieu de travail une question cruciale de DE&I qui requiert toute l'attention et le déploiement de toutes les ressources nécessaires pour lutter contre les pratiques discriminatoires.

Les organisations socialement responsables peuvent aider les travailleurs au sein de leur écosystème et la société dans son ensemble également. Les inégalités en matière de développement humain et de formation sont responsables de la pauvreté, de l'absence d'opportunités d'éducation pour tous, de la justice égale pour tous en vertu de la loi, des insécurités alimentaires, du changement climatique, etc. Par conséquent, lorsque des organisations socialement responsables s'engagent en faveur du développement humain de leurs travailleurs et, dans la mesure du possible, investissent dans le développement humain au sein des communautés où elles opèrent ou ont une influence, elles contribuent inexplicablement à mettre fin aux normes de division dans de nombreux courants - des courants qui ne correspondent parfois pas à la rubrique des mesures de performance. Le développement humain et la formation sont devenus l'épicentre de l'humanité en matière de normes de division, établissant des divisions entre les « nantis et les démunis », renforcées par de nombreux courants d'inégalités souterrains et en surface, dont les racines générationnelles remontent à la surface sur tous les continents.

DÉVELOPPEMENT HUMAIN ET FORMATION SUR LE LIEU DE TRAVAIL
Appel à l'action pour la diversité fondée sur la connaissance

Le développement humain et la formation sur le lieu de travail doivent transcender les matières de base dont l'organisation a besoin pour mener à bien ses activités opérationnelles. Ils doivent inclure une nouvelle réflexion sur le développement humain, au-delà des simples préoccupations de rentabilité. Il doit être animé par la bonne volonté de mettre fin à toutes les normes de division établies par des pratiques discriminatoires systémiques et structurelles qui marginalisent les groupes vulnérables et les maintiennent dans une situation défavorable, tout en privant la société de son potentiel humain et de sa finalité. Dans cette veine, l'ISO 26000 offre la sagesse suivante :

ISO *Le développement humain comprend le processus consistant à élargir les choix des personnes en développant les capacités et le fonctionnement de l'être humain, permettant ainsi aux femmes et aux hommes de mener une vie longue et saine, d'être bien informés et d'avoir un niveau de vie décent. Le développement humain comprend également l'accès à des opportunités politiques, économiques et sociales permettant d'être créatif et productif et de jouir du respect de soi et du sentiment d'appartenir à une communauté et de contribuer à la société.*

ISO 26000:2010, page 50.

DÉVELOPPEMENT HUMAIN ET FORMATION SUR LE LIEU DE TRAVAIL
Opportunité/réconciliation/disruption de l'équité motivée par la créativité

Le développement humain et la formation sont des questions axées sur l'équité et devraient être utilisés pour réduire ou éliminer les inégalités et les pratiques d'exclusion sur le lieu de travail. Offrir des possibilités de développement professionnel et de formation aux personnes issues de groupes minoritaires et vulnérables est le premier pas vers la parité et l'intégrité de l'organisation. L'utilisation de la DE&I comme monnaie d'échange donne aux organisations les moyens de créer des programmes de développement humain et de formation à valeur ajoutée qui soutiennent ceux qui ont été historiquement confrontés à des pratiques discriminatoires. La norme ISO 26000 fournit l'éclairage suivant :

ISO

Les organisations peuvent utiliser la politique et les initiatives sur le lieu de travail pour favoriser le développement humain en répondant à des préoccupations sociales importantes, telles que la lutte contre la discrimination, l'équilibre des responsabilités familiales, la promotion de la santé et du bien-être et l'amélioration de la diversité de leur main-d'œuvre. Elles peuvent également utiliser la politique et les initiatives du lieu de travail pour accroître la capacité et l'employabilité des individus. L'employabilité fait référence aux expériences, compétences et qualifications qui augmentent la capacité d'un individu à obtenir et conserver un travail décent.

ISO 26000:2010, page 50.

DÉVELOPPEMENT HUMAIN ET FORMATION SUR LE LIEU DE TRAVAIL

Étapes concrètes de l'inclusion centrée sur la gouvernance

L'inclusion centrée sur la gouvernance devrait viser à résoudre les problèmes d'équité dans la formation sur le lieu de travail en les abordant par des étapes réalisables qui font progresser l'organisation dans ses engagements en matière de responsabilité sociale. L'ISO 26000 fournit les orientations suivantes :

ISO

Une organisation devrait :

☐ *fournir à tous les travailleurs, à tous les stades de leur expérience professionnelle, un accès au développement des compétences, à la formation et à l'apprentissage, ainsi que des possibilités d'avancement professionnel, sur une base égale et non discriminatoire ;*

☐ *veiller à ce que, si nécessaire, les travailleurs licenciés soient aidés à accéder à une assistance pour un nouvel emploi, à une formation et à des conseils ;*

☐ *établir des programmes conjoints patronaux-syndicaux qui favorisent la santé et le bien-être.*

ISO 26000:2010, page 50.

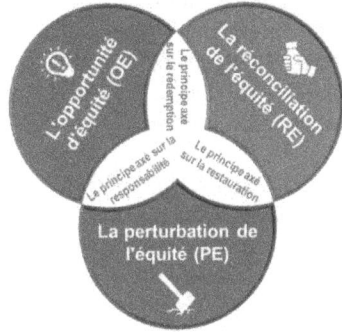

Étapes concrètes de l'inclusion axée sur la gouvernance en matière de DÉVELOPPEMENT HUMAIN ET DE FORMATION SUR LE LIEU DE TRAVAIL

1. En examinant les politiques et procédures de votre organisation en matière de développement humain et de formation sur le lieu de travail, comment s'alignent-elles sur votre politique de DE&I, vos engagements et les proclamations de votre entreprise en la matière ?

2. S'il y a des lacunes, quelles sont les étapes et les échéances que vous avez identifiées pour les réduire ou les éliminer en vous basant sur le modèle de l'optique d'équité en 3 étapes ?

3. Toutes les parties prenantes pertinentes ont-elles été identifiées et impliquées dans la révision, la modification ou le développement de vos politiques et procédures concernant vos pratiques de développement humain et de formation sur le lieu de travail modérées par le DE&I ?

ETUDE DE CAS 4 :

L'histoire américaine du développement humain et de la formation

Alors que les États-Unis commençaient à regarder au-delà de la guerre civile, le Congrès s'est rendu compte qu'ils avaient un problème de développement humain qui nécessitait une action immédiate au profit des citoyens blancs et noirs pauvres. Deux lois essentielles ont été mises en place, qui, ensemble, étaient censées apporter la plénitude à une nation qui était entrée en guerre contre elle-même : (1) le Morrill Act de 1862 et (2) le Freedmen and Refugees Act de 1865 et 1866. Ces deux lois étaient de bons exemples de l'utilisation du développement humain et de la formation comme panacée contre les pratiques discriminatoires et le gaspillage du potentiel humain.

Considérez les défis en matière de développement humain auxquels ont été confrontés les Blancs et les Noirs pauvres après la guerre civile et la situation actuelle de ces deux groupes démographiques en matière de développement humain communautaire - une conséquence directe des possibilités de formation offertes à un groupe au détriment de l'autre. En 1865, la population afro-américaine était la main-d'œuvre la plus qualifiée du Sud. Ils avaient construit le système capitaliste de plantation qui avait fait du Sud la quatrième plus grande économie du monde, alors qu'ils restaient pauvres et démunis. Ils ont construit les chemins de fer et entretenu les infrastructures de soutien de l'époque. Pourtant, lorsque les institutions terrestres ont été établies par la loi Morrill de 1862, les institutions qui ont vu le jour s'adressaient principalement aux Blancs pauvres qui, à l'époque, étaient loin derrière la population afro-américaine en matière de développement humain sur le lieu de travail - les plantations et les infrastructures de construction et d'entretien des chemins de fer.

Les connaissances développées à partir des expériences des Afro-Américains sur l'agriculture dans le Sud et en général sur les infrastructures d'équipement et leur entretien faisaient sans aucun doute partie du programme d'études de base utilisé pour enseigner la science émergente appelée agriculture et arts mécaniques ou A&M. Ce qui est devenu le programme d'enseignement de l'agriculture et des arts mécaniques dans les institutions qui parsèment le paysage américain, ce sont les excellences en matière de développement humain dont les Afro-Américains avaient déjà développé les bases au cours de deux siècles. Certes, il s'agissait d'expériences vécues et non de connaissances enseignées dans une salle de classe, mais il s'agissait tout de même du développement et de la transmission de connaissances et de compétences précieuses.

LA LOI MORRILL DE 1862

En 1862, le Congrès américain a adopté la loi Morrill, présentée par Justin S. Morrill, membre du Congrès du Vermont, qui créait des institutions agricoles parrainées ou aidées par le gouvernement :

Selon les dispositions de cette loi, chaque État se voyait accorder 30 000 acres (12 140 hectares) de terres fédérales pour chaque membre du Congrès représentant cet État. Les terres étaient vendues et les fonds qui en résultaient étaient utilisés pour financer la création d'une ou plusieurs écoles pour enseigner « l'agriculture et les arts mécaniques ». Bien que la loi stipule spécifiquement que d'autres études scientifiques et classiques ne doivent pas être exclues, son intention était clairement de répondre au besoin d'une nation en voie d'industrialisation rapide de techniciens et d'agronomes ayant une formation scientifique. La formation militaire devait être incluse dans le programme de toutes les land-grants schools, et cette disposition a conduit à la création du Reserve Officers Training Corps, un programme éducatif destiné aux futurs officiers de l'armée, de la marine et de l'armée de l'air.

Certains États ont créé de nouvelles écoles avec leurs fonds landgrant ; d'autres ont remis l'argent à des écoles publiques ou privées existantes pour qu'elles l'utilisent pour la création d'écoles d'agriculture et de mécanique (ces écoles ont été connues sous le nom de collèges « A&M »). Au total, 69 land-grants schools ont été fondées, offrant des programmes en agriculture, ingénierie, médecine vétérinaire et autres sujets techniques. L'université Cornell à New York (en partie), l'université Purdue dans l'Indiana, l'institut de technologie du Massachusetts, l'université d'État de l'Ohio, l'université de l'Illinois (Urbana) et l'université du Wisconsin (Madison) sont parmi les écoles landgrant les plus connues (Britannica 2017).

Comme on pouvait s'y attendre à l'époque, la plupart des 69 land grant schools, qu'elles soient publiques ou privées, favorisaient de manière disproportionnée les étudiants blancs. C'est ainsi qu'est née la prospérité des générations blanches au détriment de la prospérité des Noirs, et c'est l'une des raisons pour lesquelles toutes les générations américaines ont dû faire face à des problèmes raciaux. Il faut savoir qu'à l'époque où ces établissements d'enseignement supérieur prenaient racine, de nombreux esclaves affranchis possédaient déjà des compétences et une expertise dans les domaines de l'agriculture et de la mécanique. Les esclaves affranchis en âge d'aller à l'école auraient excellé dans ces écoles si on leur avait permis d'y aller. Comment le savons-nous ? En grande partie parce qu'ils ont grandi en utilisant les meilleures pratiques agricoles de l'époque dans les fermes de plantation en tant qu'enfants travailleurs.

Au lieu de cela, ce qu'est devenue l'Amérique, c'est que des générations d'Afro-Américains ont été délibérément privées de l'éducation qui leur aurait permis de posséder et de faire croître une richesse générationnelle et de se positionner, eux et leur postérité, comme une réussite américaine aux côtés de leurs concitoyens blancs. C'est l'une des raisons fondamentales pour lesquelles l'aventure du capitalisme américain reste inachevée.

LE FREEDMEN AND REFUGEE ACT DE 1865

« De la reconstruction à la déconstruction » est devenu l'hymne qui a créé une histoire à deux Amériques et une occasion perdue d'utiliser le développement humain et la formation comme outil de guérison nationale. Ce qui est triste dans cette réalisation perdue de la réconciliation raciale, c'est que toutes les étoiles étaient alignées pour sa pleine manifestation pendant la Reconstruction. Le Congrès a compris que pour donner aux esclaves libérés et aux Blancs pauvres en faillite le meilleur cadre équitable pour reconstruire leur vie, il fallait une législation pour actualiser l'égalité devant la loi par une promesse d'équité. Le freedmen's Bureau Act a été créé le 3 mars 1865 dans ce but :

Le 3 mars 1865, le Congrès a adopté « An Act to establish a Bureau for the Relief of Freedmen and Refugees » pour fournir de la nourriture, un abri, des vêtements, des services médicaux et des terres aux Sudistes déplacés, y compris aux Afro-Américains nouvellement libérés. Le Freedmen's Bureau devait fonctionner « pendant la présente guerre de rébellion et pendant un an après », et il établissait également des écoles, supervisait les contrats entre les affranchis et les employeurs, et gérait les terres confisquées ou abandonnées (US Senate, s.d.).

Le Freedmen and Refugee Act abordait les questions cruciales de développement humain et de formation de l'époque - à l'époque et aujourd'hui (car il s'agit d'un programme inachevé) : faire en sorte que la population afro-américaine et les Blancs pauvres se remettent du racisme systémique et des mauvaises politiques économiques - de manière respective et collective - afin de construire un avenir pour eux-mêmes et leur postérité américaine. À l'époque, deux questions primordiales en matière de développement humain et de formation étaient (1) la distribution ou la réaffectation des terres - une politique de durabilité économique efficace ou un outil de croissance destiné à donner aux esclaves libérés la propriété de leur destin - et (2) la création d'établissements d'enseignement et les possibilités qu'ils créent pour développer le potentiel humain et la prospérité.

Le président Abraham Lincoln, avant son assassinat, était à la fois un défenseur et un partisan de la réconciliation d'une nation divisée grâce à des politiques qui donnaient aux Blancs et aux Noirs pauvres la possibilité de construire ensemble leur réussite américaine. Le président Lincoln était convaincu qu'il s'agissait du cadre équitable et inclusif pour faire avancer la nation.

Lincoln est rejeté par les Blancs du Sud et est élu président sans leur vote - en fait, ils ont fait en sorte qu'il ne figure même pas sur leurs bulletins de vote. Pourtant, pendant la guerre civile, le président Lincoln a prononcé un discours dans lequel il a exprimé sa sympathie pour eux. Au lieu de considérer les Blancs du Sud comme des adversaires dignes d'être anéantis, il adopte un ton différent. Confronté à une femme qui ne comprenait pas pourquoi il adoptait une position conciliante à l'égard du Sud, le président Lincoln a répondu avec sagesse :

Nous ne sommes pas des ennemis, mais des amis. Nous ne devons pas être des ennemis. Bien que la passion ait pu être mise à rude épreuve, elle ne doit pas briser nos liens d'affection. Les cordes mystiques de la mémoire se gonfleront lorsqu'elles seront à nouveau touchées, comme elles le seront sûrement, par les meilleurs anges de notre nature.

Comparez cette magnanimité des convictions affichées en faveur de programmes de développement humain et de formation tels que le Morrill Act et l'éventuel Freedmen and Refugee Act à la manière ignoble dont son successeur, le président Andrew Johnson, a abordé les deux. En février 1866, le projet de loi sur les Freedmen a été envoyé au président Johnson, tout indiquant qu'il le signerait pour en faire une loi. Il a surpris le Congrès en y opposant son veto. Ce faisant, le président Johnson a fourni le modèle générique constamment utilisé depuis lors pour saper ou s'opposer à tout programme gouvernemental bénéficiant aux Afro-Américains : « c'est une atteinte aux droits de l'État ou des individus, c'est trop cher et c'est une discrimination à l'égard des Blancs ». Peu importe que le Freedmen and Refugees Act comprenait des dispositions pour les Blancs pauvres ; le récit était établi.

Étant donné que le Congrès avait placé la loi sur le Freedmen's Bureau dans le département de la guerre, sous l'autorité du président ou du pouvoir exécutif, le président Johnson a fait valoir qu'elle créerait un État militaire ou policier dans tout le pays. Le président Johnson a insisté sur le fait qu'une telle loi avait le potentiel de devenir permanente en vertu de la nature humaine, car les responsables de l'application de la loi sont susceptibles de trouver des raisons expliquant pourquoi leur rôle est indispensable et qu'il faut plus de temps pour que l'application devienne la norme. En outre, le président Johnson a fait valoir que puisque le gouvernement n'avait pas fourni d'aide aux Blancs en tant que classe dans le passé, il ne devait pas aider les Noirs, même s'ils avaient travaillé gratuitement pour leurs maîtres blancs pendant des générations. Il affirmait :

[Le gouvernement] n'a jamais fondé d'écoles pour aucune classe de notre peuple, pas même pour les orphelins de ceux qui sont tombés pour défendre l'Union... Il ne s'est jamais senti autorisé à dépenser l'argent public pour la location ou l'achat de maisons pour les milliers, pour ne pas dire les millions, de la race blanche qui travaillent honnêtement jour après jour pour leur subsistance (Johnson 1866) ».

Les sentiments ci-dessus ont sans aucun doute imprégné l'esprit de la manière dont l'administration du président Johnson a mené ses politiques en faveur de l'élite blanche dirigeante, même lorsque les blancs pauvres étaient utilisés comme couverture. La loi à laquelle le président Johnson s'est opposé comportait des dispositions pour les Blancs pauvres, tout comme pour les esclaves libérés. Si la loi n'avait bénéficié qu'aux Blancs pauvres et exclu les Noirs, le président Johnson l'aurait-il signée ? La loi était clairement destinée aux Blancs pauvres et aux esclaves affranchis, mais ce qui s'est passé ensuite en Amérique a surtout profité aux Blancs.

Au moment du veto du président Johnson, les land grant institutions en tant que nouvelle entreprise scolaire américaine avaient déjà 4 ans lorsqu'il a affirmé que le gouvernement ne devait pas construire d'écoles pour les esclaves affranchis parce qu'il ne l'avait pas fait pour les Blancs. Ce sentiment, partagé par les politiciens du Sud, allait conduire à la création de « codes noirs » qui interdisaient aux Blancs et aux Noirs d'enseigner aux Noirs ou de leur permettre une quelconque éducation formelle. Ces institutions bénéficiaient de manière disproportionnée aux Blancs, entièrement financées par l'État, le gouvernement fédéral et des fonds philanthropiques, leur donnant un avantage indu dans le domaine agricole et dans d'autres domaines et désavantageant les Noirs. Avant cela, les Noirs étaient prêts à devenir encore plus autonomes au sein du système capitaliste américain ; les changements les ont délibérément exclus.

Ces exemples de la manière dont une organisation peut aborder le développement humain et la formation en tant que responsabilité sociale sont exactement ce que le Congrès américain avait prévu en promulguant les lois Morrill et Freedmen and Refugee Acts. Le président Lincoln a donné l'exemple de ces valeurs parce qu'il a respecté notre humanité partagée et a cherché à guérir ses normes divisées. Les Américains et le monde entier ne peuvent que se demander ce que l'Amérique serait devenue aujourd'hui, si le président Lincoln avait vécu. Il est probable que le Sud aurait trouvé un champion du développement humain pour les Blancs et les Noirs pauvres et peut-être qu'aujourd'hui Lincoln serait salué comme l'Unificateur en chef.

Au lieu de cela, le président Johnson est devenu le premier diviseur en chef de l'Amérique de l'après-guerre civile. Ses politiques et son soutien sans réserve aux Blancs du Sud - riches et pauvres - contre les intérêts du développement humain des Noirs américains ont enhardi ceux qui voulaient une Amérique séparée mais égale, encore aujourd'hui. Le président Johnson savait et comprenait à quel point la communauté afro-américaine avait acquis des compétences professionnelles avancées et le pouvoir qu'elle exerçait dans l'économie capitaliste du Sud. En bref, ils représentaient une menace. En opposant son veto au Freedmen's Bureau Bill de février 1866, le président Johnson a décrit ce qui représentait probablement la menace que la plupart des Blancs pauvres ressentaient à l'idée d'avoir des esclaves affranchis comme concurrents de travail :

> Sa condition n'est pas aussi exposée qu'on pourrait l'imaginer au premier abord. Il se trouve dans une partie du pays où son travail ne peut être épargné. La concurrence pour ses services des planteurs, de ceux qui construisent ou réparent les chemins de fer, et des capitalistes de son voisinage, ou d'autres États, lui permettra de commander presque ses propres conditions (Johnson 1866).

Oui, il est vrai que les esclaves affranchis avaient des avantages, car ils avaient travaillé sur la plupart des projets d'infrastructure de l'époque et, ce faisant, avaient développé des compétences plus avancées, commercialisables et disponibles sur demande. Mais dans la cour de la justice sociale, il était injuste de les désavantager délibérément alors qu'ils n'avaient pas de richesse générationnelle ou d'accès au capital pour actualiser indépendamment ces actifs de connaissances. Ils avaient besoin que le gouvernement équilibre la balance et leur fournisse une aide - une aide qui, selon le président Johnson, ne devait être offerte qu'aux Blancs pauvres.

L'observation ci-dessus concernant l'avantage des Afro-Américains sur leurs homologues blancs pauvres a été faite lorsque Frederick Douglass et les dirigeants noirs de l'époque ont rencontré Johnson pour lui demander une aide fédérale afin de permettre aux esclaves libérés de réaliser leur rêve américain de vie, de liberté et de poursuite du bonheur.

En tant qu'étudiant avisé de l'histoire, le président Johnson a soutenu, à juste titre, que la guerre de Sécession avait été orchestrée par les propriétaires de plantations qui possédaient les biens immobiliers les meilleurs et les plus productifs pour la culture du coton dans le Sud. Avant et après la guerre, le coton était roi et faisait du Sud la quatrième plus grande économie du monde et le fondement d'une économie capitaliste de plantation. Le coton roi a produit plus de millionnaires dans le Sud que dans toute autre région du pays à l'époque, et a fait des esclaves la main-d'œuvre la plus qualifiée sur le dos de laquelle reposait l'économie de plantation et la plus pauvre sur le plan démographique.

Le président Johnson savait que si les esclaves libérés participaient au marché libre sans les pratiques discriminatoires du Sud, ils s'en sortiraient mieux que les Blancs pauvres partout dans le pays, mais surtout dans le Sud. En opposant son veto au Freedmen's Bureau Bill, le président Johnson a défendu cette cause avec éloquence :

> Il possède également un droit parfait de changer de lieu de résidence ; et si, par conséquent, il ne trouve pas dans une communauté ou un État un mode de vie adapté à ses désirs, ou une rémunération appropriée pour son travail, il peut se rendre dans un autre, où ce travail est plus estimé et mieux récompensé. En vérité, cependant, chaque État, poussé par ses propres besoins et intérêts, fera ce qui est nécessaire et approprié pour retenir dans ses frontières toute la main-d'œuvre nécessaire au développement des ressources. Les lois qui régissent l'offre et la demande conserveront leur force, et les salaires des travailleurs seront ainsi régulés. Il n'y a aucun danger que la très grande demande de main-d'œuvre ne joue pas en faveur de l'ouvrier (Johnson 1866).

Le président Johnson savait très bien que les Noirs ne pouvaient pas quitter le Sud sans se faire tuer, mutiler ou commettre d'autres crimes odieux contre leurs familles. Ironiquement, dans un système capitaliste de plantation, si on avait laissé jouer les lois de l'offre et de la demande pour les esclaves libérés, les Afro-Américains seraient l'un des groupes démographiques les plus riches et autonomes aux côtés de leurs frères et sœurs blancs, partout aux États-Unis aujourd'hui. C'est ce mal que le racisme systémique et structurel a empêché l'Amérique de réaliser dans son parcours de réconciliation avec l'équité raciale, lorsqu'elle a choisi de marginaliser et de désavantager ses citoyens noirs.

En mai 1865, le président Johnson a nommé le major-général Oliver Otis Howard au poste de commissaire du Freedmen's Bureau. La loi a fourni les systèmes d'infrastructure nécessaires à la mise en œuvre des programmes de développement humain destinés à préparer les Américains à diriger les nations, malgré la formidable opposition de la présidence. Les archives nationales ont résumé le rôle joué par la loi :

> Bien que le Bureau n'ait été aboli qu'en 1872, l'essentiel de son travail a été réalisé de juin 1865 à décembre 1868. Si une grande partie des premières activités du Bureau consistait à superviser les biens abandonnés et confisqués, sa mission consistait à fournir des secours et à aider les

anciens esclaves à devenir autonomes. Les fonctions du Bureau comprenaient la distribution de rations et de vêtements, le fonctionnement des hôpitaux et des camps de réfugiés, et la supervision des contrats de travail entre planteurs et affranchis. Le Bureau gérait également les litiges et les plaintes en matière d'apprentissage, aidait les sociétés de bienfaisance à créer des écoles, contribuait à la légalisation des mariages contractés pendant l'esclavage et assurait le transport des réfugiés et des affranchis qui tentaient de retrouver leur famille ou de se réinstaller dans d'autres régions du pays. Au fur et à mesure que le Congrès a prolongé la durée de vie du Bureau, il a ajouté d'autres tâches, telles que l'assistance aux soldats et marins noirs pour l'obtention d'arriérés de salaire, de primes et de pensions (United States Senate, s.d.).

Appliqué par l'esprit et la loi, le Freedmen and Refugee Act aurait rendu l'Amérique grande, et non l'affaiblir. Après deux siècles et demi (de 1619 à 1868) d'un système d'esclavage répressif qui utilisait les Afro-Américains comme main-d'œuvre gratuite, les sept années allouées pour changer les choses étaient excessivement courtes. Pourtant, la pression exercée par les Blancs du Sud, avec le soutien de la Maison Blanche, a limité son impact. L'idée que l'esclavage institutionnel et ses effets néfastes sur les Afro-Américains ont été guéris en 36 mois (1865 à 1868) revient à traiter un bébé mort-né comme s'il était encore vivant après la naissance. La reconquête de la dignité humaine perdue et des droits bafoués a nécessité des investissements générationnels beaucoup plus importants en temps et en ressources pour être rétabli.

Ce constat est instructif pour les dirigeants d'organisations qui s'engagent aujourd'hui dans la poursuite d'idéaux de responsabilité sociale. Il n'est pas surprenant que les dirigeants d'entreprise et d'organisation ne se soient pas engagés historiquement dans le dysfonctionnement des inégalités raciales en Amérique. Les organisations ont tendance à laisser au gouvernement le soin de résoudre ces problèmes par des moyens politiques.

Les fondements de cette complicité remontent à la pensée du président Johnson selon laquelle tout mouvement vers l'équité raciale était un voyage vers le désavantage des Blancs. C'est une idée injuste que lorsque les noirs et les bruns gagnent, les blancs perdent. En réalité, la situation critique des millions de Blancs pauvres que le président Johnson était censé défendre était couverte par le Freedmen Bill auquel il avait opposé son veto. Par conséquent, son insistance sur le fait que les Blancs souffriraient n'était qu'un faux-fuyant et une couverture pour ce que le président Johnson et de nombreux Sudistes craignaient comme une possibilité réelle imminente : L'autosuffisance des Noirs en vertu des lois constitutionnelles, que certains ont appelé à tort « suprématie des Noirs ».

Bien qu'il soit devenu le Diviseur en chef, la nomination du général Howard par le président Johnson constitue un bon exemple de ce que les leaders organisationnels peuvent accomplir même lorsque leurs patrons ne tiennent pas le discours de la responsabilité sociale. Le général Howard a usé de son influence et de son talent pour contribuer à la création d'une institution qui illustre parfaitement ce que l'esprit des land grant institutions était censé représenter.

L'université Howard, nommée d'après le général Howard, deviendra l'une des premières institutions de concession de terres à bénéficier intentionnellement aux esclaves affranchis et représente l'une des très rares institutions historiquement noires. Il est intéressant de noter que les rares institutions noires admettaient également des étudiants blancs, adoptant une approche plus inclusive que leurs homologues exclusivement blancs. Parmi les autres premières institutions noires, citons Morehouse (1867), Hampton (1868) et Spellman (1881), pour n'en citer que quelques-unes. À propos de l'université Howard :

> *Peu de temps après la fin de la guerre civile américaine, les membres de la First Congregational Society of Washington ont envisagé de créer un séminaire théologique pour la formation d'ecclésiastiques noirs. Quelques semaines plus tard, le projet s'est élargi pour inclure une disposition relative à la création d'une université. En deux ans, l'université se composait des collèges d'arts libéraux et de médecine. La nouvelle institution a été baptisée du nom du général Oliver Otis Howard, un héros de la guerre civile, qui était à la fois le fondateur de l'université et, à l'époque, le commissaire du Freedmen's Bureau. Howard a ensuite été président de l'université de 1869 à 1874 (contributeurs Wikipédia 2022).*

> *Le Congrès américain a créé l'université Howard le 10 mars 1867, et une grande partie de son financement initial provenait de dotations, de dons privés et de frais de scolarité. (Aux XXe et XXIe siècles, un crédit annuel du Congrès, administré par le ministère de l'Éducation des États-Unis, finance l'université et l'hôpital de l'université Howard). Au cours de ses cinq premières années de fonctionnement, l'université Howard a formé plus de 150 000 esclaves affranchis (contributeurs Wikipédia 2022).*

La rapidité avec laquelle l'université Howard s'est concrétisée, de la planification à l'exécution, démontre ce qui peut se produire lorsque des Américains de toutes les races s'unissent pour s'attaquer aux inégalités systémiques et structurelles liées à la race et au sexe. Ce constat est instructif pour les dirigeants d'aujourd'hui qui souhaitent sincèrement utiliser l'influence de leur entreprise pour que nos normes de division appartiennent au passé. Les dirigeants d'entreprise sont peut-être les acteurs les plus fiables pour amener le pays à reconquérir son destin perdu, car nos dirigeants politiques sont trop fragmentés et trop enfoncés dans le bourbier de l'inégalité raciale pour réaliser des progrès significatifs.

Depuis que les politiciens du Sud ont été autorisés à réintégrer l'Union après la guerre civile, la bataille pour écraser le programme d'équité raciale a été le principal programme des suprémacistes et des nationalistes blancs qui gravitent autour de la politique comme moyen privilégié de maintenir le pouvoir et les privilèges des Blancs. Les dirigeants d'entreprises et d'autres organisations apolitiques exercent un pouvoir et une influence souvent inutilisés pour imposer des législations équitables, qu'il s'agisse du droit de vote ou de la lutte contre toute forme de racisme systémique et structurel et d'inégalités entre les sexes.

L'ascension des États-Unis, depuis l'époque coloniale (où le travail des esclaves a construit leur pouvoir institutionnel et leur infrastructure économique) jusqu'à la période de la Reconstruction (où le pays a pris des mesures hésitantes et souvent sabotées en vue de sa première réconciliation en matière d'équité raciale) et jusqu'au XXIe siècle (où le racisme systémique et structurel marginalise toujours les groupes raciaux noirs et bruns), le groupe racial blanc a bénéficié de manière disproportionnée du côté crédit du grand livre socio-économique et politique national. Par conséquent, lorsqu'une personne blanche qui grandit au XXIe siècle, en profitant des privilèges que les préjugés blancs ont construits, croit qu'elle ne doit rien aux Noirs et aux Bruns, elle passe à côté de l'essentiel. Pour qu'un grand livre comptable d'équité raciale soit équilibré, il faut que ses côtés crédit et débit soient comptabilisés, quels que soient le moment, le montant ou l'auteur de l'écriture.

À quel point le pays tout entier serait-il plus équitable sur le plan racial aujourd'hui si les esclaves affranchis avaient eu la possibilité, à partir de 1865, d'exploiter leurs compétences et de participer pleinement au marché du travail et aux systèmes d'enseignement supérieur ? Que seraient aujourd'hui nos villes, nos banlieues et nos zones rurales ? Les Blancs et les Noirs travailleraient-ils et vivraient-ils ensemble parce qu'ils partagent une histoire commune de demande de participation égale au développement socio-économique et politique de l'Amérique pendant et après la reconstruction ? Rien de tout cela ne peut se produire sans des investissements intentionnels dans le développement humain et la formation comme panacée aux normes discriminatoires et inéquitables.

Si le président Lincoln n'avait pas été tué, la répartition des richesses en Amérique aurait-elle eu un cadre de justice sociale fondamental dans lequel les Blancs pauvres et les esclaves libérés auraient travaillé ensemble pour exiger une répartition équitable de la nouvelle richesse américaine ? De la même manière que les immigrants européens ont regardé en arrière et ont aidé leurs anciens pays, peut-être l'Afrique aurait-elle également bénéficié de l'héritage et de la réussite des Noirs libérés en Amérique. Où en serait l'Afrique aujourd'hui si, à la fin de la colonisation dans les années 1950-60, elle avait bénéficié du transfert de connaissances de ses parents afro-américains bien établis et prospères ?

Tous ces rêves d'une Amérique harmonisée et équitable sur le plan racial sont maintenant entre les mains d'organisations et de nouvelles générations de citoyens qui en ont assez de la polarisation et de la main injuste et inéquitable donnée à la population afro-américaine. Il s'agit de la génération « Mission accomplie » de l'Amérique, qui n'a plus l'estomac pour supporter les héritages - tant pour ceux qui reçoivent que pour ceux qui donnent. La plupart des Américains - blancs, noirs et toutes les nuances entre les deux - cherchent sincèrement à mettre fin aux inégalités raciales et de genre, surtout depuis le sacrifice rituel de George Floyd. Des manifestants de tous horizons se sont montrés en faveur de notre humanité commune et ont bruyamment rejeté les meurtres barbares commis par des agents à la solde de citoyens. Une chose est sûre, un bon nombre d'Américains doivent partager la lutte pour mettre fin aux inégalités raciales et de genre en une seule génération. Peut-être pouvons-nous nous inspirer de trois personnes qui démontrent le pouvoir du développement humain et de la formation.

Le vrai MCoy : Avez-vous déjà entendu le cliché du « Real McCoy » ? Si les experts ne s'accordent pas sur la date à laquelle ce cliché a été utilisé pour la première fois, les inventions d'Elijah McCoy en font le candidat le plus solide. « Real McCoy » est devenu synonyme d'originalité authentique, de l'authentique non dilué. Elijah est né le 2 mai 1844 au Canada de George et Mildred, des parents afro-américains qui ont fui le Kentucky aux États-Unis par le chemin de fer clandestin. La naissance d'Elijah au Canada lui a donné la possibilité de recevoir une éducation formelle dans les écoles (ségréguées) du Haut-Canada en Écosse, au Canada.

En Écosse, Elijah McCoy obtient son diplôme de génie mécanique. Il a rejoint sa famille, non pas au Canada, mais à Ypsilanti, dans le Michigan, où ses parents avaient déménagé la famille et où son père travaillait pour une ferme familiale en tant que buraliste qualifié - une compétence en développement humain qu'il a probablement acquise dans la main-d'œuvre des plantations. Ne parvenant pas à trouver un emploi rémunéré d'ingénieur mécanicien, Elijah McCoy s'est contenté d'un poste de pompier et de graisseur à la Michigan Central Railroad - une leçon qui montre qu'il ne faut pas mépriser les petits débuts - et a créé son propre atelier à domicile pour travailler sur son métier.

À l'époque, les moteurs de train devaient être constamment lubrifiés pour éviter la surchauffe et le travail d'Elijah consistait à les lubrifier. Le jeune inventeur pensait que ce procédé était archaïque. Il a donc inventé une tasse qui contenait le lubrifiant et qui, grâce à un tube, l'acheminait automatiquement vers les moteurs. Violà ! Notre expérience humaine de la lubrification des moteurs et de la surchauffe a été améliorée. Depuis lors, l'impact de cette découverte peut être observé dans des applications très variées - des systèmes ferroviaires aux équipements de forage pétrolier et minier, en passant par divers outils de construction. Le brevet décrit le dispositif comme fournissant « ...un flux continu d'huile sur les engrenages et autres pièces mobiles d'une machine afin de la maintenir correctement et continuellement lubrifiée et ainsi supprimer la nécessité d'arrêter la machine périodiquement (Bellis 2021) ». Il s'agissait d'une découverte transformatrice car elle signifiait que les trains n'avaient pas à s'arrêter aussi fréquemment. Bien que d'autres inventions aient tenté de faire la même chose, l'invention brevetée de McCoy est devenue la chose réelle que tous les ingénieurs qui s'y connaissent voulaient - le vrai McCoy !

McCoy s'installe à Detroit, où il continue à travailler sur ses nombreuses inventions et sert de consultant à l'industrie ferroviaire. Le Bureau régional du Midwest des brevets et des marques de commerce des États-Unis porte son nom. Au cours de sa vie, McCoy a fait breveter plus de 50 inventions, est devenu un exemple de réussite afro-américaine et a amélioré la vie de l'humanité sur la planète. Des entrailles intimes de l'évasion du chemin de fer clandestin qui a donné à ses parents un nouveau bail sur la vie en tant qu'êtres humains libérés au Canada, Elijah McCoy est né un descendant d'Africains qui a changé l'expérience du chemin de fer pour tous les Américains et le reste du monde grâce à la formation en développement humain sans entrave qu'il a reçue et à son dévouement à son métier.

George Washington Carver : Le père de Carver est mort quelques semaines avant sa naissance, vers 1864. Quelques semaines plus tard, sa mère et lui ont été capturés par des esclavagistes, mais le bébé a été échangé contre un cheval ; sa mère a été emmenée et séparée de lui pour le reste de leur vie. Malgré un accueil aussi désastreux, Carver a atterri dans la ferme d'un couple d'Allemands qui s'est occupé de lui pendant les dix premières années de sa vie dans le Missouri et le Kansas. Le couple allemand a observé très tôt la fascination du jeune garçon pour la nature, car il parcourait la campagne, ramassait des plantes et les étudiait attentivement dans son propre monde - ce qui laissait présager la vie humble et minimaliste qu'il mènerait en tant que chercheur agricole adulte.

Il s'agit d'une nouvelle démonstration de la force et de la puissance de notre humanité commune lorsque les normes qui divisent sont brisées et que les individus se voient offrir des opportunités de développement humain et de formation. Le couple a encouragé sa formation, lui donnant le courage de ne pas renoncer à ses rêves. Il a quitté la ferme des Carver à dix ans pour aller dans une école située à des kilomètres de là, faisant des petits boulots pour payer ses études, vivant dans des bidonvilles et subvenant à ses besoins par tous les moyens. Des années plus tard, Carver a fréquenté le Simpson College à Indianola, dans l'Iowa ; il a ensuite été transféré à ce qui est aujourd'hui l'Iowa State University, connue à l'époque sous le nom d'Iowa Agricultural College. Carver y obtient sa licence et sa maîtrise en 1894 et 1897 respectivement.

En 1897, Booker T. Washington lui offre le poste de directeur de l'agriculture au célèbre Institut Tuskegee. Cet institut offre à Carver la possibilité de changer à lui seul l'économie agricole du Sud et du monde entier. L'objectif de vie que Carver s'est fixé était de développer différentes utilisations des cultures afin que les agriculteurs pauvres puissent améliorer leur vitalité économique grâce à une agriculture durable. Carver savait que la culture du coton endommageait le sol et que sans cultures alternatives, les plantations n'avaient aucun avenir durable. Carver a créé un laboratoire à partir de matériaux collectés autour de l'institut. Il prit une plante considérée comme de la nourriture pour les porcs - la cacahuète - et découvrit 325 utilisations différentes pour celle-ci. Il a également découvert 118 lignes de produits supplémentaires pour la patate douce (Bellis 2021).

Ces découvertes transformatrices ont incité les cultivateurs de coton traditionnels à se tourner vers la culture des arachides, des patates douces et des noix de pécan comme alternative au coton. Carver a refusé de faire breveter ses découvertes car il croyait que son travail était inspiré par Dieu, disant que « Dieu me les a données... Comment pourrais-je les vendre à quelqu'un d'autre ?". Les agriculteurs blancs et noirs ont célébré Carver comme un grand chercheur dont le travail a fait de leur moyen de subsistance une réalité durable. L'œuvre de Carver a transformé le mode de vie de subsistance de la famille d'un célèbre cultivateur d'arachides, Jimmy Carter, bien avant qu'il ne gagne sa vie et ne devienne président des États-Unis. La valeur nette que la famille du président Carter a tirée de la culture des arachides peut être attribuée aux connaissances, à la créativité et au génie de gouvernance de Carver - une reconnaissance et un honneur que les autres fermiers blancs du Sud lui ont volontiers accordés parce que cela a changé leur économie et leur a donné de nouvelles options de prospérité.

Carver est mort centenaire (ou presque) en 1943 et le président Franklin D. Roosevelt a écrit l'épithète suivante à l'œuvre de sa vie : *« Toute l'humanité est bénéficiaire de ses découvertes dans le domaine de la chimie agricole. Les choses qu'il a accomplies face à des handicaps précoces constitueront à jamais un exemple inspirant pour les jeunes du monde entier. "*

Enfin, la manière dont chaque organisation devient une organisation guérisseuse des pratiques discriminatoires de la société repose en grande partie sur ses engagements en matière de développement humain et de formation dans une optique d'équité. Le modèle d'optique d'équité en 3 étapes fournit le cadre pour aider les organisations à s'engager sur la voie de l'équité raciale et de genre, d'abord sur le lieu de travail et, espérons-le, dans la société. L'Amérique a perdu beaucoup trop de vrais McCoy et Carver, mais il y a encore plus de vrais McCoy et Carver qui n'attendent que d'être développés, pour le bénéfice éventuel de l'humanité. Tout ce que nous devons faire, c'est équilibrer la balance et leur donner une chance juste et équitable.

Chapitre huit

LE DE&I COMME MODÉRATEUR DE L'ENVIRONNEMENT

L'environnement est la tapisserie non humaine sur laquelle les décisions et les activités humaines vivent et se manifestent en couleurs vivantes. Notre planète commune était autrefois un écosystème vierge et auto-régénérateur, où les émissions de carbone générées étaient compensées par la biosphère nettoyante de la nature. Depuis l'époque de la révolution industrielle, cet équilibre est devenu une nuisance criante et croissante pour notre planète partagée et notre existence privilégiée en son sein. Dans un sens large, notre planète partagée est devenue une extension de nos normes de division, et sa préservation détient les clés des provisions naturelles dont l'humanité a besoin pour se maintenir à la fois maintenant et dans le futur. Cela fait de l'environnement une question clé en matière de DE&I, car il est au cœur de notre survie en tant qu'espèce, tout en étant un lien important avec les inégalités en matière de richesse, de santé, d'opportunités et de structures de pouvoir.

L'ENVIRONNEMENT
La diversité fondée sur la connaissance Appel à l'action

Aujourd'hui, les organisations dépendent plus que jamais des ressources naturelles pour fabriquer des produits et fournir des services grâce à des solutions innovantes qui ont utilisé à peu près tous les minéraux connus de l'humanité. Chaque jour, les organisations deviennent de plus en plus dépendantes de ces produits et services et ces demandes pèsent lourdement sur notre écosystème mondial. La gestion de l'environnement est donc une responsabilité partagée, et tant les individus que les organisations ont un rôle à jouer à cet égard.

Aucun individu ne vit seul. Nous faisons tous partie d'une planète partagée, habitée par une humanité transcendante, où les actions d'une génération ont un impact positif ou négatif sur les générations qui ne sont pas encore nées. Dans le même ordre d'idées, toutes les organisations contribuent à la fidélité de l'environnement pour toute l'humanité dans cette génération et dans les générations futures, que ce soit par ses activités, ses produits ou ses services, ou par ses travailleurs, ses lieux de travail et ses partenaires de travail. John Donne, un poète métaphysique anglais du 17e siècle, a bien saisi l'interdépendance de cette vérité :

> "Devotions Upon Emergent Occasions and Seuerall Steps in my Sicknes - Meditation XVII, 1624 ».
>
> Aucun homme n'est une île entière en soi,
> Chaque homme est un morceau du continent,
> Une partie de l'ensemble.
> Si une motte est emportée par la mer,
> l'Europe n'en est pas moins,
> Aussi bien que si un promontoire l'était,
> Aussi bien que si n'importe quel manoir de ton ami,
> ou le tien propre.
> La mort de tout homme me diminue,
> parce que je fais partie de l'humanité.
> Et donc ne jamais envoyer pour savoir pour qui la cloche sonne ;
> Il sonne pour toi.

Dans les questions environnementales, les auteurs et les victimes sont souvent liés, comme le montre bien l'adage « aucun homme n'est une île ». Les dirigeants d'organisations qui prennent des décisions et défendent des activités qui taxent notre environnement sont également confrontés aux conséquences du changement climatique, par exemple, quel que soit le lieu de leurs actions ou le lieu où ils se trouvent. L'ISO a fourni une vision plus large :

ISO *La société est confrontée à de nombreux défis environnementaux, notamment l'épuisement des ressources naturelles, la pollution, le changement climatique, la destruction des habitats, la disparition des espèces, l'effondrement d'écosystèmes entiers et la dégradation des établissements humains urbains et ruraux. Avec l'accroissement de la population mondiale et l'augmentation de la consommation, ces changements constituent des menaces croissantes pour la sécurité humaine, la santé et le bien-être de la société. Il est nécessaire d'identifier les options permettant de réduire et d'éliminer les volumes et les modes de production et de consommation non durables et de faire en sorte que la consommation de ressources par personne devienne durable. Les questions environnementales au niveau local, régional et mondial sont interconnectées. Leur traitement nécessite une approche globale, systématique et collective.*

ISO 26000:2010, page 41.

Aborder les questions environnementales selon une « approche globale, systématique et collective » devrait inclure les disparités qui dévorent aujourd'hui les espoirs et les rêves des minorités et des groupes vulnérables. Comme c'est souvent le cas, bon nombre de ces groupes sont entravés dans leur capacité à vivre une vie bien remplie par rapport à leurs contemporains du groupe majoritaire. Les groupes vulnérables du monde entier ont été touchés de manière disproportionnée par les problèmes environnementaux, ce qui fait de la responsabilité sociale et du développement durable des véhicules essentiels pour remédier à ces disparités modérées par la DE&I. Le Pacte mondial des Nations unies et la norme ISO 26000 fournissent tous deux de bons principes directeurs en matière d'environnement. Le Pacte mondial des Nations Unies comporte trois principes spécifiques à l'environnement :

Tableau 8.1 Pacte mondial des Nations Unies : Environnement

Principe 7 :	Les entreprises sont invitées à appliquer l'approche de précaution face aux problèmes touchant l'environnement ;
Principe 8 :	Entreprendre des initiatives tendant à promouvoir une plus grande responsabilité en matière d'environnement ; et
Principe 9 :	Encourager le développement et la diffusion de technologies respectueuses de l'environnement.

Les principes ISO 26000 suivants fournissent une responsabilité sociale intégrée à l'échelle de l'organisation et sont mieux appliqués de manière inclusive lorsqu'ils sont modérés par DE&I :

ISO
        Une organisation doit respecter et promouvoir les principes environnementaux suivants :

☐ **responsabilité environnementale** *En plus de se conformer aux lois et règlements, un organisme devrait assumer la responsabilité des impacts environnementaux causés par ses activités dans les zones rurales ou urbaines et dans l'environnement au sens large. En reconnaissant les limites écologiques, elle doit agir pour améliorer ses propres performances, ainsi que celles des autres dans sa sphère d'influence ;*

☐ **approche de précaution** *Cette approche est tirée de la Déclaration de Rio sur l'environnement et le développement... et des déclarations et accords ultérieurs... qui avancent le concept selon lequel, en cas de menace de dommages graves ou irréversibles à l'environnement ou à la santé humaine, l'absence de certitude scientifique absolue ne devrait pas servir de prétexte pour remettre à plus tard l'adoption de mesures rentables visant à prévenir la dégradation de l'environnement ou les dommages à la santé humaine. Lorsqu'elle examine le rapport coût-efficacité d'une mesure, une organisation devrait prendre en compte les coûts et les avantages à long terme de cette mesure, et pas seulement les coûts à court terme pour cette organisation ;*

☐ **gestion des risques environnementaux** *Une organisation devrait mettre en œuvre des programmes utilisant une perspective basée sur le risque et la durabilité pour évaluer, éviter, réduire et atténuer les risques et les impacts environnementaux de ses activités. Une organisation devrait élaborer et mettre en œuvre des activités de sensibilisation et des procédures d'intervention en cas d'urgence afin de réduire et d'atténuer les incidences sur l'environnement, la santé et la sécurité causées par des accidents et de communiquer des informations sur les incidents environnementaux aux autorités compétentes et aux collectivités locales*

☐ **pollueur-payeur** *Une organisation devrait supporter le coût de la pollution causée par ses activités en fonction soit de l'ampleur de l'impact environnemental sur la société et des mesures correctives nécessaires, soit du degré auquel la pollution dépasse un niveau acceptable (voir le principe 16 de* *la déclaration de Rio [158]). Une organisation devrait s'efforcer d'internaliser le coût de la pollution et de quantifier les avantages économiques et environnementaux de la prévention de la pollution, de préférence à l'atténuation de ses effets sur la base du principe du « pollueur-payeur ». Un organisme peut choisir de coopérer avec d'autres pour développer des instruments économiques tels que des fonds de prévoyance pour faire face aux coûts des incidents environnementaux majeurs.*

ISO 26000:2010, pages 41-42.

Ces principes devraient guider la manière dont les organisations socialement responsables traitent les questions environnementales et les étendre aux questions de DE&I, à la fois comme la bonne chose à faire et comme monnaie d'échange pour négocier des décisions environnementales à valeur ajoutée et réaliser des activités de routine dans le cadre de leur responsabilité sociale. Lorsque toutes les parties prenantes appropriées sont présentes à la table de décision sur les questions environnementales, leur participation devrait renforcer et non diminuer les aspirations et les performances réelles de l'organisation en matière de responsabilité sociale et de développement durable.

Pourquoi les solutions environnementales devraient être modérées par DE&I

Responsabilité environnementale : Les organisations qui ont une culture existante où les valeurs et les comportements ont des attentes définies sont plus susceptibles d'être socialement responsables si ces valeurs et comportements sont divers, équitables et inclusifs. Malgré cela, le fait que la société ait en général perpétué les normes de division de l'humanité signifie que les organisations ne sont pas exemptes de ces défis au sein de leurs écosystèmes. Les minorités et les groupes vulnérables, qui ont tendance à vivre en milieu rural ou urbain, ont traditionnellement été absents de la table des décisions sur les questions environnementales qui les touchent.

Prenons l'exemple de Cancer Alley, une zone de 85 miles entre Baton Rouge et la Nouvelle-Orléans où 150 usines pétrochimiques et raffineries ont élu domicile et sont responsables de la production d'environ 25 % de tous les produits pétrochimiques aux États-Unis (Keehan 2018). La moyenne nationale de risque de développer un cancer est de trente individus pour un million, mais dans Cancer Alley, ce nombre est de quarante-six (Keehan 2018). Les chercheurs ont également constaté que les quartiers afro-américains sont plus de 16 % plus à risque que les quartiers blancs (Keehan 2018). Plus encore, plus la démographie du secteur de recensement est pauvre, plus le risque est élevé à plus de 12 % par rapport au secteur à revenu plus élevé.

La paroisse de St. James, qui se trouve dans les couloirs de l'allée du cancer, compte 48,8 % d'Afro-Américains et 16,6 % de l'ensemble de sa population vit dans la pauvreté (Keehan 2018). Lorsque onze des usines situées à St. James Parish ont été interrogées, les résultats ont montré qu'elles employaient entre 4,9 % et 19,4 % d'Afro-Américains (Keehan 2018). Lorsque dans le voisinage même où la richesse est générée pour un groupe de parties prenantes (les actionnaires) et qu'un autre groupe de parties prenantes est mis en danger (les minorités et les groupes vulnérables) ainsi qu'un environnement endommagé, la responsabilité sociale et les principes de développement durable sont également compromis.

Si Cancer Alley peut exister et continuer à prospérer aux États-Unis - pays de la loi sur la qualité de l'air et d'un formidable militantisme en faveur de la justice sociale - on ne peut que se demander ce qu'il en est dans d'autres zones de sacrifice environnemental dans le monde où les groupes minoritaires et vulnérables connaissent le même sort. Au Brésil, la rivière Cubatao abrite deux millions de personnes vivant dans une zone connue sous le nom de « vallée de la mort » où sont regroupées 130 industries métallurgiques et pétrochimiques qui polluent l'air et l'eau. Sumgayit, en Azerbaïdjan, a mérité le surnom douteux de « cimetière des bébés » en raison des taux élevés de mortalité infantile dus à des décennies de pollution par des produits chimiques fabriqués par vingt-trois usines locales. Sumgayit abrite toujours plus de 275 000 personnes, victimes de mutations génétiques et de taux de cancer élevés dont elles ne sont pas responsables, ni de la chance de mère nature (Keehan 2018).

Amener les minorités et les groupes vulnérables à la table des décisions ou défendre leurs intérêts devrait améliorer les schémas de gestion environnementale d'une organisation et non les affaiblir, car ils sont eux aussi des parties prenantes d'intérêt et d'influence. Lorsque la responsabilité environnementale est défendue par les dirigeants d'une organisation et modérée par le DE&I, cela permet au reste de l'organisation de proposer des solutions pour une approche intégrée et inclusive. Le principe 8 du Pacte mondial des Nations unies fournit le guide suivant :

Les mesures que l'entreprise pourrait prendre pour promouvoir la responsabilité environnementale seraient les suivantes :

- Définir la vision, les politiques et les stratégies de l'entreprise pour inclure le développement durable - prospérité économique, qualité de l'environnement et équité sociale ;
- Développer des objectifs et des indicateurs de durabilité (économiques, environnementaux, sociaux) ;
- Établir un programme de production et de consommation durables avec des objectifs de performance clairs pour amener l'organisation au-delà de la conformité à long terme ;
- Travailler avec les concepteurs de produits et les fournisseurs pour améliorer les performances environnementales et étendre la responsabilité tout au long de la chaîne de valeur ;
- Adopter des chartes volontaires, des codes de conduite et des pratiques en interne ainsi que dans le cadre d'initiatives sectorielles et internationales pour atteindre une performance environnementale responsable ;
- Mesurer, suivre et communiquer les progrès accomplis dans l'intégration des principes de durabilité dans les pratiques commerciales, notamment en établissant des rapports sur les normes d'exploitation mondiales. Évaluer les résultats et appliquer des stratégies d'amélioration continue ; et
- Assurer la transparence et un dialogue impartial avec les parties prenantes.

Principe 8 du Pacte mondial des Nations unies

Les impacts environnementaux peuvent avoir une grande portée, mais ils ne sont pas souvent répartis équitablement entre toutes les parties prenantes. Très souvent, les minorités et les groupes vulnérables sont touchés de manière disproportionnée, plus économiquement et socialement, par ces impacts environnementaux résultant des décisions et des activités des organisations. Si les minorités et les groupes vulnérables ne sont pas à la table où les décisions sont prises, leurs intérêts ne sont pas pris en compte. Ce lien entre les responsabilités environnementales et sociales, a noté l'ISO, nécessite une éducation holistique car « l'éducation environnementale est fondamentale pour promouvoir le développement de sociétés et de modes de vie durables. "

L'ONU, dans une résolution adoptée par l'Assemblée générale le 25 septembre 2015, « Transformer notre monde : le Programme de développement durable à l'horizon 2030 », a saisi l'essence d'un monde où les responsabilités environnementales et sociales sont à la fois les moteurs de normes clivantes et le remède même nécessaire pour éradiquer la pauvreté et sauver la planète :

> Aujourd'hui, nous prenons également une décision d'une grande importance historique. Nous sommes résolus à construire un avenir meilleur pour tous, y compris pour les millions de personnes qui n'ont pas eu la chance de mener une vie décente, digne et gratifiante et de réaliser pleinement leur potentiel humain. Nous pouvons être la première génération à réussir à mettre fin à la pauvreté, tout comme nous pouvons être la dernière à avoir une chance de sauver la planète. Le monde sera meilleur en 2030 si nous atteignons nos objectifs.

Lorsque davantage d'organisations utiliseront ces principes environnementaux dans leur cadre global de responsabilité sociale, il devrait devenir plus facile, au fil du temps, de comparer les résultats au sein de l'organisation, de ses homologues et au-delà. Ces données de référence contribueront à informer et à accroître les principes de diversité environnementale basés sur la connaissance au niveau mondial. C'est là que le Pacte mondial des Nations unies et les normes de reporting de la GRI deviennent des outils très utiles.

Le 28 février 2022, le Groupe d'experts intergouvernemental sur l'évolution du climat des Nations unies a publié son rapport « Climate Change 2022 », dans lequel il tire la sonnette d'alarme : la planète est en train d'être lentement cuite jusqu'à l'extinction par les activités incontrôlées de l'humanité. Le rapport prévient qu'au cours des 18 prochaines années - d'ici 2040 - notre monde connaîtra des conséquences encore plus graves si nous ne faisons rien pour atténuer l'augmentation des émissions de carbone à effet de serre. Les perspectives pour les enfants qui vivent aujourd'hui et qui verront l'année 2100 sont si terribles, selon le rapport, qu'ils connaîtront une planète où les inondations, les sécheresses, les incendies de forêt, les tempêtes et les vagues de chaleur seront cinq fois plus fréquents qu'aujourd'hui.

Un message récurrent du rapport est la vulnérabilité croissante des minorités et des groupes vulnérables dans le monde, qui n'ont pas les ressources nécessaires pour se préparer ou se remettre de ces catastrophes d'origine climatique et qui vivent dans des régions et des endroits où la gravité de ces événements est particulièrement importante. Prenons l'exemple de l'élévation du niveau de la mer. Le rapport du GIEC a émis l'hypothèse suivante

> Les villes et établissements côtiers jouent un rôle clé dans l'évolution vers un développement plus résilient au climat, étant donné que près de 11 % de la population mondiale - soit 896 millions de personnes - vivait dans la zone côtière de faible élévation en 2020, chiffre qui pourrait dépasser le milliard de personnes d'ici 2050, et que ces personnes, ainsi que le développement et les écosystèmes côtiers associés, sont confrontés à des risques aggravés par le climat, notamment l'élévation du niveau de la mer.

Qu'est-ce que cela a à voir avec une organisation qui ne se trouve pas dans une ville côtière et qui n'a pas de relations directes avec les minorités et les groupes vulnérables dans ces endroits ? Le fait est que loin des yeux ne doit pas être loin du cœur, car les décisions et les activités des organisations contribuent collectivement aux émissions de gaz à effet de serre. Les événements cataclysmiques provoqués par le réchauffement climatique affecteront tout le monde. Le huitième principe du Pacte mondial des Nations unies encourage une plus grande responsabilité environnementale de la part des entreprises, quelle que soit leur taille. La déclaration du Sommet de la Terre de Rio de 1992 résume le rôle des entreprises dans le développement durable au chapitre 30 de l'Agenda 21 :

> Les entreprises et l'industrie, y compris les sociétés transnationales, devraient assurer une gestion responsable et éthique des produits et des processus du point de vue de la santé, de la sécurité et des aspects environnementaux. À cette fin, les entreprises et l'industrie devraient renforcer l'autorégulation, guidée par des codes, des chartes et des initiatives appropriés, intégrés dans tous les éléments de la planification et de la prise de décision des entreprises, et favorisant l'ouverture et le dialogue avec les employés et le public.

La Déclaration a renforcé la responsabilité des entreprises de ne pas causer de dommages à l'environnement du fait de leurs activités, car la société compte sur elles pour être de bons acteurs. La société, en tant que partie prenante, exige que les entreprises adoptent des pratiques durables sur le plan environnemental, qui devraient logiquement s'appliquer à tous les individus, indépendamment de leur couleur, de leur sexe ou de leur statut économique. Comme de plus en plus d'organisations s'aventurent dans le discours de la responsabilité sociale, l'examen de l'impact de leurs décisions et activités liées à l'environnement sur les groupes minoritaires et vulnérables et sur leurs communautés ou sociétés - proches ou lointaines - devrait également faire partie du processus d'éducation holistique.

Approche de précaution : Comment une organisation socialement responsable peut-elle élaborer et mettre en œuvre des mesures de gestion environnementale rentables sans identifier et faire participer les groupes minoritaires et vulnérables au processus ? Cette décision et ces pratiques intentionnelles ou non se produisent assez fréquemment, parce que ces groupes sont déjà marginalisés et que les concepts de menaces de dommages graves ou irréversibles causés à eux ou à leur environnement sont moins valorisés ou pensés, surtout lorsqu'ils ne sont pas consultés sur les décisions de gestion environnementale. Les exemples de « ne pas voir le mal, ne pas entendre le mal et ne pas réagir au mal » concernant les décisions et activités environnementales organisationnelles qui ont porté atteinte aux groupes minoritaires et vulnérables et à leurs communautés sont légion. Qu'il s'agisse du plomb dans l'eau acheminée par canalisation jusqu'aux maisons de ces groupes à Flint, dans le Michigan, ou des mineurs du monde entier qui mettent leur vie en danger et causent des dommages écologiques irréversibles simplement pour produire des minéraux qui alimentent ou soutiennent nos besoins modernes. Les leçons tirées des erreurs commises par d'autres organisations dans le passé sont riches d'enseignements pour ceux qui prennent les décisions en matière de gestion environnementale.

Le principe 7 du Pacte mondial des Nations unies stipule que « les entreprises sont invitées à appliquer l'approche de précaution face aux problèmes touchant l'environnement. » Cette approche a été introduite dans le principe 15 de la déclaration de Rio de 1992 qui stipule que « lorsqu'il existe des menaces de dommages graves ou irréversibles, l'absence de certitude scientifique absolue ne doit pas servir de prétexte pour remettre à plus tard l'adoption de mesures effectives visant à prévenir la dégradation de l'environnement ».

Gestion des risques environnementaux : Selon le principe 7 du Pacte mondial des Nations unies, la précaution comprend l'application systématique du risque selon un triptyque : évaluation, gestion et communication. Les décisions commerciales susceptibles de causer des dommages à l'environnement doivent être guidées par la précaution plutôt que par des prétextes liés à des données scientifiques insuffisantes. Cela peut se faire par le biais d'un code de conduite et de l'établissement d'une communication transparente avec les parties prenantes - des principes qui sont préconisés par la norme ISO 26000 et le Pacte mondial des Nations unies.

Ces principes, s'ils avaient été mis en place, auraient empêché les Afro-Américains vivant dans l'allée du cancer, dans l'État de Louisiane, de tomber malades à cause de la pollution. Standard Heights est un quartier majoritairement afro-américain du centre-ville de Baton Rouge. En 2012, une usine Exxon « a laissé échapper 31 000 livres de benzène cancérigène dans l'air (Keehan 2018) » - l'une des huit fuites similaires entre 2008 et 2012 - qui n'ont pas été signalées à l'EPA malgré le fait que la déclaration de ces fuites soit exigée par la loi. Ces fuites ont rendu de nombreux résidents malades (Keehan 2018).

C'est une autre raison pour laquelle la gestion des risques environnementaux devrait prendre en compte les pratiques historiques qui exposaient excessivement les minorités et les groupes vulnérables aux polluants : les politiques de santé environnementale ne les incluaient pas en tant que parties prenantes. Il y a eu historiquement un manque de ressources pour défendre leurs intérêts, et de nombreux autres modèles mentaux qui les dissuadent de participer à l'évaluation des risques organisationnels et aux mesures d'atténuation. Le fait d'avoir une politique environnementale et des refrains de responsabilité sociale ne suffit pas à propulser les actions et le suivi de ces actions. Le mépris total de l'EPA pour signaler les fuites de pollution et se cacher derrière les conséquences scientifiques délibérément occultées d'un événement revient à jouer avec le système, un système qui était censé permettre à la responsabilité et à la transparence de régner en maître.

Le principe 7 du Pacte mondial des Nations unies offre un remède exemplaire : « *Créer un comité de direction ou un groupe de pilotage qui supervise l'application de la précaution par l'entreprise, en particulier la gestion des risques dans les domaines sensibles (UN Compact 7 n.d.).* » La gestion des risques environnementaux ne doit pas être utilisée pour perpétuer les inégalités. Une étude réalisée au Canada a démontré comment les indices de risques cumulatifs (IRC) peuvent être trafiqués pour produire des résultats qui accentuent les inégalités :

> *Nous observons des modèles distincts d'inégalité entre les villes, en termes de groupes marginalisés qui subissent systématiquement des charges de pollution atmosphérique cumulative plus élevées (Vancouver : Vancouver : résidents autochtones, Montréal : résidents immigrants, Toronto : résidents à faible revenu). Les résultats soulignent également l'importance d'utiliser une série d'indicateurs sociodémographiques, car les tendances peuvent différer entre les différents groupes racialisés/ethniques et entre les différentes mesures du statut socio-économique (Giang & Castellani 2020).*

En outre, les communautés minoritaires et vulnérables de tous les États-Unis portent les marques des politiques de transport qui ont eu un impact négatif sur leurs quartiers ou les ont soumis à des dommages et désavantages économiques et environnementaux générationnels qui ne sont reconnus que maintenant par la législation fédérale. En outre, la pollution ne provient pas seulement des déversements de produits chimiques comme la tragédie du gaz de Bhopal ou des marées noires ; elle comprend également des politiques qui font stratégiquement des quartiers où vivent les minorités et les groupes vulnérables l'épicentre d'expérimentations risquées sur le plan environnemental qui affectent négativement leur qualité de vie.

Le pollueur-payeur : La raison pour laquelle il vaut mieux prévenir que guérir est que les organisations comprennent ce que le coût de l'atténuation signifierait pour leurs intérêts économiques et sociaux si elles devaient effectivement payer pour les impacts négatifs dus à leurs activités. Dans le passé, avant les médias sociaux, les entreprises polluaient les quartiers et les communautés sans sourciller. Les organisations socialement responsables, en internalisant le coût de la pollution et en quantifiant les coûts environnementaux du paiement de la pollution et les avantages financiers de leurs activités, devraient toujours choisir la prévention plutôt que l'atténuation (après coup). Elles devraient également envisager de ne pas nuire aux minorités et aux groupes vulnérables et à leurs communautés dans le cadre des stratégies de prévention. Mais les minorités et les groupes vulnérables ne sont pas les seuls à être affectés par la pollution environnementale des entreprises. Il y a aussi des villes et des villages blancs qui sont touchés.

La pollution n'importe où est une pollution partout, en raison de l'impact dégradant sur notre planète commune. À Spolana, en République tchèque, trois décennies après que l'usine chimique Spolana Neratovice a fermé ses portes, des niveaux élevés de contaminations par le benzène, les pesticides, le chlore, la dioxine et le chloroforme demeurent dans toutes les zones environnantes (Keehan 2018). Après avoir changé de mains à plusieurs reprises, Spolana est devenue en 2016 la propriété à 100 % d'UNIPETROL RPA. La question reste de savoir si les entreprises comme UNIPETROL RPA qui héritent de problèmes contaminés possèdent également 100 % des péchés des propriétaires précédents et sont prêtes à faire ce qu'il faut en créant certaines solutions d'assainissement permanentes.

Dans les années 1950, la Pacific Gas and Electric Company (PG&E) exploitait une station de pompage de gaz naturel dans une ville endormie du désert de Mojave en Californie, appelée Hinkley. PG&E utilisait du chrome 6, un produit chimique qui prévient la rouille, qui s'est infiltré dans l'eau potable des villes environnantes. Les habitants de ces villes souffraient de toux chronique, de saignements de nez, d'éruptions cutanées et de bronchites récurrentes. Il a fallu une mère célibataire, divorcée et sans emploi, pour renverser la situation et faire en sorte que PG&E assume l'entière responsabilité. Erin Brockovich est devenue une activiste accidentelle dont les efforts ont finalement forcé PG&E à accepter l'entière responsabilité et à régler l'affaire pour 333 millions de dollars en 1996 (Dorian, Gorin, Yamada, & Yang 2021). Les habitants de Hinkley étaient majoritairement des ruraux blancs et ils devaient eux aussi être protégés de la pollution environnementale.

Comparez ces exemples à des accidents qui affectent visiblement des zones privilégiées à prédominance blanche. Début 1990, un pétrolier affrété par BP a accidentellement jeté l'ancre à Huntington Beach, dans le comté d'Orange, en Californie, entraînant le déversement de 400 000 gallons de pétrole brut dans une enclave de surf vierge. Huntington Beach est un comté aisé, à majorité blanche, et sa plage immaculée est l'une de ses plus grandes gloires écologiques et l'un de ses meilleurs arguments de vente. Les dégâts étaient évidents et la réponse de BP America a été rapide et instructive. Le PDG s'est immédiatement rendu sur le site, s'est tenu devant la plage polluée et a déclaré aux journalistes : « Nos avocats nous disent que ce n'est pas notre faute. Mais nous pensons que c'est notre faute et nous allons agir comme si c'était notre propre faute. » Imaginez ce genre de réaction dans l'allée du cancer et ce qu'elle aurait fait pour guérir les normes de division de notre planète commune. Ce qui est bon pour l'oie - en garantissant un dialogue impartial avec les parties prenantes concernées et une transparence sincère - devrait également être bon pour le jars, en particulier lorsqu'il s'agit de décider quelle dépollution une organisation est prête à assumer et à payer, et laquelle elle n'est pas prête à assumer.

L'ENVIRONNEMENT

Opportunité/réconciliation/disruption de l'équité motivée par la créativité

Les décisions et les activités des organisations peuvent avoir un impact direct sur les individus, les groupes et les communautés vulnérables, surtout lorsque ces groupes ne sont pas représentés à la table des décisions au moment où les questions ayant un impact sur l'environnement sont discutées, planifiées et mises en œuvre. Cela crée des inégalités, en particulier au sein des communautés minoritaires et vulnérables qui doivent payer le prix fort sur plusieurs générations en termes de disparités de santé, de pauvreté, de manque de mobilité ascendante, etc. Ces impacts peuvent être associés à l'utilisation par l'organisation des ressources vivantes et non vivantes, à l'emplacement des activités de fabrication de l'organisation, à la production de pollution et de déchets, et aux conséquences des activités, produits et services de l'organisation sur les habitats naturels. Un autre domaine d'importance pour les groupes marginalisés et vulnérables est la manière dont la santé et la sécurité et les autres impacts dangereux pour l'environnement dus aux activités de l'organisation leur sont communiqués en tant que travailleurs et à leurs communautés en tant que parties prenantes d'intérêt et d'influence.

OPPORTUNITÉ D'ÉQUITÉ DANS L'ENVIRONNEMENT

La direction d'une organisation a la responsabilité de s'assurer que les DE&I sont intégrés dans sa gestion de la responsabilité environnementale. Une responsabilité environnementale qui est injuste et inéquitable pour les minorités et les groupes vulnérables n'est qu'à mi-chemin de la ligne d'arrivée de la responsabilité sociale et du développement durable. Au minimum, une organisation devrait rechercher les possibilités d'équité d'un point de vue supérieur. L'ONU fournit les orientations suivantes en matière de durabilité :

> Les entreprises et l'industrie, y compris les sociétés transnationales, devraient assurer une gestion responsable et éthique des produits et des processus du point de vue de la santé, de la sécurité et des aspects environnementaux. À cette fin, les entreprises et l'industrie devraient renforcer l'autorégulation, guidée par des codes, des chartes et des initiatives appropriés, intégrés dans tous les éléments de la planification et de la prise de décision des entreprises, et favorisant l'ouverture et le dialogue avec les employés et le public.

Il serait relativement facile pour les organisations d'être socialement responsables dans leur approche de gestion environnementale en incluant les minorités et les groupes vulnérables dans leurs stratégies de sensibilisation et de promotion et dans leurs plans de communication sur les impacts environnementaux de leurs décisions et activités. Dans la mesure du possible, ces efforts devraient aller au-delà de l'organisation et inclure d'autres personnes dans sa sphère d'influence. L'adoption d'une approche fondée sur le cycle de vie permet également à une organisation d'examiner en profondeur ses processus et pratiques pour les produits et services qu'elle produit, utilise ou commercialise. En examinant les implications environnementales de ses décisions et de ses activités, une organisation devrait prendre en compte leurs impacts économiques et sociaux dans un large éventail de la société, et pas seulement dans celui auquel appartient la direction de l'organisation.

Les organisations devraient rechercher les possibilités de mettre à la disposition des minorités et des groupes vulnérables, à des coûts accessibles, les nouvelles technologies qui réduisent ou éliminent la pollution et les déchets. Lorsqu'elles emploient des personnes pour des emplois à haut risque présentant des dangers connus pour la santé et la sécurité environnementales, ces emplois ne devraient pas être réservés aux minorités et aux groupes vulnérables, surtout si l'on sait qu'ils ont moins de ressources et d'accès aux soins de santé lorsqu'ils tombent malades ou sont blessés au travail.

Les organisations engagées dans la justice sociale environnementale devraient au moins être conscientes des charges environnementales historiques que les minorités et les groupes vulnérables supportent en raison de pratiques injustes et s'assurer qu'elles ne les répètent pas ou ne les perpétuent pas. L'ISO 26000 fournit les lignes directrices suivantes qui devraient aider à encadrer l'opportunité d'équité en matière d'environnement :

ISO Dans ses activités de management environnemental, un organisme devrait évaluer la pertinence des approches et stratégies suivantes et les employer, le cas échéant :

☐ **apprentissage et sensibilisation** Un organisme devrait créer une prise de conscience et promouvoir un apprentissage approprié pour soutenir les efforts environnementaux au sein de l'organisme et de sa sphère d'influence.

☐ **Approche fondée sur le cycle de vie** Les principaux objectifs d'une approche fondée sur le cycle de vie sont de réduire les impacts environnementaux des produits et des services ainsi que d'améliorer leurs performances socio-économiques tout au long de leur cycle de vie, c'est-à-dire depuis l'extraction des matières premières et la production d'énergie, en passant par la production et l'utilisation, jusqu'à l'élimination ou la valorisation en fin de vie. Une organisation doit se concentrer sur les innovations, et pas seulement sur la conformité, et doit s'engager à améliorer continuellement ses performances environnementales ;

☐ **Production plus propre et éco-efficacité** Il s'agit de stratégies visant à satisfaire les besoins humains en utilisant les ressources de manière plus efficace et en générant moins de pollution et de déchets. L'accent est mis sur les améliorations à la source plutôt qu'à la fin d'un processus ou d'une activité. Les approches de la production plus propre et plus sûre et de l'éco-efficacité comprennent : l'amélioration des pratiques de maintenance ; la mise à niveau ou l'introduction de nouvelles technologies ou de nouveaux processus ; la réduction de l'utilisation des matériaux et de l'énergie ; l'utilisation d'énergies renouvelables ; la rationalisation de l'utilisation de l'eau ; l'élimination ou la gestion sûre des matériaux et des déchets toxiques et dangereux ; et l'amélioration de la conception des produits et des services.

ISO 26000:2010, page 42.

RÉCONCILIATION ÉQUITABLE DANS L'ENVIRONNEMENT

Le DE&I et l'environnement se rencontrent au carrefour de la justice économique et sociale car les pratiques environnementales injustes et inéquitables ont historiquement condamné les communautés minoritaires et vulnérables à la pauvreté et à des perspectives de vie malsaines. Par conséquent, les dirigeants d'une organisation devraient avoir une connaissance approfondie de l'impact de leurs décisions et activités environnementales sur les minorités et les groupes vulnérables tout au long du cycle de vie de leurs produits et services et au sein de leur écosystème. Cette connaissance doit être délibérément recherchée pour s'assurer que les informations présentées à la direction ne cachent pas d'impacts disproportionnés sur les minorités et les groupes vulnérables. Une façon de s'en assurer est de connaître le niveau d'implication de tous les groupes de parties prenantes dans l'élaboration de ses évaluations, processus, décisions et pratiques. La norme ISO 26000 fournit les conseils suivants qui pourraient aider un organisme à concilier ses politiques et engagements avec ses décisions et pratiques environnementales :

ISO

Dans ses activités de management environnemental, un organisme devrait évaluer la pertinence des approches et stratégies suivantes et les employer, le cas échéant :

☐ **évaluation de l'impact environnemental** *Un organisme devrait évaluer les impacts environnementaux avant de lancer une nouvelle activité ou un nouveau projet et utiliser les résultats de l'évaluation dans le cadre du processus décisionnel ;*

☐ **une approche fondée sur les systèmes de produits** *et de services Cette approche peut être utilisée pour déplacer l'objectif des interactions du marché de la vente ou de la fourniture de produits (c'est-à-dire le transfert de propriété par la vente unique ou la location) vers la vente ou la fourniture d'un système de produits et de services qui répondent conjointement aux besoins des clients (par une variété de mécanismes de service et de livraison). Les systèmes de produits et services comprennent la location de produits, la location ou le partage de produits, la mise en commun de produits et le paiement à l'acte. Ces systèmes peuvent réduire l'utilisation de matériaux, dissocier les revenus des flux de matériaux et impliquer les parties prenantes dans la promotion de la responsabilité élargie du producteur tout au long du cycle de vie du produit et du service qui l'accompagne ;*

☐ **utilisation de technologies et de pratiques respectueuses de l'environnement** *Un organisme devrait chercher à adopter et, le cas échéant, à promouvoir le développement et la diffusion de technologies et de services respectueux de l'environnement...*

ISO 26000:2010, page 42.

RUPTURE D'ÉQUITÉ DANS L'ENVIRONNEMENT

Les organismes devraient s'assurer que toutes les activités de sensibilisation et les procédures de réponse aux situations d'urgence incluent les groupes marginalisés et vulnérables dans leurs plans de communication. Une communication efficace avec ces groupes devrait inclure l'utilisation de modèles mentaux qui vont à l'encontre de ceux qui sont historiquement biaisés et de réseaux sociaux où les messages peuvent être amplifiés pour le bien au lieu de promouvoir des normes de division sociale. Lorsqu'il existe un fossé entre les engagements et la pratique, les dirigeants d'organisations doivent concilier leurs paroles et leurs actes en matière de justice environnementale.

Comme l'indique la norme ISO 26000, la survie et la prospérité de tous les êtres humains commencent par la responsabilité environnementale et sont intimement liées à d'autres sujets et questions essentiels dans le domaine de la responsabilité sociale. Tout comportement organisationnel qui relègue l'environnement au rang de « ne pas voir le mal », « ne pas entendre le mal » ou « ne pas planifier le mal » doit être arrêté car notre humanité et notre planète commune l'exigent. L'ONU a ajouté ce piment au raisonnement sur la durabilité :

> *30.3. Les entreprises et l'industrie, y compris les sociétés transnationales, devraient reconnaître que la gestion de l'environnement fait partie des plus hautes priorités des entreprises et qu'elle est un facteur déterminant du développement durable. Certains dirigeants d'entreprises éclairés mettent déjà en œuvre des politiques et des programmes de « soins responsables » et de gestion des produits, en favorisant l'ouverture et le dialogue avec les employés et le public et en effectuant des audits environnementaux et des évaluations de conformité. Ces dirigeants d'entreprises et d'industries, y compris les sociétés transnationales, prennent de plus en plus d'initiatives volontaires, promeuvent et mettent en œuvre des autorégulations et des responsabilités accrues pour garantir que leurs activités ont un impact minimal sur la santé humaine et l'environnement (Nations Unies 1992).*

Lorsqu'une organisation ne s'est pas engagée dans une politique officielle de justice environnementale, ses dirigeants devraient envisager d'en élaborer une. Le fait d'avoir une politique ou une ordonnance de justice environnementale et sociale devrait servir de modérateur pour l'intégration et l'adoption de la DE&I comme partie intégrante des décisions et des activités environnementales d'une organisation. La DE&I ne devrait pas être une décision ou une activité enfouie dans les entrailles du capital humain ou du département des ressources humaines, mais devrait être intimement liée à l'ensemble de l'écosystème de décisions et d'activités d'une organisation - les lignes de fond du profit, des personnes et de la planète ou la proposition de valeur ajoutée. La partie « gestion de la planète » ou « gestion environnementale » devient le mécanisme d'encerclement qui permet d'intégrer les bénéfices et les personnes dans le mélange et de mettre fin à la séparation artificielle entre les questions environnementales et les questions de DE&I. Un moyen rapide de rompre le statu quo des mauvaises pratiques environnementales qui marginalisent les groupes humains est d'utiliser le cycle de vie des achats comme catalyseur du changement. L'ISO 26000 fournit les orientations suivantes :

ISO
Dans ses activités de management environnemental, un organisme devrait évaluer la pertinence des approches et stratégies suivantes et les employer, le cas échéant :
l'approvisionnement durable Dans ses décisions d'achat, un organisme devrait prendre en compte la performance environnementale, sociale et éthique des produits ou services achetés, sur l'ensemble de leur cycle de vie. Dans la mesure du possible, il devrait donner la préférence aux produits ou services dont les impacts sont minimisés, en recourant à des systèmes d'étiquetage fiables et efficaces vérifiés de manière indépendante ou à d'autres systèmes de vérification, tels que l'éco-étiquetage ou les activités d'audit...
ISO 26000:2010, page 42.

L'ENVIRONNEMENT
Étapes concrètes de l'inclusion centrée sur la gouvernance

En examinant sa gestion et ses activités environnementales, une lentille DE&I fournit le meilleur modérateur pour un cadre de responsabilité sociale organisationnelle intégré et inclusif. Le Pacte mondial des Nations Unies (qui traite de la durabilité) et la norme ISO 26000 (qui traite de la responsabilité sociale) fournissent tous deux des approches systémiques et complémentaires. Lorsqu'une organisation examine ses décisions et ses activités sous l'angle de la DE&I, cette évaluation et ces mesures devraient considérer comme un guide de valeur ajoutée les principes d'inclusion en 3 étapes de la rédemption, de la restauration et de la responsabilité.

Mesures concrètes d'inclusion axées sur la gouvernance dans L'ENVIRONNEMENT
1. En examinant les politiques et procédures de votre organisation en matière d'environnement, comment s'alignent-elles sur votre politique de DE&I, vos engagements et les proclamations de votre entreprise en la matière ?   2. S'il y a des lacunes, quelles sont les étapes et les échéances que vous avez identifiées pour les réduire ou les éliminer en vous basant sur le modèle de l'optique d'équité en 3 étapes ?   3. Toutes les parties prenantes pertinentes ont-elles été identifiées et engagées dans la révision, la modification ou le développement de vos politiques et procédures concernant vos pratiques de DE&I modérées par l'environnement ?

ISO LES 4 ENJEUX ENVIRONNEMENTAUX

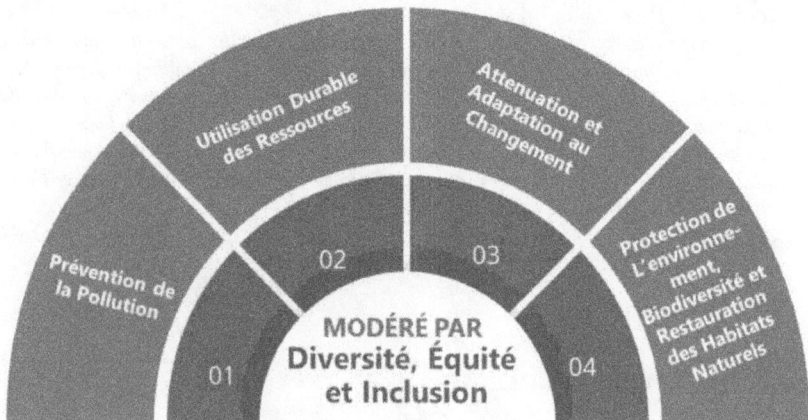

ENJEU ENVIRONNEMENTAL 1 : LE DE&I COMME MODÉRATEUR DE LA PRÉVENTION DE LA POLLUTION

Votre organisation aborde-t-elle les impacts environnementaux réels et potentiels sur les groupes minoritaires et vulnérables et leurs communautés dans le cadre d'un concept global de responsabilité sociale de prévention de la pollution ?

Prévention de la pollution
Appel à l'action pour la diversité fondée sur la connaissance

Lorsqu'une agence de transport installe une autoroute à travers ou à proximité de communautés vulnérables, les habitants de ces communautés sont surexposés aux émissions de polluants atmosphériques tels que le mercure, le plomb, le dioxyde de soufre (SO_2) et d'autres composés organiques volatils (COV) par rapport à d'autres endroits de la même ville. Ces autoroutes et corridors hérités du passé ont non seulement divisé les communautés de par leur conception, mais ils ont également été spécifiquement conçus pour traverser des quartiers à faibles revenus où vivent des personnes de couleur, limitant ainsi leur prospérité et leur vitalité économiques et environnementales.

Cela affecte aujourd'hui encore la qualité de vie dans ces quartiers, notamment l'espérance de vie, la durabilité économique, etc. Il en va de même pour les rejets dans l'eau provenant des installations d'une organisation ou des produits et services qu'elle utilise, qui peuvent tous avoir un impact disproportionné sur les communautés vulnérables lorsque l'eau potable est polluée. Cela est particulièrement vrai dans les installations pétrolières ou chimiques où les impacts environnementaux peuvent être désastreux.

Les déchets sont un sous-produit commun des activités d'une organisation et la manière dont ils sont atténués est également importante dans le continuum DE&I. Les activités d'une organisation peuvent conduire à la production de déchets solides ou liquides, qui peuvent contaminer l'eau, le sol et l'air. Lorsqu'elle est gérée correctement, la norme ISO 26000 recommande qu'une organisation suive la hiérarchie de la réduction des déchets : « réduction à la source, réutilisation, recyclage et retraitement, traitement des déchets et élimination des déchets ».

Le DE&I entre également en jeu lorsqu'une organisation rejette des produits chimiques toxiques ou dangereux dans le cadre de ses activités ou génère d'autres formes de pollution telles que des odeurs, du bruit, des agents infectieux, des radiations, etc. Les décisions et les activités des organisations peuvent avoir un impact sur les individus, les groupes et les communautés vulnérables, en particulier lorsqu'ils ne peuvent pas participer aux discussions, à la planification et à la mise en œuvre des questions de pollution environnementale. Lorsqu'elles sont situées dans des communautés vulnérables, la justice sociale et l'équité exigent que ces communautés négocient ou obtiennent d'autres valeurs d'atténuation en nature ou des renumérations financières pour compenser la valeur des impacts.

Tous les problèmes environnementaux susmentionnés peuvent avoir un impact sur la santé humaine - de façon aiguë (immédiate) ou chronique (à long terme) - et sur l'environnement, avec des ramifications économiques et sociales à court et à long terme. Lorsque les impacts sont ressentis de manière disproportionnée dans les quartiers et les communautés vulnérables, la question de l'équité et du partage de la charge est un facteur à prendre en compte. La norme ISO 26000 donne les indications suivantes sur la prévention de la pollution :

ISO
    Un organisme peut améliorer sa performance environnementale en prévenant la pollution, y compris :

☐ *les émissions dans l'air Les émissions dans l'air d'un organisme de polluants tels que le plomb, le mercure, les composés organiques volatils (COV), les oxydes de soufre (SOx), les oxydes d'azote (NOx), les dioxines, les particules et les substances appauvrissant la couche d'ozone peuvent avoir des impacts environnementaux et sanitaires qui affectent différemment les individus. Ces émissions peuvent provenir directement des installations et des activités d'une organisation, ou être causées indirectement par l'utilisation ou le traitement en fin de vie de ses produits et services ou par la production de l'énergie qu'elle consomme ;*

☐ *rejets dans l'eau Une organisation peut être à l'origine de la pollution de l'eau par des rejets directs, intentionnels ou accidentels dans des masses d'eau de surface, y compris le milieu marin, par des ruissellements non intentionnels vers les eaux de surface ou par des infiltrations dans les eaux souterraines. Ces rejets peuvent provenir directement des installations d'une organisation, ou être causés indirectement par l'utilisation de ses produits et services ;*

☐ *gestion des déchets Les activités d'une organisation peuvent conduire à la production de déchets liquides ou solides qui, s'ils ne sont pas gérés correctement, peuvent entraîner la contamination de l'air, de l'eau, de la terre, des sols et de l'espace. La gestion responsable des déchets vise à éviter les déchets. Elle suit la hiérarchie de la réduction des déchets, à savoir : réduction à la source, réutilisation, recyclage et retraitement, traitement des déchets et élimination des déchets. La hiérarchie de réduction des déchets doit être utilisée de manière flexible sur la base de l'approche du cycle de vie. Les déchets dangereux, y compris les déchets radioactifs, doivent être gérés de manière appropriée et transparente ;*

☐ *utilisation et élimination des produits chimiques toxiques et dangereux Une organisation utilisant ou produisant des produits chimiques toxiques et dangereux (qu'ils soient d'origine naturelle ou artificielle) peut nuire aux écosystèmes et à la santé humaine par des effets aigus (immédiats) ou chroniques (à long terme) résultant d'émissions ou de rejets. Ceux-ci peuvent affecter les individus différemment, selon l'âge et le sexe ; et*

☐ *autres formes identifiables de pollution Les activités, produits et services d'une organisation peuvent être à l'origine d'autres formes de pollution qui nuisent à la santé et au bien-être des communautés et qui peuvent affecter les individus différemment. Il s'agit notamment du bruit, des odeurs, des impressions visuelles, de la pollution lumineuse, des vibrations, des émissions électromagnétiques, des rayonnements, des agents infectieux (par exemple, viraux ou bactériens), des émissions provenant de sources diffuses ou dispersées et des risques biologiques (par exemple, les espèces envahissantes).*

ISO 26000:2010, pages 42-43.

Pourquoi la prévention de la pollution devrait être modérée par DE&I

Qu'il s'agisse d'émissions dans l'air, de rejets dans l'eau, de gestion des déchets, d'utilisation et d'élimination de produits chimiques toxiques et dangereux, ou de toute autre forme de pollution, les personnes de couleur aux États-Unis et les minorités et groupes vulnérables dans le monde sont surexposés aux polluants de manière disproportionnée. De nombreux résultats de recherche montrent depuis longtemps que la pauvreté et la race sont liées. On sait maintenant que la pollution et la race sont interconnectées. De nombreux résultats de recherche confirment que les personnes de couleur sont plus exposées à la pollution que leurs voisins blancs.

Une étude récente financée par l'EPA et publiée dans Science Advances en avril 2021 révèle que les impacts environnementaux et sanitaires sur les personnes de couleur - indépendamment du niveau de revenu ou de la région - sont disproportionnellement plus élevés que ceux des groupes raciaux blancs pour chaque type d'émetteur :

Aux États-Unis, les minorités raciales et ethniques sont exposées à des niveaux disproportionnés de pollution atmosphérique ambiante par les particules fines (PM2,5), la plus grande cause environnementale de mortalité humaine. Cependant, on ignore quelles sont les sources d'émission à l'origine de cette disparité et s'il existe des différences selon le secteur d'émission, la géographie ou la démographie. En quantifiant l'exposition aux PM2,5 causée par chaque type d'émetteur, nous montrons que presque toutes les grandes catégories d'émissions - de manière cohérente entre les États, les zones urbaines et rurales, les niveaux de revenus et les niveaux d'exposition - contribuent à la disparité systémique d'exposition aux PM2,5 subie par les personnes de couleur (Tessum et al 2021).

La prévention de la pollution est donc une question de DE&I ; le rapport ci-dessus n'est que le reflet de facteurs politiques bien plus profonds dont les impacts économiques et sociologiques s'étendent sur plusieurs générations. Aux États-Unis, le racisme systémique et structurel a guidé les décisions qui ont exposé les communautés noires et brunes à des niveaux plus élevés de pollution atmosphérique. Si le racisme et la discrimination systémique remontent à 400 ans, ce n'est que dans les années 1930 que le gouvernement a utilisé des politiques de redlining pour établir la ségrégation dans les quartiers parrainés par le gouvernement fédéral. La Home Owners » Loan Corporation (HOLC), financée par le gouvernement fédéral, a permis aux Américains blancs - pauvres et riches - de sortir de la Grande Dépression avec l'occasion rêvée d'acheter des maisons adossées à des prêts garantis par le gouvernement fédéral. Cela a permis aux familles américaines blanches d'établir des portefeuilles de richesse durables grâce à l'accession à la propriété, dont la valeur a augmenté avec le temps et qui a permis à beaucoup de transférer leur richesse aux générations futures. Il n'y avait rien de mal à cette politique, en théorie, qui aidait de nombreuses familles à réaliser le rêve américain.

Le problème, c'est que le HOLC était aussi le véhicule d'une promesse réaménagée qui désavantageait les groupes raciaux noirs et bruns, créant une tapisserie de politiques de prêts immobiliers injustes qui limitaient la capacité des Noirs et des Bruns à créer leur propre richesse par l'accession à la propriété. Ces politiques ont également empêché les Noirs et les Noirs noirs d'utiliser l'accession à la propriété comme moyen de transfert de richesse d'une génération à l'autre, afin que chaque génération ne doive pas repartir de zéro.

Un impact encore plus sinistre de la promesse de la HOLC est qu'elle a délibérément fait en sorte que les quartiers noirs et bruns soient des zones perpétuellement dangereuses, garantissant ainsi leur surreprésentation dans tous les indicateurs indésirables tels que les disparités en matière de santé dues à une exposition disproportionnée aux polluants.

HOLC a utilisé des cartes de quartier pendant la Grande Dépression pour les prêts immobiliers d'urgence, mais son développement visait à écarter les Noirs et les Marrons des grandes réussites américaines. Les quartiers étaient classés en quatre catégories : A pour les plus désirables, B pour ceux qui sont encore désirables, C pour ceux qui sont définitivement en déclin, et D pour les quartiers dangereux. Les quartiers blancs étaient généralement classés dans la catégorie « A » et les quartiers noirs et bruns dans la catégorie « D », ce qui signifie que les groupes raciaux blancs ont tout fait pour protéger la valeur de leurs maisons en s'assurant que les noirs et les bruns n'étaient pas autorisés à posséder des maisons dans leurs quartiers. Il n'est donc pas surprenant que les gouvernements locaux aient installé de manière disproportionnée les industries, les chemins de fer, les autoroutes et autres pollueurs industriels connus dans les quartiers C et D. Une étude qui a exploré les liens entre le redlining et les disparités actuelles en matière de pollution atmosphérique dans les villes américaines a conclu qu'il y avait une corrélation certaine :

> Les cartes de sécurité HOLC étaient établies sur la base de la composition démographique des quartiers, reflétant une ségrégation résidentielle raciale préexistante. Cependant, le redlining a encore renforcé et accéléré ces schémas qui existent aujourd'hui. En outre, les zones classées C ou D abritaient souvent des installations industrielles, des chemins de fer et d'autres sources de pollution. Nous constatons que, dans les zones cartographiées par le HOLC, les quartiers classés D sont plus susceptibles de se trouver à proximité de sources industrielles et que le nombre moyen de sources à proximité augmente de A à D. En outre, la proportion de personnes vivant à proximité de voies ferrées et de routes principales augmente de façon monotone en fonction du classement du HOLC de A à D. Alors que l'infrastructure ferroviaire américaine a été largement construite avant les années 1930, les autoroutes à accès limité ont été construites presque entièrement après les années 1930 et ont été construites de préférence dans les communautés noires et brunes des villes américaines. Cette comparaison utilisant les lignes ferroviaires et les autoroutes souligne le fait que les disparités raciales en matière d'exposition à la pollution atmosphérique rapportées ici reflètent la mise en place d'infrastructures qui s'est produite à la fois avant et après le redlining du HOLC... Nous avons également stratifié nos résultats en comparant chaque concentration de PM2,5 du HOLC pour les groupes raciaux/ethniques individuels. Conformément à la littérature substantielle sur les disparités raciales/ethniques en matière de pollution de l'air, nous constatons que les personnes de couleur subissent des niveaux de NO2 et de PM2.5 supérieurs à la moyenne et sont surreprésentées dans les

quartiers C et D, conformément aux recherches antérieures sur le redlining (Lane et al 2022).

Lorsqu'une organisation évalue sa prévention de la pollution ou ses impacts, qu'ils soient causés directement par ses installations et ses activités ou indirectement par d'autres sources, des représentants des groupes minoritaires et vulnérables devraient être présents à la table des décisions. Ces groupes ont gagné le droit d'être à la table parce qu'ils ont vécu des expériences qui leur ont été imposées sans leur consentement. Leurs expériences vécues peuvent fournir des informations inestimables sur les meilleurs moyens de créer des stratégies justes et équitables pour réduire ou éliminer les inégalités en matière de pollution. Bien que ces conclusions soient basées sur l'expérience américaine, d'autres groupes minoritaires et vulnérables dans le monde sont également exposés de manière disproportionnée aux polluants, même s'il n'existe pas autant de données ou de recherches accessibles au public pour étayer cette corrélation. Mais le lien est clair partout où des données sont disponibles, et les organisations du monde entier ont tendance à localiser les activités polluantes dans les communautés qui n'ont pas le pouvoir de les empêcher.

PRÉVENTION DE LA POLLUTION
Opportunité/réconciliation/disruption de l'équité motivée par la créativité

Alors que de plus en plus d'organisations adoptent la responsabilité sociale comme voie privilégiée vers le développement durable, elles peuvent améliorer leurs performances environnementales en prévenant autant que possible la pollution due à leurs activités, services et produits. Une organisation doit évaluer ses impacts environnementaux - potentiels et réels - pour s'assurer qu'elle s'attaque à toutes les formes de pollution générées par ses activités et veiller à ce que les groupes minoritaires et vulnérables et leurs communautés ne soient pas plus affectés par ses décisions et activités dans ce domaine.

OPPORTUNITÉ D'ÉQUITÉ DANS LA PRÉVENTION DE LA POLLUTION

Une optique d'opportunité d'équité appliquée à la prévention de la pollution devrait également inclure la manière dont les groupes minoritaires et vulnérables ont été touchés de manière disproportionnée en raison de pratiques sociétales et organisationnelles biaisées. En cherchant des opportunités pour prévenir la pollution en général et ses impacts sur les minorités et les groupes vulnérables en particulier, une organisation devrait prendre en compte les lignes directrices ISO 26000 suivantes pour changer le discours vers une prévention de la pollution juste et équitable :

ISO *Pour améliorer la prévention de la pollution due à ses activités, un organisme devrait :*
  □ *identifier les aspects et les impacts de ses décisions et activités sur le milieu environnant ;*

- *identifier les sources de pollution et les déchets liés à ses activités ;*
- *s'engager auprès des communautés locales concernant les émissions polluantes et les déchets réels et potentiels, les risques sanitaires associés et les mesures d'atténuation réelles et proposées ;*
- *divulguer publiquement les quantités et les types de matières toxiques et dangereuses pertinentes et importantes utilisées et rejetées, y compris les risques connus de ces matières pour la santé humaine et l'environnement dans le cadre d'opérations normales et de rejets accidentels ;*
- *mettre en œuvre un programme de prévention et de préparation aux accidents environnementaux et préparer un plan d'urgence couvrant les accidents et les incidents sur le site et hors site et impliquant les travailleurs, les partenaires, les autorités, les communautés locales et les autres parties prenantes concernées. Un tel programme devrait inclure, entre autres, l'identification des dangers et l'évaluation des risques, les procédures de notification et de rappel, et les systèmes de communication, ainsi que l'éducation et l'information du public.*

ISO 26000:2010, pages 43-44.

CONCILIATION DE L'ÉQUITÉ DANS LA PRÉVENTION DE LA POLLUTION

Les stratégies et les plans de prévention de la pollution d'une organisation doivent tenir compte des normes discriminatoires systémiques qui accentuent les disparités d'exposition fondées sur la race ou le statut d'autres groupes vulnérables. La conciliation de l'équité (ER) dans la prévention de la pollution devrait se concentrer sur l'examen des stratégies et des plans de prévention de la pollution d'une organisation avec en toile de fond l'exposition disproportionnée des minorités et des groupes vulnérables. Les organisations devraient concilier leurs engagements envers les principes et les sujets essentiels de la responsabilité sociale et leurs stratégies de prévention de la pollution pour inclure les impacts sur les minorités et les groupes vulnérables. L'ISO 26000 fournit les conseils suivants, qui devraient être abordés dans une optique de réconciliation de l'équité qui vise l'équité et la justice pour tous :

ISO
Pour améliorer la prévention de la pollution due à ses activités, un organisme devrait :
- *mesurer, enregistrer et rendre compte de ses sources importantes de pollution et de réduction de la pollution, de la consommation d'eau, de la production de déchets et de la consommation d'énergie ;*
- *mettre en œuvre des mesures visant à prévenir la pollution et les déchets, en utilisant la hiérarchie de la gestion des déchets, et en assurant une gestion appropriée de la pollution et des déchets inévitables ;*
- *mettre en œuvre des mesures visant à réduire progressivement et à minimiser la pollution directe et indirecte sous son contrôle ou son influence, notamment par le développement et la promotion de l'adoption rapide de produits et de services plus respectueux de l'environnement ;*

ISO 26000:2010, pages 43-44.

LA RUPTURE D'ÉQUITÉ DANS LA PRÉVENTION DE LA POLLUTION

Une optique de rupture d'équité pour la prévention de la pollution lorsque des produits chimiques interdits sont identifiés ; leur utilisation ne devrait pas être autorisée, justifiée ou ignorée dans les communautés des groupes minoritaires et vulnérables. Les contrats sociaux qui dévalorisent ces groupes et utilisent des produits chimiques interdits qui les exposent de manière disproportionnée à la pollution doivent être stoppés dans tout cadre d'équité socialement responsable (raciale, de genre et autres) pour développer des racines durables. La norme ISO 26000 fournit les indications suivantes sur les produits chimiques qui ne devraient pas être utilisés, en particulier dans les communautés où les groupes minoritaires et vulnérables pourraient être exposés :

ISO *Pour améliorer la prévention de la pollution due à ses activités, un organisme devrait ... identifier et éviter systématiquement l'utilisation :*

☐ *de produits chimiques interdits définis par la législation nationale ou de produits chimiques indésirables énumérés dans les conventions internationales ; et*

☐ *lorsque cela est possible, des produits chimiques jugés préoccupants par des organismes scientifiques ou par toute autre partie prenante ayant des motifs raisonnables et vérifiables de le faire. Une organisation devrait également chercher à empêcher l'utilisation de ces produits chimiques par des organisations situées dans sa sphère d'influence. Les produits chimiques à éviter comprennent, sans s'y limiter : les substances appauvrissant la couche d'ozone, les polluants organiques persistants (POP) et les produits chimiques couverts par la Convention de Rotterdam, les produits chimiques et les pesticides dangereux (tels que définis par l'Organisation mondiale de la santé), les produits chimiques définis comme cancérigènes (y compris l'exposition à la fumée des produits du tabac) ou mutagènes, et les produits chimiques qui affectent la reproduction, qui sont des perturbateurs endocriniens, ou qui sont persistants, bio-accumulables et toxiques (PBT) ou très persistants et très bio-accumulables (vPvB).*

ISO 26000:2010, pages 43-44.

PRÉVENTION DE LA POLLUTION
Étapes concrètes de l'inclusion centrée sur la gouvernance

Lorsqu'une organisation évalue ses décisions et ses activités de management environnemental pour s'assurer qu'elles prennent en compte toutes les différentes formes de pollution générées par ses activités, elle doit également s'assurer que les groupes minoritaires et vulnérables et leurs communautés sont impliqués dans la discussion. Lorsqu'il existe des possibilités de faire amende honorable pour des décisions passées injustes et inéquitables, une organisation ne devrait pas laisser les profits l'empêcher de faire ce qu'il faut.

1. En examinant les politiques et procédures de votre organisation en matière de prévention de la pollution, comment s'alignent-elles sur votre politique de DE&I, vos engagements et les proclamations de votre entreprise en la matière ?

2. S'il y a des lacunes, quelles sont les étapes et les échéances que vous avez identifiées pour les réduire ou les éliminer en vous basant sur le modèle de l'optique d'équité en 3 étapes ?

3. Toutes les parties prenantes ont-elles été identifiées et impliquées dans la révision, la modification ou le développement de vos politiques et procédures relatives à vos pratiques de prévention de la pollution modérée par le DE&I ?

ENJEU ENVIRONNEMENTAL 2 : LA DE&I COMME MODÉRATEUR DE L'UTILISATION DURABLE DES RESSOURCES

Votre organisation implique-t-elle les groupes minoritaires et vulnérables et leurs communautés dans ses décisions et activités d'utilisation durable des ressources ?

UTILISATION DURABLE DES RESSOURCES
Appel à l'action pour la diversité fondée sur la connaissance

Lorsque nous pensons à l'utilisation durable des ressources, nous ne pensons souvent pas à l'ensemble de l'écosystème - de l'extraction des ressources matérielles ou minérales aux produits finis. Pourtant, nous ne pouvons pas résoudre le problème de l'épuisement des ressources naturelles sans la participation de toutes les parties prenantes. L'efficacité énergétique, la conservation de l'eau et l'accès à l'eau et à l'efficacité sont des facteurs importants dans les décisions et les activités d'utilisation durable des ressources. Notre planète commune dispose de ressources limitées - renouvelables et non renouvelables :

1. Les ressources renouvelables comprennent l'énergie solaire, l'hydroélectricité, l'énergie éolienne, l'énergie géothermique, la biomasse, l'énergie des marées et des vagues. Les ressources renouvelables sont idéales car elles peuvent être utilisées de manière durable en équilibrant leur utilisation avec leur taux de récupération naturelle.

2. Les ressources non renouvelables comprennent les minéraux, les combustibles fossiles, les métaux, etc. Les ressources non renouvelables sont limitées et irremplaçables une fois qu'elles sont épuisées, privant les générations futures de leur besoin. D'où la nécessité d'équilibrer

l'utilisation des ressources non renouvelables en les complétant ou en les remplaçant par des ressources renouvelables à un rythme qui en utilise moins.

Comme le préconise la norme ISO 26000, un organisme peut être innovant dans ses pratiques et dans l'utilisation de technologies innovantes sur la voie de l'utilisation durable des ressources. L'ISO 26000 fournit les orientations suivantes :

ISO

Un organisme peut progresser vers l'utilisation durable des ressources en utilisant l'électricité, les combustibles, les matières premières et transformées, la terre et l'eau de manière plus responsable, et en combinant ou en remplaçant les ressources non renouvelables par des ressources durables et renouvelables, par exemple en utilisant des technologies innovantes.

Les quatre domaines clés pour l'amélioration de l'efficacité sont les suivants :

☐ *l'efficacité énergétique Une organisation devrait mettre en œuvre des programmes d'efficacité énergétique afin de réduire la demande d'énergie des bâtiments, des transports, des processus de production, des appareils et des équipements électroniques, de la prestation de services ou d'autres objectifs. Les améliorations de l'efficacité énergétique devraient également compléter les efforts visant à promouvoir l'utilisation durable des ressources renouvelables telles que l'énergie solaire, l'énergie géothermique, l'hydroélectricité, l'énergie marémotrice et houlomotrice, l'énergie éolienne et la biomasse ;*

☐ *conservation et utilisation de l'eau et accès à l'eau L'accès à un approvisionnement sûr et fiable en eau potable et à des services d'assainissement est un besoin humain fondamental et un droit de l'homme fondamental. Les objectifs du Millénaire pour le développement (voir encadré 13) incluent la fourniture d'un accès durable à l'eau potable. Une organisation doit conserver, réduire l'utilisation et réutiliser l'eau dans ses propres opérations et stimuler la conservation de l'eau dans sa sphère d'influence ;*

☐ *efficacité dans l'utilisation des matériaux Une organisation doit mettre en œuvre des programmes d'efficacité des matériaux afin de réduire l'impact environnemental causé par l'utilisation de matières premières pour les processus de production ou pour les produits finis utilisés dans ses activités ou dans la prestation de ses services. Les programmes d'efficacité des matériaux sont basés sur l'identification des moyens d'accroître l'efficacité de l'utilisation des matières premières dans la sphère d'influence de l'organisation. L'utilisation des matériaux entraîne de nombreuses incidences directes et indirectes sur l'environnement, liées, par exemple, à l'impact sur les écosystèmes de l'exploitation minière et forestière, et aux émissions résultant de l'utilisation, du transport et de la transformation des matériaux*

☐ *des exigences minimisées en matière de ressources d'un produit Il convient de prendre en considération les exigences en matière de ressources du produit fini pendant son utilisation.*

ISO 26000:2010, page 44.

Des progrès ont été réalisés pour relier consciemment nos produits quotidiens à l'utilisation durable des ressources. Ce que nous n'avons pas fait de manière adéquate, c'est de relier les extractions minérales et l'utilisation durable des ressources. Ce manque de réflexion laisse des possibilités qui pourraient contribuer à éradiquer la pauvreté dans le monde tout en préservant les ressources non renouvelables pour les générations futures.

L'efficacité énergétique, la conservation de l'eau et l'accès à l'eau sont des mesures familières et quantifiables pour les organisations socialement responsables, mais ce n'est pas nécessairement le cas dans les communautés rurales du monde entier où se déroule l'extraction des minéraux. C'est dans ces communautés que les minorités et les groupes vulnérables se livrent à des pratiques qui sapent leurs sources d'eau, endommagent l'environnement et contribuent au changement climatique. L'exploitation minière contribue au changement climatique, que la communauté travaille pour une entreprise d'extraction à grande échelle ou pour une exploitation minière artisanale à petite échelle (ASM).

L'utilisation durable des ressources devrait faire partie intégrante du processus d'exploitation minière ainsi que des stratégies que nous développons pour combiner ou remplacer les ressources non renouvelables par des ressources durables et renouvelables. Il est également important de faire le lien entre l'efficacité de l'utilisation des matériaux - les minéraux - et la manière dont ils sont obtenus ou extraits de la terre. C'est un peu comme les enfants qui grandissent dans les villes et qui ne peuvent pas faire mentalement le lien entre le poulet dans le réfrigérateur (de la viande vivante à la viande transformée) et ceux du zoo pour enfants. Pour la plupart de ces enfants, faire ce lien nécessite un changement mental important.

Pourquoi l'utilisation durable des ressources devrait être modérée par DE&I

Une grande partie du monde en développement a fait un bond dans le XXIe siècle sans contribuer à l'utilisation des ressources naturelles dans la même mesure que les pays développés sur la voie du développement avancé. Cependant, il est également vrai qu'une grande partie de l'exploitation des minéraux non renouvelables ne respecte pas les pratiques de consommation et de production durables (CPD).

Aujourd'hui, environ 100 millions de personnes dans le monde sont engagées dans l'exploitation minière artisanale et à petite échelle - utilisant des outils d'époques révolues ainsi que des technologies d'extraction modernes - toutes essayant de gagner leur vie et de nourrir leur famille. Au niveau mondial, l'exploitation minière industrielle ne concerne que 7 millions de personnes. Si personne n'est une île, alors ce qui est bon pour l'oie est aussi bon pour le jars. Nous pouvons parvenir à une efficacité énergétique globale, à la conservation de l'eau, à l'accès à l'eau et à l'utilisation efficace des matériaux lorsqu'il s'agit d'une entreprise humaine, et non lorsqu'il s'agit uniquement d'un effort des riches. Ensemble, nous pouvons également profiter des avantages de nos efforts partagés dans la recherche d'une utilisation durable des ressources lorsque les minorités et les groupes vulnérables du monde entier sont employés de manière rémunérée pour extraire les minéraux correctement, comprennent leur rôle, défendent leurs intérêts et sont rémunérés équitablement.

En recherchant une consommation et une production durables pour ses activités, une organisation devrait également envisager d'utiliser son influence et ses ressources pour amener les autres membres de son réseau à faire de même. Nous vivons sur une planète partagée et les organisations sont un élément clé de la société. Si l'utilisation durable des ressources à l'échelle mondiale est principalement du ressort des États-nations, les produits et services produits et/ou utilisés par les organisations ont également un impact sur la subsistance de la planète. Le rôle que les organisations jouent dans l'utilisation durable des ressources, à la fois directement dans le cadre de leurs activités et indirectement à travers leur sphère d'influence, est très important.

Chaque organisation, quelle que soit sa taille, peut contribuer aux objectifs globaux de consommation et de production durables. Les particuliers ont également un rôle à jouer dans l'utilisation durable des ressources en comprenant les ramifications environnementales et sociales de l'engouement pour les produits électroniques innovants et bon marché tels que les grands écrans de télévision, les téléphones portables et autres gadgets. Il est facile d'oublier que ces appareils entraînent la nécessité d'extraire davantage de minéraux de la terre. Les particuliers ont également un rôle clé à jouer pour modérer les décisions et les activités des fabricants. Comprendre le cycle de vie des produits quotidiens que nous avons pris pour acquis au cours des 25 dernières années peut contribuer à éclairer les décisions que nous prenons pour réduire nos propres déchets et ceux de nos organisations.

L'ONU adopte une approche plus globale de la consommation et de la production durables en la définissant d'abord comme suit :

La consommation et la production durables font référence à « l'utilisation de services et de produits connexes, qui répondent aux besoins fondamentaux et apportent une meilleure qualité de vie tout en minimisant l'utilisation de ressources naturelles et de matériaux toxiques ainsi que les émissions de déchets et de polluants au cours du cycle de vie du service ou du produit, afin de ne pas compromettre les besoins des générations futures (Nations unies 2020e) ».

La CPD est une approche holistique et vise un changement systémique. Elle s'articule autour de trois objectifs principaux :

Découpler la dégradation de l'environnement de la croissance économique. *Il s'agit de faire plus et mieux avec moins, d'augmenter les gains nets de bien-être des activités économiques en réduisant l'utilisation des ressources, la dégradation et la pollution tout au long du cycle de vie, tout en augmentant la qualité de vie. Le « plus » est fourni en termes de biens et de services, avec un impact « moindre » en termes d'utilisation des ressources, de dégradation de l'environnement, de déchets et de pollution.*

- ***Appliquer la réflexion sur le cycle de vie.*** *Il s'agit d'accroître la gestion durable des ressources et de parvenir à une efficacité des ressources tout au long des phases de production et de consommation du cycle de vie, y compris l'extraction des ressources, la production d'intrants intermédiaires, la distribution, la commercialisation, l'utilisation, l'élimination des déchets et la réutilisation des produits et services.*
- *Dimensionnement des opportunités pour les pays en développement et « leapfrogging ». La CPD contribue à l'éradication de la pauvreté et à la réalisation des objectifs du millénaire pour le développement (OMD) des Nations unies. Pour les pays en développement, la CPD*

UTILISATION DURABLE DES RESSOURCES
Opportunité/réconciliation/disruption de l'équité motivée par la créativité

Lors de l'élaboration et de la mise en œuvre de l'une des catégories d'amélioration de l'efficacité mentionnées ci-dessus, les organisations doivent s'efforcer de garantir la participation des groupes minoritaires et vulnérables à leurs plans. Ces considérations doivent inclure, sans s'y limiter, l'implication de représentants de ces groupes dans les processus de planification, de mise en œuvre et d'établissement de rapports, l'assurance que les moyens de communication sont compréhensibles pour eux (de préférence dans leur langue maternelle) et que des ressources suffisantes sont consacrées pour assurer leur participation significative.

L'utilisation d'une approche fondée sur le cycle de vie pour l'efficacité énergétique, la conservation de l'eau et l'accès à l'eau et l'efficacité sont des facteurs importants dans les décisions et les activités d'utilisation durable des ressources d'une organisation. Les organisations devraient tenir compte de deux cadres pour aborder l'utilisation durable des ressources du point de vue du domicile et de l'extérieur. Comme dans le sport, le domicile est votre base et l'extérieur est le lieu où vous jouez en dehors de votre base. C'est important car dans l'utilisation durable des ressources, nous abordons la consommation et la production durables, et toutes deux exigent que nous examinions la manière dont nous utilisons les ressources naturelles aujourd'hui et à l'avenir, afin que nous puissions disposer des ressources dont nous avons besoin. Toutefois, ignorer les groupes minoritaires et vulnérables en tant que partenaires dans la recherche d'une utilisation durable des ressources est une erreur, car cela peut également accentuer les normes de division systémiques et compromettre l'objectif global. Les parents pour qui l'exploitation minière est le seul moyen de nourrir leur famille seront naturellement sourds aux platitudes sur la sauvegarde de la planète pour une autre génération, alors qu'ils arrivent à peine à survivre au jour le jour.

OPPORTUNITÉ D'ÉQUITÉ DANS L'UTILISATION DURABLE DES RESSOURCES

Perspective domestique :
Les décisions et les activités liées à l'utilisation durable des ressources peuvent être un moyen facile pour les organisations de faire une différence considérable dans la réduction du fossé des normes qui divise l'humanité depuis si longtemps.

Dans un premier temps, une organisation doit identifier sa propre consommation de ressources, puis ses sources et modèles d'approvisionnement et de consommation. Ces processus d'identification devraient aider l'organisation à identifier les normes injustes et inéquitables au sein de l'écosystème de ses décisions et activités et à les corriger.

L'utilisation durable des ressources offre des possibilités d'équité. Lorsque les groupes minoritaires et vulnérables restent fortement dépendants des combustibles fossiles parce qu'ils ne peuvent pas se permettre les innovations technologiques qui favorisent l'utilisation des ressources renouvelables, nous n'avons pas abordé pleinement l'utilisation durable des ressources dans un cadre holistique de responsabilité sociale. Un tel raisonnement peut être assimilé à ce que le Dr Martin Luther King a appelé « un fantasme d'auto-illusion et de vanité confortable » dans son livre : "Where Do We Go from Here : Chaos ou communauté ? » Toute réflexion sur le cycle de vie de la consommation et de la production doit également prendre en compte les impacts sur les groupes minoritaires et vulnérables, de leur point de vue de parties prenantes de notre planète commune. Très souvent, ces groupes ont des solutions innovantes qui contribuent aux objectifs de durabilité et à un cadre de responsabilité sociale. Quelle que soit la solution qu'ils contribuent à concevoir, ils sont susceptibles d'être plus enthousiastes à l'idée de la mettre en œuvre, de la contrôler et de fournir des retours d'information/rapports significatifs.

Lorsque des organisations utilisent de l'eau potable pour leurs activités et que des groupes minoritaires et vulnérables se retrouvent avec de l'eau polluée, il est évident que cela ne va pas dans le sens d'une utilisation durable des ressources. Lorsque les organisations choisissent d'acheter des produits et des services uniquement auprès d'organisations dont les cercles de vie d'utilisation des ressources renouvelables sont documentés, ces décisions doivent être équilibrées afin de garantir que les groupes minoritaires et vulnérables ne sont pas indûment pénalisés. Lorsque ces groupes n'ont pas l'avantage concurrentiel en matière d'utilisation durable des ressources dans leurs cycles de vie de production ou de consommation, les organisations ne doivent pas accentuer les normes discriminatoires de division, mais rechercher les possibilités de fournir une assistance - financière, technique ou toute autre forme. L'ISO 26000 fournit les orientations suivantes :

ISO *En relation avec toutes ses activités, un organisme devrait :*

☐ *identifier les sources d'énergie, d'eau et d'autres ressources utilisées ;*
☐ *promouvoir l'approvisionnement durable ;*
☐ *promouvoir la consommation durable.*

ISO 26000:2010, pages 44-45.

Dans l'esprit de notre humanité partagée, ces activités deviennent saines lorsqu'elles incluent la contribution et la participation des groupes minoritaires et vulnérables et servent d'opportunités pour accroître l'équité et corriger les pratiques injustes et inéquitables.

LA CONCILIATION DE L'ÉQUITÉ DANS L'UTILISATION DURABLE DES RESSOURCES

Lorsque l'on gratte la terre pour extraire des ressources minérales, c'est toute la planète qui démange, et les petites démangeaisons s'inscrivent dans le cadre d'un grand changement climatique et d'une débâcle du réchauffement de la planète. C'est là que les scientifiques et les concepteurs, en tant que champions de la responsabilité sociale, peuvent poser des questions et répondre à celles de savoir qui est encorné dans le schéma du cycle de vie de leurs innovations technologiques. Comment les organisations peuvent-elles utiliser moins de matériaux pour produire leurs technologies ? Comment les experts d'une organisation peuvent-ils contribuer au corpus de connaissances pour aider les communautés minières où les populations autochtones travaillent dur pour un salaire de misère tout en sacrifiant leur santé et leur bien-être ? Comment les organisations bien dotées peuvent-elles fournir une assistance technique aux communautés minières du monde entier d'où elles tirent les matériaux qui entrent dans leurs innovations ?

Perspective à distance
En poursuivant des objectifs d'utilisation durable des ressources, les organisations devraient tenir compte de l'impact sur les groupes minoritaires et vulnérables du monde entier qui sont engagés dans l'extraction des minéraux qui font fonctionner nos technologies - des outils que nous déployons également pour contribuer à l'utilisation durable des ressources. Pour produire les minerais qui entrent dans la fabrication de nos téléphones portables, de nos ordinateurs et de nos batteries, pour ne citer que quelques produits de luxe, ces communautés - majoritairement pauvres - grattent la terre et détruisent souvent leur environnement pour vivre en subsidence, ce qui les plonge encore plus profondément dans la pauvreté, pour eux-mêmes et pour leur postérité. Par-dessus tout, ces pratiques rendent ces groupes encore plus vulnérables à des épisodes de changement climatique plus sévères, avec moins de possibilités de se reconstruire après ces catastrophes, ce qui perpétue le cycle de la pauvreté pour la plupart.

Imaginez l'impact sur la vie de ces personnes si seulement quelques organisations de haute technologie consacraient 1 à 10 % de leurs stocks au financement de l'utilisation durable des ressources dans les pays en développement où sont extraits les matériaux qui soutiennent leurs innovations.

D'un autre côté, spécifier que les matériaux ne doivent être achetés qu'à des mineurs industriels pour éviter l'utilisation ou l'abus d'une main d'œuvre bon marché ne fera que soutenir l'augmentation et la perpétuation de la pauvreté - une conséquence involontaire de cette décision d'approvisionnement affecterait négativement les groupes vulnérables du monde entier. Il existe différentes solutions pour chaque situation, et les réponses apportées par les organisations peuvent varier considérablement en fonction du contexte.

Pour certaines organisations, la solution peut être aussi simple que d'organiser une journée annuelle « Apportez vos appareils électroniques usagés au travail » en partenariat avec des entreprises de recyclage dans les parkings. Il n'est pas rare que les gens aient chez eux plusieurs ordinateurs, téléphones portables et autres appareils usagés dont les circuits imprimés contiennent des minéraux. Bien qu'il puisse être peu prioritaire pour un particulier d'apporter ces gadgets usagés aux installations de recyclage, si c'était une priorité pour une entreprise, elle pourrait peut-être augmenter le nombre d'équipements recyclés. La réutilisation de ces composants et de ces minéraux précieux pourrait avoir un impact mesurable sur la chaîne d'approvisionnement en minéraux. La réduction de l'extraction des minéraux entraîne une consommation durable et des ressources naturelles durables pour les générations futures. Il ne s'agit pas de dogmes religieux sur l'utilisation durable des ressources, mais simplement d'une démonstration de la manière dont les organisations et les individus peuvent tous faire partie de la solution. L'ISO a fourni les lignes directrices ci-dessous, qui peuvent également être étendues pour concilier la politique et les engagements d'une organisation en matière de DE&I avec ses décisions et ses pratiques :

ISO *En ce qui concerne toutes ses activités, une organisation devrait :*

- *mesurer, enregistrer et rendre compte de ses utilisations significatives d'énergie, d'eau et d'autres ressources ;*
- *mettre en œuvre des mesures d'efficacité des ressources pour réduire son utilisation de l'énergie, de l'eau et d'autres ressources, en tenant compte des indicateurs de meilleures pratiques et d'autres critères de référence ;*
- *compléter ou remplacer, dans la mesure du possible, les ressources non renouvelables par des sources alternatives durables, renouvelables et à faible impact ;*
- *gérer les ressources en eau afin de garantir un accès équitable à tous les utilisateurs d'un bassin versant ;*
- *envisager d'adopter la responsabilité élargie du producteur.*

ISO 26000:2010, pages 44-45.

PERTURBATION DE L'ÉQUITÉ DANS L'UTILISATION DURABLE DES RESSOURCES

L'un des principaux facteurs de perturbation de l'équité dans l'utilisation durable des ressources est l'identification et l'engagement de toutes les parties prenantes dans l'utilisation des produits et services d'une organisation, ainsi que les décisions et activités qui les accompagnent et qui enveloppent cette utilisation - consommation et production. Cela signifie que lorsque les décisions et les activités d'une organisation sont identifiées comme ayant un impact négatif sur l'utilisation de l'énergie, de l'eau et des autres ressources par les minorités et les groupes vulnérables, cette découverte doit être reconnue et des mesures d'atténuation doivent être prises pour remédier à la situation. Il n'y a rien de plus irresponsable que de rendre compte de l'utilisation durable des ressources au détriment des groupes touchés qui ne sont pas traités comme des parties prenantes. Par définition, s'ils sont touchés, ils sont des parties prenantes et doivent être traités comme tels. La norme ISO 26000 suggère que les organisations « utilisent des matériaux recyclés et réutilisent l'eau autant que possible ». Le fait que les organisations fassent participer les minorités et les groupes vulnérables aux avantages partagés du recyclage des matériaux et des meilleures pratiques de gestion de l'eau constitue un changement de jeu et une perturbation de l'équité encore plus importants.

UTILISATION DURABLE DES RESSOURCES
Étapes concrètes de l'inclusion centrée sur la gouvernance

L'inclusion centrée sur la gouvernance devrait résoudre les questions d'équité soulevées par l'utilisation durable des ressources en les abordant par des étapes réalisables qui font avancer l'organisation dans ses engagements de responsabilité sociale. Lorsqu'une organisation envisage, révise ou met en œuvre des stratégies, des politiques et des pratiques d'utilisation durable des ressources par le biais de la DE&I en tant que modérateur, elle devrait utiliser les principes d'inclusion en 3 étapes comme cadre pour les actions à entreprendre, adaptés de la norme ISO 26000.

Étapes d'inclusion axées sur la gouvernance dans l'utilisation durable des ressources

1. En examinant les politiques et procédures de votre organisation en matière d'utilisation durable des ressources, comment s'alignent-elles sur votre politique de DE&I, vos engagements et les proclamations de votre entreprise en la matière ?

2. S'il y a des lacunes, quelles sont les étapes et les échéances que vous avez identifiées pour les réduire ou les éliminer en vous basant sur le modèle de l'optique d'équité en 3 étapes ?

3. Toutes les parties prenantes pertinentes ont-elles été identifiées et engagées dans la révision, la modification ou le développement de vos politiques et procédures concernant vos pratiques de DE&I modérées par l'environnement ?

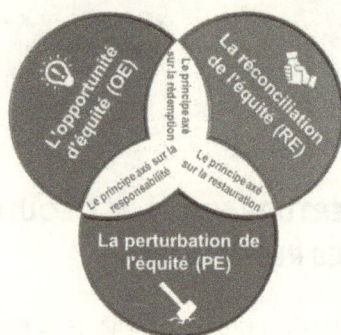

ENJEU ENVIRONNEMENTAL 3 : LA DE&I COMME MODÉRATEUR DE L'ATTÉNUATION ET DE L'ADAPTATION AU CHANGEMENT CLIMATIQUE

Votre organisation implique-t-elle les minorités, les groupes vulnérables et leurs communautés, et prend-elle en compte les besoins des générations futures dans ses plans d'atténuation et d'adaptation au changement climatique ?

Le changement climatique domine notre discours scientifique public depuis un certain temps déjà et les organisations sont au centre de ce débat. Les preuves scientifiques abondent, indiquant que notre planète s'est réchauffée depuis l'aube de la révolution industrielle, une tendance qui reste un problème permanent pour l'humanité. En dépit d'un déni déterminé de la part de ceux qui sont trop motivés par le profit ou qui manquent de perspicacité pour l'admettre, des impacts cataclysmiques se manifestent déjà par des phénomènes météorologiques de plus en plus aberrants. Les sécheresses, les inondations, les incendies de forêt et les ouragans deviennent plus fréquents, plus étendus et plus intenses. Le coût collectif est important et a des conséquences désastreuses pour l'humanité si nous ne trouvons pas le moyen de réduire la température domestique de notre planète dans les 18 prochaines années (2040).

ATTENUATION ET ADAPTATION AU CHANGEMENT CLIMATIQUE Appel à l'action de la diversité fondée sur la connaissance

Le changement climatique se produit parce que la chaleur du soleil sur la terre, qui normalement ne ferait que passer, est piégée par les gaz à effet de serre. Les gaz à effet de serre tels que le méthane et l'oxyde nitreux (provenant du bétail nourri à l'herbe et des cultures) et le dioxyde de carbone (provenant des plantes, de la déforestation et de la combustion de combustibles fossiles) contribuent tous au problème (Banque mondiale 2015). Communiquer sur les risques que font courir à la planète Terre les activités de l'humanité en matière de réchauffement climatique est devenu difficile à décrypter pour le commun des mortels. Cela est dû à plusieurs facteurs, notamment le négationnisme délibéré de ceux qui ont un intérêt direct à préserver le statu quo industriel, la réticence des gens à faire des sacrifices pour des objectifs à long terme et la complexité du problème. Par conséquent, les épisodes ou événements liés au changement climatique sont généralement traités par les individus par le biais de souvenirs existants ou nouvellement créés.

Certains experts parlent d'« heuristique de disponibilité » (Banque mondiale 2015), une théorie selon laquelle les gens utilisent généralement des souvenirs cognitifs stockés pour comprendre les scénarios de changement climatique. C'est là que la confiance cognitive seule peut être mauvaise pour les récits sur le changement climatique, qui ont tendance à être présentés dans un langage de prévision et des probabilités statistiques qui ne sont pas utilisés ou compris par la personne moyenne. Dans ce modèle, les comportements à risque qui contribuent au réchauffement de la planète sont très éloignés de l'esprit de ceux qui y contribuent directement. Comme l'atteste un rapport de la Banque mondiale :

Les gens ne mettent généralement pas systématiquement à jour leurs opinions au fil des mois et des années, mais expriment plutôt des opinions basées sur ce qu'ils ont vécu récemment. À terme, les souvenirs d'expériences personnelles pourraient devenir un indicateur fiable du changement climatique, mais cet ajustement pourrait être lent, compte tenu de l'inertie du système climatique et de la nature des croyances des gens (Banque mondiale 2015).

Il peut être difficile de faire face aux impacts du changement climatique car la génération qui a créé la plupart des problèmes n'est peut-être plus en vie pour y faire face. Il est également vrai que, comme les changements radicaux dans les régimes climatiques mettent du temps à se manifester, ils ne sont souvent pas associés aux activités qui les ont engendrés. Parfois aussi, les impacts ne se manifestent pas directement à l'endroit où les activités qui les ont provoqués ont eu lieu. Lorsque des groupes de populations autochtones brûlent des forêts pour survivre, l'impact de cette déforestation peut contribuer à la fonte de la glace des glaciers et à la sécheresse dans des endroits où les précipitations n'ont jamais été un problème. Cela fait du changement climatique un problème complexe et mondial. Un problème encore plus important est la manière dont le risque est communiqué pour que les organisations et les individus le comprennent suffisamment pour vouloir agir.

Nous pouvons progresser dans la résolution des comportements à risque liés au changement climatique grâce à des messages sociaux, culturels et psychologiques adaptés au contexte, qui sont des récits à forte connotation émotionnelle. Les organisations devraient envisager des initiatives liées au travail et parrainées par le travail qui impliquent les parties prenantes d'intérêt et d'influence au sein de leurs écosystèmes internes et externes lorsqu'elles abordent l'atténuation du changement climatique et l'adaptation à celui-ci par le biais de leurs produits et services. Pour aller au-delà des probabilités statistiques et prévoir les réalités potentielles qui pourraient se concrétiser dans un avenir lointain, il faut reconstruire le message en un récit facilement accessible à l'expérience de base du public. C'est ce que suggère le rapport de la Banque mondiale :

La communication sur le changement climatique peut s'appuyer sur des récits locaux. Dans certaines régions du Brésil, de l'Inde, de la Mélanésie et du Sahel, certains habitants pensent que le temps est une récompense pour les bons comportements humains ou une punition pour les mauvais. Si ces récompenses et ces punitions sont censées être canalisées par une divinité, d'autres groupes, comme les San du Kalahari, les Inuits et les autochtones de Sibérie, partagent des croyances similaires sans lien avec la religion. Ces récits de l'influence de l'homme sur le climat peuvent servir de base à la présentation des récits contemporains du changement climatique anthropique et alimenter les dialogues entre citoyens et scientifiques dans différents contextes (Rudiak-Gould 2013)- (Banque mondiale 2015).

Les organisations peuvent également envisager d'utiliser les normes sociales comme un moyen d'atténuer les comportements à risque face au changement climatique. Conçues de manière appropriée et déplorées de manière stratégique, les normes sociales sont connues pour être des moteurs clés d'un changement social efficace, en particulier lorsque les voisins jouent des rôles d'influence dans les décisions que prennent les individus. Les leaders organisationnels sont donc idéalement placés pour inciter leurs employés, leurs partenaires et la société à adopter des comportements favorables à l'atténuation du changement climatique.

Comme nous le rappelle la récente consternation suscitée par l'affaire COVID-19, lorsque des questions aux conséquences terribles sont politisées, la raison et les connaissances rationnelles cèdent la place à des croyances motivées par l'émotion. Le COVID-19, comme les dangers du changement climatique, est plus difficile à communiquer à tous lorsqu'il est politisé, et que les conclusions sont tirées sur la base de la peur, de la méfiance et de la résistance à toute forme de contrôle égalitaire.

Pourquoi l'atténuation et l'adaptation au changement climatique devraient être modérées par DE&I

Le changement climatique est un problème qui menace l'humanité, même si ses effets immédiats ne sont peut-être pas apparents pour beaucoup dans le monde. C'est comme la métaphore de la grenouille dans la bouilloire, où la grenouille ne fait pas attention à la température croissante jusqu'à ce qu'elle soit bouillie à mort. Dans notre cas, le problème est connu des riches et des personnes instruites, mais les effets sont ressentis par tous. Les organisations peuvent jouer un rôle clé en réduisant leur contribution aux émissions de gaz à effet de serre tout en aidant le reste du monde à accepter les changements nécessaires pour protéger notre planète. Les mesures d'atténuation et d'adaptation au changement climatique sont comme la marée montante qui devrait soulever tous les bateaux avec des possibilités de création d'emplois grâce à de nouvelles infrastructures durables qui peuvent stimuler la prospérité mondiale et réduire la pauvreté (Nations Unies 2022).

L'atténuation et l'adaptation au changement climatique et les comportements à risque qui en sont la cause nous affectent tous, car nous subissons tous les effets des régimes climatiques anormaux, de l'élévation du niveau des mers, de la fonte des glaciers et de l'acidité de l'eau de mer. Le rapport de la Banque mondiale l'atteste :

La probabilité et la gravité de ces risques dépendront de la quantité de gaz à effet de serre supplémentaires ajoutés à l'atmosphère et de la mesure dans laquelle les individus et les organisations prennent des mesures pour atténuer les risques et s'y adapter. Si le changement climatique est une menace mondiale, il est le plus dangereux pour les pays en développement, qui sont à la fois plus exposés à son impact et moins bien équipés pour y faire face (Banque mondiale 2015).

Les pays en développement sont le lieu où les groupes de personnes pauvres et marginalisées du monde ont élu domicile, même s'ils sont également représentés dans les pays développés. Il est également vrai que les groupes pauvres, marginalisés et vulnérables subissent de plein fouet « les effets du dérèglement climatique et supportent également des coûts importants lors d'une transition vers une économie à faible émission de carbone. "

S'il existe des moyens de répartir équitablement les charges liées au changement climatique, les organisations devraient envisager de s'engager et de faire leur part. En s'attaquant au changement climatique, une organisation peut avoir affaire à trois visions du monde différentes dans son écosystème et la façon dont elle s'engage et communique avec chaque groupe sera différente :

1. Les individualistes sont ceux qui ne veulent pas que le « grand frère » - gouvernement ou organisation - leur dise quoi faire en matière de changement climatique. Ce qu'ils croient au sujet du changement climatique découle uniquement de leurs réseaux sociaux et des normes auxquelles ils adhèrent.

2. Les égalitaristes sont ceux qui voudraient que leurs organisations fassent tout pour sauver la planète, quels que soient les coûts pour l'organisation ou les limites de sa contribution au problème. Les égalitaristes organisationnels veulent que leurs organisations fassent plus que même

les gouvernements pour résoudre les problèmes de changement climatique, quels que soient les coûts ou les avantages pour l'organisation.

3. Les suiveurs sont ceux qui suivent toutes les directives des leaders organisationnels et qui se rallient à toutes les décisions, ou à l'absence de décision, prises par leur organisation en matière d'atténuation et d'adaptation au changement climatique.

L'objectif 13 des Nations unies présente des orientations et des engagements qui, bien que conçus pour les pays, peuvent également être utilisés par d'autres organisations. L'ONU recommande que le renforcement de la résilience et de la capacité d'adaptation des pays soit primordial pour faire face aux risques liés au climat et aux catastrophes naturelles. Si les États-nations sont directement responsables de la traduction des mesures de lutte contre le changement climatique en politiques, plans et stratégies, les organisations ont également une responsabilité sociale. L'objectif 13 des Nations unies porte sur les mesures urgentes que l'humanité doit prendre dès maintenant pour éviter que la situation ne devienne plus coûteuse qu'elle ne l'est déjà aujourd'hui.

Lorsqu'une organisation est en mesure de contribuer à la lutte contre le changement climatique et à l'adaptation à celui-ci par l'éducation, la sensibilisation ou le renforcement des capacités d'autres organisations qui ne sont peut-être pas au même niveau qu'elle dans la recherche de la neutralité carbone, elle ne doit pas hésiter. Notre planète et notre humanité communes l'exigent. L'objectif 13.3 des Nations unies encourage les mécanismes de promotion visant à accroître l'efficacité du changement climatique dans la planification et la gestion à se concentrer également sur « les femmes, les jeunes et les communautés locales et marginalisées. » Cela est particulièrement nécessaire dans les communautés minoritaires et vulnérables de tous les pays, des nations développées aux plus petits États en développement.

Les organisations produisent des produits et des services qui contribuent aux émissions de gaz à effet de serre et la réalisation d'un inventaire de sensibilisation de leurs contributions à ces émissions est un bon début. Il est donc impératif que les organisations qui s'efforcent d'atténuer les effets du changement climatique prennent également en compte les ramifications de l'IED. Le changement climatique et les adaptations doivent être abordés dans un cadre holistique et inclusif - une mission accomplie lorsque la DE&I sert de modérateur. Le DE&I est une préoccupation partagée par l'ensemble de l'humanité. Lorsque les organisations poursuivent des stratégies qui réduisent leur empreinte GES, elles aident toute l'humanité - actuelle et future - en atténuant les impacts du changement climatique mondial, qui a des ramifications sociales sur la santé, les droits de l'homme et la prospérité humaine sur la planète Terre.

Les organisations peuvent également aller au-delà de la réduction de leur propre empreinte carbone en recrutant et en engageant activement les groupes minoritaires et vulnérables et leurs communautés dans le cadre de leurs propres solutions pour atténuer les émissions de GES. Certains groupes vulnérables peuvent encore être bloqués par une compréhension ancestrale du changement climatique et utiliser ce cadre obsolète pour s'adapter. Pourtant, les impacts potentiels du changement climatique sur ces communautés peuvent être encore plus graves que dans les communautés qui disposent, par exemple, d'infrastructures plus modernes de contrôle des inondations et d'approvisionnement en eau.

ATTENUATION ET ADAPTATION AU CHANGEMENT CLIMATIQUE Opportunité/réconciliation/perturbation de l'équité basée sur la créativité

Les minorités et les groupes vulnérables du monde entier sont des parties prenantes d'intérêt et d'influence lorsqu'il s'agit d'atténuer le changement climatique et de s'y adapter. Pour que l'humanité puisse réaliser pleinement la neutralité carbone, toute organisation d'atténuation et d'adaptation au changement climatique doit inclure tous les groupes. Cela commence par la reconnaissance du fait que les groupes minoritaires et vulnérables sont pertinents pour la conversation, qu'ils contribuent également au problème et peuvent apporter des perspectives uniques aux solutions. Cela se poursuit par la manière dont les comportements à risque face au changement climatique sont communiqués. Si les réseaux sociaux et les visions culturelles du monde jouent un rôle clé dans la motivation des gens à adhérer au changement social, une organisation peut devenir un allié clé pour la programmation du changement climatique. Cette alliance peut inclure non seulement le renforcement de ses propres capacités internes en matière de planification et de gestion du changement climatique, mais aussi l'habilitation des communautés marginalisées à prendre part à la conversation dans le cadre de leur utilisation des terres locales et d'autres actions de planification et de gestion connexes.

OPPORTUNITÉ D'ÉQUITÉ DANS L'ATTÉNUATION ET L'ADAPTATION AU CHANGEMENT CLIMATIQUE

Le changement climatique est un sujet complexe et la façon dont les individus le comprennent est encore plus nuancée en fonction des inclinaisons individuelles et sociétales. En général, les gens ont tendance à évaluer les risques climatiques en fonction de ce qu'ils ont vécu récemment en termes de modèles et de changements météorologiques. Cependant, le changement climatique ne se résume pas à des expériences personnelles et nécessite une analyse délibérée d'ensembles de données quantifiables à long terme. Cette analyse en elle-même, bourrée de présentations et de rapports, ne communique pas efficacement l'urgence de la nécessité de changer les pratiques dans le monde qui contribuent au changement climatique. Nous avons besoin de contextes situationnels plus interactifs et réels, et cela devient un défi que les milléniaux et les générations qui les suivent doivent aider à résoudre. Les générations précédentes ont réussi à quantifier l'ampleur du réchauffement climatique et ce qu'il pourrait advenir de notre planète pour cette génération et les suivantes.

Les organisations devraient envisager d'atténuer le changement climatique et de s'y adapter par le biais de leurs décisions et activités, ce qui inclut la recherche de la neutralité carbone - un état d'émissions nettes de dioxyde de carbone nulles. Pour atteindre la neutralité carbone, une organisation compense ses émissions de gaz à effet de serre par des réductions ailleurs dans son écosystème. Par exemple, un organisme peut planter des arbres pour compenser ses émissions de monoxyde de carbone. Pour commencer, la norme ISO 26000 fournit les indications suivantes lorsqu'une organisation cherche des opportunités immédiates de réduire son empreinte carbone neutre par des pratiques équitables :

ISO *Pour atténuer les impacts du changement climatique liés à ses activités, une organisation devrait :*

□ *identifier les sources d'émissions de GES cumulées directes et indirectes et définir les limites (champ d'application) de sa responsabilité ;*

□ *réaliser des économies d'énergie partout où cela est possible dans l'organisation, notamment par l'achat de biens à haut rendement énergétique et le développement de produits et services à haut rendement énergétique ; et*

Adaptation au changement climatique
Pour réduire sa vulnérabilité au changement climatique, une organisation devrait :
□ *prendre en compte les futures projections climatiques mondiales et locales pour identifier les risques et intégrer l'adaptation au changement climatique dans son processus décisionnel.*

ISO 26000:2010, pages 45-46.

CONCILIATION DE L'ÉQUITÉ DANS L'ATTÉNUATION ET L'ADAPTATION AU CHANGEMENT CLIMATIQUE

Pour concilier ses décisions et ses activités avec ses stratégies d'atténuation du changement climatique et d'adaptation à celui-ci, un organisme devrait, dans la mesure du possible, adopter une approche fondée sur le cycle de vie. Tout risque suscite une réponse émotionnelle, et c'est l'un des défis de la promotion des stratégies de lutte contre le changement climatique, car les impacts des décisions et des activités mettent du temps à se manifester. Lorsque le changement climatique est considéré comme un problème mondial, il est difficile pour les dirigeants de considérer ce défi comme une question organisationnelle urgente, car les organisations sont toujours locales dans une certaine mesure, même lorsqu'elles sont présentes dans plusieurs endroits et pays. Pourtant, sans leadership organisationnel sur les défis du changement climatique, le problème s'aggrave. En ce qui concerne l'adaptation au changement climatique, des études suggèrent que les organisations, comme les personnes, peuvent limiter le nombre de problèmes qu'elles prennent en charge en même temps. Voyez comment l'Argentine, confrontée à de graves problèmes politiques, a affronté les questions de réchauffement climatique. Selon le rapport de la Banque mondiale :

Les agriculteurs argentins qui s'inquiétaient du réchauffement climatique étaient plus susceptibles de modifier certains aspects de leurs pratiques de production (comme l'assurance ou l'irrigation), mais n'entreprenaient pratiquement jamais plus d'un changement. C'était comme si les agriculteurs étaient désireux de rejeter les inquiétudes liées au changement climatique dans leur propre esprit, croyant qu'avec une seule action, ils avaient réglé leurs problèmes (Weber 1997)- (Banque mondiale 2015).

Les organisations peuvent également choisir de ne pas s'engager lorsque les risques liés au changement climatique sont difficiles à appréhender de manière ambiguë. Mais selon la Banque mondiale, l'ambiguïté peut également amener les gens à prendre des mesures de précaution qu'ils ne prendraient pas autrement :

Une récente expérience de terrain encadrée a mis en évidence des niveaux élevés d'aversion au risque chez les producteurs de café du Costa Rica. L'étude a également révélé que, parmi les agriculteurs ayant des préférences clairement identifiables concernant l'ambiguïté, deux fois plus ont choisi de s'adapter au risque plutôt que de ne pas s'adapter lorsqu'ils étaient confrontés à des risques ambigus liés au changement climatique (Alpizar, Carlsson et Naranjo 2011). En d'autres termes, le fait que le risque soit inconnu a induit davantage d'adaptation que la situation correspondante avec un risque connu (Banque mondiale 2015).

Alors que l'ISO 26000 a fourni le guide suivant qui est applicable à la conciliation de l'équité si le DE&I sert de modérateur :

ISO *Pour atténuer les impacts du changement climatique liés à ses activités, un organisme devrait :*

- ☐ *mesurer, enregistrer et déclarer ses émissions significatives de GES, de préférence en utilisant des méthodes bien définies dans des normes internationalement reconnues... ;*
- ☐ *mettre en œuvre des mesures optimisées pour réduire progressivement et minimiser les émissions directes et indirectes de GES sous son contrôle et encourager des actions similaires dans sa sphère d'influence ;*
- ☐ *examiner la quantité et le type d'utilisation des combustibles importants au sein de l'organisation et mettre en œuvre des programmes visant à améliorer l'efficacité et l'efficience. Il convient d'adopter une approche fondée sur le cycle de vie pour garantir une réduction nette des émissions de GES, même lorsque des technologies à faibles émissions et des énergies renouvelables sont envisagées ;*
- ☐ *envisager de viser la neutralité carbone en mettant en œuvre des mesures pour compenser les émissions de GES restantes, par exemple en soutenant des programmes fiables de réduction des émissions qui fonctionnent de manière transparente, le captage et le stockage du carbone ou la séquestration du carbone.*

Adaptation au changement climatique
Pour réduire sa vulnérabilité au changement climatique, une organisation devrait :
- ☐ *mettre en œuvre des mesures pour répondre aux impacts existants ou anticipés et, dans sa sphère d'influence, contribuer au renforcement des capacités d'adaptation des parties prenantes.*

ISO 26000:2010, pages 45-46.

PERTURBATION DE L'ÉQUITÉ DANS L'ATTÉNUATION ET L'ADAPTATION AU CHANGEMENT CLIMATIQUE

Il existe un argument commercial convaincant pour justifier la nécessité d'améliorer la communication sur les comportements à risque et les impacts du changement climatique. Les rapports scientifiques détaillés, aussi précieux soient-ils, ne sont pas convaincants pour le grand public. Pour éviter l'apathie des messages sur le changement climatique, les organisations devraient envisager d'utiliser un flux narratif adapté aux normes sociales, aux réseaux sociaux et aux visions culturelles du monde. Le changement climatique étant un problème humain, les organisations, comme les personnes, devraient trouver des moyens de s'engager directement ou par le biais de l'engagement des travailleurs pour mettre fin aux pratiques qui perpétuent les normes de division, même si elles visent à résoudre un problème mondial. Il est important d'inclure les jeunes, les femmes et les groupes marginalisés locaux en tant que parties prenantes dans le traitement des comportements à risque face au changement climatique et des messages qui s'y rapportent, car ils sont eux aussi des parties prenantes. La norme ISO 26000 fournit les grandes orientations suivantes :

ISO *Pour atténuer les impacts du changement climatique liés à ses activités, un organisme devrait :*

- *prévenir ou réduire le rejet d'émissions de GES (en particulier celles qui provoquent également l'appauvrissement de la couche d'ozone) provenant de l'utilisation des terres et des changements d'affectation des terres, des processus ou des équipements, y compris, mais sans s'y limiter, les unités de chauffage, de ventilation et de climatisation ;*

Adaptation au changement climatique
Pour réduire sa vulnérabilité au changement climatique, une organisation devrait :
- *identifier les possibilités d'éviter ou de minimiser les dommages associés au changement climatique et, si possible, tirer parti des opportunités, pour s'adapter aux conditions changeantes.*

ISO 26000:2010, pages 45-46.

Les réseaux sociaux et les visions culturelles du monde jouent un rôle clé dans la façon dont le changement climatique est perçu, en fonction des réseaux sociaux dans lesquels les gens s'identifient et dont ils tirent leurs visions du monde. Souvent, les affinités politiques, religieuses ou ethniques ont tendance à régir la façon dont les messages relatifs au changement climatique sont reçus. Cela fait du changement climatique un sujet difficile à aborder directement pour les organisations, et encore plus lorsqu'elles sont éloignées des sources qui provoquent le changement climatique. La génération des baby-boomers a bien formulé le problème du changement climatique. La génération du millénaire et les autres générations qui la suivent doivent maintenant prendre le relais et réimaginer la meilleure façon de communiquer l'urgence des comportements à risque face au changement climatique et leurs impacts.

Les organisations d'aujourd'hui se remplissent d'une main-d'œuvre plus jeune et de partenaires de travail qui veulent donner un sens à leur continuum d'équilibre entre vie professionnelle et vie privée. Ce sont des ambassadeurs tout désignés pour les visions, les décisions et les activités d'atténuation et d'adaptation au changement climatique. S'ils sont libérés, ils peuvent s'attaquer à ce problème humain par des moyens plus créatifs. L'ISO 26000 fournit les exemples suivants d'actions d'adaptation au changement climatique :

ISO *Les exemples d'actions d'adaptation aux conditions climatiques changeantes comprennent :*

- ☐ la planification de l'utilisation des sols, du zonage et de la conception et de l'entretien des infrastructures, en tenant compte des implications d'un climat changeant et d'une plus grande incertitude climatique, ainsi que de la possibilité de phénomènes météorologiques de plus en plus graves, notamment des inondations, des vents violents, des sécheresses et des pénuries d'eau ou des chaleurs intenses ;
- ☐ développer des technologies et des techniques agricoles, industrielles, médicales et autres, et les rendre accessibles à ceux qui en ont besoin, en garantissant la sécurité de l'eau potable, de l'assainissement, des aliments et des autres ressources essentielles à la santé humaine ;
- ☐ soutenir les mesures régionales visant à réduire la vulnérabilité aux inondations. Cela comprend la restauration des zones humides qui peuvent aider à gérer les eaux de crue, et la réduction de l'utilisation de surfaces non poreuses dans les zones urbaines ; et
- ☐ offrir de larges possibilités de sensibiliser à l'importance de l'adaptation et des mesures préventives pour la résilience de la société par l'éducation et d'autres moyens.

ISO 26000:2010, page 46.

ATTENUATION ET ADAPTATION AU CHANGEMENT CLIMATIQUE Mesures à prendre pour une inclusion centrée sur la gouvernance

L'inclusion centrée sur la gouvernance dans le cadre de l'atténuation du changement climatique et de l'adaptation à ce phénomène doit adopter une approche holistique et fondée sur le cycle de vie, dans laquelle les intérêts et l'influence des minorités et des groupes marginalisés font partie intégrante de la discussion. La corrélation entre les actions des organisations, directes et indirectes, et leurs impacts sur le changement climatique et la durabilité de notre planète n'est pas remise en question. Ce qui est en question, c'est de savoir si nous apportons notre humanité d'équipe au jeu.

Mesures concrètes d'inclusion axées sur la gouvernance pour l'atténuation et l'adaptation au changement climatique

1. En examinant les politiques et procédures de votre organisation en matière d'atténuation et d'adaptation au changement climatique, comment s'alignent-elles sur votre politique de DE&I, vos engagements et les proclamations de votre entreprise en la matière ?
2. S'il y a des lacunes, quelles sont les étapes et les échéances que vous avez identifiées pour les réduire ou les éliminer en vous basant sur le modèle de l'optique d'équité en 3 étapes ?
3. Toutes les parties prenantes pertinentes ont-elles été identifiées et engagées dans la révision, la modification ou le développement de vos politiques et procédures concernant vos pratiques d'atténuation et d'adaptation au changement climatique modérées par DE&I ?

L'opportunité d'équité (OE)

Le principe axé sur la rédemption

La réconciliation de l'équité (RE)

Le principe axé sur la responsabilité

Le principe axé sur la restauration

La perturbation de l'équité (PE)

ENJEU ENVIRONNEMENTAL 4 : LA DE&I COMME MODÉRATEUR DE LA PROTECTION DE L'ENVIRONNEMENT, DE LA BIODIVERSITÉ ET DE LA RESTAURATION DES HABITATS NATURELS

Votre organisation a-t-elle lié la protection de l'environnement et la restauration des habitats naturels à des considérations d'équité dans son cadre de responsabilité sociale ?

PROTECTION DE L'ENVIRONNEMENT, BIODIVERSITÉ ET RESTAURATION DES HABITATS NATURELS
Appel à l'action pour la diversité fondée sur la connaissance

L'une des façons de protéger l'environnement, la biodiversité et la restauration des habitats naturels consiste à réduire ou à éliminer les gaz à effet de serre qu'une organisation produit sans prendre de mesures d'atténuation. Selon le rapport de l'ONU sur le changement climatique 2022, cette mesure est souhaitable car le changement climatique constitue une menace pour la sauvegarde de la biodiversité et des écosystèmes, d'où la nécessité de mettre en place des mesures d'atténuation résistantes au climat. Selon le rapport :

> *Des analyses récentes, s'appuyant sur une série de sources de données, suggèrent que le maintien de la résilience de la biodiversité et des services écosystémiques à l'échelle mondiale dépend de la conservation efficace et équitable d'environ 30 à 50 % des zones terrestres, d'eau douce et océaniques de la Terre, y compris les écosystèmes actuellement proches de l'état naturel (confiance élevée) (GIEC 2022).*

Les groupes marginalisés et leurs communautés paient un prix disproportionné pour une utilisation des terres et une planification écologique et sociale qui ne les inclut pas, eux ou leurs intérêts. Cela contribue à la perpétuation des disparités en matière de santé, de bien-être, de mobilité ascendante, d'aménagement du territoire et de lacunes en matière d'adaptation. Le rapport Climate Change 2022 atteste que « [l]es gains les plus importants en termes de bien-être peuvent être obtenus en donnant la priorité au financement de la réduction des risques climatiques pour les résidents à faible revenu et marginalisés, y compris les personnes vivant dans des établissements informels (GIEC 2022). "

Le fait que les activités humaines dans les zones urbaines et rurales ont modifié nos écosystèmes mondiaux depuis les années 1960, plus qu'à n'importe quel autre moment de l'histoire, n'est pas remis en question car nous avons pu documenter l'ampleur des pertes d'habitat et de diversité de la vie (ISO 26000 2010). Alors que les gouvernements continuent à faire leur part pour lutter contre cette dégradation des écosystèmes due aux activités humaines, les organisations peuvent jouer un rôle clé dans les solutions. Selon l'ISO 26000 :

ISO

> *Un organisme peut devenir plus responsable socialement en agissant pour protéger l'environnement et restaurer les habitats naturels et les diverses fonctions et services que les écosystèmes fournissent (tels que la nourriture et l'eau, la régulation du climat, la formation des sols et les possibilités de loisirs). Les principaux aspects de cette question sont les suivants*
>
> ☐ *la valorisation et la protection de la biodiversité La biodiversité est la variété de la vie sous toutes ses formes, à tous les niveaux et dans toutes ses combinaisons ; elle comprend la diversité des écosystèmes, la diversité des espèces et la diversité génétique. La protection de la biodiversité vise à assurer la survie des espèces terrestres et aquatiques, la diversité génétique et les écosystèmes naturels ;*
>
> ☐ *valoriser, protéger et restaurer les services écosystémiques Les écosystèmes contribuent au bien-être de la société en fournissant des services tels que la nourriture, l'eau, le carburant, la lutte contre les inondations, le sol, les pollinisateurs, les fibres naturelles, les loisirs et l'absorption de la pollution et des déchets. Lorsque les écosystèmes sont dégradés ou détruits, ils perdent leur capacité à fournir ces services ;*
>
> ☐ *utiliser les terres et les ressources naturelles de manière durable Les projets d'utilisation des terres d'une organisation peuvent protéger ou dégrader l'habitat, l'eau, les sols et les écosystèmes ; et*
>
> ☐ *promouvoir un développement urbain et rural respectueux de l'environnement Les décisions et les activités des organisations peuvent avoir des impacts importants sur l'environnement urbain ou rural et les écosystèmes qui y sont liés. Ces impacts peuvent être associés, par exemple, à la planification urbaine,*

au bâtiment et à la construction, aux systèmes de transport, à la gestion des
déchets et des eaux usées, et aux techniques agricoles.

ISO 26000:2010, pages 46-47.

Pourquoi la protection de l'environnement, la biodiversité et la restauration des habitats naturels devraient être modérées par DE&I

Valoriser et protéger la biodiversité :

La biodiversité englobant toute la variété de la vie - l'ensemble des écosystèmes -, soutenir son intégrité tout en protégeant et en renforçant sa résilience est philosophiquement cohérent avec la responsabilité sociale. Les avantages de cette responsabilité ont un impact considérable sur l'humanité, notamment « ...les moyens de subsistance, la santé et le bien-être des personnes et la fourniture de nourriture, de fibres et d'eau, ainsi que la contribution à la réduction des risques de catastrophe et à l'adaptation au changement climatique et à son atténuation (GIEC 2022) ». Il s'agit donc d'une question de DE&I. Comme l'attestent les Nations unies sur le changement climatique 2022 :

> *Les opportunités de développement résilient au climat ne sont pas équitablement réparties dans le monde (confiance très élevée). Les impacts et les risques climatiques exacerbent la vulnérabilité et les inégalités sociales et économiques et augmentent par conséquent les défis persistants et aigus en matière de développement, en particulier dans les régions et sous-régions en développement, et dans les sites particulièrement exposés, notamment les côtes, les petites îles, les déserts, les montagnes et les régions polaires. Ces phénomènes sapent à leur tour les efforts déployés pour parvenir à un développement durable, notamment pour les communautés vulnérables et marginalisées (confiance très élevée) (GIEC 2022).*

Valoriser, protéger et restaurer les services écosystémiques

Étant donné que la protection de la biodiversité assure la survie des écosystèmes, leur dégradation ou leur destruction, quel que soit le lieu ou la région, diminue notre planète commune et les expériences que l'humanité partage avec cet écosystème. Parfois, les solutions pour valoriser, protéger et restaurer les services écosystémiques peuvent également faire partie du problème lorsqu'elles perpétuent des inégalités systémiques et structurelles séculaires. Il s'agit donc d'une question de DE&I. Comme l'attestent les Nations unies sur le changement climatique 2022 :

> *Les actions qui se concentrent sur les secteurs et les risques de manière isolée et sur les gains à court terme conduisent souvent à une maladaptation si les impacts à long terme de l'option d'adaptation et l'engagement d'adaptation à long terme ne sont pas pris en compte (confiance élevée). La mise en œuvre de ces actions inadaptées peut entraîner la création d'infrastructures et d'institutions rigides et/ou coûteuses à modifier (confiance élevée)... La maladaptation affecte particulièrement les groupes marginalisés et vulnérables (par exemple,*

les peuples autochtones, les minorités ethniques, les ménages à faible revenu, les établissements informels), renforçant et ancrant les inégalités existantes. La planification et la mise en œuvre de l'adaptation qui ne tiennent pas compte des conséquences négatives pour les différents groupes peuvent conduire à une mauvaise adaptation, augmentant l'exposition aux risques, marginalisant les personnes de certains groupes socio-économiques ou de moyens de subsistance, et exacerbant les inégalités. Les initiatives de planification inclusive fondées sur les valeurs culturelles, les connaissances indigènes, les connaissances locales et les connaissances scientifiques peuvent contribuer à prévenir la maladaptation (GIEC 2022).

La biodiversité englobe toute la variété de la vie - l'ensemble de l'écosystème - en soutenant son intégrité tout en protégeant et en renforçant sa résilience ; il s'agit d'une responsabilité sociale essentielle.

PROTECTION DE L'ENVIRONNEMENT, BIODIVERSITÉ ET RESTAURATION DES HABITATS NATURELS
Opportunité/réconciliation/disruption de l'équité motivée par la créativité

Dans son rapport Climate Change 2022, les Nations unies affirment qu'environ 3,3 à 3,6 milliards de personnes vivent dans des endroits du monde qui sont très vulnérables aux effets du changement climatique, et qu'un nombre important d'espèces sont dans le même bateau. Les décisions et les activités d'une organisation contribuent au réchauffement climatique qui réchauffe notre planète commune et provoque des catastrophes cataclysmiques dans le monde entier, les groupes minoritaires et vulnérables étant les plus touchés. Les solutions créatives d'opportunités d'équité, de réconciliation et de perturbation autour de la protection de l'environnement, de la biodiversité et de la restauration des ressources naturelles en matière de DE&I permettent à une organisation d'examiner ses décisions et ses activités dans un cadre holistique.

Opportunité d'équité dans la protection de l'environnement, la biodiversité et la restauration des habitats naturels

Promouvoir un développement urbain et rural respectueux de l'environnement
Lorsque les décisions et les activités d'une organisation ont un impact sur l'environnement urbain ou rural et les écosystèmes qui lui sont liés, elles touchent généralement aussi les communautés locales, les minorités et les groupes vulnérables, qui ne sont souvent pas à la table des négociations. Pourtant, les impacts peuvent toucher tous les écosystèmes qui assurent la prospérité de la communauté et de l'humanité dans son ensemble. Il est donc nécessaire de mettre en place ce que le rapport de l'ONU sur le changement climatique 2022 appelle le « développement résilient au changement climatique ».

Les efforts durables d'atténuation du changement climatique ne sont réalisables que s'ils sont conçus et mis en œuvre dans le cadre de partenariats véritablement inclusifs. Une solution qui exclut certaines personnes de la discussion risque de ne pas être une solution du tout. Équité Il est possible d'ajuster ou de corriger les pratiques actuelles inéquitables ou partielles en matière de protection de l'environnement, de biodiversité et de restauration des habitats naturels.

ISO

Les organismes devraient envisager la végétalisation urbaine dans le cadre de leurs plans d'atténuation et d'adaptation au changement climatique afin d'éliminer ou de minimiser leurs contributions au réchauffement de la planète. Les organisations devraient également envisager des campagnes d'apprentissage et de sensibilisation pour apprendre à leur personnel et à leurs partenaires de travail comment ils peuvent s'impliquer dans la réduction des gaz à effet de serre au travail et dans leurs communautés respectives. Le rapport de l'ONU sur le changement climatique 2022 propose ce qui suit :

> *(confiance élevée). La végétalisation des villes à l'aide d'arbres et d'autres végétaux peut permettre un rafraîchissement local (confiance très élevée). Les systèmes fluviaux naturels, les zones humides et les écosystèmes forestiers en amont réduisent les risques d'inondation en stockant l'eau et en ralentissant son écoulement, dans la plupart des cas (confiance élevée). Les zones humides côtières protègent contre l'érosion côtière et les inondations associées aux tempêtes et à l'élévation du niveau de la mer, lorsqu'il y a suffisamment d'espace et d'habitats adéquats, jusqu'à ce que les taux d'élévation du niveau de la mer dépassent la capacité d'adaptation naturelle pour construire des sédiments (confiance très élevée) (GIEC 2022).*

Conciliation de l'équité dans la protection de l'environnement, de la biodiversité et de la restauration des habitats naturels

Utilisation durable des terres et des ressources naturelles

Les projets d'utilisation des terres d'une organisation offrent des opportunités d'actions intégrées qui s'attaquent aux inégalités structurelles, incorporent les connaissances locales et indigènes, et réduisent les risques et le manque de ressources pour faire face aux impacts du changement climatique - toutes les questions de DE&I. Il existe des preuves corrélatives à l'appui de l'efficacité, de la légitimité et de la pertinence lorsque les processus de développement résilient au changement climatique sont intégrés aux « connaissances scientifiques, autochtones, locales, praticiennes et autres (GIEC 2022) ». Cela nécessite ce que le rapport de l'ONU sur le changement climatique 2022 décrit comme le « développement résilient au climat » :

> *Le développement résilient au climat est avancé lorsque les acteurs travaillent de manière équitable, juste et habilitante pour réconcilier des intérêts, des valeurs et des visions du monde divergents, vers des résultats équitables et justes (confiance élevée). Ces pratiques s'appuient sur des connaissances diverses en matière de risques climatiques et les voies de développement choisies tiennent compte des impacts, risques, obstacles et opportunités climatiques locaux, régionaux et mondiaux (confiance élevée). Les vulnérabilités structurelles au changement climatique peuvent être réduites par des interventions juridiques, politiques et de processus soigneusement conçues et mises en œuvre, du niveau local au niveau mondial, qui s'attaquent aux inégalités fondées sur le sexe, l'origine ethnique, le handicap, l'âge, le lieu et le revenu (confiance très élevée). Cela inclut des approches fondées sur les droits qui mettent l'accent sur le renforcement des capacités, la participation significative des groupes les plus vulnérables et leur accès aux ressources clés, y compris les financements, pour réduire les risques et s'adapter (confiance élevée).*
>
> *Il est prouvé que les processus de développement résilient au climat associent les connaissances scientifiques, autochtones, locales, des praticiens et d'autres formes de connaissances, et qu'ils sont plus efficaces et durables parce qu'ils sont appropriés au niveau local et conduisent à des actions plus légitimes, pertinentes et efficaces (confiance élevée). Les voies vers un développement résilient au climat surmontent les barrières juridictionnelles et organisationnelles, et sont fondées sur des choix de société qui accélèrent*

> *et approfondissent les transitions des systèmes clés (confiance très élevée). Les processus de planification et les outils d'analyse des décisions peuvent aider à identifier les options à « faibles regrets » qui permettent l'atténuation et l'adaptation face au changement, à la complexité, à l'incertitude profonde et aux opinions divergentes (confiance moyenne) (GIEC 2022).*

Cela nécessite une identification et un engagement complets des parties prenantes, notamment des partenariats équitables avec les gouvernements, les organisations, les groupes autochtones et minoritaires, la société civile et les communautés locales. Le rapport des Nations unies sur le changement climatique 2022 propose les orientations suivantes :

> *Les interactions entre l'évolution de la forme urbaine, l'exposition et la vulnérabilité peuvent créer des risques et des pertes induits par le changement climatique pour les villes et les établissements humains. Cependant, la tendance mondiale à l'urbanisation offre également une opportunité cruciale à court terme, pour faire progresser le développement résilient au climat (confiance élevée). Une planification et un investissement intégrés et inclusifs dans la prise de décision quotidienne concernant les infrastructures urbaines, y compris les infrastructures sociales, écologiques et grises/physiques, peuvent augmenter de manière significative la capacité d'adaptation des établissements urbains et ruraux. Des résultats équitables contribuent à de multiples avantages pour la santé, le bien-être et les services écosystémiques, notamment pour les populations autochtones et les communautés marginalisées et vulnérables (confiance élevée). Le développement résilient au climat dans les zones urbaines soutient également la capacité d'adaptation dans les zones plus rurales en maintenant les chaînes d'approvisionnement périurbaines en biens et services et les flux financiers (confiance moyenne). Les villes et établissements côtiers jouent un rôle particulièrement important dans la promotion d'un développement résilient au climat (confiance élevée) (GIEC 2022).*

Les projets d'aménagement du territoire d'une organisation peuvent protéger ou dégrader les habitats, l'eau, les sols et les écosystèmes. L'approche qu'elle adopte pour comprendre et gérer les projets peut être soit une opportunité d'appliquer les principes de DE&I, en travaillant à un protocole de gestion qui soit réellement inclusif et tourné vers l'avenir, soit une opportunité de soutenir le statu quo divisé et axé sur le profit, dans lequel certaines personnes restent marginalisées et les inégalités se perpétuent.

Les organisations devraient envisager, lorsque cela est possible et approprié, de s'associer à d'autres organisations, à la société civile et aux organismes gouvernementaux pour faire face au changement climatique dans son ensemble, plutôt que de créer des solutions individuelles d'atténuation et d'adaptation. Il est ainsi plus probable qu'elles valorisent, protègent et restaurent les services écosystémiques d'une manière efficace qui intègre les principes DE&I. La norme ISO 26000 fournit le guide suivant :

ISO

☐ *lorsque cela est possible et approprié, participer aux mécanismes du marché pour internaliser le coût de ses impacts environnementaux et créer une valeur économique en protégeant les services écosystémiques ;*

    ☐ *établir et mettre en œuvre une stratégie intégrée pour l'administration des terres, de l'eau et des écosystèmes qui favorise la conservation et l'utilisation durable d'une manière socialement équitable ;*

    ☐ *mettre en œuvre des pratiques de planification, de conception et d'exploitation de manière à minimiser les impacts environnementaux possibles résultant de ses décisions sur l'utilisation des terres, y compris les décisions liées au développement agricole et urbain ;*

    ☐ *intégrer la protection de l'habitat naturel, des zones humides, des forêts, des corridors pour la faune, des zones protégées et des terres agricoles dans l'élaboration des bâtiments et des travaux de construction ;*

    ☐ *utiliser progressivement une plus grande proportion de produits provenant de fournisseurs utilisant des technologies et des processus plus durables.*

ISO 26000:2010, page 47.

Perturbation de l'équité dans la protection de l'environnement, la biodiversité et la restauration des habitats naturels

Le changement climatique a exacerbé la vulnérabilité de notre planète commune à remplir son rôle de source de vie pour nous tous, tant l'humanité que toutes les variétés de vie au sein de ses écosystèmes. Cela signifie qu'il y a des décisions et des activités que nous devons arrêter lorsque c'est possible et accepter la valeur d'autres écosystèmes, y compris, mais sans s'y limiter, les directives suivantes de l'ISO 26000 :

ISO

    ☐ *accordent la plus haute priorité à l'évitement de la perte des écosystèmes naturels, puis à la restauration des écosystèmes et enfin, si les deux premières actions ne sont pas possibles ou pleinement efficaces, à la compensation des pertes par des actions qui conduiront à un gain net de services écosystémiques au fil du temps ;*

    ☐ *considérer que les animaux sauvages et leurs habitats font partie de nos écosystèmes naturels et qu'ils doivent donc être valorisés et protégés et que leur bien-être doit être pris en compte.*

ISO 26000:2010, page 47.

PROTECTION DE L'ENVIRONNEMENT ET RESTAURATION DES HABITATS NATURELS
Étapes concrètes de l'inclusion centrée sur la gouvernance

Une organisation socialement responsable est une organisation qui cherche à protéger l'environnement, la biodiversité et les habitats naturels, dans la mesure du possible, de ses activités, services et produits. Avec la croissance rapide des activités humaines au cours du siècle dernier, nos ressources naturelles ont été fortement sollicitées. En s'appuyant sur les lignes directrices de l'ISO 26000 mentionnées ci-dessus, une organisation devrait envisager de développer ses actions à partir d'un cadre inclusif guidé par les principes d'inclusion en 3 étapes. Avec l'énorme richesse accumulée par les entreprises mondiales aujourd'hui, bon nombre des écosystèmes détruits par les générations précédentes pourraient être restaurés de manière significative par les efforts concertés des employeurs, des employés et de leurs communautés contractantes - s'ils s'y appliquent et s'ils disposent des ressources nécessaires. Qu'une organisation soit directement responsable ou non de la destruction de cet écosystème n'a pas d'importance - le fait est que nous sommes tous dans le même bateau. L'aide économique aux groupes minoritaires et vulnérables pour changer les pratiques ancestrales qui détruisent ou contribuent à l'empreinte carbone devrait être un aspect clé de la protection de l'environnement et de la restauration des habitats naturels.

Étapes concrètes d'inclusion axées sur la gouvernance dans la protection de l'environnement et la restauration des habitats naturels

1. En examinant les politiques et procédures de votre organisation en matière de protection de l'environnement et de restauration des habitats naturels, comment s'alignent-elles sur votre politique de DE&I, vos engagements et les proclamations de votre entreprise en la matière ?

2. S'il y a des lacunes, quelles sont les étapes et les échéances que vous avez identifiées pour les réduire ou les éliminer en vous basant sur le modèle de l'optique d'équité en 3 étapes ?

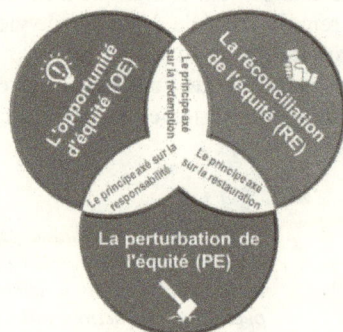

3. Toutes les parties prenantes pertinentes ont-elles été identifiées et engagées dans la révision, la modification ou le développement de vos politiques et procédures concernant vos pratiques de protection de l'environnement et de restauration des habitats naturels modérées par DE&I ?

Chapitre Neuf

LA DE&I COMME MODÉRATEUR DE PRATIQUES OPÉRATIONNELLES ÉQUITABLES

Les pratiques de fonctionnement équitables impliquent l'attente que les organisations agissent de manière éthique et responsable dans toutes leurs relations, en interne comme en externe. Il s'agit là des attentes de la société, avec en toile de fond les pressions exercées par le conseil d'administration et les actionnaires, qui exigent des résultats et des profits à tout prix. Les intérêts de ces actionnaires, bien que très importants, doivent également être mis en balance avec la poursuite de la durabilité et de la responsabilité sociale de l'organisation, qui passe par les personnes et la planète. Certains ont appelé cela le capitalisme des parties prenantes. Comme l'a très bien dit Larry Fink, le PDG de Blackrock, dans sa lettre aux AMEC de 2022 :

> *À la base du capitalisme se trouve le processus de réinvention constante - comment les entreprises doivent continuellement évoluer en fonction des changements du monde qui les entoure ou risquer d'être remplacées par de nouveaux concurrents. La pandémie a accéléré l'évolution de l'environnement opérationnel de pratiquement toutes les entreprises. Elle modifie la façon dont les gens travaillent et dont les consommateurs achètent. Elle crée de nouvelles entreprises et en détruit d'autres. Et surtout, elle accélère de manière spectaculaire la façon dont la technologie remodèle la vie et les affaires. Les entreprises innovantes qui cherchent à s'adapter à cet environnement ont plus que jamais accès aux capitaux pour réaliser leurs projets. Et la relation entre une entreprise, ses employés et la société est en train d'être redéfinie (Fink 2022).*

Les pratiques d'exploitation équitables sont les chemins de traverse, tandis que la responsabilité sociale d'une organisation se concentre sur la lutte contre la corruption, l'engagement politique responsable, la concurrence loyale, la promotion de la responsabilité sociale dans la chaîne de valeur et le respect des droits de propriété. Les cadres de durabilité et de responsabilité sociale traitent tous deux des raisons pour lesquelles les valeurs, les principes et le comportement d'une organisation devraient aller au-delà de la simple satisfaction des intérêts des actionnaires et viser davantage à répondre aux besoins de toutes les parties prenantes (ce qui inclut également les actionnaires). Cette nouvelle forme de pensée organisationnelle - la durabilité et la responsabilité sociale - est beaucoup plus susceptible de créer un continuum de prospérité partagée et de planète partagée, car elle incite l'humanité à combler les lacunes de nos normes de division qui ont longtemps été alimentées par la corruption, la politique stratifiée, la concurrence du gagnant, la chaîne de valeur qui prive les gens de leurs droits et les droits de propriété injustes qui créent le désespoir.

La durabilité et la responsabilité sociale impliquent également l'attente que, par des décisions et des activités éthiques et responsables, une organisation peut aider d'autres organisations dans sa sphère d'influence à agir de même. Le cri d'alarme qui a lancé l'ère de la durabilité au début des années 2000 gagne peu à peu du terrain et incite les organisations à opter pour une intégration plus ciblée des dix principes du Pacte mondial des Nations unies, regroupés en quatre écosystèmes : droits de l'homme, travail, environnement et lutte contre la corruption. Pour un modèle de travail général des pratiques d'exploitation équitables, la norme ISO 26000 fournit les orientations suivantes :

ISO *Les pratiques de fonctionnement équitables concernent le comportement éthique dans les relations d'une organisation avec d'autres organisations. Il s'agit notamment des relations entre les organisations et les organismes publics, ainsi qu'entre les organisations et leurs partenaires, fournisseurs, entrepreneurs, clients, concurrents et les associations dont elles sont membres... Dans le domaine de la responsabilité sociale, les pratiques opérationnelles loyales concernent la manière dont une organisation utilise ses relations avec d'autres organisations pour promouvoir des résultats positifs. Des résultats positifs peuvent être obtenus en assurant un leadership et en promouvant l'adoption de la responsabilité sociétale plus largement dans la sphère d'influence de l'organisation.*

ISO 26000:2010, page 48.

Les normes de division de l'humanité se manifestent par des inégalités et des iniquités - les résultats d'organisations qui ne traitent pas de manière équitable et juste toutes les parties prenantes, même si leurs politiques, procédures et proclamations publiques prétendent le contraire. Parfois, les organisations choisissent la solution miracle lorsqu'elles sont confrontées à ces incohérences dans leurs pratiques opérationnelles équitables, en particulier en ce qui concerne les groupes non majoritaires :

ISO *Le comportement éthique est fondamental pour établir et maintenir des relations légitimes et productives entre les organisations. Par conséquent, le respect, la promotion et l'encouragement des normes de comportement éthique sous-tendent toutes les pratiques opérationnelles équitables. La prévention de la corruption et la pratique d'un engagement politique responsable dépendent du* *respect de l'État de droit, de l'adhésion à des normes éthiques, de la responsabilité et de la transparence. La concurrence loyale et le respect des droits de propriété ne peuvent être atteints si les organisations ne traitent pas les unes avec les autres de manière honnête, équitable et intègre.*

ISO 26000:2010, page 48.

L'utilisation de pratiques opérationnelles équitables n'est pas synonyme de rendements inférieurs pour les organisations à but lucratif. En fait, cela peut faire la différence entre des entreprises concurrentes, car elles sont jugées en fonction de leurs valeurs globales de responsabilité sociale. Les pratiques d'exploitation équitables contribuent à une prospérité partagée et peuvent devenir une arme secrète du développement durable lorsqu'elles sont modérées par DE&I, en donnant la priorité aux intérêts des parties prenantes, non seulement pour le bien de l'investisseur, mais aussi pour celui du consommateur, des employés, de l'employeur et de la société en général. Comme M. Fink de BlackRock l'a judicieusement supposé :

Le capitalisme des parties prenantes n'est pas une question de politique. Il ne s'agit pas d'un programme social ou idéologique. Ce n'est pas « woke ». C'est du capitalisme, mû par des relations mutuellement bénéfiques entre vous et les employés, les clients, les fournisseurs et les communautés sur lesquelles votre entreprise compte pour prospérer. C'est le pouvoir du capitalisme (Fink 2022).

Lorsque DE&I adopte des pratiques d'exploitation équitables, il tient compte des intérêts de toutes les parties prenantes, y compris les groupes minoritaires et vulnérables et leurs communautés et préoccupations respectives. Les pratiques d'exploitation équitables commencent au sommet d'une organisation. La direction donne à la fois le ton et l'orientation quant à la volonté d'une organisation d'être éthique et socialement responsable dans ses relations avec les employés, la communauté contractante et les communautés où ses décisions et activités ont un impact direct et indirect. Ce ton et cette orientation sont démontrés par les valeurs et le comportement dont fait preuve la direction dans ses décisions et ses activités courantes. Lorsqu'elle est guidée par des pratiques d'exploitation équitables fondées sur la connaissance, l'influence d'une organisation sur ses engagements en matière de responsabilité sociale peut devenir considérable. L'un des endroits où une organisation peut établir une large voie pour que ses pratiques d'exploitation équitables se normalisent est son code de conduite/d'éthique, qui devrait informer de manière constructive sa réponse aux intérêts de toutes les parties prenantes :

Figure 9.1 : Les parties prenantes d'une organisation générique

8. LES PARTIES PRENANTES D'UNE ORGANISATION		
1. Investisseurs	4. Clients	7. Partenaires/Associations
2. Employés	5. Fournisseurs	8. Agences gouvernementales
3. Entrepreneurs	6. Concurrents	9. Société

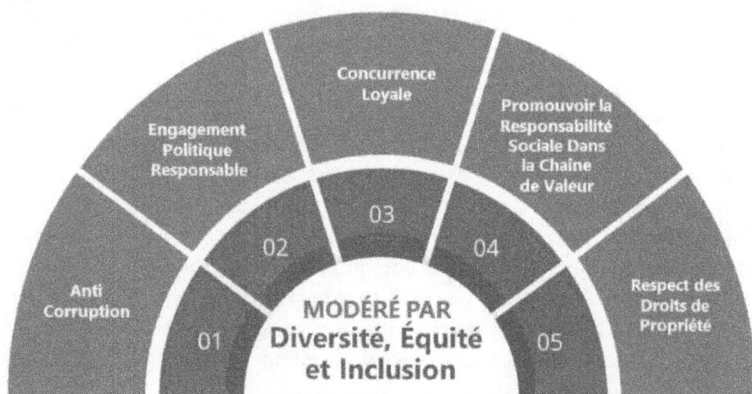

PRATIQUE OPÉRATIONNELLE ÉQUITABLE NUMÉRO 1 : LA DE&I COMME MODÉRATEUR DE L'ANTI-CORRUPTION

Votre organisation prend-elle en compte les questions de diversité, d'équité et d'inclusion dans ses pratiques opérationnelles de lutte contre la corruption ? Si oui, comment ? Si non, pourquoi pas ?

La corruption et les pots-de-vin sont malheureusement courants dans le monde entier. Ces pratiques entraînent des violations des droits civils et des droits de l'homme, causent des dommages aux quartiers, redessinent les cartes électorales pour des raisons d'opportunité politique (ce qui entraîne une distribution inéquitable du pouvoir politique, des ressources, de la richesse et de la durabilité économique pour les minorités et les groupes vulnérables).

ANTI CORRUPTION
Appel à l'action pour la diversité fondée sur la connaissance

La mort de George Floyd - en plus d'être horrible - a également été un événement transformateur pour de nombreuses raisons, l'une d'entre elles étant la démonstration que le téléphone portable est un moyen puissant de capturer des événements en temps réel au moment où ils se produisent pour que tout le monde dans le monde puisse les voir et devenir juge en tant que parties prenantes d'intérêt et d'influence. On ne peut qu'imaginer combien de centaines, voire de milliers de brutalités policières à l'encontre de minorités et de groupes vulnérables en particulier, et de groupes majoritaires en général, sont passées inaperçues et les rapports fabriqués à l'appui des normes sociales existantes. Pourtant, un enregistreur de téléphone portable peut faire tomber les hauts et les puissants en exposant les comportements corrompus. Cela peut exposer une organisation à un examen public accablant non souhaité. Les organisations qui ne disposent pas de politiques et de procédures anti-corruption et de mesures disciplinaires applicables sont plus vulnérables aux mauvaises relations publiques depuis l'ère des médias sociaux que jamais auparavant. Un seul employé enregistré en train de demander ou d'accepter des pots-de-vin ou d'en extorquer peut, du jour au lendemain, nuire aux succès d'une organisation en matière de durabilité et de responsabilité sociale.

Qu'est-ce donc que la corruption face à un effort de mondialisation où les cultures admettent des comportements qui sont depuis longtemps normalisés dans une région, mais qui sentent l'injustice du type corruption et extorsion dans une autre ? Par exemple, les cadeaux et les divertissements offerts aux fonctionnaires, y compris aux employés du gouvernement, sont des coutumes bénignes dans certaines cultures qui ont été utilisées pour obtenir des faveurs injustes et des avantages non mérités.

Transparency International, une organisation mondiale de la société civile qui mène la lutte contre la corruption avec plus de 90 sections dans le monde, donne la définition suivante de la corruption dans ses Principes de conduite des affaires pour contrer la corruption : « *L'offre ou la réception d'un cadeau, d'un prêt, de frais, d'une récompense ou de tout autre avantage à ou de la part d'une personne pour l'inciter à faire quelque chose de malhonnête, d'illégal ou un abus de confiance, dans la conduite des affaires de l'entreprise.* "

Concernant l'extorsion, l'OCDE, dans ses Principes directeurs à l'intention des entreprises multinationales, propose la définition suivante : « *La sollicitation de pots-de-vin est le fait de demander ou d'inciter une autre personne à commettre un acte de corruption. Elle devient une extorsion lorsque cette demande s'accompagne de menaces qui mettent en danger l'intégrité personnelle ou la vie des acteurs privés concernés.* » La norme ISO 26000 fournit les grandes orientations suivantes :

ISO *La corruption est l'abus d'un pouvoir confié à des fins de gain privé. La corruption peut prendre de nombreuses formes. Parmi les exemples de corruption, citons la subornation (solliciter, offrir ou accepter un pot-de-vin en argent ou en nature) impliquant des agents publics ou des personnes du secteur privé, les conflits d'intérêts, la fraude, le blanchiment d'argent, le détournement de fonds, la dissimulation et l'obstruction de la justice, et le trafic d'influence. La corruption nuit à l'efficacité et à la réputation éthique d'une organisation, et peut la rendre passible de poursuites pénales, ainsi que de sanctions civiles et administratives. La corruption peut entraîner la violation des droits de l'homme, l'érosion des processus politiques, l'appauvrissement des sociétés et la dégradation de l'environnement. Elle peut également fausser la concurrence, la répartition des richesses et la croissance économique.*

ISO 26000:2010, page 48.

Pourquoi la corruption est-elle l'éléphant dans la pièce pour les organisations ? Les ramifications d'un incident d'acte(s) de corruption rendu(s) public(s) par le représentant d'une organisation portent préjudice à toutes les personnes associées à l'organisation et à toute la bonne volonté de responsabilité sociale intentionnelle que l'organisation a pu acquérir au fil des ans. Comme l'a bien exprimé le Pacte Mondial des Nations Unies :

305

> *La corruption a un impact négatif sur le développement social et économique ainsi que sur la durabilité environnementale. La mise en œuvre inefficace des politiques de lutte contre la corruption contribue à l'exploitation forestière illégale, à la pollution de l'eau et de l'air, à l'exploitation des ressources minérales et à l'utilisation non durable des biocarburants. La corruption sape les gains et les effets positifs générés par les pratiques durables des entreprises (principe 10 du Pacte mondial des Nations unies, s.d.).*

En tant que principale source de déraillement du parcours de durabilité et de responsabilité sociale d'une organisation, la corruption prospère lorsqu'il y a un manque d'identification ou un silence, d'autant plus qu'elle est généralement peu signalée. Bien qu'il existe de bons outils de signalement pour aider les organisations, la nature secrète du crime le rend insaisissable et facile à ignorer. L'analyse de rentabilité suivante fournit aux organisations des raisons supplémentaires de mettre en place des mécanismes de lutte contre la corruption :

> **L'argument commercial en faveur de la déclaration du 10ème principe :**
>
> 9. *Une intégrité et une transparence internes accrues : La déclaration formalisée et cohérente des activités de lutte contre la corruption, intégrée aux processus de déclaration déjà établis (par exemple, la comptabilité), garantit des opérations internes fiables et mesurables. Elle montre aux employés que la lutte contre la corruption est prise très au sérieux (« What gets measured gets done »). Il en résulte les avantages suivants*
>   - *renforcer le comportement anti-corruption, y compris une meilleure gestion des risques et la conformité ;*
>   - *encourager et soutenir les employés dans leur résistance à la corruption ;*
>   - *fournir à la direction une base pour l'analyse des progrès, la planification et l'amélioration continue ; et*
>   - *motiver les employés à être fiers de l'intégrité et de la réputation de l'organisation.*
>
> 10. *Amélioration de la réputation : La réputation d'une organisation est un facteur de réussite majeur dans le monde globalisé d'aujourd'hui. Elle a un impact considérable sur les capacités d'achat et de passation de marchés, le marketing et la compétitivité en matière de recrutement. Le fait de rendre compte de manière proactive des efforts de lutte contre la corruption peut influencer positivement la sensibilisation et la perception du public, ce qui se traduit par les avantages concrets et indirects suivants pour votre organisation :*
>   - *obtenir un avantage concurrentiel en tant que choix privilégié des clients, fournisseurs et autres parties prenantes soucieux de l'éthique ;*
>   - *attirer des personnes hautement qualifiées et motivées*
>   - *soutenir et encourager les partenaires commerciaux et mettre au défi les concurrents de résister à la corruption en fixant des normes d'excellence ;*

> - *réduire votre coût de financement en aidant les institutions de financement externes à évaluer la prime de risque grâce à des informations améliorées ; et*
> - *accroître la crédibilité des initiatives volontaires telles que le Pacte mondial en démontrant l'engagement envers leurs valeurs et leurs principes par le biais de rapports sur les progrès réalisés.*
>
> *11. Base d'information commune : Enfin, la communication d'informations sur les activités de lutte contre la corruption sur la base d'un guide de communication cohérent permet aux différentes parties prenantes de partager des informations, de se sensibiliser, d'apprendre les unes des autres et d'améliorer les pratiques. Les parties prenantes, ainsi que chaque organisation individuelle, peuvent en bénéficier de multiples façons :*
> - *en partageant l'expérience et les procédures avec d'autres organisations ;*
> - *en stimulant les dialogues entre les parties prenantes ;*
> - *en augmentant l'importance de la divulgation d'informations sur les activités de lutte contre la corruption dans les programmes généraux de développement durable ; et*
> - *encourager la couverture médiatique des bonnes pratiques de lutte contre la corruption en fournissant des rapports de progrès comparables.*
>
> *Sources : Principe 10 du Pacte mondial des Nations unies.*

ANTI CORRUPTION

Opportunité/réconciliation/disruption de l'équité motivée par la créativité

Une organisation socialement responsable qui souhaite agir de manière durable doit chercher à prévenir la corruption et les pots-de-vin, tant en interne dans ses rangs qu'en externe au sein des réseaux dans lesquels elle exerce une influence. Si la corruption prend de nombreuses formes, dans le domaine DE&I, elle peut aller jusqu'à la falsification ou la manipulation de données pour masquer les effets des injustices économiques, sociales et environnementales sur les individus, les groupes et les communautés vulnérables. La corruption et les pots-de-vin peuvent être bien plus dévastateurs lorsqu'ils touchent des groupes minoritaires et vulnérables, car ces groupes n'ont souvent pas les ressources nécessaires pour demander réparation en justice et leurs plaintes ne sont généralement pas crues ou rejetées par les organisations et/ou les forces de l'ordre.

Le Pacte mondial des Nations unies propose les trois mesures suivantes qu'une organisation peut prendre pour lutter contre la corruption : (1) en interne, « introduire des politiques et des programmes de lutte contre la corruption au sein de leurs organisations et de leurs activités commerciales », (2) en externe, « rendre compte de la lutte contre la corruption dans la communication annuelle sur les progrès accomplis, et partager les expériences et les meilleures pratiques en soumettant des exemples et des études de cas », et (3) collectivement, « joindre leurs forces à celles de leurs homologues du secteur et d'autres parties prenantes pour intensifier les efforts de lutte contre la corruption, uniformiser les règles du jeu et créer une concurrence loyale pour tous ».

OPPORTUNITÉ D'ÉQUITÉ DANS LA LUTTE CONTRE LA CORRUPTION

L'égalité des chances dans la prévention de la corruption commence par une introspection interne. La corruption est une menace d'égalité des chances qui peut nuire à toute organisation - petite ou grande - et c'est la raison pour laquelle les dirigeants organisationnels doivent accorder une attention particulière à son éradication. Les dirigeants de l'organisation doivent donner le ton en matière de messages, de politiques et de procédures anti-corruption. La corruption est un problème de société qui n'est pas né au sein des organisations, mais elle est facilitée et renforcée par celles-ci s'il n'existe pas d'engagements compensatoires pour les identifier et les traiter de front - de manière éthique, transparente et structurelle. L'ISO 26000 fournit les orientations suivantes :

ISO
  Pour prévenir la corruption, une organisation doit
☐ *s'assurer que ses dirigeants donnent l'exemple en matière de lutte contre la corruption et s'engagent, encouragent et supervisent la mise en œuvre des politiques de lutte contre la corruption ;*
☐ *identifier les risques de corruption et mettre en œuvre et maintenir des politiques et des pratiques qui luttent contre la corruption et l'extorsion ;*
☐ *sensibiliser ses employés, représentants, entrepreneurs et fournisseurs à la corruption et aux moyens de la combattre ;*

ISO 26000:2010, pages 48-49.

CONCILIATION DE L'ÉQUITÉ DANS LA LUTTE CONTRE LA CORRUPTION

La corruption a des tentacules qui attirent les vulnérabilités d'une organisation sous les feux de la rampe, sapant son intégrité et ses revendications de responsabilité sociale et, à l'extérieur, érodant sa confiance aux yeux des investisseurs et des autres parties prenantes, tout en surexposant ses risques à de graves coûts financiers, juridiques, de réputation et autres. En d'autres termes, si la corruption profite souvent à certaines personnes au sein d'une organisation - voire à l'organisation dans son ensemble - elle peut également entraîner des coûts substantiels, à la fois directement sous la forme d'amendes ou de pénalités, et indirectement sous la forme d'une réputation entachée. Pour faire la lumière sur la corruption avant qu'elle ne prenne le devant de la scène en anéantissant tout le bon travail de responsabilité sociale qu'une organisation a fait et continue de faire, il faut mettre en place des décisions et un mécanisme systémiques exploitables. Cela signifie qu'il faut concilier l'engagement de l'organisation en matière de lutte contre la corruption avec des actions qui démontrent qu'elle a passé en revue toutes les façons dont elle est ou pourrait être vulnérable, et mettre en œuvre et surveiller des solutions qui éradiquent ou minimisent efficacement les expositions au risque. L'ISO 26000 fournit les orientations suivantes :

ISO

Pour prévenir la corruption, un organisme devrait :

☐ *soutenir et former ses employés et ses représentants dans leurs efforts pour éradiquer les pots-de-vin et la corruption, et les inciter à progresser ;*

☐ *s'assurer que la rémunération de ses employés et de ses représentants est appropriée et ne concerne que des services légitimes ;*

☐ *établir et maintenir un système efficace de lutte contre la corruption ;*

☐ *encourager ses employés, partenaires, représentants et fournisseurs à signaler les violations des politiques de l'organisation et les traitements non éthiques et injustes en adoptant des mécanismes qui permettent de signaler et de suivre les actions sans crainte de représailles ;*

ISO 26000:2010, pages 48-49.

Dans l'optique du DE&I, la corruption ne se limite pas à l'acceptation de paiements monétaires et d'autres formes évoquées ci-dessus, mais pour les minorités et les groupes vulnérables, elle va plus loin. La corruption peut également être ancrée dans des pratiques discriminatoires longtemps acceptées comme normes sociales.

PERTURBATION DE L'ÉQUITÉ DANS LA LUTTE CONTRE LA CORRUPTION

Une organisation ne peut pas mettre fin à la corruption dans la société toute seule, mais elle peut se joindre à des actions collectives mondiales pour l'éradiquer. Il s'agit d'un problème mondial qui peut être traité plus efficacement si chaque organisation fait sa part pour aider à résoudre ce problème gargantuesque. Si les grandes multinationales ont fait un bon travail pour mettre en lumière la corruption et s'y attaquer de front, les petites entreprises ne se sont pas jointes aux efforts avec la même vigueur. Comme l'atteste le rapport du Pacte des Nations unies :

Bien qu'elles comprennent l'importance et les avantages des initiatives de lutte contre la corruption, de nombreuses entreprises peinent à mettre en œuvre le 10e principe. Il existe un écart important entre les grandes entreprises (plus de 5 000 employés) et les petites et moyennes entreprises en matière de lutte contre la corruption. Voici plusieurs exemples de ces différences : Seuls 9 % des PME mettent en place des lignes d'assistance anonymes, contre 68 % des grandes entreprises ; moins de 12 % des PME enregistrent les cas de corruption, contre 57 % des grandes entreprises ; moins de 23 % des PME intègrent la lutte contre la corruption dans leur système de gestion, contre 65 % des grandes entreprises Pacte mondial des Nations unies, 10e principe, s.d.).

Si toutes les organisations s'engageaient à mettre fin à la corruption, soit en tant que participants (donneurs de pots-de-vin), soit en tant qu'auteurs (demandeurs ou extorqueurs de pots-de-vin), les principales normes de division qu'elle exacerbe seraient réduites, voire supprimées. L'ISO 26000 fournit le guide suivant pour aider dans cette entreprise :

ISO
Pour prévenir la corruption, une organisation doit

☐ *porter les violations du droit pénal à l'attention des autorités compétentes chargées de l'application de la loi ; et*
☐ *s'efforcer de s'opposer à la corruption en encourageant les autres avec lesquels l'organisme entretient des relations opérationnelles à adopter des pratiques anti-corruption similaires.*

ISO 26000:2010, pages 48-49.

ANTI CORRUPTION
Étapes concrètes de l'inclusion centrée sur la gouvernance

L'inclusion centrée sur la gouvernance dans les mesures de lutte contre la corruption doit être guidée par le 10e principe du Pacte mondial des Nations unies. Dans la mesure du possible, les organisations devraient signer l'engagement de l'« Appel à l'action contre la corruption » situé sur le site web du Pacte mondial des Nations unies. Une économie mondiale transparente dépend de l'union des organisations individuelles avec les gouvernements et l'ONU pour éradiquer les problèmes de portée mondiale tels que la corruption.

Tableau 9.1 : Pacte mondial des Nations unies : lutte contre la corruption

Principe 10 :	Les entreprises sont invitées à agir contre la corruption sous toutes ses formes, y compris l'extorsion de fonds et les pots-de-vin.

Les politiques et programmes proactifs conçus pour lutter contre la corruption en interne, en externe et par le biais d'actions collectives (société civile, gouvernements et Nations unies) doivent être clairs, précis, mesurables et applicables en cas de violation. Un code d'éthique ou de conduite est un bon moyen de mettre tout le monde d'accord et d'exprimer clairement la position de l'organisation sur la corruption et ses efforts de lutte contre la corruption. Ces efforts doivent viser à éliminer les relations douteuses telles que les divertissements d'affaires ou les cadeaux - activités qui servent à obtenir des faveurs - et à interdire la corruption d'agents gouvernementaux ou publics, étrangers ou nationaux. Les organisations doivent également envisager de formuler leurs mesures à prendre en fonction du principe d'inclusion en trois étapes : elles doivent être axées sur la rédemption, la restauration et la responsabilité. Les organisations devraient utiliser ces mesures pour aider à guérir les normes de division qui ont marginalisé et désavantagé les groupes minoritaires et vulnérables pendant trop longtemps.

1. En examinant les politiques et procédures de votre organisation en matière de lutte contre la corruption, comment s'alignent-elles avec votre politique de DE&I, vos engagements et les proclamations de votre entreprise sur le sujet ?

2. S'il y a des lacunes, quelles sont les étapes et les échéances que vous avez identifiées pour les réduire ou les éliminer en vous basant sur le modèle de l'optique d'équité en 3 étapes ?

3. Toutes les parties prenantes ont-elles été identifiées et impliquées dans la révision, la modification ou le développement de vos politiques et procédures relatives à vos pratiques de prévention de la pollution modérée par le DE&I ?

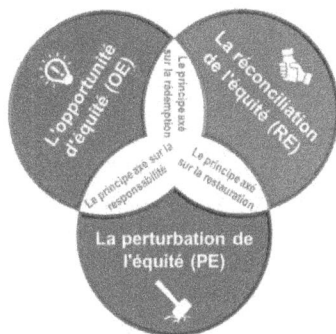

PRATIQUE OPÉRATIONNELLE ÉQUITABLE NUMÉRO 2 : LE DE&I COMME MODÉRATEUR DE L'ENGAGEMENT POLITIQUE RESPONSABLE

Votre organisation participe-t-elle activement et s'engage-t-elle dans des discussions de politique publique liées à la DE&I dans le cadre de sa responsabilité d'engagement politique ? Si oui, comment ? Si non, pourquoi pas ?

ENGAGEMENT POLITIQUE RESPONSABLE
Appel à l'action pour la diversité fondée sur la connaissance

Notre planète commune continue d'être divisée par des normes politiques qui ont rendu l'engagement politique responsable des organisations ténu, en particulier pour celles qui poursuivent consciemment une responsabilité sociale. Pourtant, les organisations détiennent aujourd'hui la clé pour aider à briser les blocages sociétaux dus à des normes qui divisent. Elles peuvent choisir d'utiliser leurs chaires d'intimidation pour relever ces défis par un engagement stratégique et respectueux dans les questions politiques, gouvernementales et sociétales. La défense des politiques publiques est un rôle nécessaire que les organisations socialement responsables jouent au sein des communautés et des sociétés dans lesquelles elles ont de l'influence, et elles devraient être guidées par l'objectif de bénéficier à la société dans son ensemble, et pas seulement aux individus qui représentent la majorité. L'adage selon lequel « la politique, c'est les affaires et les affaires, c'est la politique » est vrai ici, mais il doit être guidé par une norme éthique élevée qui ne prive pas les minorités et les groupes vulnérables de leurs droits.

Les organisations peuvent soutenir les processus politiques publics et encourager l'élaboration de politiques publiques qui profitent à l'ensemble de la société. Les organismes devraient interdire le recours à une influence indue et éviter les comportements, tels que la manipulation, l'intimidation et la coercition, qui peuvent saper le processus politique public.

ISO 26000:2010, page 49.

La connaissance exige que les dirigeants organisationnels soient conscients de la tapisserie politique qui encadre les normes sociétales dans les juridictions où ils opèrent, ainsi que dans les juridictions sur lesquelles ils ont un impact. La DE&I en tant que modérateur de l'engagement politique responsable élargit la perspective de l'organisation et lui permet d'embrasser beaucoup plus d'initiatives bénéfiques pour la société, des initiatives qui enrichissent également ses trois lignes de fond que sont le profit (prospérité), les personnes et la planète. La marginalisation historique des groupes minoritaires et vulnérables devrait être une source de préoccupation ; des décisions concrètes devraient être prises pour combler les fossés sociétaux qui les ont privés de leurs droits. Cela s'applique à la formulation et à la mise en œuvre des politiques et initiatives en matière de DE&I. Par exemple, même si une société dévalorise les femmes et les désavantage dans toutes les strates de ses sphères économiques, sociales et politiques, une organisation socialement responsable opérant dans cet environnement ne devrait pas amplifier ces normes de division par ses propres pratiques. L'organisation ne peut pas jouer les victimes ou être contrainte de jouer le jeu alors qu'elle maintient dans son propre écosystème une politique et des procédures sur l'égalité des sexes. Le XXIe siècle n'est pas l'ère du gradualisme en matière d'égalité raciale ou de genre. C'est une époque où des actions audacieuses sont nécessaires pour apporter des changements significatifs.

En matière de défense des politiques publiques, une organisation doit user de son influence pour éviter la complicité en soutenant les questions de droits civils et humains qui complètent ses engagements généraux en matière de DE&I. L'engagement politique responsable est un outil que les organisations peuvent utiliser pour combler les écarts entre les normes sociétales qui sont amplifiés par une rhétorique politique qui divise. Pendant trop longtemps, l'engagement politique des entreprises dans la politique américaine - comme dans d'autres parties du monde - a souvent favorisé le groupe majoritaire, quel qu'il soit, pour obtenir les droits les plus avantageux sur les ressources et la main-d'œuvre locales. Bien que motivée par le résultat financier plutôt que par des pratiques ouvertement déloyales, la réalité est que cela a soutenu des normes de division et des constructions politiques discriminatoires sur le plan racial, sexiste et ethnique.

Le compromis au nom de l'opportunité politique a fait partie de notre cadre politique et a été utilisé pour remettre la balle dans le camp d'une autre génération. C'est ce qui a conduit à la bifurcation instable des États-Unis lors de leur fondation. Au cours de la Convention constitutionnelle de 1787, alors que les fondateurs tentaient d'élaborer un cadre gouvernemental capable de répondre aux besoins des différents États, les Nordistes ont été confrontés à un dilemme politique, car les Sudistes voulaient compter les esclaves comme des êtres humains à part entière. Comme ils concevaient un système représentatif en corrélation avec les niveaux de population, le Sud en a profité car il a obtenu quatre millions d'Afro-Américains dans le recensement (même si, bien sûr, ces personnes n'étaient pas censées voter ou participer au gouvernement). Cela signifiait plus de sièges au Congrès américain, plus de recettes fiscales qui leur étaient allouées, et plus de pouvoir politique et d'influence dans l'élaboration des lois du pays pour les riches propriétaires d'esclaves du Sud. Le résultat de cette impasse fut l'accord de compromis sur les trois cinquièmes, qui comptait un esclave comme trois cinquièmes d'une personne aux fins du calcul de la représentation - une solution qui peut nous sembler ridicule aujourd'hui, mais qui semblait raisonnable à l'époque.

Les Nordistes qui ont participé à la Convention constitutionnelle et dont les descendants ont dirigé la nation après la guerre de Sécession savaient que l'esclavage et le racisme étaient moralement répréhensibles et que le compromis des trois cinquièmes contredisait l'affirmation même de la Constitution selon laquelle tous les hommes étaient créés égaux. Certains spécialistes affirment que l'expression « tous les hommes sont créés égaux » ne signifiait pas réellement l'égalité individuelle de ses citoyens, mais plutôt que les États-Unis demandaient à être acceptés comme un État égal parmi les autres nations. Pourtant, il n'est pas difficile d'accepter également la réalité naturelle selon laquelle les hommes ne naissent pas en tant que nation mais en tant qu'individus, de la même manière qu'un arbre ne fait pas une forêt. Alors que les nations sont les créations des hommes, les personnes sont créées par Dieu avec des droits inaliénables à la vie, à la liberté et à la poursuite du bonheur. Cela signifie que « tous les hommes sont créés égaux » est une phrase vivante, un phare pour le voyage vers une union plus parfaite.

Lorsque Melissa De Witte, du Stanford News Service, a demandé à Jack Rakove, historien de l'université de Stanford, comment les recherches sur l'histoire de la fondation du pays peuvent éclairer notre compréhension de l'histoire américaine aujourd'hui, il a répondu avec éloquence :

Deux choses. Premièrement, la question la plus difficile à laquelle nous sommes confrontés lorsque nous réfléchissons à la fondation de la nation est de savoir si le Sud esclavagiste aurait dû en faire partie ou non. Si vous pensez qu'il aurait dû en faire partie, il est difficile d'imaginer comment les auteurs de la Constitution auraient pu atteindre ce but sans faire une série de « compromis » acceptant l'existence légale de l'esclavage. Lorsque nous discutons de la Convention constitutionnelle, nous faisons souvent l'éloge du compromis donnant à chaque État une voix égale au Sénat et condamnons la clause des trois cinquièmes permettant aux États du Sud de compter leurs esclaves à des fins de représentation politique. Mais là où la querelle entre grands et petits États n'avait rien à voir avec les intérêts durables des citoyens - on ne vote jamais en fonction de la taille de l'État dans lequel on vit - l'esclavage était un intérêt réel et persistant dont il fallait tenir compte pour que l'Union survive.

Deuxièmement, la plus grande tragédie de l'histoire constitutionnelle américaine n'est pas l'échec des auteurs de la Constitution à éliminer l'esclavage en 1787. Cette option n'était tout simplement pas disponible pour eux. La véritable tragédie a été l'échec de la Reconstruction et l'émergence consécutive de la ségrégation Jim Crow à la fin du 19e siècle, qu'il a fallu plusieurs décennies pour renverser. C'était la grande opportunité constitutionnelle que les Américains n'ont pas su saisir, peut-être parce que quatre années de guerre civile et une décennie d'occupation militaire du Sud ont tout simplement épuisé l'opinion publique du Nord. Aujourd'hui encore, si l'on considère les questions de suppression des électeurs, nous sommes toujours aux prises avec ses conséquences (Witte 2020, juillet).

Au fur et à mesure que la nouvelle nation grandissait, les organisations - sociétés, institutions, entreprises - sont devenues les instruments de dissensions par le fait accompli, ce qui reste le cas aujourd'hui. Les fondateurs du Nord espéraient et supposaient que l'esclavage finirait par diminuer, mais ils n'ont pas tenu compte de l'influence des individus et des entreprises qui avaient un intérêt économique direct à soutenir les idéaux de la suprématie blanche. Ils les ont institutionnalisés dans l'éthique, le comportement, les valeurs et les pratiques des entreprises. Si ce n'était pas le cas, nous n'aurions peut-être pas aujourd'hui un racisme systémique et structurel qui prospère dans les entreprises américaines, où les décisions sont toujours prises en fonction de la couleur de la peau ou du sexe, ce qui se traduit par des problèmes d'emploi, d'accès au capital, d'insécurité alimentaire, d'inégalités de toutes sortes dans les soins de santé, l'éducation, etc. Ce compromis peut sembler obsolète, une question dépassée par la guerre civile, mais son héritage reste malheureusement significatif, même aujourd'hui.

Pour résoudre un problème, il faut parfois remonter le temps jusqu'à ses causes profondes. Si les États-Unis se sont débattus avec leur péché originel d'esclavage, ils ont fait davantage d'efforts pour aller de l'avant que la plupart des pays dont l'histoire nationale est marquée par un ADN tout aussi injuste - le fondement de la politique. Depuis la fin de la Reconstruction, le groupe racial majoritairement blanc a régi la société et les organisations, avec pour conséquence une Amérique inégale et injuste reflétée par une Amérique des entreprises généralement complice. Cependant, sans l'intervention du président Lyndon Johnson qui a forcé la promulgation des lois de 1965 sur les droits civils, la main-d'œuvre d'aujourd'hui serait conforme aux pratiques de l'époque où la plupart des recherches d'emploi ne produisaient que des candidats blancs et où la plupart des contrats de la chaîne d'approvisionnement étaient attribués à des fournisseurs blancs.

Il est intéressant de noter que la même règle de la majorité qui a alimenté la prospérité des Blancs à l'exclusion des groupes raciaux noirs et bruns est en train de s'estomper sur le plan démographique. Chaque jour, l'Amérique s'oriente davantage vers un État majoritairement minoritaire, aucun groupe racial ne dépassant la barre des 50 %. Le silence et la complicité des entreprises face aux traitements injustes infligés aux minorités et aux groupes vulnérables dans le monde de l'optique des médias sociaux d'aujourd'hui ne sont plus des options viables, ni compatibles avec la volonté de sauver la planète pour une autre génération. À quoi bon sauver la planète pour les générations futures alors que de nombreux membres de la génération actuelle ne sont pas en mesure d'atteindre leur objectif supérieur en raison de la suprématie de la race blanche et des dons des entreprises complices ?

Ce que ces entreprises devraient prendre en compte aujourd'hui, c'est une réalité qui remet en cause le cadre politique autrefois contrôlé par les hommes blancs, qui avaient le pouvoir de leur causer un préjudice économique par la législation et par l'organisation de boycotts de la part de leur base. Les entreprises et organisations axées sur la durabilité et la responsabilité sociale ne peuvent plus se permettre de soutenir les décisions inéquitables et injustes des élus qui ont choisi de maintenir une culture majoritairement blanche dans une Amérique et un monde multiethniques qui ont dépassé cette pratique et les organisations qui les soutiennent implicitement ou explicitement.

Alors que certains politiciens continuent de nourrir leur base avec la « viande rouge » qui perpétue une Amérique divisée, la main-d'œuvre des entreprises et les fournisseurs de la chaîne d'approvisionnement comptent désormais un nombre important de Millennials et de la génération Z dont les valeurs sont plus en phase avec la justice sociale que le maintien du pouvoir suprématiste blanc. Il est intéressant de noter que les milléniaux et la génération Z constituent ensemble le plus grand groupe démographique des États-Unis et qu'ils le resteront dans un avenir prévisible, à mesure que la génération des baby-boomers et celles qui l'ont précédée disparaîtront. Ces deux générations partagent une vision globale du monde avec leurs contemporains du monde entier, ayant grandi ensemble sur le phénomène MTV américain et d'autres influenceurs de médias sociaux.

Lorsque George Floyd a été sacrifié dans les rues du Minnesota, ces deux générations ont été plus nombreuses que tous les autres groupes démographiques à manifester leur mécontentement à l'égard du racisme systémique et structurel qui a permis ce crime. Les Blancs se sont tenus aux côtés de leurs frères et sœurs noirs et bruns, excédés par ce que leurs pères et mères ont ignoré ou perpétué, et réclamant la justice partout. C'est donc non seulement une nécessité pratique mais aussi un impératif pour les parties prenantes que les entreprises s'impliquent dans les questions d'équité raciale, car le marché des talents est féroce, la quête de sens des employés est réelle et le potentiel de boycott par les consommateurs d'une organisation proche de la suprématie blanche est financièrement important.

Les lignes de bataille au sein du pays ont changé. Ironiquement, le parti républicain, le parti de Lincoln qui s'est autrefois battu pour l'équité raciale, a depuis longtemps changé de valeurs, et la perspective de ressusciter ses idéaux est presque impossible ; il existe de nouvelles factions de républicains qui cherchent ouvertement une Amérique blanche ou pas d'Amérique. Le parti démocrate, qui s'est opposé pendant des siècles à l'équité raciale, allant jusqu'à diriger et instituer les politiques Jim Crow, est aujourd'hui le foyer de politiciens issus de minorités qui exploitent les vulnérabilités racistes des politiciens du parti républicain. Cela explique pourquoi le passé doit nous éclairer sur notre situation actuelle et pourquoi rien n'est nouveau sous le soleil est un adage approprié pour la situation dans laquelle nous nous trouvons en 2022.

Dans un sens, le rôle que les organisations doivent maintenant jouer dans une société divisée, alimentée par une rhétorique politique qui divise, est un peu comme le rôle politique et social que les forces fédérales ont joué lorsque le pays tout entier luttait pour protéger le droit des électeurs afro-américains contre les normes sociales du Sud. Les problèmes qui empêchent ce que j'appelle la « génération de la mission accomplie de l'Amérique » de prendre sa place sont à la fois politiques et sociaux, et nécessitent que les organisations en tant que parties prenantes d'intérêts et d'influence s'impliquent. Un retour en arrière sur la façon dont nous sommes arrivés là où nous sommes aujourd'hui est instructif tant pour l'Amérique que pour le reste du monde ; comme le dit un autre adage, « Comme l'Amérique va, le monde va ». Cela est vrai pour le meilleur et pour le pire.

ENGAGEMENT POLITIQUE RESPONSABLE
Opportunité/réconciliation/disruption de l'équité motivée par la créativité

Les organisations d'aujourd'hui doivent tenir compte de l'impact de leurs décisions politiques qui affectent négativement leur personnel et leur base de consommateurs. Se rendre complice de normes non conformes aux normes DE&I en restant neutre, silencieux ou inactif est une recette pour éviter des réactions négatives dans leurs propres rangs et des impacts financiers sur leur portefeuille. Le pire, c'est que cela crée des problèmes de durabilité au fil des ans, alors que la main-d'œuvre disponible continue de graviter vers les employeurs ayant une main-d'œuvre inclusive et un bilan d'engagement politique plus responsable.

OPPORTUNITÉ D'ÉQUITÉ DANS L'ENGAGEMENT POLITIQUE RESPONSABLE

L'engagement politique responsable ne consiste pas seulement à faire des dons aux partis politiques. Elle comprend l'influence exercée par les positions publiques prises en opposition aux normes sociétales et aux programmes politiques qui divisent. Récemment, des organisations ont été prises au dépourvu lorsqu'il s'est avéré qu'un membre de leur équipe de direction soutenait ou défendait publiquement une position politique contraire à leur position déclarée en matière de responsabilité sociale. Dans ces situations, les politiques et activités d'engagement politique responsable d'une organisation doivent être transparentes si elle espère sauver sa réputation et ne pas passer pour des hypocrites. La norme ISO 26000 propose le guide suivant :

ISO   *Une organisation devrait :*
☐   *être transparent quant à ses politiques et activités liées au lobbying, aux contributions politiques et à l'engagement politique ;*

ISO 26000:2010, page 49.

CONCILIATION DE L'ÉQUITÉ DANS L'ENGAGEMENT POLITIQUE RESPONSABLE

Une organisation doit au minimum évaluer le niveau de sensibilisation de ses dirigeants, de son personnel et de ses partenaires de travail sur ce qui constitue un engagement politique responsable. Lorsqu'ils sont modérés par DE&I, les résultats de l'évaluation devraient être utilisés pour concevoir des formations, des politiques et des procédures efficaces qui créent une réponse inclusive, politiquement neutre, mais qui s'engage à redresser les torts de la société par le biais du plaidoyer politique et du soutien à la durabilité. En conciliant son histoire d'engagement politique avec ses engagements en matière de DE&I, une organisation devrait s'efforcer de rendre cet engagement bénéfique à la fois pour ses propres intérêts et pour ceux de la société. La norme ISO 26000 propose le guide suivant :

ISO

Une organisation devrait :

☐ *former ses employés et ses représentants et les sensibiliser à l'engagement et aux contributions politiques responsables, et à la manière de gérer les conflits d'intérêts ;*

☐ *établir et mettre en œuvre des politiques et des lignes directrices pour gérer les activités des personnes retenues pour défendre les intérêts de l'organisme [...].*

ISO 26000:2010, page 49.

Ce qui est devenu ironique dans le discours politique d'aujourd'hui, en particulier aux Etats-Unis, c'est la clameur de certains pour préserver leur statut privilégié sur la base de la race par tous les moyens nécessaires, en particulier par l'engagement politique. Les organisations socialement responsables doivent concilier leurs valeurs et leurs engagements en matière de DE&I avec le fait que la démographie du bassin d'emploi ne peut soutenir une norme de pensée sociale réservée aux Blancs. En fait, les Blancs de la génération du millénaire et de la génération Z sont plus enclins que les générations précédentes à adhérer à des politiques et des directives inclusives qui englobent les minorités et les groupes vulnérables. Cette main-d'œuvre plus jeune est motivée par un ensemble de valeurs plus progressistes, plutôt que par la préservation de la suprématie blanche. Bien qu'il y ait des exceptions dans tous les groupes démographiques, la prépondérance de ce changement parmi les jeunes travailleurs suggère que les Millennials et les Gen Z deviendront une génération de seniors habitués à une confluence majorité-minorité, dans laquelle les valeurs et les comportements partagés seraient inclusifs comme à aucun autre moment de l'histoire américaine.

RUPTURE D'ÉQUITÉ DANS L'ENGAGEMENT POLITIQUE RESPONSABLE

Lorsqu'elle évalue son engagement politique, une organisation doit toujours éviter les contributions et les messages douteux et adopter, dans la mesure du possible, une position neutre à l'égard des partis politiques et des politiciens. Les contributions aux partis politiques doivent être conformes à ce que la loi exige et ne pas participer à des activités et contributions politiques interdites par la loi. La norme ISO 26000 propose le guide suivant :

ISO

Une organisation devrait :

☐ *éviter les contributions politiques qui équivalent à une tentative de contrôle ou qui pourraient être perçues comme exerçant une influence indue sur les politiciens ou les décideurs en faveur de causes spécifiques ; et*

☐ *interdire les activités qui impliquent la désinformation, la déformation des faits, la menace ou la contrainte.*

ISO 26000:2010, page 49.

ENGAGEMENT POLITIQUE RESPONSABLE
Étapes concrètes de l'inclusion centrée sur la gouvernance

L'inclusion centrée sur la gouvernance dans le traitement de l'engagement politique responsable doit être guidée par des politiques et des pratiques proactives réorganisées ou conçues pour prendre en compte les intérêts de toutes les parties prenantes. Les principes d'inclusion en 3 étapes sont des guides utiles pour garantir que les activités d'engagement politique responsable d'une organisation sont axées sur la rédemption, la restauration et la responsabilité. Les organisations doivent utiliser l'engagement politique responsable pour défendre et soutenir leurs intérêts ainsi que les intérêts qui profitent à l'ensemble de la société. Le cas échéant, elles doivent soutenir les mesures visant à combler les fossés qui ont marginalisé et désavantagé les groupes minoritaires et vulnérables pendant bien trop longtemps.

Étapes concrètes de l'inclusion axée sur la gouvernance dans le cadre de l'IMPLICATION POLITIQUE RESPONSABLE

1. En examinant les politiques et procédures de votre organisation en matière d'engagement politique responsable, comment s'alignent-elles sur votre politique de DE&I, vos engagements et les proclamations de votre entreprise en la matière ?

2. S'il y a des lacunes, quelles sont les étapes et les échéances que vous avez identifiées pour les réduire ou les éliminer en vous basant sur le modèle de l'optique d'équité en 3 étapes ?

3. Toutes les parties prenantes pertinentes ont-elles été identifiées et engagées dans la révision, la modification ou le développement de vos politiques et procédures concernant vos pratiques d'engagement politique responsable modéré par DE&I ?

PRATIQUE OPÉRATIONNELLE ÉQUITABLE NUMÉRO 3 : LE DE&I COMME MODÉRATEUR DE LA CONCURRENCE LOYALE

Votre organisation intègre-t-elle les questions de DE&I dans ses pratiques opérationnelles de concurrence loyale ? Si oui, comment ? Si non, pourquoi pas ? L'humanité est entrée dans le XXIe siècle en surfant sur la révolution de l'internet à ses débuts. Si les États-Unis ont inventé l'internet et contrôlent toujours une grande partie de son infrastructure, l'utilisation de ce développement technologique par sa population n'aurait pas permis de créer un monde uni connecté uniquement par des bits et des octets. Il n'est donc pas surprenant qu'en 2000, la plupart des projets d'activités et d'accès à l'internet se soient concentrés sur les frontières américaines, les utilisateurs du monde entier n'étant inclus qu'après coup. Ce repli sur soi aurait privé les entreprises américaines de la part du marché mondial qu'elles méritent pour avoir partagé leurs innovations avec le monde entier. Tout comme la vision que le président Kennedy avait formulée sur les raisons pour lesquelles l'Amérique devait chercher à dominer l'espace pour le bien de l'humanité, l'internet représentait une technologie de transformation qui transcende les frontières. C'est là que la concurrence loyale devient cruciale dans le parcours de responsabilité sociale et de développement durable d'une organisation.

CONCURRENCE LOYALE
Appel à l'action pour la diversité fondée sur la connaissance

Une organisation dont l'objectif est de créer l'intégralité organisationnelle dans son écosystème adopte et encourage la concurrence loyale dans ses activités, produits et services. La DE&I devient le moyen d'atteindre l'intégrité organisationnelle par le biais de pratiques de concurrence loyale, ce qui a le potentiel d'amener une organisation au-delà des rudiments du développement durable. Tout comme la marée montante soulève tous les bateaux, la concurrence loyale - sans pratiques discriminatoires - profite à toutes les parties prenantes, y compris la société dans son ensemble, en améliorant le niveau économique et de vie de tous. En suivant les orientations fournies par la norme ISO 26000,

ISO

Une concurrence loyale et généralisée stimule l'innovation et l'efficacité, réduit les coûts des produits et des services, garantit l'égalité des chances pour toutes les organisations, encourage le développement de produits ou de processus nouveaux ou améliorés et, à long terme, renforce la croissance économique et le niveau de vie. Un comportement anticoncurrentiel risque de nuire à la réputation d'une organisation auprès de ses parties prenantes et peut créer des problèmes juridiques. Lorsque les organisations refusent de s'engager dans un comportement anticoncurrentiel, elles contribuent à créer un climat dans lequel un tel comportement n'est pas toléré, ce qui profite à tous.

Il existe de nombreuses formes de comportement anticoncurrentiel. En voici quelques exemples : la fixation des prix, où les parties s'entendent pour vendre le même produit ou service au même prix ; le truquage des offres, où les parties s'entendent pour manipuler une offre concurrentielle ; et les prix prédateurs, qui consistent à vendre un produit ou un service à un prix très bas dans le but d'évincer les concurrents du marché et de leur imposer des sanctions injustes.

ISO 26000:2010, pages 49-50.

Lorsque DE&I modère les initiatives de concurrence loyale d'une organisation, il ouvre la porte à tous, indépendamment des normes de division qui marginalisent et désavantagent les groupes minoritaires au profit de la majorité. En plus des formes de comportement anticoncurrentiel identifiées ci-dessus, l'impact sur les groupes minoritaires et vulnérables est significatif et doit faire partie de la discussion.

En général, les grandes entreprises ont déjà mis en place au moins quelques politiques et procédures anticoncurrentielles, qui couvrent le respect de la législation sur la concurrence, le soutien aux pratiques antitrust et antidumping, etc. Les minorités et les groupes vulnérables sont les plus touchés par les pratiques anticoncurrentielles dans des domaines tels que les retards de paiement aux sous-traitants, le truquage des offres, la fixation des prix et les activités des cartels. Le manque d'accès au capital exacerbe encore ce problème ; lorsqu'une organisation ne paie pas ses sous-traitants minoritaires à temps, elle prépare le terrain pour leur disparition éventuelle.

La concurrence loyale doit donner aux organisations ou aux individus appartenant à des minorités la possibilité de participer au moteur économique en créant, en vendant ou en participant à la livraison et à la consommation de produits et de services sur un pied d'égalité avec tous les autres. Les pratiques de ségrégation de jure ou de facto, bien qu'elles soient omniprésentes, sont incompatibles avec ces vertus et comportements justes et exacerbent nos normes de division. Un exemple de comportement anticoncurrentiel est la discrimination à l'encontre de personnes appartenant à des minorités ou à des groupes vulnérables, en stéréotypant leurs capacités, en exigeant d'elles qu'elles fournissent des produits ou des services à un niveau de qualité et de prix que les autres groupes ne sont pas tenus de respecter, le tout de manière moralisatrice, afin que les victimes se disqualifient elles-mêmes. Il s'agit d'une pratique qui préserve l'illusion d'équité, tout en renforçant en réalité les pratiques discriminatoires. Ces pratiques trouvent leur origine dans des normes sociétales qui sont rarement abordées dans les formations de sensibilisation à la concurrence loyale ou dans les politiques et procédures. Les États-Unis fournissent une bonne étude de cas à cet égard.

Historiquement, les suprémacistes blancs ont utilisé les entreprises comme outils pour acquérir et maintenir le pouvoir politique. Lors des élections de mi-mandat de 1874, alors que le gouvernement fédéral et celui de l'État d'Alabama étaient complices des caprices du KKK en matière d'intimidation et de violence à l'encontre des Afro-Américains, l'harmonie raciale a cédé la place à l'agitation blanche et à une politique acrimonieuse. C'est au cours de ces cercles électoraux qu'un Parti républicain profondément divisé a succombé aux souhaits agressifs d'une Amérique ségréguée promue par le Parti démocrate, alors raciste.

Les démocrates du Sud ont lancé « ... une campagne de coercition économique : Les grands propriétaires d'entreprises refusaient d'embaucher des hommes noirs ou toute personne ayant prêté allégeance au parti républicain... » qui, jusqu'alors, avait mené le combat pour l'égalité politique et sociale en Amérique. Peu importe le fait qu'à ce stade du développement socio-économique et politique de l'Amérique, les Afro-Américains étaient plus qualifiés, plus aptes à travailler et plus susceptibles d'être des entrepreneurs indépendants, ce qui aurait dû leur donner un avantage sur un marché équitable. Mais leurs homologues blancs pauvres en étaient parfaitement conscients et utilisaient des pratiques de concurrence déloyale pour faire dérailler le moteur économique noir. L'histoire n'a pas beaucoup changé depuis.

Les faux récits d'aujourd'hui sur les caractéristiques raciales sont une propagation continue des messages de la suprématie blanche d'il y a longtemps, selon lesquels les esclaves libérés étaient stupides, illettrés et incapables de vivre ou de contribuer à une civilisation anglo-saxonne. Ce modèle social mental va à l'encontre du fait que l'économie capitaliste de plantation s'est construite sur le dos des Noirs et des Marrons qui dirigeaient les plantations, construisaient les autoroutes et les chemins de fer, et développaient et réparaient les outils technologiques agricoles ou de construction de l'époque.

La population blanche qui vivait après la guerre civile - du président Andrew Johnson au pauvre fermier blanc des États du Sud - était menacée par ce qu'elle considérait comme une suprématie/un avantage des Noirs sur le marché du travail. Cela a conduit à une concurrence déloyale - des pratiques déloyales systémiques - qui s'est transformée en ce que nous appelons aujourd'hui le racisme systémique et structurel - un bastion de taupes qui tourne en dérision le plus grand système démocratique du monde. Bien que le racisme explicite ne soit plus une norme acceptable et pratiquée (généralement), les inégalités se manifestent toujours par un manque d'accès au capital, à l'emploi, par des disparités en matière de santé, par l'accès à la propriété, par des pratiques d'incarcération inacceptables, etc. pour les groupes de personnes noires et brunes. Bien que COVID-19 ait révélé tous ces problèmes et que des organisations, grandes et petites, y aient prêté attention, leurs racines sont encore profondes et leurs effets néfastes encore plus profonds.

Richard Harvey Cain, un député afro-américain qui a siégé au 43e (1873-1875) et au 45e (1877-1879) Congrès, a décrit l'état du marché du travail : « ...les charpentiers, les machinistes, les ingénieurs - presque tous les mécaniciens (Congressional Record 1874) » qui vivaient dans le Sud à cette époque étaient noirs. Par conséquent, lorsque les démocrates du Sud ont lancé une campagne de coercition économique contre les grandes entreprises qui embauchaient des Afro-Américains ou qui fréquentaient des entreprises appartenant à ces derniers, ils ont non seulement mis à genoux l'ensemble de la communauté noire - sur le plan économique - mais ce mouvement est également devenu le terrain fertile sur lequel les lois Jim Crow ont été fondées et appliquées avec succès et de manière durable. Ce type de coercition économique est également devenu le plan de match pour les ségrégations sociopolitiques de type Jim Crow. La campagne officieuse d'intimidation et d'interdiction d'accès s'est avérée efficace, et elle a donc été codifiée dans la loi. À l'époque, la population blanche contrôlait le marché et les dépenses, et c'est encore le cas aujourd'hui.

Cependant, au XXIe siècle, les forces du marché ont changé ; les parties prenantes sont plus variées et mieux informées de leurs droits et de leur pouvoir, et les entreprises sont plus vulnérables aux dynamiques et forces internes et externes contrôlées par des non-Blancs. Pourtant, les suprémacistes blancs continuent de craindre que lorsque les groupes raciaux noirs et bruns, les femmes et les immigrants réussissent dans la société, ce soit à leurs dépens. Le chant qui a retenti à Charlottesville « Les Juifs ne nous remplaceront pas » est né de ce sentiment connexe. Songez que le 10 janvier 1873, le député Cain a fait cette observation, qui sonne toujours juste aujourd'hui :

Maintenant, je ne vois pas comment nous pouvons perdre l'amitié de nos amis blancs en disant simplement que nous devrions être autorisés à jouir des droits dont jouissent les autres citoyens... Nous ne voulons aucune discrimination. Je ne demande aucune législation pour les personnes de couleur de ce pays qui ne soit pas appliquée aux blancs. Tout ce que nous demandons, ce sont des lois égales, une législation égale et des droits égaux...

La citation ci-dessus date de 1873 et elle est tout aussi applicable aujourd'hui. La concurrence loyale consiste à donner une chance à chacun sur la base de ses qualifications individuelles et professionnelles, indépendamment des normes discriminatoires de la société. La concurrence loyale se mêle à la vie de bien des façons, car elle est le moteur du capitalisme.

Mais les vieilles habitudes ont la vie dure. Après les élections américaines de 2020, lorsque les minorités ont voté en nombre historique en Géorgie, les législateurs de l'État de Géorgie ont adopté des réformes radicales visant à rendre difficile le vote des groupes raciaux noirs et bruns lors des futures élections. Lorsque les entreprises ont commencé à s'opposer, exerçant un certain degré de responsabilité sociale (bien que limité dans de nombreux cas), il n'était pas surprenant que l'un des législateurs les plus compétents de notre époque et un ancien président du Sénat américain politiquement astucieux - Mitch McConnell - s'en mêle :

C'est tout à fait stupide de s'immiscer au milieu d'une question hautement controversée... Les républicains boivent aussi du Coca-Cola, nous prenons l'avion et nous aimons le baseball... Cela irrite un sacré paquet de fans républicains.

En d'autres termes, alors que les entreprises progressent vers un comportement plus responsable, ce mouvement se heurte à l'opposition d'intérêts bien ancrés qui ne souhaitent pas une émancipation plus large du peuple. Le sénateur McConnell a sifflé la « faute » contre Coca-Cola (« Les Républicains boivent... »), Delta Airlines (« ...nous prenons l'avion ») et la Major League Baseball (« ...nous aimons ») parce qu'ils se sont impliqués de manière responsable dans une affaire politique - oui - mais une affaire qui avait également des ramifications d'équité sociétale. Une participation massive des groupes minoritaires aux élections obligerait les candidats des groupes raciaux blancs à solliciter les votes de leurs concitoyens noirs et bruns, au lieu de compter sur leur seule démographie raciale blanche pour remporter les élections. Alors que M. McConnell souhaitait que les entreprises restent en dehors de la politique, il a reconnu leur droit « ...à participer au processus politique ». Certains républicains blancs, nostalgiques du bon vieux temps où ils étaient majoritaires, sont aux prises avec un changement démographique qui fait que, pour la première fois, le groupe racial blanc représentera moins de 50 % de la population américaine d'ici 2045.

Toutefois, sur le plan économique, même si tous les Républicains buvaient du Coca-Cola, cela ne représenterait qu'une goutte d'eau dans les revenus globaux que la société tire des consommateurs du monde entier. Il en va de même pour Delta et MLB, ainsi que pour toutes les entreprises, en particulier celles qui ont une empreinte mondiale. Ainsi, l'argument économique qui soutient aujourd'hui les normes de la suprématie blanche n'est pas aussi fort qu'il a pu l'être par le passé, même si des politiciens comme McConnell aimeraient que les gens croient le contraire. Que se passera-t-il si les pays dans lesquels ces entreprises ont également des intérêts économiques les boycottent pour leur complicité avec les normes de division politique anti-démocratique à motivation raciale ?

Le recensement américain prévoit que d'ici 2028, la part de la population américaine née à l'étranger devrait être plus élevée qu'à aucun moment depuis 1850, lorsque plus de 90 % des nouveaux immigrants étaient blancs. À l'ère des médias sociaux, les comportements et les valeurs ne sont pas facilement effacés ou mis de côté. Les sociétés et organisations américaines de toutes tailles dépendront plus que jamais de la main-d'œuvre et des entreprises des groupes de personnes noires et brunes et des femmes, car la démographie continue de danser vers un spectre majoritairement minoritaire. Par conséquent, une concurrence loyale, modérée par le DE&I, devient cruciale pour les organisations qui veulent attirer la meilleure main-d'œuvre et les meilleurs partenaires de travail, aujourd'hui et dans un avenir proche.

Figure 9.1 : Personnes nées à l'étranger vivant aux États-Unis

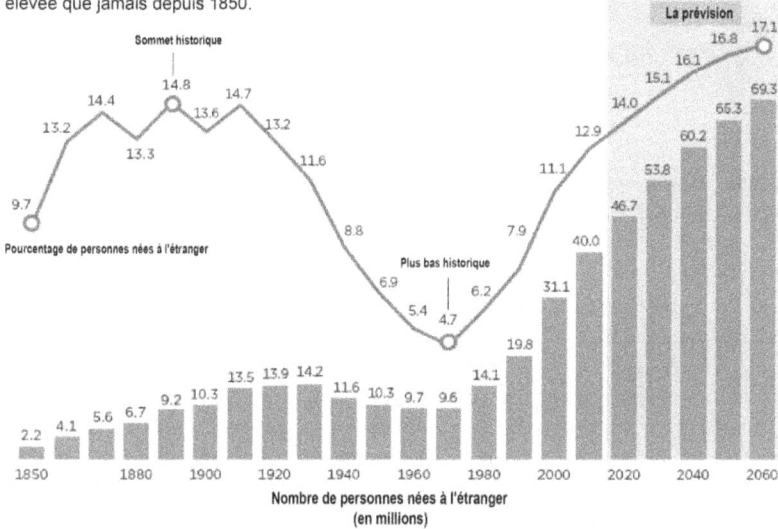

Figure 4.

Personnes nées à l'étranger vivant aux États-Unis : 1850, projection de 2020 à 2060
En 2028, la part de la population américaine née à l'étranger devrait être plus élevée que jamais depuis 1850.

Source : Adapté et traduit dans Humankind Shared Planet Divided by Norms à partir de la source originale : U.S. Census Bureau, 1850-2000 Decennial Censuses, American Community Survey 2010, 2017 National Population Projections for 2020-2060.

CONCURRENCE LOYALE
Opportunité/réconciliation/disruption de l'équité motivée par la créativité

La pandémie de COVID-19 a montré comment le capitalisme et ses systèmes sont ancrés dans le monde entier. Par exemple, lorsque les gens du monde entier ne pouvaient plus aller au restaurant, les restaurants sont venus à eux en leur livrant de la nourriture, grâce aux innovations technologiques. Dans le passé, ce phénomène aurait été largement limité aux pays développés. Mais comme notre monde est interconnecté sur le plan socioculturel, de nombreuses innovations peuvent facilement être reproduites ailleurs. Cela est tout aussi vrai pour l'éducation ou les services à but non lucratif que pour une usine produisant des gadgets. Par exemple, en Afrique, les personnes disposant d'un téléphone portable appelaient ou utilisaient des applications pour commander des aliments et se les faire livrer par d'autres entrepreneurs innovants qui trouvaient le moyen de venir chercher les aliments (en voiture, à moto ou à dos d'âne) et de les livrer. Le phénomène a commencé principalement dans les pays avancés, mais il a été rapidement adopté et reproduit par des entrepreneurs du monde entier, répondant aux besoins de leurs propres parties prenantes. Les fournisseurs de téléphones cellulaires, les fabricants et installateurs d'équipements, leurs employés, partenaires, clients, régulateurs gouvernementaux, etc. font tous partie du continuum des parties prenantes. Comme l'a attesté M. Fink de BlackRock :

Dans le monde interconnecté d'aujourd'hui, une entreprise doit créer de la valeur pour l'ensemble de ses parties prenantes et être appréciée par celles-ci afin de créer de la valeur à long terme pour ses actionnaires. C'est grâce à un capitalisme efficace des parties prenantes que le capital est alloué de manière efficace, que les entreprises atteignent une rentabilité durable et que la valeur est créée et soutenue à long terme. Ne vous méprenez pas, la recherche équitable du profit est toujours ce qui anime les marchés ; et la rentabilité à long terme est la mesure par laquelle les marchés détermineront en fin de compte le succès de votre entreprise (Fink 2022).

Avec plus de sept milliards de personnes dans le monde aujourd'hui, de plus en plus d'opportunités commerciales attendent d'être réimaginées ou de naître, et contrairement au passé, les fondateurs et propriétaires de nombre de ces entreprises ne seront pas des hommes blancs. Prenez la génération Z, par exemple. Ils sont tout aussi innovants en Afrique, en Amérique du Sud ou en Asie qu'aux États-Unis, car ils sont littéralement nés avec un téléphone portable à la main. Aujourd'hui, les entrepreneurs comprennent des hommes et des femmes noirs et bruns de toutes les races - tous les acteurs de la fête du capitalisme. Les marchés de capitaux et ceux qui les contrôlent devraient considérer l'accès au capital pour financer ces entrepreneurs dans le monde entier comme faisant partie des décisions et des pratiques de concurrence loyale. Eux aussi ont leur place dans la matrice des parties prenantes. Plus que tout cela, ceux qui contrôlent les marchés financiers devraient envisager des moyens innovants pour faire fructifier les fonds de leurs actionnaires dans des cadres socialement responsables qui mènent au développement durable - le genre de développement qui considère la pauvreté et son éradication comme faisant partie de la mission.

Pendant une grande partie de l'histoire, les entreprises appartenant à des groupes minoritaires et vulnérables n'ont pas été autorisées à se livrer à une concurrence loyale, limitées par les normes sociétales modératrices qui les désavantageaient. Si le truquage des offres, la fixation des prix, les activités des cartels et les retards de paiement aux sous-traitants sont quelques-unes des pratiques anticoncurrentielles que les organisations abordent dans leurs politiques, ces pratiques sont beaucoup plus répandues à l'encontre des groupes minoritaires et vulnérables dans tous les pays, et elles sont souvent balayées sous le tapis. Ces pratiques se manifestent également pour ces groupes par un manque d'accès au capital pour financer des projets pendant des mois, des retards dans le paiement et des propositions évaluées en fonction de la race, du sexe ou d'autres normes sociales qui n'ont rien à voir avec les qualifications.

OPPORTUNITÉ D'ÉQUITÉ DANS LA CONCURRENCE LOYALE

Dans le cadre du capitalisme des parties prenantes, les organisations devraient considérer la DE&I comme une lentille contribuant à la concurrence loyale alors qu'elles font évoluer leurs modèles commerciaux et réimaginent leur objectif de durabilité dans un monde post-pandémique. À tout le moins, la sensibilisation des employés aux impacts de leurs décisions et activités sur les entreprises détenues par des groupes minoritaires et vulnérables, qui sont également des parties prenantes, devrait faire partie de la discussion. Pour de nombreuses grandes entreprises, la solution consiste à s'assurer que ces lois sont réécrites à leur avantage, plutôt que de modifier une pratique commerciale rentable pour se conformer à des règles qu'elles n'aiment pas. La norme ISO 26000 propose le guide suivant :

ISO *Pour promouvoir une concurrence loyale, un organisme devrait :*

☐ *promouvoir la sensibilisation des employés à l'importance du respect de la législation sur la concurrence et de la concurrence loyale ;*

☐ *soutenir les pratiques antitrust et anti-dumping, ainsi que les politiques publiques qui encouragent la concurrence [...].*

ISO 26000:2010, page 49.

CONCILIATION DE L'ÉQUITÉ DANS LA CONCURRENCE LOYALE

Même dans les situations où la législation sur la concurrence loyale ne traite pas directement de questions telles que les activités anticoncurrentielles qui ont un impact négatif sur les minorités et les groupes vulnérables, les organisations socialement responsables ne doivent pas les ignorer ou ne pas les aborder. Les organisations socialement responsables peuvent être plus proactives que ne l'exigent les cadres juridiques ou culturels locaux ; si elles ont la prévoyance et la volonté de faire respecter leurs principes à l'échelle mondiale, elles peuvent être des pionnières dans l'établissement de normes de concurrence loyale, une approche progressive qui leur sera bénéfique, ainsi qu'à la société.

ISO *Pour promouvoir une concurrence loyale, un organisme devrait :*

☐ *établir des procédures et d'autres garanties pour éviter de s'engager dans un comportement anticoncurrentiel ou d'en être complice ;*

☐ *être conscient du contexte social dans lequel il opère et ne pas tirer profit des conditions sociales, telles que la pauvreté, pour obtenir un avantage concurrentiel injuste.*

ISO 26000:2010, page 49.

PERTURBATION DE L'ÉQUITÉ DANS LA CONCURRENCE LOYALE

Un bon moyen pour une organisation socialement responsable de perturber les pratiques de concurrence déloyale est de faire appliquer les lois et règlements anti-concurrence existants dans son propre écosystème. Travailler avec les organes législatifs pour s'assurer que les protections et les intérêts des minorités et des groupes vulnérables sont inclus dans les législations est un autre moyen de valider et de renforcer l'engagement politique responsable. L'ISO 26000 propose les lignes directrices suivantes :

CONCURRENCE LOYALE
Étapes concrètes de l'inclusion centrée sur la gouvernance

L'inclusion centrée sur la gouvernance par le biais de normes et de pratiques de concurrence loyale modérées par le DE&I doit aller au-delà de l'accent traditionnel mis sur la législation anti-concurrence. Il faut examiner comment les groupes minoritaires et vulnérables sont affectés par les normes sociales qui les marginalisent. Les politiques et programmes proactifs conçus pour lutter contre la concurrence loyale doivent être guidés par le principe d'inclusion en trois étapes. Les organisations devraient utiliser ces mesures pour aider à guérir les normes de division qui ont marginalisé et désavantagé les groupes minoritaires et vulnérables pendant trop longtemps.

Étapes concrètes de l'inclusion axée sur la gouvernance dans le cadre de la COMPÉTITION ÉQUITABLE

1. En examinant les politiques et les procédures de votre organisation en matière de concurrence loyale, comment s'alignent-elles sur votre politique de DE&I, vos engagements et les proclamations de votre entreprise en la matière ?

2. S'il y a des lacunes, quelles sont les étapes et les échéances que vous avez identifiées pour les réduire ou les éliminer en vous basant sur le modèle de l'optique d'équité en 3 étapes ?

3. Toutes les parties prenantes ont-elles été identifiées et impliquées dans la révision, la modification ou le développement de vos politiques et procédures relatives à vos pratiques de prévention de la pollution modérée par le DE&I ?

PRATIQUE OPÉRATIONNELLE ÉQUITABLE NUMÉRO 4 : LE DE&I COMME MODÉRATEUR POUR LA PROMOTION DE LA RESPONSABILITÉ SOCIALE DANS LA CHAÎNE DE VALEUR

En promouvant la responsabilité sociale dans sa sphère d'influence, votre organisation intègre-t-elle la DE&I comme une forme de monnaie d'échange pour les décisions à valeur ajoutée et l'exécution des activités courantes ? Si oui, comment ? Si non, pourquoi pas ?

L'application d'une lentille DE&I à l'ensemble de la chaîne de valeur est un bon moyen d'assurer une application complète des principes éthiques et inclusifs, tant à l'intérieur qu'à l'extérieur d'une organisation. Toute organisation peut influencer d'autres organisations par ses décisions d'approvisionnement et d'achat. En utilisant un leadership et un mentorat conscients de la DE&I tout au long de la chaîne de valeur, elle peut promouvoir l'adoption et le soutien des principes et pratiques de la responsabilité sociale et du développement durable.

PROMOUVOIR LA RESPONSABILITÉ SOCIALE DANS LA CHAÎNE DE VALEUR
Appel à l'action pour la diversité fondée sur la connaissance

Les organisations ont d'immenses possibilités de promouvoir la responsabilité sociale dans leurs sphères d'influence. L'une de ces possibilités réside dans leurs décisions et activités d'achat et d'approvisionnement. Ce « pouvoir d'achat » a le potentiel de provoquer un changement social dans d'autres organisations plus rapidement que tout mandat législatif, car il touche au cœur de la survie économique de ces organisations. Si une grande entreprise comme Coca-Cola, par exemple, exige de ses sous-traitants qu'ils adhèrent à des normes de DE&I, vous pouvez être sûr que les entrepreneurs locaux, quels que soient la culture et le contexte, feront tout leur possible pour s'assurer qu'ils répondent aux normes de Coca-Cola afin d'obtenir leur marché. Et Coca-Cola pourrait le faire immédiatement par le biais de décisions politiques unilatérales, sans devoir passer par le processus souvent lent de modification d'un environnement réglementaire.

En intégrant leurs politiques et pratiques DE&I dans leurs exigences en matière d'achat et d'approvisionnement, les organisations opérant dans tous les secteurs peuvent contribuer à la croissance économique des communautés vulnérables ou défavorisées et promouvoir la justice environnementale et sociale dans ces communautés. La norme ISO 26000 fournit les grandes orientations suivantes :

ISO
Un organisme peut influencer d'autres organismes par ses décisions d'achat et d'approvisionnement. Grâce au leadership et au mentorat tout au long de la chaîne de valeur, elle peut promouvoir l'adoption et le soutien des principes et des pratiques de la responsabilité sociétale. Une organisation doit prendre en compte les impacts potentiels ou les conséquences involontaires de ses décisions d'achat et d'approvisionnement sur les autres organisations, et prendre soin d'éviter ou de minimiser tout impact négatif. Elle peut également stimuler la demande de produits et de services socialement responsables. Ces actions ne doivent pas être considérées comme remplaçant le rôle des autorités dans la mise en œuvre et l'application des lois et des règlements. Chaque organisme de la chaîne de valeur est responsable du respect des lois et règlements applicables et de ses propres impacts sur la société et l'environnement.

ISO 26000:2010, page 50.

327

Il existe de nombreuses autres opportunités où un organisme peut exercer son influence au-delà des achats et de l'approvisionnement. Dans de telles occasions, les organisations devraient user de leur influence pour promouvoir et soutenir les principes et les pratiques de responsabilité sociale qui sont alignés sur leurs politiques et pratiques de DE&I. La responsabilité sociale dans la chaîne de valeur ne doit pas être perçue comme un frein aux profits, car cela minimise la valeur que la bonne volonté des consommateurs (et l'augmentation de la part de marché) apporte à la table. En fait, la promotion de la responsabilité sociale peut constituer un avantage concurrentiel.

PROMOUVOIR LA RESPONSABILITÉ SOCIALE DANS LA CHAÎNE DE VALEUR
Opportunité/réconciliation/disruption de l'équité motivée par la créativité

Les organisations socialement responsables poursuivent un programme d'approvisionnement inclusif intentionnel qui cherche à élever tous les groupes de personnes tout au long de l'écosystème de leur chaîne de valeur - de l'approvisionnement en matières premières à la fabrication et à la vente, et même au recyclage des produits finis qui ont terminé leur cycle de vie. Lorsque toutes les parties prenantes sont correctement incluses dans les discussions sur les pratiques et les procédures, y compris les groupes minoritaires et défavorisés, elles ont davantage de possibilités de participer et de bénéficier de chaque étape du processus. L'organisation bénéficie également du triple avantage des bénéfices, des personnes et de la planète. Il est important de reconnaître ici que les parties prenantes peuvent inclure des personnes qui ne font pas partie du champ traditionnel des priorités d'une organisation, comme les organisations externes.

OPPORTUNITÉ D'ÉQUITÉ DANS LA PROMOTION DE LA RESPONSABILITÉ SOCIALE DANS LA CHAÎNE DE VALEUR

Les opportunités d'équité abondent dans la chaîne de valeur lorsque les responsables des achats et les employés d'une organisation sont conscients de la nécessité d'être inclusifs dans leurs activités d'achat. Les gens préfèrent généralement faire des affaires avec ceux qu'ils connaissent, même si cela est inéquitable et injuste pour les autres. Dans ce cas, la solution la plus simple consiste à former tous les employés ayant des responsabilités en matière d'achats afin de s'assurer qu'ils sont conscients des impacts sur les minorités et les groupes vulnérables lorsque ces derniers sont exclus de l'écosystème de la chaîne de fournisseurs. Peu importe que la décision d'exclure les groupes minoritaires et vulnérables soit biaisée ou non ; le fait qu'ils soient exclus de la participation à la chaîne de fournisseurs n'est ni équitable ni durable.

La formation des employés chargés des achats devrait inclure le paiement dans les délais des travaux effectués par les vendeurs, fournisseurs, entrepreneurs et sous-traitants. Les paiements retardés ou différés, qui, historiquement, sont parfois le fruit de préjugés implicites ou même explicites, font peser une charge indue sur les fournisseurs appartenant à des groupes minoritaires et vulnérables, qui opèrent souvent dans une position de moindre flexibilité en termes de capital. Une formation efficace implique une exposition à la manière dont les humains prennent des décisions par le biais de la pensée automatique, de la pensée sociale et des modèles mentaux. Bien qu'il ne s'agisse que de quelques exemples, le message essentiel est que les décideurs en matière d'approvisionnement sont au premier plan de l'identification et de l'engagement justes et équitables des fournisseurs d'une organisation. La norme ISO 26000 offre les conseils suivants :

ISO   *Pour promouvoir la responsabilité sociétale dans sa chaîne de valeur, une organisation devrait :*

☐ *envisager de fournir un soutien aux SMO, y compris une sensibilisation aux questions de responsabilité sociétale et aux meilleures pratiques, et une assistance supplémentaire (par exemple, technique, renforcement des capacités ou autres ressources) pour atteindre des objectifs de responsabilité sociétale ;*

☐ *participer activement à la sensibilisation des organisations avec lesquelles elle entretient des relations aux principes et aux questions de responsabilité sociale [...].*

ISO 26000:2010, page 50.

CONCILIATION DE L'ÉQUITÉ DANS LA PROMOTION DE LA RESPONSABILITÉ SOCIÉTALE DANS LA CHAÎNE DE VALEUR

Une évaluation complète de la chaîne de valeur permet également à une organisation de s'assurer que ses pratiques et procédures sont cohérentes en interne à tous les niveaux, en conciliant les écarts d'équité entre les systèmes ou les aspects du système qui peuvent porter le legs de multiples injustices historiques.

ISO   *Pour promouvoir la responsabilité sociétale dans sa chaîne de valeur, une organisation devrait :*

☐ *intégrer des critères éthiques, sociaux, environnementaux et d'égalité des sexes, ainsi que de santé et de sécurité, dans ses politiques et pratiques d'achat, de distribution et de passation de marchés afin d'améliorer la cohérence avec les objectifs de responsabilité sociale ;*

☐ *encourager les autres organisations à adopter des politiques similaires, sans pour autant adopter un comportement anticoncurrentiel ;*

☐ *promouvoir un traitement équitable et pratique des coûts et des avantages de la mise en œuvre de pratiques socialement responsables tout au long de la chaîne de valeur, y compris, si possible, en renforçant la capacité des organisations de la chaîne de valeur à atteindre des objectifs socialement responsables. Cela inclut des pratiques d'achat adéquates, par exemple en veillant à ce que des prix équitables soient payés et à ce qu'il y ait des délais de livraison adéquats et des contrats stables.*

ISO 26000:2010, pages 50-51.

Certaines organisations socialement responsables utilisent des enquêtes menées auprès des fournisseurs pour évaluer leur écosystème afin de s'assurer qu'ils se comportent de manière durable et socialement responsable. Lorsque les résultats révèlent des lacunes dans leurs systèmes de gestion, des mesures correctives peuvent être élaborées pour y remédier. Lorsqu'une entreprise veut faire ce qu'il faut mais ne dispose pas des moyens financiers ou de la capacité de gestion nécessaires pour mettre en œuvre des systèmes de gestion de la responsabilité sociale, cela ne doit pas signifier qu'il n'y a rien à faire. C'est là qu'une relation mentor-mentoré s'avère utile. Cela est particulièrement vrai pour les fournisseurs qui appartiennent à des groupes historiquement marginalisés et victimes de discrimination.

RUPTURE D'ÉQUITÉ DANS LA PROMOTION DE LA RESPONSABILITÉ SOCIALE DANS LA CHAÎNE DE VALEUR

Les entreprises qui refusent d'être socialement responsables dans leurs systèmes de gestion et qui refusent de se conformer à toute mesure corrective se sont déjà disqualifiées. Dans ces situations, l'organisation socialement responsable doit envisager de cesser toute relation avec ces entreprises. Mais tout comme une organisation peut inciter les autres à se comporter de manière plus responsable, elle doit prendre en compte les impacts potentiels ou les conséquences involontaires de ses décisions d'approvisionnement et d'achat et veiller à éviter ou à minimiser tout impact négatif. Ces actions ne doivent pas être considérées comme remplaçant le rôle des autorités dans la mise en œuvre et l'application des lois et des règlements, bien sûr, mais comme un effort parallèle qui s'inscrit dans un environnement socialement responsable global.

L'implication des minorités et des populations vulnérables dans les processus d'une organisation, modérée par le prisme de la DE&I, est également susceptible de perturber les modèles et les normes existants construits sur l'injustice et les inégalités historiques. Dans de nombreux cas, le simple fait d'envisager la DE&I sera considéré comme une perturbation des normes locales, et les organisations doivent être prêtes à faire face à la possibilité d'un retour de bâton de la part d'intérêts bien ancrés. Cela signifie également que le suivi des partenaires est nécessaire pour garantir la conformité. La norme ISO 26000 suggère

ISO *Pour promouvoir la responsabilité sociétale dans sa chaîne de valeur, une organisation devrait :*

☐ *exercer une diligence raisonnable et un suivi appropriés des organisations avec lesquelles elle entretient des relations, en vue d'empêcher la compromission des engagements de l'organisation en matière de responsabilité sociétale ;*

ISO 26000:2010, page 50.

PROMOUVOIR LA RESPONSABILITÉ SOCIALE DANS LA CHAÎNE DE VALEUR
Étapes concrètes de l'inclusion centrée sur la gouvernance

L'inclusion centrée sur la gouvernance devrait résoudre les questions d'équité soulevées par la promotion de la responsabilité sociétale dans la sphère d'influence en les abordant sous forme d'étapes actionnables qui font progresser l'organisation dans ses engagements de responsabilité sociétale. Dans la mesure du possible, comme indiqué ci-dessus, les organisations devraient envisager de signer l'engagement « Appel à l'action contre la corruption » situé sur le site web du Pacte mondial des Nations unies ou un engagement similaire. La mise en place d'une économie mondiale transparente dépend de l'union des organisations individuelles avec les gouvernements et l'ONU pour éradiquer un problème systémique mondial tel que la corruption. La promotion de la responsabilité sociale implique de fixer des normes éthiques et de les respecter, en exigeant des engagements similaires de la part de ceux avec qui une organisation fait des affaires.

Étapes concrètes de l'inclusion axée sur la gouvernance dans la PROMOTION DE LA RESPONSABILITÉ SOCIALE DANS LA CHAÎNE DE VALEUR
1. En examinant les politiques et procédures de votre organisation en matière de promotion de la responsabilité sociale dans la chaîne de valeur, comment s'alignent-elles sur votre politique de DE&I, vos engagements et les proclamations de votre entreprise en la matière ?
2. S'il y a des lacunes, quelles sont les étapes et les échéances que vous avez identifiées pour les réduire ou les éliminer en vous basant sur le modèle de l'optique d'équité en 3 étapes ?
3. Toutes les parties prenantes concernées ont-elles été identifiées et impliquées dans la révision, la modification ou le développement de vos politiques et procédures relatives à vos pratiques modérées de promotion de la responsabilité sociale dans la chaîne de valeur ?

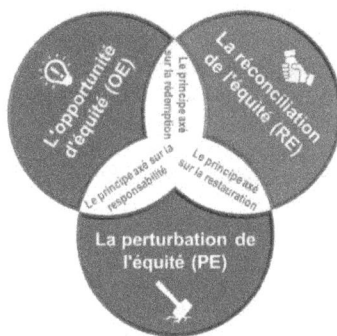

PRATIQUE OPÉRATIONNELLE ÉQUITABLE NUMÉRO 5 : LE DE&I COMME MODÉRATEUR DU RESPECT DES DROITS DE PROPRIÉTÉ

En abordant le respect des droits de propriété dans vos pratiques d'exploitation équitables, votre organisation prend-elle également en compte de manière intentionnelle les droits des groupes minoritaires et vulnérables ? Si oui, comment ? Si non, pourquoi pas ?

Les droits de propriété font partie des domaines dans lesquels les minorités et les groupes vulnérables ont historiquement été le plus privés de leurs droits.

RESPECT DES DROITS DE PROPRIÉTÉ
Appel à l'action pour la diversité fondée sur la connaissance

Les droits de propriété couvrent une myriade de droits, notamment la propriété du logement et la propriété intellectuelle (brevets, droits d'auteur, dessins et modèles, produits contrefaits et identité de marque). Ces droits ouvrent les portes des opportunités et servent de fondement à la vie, à la liberté et à la poursuite du bonheur. Ils garantissent la jouissance et la dotation de leurs réalisations économiques et innovantes à travers les générations. Le respect des droits de propriété et des revendications de propriété sont des questions importantes en matière de DE&I car, historiquement, ils représentent des domaines où les droits des minorités et des groupes vulnérables ont été considérablement compromis ou abusés. Il y a des conséquences majeures en matière de responsabilité sociale dans ce domaine, car la perte de revendications foncières historiques ou le refus de revendications de propriété intellectuelle ont eu des ramifications économiques, environnementales et sociales importantes pour de nombreuses communautés. Pour clarifier, sur la base de la norme ISO 26000,

ISO *Le droit à la propriété est un droit de l'homme reconnu dans la Déclaration universelle des droits de l'homme. Les droits de propriété couvrent à la fois la propriété physique et la propriété intellectuelle et comprennent les intérêts dans les terres et autres actifs physiques, les droits d'auteur, les brevets, les droits d'indicateurs géographiques, les fonds, les droits moraux et autres droits. Ils peuvent également englober la prise en compte de revendications de propriété plus larges, telles que les connaissances traditionnelles de groupes spécifiques, comme les peuples autochtones, ou la propriété intellectuelle des employés ou d'autres personnes. La reconnaissance des droits de propriété favorise l'investissement et la sécurité économique et physique, tout en encourageant la créativité et l'innovation.*

ISO 26000:2010, page 51.

Le droit à la propriété (physique et intellectuelle) est un droit de l'homme reconnu dans la Déclaration universelle des droits de l'homme. Lorsque ces droits sont altérés par des politiques ou des contrats sociaux, ils peuvent avoir un impact générationnel sur plusieurs fronts. Les droits de propriété intellectuelle et physique occupent une place prépondérante dans l'histoire de l'exceptionnalisme américain, en bien comme en mal.

LES DROITS DE PROPRIÉTÉ INTELLECTUELLE :
L'humanité existe au carrefour de la reproduction, de la créativité et des innovations. Chaque génération de l'humanité naît avec de nouvelles possibilités, de nouveaux horizons à ouvrir et des sommets à atteindre plus élevés que ceux de la génération précédente. Au cœur de tout cela se trouvent les droits de propriété intellectuelle - la façon dont nous relevons les défis, les opportunités, les menaces

et autres problèmes mondiaux dans tous les domaines, mais surtout dans les sciences de la vie, les technologies de l'information, les arts créatifs et les sciences des matériaux, pour n'en citer que quelques-uns. Les droits de propriété intellectuelle soutiennent la prospérité (profit), les personnes et la planète. Ce sont des questions de DE&I car elles impliquent la création et la distribution d'une forme de richesse, qui a des valeurs et des implications morales, économiques et socioculturelles. Ces valeurs transforment les moyens de subsistance de l'inventeur, et la société en bénéficie directement et indirectement. Le développement rapide des vaccins COVID-19 et Ebola en est la preuve. Les droits de propriété intellectuelle sont également des droits de l'homme, car des barrières artificielles ont historiquement existé pour priver les personnes déjà marginalisées par les contrats sociaux et les normes de division d'une participation significative à l'économie, y compris l'économie des idées.

Le monde se tourne vers les États-Unis pour connaître les meilleures pratiques, même s'ils n'ont pas toujours donné le bon exemple. La Constitution américaine donne à la nation les moyens de se réimaginer et de se réinventer de génération en génération. En matière de droits de propriété intellectuelle, les États-Unis disposent d'une prépondérance de données à partir desquelles il est possible de tirer des leçons et d'établir un cadre de responsabilité sociale. Bien que les lois sur les brevets existaient avant la création des États-Unis, leur ascension rapide en tant que leader parmi les nations industrialisées a été motivée par leur système de brevets - un système qui, dès le départ, a été conçu pour être daltonien, mais qui, comme une grande partie de la société américaine, est devenu daltonien.

La Constitution stipulait : « *Promouvoir le progrès de la science et des arts utiles, en garantissant pour un temps limité aux auteurs et aux inventeurs le droit exclusif sur leurs écrits et découvertes respectifs (United States n.d.)* ». Appelée clause sur le droit d'auteur et les brevets, cette disposition de la Constitution a été adoptée sans discussion et le Congrès a été autorisé à promulguer les dispositions nécessaires à sa mise en œuvre sans pouvoir passer outre la clause. Dans les Federalist Papers, James Madison, l'un des pères fondateurs, décrit plus en détail la Copyright Patent Clause et son utilité :

L'utilité de ce pouvoir ne sera guère mise en doute. Le droit d'auteur des auteurs a été solennellement jugé, en Grande-Bretagne, comme un droit de common law. Le droit aux inventions utiles semble avec la même raison appartenir aux inventeurs. Le bien public coïncide pleinement dans les deux cas avec les revendications des particuliers. Les États ne peuvent pas prendre séparément des dispositions efficaces pour l'un ou l'autre des cas, et la plupart d'entre eux ont anticipé la décision sur ce point, par des lois adoptées à la demande du Congrès (Madison n.d.).

L'utilité de la clause relative à la propriété intellectuelle a permis de régler tout débat futur du Congrès sur son bien-fondé, car elle portait sur l'élément vital et la durabilité de la nation - un climat propice au développement et à la prospérité des innovations et du commerce durables. Pourtant, parce que les fondateurs ont fait des concessions aux États esclavagistes, autorisant le maintien de l'esclavage, la clause n'a fait que perpétuer les inégalités inhérentes aux systèmes de classes, le même type d'inégalités qui avait poussé les Américains à déclencher la guerre d'Indépendance. Dès le départ, les droits de propriété intellectuelle réimaginés ne favorisaient que les hommes blancs. L'Amérique présentait un nouveau problème lié aux systèmes de classe de la société. Les vérités multiraciales de l'Amérique, qui incarnaient l'esprit de la Constitution selon lequel « tous les hommes ont été créés égaux », se heurtaient à la mentalité traditionnelle implicite selon laquelle ces privilèges étaient en réalité destinés aux seuls hommes blancs.

Certains experts affirment que si la Constitution protégeait intentionnellement les droits de propriété, elle favorisait surtout les intérêts des élites tout en préservant l'esclavage humain. D'où l'affirmation selon laquelle cette vision du monde a permis aux droits de propriété intellectuelle de devenir un véhicule pour créer et maintenir l'inégalité des revenus en Amérique. L'inégalité des revenus est une fonction de l'inégalité du capital et de l'inégalité du travail. Comme Brenda Reddix-Smalls l'a habilement soutenu dans son ouvrage de référence sur la question :

Ce qui n'a pas été suffisamment abordé, c'est que ces lois sur la propriété intellectuelle ont été rédigées dans un environnement qui soutenait l'esclavage, l'oppression et la discrimination contre un groupe de personnes. Les esclaves étaient considérés comme la propriété du maître, de l'emprunteur, du bailleur ou de toute autre personne ayant un intérêt possessif. Le maître était propriétaire de tous les profits tirés du travail de l'esclave ; le maître était propriétaire de tous les loyers et produits de tous les développements réalisés par l'esclave. Ainsi, le maître, le collecteur de capitaux, a commencé à amasser les profits et les loyers des esclaves. Les lois ont été écrites à son profit. Elles ont été conçues pour encourager la prolifération du capital et des rentes du capital au profit des élites, des propriétaires d'esclaves et de la noblesse coloniale. Aujourd'hui, les lois sur la propriété intellectuelle qui soutiennent la protection des informations sur les données en tant que propriété intellectuelle servent à fournir du capital et des rentes de capital aux nouveaux propriétaires dans l'économie mondiale connectée (Reddix-Smalls 2018).

Le travail humain et le capital humain se croisent au niveau de l'essence même de ce qu'est une personne - son identité. Le travail humain est ce qu'une personne fait pour contribuer à la société et gagner sa vie. Le capital humain, comme l'a décrit à juste titre l'expert Charles Wheelan, « est la somme totale des compétences incarnées par un individu : éducation, intelligence, charisme, créativité, expérience professionnelle, vigueur entrepreneuriale (Musgrave 2011). "

Ironiquement, l'esclavage a donné au propriétaire d'esclaves plus que la « personne » physique de travail humain réduite en esclavage en contrôlant également ses droits de propriété intellectuelle (capital humain). Cette ironie est due au fait que les esclaves étaient le groupe de personnes qui possédaient les produits de l'esprit qui facilitaient la technologie de l'époque et développaient le pouvoir économique de la nouvelle nation. Avant et après l'émancipation, on pouvait trouver des Africains libres et asservis, tant au Nord qu'au Sud, effectuant des tâches et des rôles qui leur donnaient une expérience de vie réelle, riche en potentiel pour de nouvelles inventions et des façons innovantes et meilleures de faire les choses. Avant que l'Amérique ne soit une nation, ces Africains asservis sont devenus maîtres dans leur métier et ont trouvé de nouveaux moyens de moderniser et de transformer l'économie des plantations, que ce soit en Jamaïque, au Surinam ou en Amérique :

Le travail des esclaves impliquait bien plus que le simple travail dans les champs. En effet, les esclaves effectuaient les tâches les plus variées, du travail le plus simple à l'artisanat le plus qualifié, partout en Amérique. Chacune des principales cultures d'exportation américaines nécessitait des compétences particulières, en matière de culture, de récolte, de traitement et de transport. Et chaque colonie d'esclaves avait besoin d'un éventail d'artisans dont les compétences permettaient le fonctionnement de la vie économique et sociale locale. Les charpentiers et les maçons, les contremaîtres d'usine, les distillateurs, les infirmières et les esclaves de transport ajoutaient tous leurs compétences et leurs expériences professionnelles au bien-être de la société esclave locale (Shepherd 2000).

Cependant, parce qu'ils étaient considérés comme des biens, les esclaves ne pouvaient pas posséder de droits sur leurs innovations. Le travail humain et le capital humain sont le moteur d'une prospérité économique et sociale durable, mais c'est un moteur qui, pendant longtemps, a été fermement placé entre les mains de quelques-uns. Deux décisions de la Cour suprême des États-Unis ont contribué à empêcher les Noirs d'atteindre la parité avec les Blancs, en les empêchant de créer des richesses qui auraient pu être transmises de génération en génération : les arrêts Dred Scott contre Sanford et Plessy contre Ferguson. Ces décisions et les lois de ségrégation, combinées aux lynchages, aux émeutes raciales et au terrorisme parrainé par l'État à l'encontre des groupes de personnes noires et brunes, ont eu un impact considérable sur le brevetage qui se poursuit en partie jusqu'à aujourd'hui.

<u>Dred Scott contre Sanford (1856)</u> : Dred Scott est né esclave en Virginie. En 1820, il a été acheté par John Emerson. Emerson emmène Scott dans deux États qui interdisent l'esclavage : l'Illinois et le Wisconsin. Scott se marie et reste dans le Wisconsin quand Emerson retourne dans le Missouri. Avant de quitter le Wisconsin, Emerson a loué Scott (considéré comme une propriété) à d'autres Blancs - ce qui constituait une violation du Compromis du Missouri qui s'opposait à l'esclavage dans cette région. Emerson a été indemnisé pour le travail d'esclave de Scott. Plus tard, Emerson s'est installé en Louisiane où Scott et sa femme l'ont rejoint et ont eu une petite fille née en liberté sur le fleuve Mississippi. Lorsque Emerson est retourné dans le Wisconsin, sa femme est retournée dans le Missouri et a emmené avec elle Scott, sa femme et sa fille. Lorsque Emerson mourut dans l'Iowa, sa femme hérita de Scott et le loua à d'autres Blancs, contre la demande de Scott d'acheter sa liberté.

Scott et sa femme ont poursuivi la veuve d'Emerson et un jury leur a donné raison. La veuve d'Emerson a fait appel après avoir déménagé au Massachusetts et avoir loué ou donné Scott et sa femme à son frère, John F.A. Sandford. L'affaire a été portée devant la Cour suprême du Missouri où la décision a été annulée car la cour a convenu que Scott et sa femme auraient dû demander leur liberté alors qu'ils vivaient dans un État libre. Sandford s'est ensuite installé à New York et là, Scott a repris son action en justice devant un tribunal fédéral, car la juridiction de diversité était applicable. Mais la Cour suprême a décidé que les esclaves, même après leur libération, n'étant pas des citoyens américains, ils n'avaient pas qualité pour agir devant les tribunaux fédéraux. Le juge Roger Brooke Taney, qui a rédigé l'opinion majoritaire, a même suggéré que les pères fondateurs considéraient les Noirs comme inférieurs aux Blancs et ne pouvaient donc pas leur accorder la citoyenneté. L'opinion est allée plus loin en affirmant que le Congrès n'avait même pas le pouvoir d'interdire l'esclavage sur le territoire fédéral (Justia n.d.).

Démontrant que tous les Blancs n'étaient pas d'accord avec ce point de vue, le juge Benjamin Robbins Curtis a émis une opinion dissidente au motif que la conviction de Taney sur l'intention des fondateurs était discutable. Le juge John McLean est d'accord avec Curtis et soutient que puisque cinq États autorisent déjà les Noirs à voter, ils peuvent effectivement devenir citoyens (Justia n.d.). Même l'un des fils d'Emerson a refusé de rester complice et a agi en achetant la liberté de Scott et de sa femme après le prononcé de la décision de la Cour suprême (Justia n.d.). Cet arrêt a eu des implications plus larges, car il signifiait que les esclaves ne pouvaient pas faire breveter ou protéger par un droit d'auteur leurs œuvres créatives et leurs innovations, étant donné qu'il fallait prêter un serment de citoyenneté pour remplir une demande de brevet. Scott, en tant qu'affranchi, a travaillé dans un hôtel de Saint-Louis jusqu'à sa mort ; sa femme a cependant vécu pour voir la décision de la Cour suprême annulée par l'adoption des treizième et quatorzième amendements (Justia n.d.).

Le Congrès américain a adopté les treizième et quatorzième amendements pour répondre définitivement aux questions de l'esclavage et de la citoyenneté. Le treizième amendement (ratifié en 1865) a mis fin à l'esclavage aux États-Unis (remplaçant la Proclamation d'émancipation, un décret qui autorisait les esclaves dans certains États), ce qui signifie que les anciens esclaves ne sont plus des biens à posséder ou à louer. Le quatorzième amendement (ratifié en 1868) garantit que toutes les personnes nées ou naturalisées aux États-Unis sont des citoyens, égaux devant la loi, et ne peuvent être privées de leur vie, de leur liberté ou de leurs biens sans procédure régulière.

Plessy v. Ferguson (1896) : La fin de l'esclavage et l'octroi de la citoyenneté à toute personne née aux États-Unis n'ont pas mis fin à la volonté de maintenir les Afro-Américains en tant que citoyens de seconde zone et de marginaliser ainsi leur participation au moteur économique de la nation - le capitalisme. L'affaire Plessy contre Ferguson a causé des dommages durables aux droits des Afro-Américains à détenir des brevets, et les répercussions de cette décision se font encore sentir au XXIe siècle.

Homer Plessy était un homme noir de Louisiane qui pouvait facilement passer pour un homme blanc (il était un huitième d'origine africaine et sept huitièmes de race blanche). Plessy a été choisi pour défier cette loi par un Comité des Citoyens - un groupe ethnique mixte de résidents de la Nouvelle-Orléans. La compagnie de chemin de fer détenue et exploitée par des Blancs a également accepté de participer à la contestation de la loi, car elle devait acheter davantage de wagons pour se conformer à la loi exigeant des wagons séparés pour les Blancs et les Noirs. Le Comite a également engagé un détective blanc pour arrêter Plessy pour avoir violé la loi. Plessy est reconnu coupable et condamné à une amende par l'Honorable John H. Ferguson qui était le juge du tribunal pénal de district pour la paroisse d'Orléans. L'affaire est finalement portée devant la Cour suprême, où les avocats de Plessy ont fait valoir que la loi violait les treizième et quatorzième amendements.

Le juge Henry Billings Brown, de la Cour suprême des États-Unis, auteur de la désormais tristement célèbre opinion majoritaire, soutient que la loi de la Louisiane n'est pas discriminatoire car, selon lui, « séparé mais égal » ne signifie pas que les Afro-Américains sont inférieurs. Selon Brown, si les Afro-Américains se sentent inférieurs à cause de la loi, c'est leur propre interprétation et non la loi elle-même qui leur donne ce sentiment. Le juge John Marshall Harlan, seul dissident, écrit la dissidence désormais célèbre selon laquelle la Constitution est aveugle à la couleur, la nation n'a pas de système de classes et tous les citoyens ont un accès égal aux droits civils. Il s'agit d'une déclaration transformatrice de la part d'un juge dont la pensée sur les droits civils des esclaves affranchis et même sur la déclaration d'émancipation avait évolué - il s'était opposé à ces deux éléments par le passé. Mais lorsque Harlan est témoin de la brutalité de groupes suprématistes blancs tels que le Ku Klux Klan, il refuse de continuer à être complice. Sa dissidence se lit en partie comme suit

Je suis d'avis que la loi de la Louisiane est incompatible avec les libertés personnelles des citoyens, blancs et noirs, de cet État, et hostile à l'esprit et à la lettre de la Constitution des États-Unis. Si des lois de même nature devaient être promulguées dans les différents États de l'Union, l'effet en serait au plus haut degré maléfique. L'esclavage en tant qu'institution tolérée par la loi aurait, il est vrai, disparu de notre pays, mais il resterait un pouvoir dans les États, par une législation sinistre, d'interférer avec les bienfaits de la liberté ; de réglementer les droits civils communs à tous les citoyens, sur la base de la race ; et de placer dans une condition d'infériorité légale un grand corps de citoyens américains, constituant actuellement une partie de la communauté politique, appelée le peuple des États-Unis, pour qui et par qui, à travers des représentants, notre gouvernement est administré. Un tel système est incompatible avec la garantie donnée par la Constitution à chaque État d'une forme républicaine de gouvernement, et peut être annulé par une action du Congrès, ou par les tribunaux dans l'exercice de leur devoir solennel de maintenir la loi suprême du pays, nonobstant toute disposition contraire de la Constitution ou des lois de tout État (Plessy 1896).

Malheureusement, Harlan a fait quelques commentaires désobligeants sur les Asiatiques dans sa dissidence, les qualifiant de « Chinois », lorsqu'il a fait valoir que même les étrangers avaient des privilèges que les Noirs qui se sont battus pour le pays n'avaient pas. Mais ce terme désobligeant ne doit pas faire oublier le bond monumental qu'il a fait dans sa pensée sociale au fil du temps. Malheureusement, l'arrêt Plessy contre Ferguson a créé l'autoroute sur laquelle les législations « séparées mais égales » et les lois Jim Crow ont circulé sur les autoroutes des législatures des États, marginalisant les Noirs et les Marrons et les empêchant de participer librement au capitalisme américain pendant un demi-siècle. Pour un groupe de personnes, perdre un demi-siècle alors que l'Amérique passait de la révolution industrielle à une nouvelle dispensation économique où la créativité technologique et les nouvelles innovations prenaient racine, signifiait qu'elles étaient complètement exclues du courant dominant du capitalisme. Il n'est pas surprenant que leur taux de brevetage ait chuté presque instantanément après 1896. Il a fallu une autre génération de juges de la Cour suprême pour que la justice règne à nouveau pour les groupes raciaux noirs et bruns, tandis que les disparités et les désavantages par rapport au groupe racial blanc ont continué à augmenter de manière exponentielle.

Dans l'affaire Brown v. Board of Education, la Cour a finalement décidé que la ségrégation des écoles sur la base de la race violait la clause de protection égale du quatorzième amendement lorsque les avantages et les opportunités accordés aux étudiants blancs étaient supérieurs à ceux des étudiants noirs et bruns, enfonçant ainsi le clou dans le cercueil de l'héritage de l'affaire Plessy v. Ferguson.

Dans son travail de séminaire intitulé « Violence and Economic Activity : Evidence from African American Patents, 1870 to 1940 », l'économiste Lisa D. Cook a présenté des arguments convaincants en faveur de ces relations. Mme Cook a montré la corrélation entre l'escalade de la violence, les émeutes raciales, les lois sur la ségrégation, les lynchages, la violence parrainée ou soutenue par l'État à l'encontre des Afro-Américains et l'impact sur leurs brevets. Mme Cook a démontré à l'aide de données que, de 1870 à 1940, les taux de brevetage des Afro-Américains ont diminué.

Figure 9.2 Comment le racisme systémique a détruit l'innovation noire aux États-Unis.

Comment le racisme systémique a détruit l'innovation noire aux États-Unis

La violence et la ségrégation ont miné les inventeurs afro-américains tout au long du XXe siècle

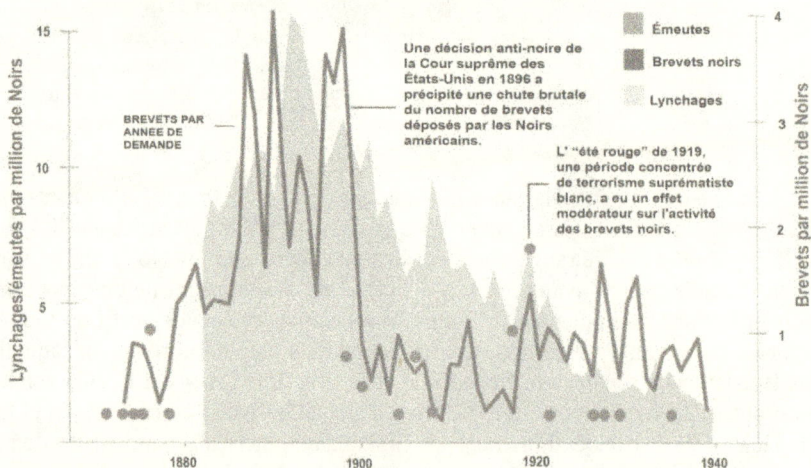

Source : Adapté et traduit dans Humankind Shared Planet Divided by Norms à partir de la source originale : "Violence and Economic Growth : Evidence From African American Patents, 1870-1940, Lisa D. Cook", Journal of Economic Growth, Volume 19 Issue 2 (juin 2014), PP.221-257

Ce que les données de Mme Cook ont révélé, c'est la perte d'opportunités pour les noirs et les bruns de participer pleinement au capitalisme et à ses institutions. Trop d'obstacles se dressaient sur leur chemin, le racisme systémique et structurel étant intégré dans les institutions financières qui soutenaient l'entreprise et la rendaient possible (brevets, prêts, investissements, assurances, cautionnement, etc.) L'écosystème du capital finançant la créativité et l'innovation pour produire des produits et des services fait autant partie de l'éthos du capitalisme que la tarte aux pommes de la cuisine américaine.

L'accès au capital pour financer la créativité et l'innovation devrait être indépendant de la couleur dans un système capitaliste juste et équitable. L'Amérique et le monde ne sauront jamais combien d'Afro-Américains sont allés dans leur tombe avec des compétences et des innovations qui n'ont jamais vu le jour parce qu'ils ont été assassinés, marginalisés ou qu'ils avaient simplement peur de libérer leur créativité par crainte d'être lynchés. Pourtant, considérez le fait que dans le mouvement très important de la quête spatiale américaine, l'astronaute John Glenn n'aurait pas pu aller dans l'espace et donner à l'Amérique une longueur d'avance sur tous les pays si une mathématicienne noire en qui il avait confiance - Katherine Johnson - n'avait pas dit que les calculs effectués par les ordinateurs étaient corrects. Voici comment la NASA a raconté son histoire :

En 1962, alors que la NASA se préparait à la mission orbitale de John Glenn, Johnson a été appelée à faire le travail pour lequel elle allait être le plus connue. La complexité du vol orbital avait nécessité la construction d'un réseau de communication mondial, reliant les stations de suivi du monde entier aux ordinateurs IBM de Washington, de Cap Canaveral en Floride et des Bermudes. Les ordinateurs avaient été programmés avec les équations orbitales qui contrôleraient la trajectoire de la capsule de la mission Friendship 7 de Glenn, du décollage à l'amerrissage, mais les astronautes hésitaient à mettre leur vie entre les mains des machines à calculer électroniques, qui étaient sujettes à des hoquets et à des pannes. Dans le cadre de la liste de vérification avant le vol, Glenn a demandé aux ingénieurs de « demander à la fille » - Johnson - d'exécuter les mêmes chiffres et les mêmes équations qui avaient été programmés dans l'ordinateur, mais à la main, sur sa machine à calculer mécanique de bureau. « Si elle dit qu'ils sont bons », se souvient Katherine Johnson, l'astronaute a dit, « alors je suis prêt à partir ». Le vol de Glenn fut un succès et marqua un tournant dans la compétition entre les États-Unis et l'Union soviétique dans l'espace (NASA 2020).

La domination spatiale des États-Unis leur a permis de créer la technologie Internet qui a rendu possible la révolution de l'information, et Mme Johnson y est pour beaucoup. Toutes les organisations de la planète ont bénéficié de cette révolution parce qu'une femme noire a eu l'occasion de jouer un rôle clé - non pas à cause de sa couleur, mais pour sa valeur intellectuelle, malgré tous les obstacles décourageants placés sur son chemin jusqu'à ce moment précis. C'est en effet un moment où le talent et l'opportunité, indépendamment de la couleur ou du sexe, ont fait la grandeur de l'Amérique !

Dans l'économie numérique d'aujourd'hui, les inventeurs créent de la richesse par le biais d'organisations qui permettent d'utiliser la technologie pour créer des clients ou des consommateurs où l'utilisateur individuel cède ses données de son plein gré, enrichissant ainsi les inventeurs. Historiquement, par exemple, pour bénéficier de l'invention de l'électricité, l'utilisateur ne devait pas renoncer à son identité. Mais pour utiliser de nombreux services numériques aujourd'hui, l'utilisateur renonce à son identité et fournit un instantané de lui-même par un simple clic à de parfaits inconnus. Le processus lui-même, à la base, est neutre du point de vue de la race et du sexe. En substance, le consommateur individuel paie pour une vision globale de lui-même lorsqu'il achète ou utilise une application qui recueille des données sur lui et les vend à d'autres, qui les utilisent pour lui fournir davantage de produits et de services conçus pour lui. Tous les producteurs d'applications et de contenus veulent augmenter leurs marges bénéficiaires ou le nombre de téléspectateurs pour leurs actionnaires ; ils sont moins susceptibles de dicter la préférence des clients en fonction de leur race, à moins que cela ne serve un objectif différent.

Lorsqu'une personne blanche échange de la monnaie numérique ou physique, elle demande rarement si une personne issue d'une minorité l'a touchée. Il en va de même pour les transfusions sanguines ; aucune personne blanche, au moment de tomber malade ou de mourir, n'exige que la transfusion sanguine qu'elle reçoit provienne uniquement d'une autre personne blanche. Le fait est que le bon vieux dollar ne connaît pas de race dans le commerce et que les institutions financières et les financiers peuvent jouer un rôle clé dans le démantèlement des barrières financières placées sur le chemin des groupes de personnes noires et brunes. Comme l'a noté Rayvon Fouche dans « Les inventeurs noirs à l'ère de la ségrégation » : « Les historiens ont ignoré la technologie en tant qu'élément essentiel de la société.

Les historiens ont ignoré la technologie en tant que force institutionnalisée qui marginalise les Noirs dans la société et la culture américaines. De nombreux chercheurs ont négligé la technologie en raison de la perception selon laquelle il s'agit simplement de « choses » et donc de valeurs neutres, non sexuées et non racistes. Cette perception permet l'acceptation sans problème de la technologie comme une simple boîte noire, qui, à son tour, soutient l'hypothèse que la technologie peut être entièrement comprise par sa forme matérielle et sa fonction les plus simples. La croyance dans les significations simples de la technologie favorise la perception erronée que les technologies n'ont qu'une seule signification réelle. Or, c'est loin d'être le cas. Dans la société américaine, le sens dominant de l'automobile est le plus étroitement compris comme un dispositif qui transporte les gens d'un endroit à un autre. Mais les automobiles ont des significations beaucoup plus complexes dans notre culture, allant du symbole de statut social à l'arme qui peut tuer. Lorsque les acteurs humains interagissent avec la technologie, ils renforcent, redéfinissent ou renversent la signification ou la fonction dominante de la technologie. Comme les technologies ne sont généralement pas conçues et construites par elles-mêmes, elles ne présentent généralement pas de préjugés par elles-mêmes. Ainsi, dans un monde technologique construit, les agents humains ne doivent pas ignorer leur place dans la construction des formes et la production des significations de la technologie. Dans la société américaine, la technologie est l'un des systèmes les plus efficaces pour transmettre l'actif des croyances idéologiques (Fouche 2003).

Avec la reconnaissance par la société du fait que le racisme et les inégalités entre les sexes sont des normes de division qui ne peuvent plus être acceptées, ces coutumes et pratiques sont devenues souterraines, où elles sont beaucoup plus difficiles à déraciner et beaucoup plus puissantes dans leurs impacts négatifs. Cela va à l'encontre des normes de responsabilité sociale selon lesquelles la créativité et l'innovation humaines ainsi que le travail humain ne connaissent pas de couleur, notamment en ce qui concerne la création et le transfert de richesses.

Il existe aujourd'hui des inventions conçues pour se multiplier, également connues sous le nom de technologies auto-réplicatives (SRT). Les SRT comprennent les semences pour l'agriculture, les codes informatiques et les vaccins. Les semences pour l'agriculture sont généralement modifiées pour produire en abondance et résister aux conditions climatiques qui ont traditionnellement condamné de nombreuses récoltes. Les développeurs de ces semences sont protégés par les lois sur les brevets. Il en va de même pour les codes informatiques et les vaccins destinés à prévenir ou à guérir les maladies. Si les capitaux nécessaires au développement de ces produits innovants proviennent d'investisseurs et de financements publics par l'intermédiaire de structures gouvernementales, les avantages pour l'investisseur et la société dans son ensemble sont relégués au second plan après les marges bénéficiaires.

Par conséquent, la protection de la propriété intellectuelle et les droits de l'homme s'affrontent dans le domaine des produits alimentaires brevetés, du matériel éducatif, de l'accès aux médicaments et même de la protection des connaissances qui sont depuis longtemps le domaine des groupes indigènes. La question qui se pose à notre époque est de savoir si le capital doit être mû par les seuls intérêts des actionnaires au prix de vies humaines. Les personnes noires et brunes aux États-Unis doivent-elles continuer à mourir inutilement à cause des impacts du racisme systémique et structurel dans l'ensemble de l'écosystème du capitalisme ? Les pauvres du monde entier doivent-ils se voir refuser l'accès à des traitements médicaux innovants pour que les riches investisseurs qui ont financé ces innovations s'enrichissent de façon astronomique ?

LES DROITS DE PROPRIÉTÉ PHYSIQUE :

La propriété en Amérique n'a jamais été équitable et juste pour les groupes de personnes noires et brunes. Lorsque l'esclavage était légal, les esclaves noirs vivaient dans des bidonvilles sur les terres du propriétaire de l'esclave. Ils étaient responsables de la construction et de l'entretien de toutes les infrastructures physiques (maisons, installations de la plantation, etc.) de la plantation. Un examen historique rapide de certaines de ces plantations montre que les maisons des propriétaires d'esclaves étaient somptueusement construites et bien aménagées - toutes les œuvres des esclaves. Les esclaves s'occupaient également des affaires domestiques des maisons des propriétaires d'esclaves, notamment du nettoyage et du maintien du bien-être de la maison du maître.

Une fois libérés, de nombreux anciens esclaves continuaient à travailler dans les plantations et à entretenir la maison de leurs anciens maîtres. Mais un nouveau courant sous-jacent a commencé à se développer, conforme à toutes les autres pratiques discriminatoires qui ont suivi l'émancipation et les treizième et quatorzième amendements. Alors que les Noirs étaient recherchés pour leurs compétences et leur savoir-faire exceptionnels en matière de construction et d'entretien des maisons, ils étaient de plus en plus considérés comme nuisibles à la valeur des propriétés dans les quartiers qu'ils construisaient et entretenaient. Cette nouvelle vision du monde est devenue une prophétie auto-réalisatrice par le biais de politiques et de pratiques racistes systémiques et structurelles qui sont toujours d'actualité. Plusieurs politiques fédérales et normes sociétales (lois sur la ségrégation, lynchages, émeutes raciales, etc.) ont cimenté la marginalisation des groupes de personnes noires et brunes dans l'accès à la propriété en Amérique.) ont cimenté la marginalisation des groupes noirs et bruns en matière d'accès à la propriété en Amérique. La discussion suivante examinera trois tendances clés qui ont privé les groupes noirs et bruns de leur droit à la propriété, et quatre tendances qui montrent comment le gouvernement fédéral a tenté de réparer les dommages historiques :

Trois tendances à l'origine de la discrimination systémique du logement en Amérique

1. La loi nationale sur le logement de 1934 : En 1934, le marché du logement américain était en crise : 2 millions de travailleurs de l'industrie de la construction avaient perdu leur emploi, les conditions de garantie des prêts hypothécaires étaient difficiles à obtenir, et les prêts hypothécaires étaient limités à 50 % de la valeur marchande de la propriété (y compris un paiement libératoire après cinq ans de plan de remboursement étalé). Seul 1 Américain sur 10 possédait une maison, ce qui signifie que la grande majorité des citoyens étaient des locataires. En réaction, le Congrès américain a créé la Federal Housing Administration (FHA) en 1934 (US HUD 2022). La FHA - par l'intermédiaire de la Home Owners » Loan Corporation (HOLC) - a commencé à reprendre les prêts immobiliers saisis des banques en les échangeant contre des obligations garanties par le gouvernement et en les refinançant directement.

    Cette loi a officialisé la discrimination systémique à l'encontre des minorités dans l'accession à la propriété aux États-Unis. Le HPLC a commencé à cartographier les quartiers résidentiels en leur associant des facteurs de risque de A à D. La classification D, comme nous l'avons vu précédemment, correspondait aux quartiers noirs et bruns. En substance, le HPLC a commencé à créer des cartes de sécurité résidentielle qui zonaient les communautés noires et brunes comme des quartiers à risque, exclus de toute garantie fédérale de prêt immobilier. Connues sous le nom de « Redlining », ces cartes classaient les zones à haut risque dans 239 villes du pays. Ces quartiers abritaient des groupes minoritaires et se voyaient refuser des prêts pour la réparation de leurs maisons existantes ou pour l'achat de nouvelles maisons. Le résultat net de ces politiques et pratiques est qu'elles ont rendu les quartiers minoritaires encore moins attrayants pour les investissements en capital, et qu'elles les ont mis sur la voie du délabrement, de la criminalité et d'autres problèmes de dégradation du quartier - typiques des désinvestissements dans une communauté.

Figure 9.3 : Chronologie des autorités fédérales américaines chargées du logement

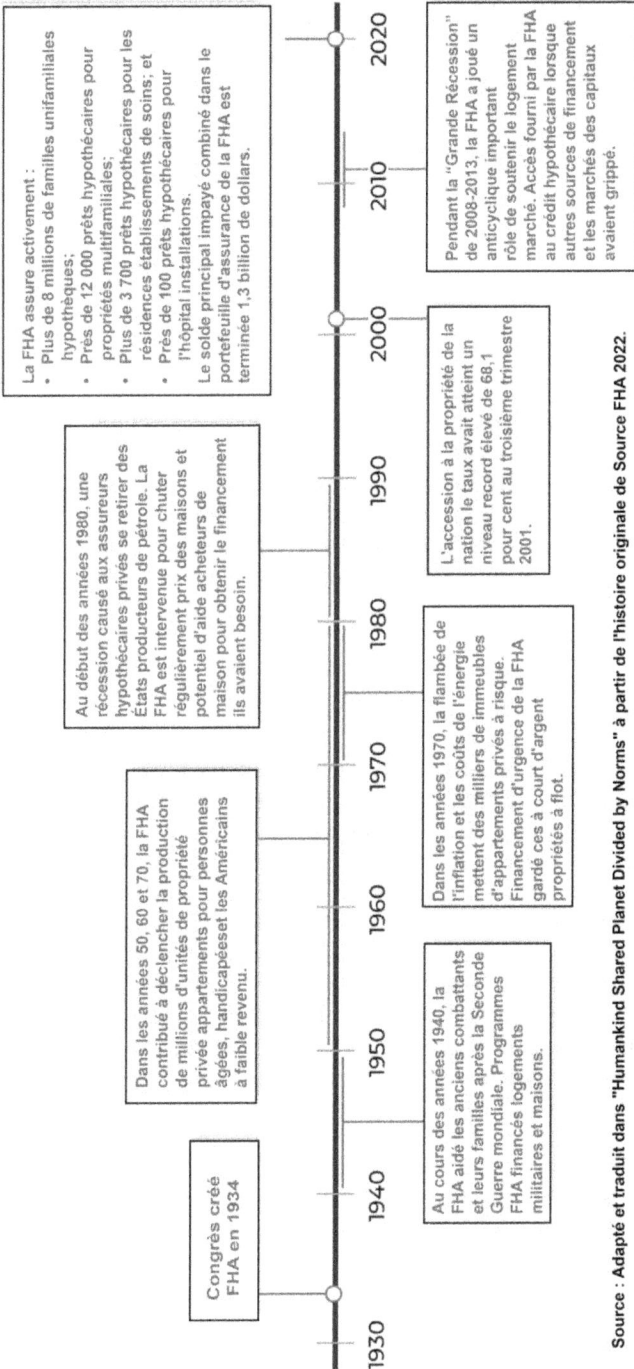

La FHA assure activement :
- Plus de 8 millions de familles unifamiliales hypothèques;
- Près de 12 000 prêts hypothécaires pour propriétés multifamiliales;
- Plus de 3 700 prêts hypothécaires pour les résidences établissements de soins; et
- Près de 100 prêts hypothécaires pour l'hôpital installations.

Le solde principal impayé combiné dans le portefeuille d'assurance de la FHA est terminée 1,3 billion de dollars.

Pendant la "Grande Récession" de 2008-2013, la FHA a joué un anticyclique important rôle de soutenir le logement marché. Accès fourni par la FHA au crédit hypothécaire lorsque autres sources de financement et les marchés des capitaux avaient grippé.

Au début des années 1980, une récession causé aux assureurs hypothécaires privés se retirer des États producteurs de pétrole. La FHA est intervenue pour chuter régulièrement prix des maisons et potentiel d'aide acheteurs de maison pour obtenir le financement ils avaient besoin.

L'accession à la propriété de la nation le taux avait atteint un niveau record élevé de 68,1 pour cent au troisième trimestre 2001.

Dans les années 50, 60 et 70, la FHA contribué à déclencher la production de millions d'unités de propriété privée appartements pour personnes âgées, handicapéeset les Américains à faible revenu.

Dans les années 1970, la flambée de l'inflation et les coûts de l'énergie mettent des milliers d'immeubles d'appartements privés à risque. Financement d'urgence de la FHA gardé ces à court d'argent propriétés à flot.

Congrès créé FHA en 1934

Au cours des années 1940, la FHA aidé les anciens combattants et leurs familles après la Seconde Guerre mondiale. Programmes FHA financés logements militaires et maisons.

1930 1940 1950 1960 1970 1980 1990 2000 2010 2020

Source : Adapté et traduit dans "Humankind Shared Planet Divided by Norms" à partir de l'histoire originale de Source FHA 2022.

343

2. La loi sur le logement de 1937 : La loi sur le logement de 1937 a constitué la prochaine grande étape de l'approche New Deal du gouvernement face à la crise du logement. Elle stipule dans la section 1 :

   C'est la politique des États-Unis de promouvoir le bien-être général de la nation en employant les fonds et le crédit de la nation, comme prévu dans ce chapitre - pour aider les États et les subdivisions politiques des États à remédier aux conditions de logement dangereuses et à la pénurie aiguë de logements décents et sûrs pour les familles à faible revenu ; pour aider les États et les subdivisions politiques des États à remédier à la pénurie de logements abordables pour les familles à faible revenu ; et conformément aux objectifs de ce sous-chapitre, pour confier aux organismes de logement public qui obtiennent de bons résultats le maximum de responsabilités et de souplesse dans l'administration des programmes, avec une responsabilité appropriée envers les résidents des logements publics, les localités et le grand public.

Avec l'affirmation et l'expansion du système de redlining, le racisme structurel s'est enraciné dans les initiatives de logement public, produisant encore plus de disparités en matière d'accès à la propriété, de logement public, de création de richesse, de soins de santé, de revenus, d'éducation et autres aux États-Unis. Et ce, même si le gouvernement essayait de faire ce qu'il fallait, comme le stipulait clairement la loi :

... que notre nation devrait promouvoir l'objectif de fournir un logement décent et abordable à tous les citoyens par les efforts et les encouragements des gouvernements fédéraux, étatiques et locaux, et par les actions indépendantes et collectives des citoyens privés, des organisations et du secteur privé.

La question de la citoyenneté avait bien sûr été réglée depuis longtemps et l'objectif énoncé ci-dessus aurait donc dû inclure les Noirs et les Bruns américains. Cependant, si l'on ne s'attaque pas d'abord à la racine du problème, les solutions échouent souvent, même si elles sont bien intentionnées. Dans cette loi sur le logement, l'intention fédérale était bonne et juste, mais elle a alloué des fonds à des États déjà bien engagés dans l'établissement d'un système de classes rappelant l'époque de l'esclavage par le biais de politiques et d'actions policières. Les lois sur la ségrégation, le lynchage et la brutalité policière étaient tous des tentatives délibérées de réimaginer les vicissitudes de l'esclavage où les avantages n'étaient pas le travail gratuit mais le renforcement du privilège blanc. C'est le jeu du « whack-a-mole » que le groupe des noirs et des bruns en Amérique a longtemps enduré. Une fois que le gouvernement fédéral ou d'un État a pris des mesures lentes pour redresser les torts du passé (comme la nation continue de le faire si bien), d'autres acteurs au sein de l'écosystème continuent d'avoir faim des gloires passées qui divisent et agissent en fonction de ces désirs - ralentissant ou travaillant pour contrer les changements.

3. Le GI Bill (1944) : Le « Servicemen's Readjustment Act » ou GI Bill a été promulgué par le président Franklin D. Roosevelt en 1944 et a marqué le début de l'idéalisme du rêve américain. Alors que la Seconde

Guerre mondiale touchait à sa fin, le gouvernement américain s'est rendu compte que 15 millions d'hommes et de femmes rentraient au pays en tant que vétérans et que la hausse du chômage plongeait l'économie dans la dépression. En collaboration avec un groupe d'intervenants - l'American Legion - le National Resources Planning Board (une agence de la Maison Blanche) a élaboré un plan dont les programmes de base comprenaient les soins de santé, l'éducation et la formation (Servicemen 1944). Ce programme offrait une aide fédérale qui permettait aux vétérans d'obtenir des soins de santé gratuits, d'acheter des maisons et des entreprises, et fournissait « les frais de scolarité, la subsistance, les livres et les fournitures, l'équipement et les services de conseil permettant aux vétérans de poursuivre leur éducation dans une école ou un collège (Servicemen 1944) ». Lorsque les anciens combattants ne trouvaient pas d'emploi, ils recevaient jusqu'à 52 semaines de prestations de chômage. Le gouvernement a résumé le succès du programme comme suit :

Au cours des sept années suivantes, environ huit millions d'anciens combattants ont reçu des prestations d'éducation. En vertu de la loi, environ 2 300 000 d'entre eux ont fréquenté des collèges et des universités, 3 500 000 ont reçu une formation scolaire et 3 400 000 une formation en cours d'emploi. Le nombre de diplômes décernés par les collèges et universités américains a plus que doublé entre 1940 et 1950, et le pourcentage d'Américains titulaires d'une licence, ou d'un diplôme supérieur, est passé de 4,6 % en 1945 à 25 % un demi-siècle plus tard.

Malheureusement, tous les anciens combattants n'ont pas pu profiter des avantages du G.I. Bill. Bill. Les vétérans noirs sont souvent incapables d'obtenir des prêts bancaires pour des hypothèques dans les quartiers noirs, et ils sont confrontés à des préjugés et à une discrimination qui les empêchent d'acheter des maisons dans les quartiers de banlieue « blancs » (Servicemen 1944).

L'économie s'est développée de façon spectaculaire et a facilité la création de nouveaux produits et services qui ont permis l'essor des banlieues et de l'écosystème suburbain. Malheureusement pour les anciens combattants afro-américains, les germes du redlining qui avaient produit les racines des logements publics ségrégués et d'autres bifurcations économiques ont donné lieu à une nouvelle série d'inégalités. Au bout du compte, les Blancs pauvres et riches sont entrés dans une nouvelle ère de prospérité ; nombreux sont ceux qui, aujourd'hui, ont bénéficié des transferts de richesse générationnels résultant du G.I. bill. Le gouvernement américain a résumé le succès de la loi G.I. Bill en termes économiques :

En 1956, lorsque le G.I. Bill a expiré, la partie éducation et formation avait versé 14,5 milliards de dollars aux anciens combattants, mais l'administration des anciens combattants a estimé que l'augmentation des impôts fédéraux sur le revenu permettrait à elle seule de rembourser le coût de la loi plusieurs fois. En 1955, 4,3 millions de prêts immobiliers avaient été accordés, pour une valeur nominale totale de 33 milliards de dollars. En outre, les anciens combattants sont responsables de l'achat de 20 % de toutes les nouvelles maisons construites après la guerre. Les résultats se répercutent sur le reste de l'économie ; il n'y aura pas de nouvelle dépression, mais une prospérité sans précédent pendant une génération. Le G.I. Bill a été prolongé à plusieurs reprises. Près de 2,3 millions d'anciens combattants ont participé au programme pendant la guerre de Corée et plus de huit millions pendant la guerre du Vietnam (Servicemen 1944).

Les anciens combattants afro-américains qui attendaient avec impatience une nouvelle Amérique ont toutefois découvert que le racisme systémique et structurel ne meurt jamais de lui-même. L'écosystème engendré par la ségrégation a déshonoré leur service en marginalisant leurs avantages, en leur refusant le droit de posséder des propriétés dans des quartiers plus agréables sur la base de leur race, malgré le nouveau programme. Les vétérans afro-américains ne pouvaient toujours pas obtenir de prêts pour l'achat de biens immobiliers dans les communautés défavorisées et ne pouvaient toujours pas acheter de maisons dans les nouvelles banlieues. Les agents immobiliers les en dissuadent ; les agents immobiliers blancs qui tentent de faire ce qu'il faut sont mis sur liste noire. L'espoir afro-américain d'une nation juste agissant une fois de plus de manière juste a été brisé dans tous les domaines. Les quartiers blancs, grâce à l'afflux de capitaux, ont construit un avenir prometteur pour leurs habitants, avec des maisons qui ont permis aux familles de s'enrichir et de bonnes écoles financées par les impôts fonciers locaux.

En revanche, le redlining a écarté les capitaux des quartiers noirs, laissant un grand nombre d'entre eux s'entasser dans des logements sociaux qui ont soumis des générations entières au saturnisme des bâtiments délabrés, au manque d'accès à un emploi rémunérateur, à la pauvreté générationnelle, à la criminalité, à l'incarcération de masse - la liste des indicateurs négatifs est longue. Ce sont les fruits de l'arbre de la ségrégation. Ils sont systémiques et restent aujourd'hui un point fort en matière de droits de propriété.

La réponse du gouvernement américain aux discriminations systémiques en matière de logement

Le fait que le gouvernement américain s'efforce d'éliminer la discrimination en matière de logement dans le pays n'est pas remis en question ; la plupart des spécialistes s'accordent sur la prépondérance des preuves. Mais bien que « l'objectif de fournir un logement décent et abordable à tous les citoyens grâce aux efforts et aux encouragements des gouvernements fédéraux, étatiques et locaux, et grâce aux actions indépendantes et collectives des citoyens, des organisations et du secteur privé » ait été promulgué en 1937, la promesse n'a toujours pas été réalisée, même en 2022. Certains ont fait remarquer que ce n'est pas impressionnant pour une nation qui a réussi à envoyer un homme sur la lune avec un programme qui s'est étendu sur moins d'une décennie. Le gouvernement fédéral, et c'est tout à son honneur, a cherché activement des moyens novateurs de résoudre les problèmes liés aux trois tendances susmentionnées. Voici quelques-unes des façons dont le gouvernement a tenté de s'attaquer au bastion de la ségrégation en matière de logement :

- Le Fair Housing Act (1968) : Il s'agit de la tentative du gouvernement fédéral de s'attaquer aux pratiques systémiques flagrantes de discrimination en matière de logement. Cette loi interdit la discrimination en matière de logement fondée sur la race, la couleur, l'origine nationale, le sexe ou la religion. Elle prévoyait un mécanisme de dépôt de plainte pour discrimination en matière de logement et autorisait le ministère du logement et du développement urbain à jouer un rôle de médiateur, mais pas à engager des poursuites. Le HUD ne pouvait malheureusement pas intenter de poursuites ou d'actions en justice au nom des victimes. Certains experts estiment que l'absence de pouvoirs d'exécution a affaibli cette loi et a permis à la ségrégation et aux normes sociales de type « séparé mais égal » de s'enraciner.

- Le logement équitable sous l'administration Nixon (1971) : Quelques années après la mise en œuvre de la loi sur le logement équitable, les problèmes engendrés par les politiques de logement ségrégationnistes étaient connus. Mais pour s'assurer les votes des nouveaux électeurs des banlieues, le président Nixon a fait l'impasse sur le renforcement du programme de logement équitable au sein d'une nation profondément ségréguée. L'administration du président Nixon n'a procédé à aucun changement de politique qui aurait pesé sur l'intégration dans des banlieues toujours plus retranchées où la richesse de la nation restait bifurquée.

- La loi sur l'égalité des chances en matière de crédit de 1974 : Cette loi a comblé l'une des lacunes de la loi sur le logement équitable. Elle interdit la discrimination à l'encontre des demandeurs de crédit fondée sur « la race, la couleur, la religion, l'origine nationale, le sexe, l'état civil, l'âge ». Elle interdit également la discrimination à l'encontre d'un demandeur de prêt individuel qui reçoit des revenus d'un programme d'aide publique ou qui a déposé une plainte en vertu de la Consumer Credit Protection Act. Lorsque des schémas de discrimination existaient dans les prêts d'amélioration de l'habitat ou les demandes de prêts hypothécaires, le ministère de la Justice était autorisé à intenter une action en justice au titre de l'ECOA (US DOJ n.d.).

- La Home Mortgage Disclosure Act de 1975 : Cette loi a comblé une autre lacune du Fair Housing Act qui émanait du redlining qui entraînait des pénuries de crédit dans certains quartiers urbains. La HMDA a fourni au public des informations montrant si les institutions financières « répondent aux besoins de crédit au logement des quartiers et des communautés dans lesquels elles sont situées (Home Mortgage n.d.) ». Elle fournissait également des informations aux responsables publics « afin de cibler les investissements publics du secteur privé vers les zones où ils sont nécessaires (Home Mortgage n.d.) ». Des amendements ultérieurs ont exigé la « collecte et la divulgation de données sur les caractéristiques des demandeurs et des emprunteurs afin d'aider à identifier d'éventuels modèles de prêts discriminatoires et à appliquer les lois anti-discrimination (Home Mortgage n.d.) ».

- Le Community Reinvestment Act de 1977 : Cette loi s'attaquait aux pratiques discriminatoires des institutions bancaires lorsque les mémorandums de crédit ou les directives utilisées étaient bifurqués - l'un pour les blancs et l'autre pour les groupes de noirs et de bruns. La loi exigeait que « la Réserve fédérale et les autres régulateurs bancaires fédéraux encouragent les institutions financières à aider à répondre aux besoins de crédit des communautés dans lesquelles elles font des affaires, y compris les quartiers à revenus faibles et modérés (LMI) (Community Reinvestment 2022) ». Certains experts affirment que si cette directive partait d'une bonne intention, elle n'a fait que déplacer dans la clandestinité des pratiques systémiques de discrimination en matière de logement. Les emprunteurs afro-américains ont parfois reçu des informations erronées ou ont été attirés par des produits de prêt à taux d'intérêt élevé qui les rendaient plus susceptibles de ne pas rembourser et donc de perdre leur maison.

Bien que ces lois aient été modifiées à plusieurs reprises, il s'agit ici de montrer la corrélation entre les impacts du redlining et d'autres pratiques de ségrégation dans le secteur du logement et les réponses apportées par le gouvernement au fil du temps.

RESPECT DES DROITS DE PROPRIÉTÉ
Opportunité/réconciliation/disruption de l'équité motivée par la créativité

C'est précisément parce que les droits de propriété sont si précieux pour la dignité humaine et le transfert de richesse entre générations qu'ils ont historiquement fait l'objet d'abus importants de la part de la majorité. C'est un phénomène aussi bien américain que mondial - même problème, différentes permutations. Cela est particulièrement vrai lorsque les pays développés ont établi des présences, politiques et/ou économiques, dans d'autres nations ; lorsque les communautés locales constituaient un obstacle quelconque à l'exploitation économique, les organisations ont impitoyablement manigancé ou manipulé la politique locale pour obtenir ce qu'elles voulaient, ou même simplement saisi des biens et du matériel. Il s'agit, en fait, de la dynamique centrale du colonialisme, dont l'héritage inéquitable se fait encore sentir aujourd'hui.

Les nations qui ont été colonisées ont inventé de nouvelles lignes de pratiques discriminatoires similaires à celles dont les maîtres coloniaux étaient accusés. Elles portent des marques différentes mais suivent les lignes de fracture sociétales établies il y a longtemps. Les Britanniques, par exemple, ont créé des nations en rassemblant des groupes de personnes qui avaient des différences historiques et ont utilisé ces différences pour les gouverner selon le mantra « diviser pour mieux conquérir ». Sous ces régimes, les droits de propriété étaient fonction de la volonté des colonialistes, qui utilisaient des règles directes et indirectes pour gouverner leurs domaines. Le respect des droits de propriété dans la situation actuelle exige de comprendre comment ces droits ont été traditionnellement malmenés dans le contexte local, avant de concevoir des moyens créatifs pour garantir qu'ils ne se perpétuent pas. L'optique d'équité en 3 étapes peut aider à ces efforts.

OPPORTUNITÉ D'ÉQUITÉ DANS LE RESPECT DES DROITS DE PROPRIÉTÉ

Le gouvernement américain a cherché activement de nouvelles façons novatrices de traiter les droits intellectuels et de propriété de ses citoyens, et la bataille a été difficile. Il ne s'agit pas d'un problème uniquement américain. Tous les pays du monde ont, à des degrés divers, des problèmes de discrimination en matière de droits de propriété à régler. Le respect des droits de propriété n'est pas différent du respect des autres personnes qui font partie de notre humanité commune. Chacun, y compris les minorités et les communautés défavorisées, mérite la possibilité de posséder et de profiter de sa propriété, quelle que soit sa forme. C'est pourquoi l'ISO 26000 a fourni les grandes orientations suivantes :

ISO
> *payer une juste compensation pour les biens qu'elle acquiert ou utilise.*

> *ISO 26000:2010, page 51.*

CONCILIATION DE L'ÉQUITÉ DANS LE RESPECT DES DROITS DE PROPRIÉTÉ

La conciliation de normes différentes en matière de droits de propriété dans le pays et à l'étranger est une composante essentielle de la stratégie mondiale de toute organisation lorsqu'une lentille DE&I est appliquée à ses politiques, procédures et pratiques. Mais il s'agit autant d'un problème institutionnel que d'un problème individuel. Les lois sur la ségrégation, le lynchage et les incendies criminels étaient des actes perpétrés par des individus en tant qu'acteurs isolés et par des individus au sein de groupes. Pour les organisations qui s'engagent sur la voie de la responsabilité sociale et du développement durable, la norme ISO 26000 fournit les grandes orientations suivantes :

ISO
> ☐ *mettre en œuvre des politiques et des pratiques qui favorisent le respect des droits de propriété et des connaissances traditionnelles ;*
> ☐ *tenir compte des attentes de la société, des droits de l'homme et des besoins fondamentaux de l'individu lorsqu'il exerce et protège ses droits de propriété intellectuelle et physique.*

> *ISO 26000:2010, page 51.*

PERTURBATION DE L'ÉQUITÉ DANS LE RESPECT DES DROITS DE PROPRIÉTÉ

Il est important, lorsqu'elles affirment et valident les droits de propriété d'autrui, que les organisations s'assurent qu'elles ne se contentent pas d'adhérer du bout des lèvres à cet idéal et, ce qui est tout aussi important, que les personnes avec lesquelles elles font des affaires agissent de bonne foi et respectent les mêmes normes que l'organisation. La norme ISO 26000 fournit les grandes orientations suivantes :

ISO

☐ *mener des enquêtes appropriées pour s'assurer qu'elle dispose d'un titre légal permettant l'utilisation ou la cession d'un bien ;*

☐ *ne pas s'engager dans des activités qui violent les droits de propriété, notamment l'abus de position dominante, la contrefaçon et le piratage ;*

ISO 26000:2010, page 51.

RESPECT DES DROITS DE PROPRIÉTÉ
Étapes concrètes de l'inclusion centrée sur la gouvernance

Les droits de propriété sont un élément essentiel de l'activité économique et sont intimement liés à l'équité ou à l'iniquité (selon la situation) de la distribution et de l'allocation des ressources. La discrimination systémique a conduit à l'exclusion économique de longue date des communautés minoritaires, tant aux États-Unis qu'à l'étranger. Pour aider à guérir les normes de division qui ont marginalisé et désavantagé économiquement les groupes minoritaires et vulnérables pendant trop longtemps, les organisations devraient examiner leurs pratiques en matière de respect des droits de propriété pour s'assurer qu'elles ne renforcent pas ces normes de division.

1. En examinant les politiques et procédures de votre organisation en matière de respect des droits de propriété, comment s'alignent-elles avec votre politique de DE&I, vos engagements et les proclamations de votre entreprise sur le sujet ?

2. S'il y a des lacunes, quelles sont les étapes et les échéances que vous avez identifiées pour les réduire ou les éliminer en vous basant sur le modèle de l'optique d'équité en 3 étapes ?

3. Toutes les parties prenantes pertinentes ont-elles été identifiées et engagées dans la révision, la modification ou le développement de vos politiques et procédures autour de vos pratiques de DE&I modérées en matière de respect des droits de propriété ?

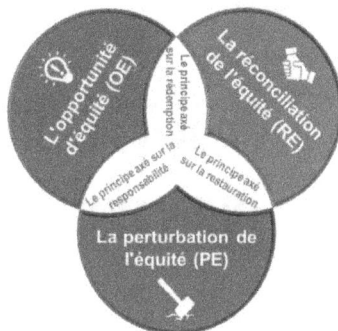

Chapitre dix

DE&I AS MODÉRATEUR POUR LES QUESTIONS DE CONSOMMATION

es problèmes des consommateurs varient selon les organisations. Des préoccupations telles que les décisions et les activités des organisations qui produisent, fabriquent, vendent ou distribuent des produits et des services et le bien-être des consommateurs en tant que continuum sont améliorées à partir de cette utilisation. Dans le chapitre précédent, nous nous sommes concentrés sur les clients commerciaux. Dans ce chapitre, nous nous concentrerons sur les consommateurs finaux. Tous les utilisateurs de produits et de services, qu'il s'agisse d'entreprises ou de particuliers, ont un contrat de relation sociale avec les fabricants, les prestataires de services et tous les acteurs de la chaîne de valeur qui leur apportent les produits ou les services. Ce contrat s'ajoute aux contrats économiques et environnementaux inhérents à la relation entre le producteur et le consommateur.

Pourquoi les questions de consommation sont des questions de DE&I

Les États et les organisations partagent, à des degrés divers, la responsabilité sociale de protéger et d'améliorer l'utilisation par le public des produits et services de tous les jours. À l'ère de l'information, cette responsabilité est devenue de plus en plus nécessaire, voire sacro-sainte. Nécessaire parce que les consommateurs utilisent les produits et services à des fins privées, ce qui en fait parfois des candidats de choix pour les abus. Sacro-sainte parce que les valeurs monétaires des données des consommateurs transformées en informations peuvent franchir la limite entre le commerce et le droit à la vie privée des individus. L'État et les organisations sont donc responsables, à des degrés divers, de la prise en compte des problèmes des consommateurs. La norme ISO 26000 a apporté les précisions suivantes sur les types de responsabilités :

ISO *Les responsabilités comprennent la fourniture d'une éducation et d'informations exactes, l'utilisation d'informations commerciales et de processus contractuels équitables, transparents et utiles, la promotion d'une consommation durable et la conception de produits et de services qui permettent l'accès à tous et prennent en charge, le cas échéant, les personnes vulnérables et défavorisées. Le terme « consommateur » désigne les personnes ou les groupes qui utilisent les résultats des décisions et des activités des organisations et ne signifie pas nécessairement que les consommateurs paient pour des produits et des services. Les responsabilités impliquent également de minimiser les risques liés à l'utilisation des produits et services, par la conception, la fabrication, la distribution, la fourniture d'informations, les services d'assistance et les procédures de retrait et de rappel. De nombreux organismes collectent ou traitent des informations personnelles et ont la responsabilité de protéger la sécurité de ces informations et la vie privée des consommateurs.*

ISO 26000:2010, page 51.

Les organisations ont un rôle clé à jouer dans le respect, la promotion et la protection des droits des consommateurs. Lorsque ces droits sont modérés par la DE&I, ils peuvent devenir une autre voie par laquelle la société corrige les normes qui la divisent. Un cadre de DE&I aide les organisations à agir de manière responsable, même lorsque l'État a du mal à rattraper les développements rapides des produits et services. L'ISO fournit les conseils suivants :

ISO *En particulier dans les domaines où l'État ne satisfait pas de manière adéquate les besoins fondamentaux des personnes, une organisation devrait être sensible à l'impact de ses activités sur la capacité des personnes à satisfaire ces besoins. Elle doit également éviter les actions qui mettraient en péril cette capacité. Les groupes vulnérables ont des capacités différentes et, dans leur rôle de consommateurs, ils ont des besoins particuliers à satisfaire et peuvent, dans certains cas, exiger des produits et services spécialement adaptés. Ils ont des besoins particuliers parce qu'ils peuvent ne pas connaître leurs droits et leurs responsabilités ou être incapables d'agir en fonction de leurs connaissances. Elles peuvent également ne pas connaître ou être incapables d'évaluer les risques potentiels associés aux produits ou aux services et donc de porter un jugement équilibré.*

ISO 26000:2010, page 53.

Avant que la Grande Récession ne frappe et n'entraîne la crise financière mondiale de 2007-2008, le secteur des prêts hypothécaires à risque avait déjà implosé. Les prêts subprimes étaient appréciés des prêteurs prédateurs car ils opéraient en dehors de toute surveillance réglementaire fédérale, facturaient des frais exorbitants assortis de pénalités de remboursement anticipé et imposaient souvent une assurance-vie de crédit à prime aux prêts. Les activités de prêts prédateurs ont eu de graves conséquences pour les emprunteurs non informés qui risquaient de perdre la valeur nette qu'ils avaient accumulée dans leur maison, voire de la perdre purement et simplement. Les prêts à risque ciblaient les communautés historiquement mal desservies, en particulier la communauté afro-américaine.

Le marché des subprimes n'est pas sorti de nulle part. Lorsque le taux national d'accession à la propriété a atteint son apogée vers 2005, cela a créé un vide que les prêteurs subprime ont exploité de manière effrénée.

Figure 10.1 : Le taux national d'accession à la propriété a atteint un pic avant que les prêts subprime ne décollent

Le taux national d'accession à la propriété a atteint un pic avant que les prêts subprime ne décollent

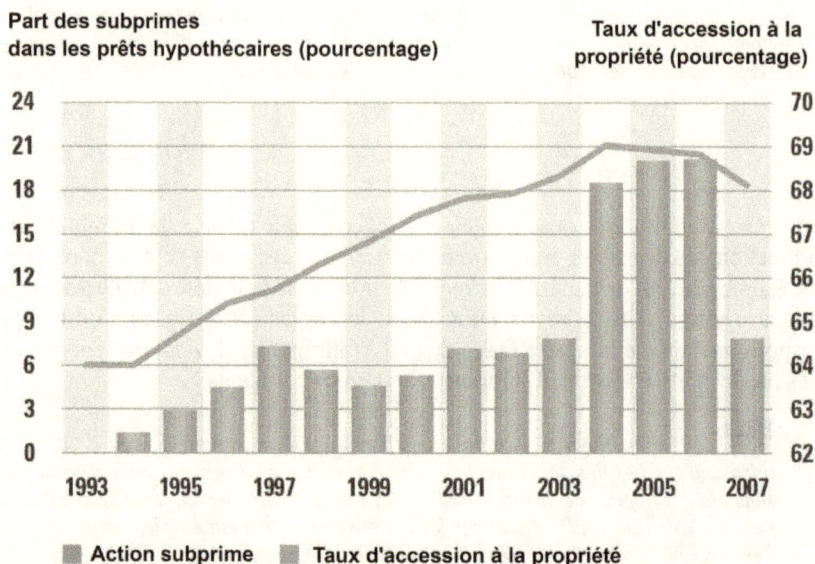

Part des subprimes dans les prêts hypothécaires (pourcentage)

Taux d'accession à la propriété (pourcentage)

■ Action subprime   ■ Taux d'accession à la propriété

Remarque : La part des subprimes correspond au volume en dollars de toutes les émissions. Sources : Adapté et traduit dans Humankind Shared Planet Divided by Norms à partir de la source originale : US Census Bureau, Housing Vacancy Survey ; À l'intérieur du financement hypothécaire, Annuel statistique du marché hypothécaire 2008.

Un rapport publié en 1998 par le ministère américain du logement et du développement urbain, intitulé « Unequal burden: income & racial disparities in subprime lending in America » a révélé une concentration disproportionnée des prêts à risque dans les quartiers où vivent les minorités et les personnes à faibles revenus (US HUD 2009). L'analyse par le HUD de près d'un million de prêts hypothécaires dans le cadre de la Home Mortgage Disclosure Act (HMDA) a révélé ce qui suit (US HUD 2009) :

1. Le nombre de prêts Subprime a été multiplié par dix entre 1993 et 1998, atteignant 790 000 et 150 milliards de dollars.
2. Les prêts à risque dans les quartiers à faibles revenus étaient trois fois plus fréquents que dans les quartiers à hauts revenus. En 1993, 1 % de ces prêts se situaient dans chacun des quartiers à revenus modérés et supérieurs, tandis que 3 % se trouvaient dans les quartiers à faibles revenus. Mais en 1998, 26 % de ces prêts se situaient dans les quartiers

à faibles revenus, contre 7 % dans les quartiers à revenus élevés et 11 % dans les quartiers à revenus modérés.

3. Par rapport aux quartiers blancs, les prêts à risque étaient cinq fois plus nombreux dans les quartiers noirs. En 1993, 8 % de ces prêts se situaient dans les quartiers noirs et 1 % dans les quartiers blancs, mais en 1998, 51 % de ces prêts immobiliers se situaient dans les quartiers noirs, contre seulement 9 % dans les zones blanches.

4. Les propriétaires à hauts revenus des quartiers noirs étaient deux fois plus susceptibles d'avoir des prêts immobiliers à risque que ceux des quartiers blancs à faibles revenus. Les propriétaires des quartiers noirs à hauts revenus représentaient 39 % des prêts immobiliers à risque, contre 18 % dans les quartiers blancs à faibles revenus et 6 % dans les quartiers blancs à hauts revenus.

La croissance rapide des prêts hypothécaires à risque était une indication claire que les minorités et les quartiers à faibles revenus avaient besoin d'un meilleur accès au marché des prêts de premier ordre. Ce besoin n'était pas nouveau ; il s'inscrivait dans le prolongement des désinvestissements qui avaient commencé avec les lois sur le logement évoquées dans le chapitre précédent. Cela faisait des minorités une cible idéale pour les prêteurs à risque, une fois le service disponible.

Les prêts hypothécaires à risque offraient aux emprunteurs des hypothèques risquées avec des taux d'intérêt initialement bas, qui étaient censés être refinancés à une date ultérieure fixée de concert avec la hausse des prix de l'immobilier. Puis, en 2006-2007, les prix de l'immobilier ont commencé à baisser et les taux d'intérêt à augmenter, et le refinancement est devenu impossible. Lorsque les prêts à faible taux d'intérêt sont arrivés à échéance et que les emprunteurs n'avaient pas les moyens de se refinancer, les défauts de paiement et les saisies se sont succédé rapidement. Les fonds spéculatifs et les investisseurs mondiaux dont les titres étaient adossés à des valeurs hypothécaires ont subi des pertes considérables (US HUD 2009).

Si personne n'a été épargné par les pertes subies pendant la Grande Récession, de nombreux Noirs et Bruns qui ont perdu leur maison ou le capital qu'ils avaient accumulé ont subi un impact disproportionné par rapport aux autres populations. L'accession à la propriété étant l'un des principaux facteurs de richesse et de revenu, la Grande Récession et l'impact des prêts hypothécaires à risque se sont manifestés de manière flagrante aux États-Unis, selon des critères raciaux et ethniques, et l'inégalité persiste. Une recherche du PEW publiée en 2014 (sur la base des données de la Réserve fédérale) indique que depuis la fin de la Grande Récession, la valeur nette des ménages blancs a augmenté 13 fois plus que celle des ménages noirs et 10 fois plus que celle des ménages hispaniques (Kochhar & Fry 2014) :

Figure 10.2 : Écarts de richesse raciaux, ethniques depuis la grande récession.

Écarts de richesse raciaux, ethniques depuis la grande récession.

Avoir net médian des ménages, en dollars de 2013

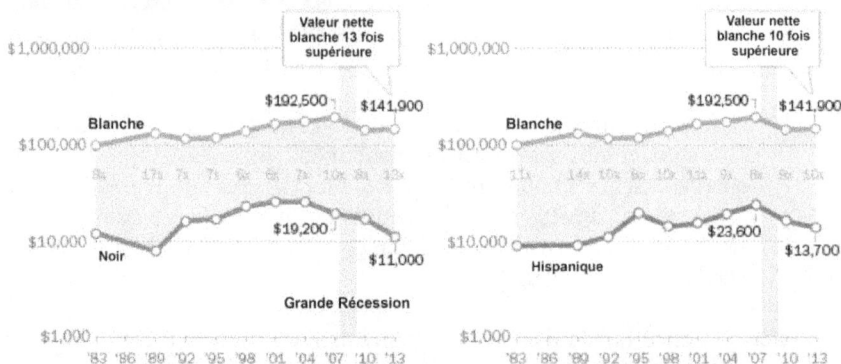

Remarques : les Noirs et les Blancs incluent uniquement les non-hispaniques. Les hispaniques sont de n'importe quelle race.
L'échelle du graphique est logarithmique, chaque ligne de grille est dix fois plus grande que la ligne de grille en dessous.
La Grande Récession a commencé en décembre 2007 et s'est terminée en juin 2009.
Source : Adapté et traduit dans Humankind Shared Planet Divided by Norms à partir de la source originale : Tableaux du Pew
Research Center des données à usage public de l'Enquête sur les finances des consommateurs.

Cela montre ce qui peut arriver lorsque la demande ou le besoin d'un produit ou d'un service par les consommateurs les rend sensibles aux pratiques prédatrices. Les prêteurs subprime ont répondu à un besoin des communautés historiquement mal desservies en accordant des prêts à des emprunteurs qui ne répondaient pas aux normes de crédit du marché principal (US HUD 2009). Les prêts étaient motivés par l'opportunisme, et non par une quelconque forme de considération DE&I. La possibilité de financer une maison était la bienvenue pour cette communauté mal desservie, mais les prêts avaient un prix que beaucoup n'ont pas su lire dans les petits caractères et les risques associés - des risques qui étaient souvent minimisés et les avantages glorifiés. Même lorsque le langage était en clair (ou dans la langue choisie par l'emprunteur), l'exubérance des possibilités de richesse et de revenus qui a accompagné le tournant des subprimes a enivré même le meilleur des économistes. Même les banques ont été prises dans des expositions risquées qu'elles n'avaient pas anticipées. Bien sûr, lorsque les choses vont mal, les banques et les fonds spéculatifs cherchent un abri sous la forme d'une aide gouvernementale. Les emprunteurs subprime, en revanche, n'ont pas cette possibilité.

Les principes et les sujets fondamentaux de la responsabilité sociale fournissent aux organisations un outil systémique holistique pour éviter ce genre de conséquences. Pour une définition plus large des besoins que les consommateurs du monde entier peuvent avoir en commun, les lignes directrices des Nations unies pour la protection des consommateurs ont proposé :

Les besoins légitimes que les lignes directrices visent à satisfaire sont les suivants :

a)   L'accès des consommateurs aux biens et services essentiels ;
b)   La protection des consommateurs vulnérables et défavorisés ;
c)   La protection des consommateurs contre les risques pour leur santé et leur sécurité ;
d)   La promotion et la protection des intérêts économiques des consommateurs ;

e)	L'accès des consommateurs à des informations adéquates pour leur permettre de faire des choix éclairés en fonction de leurs souhaits et besoins individuels ;
f)	L'éducation des consommateurs, y compris l'éducation sur les conséquences environnementales, sociales et économiques des choix des consommateurs ;
g)	l'existence d'un système efficace de résolution des litiges et de recours pour les consommateurs ;
h)	la liberté de constituer des groupes ou des organisations de consommateurs et d'autres groupes ou organisations pertinents et la possibilité pour ces organisations de présenter leurs points de vue dans le cadre des processus décisionnels les concernant ;
i)	la promotion de modes de consommation durables ;
j)	Un niveau de protection des consommateurs utilisant le commerce électronique qui ne soit pas inférieur à celui offert dans d'autres formes de commerce ;
k)	La protection de la vie privée des consommateurs et la libre circulation de l'information au niveau mondial.

Source : CNUCED 2016.

Dans un marché mondial où les États et les entreprises rattrapent leur retard sur ce qui constitue de nouvelles activités commerciales justes et équitables en ligne et hors ligne, le Guide des Nations unies pour la protection des consommateurs offre un ensemble de base de bonnes pratiques pour les entreprises :

Principes de bonnes pratiques commerciales - Les principes qui établissent des repères de bonnes pratiques commerciales pour mener des activités commerciales en ligne et hors ligne avec les consommateurs sont les suivants :

a) Traitement juste et équitable. Les entreprises doivent traiter les consommateurs de manière juste et honnête à tous les stades de leur relation, afin que cela fasse partie intégrante de la culture d'entreprise. Les entreprises doivent éviter les pratiques qui portent préjudice aux consommateurs, en particulier aux consommateurs vulnérables et défavorisés ;

b) Comportement commercial. Les entreprises ne doivent pas soumettre les consommateurs à des pratiques illégales, contraires à l'éthique, discriminatoires ou trompeuses, telles que les tactiques de marketing abusives, le recouvrement abusif de créances ou tout autre comportement inapproprié susceptible de poser des risques inutiles ou de nuire aux consommateurs. Les entreprises et leurs agents autorisés doivent tenir dûment compte des intérêts des consommateurs et assumer la responsabilité de maintenir la protection des consommateurs comme un objectif ;

c) Divulgation et transparence. Les entreprises doivent fournir des informations complètes, précises et non trompeuses sur les biens et services, les conditions, les frais applicables et les coûts finaux, afin de permettre aux consommateurs de prendre des décisions en connaissance de cause. Les entreprises doivent garantir un accès facile à ces informations, notamment aux principales conditions générales, quel que soit le moyen technologique utilisé ;

d) Éducation et sensibilisation. Les entreprises sont invitées, le cas échéant, à élaborer des programmes et des mécanismes pour aider les consommateurs à acquérir les connaissances et les compétences nécessaires pour comprendre les risques, y compris les risques financiers, pour prendre des décisions en

> connaissance de cause et pour accéder à des conseils et à une assistance compétents et professionnels, de préférence auprès d'un tiers indépendant, en cas de besoin ;
>
> e) Protection de la vie privée. Les entreprises doivent protéger la vie privée des consommateurs en combinant des mécanismes appropriés de contrôle, de sécurité, de transparence et de consentement concernant la collecte et l'utilisation de leurs données personnelles ;
>
> f) plaintes et litiges des consommateurs. Les entreprises doivent mettre à disposition des mécanismes de traitement des plaintes qui offrent aux consommateurs un règlement rapide, équitable, transparent, peu coûteux, accessible, rapide et efficace des litiges, sans coût ni charge inutile. Les entreprises doivent envisager de souscrire aux normes nationales et internationales relatives au traitement interne des plaintes, aux services de résolution alternative des litiges et aux codes de satisfaction de la clientèle.
>
> Source : CNUCED 2016.

En combinant des éléments des principes ci-dessus avec ceux du Pacte international relatif aux droits économiques, sociaux et culturels, l'ISO 26000 a fourni un ensemble de pratiques complètes et socialement responsables concernant les besoins légitimes des consommateurs qui comprennent, sans s'y limiter, « le droit de chacun à un niveau de vie suffisant, y compris une alimentation, un habillement et un logement adéquats, et à l'amélioration constante des conditions de vie et de la disponibilité des produits et services essentiels, y compris financiers. "

ISO *Ces besoins légitimes comprennent :*

☐ *la sécurité Le droit d'accès à des produits non dangereux et la protection des consommateurs contre les risques pour leur santé et leur sécurité découlant des processus de production, des produits et des services ;*

☐ *être informé L'accès des consommateurs à des informations adéquates pour leur permettre de faire des choix éclairés en fonction de leurs souhaits et besoins individuels et d'être protégés contre la publicité ou l'étiquetage malhonnêtes ou trompeurs ;*

☐ *faire des choix La promotion et la protection des intérêts économiques des consommateurs, y compris la possibilité de choisir parmi une gamme de produits et de services, offerts à des prix compétitifs avec l'assurance d'une qualité satisfaisante ;*

☐ *être entendu La liberté de former des groupes ou des organisations de consommateurs et d'autres groupes ou organisations pertinents et la possibilité pour ces organisations de présenter leurs points de vue dans les processus décisionnels qui les concernent, notamment dans l'élaboration et l'exécution de la politique gouvernementale et dans le développement de produits et de services ;*

☐ *recours Disponibilité de recours efficaces pour les consommateurs, en particulier sous la forme d'un règlement équitable des réclamations justes, y compris une indemnisation en cas de fausse déclaration, de produits mal fabriqués ou de services insatisfaisants ;*

☐ *éducation L'éducation des consommateurs, y compris l'éducation sur les impacts environnementaux, sociaux et économiques des choix des consommateurs, permet à ces derniers de faire des choix éclairés et indépendants sur les produits et les services, tout en étant conscients de leurs droits et de leurs responsabilités et de la manière d'agir en conséquence ; et*

☐   *environnement sain Il s'agit d'un environnement qui ne menace pas le bien-être des générations actuelles et futures. La consommation durable consiste à répondre aux besoins des générations actuelles et futures en matière de produits et de services d'une manière qui soit durable sur le plan économique, social et environnemental.*

Les autres principes sont les suivants

☐   *le respect du droit à la vie privée Ce principe est tiré de la Déclaration universelle des droits de l'homme, article 12, qui prévoit que nul ne sera l'objet d'immixtions arbitraires dans sa vie privée, sa famille, son domicile ou sa correspondance, ni d'atteintes à son honneur et à sa réputation, et que toute personne a droit à la protection de la loi contre de telles immixtions ou de telles atteintes ;*

☐   *l'approche de précaution Cette approche est tirée de la Déclaration de Rio sur l'environnement et le développement [158] et des déclarations et accords ultérieurs, qui avancent le concept selon lequel, en cas de menace de dommages graves ou irréversibles à l'environnement ou à la santé humaine, l'absence de certitude scientifique absolue ne devrait pas servir de prétexte pour remettre à plus tard l'adoption de mesures rentables visant à prévenir la dégradation de l'environnement ou les dommages à la santé humaine. Lorsqu'elle examine le rapport coût-efficacité d'une mesure, une organisation devrait prendre en compte les coûts et les avantages à long terme de cette mesure, et pas seulement les coûts économiques à court terme pour l'organisation ;*

☐   *promotion de l'égalité des sexes et de l'autonomisation des femmes Cet objectif est tiré de la Déclaration universelle des droits de l'homme et des objectifs du Millénaire pour le développement. Elle fournit une base supplémentaire pour analyser les questions de consommation et empêcher la perpétuation des stéréotypes liés au genre*

☐   *promotion de la conception universelle Il s'agit de la conception de produits et d'environnements utilisables par tous, dans toute la mesure du possible, sans qu'il soit nécessaire de les adapter ou de les concevoir de manière spécialisée. La conception universelle repose sur sept principes : utilisation équitable, souplesse d'utilisation, utilisation simple et intuitive, informations perceptibles, tolérance à l'erreur, faible effort physique et taille et espace pour l'approche et l'utilisation.*

ISO 26000:2010, pages 52-53 (références supprimées).

QUESTION DE CONSOMMATION 1 : LE DE&I COMME MODÉRATEUR POUR UN MARKETING ÉQUITABLE, DES INFORMATIONS FACTUELLES ET IMPARTIALES ET DES PRATIQUES CONTRACTUELLES ÉQUITABLES

Votre organisation considère-t-elle la diversité, l'équité et l'inclusion comme une devise dans son marketing ? Présente-t-elle des informations factuelles et impartiales et suit-elle des pratiques contractuelles équitables ?

Ce que les consommateurs comprennent des produits et des services est généralement limité par les informations qu'ils reçoivent par le bouche à oreille, les brochures, la description de l'étiquette du produit ou le matériel de marketing du produit ou du service, etc. La façon dont un produit ou un service est commercialisé ou promu peut prendre une toute nouvelle signification lorsqu'elle devient également une avenue modératrice pour étendre les engagements DE&I d'une organisation. En tant que tel, il peut agir comme un moyen incitatif pour récompenser les comportements - décisions et activités - qui sont modérés par l'équité et la justice. L'utilisation de normes équitables et justes en tant que mécanisme à valeur ajoutée pour piloter le message d'une organisation peut être un moyen puissant de combler les écarts entre les normes de division de la société.

Par exemple, une organisation socialement responsable qui pratique l'égalité salariale entre les sexes peut le mentionner dans ses messages de recrutement ainsi que dans d'autres messages relatifs aux produits. Cela démontre l'existence d'un écosystème intégratif où le discours sur la DE&I fait partie de son ADN. Ce type de changement de paradigme sociomarketing délibéré donne à une organisation socialement responsable une toile pour raconter son histoire en présentant ses décisions et activités DE&I comme un tout intégratif. Cela peut avoir un impact positif non seulement sur leurs ventes, mais aussi sur la société et d'autres organisations, tout comme les pratiques inéquitables et injustes sont devenues des normes de division, une décision, une activité, un programme ou un film à la fois.

La norme ISO 26000 a fourni la définition et la compréhension générales suivantes :

ISO *Le marketing équitable, les informations factuelles et impartiales et les pratiques contractuelles équitables fournissent des informations sur les produits et services d'une manière qui peut être comprise par les consommateurs. Cela permet aux consommateurs de prendre des décisions éclairées sur la consommation et les achats et de comparer les caractéristiques de différents produits et services.*

ISO 26000:2010, pages 54-55 (références supprimées).

MARKETING ÉQUITABLE, INFORMATIONS FACTUELLES ET IMPARTIALES ET PRATIQUES CONTRACTUELLES ÉQUITABLES
Appel à l'action pour la diversité fondée sur la connaissance

L'ère de l'information a révolutionné notre conception de la publicité et du marketing des produits ou services, des informations factuelles et impartiales et des pratiques contractuelles équitables. Si le marketing déloyal et les pratiques contractuelles déloyales existent depuis toujours, ils deviennent encore plus sophistiqués et subversifs. Une compréhension croissante des comportements et de la psychologie des consommateurs a permis d'affiner les stratégies publicitaires qui incitent les consommateurs à prendre des décisions sans connaître l'intégralité du cycle de vie du produit et des services. Elles sont subversives car les consommateurs et la manière dont ils sont agrégés à l'aide de modèles informatiques pour le marketing, la divulgation d'informations et les contrats proposés peuvent être source de division et accentuer les anciennes normes systémiques qui marginalisent et désavantagent les minorités et les groupes vulnérables. L'exploitation des inégalités fonctionne, et ces pratiques perpétuent les inégalités elles-mêmes. Le marketing équitable, les informations factuelles et impartiales et les pratiques contractuelles équitables sont donc des questions de DE&I.

Avec un marketing équitable, des informations factuelles et impartiales et des pratiques contractuelles équitables, le consommateur peut faire un choix éclairé sur les produits ou services d'une organisation. Bien entendu, cela suppose que l'organisation souhaite être honnête. Les situations où la malhonnêteté est récompensée doivent être mieux contrôlées par un cadre réglementaire et social qui dissuade de telles pratiques.

Mais le comportement humain n'est qu'une pièce du puzzle. Outre les décisions prises par les personnes au sein d'une organisation, nous devons nous pencher sur les processus automatisés lorsque des décisions algorithmiques sont prises par l'intelligence artificielle. Cela crée souvent des modèles qui accentuent les anciens préjugés dans les processus d'emploi, l'accès aux soins de santé, au capital, aux services essentiels, et bien d'autres pratiques contractuelles qui vont au-delà des produits à usage personnel. Comme nous l'avons vu précédemment, les humains prennent des décisions en utilisant trois modèles : la pensée automatique, la pensée sociale et le modèle mental. Cela s'applique également à la manière dont les organisations et les consommateurs prennent des décisions et aux activités qui découlent de ces décisions. L'ISO 26000 fournit la définition et la compréhension générales suivantes :

ISO   *Les processus contractuels équitables visent à protéger les intérêts légitimes des fournisseurs et des consommateurs en atténuant les déséquilibres du pouvoir de négociation entre les parties. Le marketing responsable peut impliquer la fourniture d'informations sur les impacts sociaux, économiques et environnementaux tout au long du cycle de vie et de la chaîne de valeur. Les détails des produits et services fournis par les fournisseurs jouent un rôle important dans les décisions d'achat car ces informations peuvent être les seules données facilement accessibles aux consommateurs.*

ISO 26000:2010, pages 54-55 (références supprimées).

On assiste aujourd'hui à l'apparition de nouveaux produits et services que le monde n'a jamais vus auparavant ; la façon dont ils sont commercialisés et font l'objet de contrats a également transformé les pratiques traditionnelles. À ce carrefour, deux grandes questions s'opposent : maintenir les anciennes pratiques de marketing et de contrat dans la nouvelle ère de la mondialisation ou utiliser la DE&I comme cadre pour examiner, développer et mettre en œuvre des pratiques qui transmettent l'impact social, économique et environnemental à travers le cycle de vie et la chaîne de valeur des produits et services. L'essentiel est de s'assurer que ces pratiques de marketing et d'information sont inclusives et non exclusives et qu'elles sont ciblées de manière appropriée, sans discrimination fondée sur des classifications protégées.

La présentation biaisée de l'information exacerbe à tort les anciennes normes de division ; mais lorsqu'elle est bien faite, avec le marketing et d'autres informations traitées dans un cadre DE&I, elle exaspère les anciennes normes de division et offre aux organisations de nouvelles façons de mettre en œuvre leurs engagements DE&I.

L'intelligence artificielle (IA), qui est utilisée pour regrouper les informations sur les consommateurs et peut générer des stratégies visant à influencer, discriminer ou blesser les minorités et les groupes vulnérables, change la donne dans tout cela. Aujourd'hui, les algorithmes de l'IA peuvent être utilisés pour parcourir des données massives et programmer des instructions étape par étape pour que l'ordinateur isole ou inclue différents groupes. Les banques utilisent ces informations pour commercialiser leurs produits auprès de différents groupes de consommateurs, les plates-formes de médias sociaux les utilisent pour identifier les données démographiques et vendre ces informations aux spécialistes du marketing et à d'autres personnes cherchant à influencer les comportements des consommateurs, et les prestataires de soins de santé les utilisent pour déterminer les soins - pour n'en citer que quelques-uns.

Avant l'IA, les gens prenaient ces décisions manuellement - bonnes ou mauvaises - toutes régies par des lois fédérales, étatiques ou locales et toutes jugées sur la base de l'équité, de l'impartialité et de la justice. Mais lorsque les ordinateurs prennent en charge les processus décisionnels, comme c'est le cas de l'IA, les règles d'engagement en matière de marketing équitable, d'informations factuelles et impartiales et de pratiques contractuelles loyales sont modifiées. Si les décisions prises ou recommandées par l'IA peuvent être efficaces et quantitativement solides, elles ne sont pas nécessairement les meilleurs indicateurs d'équité, de justice et de transparence. Cela est dû en partie au fait qu'elles sont conçues pour optimiser les systèmes tels qu'ils fonctionnent actuellement, et que notre système actuel est plein d'injustices. Seuls les humains peuvent résoudre nos normes de division, car nous les avons créées en tant qu'espèce. Les ordinateurs sont toujours basés sur un continuum entrée-sortie : garbage in, garbage out - ce qui, dans ce cas, équivaut à des normes de division in, des résultats de division out.

Les algorithmes dépendent de l'apprentissage automatique d'ensembles de données provenant de sources existantes. Cette réalité est propice à la poursuite des normes de division cachées derrière la rigueur informatique et les probabilités statistiques conduites par l'autoroute des préjugés. Même si un programmeur n'avait pas l'intention que les résultats produits par sa programmation soient biaisés, c'est souvent ce qui se passe. C'est pourquoi les processus basés sur l'IA doivent être atténués dans le cadre d'un système de DE&I.

Comme l'a fait remarquer Sandra Wachter, chercheuse à l'université d'Oxford, « l'IA en général peut en fait renforcer les stéréotypes existants dans notre société... Surtout en matière d'emploi, vous devriez avoir des preuves statistiques que votre système n'est pas biaisé. *Et si vous ne pouvez pas fournir cela, peut-être que vous ne devriez pas utiliser [le système] pour prendre des décisions importantes (Hamilton 2018).* »

Néanmoins, l'IA a le potentiel de produire des résultats équitables et justes si les données d'entrée sont équitables et justes et si les humains en tant que parties prenantes d'intérêt et d'influence sont impliqués dans la conception des données d'entraînement - et pas seulement les programmeurs. Lorsqu'elle est bien faite en utilisant le DE&I comme cadre, la prise de décision algorithmique peut être un outil utile de DE&I parce qu'elle est neutre et ne peut pas être attirée, forcée à agir ou mentir au sujet du résultat DE&I souhaité par l'organisation (Hamilton 2018). Bien que les résultats générés par l'IA puissent souvent être défectueux, les systèmes ne peuvent pas être blâmés pour des résultats biaisés lorsque les ordinateurs ont été alimentés par des données biaisées. L'IA peut également être une force puissante pour le bien si toutes les parties prenantes touchées par le résultat contribuent aux données d'entrée.

Dans l'ensemble, l'importance d'une communication impartiale et efficace est tellement vaste et essentielle que tenter de couvrir toutes les façons dont les minorités et les groupes vulnérables ont été lésés nécessiterait plusieurs livres. Les produits et services connus pour nuire aux personnes et destinés aux populations vulnérables font partie d'un débat plus large sur le marketing équitable, les informations factuelles et impartiales et les pratiques contractuelles équitables.

MARKETING ÉQUITABLE, INFORMATIONS FACTUELLES ET IMPARTIALES ET PRATIQUES CONTRACTUELLES ÉQUITABLES
Opportunité/réconciliation/disruption de l'équité motivée par la créativité

Nous vivons dans un monde divisé où il existe un déséquilibre dans le pouvoir de négociation entre les parties - les fournisseurs ont la plupart du pouvoir et les consommateurs prennent souvent des décisions d'achat sans disposer d'informations suffisantes ou d'un recours en cas de mauvaise foi, voire d'activités illégales. Le comportement que nous voulons changer nécessite parfois une incitation pour que ce changement prenne racine. Cela n'est nulle part plus vrai que lorsqu'il s'agit d'exiger et d'encourager un marketing équitable, des informations factuelles et impartiales et des pratiques contractuelles. Chaque norme qui divise notre planète commune est soutenue par la désinformation. Nous ne pouvons pas apporter de changements durables dans ces domaines où il y a eu des pratiques inéquitables et injustes sans aborder la contribution des contrats sociaux de la société et des modèles mentaux qui divisent - la chaîne d'approvisionnement.

Les organisations doivent prêter attention à toutes les parties prenantes susceptibles de consommer ou d'utiliser leurs produits et services, et pas seulement à celles qu'elles préfèrent considérer. Les organisations peuvent acquérir une portée considérable dans la communauté mondiale avec très peu d'investissement en marketing lorsque leurs produits et services exploitent et même deviennent des tendances mondiales. Plus une organisation est diversifiée, meilleurs sont les produits et services qu'elle produit et commercialise. Le marketing inclusif et les pratiques contractuelles améliorent durablement les bénéfices, les personnes et la planète. À l'inverse, lorsque les organisations ignorent les besoins des groupes minoritaires et vulnérables, elles peuvent créer des inégalités - intentionnellement ou non - qui permettent au racisme systémique et structurel et à d'autres dysfonctionnements de la société de s'envenimer.

En comprenant les besoins de toutes ses parties prenantes, une organisation peut utiliser des considérations d'équité fondées sur la créativité pour évaluer (1) les possibilités de changements rapides et significatifs, (2) les domaines dans lesquels elle doit concilier ses principes et ses pratiques en matière de consommation et (3) les domaines dans lesquels les pratiques contraires à ses valeurs DE&I peuvent être éliminées.

Un marketing, des informations et des contrats équitables et impartiaux permettent aux consommateurs de faire le bon choix de produits ou de services pour répondre à leurs besoins, et fournissent également un canevas à l'organisation socialement responsable pour utiliser ses réalisations en matière de DE&I dans le cadre de son histoire humaine.

ISO *Le marketing et les informations injustes, incomplètes, trompeuses ou mensongères peuvent conduire à l'achat de produits et de services qui ne répondent pas aux besoins des consommateurs, et entraîner un gaspillage d'argent, de ressources et de temps, et peuvent même être dangereux pour le consommateur ou l'environnement. Cela peut également entraîner une baisse de la confiance des* *consommateurs, qui ne savent plus qui ou quoi croire. Cela peut nuire à la croissance des marchés pour des produits et services plus durables.*

ISO 26000:2010, pages 54-55 (références supprimées).

POSSIBILITÉ D'ÉQUITÉ DANS LE MARKETING ÉQUITABLE, L'INFORMATION FACTUELLE ET IMPARTIALE ET LES PRATIQUES CONTRACTUELLES ÉQUITABLES

Au minimum, une organisation socialement responsable devrait avoir pour politique de fournir des informations exactes concernant ses produits et services à ses clients dans sa publicité. Cette prise de décision et ces activités devraient également tenir compte de la manière dont la publicité et la promotion des produits et services ciblent les groupes minoritaires et vulnérables. La norme ISO 26000 fournit une orientation plus large :

ISO *Lorsqu'elle communique avec les consommateurs, une organisation devrait :*

☐ *ne pas s'engager dans une pratique trompeuse, mensongère, frauduleuse ou déloyale, peu claire ou ambiguë, y compris l'omission d'informations critiques ;*

☐ *consentir à partager les informations pertinentes d'une manière transparente qui permette un accès et des comparaisons faciles comme base d'un choix éclairé par le consommateur ;*

☐ *accorder une attention primordiale, dans la publicité et le marketing, aux meilleurs intérêts des groupes vulnérables, y compris les enfants, et ne pas s'engager dans des activités qui nuisent à leurs intérêts ;*

ISO 26000:2010, page 54.

Les dark ads sont un bon exemple de pratiques d'exclusion rendues possibles par l'exploration de données. Les annonceurs sont avides de données ciblées car ils peuvent les utiliser pour créer des dark ads et cibler efficacement la population spécifique qu'ils cherchent à atteindre. Si, en soi, les dark ads n'ont rien de répréhensible, lorsqu'elles utilisent le sexe, la race, l'orientation sexuelle ou des caractéristiques similaires pour curer les consommateurs préférés, elles peuvent franchir une ligne éthique.

En 2018, Facebook a été accusé de violer la loi sur le logement équitable par le département américain du logement et du développement urbain. Selon la plainte, à partir du 24 juillet 2018, Facebook a permis aux annonceurs de logements et de services liés au logement de pratiquer une discrimination par les informations qu'il leur fournissait en fonction (Facebook Business 2018) :

- le sexe en montrant des publicités uniquement aux hommes ou uniquement aux femmes.
- le handicap en ne montrant pas de publicités aux utilisateurs que Facebook catégorise comme étant intéressés par « chien d'assistance », « scooter de mobilité », « accessibilité » ou « culture sourde. "

- le statut familial en ne montrant pas de publicités aux utilisateurs que Facebook catégorise comme étant intéressés par la « garde d'enfants » ou le « rôle parental », ou en ne montrant des publicités qu'aux utilisateurs ayant des enfants au-dessus d'un âge spécifique.
- la religion, en ne diffusant des publicités qu'aux utilisateurs que Facebook considère comme intéressés par l'« Église chrétienne », « Jésus », « Christ » ou la « Bible ».
- l'origine nationale en ne diffusant pas de publicités aux utilisateurs que Facebook considère comme intéressés par « l'Amérique latine », « l'Asie du Sud-Est », « la Chine », « le Honduras », « la Somalie », « l'Hispanic National Bar Association » ou « Mundo Hispanico ».
- la race et la couleur en traçant une ligne rouge autour des codes postaux à majorité minoritaire et en ne montrant pas de publicités aux utilisateurs qui vivent dans ces codes postaux.

En réponse à cette plainte, Facebook a supprimé 5 000 options de ciblage publicitaire et a publié la déclaration suivante : *« Bien que ces options aient été utilisées de manière légitime pour atteindre des personnes intéressées par un certain produit ou service, nous pensons que minimiser le risque d'abus est plus important. Cela inclut la limitation de la capacité des annonceurs à exclure des audiences liées à des attributs tels que l'ethnicité ou la religion (Facebook Business 2018). »*

En 2018, le géant du commerce en ligne Amazon a admis que son outil interne de recrutement par IA était biaisé contre les femmes et a cessé complètement d'utiliser l'application. La prise de décision algorithmique de l'IA était alimentée par des données sur 10 ans provenant de CV soumis à Amazon par des candidats majoritairement masculins. (La main-d'œuvre mondiale d'Amazon est composée de 60 % d'hommes et les hommes représentent 74 % de son équipe de direction). Des mots comme « féminin » ont automatiquement déclassé les CV des femmes, donnant aux hommes un avantage indu (Hamilton 2022). Amazon a affirmé que ses décideurs regardaient ces recommandations biaisées mais ne les utilisaient pas pour prendre des décisions d'embauche réelles.

COMPAS, une application informatique permettant d'évaluer les risques de récidive potentielle des criminels a également été jugée en 2016 par ProPublica comme étant discriminatoire et biaisée à l'égard des Afro-Américains. Le modèle d'IA posait des questions sociales et environnementales qui alimentaient l'ordinateur avec les anciennes données de réflexion du modèle social et mental. Il produisait des résultats très éloignés de la « personne » et définissait son comportement dans le contexte de son milieu social et environnemental (Hamilton 2022).

LA CONCILIATION DE L'ÉQUITÉ DANS LE MARKETING ÉQUITABLE, L'INFORMATION FACTUELLE ET IMPARTIALE ET LES PRATIQUES CONTRACTUELLES ÉQUITABLES

Lorsque les décisions socialement responsables sont encouragées en leur accordant du temps d'antenne, d'autres parties de l'organisation sont susceptibles de suivre le mouvement. Le recrutement ou les performances sportives reposent sur des séquences d'images marquantes et les athlètes de tous niveaux convoitent ces expositions. Les extraits sportifs ont été utilisés pour commercialiser des produits et des services qui n'ont que peu d'affinités, mais qui, s'ils sont correctement réalisés, peuvent inciter les consommateurs à acheter ou à utiliser ces produits ou services.

Il est essentiel de concilier la rhétorique de la responsabilité sociale d'une organisation avec sa publicité et ses promotions en ce qui concerne le DE&I pour garantir la cohérence des engagements en matière de DE&I avec un marketing équitable, des informations factuelles et impartiales et des pratiques contractuelles équitables. Lorsqu'un projet de logement s'engage à appliquer des pratiques justes et équitables en vendant à ceux qui peuvent se le permettre sans tenir compte de la race comme facteur de ces décisions, mais que les stratégies de marketing ne ciblent qu'une race particulière, il y a un décalage. Lorsque les banques utilisent un groupe racial pour faire la publicité et la promotion de leurs facilités de prêt alors qu'une autre institution non bancaire utilise un autre groupe racial pour faire la publicité des produits de prêt sur salaire au sein de la même communauté, ces pratiques accentuent les valeurs sociétales de division. Mais plus important encore, ces stratégies de communication montrent avec quelle population l'entreprise préfère faire des affaires sur la base de préceptes discriminatoires injustes et inéquitables. La norme ISO 26000 fournit les grandes orientations suivantes :

ISO
Lorsqu'elle communique avec les consommateurs, une organisation devrait : fournir des informations complètes, exactes et compréhensibles, comparables dans les langues officielles ou couramment utilisées, sur le lieu de vente et conformément à la réglementation applicable, sur :

☐ *tous les aspects importants des produits et services, y compris les produits financiers et d'investissement, en prenant idéalement en compte le cycle de vie complet ;*

☐ *les principaux aspects qualitatifs des produits et services, déterminés à l'aide de procédures d'essai normalisées, et comparés, si possible, aux performances moyennes ou aux meilleures pratiques. La fourniture de ces informations doit être limitée aux circonstances où elle est appropriée et pratique et où elle peut aider les consommateurs ;*

☐ *les aspects des produits et services liés à la santé et à la sécurité, tels que les utilisations potentiellement dangereuses, les matières dangereuses et les substances chimiques dangereuses contenues dans les produits ou libérées par ceux-ci au cours de leur cycle de vie ;*

☐ *des informations concernant l'accessibilité des produits et services*

☐ *l'emplacement, l'adresse postale, le numéro de téléphone et l'adresse électronique de l'organisme, en cas de vente à distance nationale ou transfrontalière, y compris par le biais d'Internet, du commerce électronique ou de la vente par correspondance ;*

ISO 26000:2010, page 54.

Une organisation peut également utiliser ses pratiques informationnelles pour combler le fossé racial comme une forme de reconnaissance. Nous avons précédemment documenté les normes de division injustes et inéquitables qui ont eu un impact négatif sur les minorités et les groupes vulnérables au fil des générations. Une organisation socialement responsable peut utiliser son engagement auprès des consommateurs comme une extension de son propre travail pour faire la différence dans les domaines qui ont divisé une grande partie de la société. En fonction de la norme de division, raciale, sexuelle, religieuse, etc., une organisation peut développer des thèmes et des messages dans son marketing qui brossent un tableau de ce à quoi les décisions et les pratiques justes et équitables devraient ressembler dans son écosystème, donnant un échantillon représentatif d'un monde juste et équitable. En substance, les organisations socialement responsables devraient utiliser leurs engagements en matière de DE&I pour montrer au monde des consommateurs, par le biais de leurs efforts de marketing, comment un monde magnifique peut être réimaginé lorsque les profits, les personnes et la planète sont intégrés de manière saine.

RUPTURE D'ÉQUITÉ DANS LE MARKETING ÉQUITABLE, INFORMATIONS FACTUELLES ET IMPARTIALES ET PRATIQUES CONTRACTUELLES ÉQUITABLES

Dans un écosystème économique, social et environnemental mondialisé, il est plus facile de signaler un marketing déloyal, des informations fausses et partiales et des pratiques contractuelles biaisées. Ces pratiques sont plus faciles à reconnaître aujourd'hui en raison de la sensibilité aux normes de division systémiques et structurelles injustes et inéquitables et du pouvoir accru du consommateur d'exiger des traitements équitables pour tous. Les consommateurs exigent des contrats équitables et compréhensibles ; ils veulent connaître les aspects positifs et négatifs des produits et services qu'ils achètent ou utilisent et ils veulent que l'imagerie et le ton des publicités et du marketing soient représentatifs de tous les groupes susceptibles d'être des parties prenantes d'intérêt. La norme ISO 26000 fournit une ligne directrice plus large :

ISO

Lorsqu'il communique avec les consommateurs, un organisme devrait :
- *identifier clairement la publicité et le marketing ;*
- *justifier ses affirmations ou ses affirmations en fournissant sur demande les faits et les informations sous-jacentes ;*
- *ne pas utiliser de textes, de sons ou d'images qui perpétuent des stéréotypes concernant, par exemple, le sexe, la religion, la race, le handicap ou les relations personnelles ;*
- *utiliser des contrats qui*

  - *sont rédigés dans un langage clair, lisible et compréhensible ;*
  - *ne comportent pas de clauses contractuelles abusives, telles que l'exclusion injuste de la responsabilité, le droit de modifier unilatéralement les prix et les conditions, le transfert du risque d'insolvabilité aux consommateurs ou des périodes contractuelles indûment longues, et évitent les pratiques de prêt prédatrices, notamment les taux de crédit déraisonnables ; et*
  - *fournir des informations claires et suffisantes sur les prix, les caractéristiques, les termes, les conditions, les coûts, la durée du contrat et les délais de résiliation.*

Parmi les pratiques qui affectent les minorités et les groupes vulnérables, citons les tactiques de pression, les coupures de communication et les marques qui perpétuent les préjugés systémiques liés à la race et au sexe, pour n'en citer que quelques-unes. Ces pratiques doivent cesser pour que la véritable équité prenne racine. Les tactiques de marketing à haute pression à l'égard des minorités et des groupes vulnérables sont des pratiques qui leur portent préjudice. L'écosystème des prêts à risque en est un exemple : les institutions ont poussé de manière agressive des prêts qu'elles n'auraient pas commercialisés dans les quartiers blancs.

Une organisation socialement responsable doit examiner ses pratiques contractuelles pour s'assurer qu'elles ne ségrègent pas délibérément les consommateurs en fonction de leur race ou d'autres normes discriminatoires. Elle doit s'assurer que ses pratiques n'escroquent pas les groupes minoritaires et vulnérables, intentionnellement ou non, en leur facturant des prix plus élevés pour ses produits et services. Si de telles pratiques existent dans son écosystème, l'organisation doit y mettre fin immédiatement. Les politiques devraient également prendre en compte l'inflation artificielle des prix des produits et services pendant et après les catastrophes naturelles, des pratiques qui favorisent les riches et les groupes majoritaires qui peuvent se les permettre tout en désavantageant les pauvres ou les groupes minoritaires et vulnérables qui sont les plus susceptibles d'en avoir besoin et encore plus susceptibles d'être financièrement ruinés ou de subir des revers à cause d'elles.

Sur une note positive, peu après le meurtre de George Floyd, des organisations ont commencé à prêter attention à la manière dont leur marketing perpétuait les stéréotypes. Voici quelques exemples :

PepsiCo et la marque Aunt Jemima : Aunt Jemima était la représentation d'une femme noire sur l'emballage des produits de la Pearl Milling Company qui a commencé à utiliser cette marque en 1933 pour ses mélanges et sirops pour crêpes. La marque Aunt Jemima a longtemps été condamnée comme perpétuant le stéréotype raciste de la « mammy », une représentation d'une servante afro-américaine soumise et dévouée, responsable des soins et de l'alimentation de la maison du maître tout en négligeant la sienne (Associated Press 2020). Après avoir acheté la Quaker Oats Company et ses marques, PepsiCo, en 2001, a d'abord classé la marque Aunt Jemima comme représentant *« loving moms from diverse backgrounds who want the best for their families* (Associated Press 2020). »* Mais en 2020, Quaker Foods North America a publié une déclaration par l'intermédiaire de sa vice-présidente et directrice du marketing, Kristin Kroepfl, annonçant qu'elle mettait finalement fin à l'utilisation de la marque Aunt Jemima :

Alors que nous nous efforçons de progresser vers l'égalité raciale à travers plusieurs initiatives, nous devons également examiner de près notre portefeuille de marques et nous assurer qu'elles reflètent nos valeurs et répondent aux attentes de nos consommateurs... Nous reconnaissons que les origines de Aunt Jemima sont basées sur un stéréotype racial. Nous reconnaissons que les origines de Tante Jemima sont basées sur un stéréotype racial. Bien que nous ayons travaillé au fil des ans pour actualiser la marque d'une manière appropriée et respectueuse, nous réalisons que ces changements ne sont pas suffisants (Associated Press 2020).

Le football des Washington Redskins et la marque du moniker indien : Pendant 87 ans de son histoire, cette équipe de football américain basée à D.C. a entendu des activistes et des groupes amérindiens dire que son moniker était offensant pour les Amérindiens, mais n'a rien fait à ce sujet. Mais après la mort de George Floyd, l'équipe a été contrainte d'envisager de se rebaptiser grâce à la pression d'autres organisations socialement responsables. En particulier, FedEx, qui a payé 205 millions de dollars pour les droits d'appellation du stade où joue l'équipe, a déclaré qu'elle avait « communiqué à l'équipe de Washington notre demande qu'elle change le nom de l'équipe ». D'autres personnes avaient également fait pression sur l'équipe pour qu'elle change de nom, notamment « 87 sociétés d'investissement et actionnaires représentant un total de 620 milliards de dollars (Booker 2020) » qui ont fait pression sur FedEX, PepsiCo et Nike pour qu'ils fassent de même. Tout cela se passait alors même que Walmart, Target et Amazon annonçaient leur intention de ne plus vendre les produits de l'équipe. La pression a fonctionné et aujourd'hui, les Washington Redskins ont été rebaptisés les Washington Commanders.

Conagra et sa marque Mrs. Butterworth's : Selon Conagra, la marque Mrs. Butterworth était destinée à projeter des images de grand-mère aimante. Mais après le meurtre de George Floyd, l'imagerie a été reconsidérée. Reconnaissant sa responsabilité sociale envers tous ses consommateurs, l'entreprise a déclaré :

Nous sommes solidaires de nos communautés noires et brunes et nous constatons que nos emballages peuvent être interprétés d'une manière totalement incompatible avec nos valeurs... Nous comprenons que nos actions contribuent à jouer un rôle important dans l'élimination des préjugés raciaux et, par conséquent, nous avons entamé une révision complète de la marque et des emballages de Mrs. Butterworth's... Il est déchirant et inacceptable que le racisme et les injustices raciales existent dans le monde entier. Nous ferons partie de la solution. Travaillons ensemble pour progresser vers le changement (Conagra 2020) ».

Mars, Inc. et sa marque Uncle Ben's Rice : La marque Uncle Ben's Rice existe depuis longtemps et, depuis les années 1940, elle met en scène un Afro-Américain aux cheveux blancs, souvent représenté avec un nœud papillon. Certains critiques ont affirmé que cette image évoquait la servitude. Mars a rebaptisé la gamme de produits Ben's Original en 2021, en publiant la déclaration suivante au début de la transition en 2020 :

En tant que marque mondiale, nous savons que nous avons la responsabilité de prendre position pour aider à mettre fin aux préjugés et aux injustices raciales. En écoutant les voix des consommateurs, en particulier dans la communauté noire, et les voix de nos associés dans le monde entier, nous reconnaissons que le moment est venu de faire évoluer la marque Uncle Ben's, y compris son identité visuelle, ce que nous ferons... Le racisme n'a pas sa place dans la société. Nous sommes solidaires de la communauté noire, de nos associés et de nos partenaires dans la lutte pour la justice sociale. Nous savons que pour réaliser le changement systémique nécessaire, il faudra un effort collectif de notre part à tous - individus, communautés et organisations de toutes tailles dans le monde entier (Sherman 2020).

La NASA et ses pratiques non scientifiques de dénomination des corps planétaires : La National Aeronautics and Space Administration (NASA) a également annoncé à peu près au même moment qu'elle cesserait elle aussi d'utiliser des surnoms pour les corps célestes qui pourraient être considérés comme offensants.

Alors que la communauté scientifique s'efforce d'identifier et de combattre la discrimination et l'inégalité systémiques dans tous les aspects du domaine, il est devenu évident que certains surnoms cosmiques sont non seulement insensibles, mais peuvent être activement nuisibles. La NASA examine son utilisation de la terminologie non officielle pour les objets cosmiques dans le cadre de son engagement en faveur de la diversité, de l'équité et de l'inclusion. Dans un premier temps, la NASA ne qualifiera plus de « nébuleuse esquimau » la nébuleuse planétaire NGC 2392, les restes incandescents d'une étoile semblable au Soleil qui se débarrasse de ses couches externes à la fin de sa vie. « Esquimau » est largement considéré comme un terme colonial à l'histoire raciste, imposé aux populations autochtones des régions arctiques. La plupart des documents officiels ont renoncé à son utilisation. La NASA n'utilisera plus non plus le terme « Siamese Twins Galaxy » pour désigner NGC 4567 et NGC 4568, une paire de galaxies spirales situées dans l'amas de galaxies de la Vierge. À l'avenir, la NASA utilisera uniquement les désignations officielles de l'Union astronomique internationale dans les cas où les surnoms sont inappropriés (NASA 2022).

MARKETING ÉQUITABLE, INFORMATIONS FACTUELLES ET IMPARTIALES ET PRATIQUES CONTRACTUELLES ÉQUITABLES
Étapes concrètes de l'inclusion centrée sur la gouvernance

Lorsque le DE&I modère le marketing équitable, les informations factuelles et impartiales et les pratiques contractuelles équitables, il permet à une organisation de s'assurer que ses politiques et ses pratiques sont en accord avec ses engagements en matière de DE&I. Par exemple, un groupe de défense des voyages dans une grande ville connue pour sa diversité historique et son caractère inclusif a produit une vidéo invitant les personnes et les groupes du monde entier à venir visiter sa ville. Le problème est que la vidéo ne présentait qu'un seul groupe et une seule culture dans une ville multiculturelle.

Bien que la nécessité de séparer la publicité du marketing soit essentielle, lorsqu'il s'agit de responsabilité sociale, des images et des présentations textuelles représentant divers peuples constituent le début du chemin vers l'inclusion. L'adage selon lequel le nom d'une personne est le son le plus doux qu'elle ait jamais entendu est également applicable ici : le sentiment d'appartenance d'une personne est renforcé lorsqu'elle voit des images et des personnes comme elle incluses dans les décisions et les activités de l'organisation, ainsi que dans le personnel et les fournisseurs.

En outre, les pratiques discriminatoires lors de l'offre de crédit aux consommateurs ne sont pas nouvelles. Pour éviter cette forme d'abus, une organisation doit fournir des détails sur le crédit, notamment le taux d'intérêt annuel réel, le taux de pourcentage moyen (TPA), le montant à payer, les dates d'échéance des paiements échelonnés et le nombre de paiements. Dans le cadre de sa stratégie durable de DE&I, une organisation devrait chercher à éduquer tous ses employés et les autres personnes dans sa sphère d'influence sur les préjugés implicites et explicites. Les préjugés explicites sont facilement identifiables, tandis que les préjugés implicites peuvent être plus difficiles à repérer. Les préjugés implicites sont donc beaucoup plus difficiles à déraciner que les préjugés explicites. Les préjugés implicites ne peuvent pas être facilement identifiés et désappris à partir d'une simple proclamation académique ou exécutive, car ils nécessitent un dialogue social, où les gens décrivent et affrontent les problèmes des préjugés implicites et explicites de front.

Lors de l'examen de ses documents opérationnels, une organisation devrait envisager d'utiliser les modèles de l'optique d'équité en 3 étapes et des principes d'inclusion en 3 étapes pour conduire le processus d'identification des politiques, des processus et des pratiques qui sont en accord avec la poursuite d'actions justes et équitables dans un écosystème DE&I activé.

Étapes concrètes de l'inclusion axée sur la gouvernance : marketing équitable, informations factuelles et impartiales et pratiques contractuelles équitables

1. En examinant les politiques et procédures de votre organisation en matière de marketing équitable, d'informations factuelles et impartiales, comment s'alignent-elles sur votre politique de DE&I, vos engagements et les proclamations de votre entreprise en la matière ?

2. S'il y a des lacunes, quelles sont les étapes et les échéances que vous avez identifiées pour les réduire ou les éliminer en vous basant sur le modèle de l'optique d'équité en 3 étapes et en vous laissant guider par le modèle d'inclusion en 3 étapes ?

3. Toutes les parties prenantes ont-elles été identifiées et impliquées dans l'examen, la modification ou le développement de vos politiques et procédures relatives à votre marketing équitable modéré par DE&I, aux informations factuelles et impartiales et aux pratiques contractuelles équitables ?

QUESTION DE CONSOMMATION 2 : LE DE&I COMME MODÉRATEUR POUR PROTÉGER LA SANTÉ ET LA SÉCURITÉ DES CONSOMMATEURS

Votre organisation considère-t-elle le DE&I comme une monnaie d'échange pour protéger la santé et la sécurité des consommateurs ?

PROTECTION DE LA SANTÉ ET DE LA SÉCURITÉ DES CONSOMMATEURS Appel à l'action en faveur d'une diversité fondée sur la connaissance

La protection de la santé et de la sécurité des consommateurs est une responsabilité sociale partagée entre l'État et les « distributeurs » que l'ONU définit comme les détaillants, les importateurs, les exportateurs et les fournisseurs (fabricants) - (CNUCED 2016). L'ONU soutient que l'État devrait promulguer et adopter des réglementations appropriées en matière de santé et de sécurité des consommateurs, un système juridique, des normes (nationales, internationales et volontaires), et promouvoir la nécessité de tenir des registres de sécurité pour garantir que les produits et services répondent aux exigences de sécurité attendues d'une utilisation normale et prévisible ou comme prévu (Directives de l'ONU 2016).

Les fabricants ont la responsabilité de s'assurer que leurs produits sont sûrs lorsqu'ils sont utilisés aux fins prévues. Les distributeurs, selon l'ONU, ont également la responsabilité de mettre sur le marché des produits et des services sûrs en veillant à ce qu'ils ne soient pas rendus dangereux lorsqu'ils sont sous leur garde en raison de leur stockage ou d'une mauvaise manipulation. En outre, les Nations unies affirment que les consommateurs doivent être informés de tout risque lié à l'utilisation normale et prévisible du produit ou du service et qu'ils doivent recevoir des instructions appropriées sur la meilleure façon de les utiliser. Pour communiquer aux consommateurs des informations vitales en matière de sécurité, la pratique idéale consiste, dans la mesure du possible, à utiliser des symboles compréhensibles et reconnus au niveau international (Directives de l'ONU 2016). La norme ISO 26000 a fourni les orientations générales suivantes :

ISO
La protection de la santé et de la sécurité des consommateurs implique la fourniture de produits et de services qui sont sûrs et qui ne comportent pas de risque inacceptable de dommage lorsqu'ils sont utilisés ou consommés. La protection doit couvrir à la fois l'usage prévu et le mauvais usage prévisible. Des instructions claires pour une utilisation sûre, y compris l'assemblage et l'entretien, constituent également un élément important de la protection de la santé et de la sécurité. La réputation d'une organisation peut être directement affectée par l'impact de ses produits et services sur la santé et la sécurité des consommateurs. Les produits et services doivent être sûrs, que des exigences légales de sécurité soient en place ou non. La sécurité comprend l'anticipation des risques potentiels afin d'éviter tout dommage ou danger. Comme tous les risques ne peuvent être prévus ou éliminés, les

mesures de protection de la sécurité doivent inclure des mécanismes de retrait et de rappel des produits.

ISO 26000:2010, page 57 (références supprimées).

Les produits et services doivent être sûrs, indépendamment de l'identité du consommateur, de sa race ou de son sexe, ou même de l'existence d'exigences obligatoires de sécurité. La protection de la santé et de la sécurité des consommateurs est une question de DE&I car, en plus de couvrir « l'usage prévu et le mauvais usage prévisible », les distributeurs doivent prendre en compte la manière dont les informations vitales sur le produit et le service sont communiquées aux groupes minoritaires et vulnérables. C'est là que l'identification et l'engagement des parties prenantes peuvent agir comme un mécanisme d'équité à valeur ajoutée crucial pour le cycle de vie d'un produit ou d'un service, car il donne à une organisation socialement responsable l'élan ou les outils nécessaires pour faire ce qui est juste pour les consommateurs. Cela donne également aux distributeurs une autre opportunité de contrer les normes sociétales qui séparent les groupes sur la base de différenciations artificielles, en favorisant les uns par rapport aux autres, même dans le cycle de vie des produits et services.

À l'ère de l'information, il est beaucoup plus facile et moins coûteux de mener des enquêtes sur la sécurité des produits, des groupes de discussion et des actions de sensibilisation que par le passé. Ce sont des mines d'or potentielles d'informations qui permettent de garantir que la santé et la sécurité des consommateurs ne sont pas compromises parce qu'ils ont acheté ou utilisé un produit ou un service. Lorsqu'une organisation se rend compte qu'un produit ou un service est dangereux, elle doit envisager de le retirer du marché ; lorsque cela n'est pas immédiatement possible, elle doit envisager une indemnisation adéquate des utilisateurs. Lorsqu'elle envisage de telles mesures, elle doit prendre en compte tous les consommateurs connus pour avoir acheté ou utilisé le produit ou le service, et pas seulement un groupe de race ou de sexe. Les programmes ou initiatives de protection de la santé et de la sécurité des consommateurs devraient être universels et justes.

PROTÉGER LA SANTÉ ET LA SÉCURITÉ DES CONSOMMATEURS
Opportunité/réconciliation/disruption de l'équité motivée par la créativité

La DE&I comme modérateur des protections de la santé et de la sécurité des consommateurs permet à une organisation d'intégrer de manière proactive les principes de responsabilité sociale dans ses écosystèmes de produits et de services (conception, fabrication et distribution). L'utilisation de l'optique de l'équité en 3 étapes fournit un contexte plus profond et plus riche à partir des cadres du producteur et de l'utilisateur qui pourrait aider à améliorer la sécurité des produits et services de consommation d'une manière juste et équitable. En prime, cette approche pourrait également susciter une plus grande loyauté de la part des consommateurs, qui pourrait se traduire par des retombées économiques.

POSSIBILITÉ D'ÉQUITÉ DANS LA PROTECTION DE LA SANTÉ ET DE LA SÉCURITÉ DES CONSOMMATEURS

Les groupes minoritaires et défavorisés et leurs préoccupations en tant que consommateurs ne doivent pas être négligés, ignorés ou enterrés dans un système de classement sans suite. Les distributeurs doivent également disposer de mécanismes d'équité pour s'assurer qu'à tout le moins, les informations fournies sur la sécurité d'utilisation ne sont pas discriminatoires (intentionnellement ou non). La norme ISO 26000 fournit les grandes orientations suivantes :

ISO   *En protégeant la santé et la sécurité des consommateurs, un organisme devrait prendre les mesures suivantes et accorder une attention particulière aux groupes vulnérables (avec une attention particulière aux enfants) qui pourraient ne pas avoir la capacité de reconnaître ou d'évaluer les dangers potentiels. Elle doit :*

☐ *fournir des produits et des services qui, dans des conditions d'utilisation normales et raisonnablement prévisibles, sont sûrs pour les utilisateurs et les autres personnes, leurs biens et l'environnement ;*

☐ *transmettre aux consommateurs les informations essentielles en matière de sécurité en utilisant, dans la mesure du possible, des symboles, de préférence ceux qui ont fait l'objet d'un accord international, en plus des informations textuelles ;*

☐ *apprendre aux consommateurs à utiliser correctement les produits et les avertir des risques liés à l'utilisation prévue ou normalement prévisible ; et*

ISO 26000:2010, pages 55-56.

CONCILIATION DE L'ÉQUITÉ DANS LA PROTECTION DE LA SANTÉ ET DE LA SÉCURITÉ DES CONSOMMATEURS

Historiquement, parce que les groupes minoritaires et défavorisés ne sont parfois pas représentés dans l'écosystème de création et de fourniture de produits et de services de l'organisation, leurs contributions, qui pourraient apporter des perspectives diverses et enrichissantes, ne sont pas entendues. Des points de vue diversifiés de différents représentants de groupes de personnes pourraient améliorer les informations pertinentes sur l'utilisation, la réparation et l'élimination de ces produits et services. Cette évaluation réconciliatrice devrait être guidée par la politique et les engagements de l'organisation en matière de DE&I. Plus important encore, cette approche pourrait également servir d'outil de marketing et de promotion vantant les valeurs d'inclusion et d'appartenance des créateurs des produits et services et des distributeurs, avec l'intérêt des parties prenantes et l'influence des consommateurs comme moteurs centraux. La norme ISO 26000 fournit les grandes orientations suivantes :

ISO   *Dans le cadre de la protection de la santé et de la sécurité des consommateurs, un organisme devrait prendre les mesures suivantes et accorder une attention particulière aux groupes vulnérables (avec une attention particulière aux enfants)... :*

□   *évaluer l'adéquation des lois, règlements, normes et autres spécifications en matière de santé et de sécurité pour traiter tous les aspects de la santé et de la sécurité. Une organisation devrait aller au-delà des exigences minimales de sécurité lorsqu'il est prouvé que des exigences plus élevées permettraient d'obtenir une protection nettement meilleure, comme l'indique la survenue d'accidents impliquant des produits ou des services conformes aux exigences minimales, ou la disponibilité de produits ou de conceptions de produits susceptibles de réduire le nombre ou la gravité des accidents ;*

□   *minimiser les risques lors de la conception des produits en*

○   *identifiant le ou les groupes d'utilisateurs probables, l'utilisation prévue et la mauvaise utilisation raisonnablement prévisible du procédé, du produit ou du service, ainsi que les dangers survenant à tous les stades et dans toutes les conditions d'utilisation du produit ou du service et, dans certains cas, fournir des produits et des services spécialement adaptés aux groupes vulnérables ;*

○   *estimant et évaluant le risque pour chaque utilisateur ou groupe de contact identifié, y compris les femmes enceintes, découlant des dangers identifiés ; et*

○   *réduisant le risque en utilisant l'ordre de priorité suivant : conception intrinsèquement sûre, dispositifs de protection et information des utilisateurs ;*

□   *assurant une conception appropriée de l'information sur les produits et services en tenant compte des différents besoins des consommateurs et en respectant les capacités différentes ou limitées des consommateurs, notamment en termes de temps alloué au processus d'information ;*

□   *le cas échéant, effectuer une évaluation des risques pour la santé humaine des produits et services avant l'introduction de nouveaux matériaux, technologies ou méthodes de production et, si nécessaire, mettre la documentation à la disposition des consommateurs ;*

ISO 26000:2010, pages 55-56.

RUPTURE D'ÉQUITÉ DANS LA PROTECTION DE LA SANTÉ ET DE LA SÉCURITÉ DES CONSOMMATEURS

Les entreprises doivent parfois retirer des produits ou des services du marché pour diverses raisons. Cela arrive et ne reflète pas toujours une négligence délibérée. Mais dans certains cas, les groupes minoritaires et vulnérables n'ont pas le même accès à l'information présentée sous une forme qui leur est effectivement destinée et, par conséquent, sont exposés à des risques plus importants en raison de ces produits. Il est important de noter que ces principes s'appliquent à toutes les organisations fournissant des produits et des services aux consommateurs, même si toutes les questions ne s'appliquent pas forcément à toutes les circonstances. La norme ISO 26000 fournit les grandes orientations suivantes :

ISO   *Dans le cadre de la protection de la santé et de la sécurité des consommateurs, un organisme devrait prendre les mesures suivantes et accorder une attention particulière aux groupes vulnérables (avec une attention particulière aux enfants)... :*

376

    ☐   *lorsqu'un produit, après avoir été mis sur le marché, présente un danger imprévu, présente un défaut grave ou contient des informations trompeuses ou fausses, arrêter les services ou retirer tous les produits qui se trouvent encore dans la chaîne de distribution. Une organisation doit rappeler les produits en utilisant les mesures et les médias appropriés pour atteindre les personnes qui ont acheté le produit ou utilisé les services et indemniser les consommateurs pour les pertes subies. Des mesures de traçabilité dans sa chaîne de valeur peuvent être pertinentes et utiles ;*

    ☐   *dans le développement des produits, éviter l'utilisation de produits chimiques nocifs, y compris, mais sans s'y limiter, ceux qui sont cancérigènes, mutagènes, toxiques pour la reproduction ou persistants et bio-accumulables. Si des produits contenant de tels produits chimiques sont proposés à la vente, ils doivent être clairement étiquetés ;*

    ☐   *adopter des mesures qui empêchent les produits de devenir dangereux en raison d'une manipulation ou d'un stockage inappropriés lorsqu'ils sont sous la garde des consommateurs.*

ISO 26000:2010, pages 55-56.

PROTÉGER LA SANTÉ ET LA SÉCURITÉ DES CONSOMMATEURS
Étapes concrètes de l'inclusion axée sur la gouvernance

La responsabilité sociale en matière de santé et de sécurité des consommateurs met les organisations au défi de fournir des biens et des services qui sont sûrs et ne présentent pas de risques élevés pour le consommateur. Cela est particulièrement vrai pour les groupes minoritaires et vulnérables qui, en tant que consommateurs, peuvent être affectés par des instructions peu claires en raison de la langue ou d'autres obstacles.

Étapes concrètes de l'inclusion axée sur la gouvernance : protéger la santé et la sécurité des consommateurs
1. Vos produits et services sont-ils, dans des conditions d'utilisation normales et raisonnablement prévisibles, sans danger pour les utilisateurs, les autres personnes, leurs biens et l'environnement ? Est-ce le cas pour tous les utilisateurs, indépendamment de la couleur de la peau, du sexe ou d'autres identifiants de classes protégées par la loi ?
2. Les informations de sécurité essentielles et les instructions d'utilisation fournies aux consommateurs reflètent-elles la diversité de la base d'utilisateurs connue ou attendue et sont-elles fournies de manière à pouvoir être comprises ?
3. Votre organisation a-t-elle évalué si elle respecte les lois, règlements et autres spécifications en matière de santé et de sécurité dans ses offres de produits et de services et si elle dépasse, le cas échéant, les exigences minimales de sécurité ?
4. Votre organisation a-t-elle adopté une approche axée sur les parties prenantes (identification et engagement) et sur le cycle de vie de ses offres de produits et de

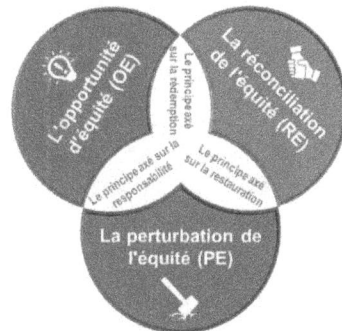

services et a-t-elle rapproché ses décisions et pratiques actuelles de son cadre de DE&I ?

5. Existe-t-il des mécanismes de rappel ou d'abandon de produits pour retirer du marché les produits et services qui ont été jugés dangereux pour la santé et la sécurité des consommateurs ?

QUESTION DE CONSOMMATION 3 : LA DE&I COMME MODÉRATEUR DE LA CONSOMMATION DURABLE

Votre organisation considère-t-elle la DE&I comme une devise dans la formulation de ses pratiques de consommation durable ?

CONSOMMATION DURABLE
Appel à l'action pour la diversité fondée sur la connaissance

La consommation durable est une question de DE&I car elle englobe les impacts du comportement actuel des consommateurs sur les générations futures. Lorsque le comportement des consommateurs est éclairé, ils contribuent à la durabilité des profits, des personnes et de la planète. Comme indiqué dans le chapitre consacré à l'environnement, notre consommation actuelle de ressources naturelles n'est pas durable. La norme ISO 26000 l'exprime de la manière suivante :

ISO
La consommation durable est la consommation de produits et de ressources à des taux compatibles avec le développement durable. Ce concept a été promu par le principe 8 de la Déclaration de Rio sur l'environnement et le développement, qui stipule que pour parvenir à un développement durable et à une meilleure qualité de vie pour tous, les États doivent réduire et éliminer les modes de production et de consommation non durables. Le concept de consommation durable englobe également le souci du bien-être animal, le respect de l'intégrité physique des animaux et l'absence de cruauté... Les taux de consommation actuels ne sont manifestement pas durables et contribuent aux dommages environnementaux et à l'épuisement des ressources. Les consommateurs jouent un rôle important dans le développement durable en prenant en compte les facteurs éthiques, sociaux, économiques et environnementaux sur la base d'informations précises dans leurs choix et leurs décisions d'achat.

ISO 26000:2010, page 56 (références supprimées).

Les produits et services d'un organisme, sa chaîne de valeur et son cycle de vie, ainsi que le contenu des informations qu'il fournit au consommateur contribuent tous à son rôle dans la consommation durable (ISO 26000 2010). Cela signifie que chacun a un rôle à jouer : les États, les entreprises, les groupes de défense et de soutien, etc. Les lignes directrices des Nations unies pour la protection des consommateurs considèrent la consommation durable comme une responsabilité partagée :

1. Les États ont la responsabilité d'adopter et de mettre en œuvre des politiques de consommation durable intégrées à d'autres politiques

publiques et élaborées dans le cadre d'un processus consultatif impliquant les parties prenantes d'intérêt et d'influence.

2. Les entreprises ont la responsabilité de produire et de commercialiser des produits et services durables et de promouvoir leur consommation durable.

3. Les consommateurs informés peuvent influer sur le développement et la commercialisation de produits et services durables sur le plan économique, social et environnemental par leur parrainage. Si les consommateurs ne soutiennent pas un produit ou un service particulier, les producteurs cesseront de le produire.

4. Les organisations de consommateurs et de défense de l'environnement ont la responsabilité en duo d'informer et de promouvoir la participation et le débat publics sur la consommation durable et d'engager l'État et les entreprises sur ces questions (UNTAD 2016).

PRATIQUES DE CONSOMMATION DURABLE
Opportunité/réconciliation/disruption de l'équité motivée par la créativité

S'il est généralement admis que l'État est responsable de la promulgation de lois et d'ordonnances sur la protection des consommateurs, les organisations peuvent s'engager non seulement à respecter ces lois, mais aussi à les dépasser lorsqu'elles ne vont pas assez loin pour promouvoir la consommation durable. Par exemple, pour réduire la pollution et l'épuisement des ressources naturelles, les organisations socialement responsables développent des produits et services respectueux de l'environnement grâce aux nouvelles technologies, à la diffusion d'informations claires sur la consommation durable et à des mécanismes de communication innovants. En outre, lorsque les États et les organisations élaborent des politiques en matière d'aménagement du territoire, de logement, de transport et d'énergie, ils doivent également tenir compte de la manière dont ces politiques abordent les normes historiques de division qui ont longtemps marginalisé les consommateurs minoritaires et vulnérables.

Ignorer les groupes minoritaires et vulnérables dans les décisions et les activités de consommation durable d'une organisation n'est pas un plan tourné vers les générations futures. Pour être efficace, l'ensemble de l'humanité actuelle doit être impliquée dans la solution. De même, les subventions publiques qui n'encouragent pas les modes de production et de consommation durables ou qui ne favorisent pas la sensibilisation aux impacts de la consommation (Directives de l'ONU 2016) limitent l'influence qu'elles auraient autrement sur les producteurs de produits et de services. Inciter à la consommation durable est un moyen de s'assurer que les générations futures pourront également répondre à leurs besoins. Comme l'a judicieusement rappelé l'ONU, la promotion de la consommation durable est une tâche à laquelle les États, les organisations internationales et les entreprises doivent collaborer pour au moins s'engager à faire quelque chose :

> Pour promouvoir la consommation durable, les États membres, les organismes internationaux et les entreprises devraient travailler ensemble à la mise au point, au transfert et à la diffusion de technologies respectueuses de l'environnement, notamment grâce à un soutien financier approprié des pays développés, et à la conception de mécanismes nouveaux et novateurs pour financer leur transfert entre tous les pays, en particulier vers et entre les pays en développement et les pays à économie en transition. Les États membres et les organisations internationales, selon le cas, devraient promouvoir et faciliter le renforcement des capacités dans le domaine de la consommation durable, en particulier dans les pays en développement et les pays à économie en transition. En particulier, les États membres devraient également faciliter la coopération entre les groupes de consommateurs et les autres organisations pertinentes de la société civile, dans le but de renforcer les capacités dans ce domaine (UNTAD 2016).

Comme indiqué précédemment, les organisations ont un rôle à jouer dans l'éducation des consommateurs sur les impacts de leurs choix sur l'environnement et sur leur bien-être. Les impacts pris en compte devraient également inclure ceux qui relèvent du domaine de la justice sociale ; ceux-ci pourraient être évalués à travers la lentille de l'équité en trois étapes : opportunité, réconciliation et perturbation.

OPPORTUNITÉ D'ÉQUITÉ DANS LA CONSOMMATION DURABLE

Les organisations doivent non seulement s'efforcer d'informer et d'éduquer les consommateurs sur les pratiques de consommation durable, mais aussi chercher de nouvelles façons d'être inclusives, en particulier lorsque ces consommateurs appartiennent à des groupes minoritaires et vulnérables. Certaines de ces stratégies pourraient être aussi simples que d'impliquer les membres de ces groupes dans l'élaboration des messages sur la façon d'éviter les dommages ou de courir des risques inutiles en utilisant leurs produits et services.

Il y a une opportunité d'équité dans l'information des consommateurs sur les avantages pour la santé et la sécurité des produits et services sur le marché aujourd'hui, car une telle sensibilisation permet aux consommateurs de faire les bons choix dans leurs propres habitudes de consommation. Cette information de sensibilisation devrait inclure, sans s'y limiter, les impacts négatifs potentiels pour eux-mêmes et pour l'environnement. La norme ISO 26000 offre les grandes orientations suivantes :

ISO

Pour contribuer à la consommation durable, un organisme, le cas échéant, devrait :

☐ *promouvoir une éducation efficace donnant aux consommateurs les moyens de comprendre les impacts de leurs choix de produits et de services sur leur bien-être et sur l'environnement. Des conseils pratiques peuvent être fournis sur la manière de modifier les habitudes de consommation et d'apporter les changements nécessaires ;*

☐ *offrir aux consommateurs des produits et des services bénéfiques sur le plan social et environnemental en tenant compte du cycle de vie complet, et réduire les effets néfastes sur la société et l'environnement en* o *privilégiant les fournitures qui peuvent contribuer au développement durable ;*

o *offrant des produits de haute qualité avec une durée de vie plus longue, à des prix abordables ;*

ISO 26000:2010, pages 56-57.

Les groupes minoritaires et vulnérables doivent être consultés pour connaître les meilleurs moyens de recevoir des informations sur ces questions. Les organisations ne peuvent pas supposer qu'une stratégie d'éducation unique donnera le même pouvoir à tous les consommateurs. Une partie de l'examen du cycle de vie complet des produits et services devrait inclure la manière d'impliquer efficacement les groupes minoritaires et vulnérables. En outre, les entreprises ne doivent pas mettre en œuvre des politiques et des mécanismes de prise de décision visant à « privilégier les fournitures qui peuvent contribuer au développement durable » comme prétexte pour écarter les fournisseurs issus de minorités et de groupes vulnérables. Il en va de même pour l'élimination de ces fournisseurs sur la base de termes tels que « meilleures offres de haute qualité ». Lorsqu'il s'agit d'un simple écran pour perpétuer un privilège qui avantage un groupe par rapport à un autre, les organisations doivent se rendre à l'évidence et adapter leurs stratégies en conséquence. Lorsque les groupes minoritaires et vulnérables ont des approvisionnements qui ne contribuent pas au développement durable, cela ne doit pas les exclure complètement, mais servir d'opportunité pour les organisations socialement responsables d'intervenir et d'aider ces entreprises à améliorer leurs offres de produits et de services pour être compétitives et augmenter la diversité du pipeline d'approvisionnement.

CONCILIATION DE L'ÉQUITÉ DANS LA CONSOMMATION DURABLE

En considérant le cycle de vie d'un produit ou d'un service, une organisation peut obtenir des informations précieuses sur ses impacts et utiliser ces connaissances pour le rendre sûr et efficace en termes de ressources et d'énergie. Les organisations peuvent également mettre en œuvre des programmes de recyclage « qui encouragent les consommateurs à la fois à recycler les déchets et à acheter des produits recyclés (UNTAD 2016) », en particulier ceux qui utilisent des ressources naturelles qui ne peuvent pas être facilement remplacées. Certains fabricants de téléphones cellulaires intègrent déjà des schémas qui permettent aux consommateurs d'échanger leurs vieux téléphones cellulaires contre des nouveaux. Ces types d'activités de responsabilité sociale ont des impacts socio-économiques et leurs valeurs sociales converties en termes économiques.

ISO *Pour contribuer à la consommation durable, une organisation devrait, le cas échéant : offrir aux consommateurs des produits et des services bénéfiques sur le plan social et environnemental en tenant compte de l'ensemble du cycle de vie, et réduire les impacts négatifs sur la société et l'environnement en*

- *concevant les produits et les emballages de manière à ce qu'ils puissent être facilement utilisés, réutilisés, réparés ou recyclés et, si possible, en proposant ou suggérant des services de recyclage et d'élimination ;*
- *fournissant aux consommateurs des informations scientifiquement fiables, cohérentes, véridiques, précises, comparables et vérifiables sur les facteurs environnementaux et sociaux liés à la production et à la livraison de ses produits ou services, y compris, le cas échéant, des informations sur l'efficacité des ressources, en tenant compte de la chaîne de valeur ;*
- *fournir aux consommateurs des informations sur les produits et les services, notamment sur : les performances, les impacts sur la santé, le pays d'origine, l'efficacité énergétique (le cas échéant), le contenu ou les ingrédients (y compris, le cas échéant, l'utilisation d'organismes génétiquement modifiés et de nanoparticules), les aspects liés au bien-être animal (y compris, le cas échéant, le recours à l'expérimentation animale) et l'utilisation, l'entretien, le stockage et l'élimination en toute sécurité des produits et de leurs emballages.*

ISO 26000:2010, pages 56-57.

En réconciliant ses décisions et ses pratiques avec les meilleures pratiques énoncées ci-dessus, une organisation devrait également étendre ces examens de cycle complet pour inclure les impacts historiques sur les groupes minoritaires et vulnérables et indiquer clairement comment elle prévoit de s'assurer qu'elle ne contribue pas à la perpétuation de ces normes de division. Elle devrait également utiliser ce processus de révision et de réconciliation pour signaler les cas où des informations fausses et trompeuses ont été fournies dans le passé et ce que l'organisation fait maintenant pour s'assurer que ce n'est plus le cas à l'avenir. C'est un bon moyen d'établir ou de rétablir la confiance.

RUPTURE D'ÉQUITÉ DANS LES PRATIQUES DE CONSOMMATION DURABLE

Les organisations qui produisent déjà des produits et des services contenant des substances nocives pour l'environnement devraient chercher à développer de nouvelles alternatives saines aussi rapidement que possible et ne pas continuer à traire les avantages économiques au détriment du bien-être des personnes et de la planète. La norme ISO 26000 fournit les grandes orientations suivantes :

ISO
Pour contribuer à la consommation durable, un organisme devrait, le cas échéant : offrir aux consommateurs des produits et services bénéfiques sur le plan social et environnemental en tenant compte de l'ensemble du cycle de vie, et réduire les impacts négatifs sur la société et l'environnement en :
- *éliminant, lorsque c'est possible, ou en minimisant tout impact négatif des produits et services sur la santé et l'environnement, et lorsqu'il existe des alternatives moins nocives et plus efficaces, en offrant le choix de produits ou de services ayant des effets moins négatifs sur la société et l'environnement ; et*
- *utiliser des systèmes d'étiquetage fiables et efficaces, vérifiés de manière indépendante, ou d'autres systèmes de vérification, tels que l'éco-étiquetage ou les activités d'audit, pour communiquer les aspects environnementaux positifs, les efficacités énergétiques et d'autres caractéristiques bénéfiques pour la société et l'environnement des produits et des services.*

Lorsqu'historiquement, un organisme a utilisé des groupes minoritaires et vulnérables comme laboratoires d'essai pour de nouveaux produits et services potentiellement dangereux pour les personnes et l'environnement, ces pratiques doivent cesser et des actions compensatoires adéquates doivent être prises. Lorsque des produits et services potentiellement dangereux pour l'environnement doivent être testés, les groupes minoritaires et vulnérables doivent être représentés, dans la mesure du possible, dans le processus décisionnel, soit en tant que parties prenantes d'intérêt, soit en tant que parties prenantes influentes.

CONSOMMATION DURABLE
Étapes concrètes de l'inclusion centrée sur la gouvernance :

L'inclusion centrée sur la gouvernance aide les organisations à résoudre les problèmes d'équité soulevés par les pratiques de consommation durable en les abordant dans des étapes réalisables qui font avancer l'organisation dans ses engagements de responsabilité sociale. Les produits et services d'une organisation, sa chaîne de valeur et son cycle de vie, ainsi que le contenu des informations qu'elle fournit au consommateur contribuent tous à son rôle en matière de consommation durable. En utilisant les grandes lignes de l'ISO 26000, les consommateurs peuvent également jouer un rôle clé dans la promotion du développement durable, lorsqu'ils décident des produits à acheter (consommation consciente).

Les organisations ont un rôle à jouer dans l'éducation des consommateurs qui utilisent leurs produits et services sur les impacts de leurs choix sur l'environnement et sur leur bien-être. Les impacts considérés doivent être entourés de justice sociale. Les politiques et les pratiques de DE&I sont très importantes pour les groupes minoritaires, vulnérables et défavorisés, surtout lorsqu'elles vont au-delà des mots et sont réellement mises en œuvre dans les processus décisionnels. Dans la mesure où les organisations peuvent lier l'ensemble du cycle de vie de leurs produits et services à la manière dont elles répondent aux préoccupations de ces groupes, plus ceux-ci deviendront des consommateurs avertis de ces produits et services et mieux ce sera pour tout le monde sur le plan économique. Par exemple, en cherchant à séduire les minorités et les groupes vulnérables en raison de ses engagements et de sa politique en matière de DE&I, une organisation peut intégrer cette démarche dans une approche narrative plus large de ses produits et services. Cela permettrait non seulement de répondre aux idéaux de consommation durable requis, mais aussi de démontrer comment l'organisation comble de manière proactive les fossés qui divisent notre planète partagée - un aspect important du suivi des performances ESG.

1. En examinant les questions d'équité et les opportunités discutées dans cette section, comment votre organisation a-t-elle mis en œuvre des politiques et des pratiques qui favorisent une culture de consommation durable inclusive et modérée en matière de DE&I au sein de l'organisation et avec vos partenaires externes ?

2. Ces politiques et pratiques sont-elles alignées sur votre politique et vos engagements en matière de DE&I ?

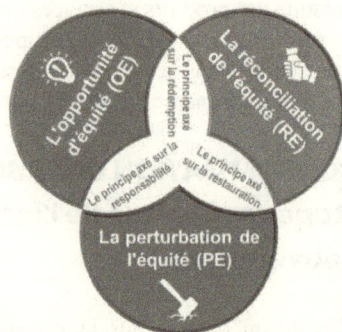

3. Lorsqu'il y a des écarts entre la politique et les engagements en matière de DE&I et les politiques et procédures existantes de l'organisation, existe-t-il des plans pour remédier à ces écarts ou les combler ?

4. En promouvant les contributions des produits et services de votre organisation et en vantant leurs contributions au bien-être du consommateur et à l'environnement, les groupes minoritaires et vulnérables sont-ils considérés et traités comme faisant partie des consommateurs ciblés ?

5. Lorsque les fournitures d'une minorité ou d'un groupe vulnérable ne contribuent pas au développement durable, existe-t-il une assistance technique ou une aide en ressources que votre organisation peut offrir pour qu'ils puissent se plaindre ?

6. Votre organisation s'est-elle engagée, par le passé ou actuellement, dans des pratiques où des utilisations de substances nocives pour l'environnement ont été testées ou promues au sein de communautés de minorités et de groupes vulnérables ? Dans l'affirmative, quels sont les plans actuels pour remédier à cette situation ou la réparer au profit de ces communautés ?

QUESTION DE CONSOMMATION 4 : LE DE&I COMME MODÉRATEUR POUR LE SERVICE, LE SOUTIEN ET LA RÉSOLUTION DES PLAINTES ET DES LITIGES DES CONSOMMATEURS

Votre organisation considère-t-elle la diversité, l'équité et l'inclusion comme des devises dans ses processus de service aux consommateurs, de soutien et de règlement des plaintes et des différends ?

SERVICES AUX CONSOMMATEURS, SOUTIEN ET RÈGLEMENT DES PLAINTES ET DES LITIGES
Appel à l'action pour la diversité fondée sur la connaissance

Les organisations qui fabriquent des produits ou fournissent des services ont des consommateurs qui sont à la fois des parties prenantes d'intérêt et d'influence. Une organisation peut accroître la satisfaction et réduire le nombre de plaintes qu'elle reçoit en s'engageant à offrir des produits et des services de haute qualité, pour lesquels les consommateurs reçoivent des instructions claires sur la manière de les utiliser et sur les moyens de remédier aux produits et services défectueux. La norme ISO 26000 a fourni ces orientations :

ISO
Les services aux consommateurs, le soutien et la résolution des plaintes et des litiges sont les mécanismes qu'une organisation utilise pour répondre aux besoins des consommateurs après l'achat ou la fourniture de produits et de services. Ces mécanismes comprennent une installation correcte, des garanties, un support technique pour l'utilisation, ainsi que des dispositions pour le retour, la réparation et l'entretien. Les produits et services qui ne donnent pas satisfaction, soit en raison de défauts ou de pannes, soit à la suite d'une mauvaise utilisation, peuvent entraîner une violation des droits des consommateurs ainsi qu'une perte d'argent, de ressources et de temps. Les fournisseurs de produits et de services peuvent accroître la satisfaction des consommateurs et réduire le nombre de plaintes en proposant des produits et des services de haute qualité. Ils doivent fournir des conseils clairs aux consommateurs sur l'utilisation appropriée et sur les recours ou les remèdes en cas de performance défectueuse. Elles peuvent également contrôler l'efficacité de leurs procédures de service après-vente, d'assistance et de résolution des litiges par des enquêtes auprès de leurs utilisateurs.

ISO 26000:2010, page 57 (références supprimées).

Le DE&I en tant que modérateur du service après-vente, du soutien et de la résolution des plaintes et des litiges fournit le cadre permettant à un organisme d'examiner l'ensemble du cycle de vie de son mécanisme de livraison et d'après livraison. Cette approche permet à l'organisation de prendre en compte les groupes minoritaires et vulnérables qui, en tant que parties prenantes, ont besoin que leurs préoccupations et leurs intérêts soient pris en compte. Le personnel interne et externe ou les partenaires tiers qui s'occupent des services aux consommateurs, de l'assistance, de la résolution des plaintes et des litiges doivent connaître la politique, les engagements et la dynamique de l'organisation en matière de DE&I et s'assurer qu'en tant que visage des consommateurs, ces valeurs, croyances et comportements sont en phase avec leurs interactions.

En cherchant à obtenir des connaissances informées de la part d'une base diversifiée de consommateurs, une organisation aura intérêt à s'assurer que les questionnaires des enquêtes ou des groupes de discussion sont compréhensibles, culturellement pertinents et applicables aux groupes respectifs. Les pratiques sociétales discriminatoires du passé accordaient peu de valeur aux contributions des groupes minoritaires et vulnérables, mais les organisations socialement responsables peuvent tirer parti de ces connaissances et prendre des mesures ciblées pour lutter contre ces normes qui divisent.

SERVICES AUX CONSOMMATEURS, SOUTIEN ET RÈGLEMENT DES PLAINTES ET DES LITIGES
Opportunité/réconciliation/disruption de l'équité motivée par la créativité

Les organisations devraient envisager une tente plus large pour leurs services aux consommateurs, leur soutien et la résolution des plaintes et des litiges, au-delà de l'approche traditionnelle de l'utilisateur enregistré. Il peut y avoir des limitations ou d'autres obstacles qui empêchent les groupes minoritaires et vulnérables d'enregistrer leur propriété et leur utilisation des produits et services d'une organisation, mais cela ne devrait pas limiter leur accès aux services, au soutien, aux plaintes et à la résolution des litiges. Lorsque les services d'assistance et le règlement des plaintes et des litiges sont externalisés, que ce soit dans le pays ou à l'étranger, la qualité du service et de l'assistance rendus ou mis à disposition ne doit pas faire l'objet d'une discrimination fondée sur la race, le sexe, l'origine nationale, l'orientation sexuelle ou d'autres critères de différenciation des classes protégées. Un consommateur est une partie prenante d'intérêt et d'influence lorsqu'il achète ou utilise les produits ou services d'une organisation. L'ISO propose trois normes qui peuvent aider les organismes à aborder la prévention et le traitement des réclamations des clients et la résolution des litiges selon une approche systémique. En fonction des besoins, des circonstances et de la faisabilité, une combinaison de l'une ou l'autre de ces normes ou des trois peut fournir des orientations structurées pour écouter les consommateurs et répondre à leurs préoccupations. Ces normes sont les suivantes

ISO

☐ *ISO 10001, Management de la qualité - Satisfaction du client - Lignes directrices pour les codes de conduite des organismes. Cette Norme internationale aide les organismes à élaborer et à mettre en œuvre des codes de conduite efficaces, équitables et précis.*

☐ *ISO 10002, Management de la qualité - Satisfaction du client - Lignes directrices pour le traitement des réclamations dans les organismes. La présente Norme internationale fournit des lignes directrices sur la manière dont les organismes peuvent traiter équitablement et efficacement les réclamations concernant leurs produits et services.*

☐ *ISO 10003, Management de la qualité - Satisfaction du client - Lignes directrices pour la résolution des litiges externes aux organismes. La présente Norme internationale traite des situations dans lesquelles les organismes n'ont pas été en mesure de résoudre les réclamations par leurs mécanismes internes de traitement des réclamations.*

ISO 26000:2010, page 58.

En utilisant le prisme de l'équité en 3 étapes présenté tout au long de ce livre, une organisation devrait prendre en compte les lignes directrices suivantes fournies par l'ISO 26000 pour encadrer ses pratiques en matière de services aux consommateurs, de soutien et de résolution des plaintes et des litiges modérés par DE&I.

OPPORTUNITÉ D'ÉQUITÉ DANS LES SERVICES AUX CONSOMMATEURS, LE SOUTIEN ET LA RÉSOLUTION DES PLAINTES ET DES LITIGES

ISO

Une organisation devrait :

☐ *le cas échéant, offrir des garanties qui dépassent les périodes garanties par la loi et qui sont adaptées à la durée de vie prévue du produit ;*

☐ *offrir des systèmes d'assistance et de conseil adéquats et efficaces ;*

ISO 26000:2010, page 57.

CONCILIATION DE L'ÉQUITÉ DANS LES SERVICES AUX CONSOMMATEURS, LE SOUTIEN ET LA RÉSOLUTION DES PLAINTES ET DES LITIGES

ISO

Une organisation devrait :

☐ *examiner les plaintes et améliorer les pratiques en réponse aux plaintes ;*

☐ *proposer des services d'entretien et de réparation à un prix raisonnable et dans des lieux accessibles, et rendre facilement accessibles les informations sur la disponibilité prévue des pièces de rechange pour les produits ; et*

☐ *recourir à des procédures alternatives de résolution des litiges, de résolution des conflits et de recours qui soient fondées sur des normes nationales ou internationales, qui soient gratuites ou dont le coût soit minime pour les consommateurs, et qui n'exigent pas des consommateurs qu'ils renoncent à leur droit de recourir à la justice.*

ISO 26000:2010, pages 57-58.

RUPTURE D'ÉQUITÉ DANS LES SERVICES AUX CONSOMMATEURS, LE SOUTIEN ET LA RÉSOLUTION DES PLAINTES ET DES LITIGES

ISO

Une organisation devrait :

☐ *prendre des mesures pour prévenir les réclamations en offrant aux consommateurs, y compris ceux qui obtiennent des produits par la vente à distance, la possibilité de retourner les produits dans un délai déterminé ou d'obtenir d'autres recours appropriés ;*

☐ *informer clairement les consommateurs de la manière dont ils peuvent accéder aux services et à l'assistance après fourniture ainsi qu'aux mécanismes de résolution des litiges et de recours.*

ISO 26000:2010, page 57.

SERVICES AUX CONSOMMATEURS, SOUTIEN ET RÈGLEMENT DES PLAINTES ET DES LITIGES

Étapes concrètes de l'inclusion centrée sur la gouvernance :

Lorsque DE&I modère les services aux consommateurs, le soutien et la résolution des plaintes et des litiges, les problèmes et les intérêts des minorités et des groupes vulnérables sont plus efficacement représentés. Veiller à ce que toutes les parties prenantes, indépendamment de leur couleur ou de leur sexe, soient traitées équitablement en tant que consommateurs est une question de triple résultat - économique, social et environnemental.

Étapes concrètes de l'inclusion axée sur la gouvernance : service aux consommateurs, soutien et résolution des plaintes et des litiges

1. Vos politiques et procédures actuelles en matière de services aux consommateurs, de soutien et de résolution des plaintes et des litiges sont-elles alignées sur votre politique et vos engagements en matière de DE&I ?
2. Si ce n'est pas le cas, existe-t-il des plans et un calendrier pour aligner votre démarche DE&I avec le discours sur la prise de décision et les pratiques de l'organisation ?
3. Toutes les parties prenantes pertinentes ont-elles été identifiées et impliquées dans la révision, la modification ou le développement de vos politiques et procédures concernant vos pratiques modérées de DE&I en matière de services aux consommateurs, de soutien et de résolution des plaintes et des litiges ?

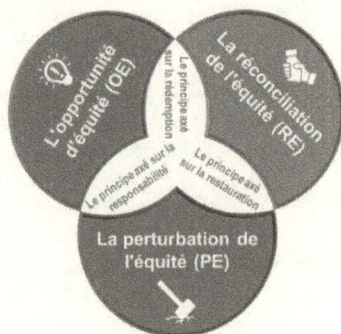

QUESTION DE CONSOMMATION 5 : LE DE&I COMME MODÉRATEUR DE LA PROTECTION DES DONNÉES ET DE LA VIE PRIVÉE DES CONSOMMATEURS

Votre organisation considère-t-elle DE&I comme une monnaie d'échange dans ses pratiques de protection des données et de la vie privée des consommateurs ?

PROTECTION DES DONNÉES ET DE LA VIE PRIVÉE DES CONSOMMATEURS Appel à l'action en faveur de la diversité fondée sur la connaissance

Les données sont devenues le nouvel or et elles continuent de transformer les expériences quotidiennes de l'humanité, avec le potentiel de laisser également les personnes et les nations pauvres à la traîne, exacerbant nos normes de division. Mais l'histoire ne devrait pas se terminer ainsi. La protection des données des consommateurs et les pratiques en matière de vie privée ne sont pas seulement une nécessité, elles doivent également être mises en œuvre de manière à ne pas marginaliser davantage les groupes de personnes historiquement pauvres et privées de leurs droits. La norme ISO 26000 fournit les grandes orientations suivantes :

ISO *La protection des données et de la vie privée des consommateurs vise à sauvegarder le droit à la vie privée des consommateurs en limitant les types d'informations recueillies et les manières dont ces informations sont obtenues, utilisées et sécurisées. L'utilisation croissante de la communication électronique (y compris pour les transactions financières) et des tests génétiques, ainsi que la croissance des bases de données à grande échelle, suscitent des inquiétudes quant à la manière dont la vie privée des consommateurs peut être protégée, en particulier en ce qui concerne les informations personnellement identifiables... Les organisations peuvent contribuer à maintenir leur crédibilité et la confiance des consommateurs en utilisant des systèmes rigoureux pour obtenir, utiliser et protéger les données des consommateurs.*

ISO 26000:2010, page 58 (références supprimées).

Les possibilités d'utilisation créative des données sont tout simplement révolutionnaires. Elles peuvent être utilisées pour combler rapidement les lacunes de nos normes qui divisent, si l'accès aux fruits de ces données est inclusif. Cela fait de la collecte et de l'utilisation des données des consommateurs une question de DE&I. Toutes les organisations touchent de près ou de loin à la protection des données et à la vie privée des consommateurs, ce qui en fait des institutions essentielles pour instaurer des pratiques justes et équitables en matière de gestion et de gouvernance des données.

La perpétuité des données en fait un moyen inestimable de construire le développement durable en informant les décideurs politiques et les dirigeants d'organisations des applications justes et équitables qui comblent les lacunes de nos normes qui divisent. Un Rapport sur le développement dans le monde 2021 du Groupe de la Banque mondiale intitulé « Des données pour une vie meilleure » a exploré la manière dont les données peuvent être utilisées pour améliorer la vie des personnes pauvres vivant dans des pays pauvres, et par extension des minorités et des groupes vulnérables vivant dans des économies plus avancées.

Figure 10.3 : Comment les données peuvent soutenir le développement : une théorie du changement

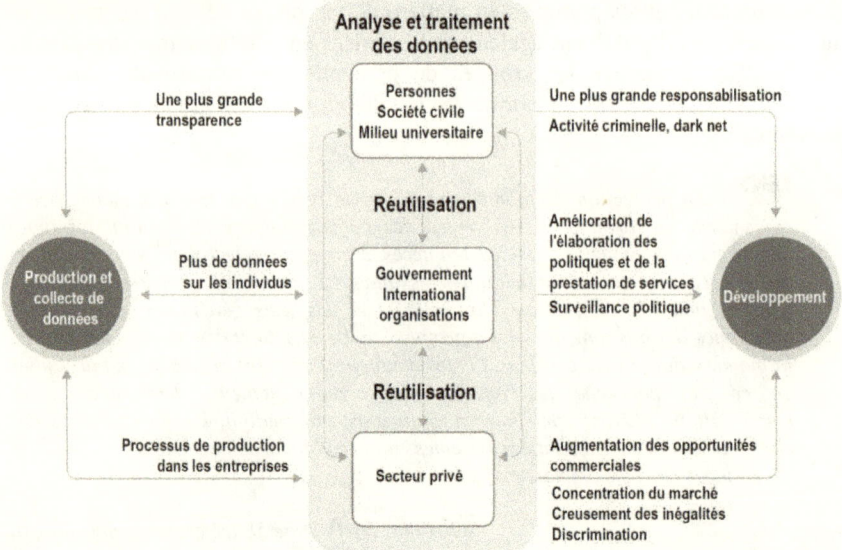

Source : Adapté et traduit dans Humankind Shared Planet Divided by Norms à partir de la source originale : Banque mondiale 2021.

Les possibilités offertes par les données sur les consommateurs, collectées dans un but précis puis réaffectées à d'autres usages, peuvent en théorie conduire à fournir aux consommateurs de meilleurs produits et services. Ces données peuvent également être utilisées pour améliorer la qualité de vie des groupes marginalisés et vulnérables en mettant en évidence les inégalités inhérentes aux systèmes existants. Le schéma ci-dessus montre comment le flux de données collectées par une source peut bénéficier à un autre groupe grâce aux flèches bidirectionnelles. Ces flèches suggèrent également que les données devraient être collectées, utilisées et réaffectées à des missions plus larges, notamment les informations qu'elles fournissent et les disparités qu'elles exposent.

Il est vrai que les données des consommateurs dans ces trois voies peuvent être utilisées à bon ou mauvais escient, selon les acteurs et leurs motivations. Sur la voie individuelle, il est possible d'utiliser les données collectées pour fournir des informations simplifiées qui améliorent la qualité de vie des consommateurs - ou de les exposer à des cyberattaques et de compromettre leur vie privée. Les cybercriminels ne sont pas les seuls à hameçonner les données individuelles pour causer des dommages ; d'autres acteurs, y compris les gouvernements, abusent parfois des données sensibles des consommateurs pour des raisons autres que celles qui profitent à ces derniers.

Les données collectées par les pouvoirs publics, par exemple, peuvent être utilisées pour fournir des services essentiels, ou servir à discriminer des personnes en fonction de leur race, de leur sexe, de leur orientation sexuelle, de leur religion, etc. ou même être utilisées de manière abusive pour des raisons politiques. Les données relatives aux voies d'accès privées peuvent être agrégées pour informer les fournisseurs de produits et de services sur le comportement des consommateurs, ce qui permet d'élaborer de meilleures stratégies de marketing pour les atteindre - ou elles peuvent être utilisées pour microcibler les consommateurs par le biais de stratégies de marketing injustes qui poursuivent les anciennes exploitations par le biais du nouveau média. Si les données sur les consommateurs peuvent être utilisées pour améliorer la vie de l'humanité, mais qu'elles peuvent aussi être utilisées pour priver de leurs droits une grande partie de la population humaine, comment pouvons-nous créer un écosystème d'infrastructure de données « de confiance » inclusif qui élève tous les bateaux de manière égale ? Le Rapport sur le développement dans le monde 2021 résume bien la situation :

> *Que l'accent soit mis sur la collecte, l'utilisation, le transfert ou le traitement des données entre les entreprises, ou entre les citoyens, les entreprises et les gouvernements, chacune de ces interactions est une transaction de données ayant le potentiel de créer de la valeur - tant que les deux parties ont suffisamment confiance dans le processus global. Cependant, divers facteurs peuvent miner la confiance. Il peut s'agir de l'absence, de la faiblesse ou de l'application inégale du cadre juridique, de la faiblesse des institutions et de l'application de la loi ou de l'absence de moyens efficaces permettant aux parties de faire valoir leurs droits, de pratiques qui profitent injustement à certains acteurs, d'incitations biaisées ou déséquilibrées... et d'infrastructures médiocres ou non sécurisées (Banque mondiale 2021).*

Un écosystème d'infrastructure de données, qu'il soit d'entreprise, national ou international, est essentiellement une nouvelle forme de contrat social à négocier pour l'équité et la justice pour tous. En général, lorsque des données sont collectées, elles ont potentiellement un large éventail de valeurs sociales et économiques. C'est là que la question de la confiance entre en jeu. Il doit y avoir des garanties pour protéger les données d'une mauvaise utilisation ou d'un abus et pour éviter de perpétuer les divisions historiques qui marginalisent des groupes de personnes de manière injuste et inéquitable. Enfin, la question de l'équité entre en jeu dans la manière dont les données sont partagées. Comme pour toute ressource, elle doit être utilisée au profit de toutes les parties prenantes sur un pied d'égalité qui ne perpétue pas les normes de division que la société a historiquement approuvées.

Figure 10.4 : Le contrat social

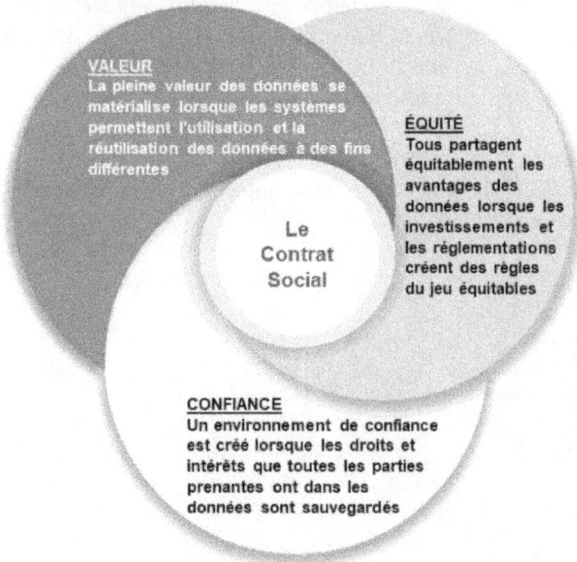

Source : Adapté et traduit dans Humankind Shared Planet Divided by Norms à partir de la source originale : Banque mondiale 2021.ource : Banque mondiale 2021.

Le 4 septembre. 2019, la Commission fédérale du commerce des États-Unis et le procureur général de New York ont intenté une action en justice devant le tribunal fédéral du district de Columbia contre Google et YouTube pour violation de la loi sur la protection de la vie privée des enfants en ligne (COPPA). YouTube, propriété de Google, collectait des informations personnelles sur ses chaînes et utilisait des identifiants ou des cookies pour regrouper des données sur les enfants sans obtenir le consentement des parents, comme l'exige la règle COPPA. L'action en justice allègue que les défendeurs ont utilisé ces informations personnelles collectées pour créer des publicités destinées aux enfants. Ils ont également vendu ces informations à des fournisseurs de produits et de services qui ont fait de même. Selon l'action en justice, Google et YouTube savaient pertinemment qu'ils «collectaient des informations personnelles directement auprès des utilisateurs de ces chaînes destinées aux enfants» et n'ont pas obtenu le consentement des parents. Google et YouTube ont réglé le procès pour 170 millions de dollars.

Depuis 2013, date à laquelle Edward Snowden a divulgué des documents classifiés qui ont révélé comment les gouvernements occidentaux utilisaient les données collectées par des entreprises privées telles qu'Amazon, Google, Twitter, Apple et Facebook à des fins de surveillance mondiale, des cadres juridiques et organisationnels considérables ont été mis en place pour combler les lacunes en matière d'abus et de mauvaise utilisation des données des consommateurs. Mais les experts s'accordent à dire qu'il reste beaucoup à faire pour assurer une protection adéquate des données des consommateurs. Pour créer un écosystème d'infrastructure de données inclusif qui réponde aux besoins de ceux qui collectent, traitent et utilisent les données des consommateurs tout en protégeant les intérêts de ces derniers, le Rapport sur le développement dans le monde 2021 a suggéré d'utiliser un cadre de confiance dans lequel les données collectées sont d'abord sauvegardées avant d'être utilisées :

- Les sauvegardes sont « ...les normes et les cadres juridiques qui garantissent et favorisent la confiance dans l'écosystème de gouvernance et de gestion des données en évitant et en limitant les préjudices découlant de l'utilisation abusive des données ou des violations affectant leur sécurité et leur intégrité (Banque mondiale 2021). "
- Les facilitateurs sont « ...les politiques, lois, réglementations et normes qui facilitent l'utilisation, la réutilisation et le partage des données au sein et entre les groupes de parties prenantes grâce à l'ouverture, l'interopérabilité et la portabilité ». *Alors que l'approche des garanties diffère sensiblement pour les données personnelles et non personnelles, un ensemble commun de facilitateurs est pertinent pour les deux catégories (Banque mondiale 2021). "*

La gouvernance des données fait référence à l'ensemble de l'écosystème des politiques, systèmes, plateformes et normes dans lequel les données numériques existent. Lorsque des organisations collectent des données et les utilisent comme bon leur semble pour leurs propres intérêts sans aucune directive, cela ne sert pas les intérêts des consommateurs et de la société à long terme. C'est pourquoi les responsables politiques gouvernementaux doivent protéger les intérêts des groupes minoritaires et vulnérables et peser sur les pratiques inéquitables et injustes facilitées par le big data.

Par exemple, en 2018, le département américain du logement et du développement urbain (HUD) a allégué que Facebook était engagé dans des pratiques discriminatoires qui désavantageaient les groupes minoritaires et vulnérables. Plus précisément, la plainte indiquait que :

Facebook pratique une discrimination illégale en permettant aux annonceurs de restreindre quels utilisateurs de Facebook reçoivent des publicités liées au logement en fonction de la race, de la couleur, de la religion, du sexe, du statut familial, de l'origine nationale et du handicap. Facebook exploite de nombreuses données d'utilisateurs et classe ses utilisateurs en fonction de caractéristiques protégées. Les outils de ciblage publicitaire de Facebook invitent ensuite les annonceurs à exprimer des préférences illégales en suggérant des options discriminatoires, et Facebook effectue la diffusion de publicités liées au logement à certains utilisateurs et pas à d'autres, sur la base des caractéristiques protégées réelles ou imputées de ces utilisateurs (Park 2019).

En cause, la manière dont Facebook a créé, utilisé, réutilisé et réaffecté ses données pour que les annonceurs puissent cibler et exclure des personnes sur la base « d'attributs que les utilisateurs à qui la publicité sera présentée doivent avoir et d'attributs que les utilisateurs à qui la publicité sera présentée ne doivent pas avoir. » Cette option donnait aux annonceurs la possibilité d'inclure ou d'exclure des personnes en fonction de stéréotypes, et non de capacités individuelles. Facebook a également distribué des données basées sur « le sexe et les procurations proches des autres classes protégées ».

Les données, comme les statistiques, peuvent être utilisées de manière descriptive pour résumer les caractéristiques d'un ensemble de données, elles peuvent également être utilisées pour tirer des conclusions et faire des prédictions.

En utilisant ses données, Facebook a également décidé quels utilisateurs verraient quelles publicités en se basant « ...en grande partie sur les déductions et les prédictions qu'il tire sur la probabilité de chaque utilisateur de répondre à une publicité en fonction des données dont il dispose sur cet utilisateur, des données dont il dispose sur d'autres utilisateurs qu'il considère comme ressemblant à cet utilisateur, et des données dont il dispose sur les "amis" et autres associés de cet utilisateur (Banque mondiale 2021) ».

En réponse à la plainte, Facebook a déclaré qu'il n'y avait « pas de place pour la discrimination dans ses décisions et ses pratiques » et a procédé à la suppression de 5 000 options de ciblage publicitaire, déclarant que « Bien que ces options aient été utilisées de manière légitime pour atteindre des personnes intéressées par un certain produit ou service, nous pensons que minimiser le risque d'abus est plus important... » Le problème est que Facebook savait parfaitement que ces pratiques étaient contraires aux avantages et aux intérêts des groupes minoritaires et vulnérables. Ils ne s'en sont simplement pas souciés jusqu'à ce qu'ils se fassent prendre. C'est pourquoi un cadre plus solide doit être mis en place pour inciter à des pratiques justes et équitables, un cadre qui fonctionnera de manière proactive, et pas seulement réactive.

Les données qui donnent aux organisations le pouvoir de cibler des groupes et des clients en fonction de caractéristiques telles que l'âge, le sexe, l'adresse, la race ou le genre offrent une nouvelle possibilité de manifester les anciennes normes discriminatoires. En s'appuyant sur la littérature et sur les connaissances mondiales et la volonté d'adopter une approche systémique de la gouvernance des données d'entreprise, le Rapport sur le développement dans le monde 2021 de la Banque mondiale a proposé quatre fonctions de gouvernance des données qui sont nécessaires :

1. La planification stratégique : La croissance rapide du paysage des données et le besoin de collecter sans fin des données auprès d'une pléthore d'entités nécessitent un certain niveau de planification stratégique, tant au niveau gouvernemental qu'organisationnel, afin de ne pas abuser de l'utilisation des données. Comme l'indique le rapport, « l'objectif global des institutions de données et des cadres de gouvernance est de réaliser en toute sécurité une plus grande valeur sociale à partir des données. *Trouver l'équilibre approprié entre l'encouragement à une plus grande utilisation des données et le maintien de garanties contre les abus est en définitive le rôle joué par le contrat social de chaque pays en matière de données. Pour atteindre cet équilibre dans la pratique, il faut que les institutions et les acteurs travaillent ensemble pour transformer les principes généraux du contrat social en stratégies, politiques et systèmes de données intégrés (Banque mondiale 2021).* "

2. Élaboration et mise en œuvre des règles : Les organismes de réglementation doivent se mettre au diapason de l'augmentation rapide de la demande de données en fixant des normes d'interopérabilité, de qualité des données et d'amélioration de la convivialité et de l'intégrité des données, tout en fournissant des orientations et des précisions par le biais de lois et de règlements qui réduisent les obstacles à la conformité. Selon le rapport, les fonctions d'élaboration de règles devraient inclure « ... la création de nouvelles institutions de gouvernance des données du

secteur public dont le mandat, les critères de nomination des gestionnaires et les modalités de financement sont stipulés par une réglementation ou un décret... [et] [p]lus les données et les acteurs impliqués sont complexes, plus il peut être nécessaire de clarifier et de guider les participants pour garantir une compréhension commune de la manière dont les données sont gouvernées (Banque mondiale 2021). "

3. Conformité : Quatre domaines en conformité : (1) l'application de la loi ou les activités quotidiennes qui garantissent le respect des lois et des normes et standards réglementaires, (2) la correction des défauts pour compenser ou corriger les dommages ou les violations résultant de l'utilisation des données, (3) l'arbitrage nécessaire lorsqu'il y a des questions sans réponse dans les règlements ou les normes, (3) l'arbitrage nécessaire lorsqu'il y a des questions sans réponse dans les règlements ou les normes, comme le traitement des données sensibles de minorités spécifiques ou de groupes vulnérables qui peuvent ne pas être couvertes par la loi mais qui sont connues pour avoir été utilisées historiquement pour des normes discriminatoires comme dans le système judiciaire, et (4) les audits utilisés pour compléter l'application en identifiant la non-conformité nécessitant des améliorations ou des remèdes dans les règles (Banque mondiale 2021).

4. Apprentissage et preuves : trois domaines d'intérêt : (1) le suivi et l'évaluation (S&E) rétrospectifs servent à suivre les performances du personnel et des organisations et constituent un mécanisme d'évaluation de la manière dont « le programme et la politique atteignent les objectifs identifiés. (2) l'apprentissage prospectif et la gestion des risques fournissent des outils et des approches qui peuvent exiger des décideurs politiques, avant qu'une mauvaise utilisation des données ne se produise, d'adapter les régimes de gouvernance des données existants en identifiant et en répondant aux "problèmes émergents ou imprévus avant qu'ils ne deviennent des défis sociétaux aigus et pour informer les activités de planification et d'élaboration des politiques" et (3) l'innovation dans le paysage technologique des données, qui évolue rapidement, pose des défis en matière de S&E et de gestion des risques et donne aux institutions le »...» rôle important de faciliter les évaluations opportunes des données. un rôle important pour faciliter les évaluations opportunes de ce qui fonctionne dans le nouvel environnement de données en évolution et offrir des conseils sur la façon de s'adapter rapidement au changement et de promouvoir le partage des connaissances (Banque mondiale 2021). «

La gestion des données englobe la création, le traitement, le stockage, le transfert, l'analyse, l'archivage ou l'utilisation de données précédemment créées. Une fois les données collectées ou créées, elles peuvent être traitées, stockées, transférées ou partagées, analysées et utilisées, archivées et préservées, détruites ou renaître dans un autre cycle de vie des données :

Figure 10.5 : Le cycle de vie des données

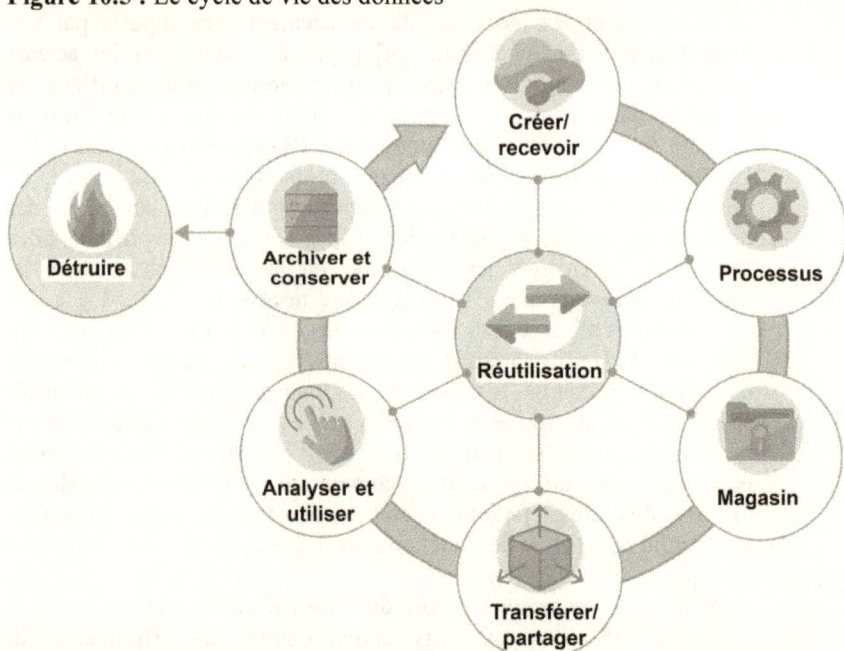

Source : Adapté et traduit dans Humankind Shared Planet Divided by Norms à partir de la source originale : Banque mondiale 2021.ource : Banque mondiale 2021.

L'infrastructure est le cadre numérique nécessaire qui permet la collecte, l'échange, le stockage, le traitement et la distribution des données personnelles et non personnelles. Les données personnelles comprennent celles fournies par l'individu et les données non personnelles sont celles qui peuvent être associées à l'individu par le biais d'informations générées par une machine - par exemple, à partir des données des téléphones portables ou des enquêtes publiques, etc.

Pour que DE&I modère la protection des données des consommateurs, deux points essentiels sont importants : la confiance et les pratiques justes et équitables. La confiance peut être obtenue grâce à des garanties et à des outils ancrés dans la bonne gouvernance et l'État de droit, s'ils sont conformes aux principes de responsabilité sociale de »... transparence, responsabilité, non-discrimination, équité, inclusion et ouverture. Elles sont soumises aux limites de la procédure régulière telles que la nécessité et la proportionnalité (Banque mondiale 2021). "

Les pratiques équitables et justes parlent à la fois de la responsabilité organisationnelle et mondiale de veiller à ce que les données des consommateurs ne soient pas utilisées pour exacerber nos normes de division déjà existantes. Il s'agit du nouveau contrat social qui garantira des pratiques équitables et justes en matière de données, allant au-delà des avantages des pays ou organisations avancés ; il devrait également tenir compte des avantages pour les pays en développement et les organisations. Le Rapport sur le développement dans le monde a affirmé que :

De nombreuses parties prenantes dans le monde entier ont conclu qu'une sorte de charte ou de convention mondiale est désormais nécessaire pour concrétiser les avantages des données de manière sûre et sécurisée et pour

C'est là que les dirigeants de l'organisation peuvent poser des questions sur l'état de leur entreprise de données sur les consommateurs, en tenant compte du cycle de vie des données, et fournir un leadership et des conseils au-delà des aspects techniques. Ils doivent fournir des conseils sur la collecte, le partage et l'utilisation socialement responsables des données. Cependant, même avant qu'une charte ou une convention mondiale ne voie le jour, les organisations peuvent toujours utiliser les mécanismes de bonnes pratiques existants pour créer un écosystème d'infrastructure de données inclusif où les données et la vie privée des consommateurs sont protégées. L'un de ces mécanismes est le rôle que la gouvernance et la gestion des données jouent dans l'écosystème de l'infrastructure des données de l'organisation, et c'est dans ce cadre qu'une organisation socialement responsable peut répondre aux questions de DE&I concernant ses décisions et pratiques en matière de données des consommateurs.

Figure 10.6 : La gouvernance et la gestion des données à l'appui du contrat social

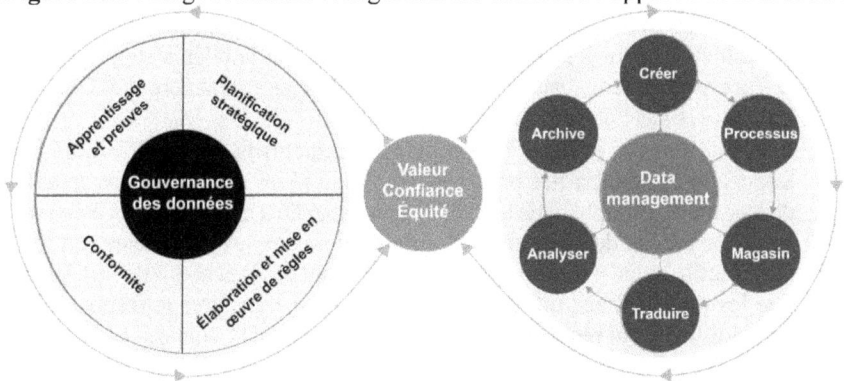

Source : Adapté et traduit dans Humankind Shared Planet Divided by Norms à partir de la source originale : Banque mondiale 2021.

PROTECTION DES DONNÉES ET DE LA VIE PRIVÉE DES CONSOMMATEURS
Opportunité/réconciliation/disruption de l'équité motivée par la créativité

La protection des données et de la vie privée des consommateurs est une question de DE&I parce qu'elle nécessite une responsabilité et une certitude dans l'élaboration des règles et une transparence régie par de bonnes pratiques réglementaires développées par des lois et des règlements justes et équitables. Ces réglementations doivent être fondées sur des preuves et soutenues par une réglementation consultative qui est également axée sur les parties prenantes et qui tient compte de la contribution des groupes minoritaires et vulnérables. Comme l'affirme le Rapport sur le développement dans le monde, « ...les développements récents en matière de conception réglementaire ont inclus des efforts pour adapter les réglementations à l'ère numérique. *Des mécanismes tels que les bacs à sable et les laboratoires réglementaires contribuent à rendre les réglementations plus souples et plus facilement adaptables à l'évolution des circonstances. En rédigeant des lois et des règlements fondés sur des principes et technologiquement neutres, les décideurs politiques les aident à rester pertinents à mesure que les technologies évoluent et réduisent les charges de conformité (Banque mondiale 2021). "*

Renforcer les garanties et les facilitateurs de données en utilisant le DE&I comme modérateur peut aider à guider le développement, la mise en œuvre et l'application d'un régime de protection des données et de la vie privée qui est équitable et juste pour les consommateurs. J'adapte les recommandations suivantes du Rapport sur le développement dans le monde 2021 pour des politiques et procédures organisationnelles de DE&I fondées sur des principes et technologiquement neutres :

Pour les mesures de protection,

- Adopter et mettre en œuvre une politique de protection des données personnelles (pour les acteurs organisationnels) et une législation (pour les acteurs gouvernementaux) qui soient modérées en matière de DE&I et influencées par l'équité et la justice sociale.
- Introduire des modèles de consentement inclusifs et significatifs dans lesquels toutes les parties prenantes sont identifiées et engagées en fonction de leur niveau d'alphabétisation et de leur capacité à comprendre et à assumer la responsabilité de la permission qu'elles donnent aux collecteurs d'utiliser et de réutiliser leurs données. Ceci est important car les cases à cocher légales que les organisations utilisent injustement pour transférer la responsabilité aux individus, qui renoncent souvent à leurs droits aux données personnelles et à la vie privée sans s'en rendre compte. Peu de gens, même dans les pays avancés où le niveau d'éducation est plus élevé, lisent ces déclarations de divulgation ; et avec les milliards de personnes qui sont venues en ligne du monde entier, nous avons besoin de nouveaux modèles axés sur la DE&I qui font porter la responsabilité de la protection des données sur les collecteurs et les utilisateurs de données et non sur les individus.

- Étendre la protection aux données mixtes et à la vie privée des groupes qui ne marginalisent ni ne privent de leurs droits les groupes minoritaires ou vulnérables par association et par identification et liens DE&I. Aujourd'hui, les lignes de démarcation entre les données personnelles et non personnelles ont été compromises par l'avènement de l'Internet des objets et d'autres technologies comme l'exploration de données basée sur des algorithmes (big data). Les données mixtes peuvent facilement être identifiées et reliées en tant que nouveaux ensembles de données aux données personnelles grâce à ces technologies et comme l'atteste le Rapport sur le développement dans le monde : *« ...les dispositions actuelles en matière de protection des données personnelles, qui sont axées sur l'individu, n'excluent pas l'identification et l'utilisation abusive potentielle d'attributs de données se rapportant à des groupes homogènes (notamment ceux définis par l'ethnie, la race, la religion ou l'orientation sexuelle). Ces protections sont particulièrement importantes dans des environnements sociopolitiques complexes ou fragiles ou dans des contextes d'urgence, en raison du risque accru d'utilisation abusive de ces données à des fins de ciblage ou de surveillance (Banque mondiale 2021).*
- Adopter une protection des données à la fois par conception et par défaut dans le cadre des technologies d'amélioration de la vie privée (PET) qui intègre initialement des pratiques de protection des données modérées par DE&I dans la phase de conception des produits et services axés sur les données (Banque mondiale 2021).
- Cette approche peut être utilisée pour sauvegarder »... les droits fondamentaux en matière de données dans des contextes où la faiblesse des capacités institutionnelles diminue l'applicabilité juridique de ces droits. *Cependant, pour que les mécanismes techniques aient du mordant, ils doivent être étayés par un cadre juridique solide qui crée les droits et les limites d'utilisation que les technologies de renforcement de la vie privée renforcent (Banque mondiale 2021).* "
- Donner la priorité aux pratiques de cybersécurité est une question de DE&I car les individus et les organisations peuvent être pris en otage par des criminels qui profitent de la faiblesse des systèmes d'infrastructure de données. Le maillon le plus faible est celui que les cybercriminels attaquent généralement ; lorsque l'infrastructure et le système ne sont pas protégés, les données qu'ils contiennent peuvent être exposées. Si les organismes gouvernementaux peuvent promulguer des lois qui établissent un équilibre entre les droits fondamentaux et les préoccupations en matière de sécurité, les organisations peuvent et doivent faire de même avec leurs politiques et procédures (Banque mondiale 2021).

Pour les facilitateurs,

- La mise en place d'une plateforme à la fois robuste et flexible pour le commerce électronique qui soit juste et équitable, en particulier lorsqu'il s'agit d'authentification et de vérification numériques pour les groupes minoritaires et vulnérables. Par exemple, on estime qu'aujourd'hui un milliard de personnes ne disposent pas d'une preuve d'identité vérifiée par le gouvernement (Banque mondiale 2021). Cette situation marginalise les groupes de personnes qui ne peuvent participer ni en tant que vendeurs ni en tant que consommateurs au système de paiement numérique et rappelle la façon dont les banques maintenaient les minorités marginalisées par le biais de qualifications pour les programmes d'émission de cartes de crédit. La création de lois et de programmes d'identité numérique technologiquement neutres permettrait « ...un large éventail de solutions techniques et éviterait d'exiger des technologies d'authentification spécifiques à l'exclusion des autres (Banque mondiale 2021). "

- Pour que les données soient à la fois faciles d'accès et ouvertes par défaut, il faut une législation générale soutenant les approches de données du secteur public ouvertes par défaut, dans lesquelles les ensembles de données publiés sont organisés en fonction de la contribution de l'utilisateur final et pour lesquelles ce dernier n'a pas à payer (Banque mondiale 2021). Il s'agit d'une autre approche visant à uniformiser les règles du jeu, où les utilisateurs finaux ne sont pas délimités, désavantagés et marginalisés par des systèmes d'accessibilité financière.

- L'application de normes cohérentes, justes et équitables pour la classification des données est une question de DE&I, car les lois et politiques en matière de données doivent être appliquées de manière cohérente dans le cadre de politiques de classification des données claires et socialement responsables (Banque mondiale 2021).

- L'adoption d'un partage de licence convivial et de normes ouvertes sont de bonnes pratiques socialement responsables parce qu'elles permettent aux décideurs politiques et aux leaders organisationnels de poursuivre un « ...accès ouvert aux données d'intention publique (Banque mondiale 2021) », en particulier lorsqu'elles abordent et réduisent les normes qui divisent.

- Le renforcement des dispositions relatives à l'accès à l'information, en particulier pour celles qui ne sont pas sensibles, devrait être une priorité par le biais d'une législation que les organisations peuvent soutenir et défendre par des efforts de lobbying personnels ou d'entreprise (Banque mondiale 2021).

- La promotion de l'interopérabilité des données et des systèmes devrait être soutenue par les organisations lorsque cela est possible, car elle peut conduire à des normes communes dans un format lisible par machine (Banque mondiale 2021), où le DE&I modère ce qui est classé et traité comme juste et équitable dans la collecte et l'utilisation des données.

- Soutenir la portabilité des données car les droits exigent que les données soient collectées dans « un format structuré, couramment utilisé et lisible par machine... [et] remédier au manque de compréhension claire de ces droits par les personnes concernées, ainsi qu'aux défis de mise en œuvre auxquels sont confrontées les micro, petites et moyennes entreprises (Banque mondiale 2021). "

- Promouvoir le partage des données d'intention privées qui augmente la réutilisabilité des données et réduit la tendance à la thésaurisation des données. Le Rapport sur le développement dans le monde 2021 a soutenu que pour renforcer les droits de propriété intellectuelle et promouvoir le partage des données, les gouvernements devraient envisager d'ajouter le partage des données du secteur privé par le biais d'accords incitatifs (Banque mondiale 2021).

OPPORTUNITÉ D'ÉQUITÉ DANS LA PROTECTION DES DONNÉES ET DE LA VIE PRIVÉE DES CONSOMMATEURS

La protection des données et de la vie privée des consommateurs doit être abordée à la fois comme une question de droits substantiels et procéduraux. Les définitions suivantes sont adaptées du Rapport sur le développement dans le monde 2021 :

- Les droits substantiels doivent être protégés contre la divulgation non autorisée, la surveillance injustifiée, « ...le ciblage injuste, l'exclusion, la discrimination, le traitement injuste ou la persécution ». Ces droits substantiels requièrent également une spécification de la finalité, une minimisation des données et des limitations de stockage. "
- Les droits procéduraux doivent être fondés sur les principes de responsabilité sociale du besoin de savoir (nécessité), de l'obligation de rendre des comptes, de la transparence, de la régularité de la procédure et de la proportionnalité qui inclut les « ...droits de recevoir une notification sur la façon dont les données sont utilisées et de s'y opposer, et les droits d'accès pour corriger et effacer les données (y compris le droit à l'oubli), ainsi que les droits de recours et de réparation (Banque mondiale 2021). "

Les responsables organisationnels doivent au minimum s'assurer que leurs pratiques en matière de protection des données et de la vie privée des consommateurs sont justes et équitables pour les minorités et les groupes vulnérables, et que leur engagement en matière de DE&I dans ces pratiques est internalisé dans leur politique et leurs procédures. Elles doivent inclure des dispositions qui couvrent l'ensemble du cycle de vie des données - de la collecte au stockage et/ou à la destruction. La norme ISO 26000 fournit des orientations encore plus larges :

ISO
Pour éviter que la collecte et le traitement des données personnelles ne portent atteinte à la vie privée, un organisme devrait :

☐ *limiter la collecte de données personnelles aux informations qui sont soit essentielles à la fourniture de produits et services, soit fournies avec le consentement éclairé et volontaire du consommateur ;*

☐ *protéger les données personnelles par des mesures de sécurité adéquates ; et*

☐ *divulguer l'identité et le lieu habituel de la personne responsable de la protection des données dans l'organisation (parfois appelée le responsable du traitement des données), et tenir cette personne responsable du respect des mesures ci-dessus et de la législation applicable.*

ISO 26000:2010, page 55-59.

Pour s'assurer que les données qu'elle collecte, utilise, réaffecte ou détruit après usage sont conformes à ses normes de responsabilité sociale, les dirigeants de l'organisation devraient procéder à un examen sommaire des implications DE&I de ses pratiques de gestion et de gouvernance des données. Lorsqu'il existe des problèmes injustes et inéquitables dans le cycle de vie de ses données, ces dirigeants peuvent mettre en œuvre des meilleures pratiques stratégiques pour y remédier. La raison pour laquelle les dirigeants de l'organisation devraient être impliqués dans l'examen du cycle de vie des données est que tout le monde au sein d'une organisation touche des données sous une forme ou une autre, et la pratique et l'application de pratiques justes et équitables relèvent de la compétence des dirigeants. Le tableau suivant fournit un cadre pour poser des questions relatives à la DEI afin de s'assurer que des pratiques justes et équitables sont mises en œuvre ou qu'il est prévu de les mettre en œuvre :

Tableau 10.1 : Décisions de gestion des données tout au long du cycle de vie des données avec DE&I comme modérateur

Étape du cycle de vie	Domaine dans lequel la gestion des données est nécessaire
Créer/recevoir	• Déterminer l'utilisation légale (comme l'obtention du consentement pour la collecte et le partage des données). • Recueillir les identifications qui permettent de fusionner les données avec d'autres ensembles de données.
Traiter	• Normaliser les unités et les catégories (telles que les classifications industrielles). • Utiliser des formats de données largement compatibles et accessibles. • Valider la qualité (exactitude), la pertinence et l'intégrité des données.
Stocker	• Crypter les données ; utiliser des serveurs sécurisés ; sauvegarder et archiver les données.
Transfert/partage	• Vérifier si le consentement autorise le partage des données. • Identifiez les données, le cas échéant (référence supprimée). • Signer des accords de confidentialité pour l'utilisation des données identifiées. • Publier les données par le biais de téléchargements en masse ou d'API.
Analyser et utiliser	• Assurez la reproductibilité ; publiez le code ou les algorithmes. • Ne publiez pas de données identifiables. • Visualisez et communiquez des informations à partir des données.
Archiver et préserver	• Classez et cataloguez les données de manière systématique afin de pouvoir les retrouver facilement. • Incluez des dictionnaires de données et des notes sur la façon dont les données ont été créées. • Maintenez l'accès aux données ainsi que leur sécurité et leur intégrité dans le temps.
Détruire ou utiliser	• Conservez des traces des processus de destruction. • Vérifier que le consentement à l'utilisation est toujours valable.

Source : Banque mondiale 2021.

CONCILIATION DE L'ÉQUITÉ DANS LA PROTECTION DES DONNÉES ET DE LA VIE PRIVÉE DES CONSOMMATEURS

Dans un monde où l'acquisition d'informations personnelles est largement automatisée, une organisation peut maintenir la confiance des consommateurs en établissant des protocoles rigoureux pour la collecte, l'utilisation et la protection des données des consommateurs. Ces systèmes devraient également inclure des dispositions visant à garantir que les individus, les groupes et les communautés vulnérables ne sont pas exploités, ou pire, microciblés ou même abusés. Dans un monde qui s'appuie de plus en plus sur l'exploration et l'analyse de données hautement sophistiquées grâce à l'intelligence artificielle, il est beaucoup plus facile d'identifier et de séparer des groupes démographiques. Ces informations peuvent être facilement manipulées pour isoler des groupes vulnérables en tant que consommateurs et les utiliser à des fins expérimentales ou leur refuser des services. Pour cette raison, il est important de limiter la collecte d'informations personnelles et d'informations sur les consommateurs vulnérables à celles qui sont données volontairement et avec un consentement éclairé, ou qui sont essentielles pour fournir des produits et des services. Cet objectif peut être atteint dans le cadre des politiques et pratiques de DE&I d'une organisation. La norme ISO 26000 fournit les orientations générales suivantes :

ISO *Pour éviter que la collecte et le traitement des données personnelles ne portent atteinte à la vie privée, un organisme devrait :*

☐ *spécifier la finalité pour laquelle les données personnelles sont collectées, soit avant, soit au moment de la collecte des données ;*

☐ *donner aux consommateurs le droit de vérifier si l'organisation possède des données les concernant et de contester ces données, tel que défini par la loi. Si la contestation aboutit, les données doivent être effacées, rectifiées, complétées ou modifiées, selon le cas ; [et]*

☐ *être ouvert sur les développements, les pratiques et les politiques concernant les données personnelles, et fournir des moyens facilement accessibles pour établir l'existence, la nature et les principales utilisations des données personnelles [...].*

ISO 26000:2010, page 55-59.

Le Rapport sur le développement dans le monde préconise un écosystème de données non personnelles qui est :

[Une] approche équilibrée des intérêts en matière de garanties et de facilitateurs, reconnaissant que des compromis se présentent généralement entre l'augmentation de l'accès aux données et la sauvegarde des droits de propriété intellectuelle (DPI) sur les données non personnelles. L'accent est donc mis sur un cadre juridique qui permet la (ré)utilisation et le partage des données grâce à la prévisibilité réglementaire, à l'ouverture des données et à la portabilité (la capacité de transférer facilement des données d'un service à l'autre sur la base de normes juridiques et techniques claires). Les données qui associent des sources personnelles et non personnelles - appelées données mixtes - revêtent une importance croissante (Banque mondiale 2021).

Tableau 10.2. Recommandations organisées selon un modèle de maturité basé sur les protections et les facilitateurs de données

Stade du système de données du pays	Garanties	Facteurs favorables
Établir les principes de base	Effectuer une évaluation des besoins de base. Élaborer un cadre politique complet fondé sur les meilleures pratiques, qui permette d'atteindre les objectifs suivants : • Protéger les catégories de données personnelles, non personnelles et évolutives et favorise une plus grande équité autour des données. • renforcer la sécurité des systèmes et des infrastructures qui protègent contre l'utilisation abusive des données • étendre l'action et le contrôle des individus sur leurs données personnelles • favoriser la certitude et la prévisibilité, en intégrant les garanties fondamentales abordées dans ce chapitre, telles que la protection des données et la cybersécurité.	Effectuer une évaluation des besoins de base. Élaborer un cadre politique complet basé sur les meilleures pratiques qui permet l'utilisation et le partage des données à des fins de développement, en garantissant l'accès, l'ouverture, l'interopérabilité, la portabilité, la prévisibilité et la transparence, tout en intégrant les facilitateurs fondamentaux abordés dans ce chapitre, tels que les transactions électroniques.
Initier les flux de données	Élaborer un cadre juridique qui concrétise les prérogatives des pouvoirs publics, notamment : • La protection des données personnelles • la promotion de la cybersécurité et la lutte contre la cybercriminalité • la réglementation de la concurrence • Dispositions du cadre juridique prévoyant la création d'institutions chargées de faire respecter la loi.	Élaborer un cadre juridique qui concrétise les prérogatives des pouvoirs publics, notamment : • La reconnaissance juridique des transactions électroniques • L'accès à l'information • Les droits de propriété intellectuelle pour les données non personnelles • L'ouverture des données d'intention publique, y compris l'utilisation de licences qui encouragent le partage des données

		• Les principes de classification des données.
Optimiser le système	Promouvoir la sensibilisation aux mesures de protection : • Au niveau national, par l'adoption de la protection des données dès la conception et par défaut, ainsi que des mesures de cybersécurité associées. • Au niveau international, par l'interopérabilité transfrontalière des normes de protection des données. • Aborder des questions plus complexes, telles que les données mixtes et les droits collectifs • Veiller à ce que la capacité des institutions chargées de superviser ces activités soit suffisante. • Etablir des paramètres pour suivre et évaluer la mise en œuvre et l'application de ces politiques • et des lois.	Prendre en compte des questions telles que la portabilité des données et l'augmentation des incitations au partage des données d'intention privées. S'assurer que la capacité des institutions chargées de superviser ces activités est suffisante. Établir des paramètres pour suivre et évaluer la mise en œuvre de ces politiques, lois et institutions.

Source : Banque mondiale 2021.

RUPTURE D'ÉQUITÉ EN MATIÈRE DE PROTECTION DES DONNÉES ET DE LA VIE PRIVÉE DES CONSOMMATEURS

Le cycle de vie des données des consommateurs est aujourd'hui beaucoup plus long que la plupart des gens ne le pensent. Les individus saisissent aujourd'hui leurs informations personnelles dans une infrastructure de données qu'ils ne possèdent ni ne contrôlent, et l'organisation qui collecte ces données dans un but précis n'a probablement aucun contrôle sur la manière dont elles peuvent être utilisées par d'autres par la suite. Par exemple, une personne commande une pizza et donne son nom, son adresse, son numéro de téléphone ou même son adresse électronique. Qui est propriétaire de ces données individuelles, en ligne ? Un individu peut revendiquer un droit de propriété sur ses données personnelles, mais le système juridique n'est pas conçu pour faire valoir de telles revendications, surtout lorsque les données personnelles se sont déversées dans l'océan des données agrégées. Bien que la perspective de données individuelles perpétuelles existe, il y a des actions socialement responsables que les organisations peuvent prendre pour perturber les pratiques qui compromettent les données et la vie privée des consommateurs. La norme ISO 26000 fournit les grandes orientations suivantes :

Pour éviter que la collecte et le traitement des données personnelles ne portent atteinte à la vie privée, un organisme devrait :

☐ *s'abstenir de subordonner l'utilisation des services ou le droit à des offres spéciales à l'accord du consommateur sur l'utilisation non souhaitée des données à des fins de marketing ;*

☐ *spécifier la finalité pour laquelle les données personnelles sont collectées, soit avant, soit au moment de la collecte des données ;*

☐ *donner aux consommateurs le droit de vérifier si l'organisation possède des données les concernant et de contester ces données, tel que défini par la loi. Si la contestation aboutit, les données doivent être effacées, rectifiées, complétées ou modifiées, selon le cas ; [et]*

☐ *être ouvert sur les développements, les pratiques et les politiques concernant les données personnelles, et fournir des moyens facilement accessibles pour établir l'existence, la nature et les principales utilisations des données personnelles [...].*

ISO 26000:2010, pages 55-59.

Le cycle de vie des données fournit un cadre aux organisations pour établir des politiques et des procédures de DE&I qui protègent les intérêts de toutes les parties prenantes. Cela est particulièrement vrai pour les groupes minoritaires et vulnérables qui sont confrontés à des pratiques de ciblage ayant des conséquences négatives. Comme l'atteste le Rapport sur le développement dans le monde 2021, les données peuvent être extraites et réutilisées perpétuellement car elles « ... sont inépuisables ou "non rivales" - c'est-à-dire que les enregistrements des détails des appels d'une personne, l'historique de sa localisation, son utilisation d'Internet et ses dossiers médicaux, entre autres choses, peuvent être utilisés à plusieurs reprises par les entreprises et les gouvernements à des fins différentes sans les épuiser. "

PROTECTION DES DONNÉES DES CONSOMMATEURS ET VIE PRIVÉE Mesures concrètes d'inclusion axées sur la gouvernance

La protection des données des consommateurs est un enjeu important pour les organisations socialement responsables, car elle permet à la fois de garantir des pratiques de collecte et d'utilisation des données justes et équitables. Lors de l'examen, du développement ou de la mise en œuvre d'un écosystème de protection des données et de la vie privée des consommateurs modéré par DE&I, une organisation devrait considérer le cycle de vie des données comme un cadre clé pour équilibrer les garanties et les intérêts et influences des facilitateurs.

Mesures concrètes d'inclusion axées sur la gouvernance : protection des données et de la vie privée des consommateurs
1. En examinant les politiques et procédures de votre organisation en matière de protection des données et de la vie privée des consommateurs, comment s'alignent-elles sur votre politique de DE&I, vos engagements et les proclamations de votre entreprise en la matière ?

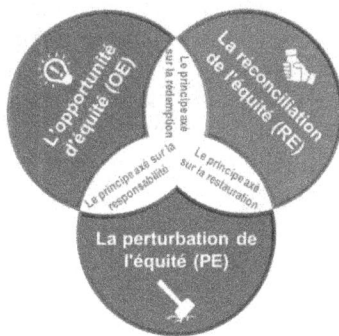

2. S'il y a des lacunes, quelles sont les étapes et les échéances que vous avez identifiées pour les réduire ou les éliminer en vous basant sur le modèle d'équité en 3 étapes guidé par les principes d'inclusion en 3 étapes ?

3. Toutes les parties prenantes pertinentes ont-elles été identifiées et impliquées dans la révision, la modification ou le développement de vos politiques et procédures relatives à la protection des données et de la vie privée des consommateurs modérés par DE&I ?

QUESTION DE CONSOMMATION 6 : LA DE&I COMME MODÉRATEUR DE L'ACCÈS AUX SERVICES ESSENTIELS

Votre organisation considère-t-elle le DE&I comme une monnaie d'échange pour fournir et négocier l'accès aux services essentiels ?

ACCÈS AUX SERVICES ESSENTIELS
Appel à l'action pour la diversité fondée sur la connaissance

Historiquement, dans la plupart des juridictions du monde, l'État est responsable de la fourniture de l'accès aux services essentiels. Cependant, ce qui constitue des services essentiels aujourd'hui est devenu plus compliqué. Les services traditionnels tels que l'énergie se sont entremêlés avec des services plus nuancés tels que le développement socio-économique et durable. Certains prétendent que l'internet devrait être classé parmi ces services. Des voix s'élèvent même pour faire des médias sociaux un service essentiel d'utilité publique garanti et pour réglementer les contenus des tiers. Comme le suggère John G. Palfrey, professeur à Harvard, « nous avons besoin aujourd'hui d'un régime réglementaire pour la technologie qui place l'intérêt public au premier plan, avec l'équité et l'inclusion comme principe de conception et non comme une réflexion après coup (Milano 2021). » C'est ce que soutient la norme ISO 26000 :

ISO
Bien que l'État soit chargé de veiller au respect du droit à la satisfaction des besoins fondamentaux, il existe de nombreux lieux ou conditions dans lesquels l'État ne veille pas à la protection de ce droit. Même lorsque la satisfaction de certains besoins fondamentaux, tels que les soins de santé, est protégée, le droit aux services publics essentiels, tels que l'électricité, le gaz, l'eau, les services d'assainissement, le drainage, les eaux usées et la communication, peut ne pas être pleinement réalisé. Un organisme peut contribuer à la réalisation de ce droit.

ISO 26000:2010, page 59 (références supprimées).

L'accès à l'énergie, l'atténuation du changement climatique et les technologies d'adaptation, ainsi que les emplois durables sont quelques-uns des principaux défis de notre époque. Alors que la création, l'accumulation et la distribution de richesses personnelles sont rendues nécessaires et alimentées par l'ère de l'information, il est nécessaire de fournir un accès aux services essentiels à des milliards de nos semblables qui ne bénéficient pas de ces qualités essentielles de vie.

Selon le programme d'aide à la gestion du secteur de l'énergie (ESMAP) de la Banque mondiale : *« Il y a actuellement 63 pays qui comptent plus d'un demi-million de personnes vivant sans accès à l'électricité (Banque mondiale 2022). »* Le rapport d'ESMAP sur l'état d'avancement de l'énergie en 2021 indique que l'électrification mondiale a récemment progressé, avec plus d'un milliard de personnes ayant accès à l'électricité entre 2010 et 2019. Toutefois, les nouvelles sont mitigées. Le rapport indique également que :

L'impact financier du COVID a rendu les services d'électricité de base inabordables pour 30 millions de personnes supplémentaires, dont la majorité est située en Afrique... À l'échelle mondiale, le nombre de personnes n'ayant pas accès à l'électricité est passé de 1,2 milliard en 2010 à 759 millions en 2019. L'électrification par des solutions décentralisées basées sur les énergies renouvelables a notamment pris de l'ampleur. Le nombre de personnes connectées à des mini-réseaux a plus que doublé entre 2010 et 2019, passant de 5 à 11 millions de personnes. Cependant, dans le cadre des politiques actuelles et planifiées, et encore affectées par la crise du COVID-19, on estime que 660 millions de personnes n'auront toujours pas accès à l'électricité en 2030, la plupart en Afrique subsaharienne (Banque mondiale 2022).

Des millions de personnes se cachent dans l'obscurité, ignorant les possibilités humaines d'aujourd'hui, parce qu'elles n'ont pas accès à une énergie propre fiable ou abordable - beaucoup sont même encore obligées d'utiliser du kérosène et d'autres combustibles fossiles polluants pour éclairer leurs maisons, leurs entreprises, leurs établissements scolaires et autres. Ceci pendant une ère de percées qui a rendu les énergies renouvelables plus abordables et « l'option la moins chère pour une nouvelle énergie dans plus de deux tiers du monde (TRF 2021) ». L'accès à l'énergie se présentait comme suit en utilisant les données de 2016 :

- 40 % du monde, soit 3 milliards de personnes, n'ont pas accès à des combustibles propres pour cuisiner, avec un coût sanitaire élevé dû à la pollution intérieure.
- Dans le monde, la consommation d'électricité par habitant varie de plus de 100 fois et celle d'énergie de 10 fois.
- 13 % de la population mondiale, soit 940 millions de personnes, n'ont pas accès à l'électricité.
- Les ménages pauvres du monde entier sont plus susceptibles de ne pas avoir accès à l'énergie car cet accès est lié à l'accessibilité financière qui est liée au revenu (TRF 2021).

C'est en ces temps que nous nous souvenons du célèbre « discours sur la Lune » du président John F. Kennedy, dans lequel il expliquait pourquoi l'Amérique devait prendre la tête de l'exploration spatiale au nom de l'humanité :

Nous nous embarquons sur cette nouvelle mer parce qu'il y a de nouvelles connaissances à acquérir et de nouveaux droits à gagner, et ils doivent être gagnés et utilisés pour le progrès de tous les peuples. Car la science spatiale, comme la science nucléaire et toute technologie, n'a pas de conscience propre. Qu'elle devienne une force pour le bien ou le mal dépend de l'homme, et ce n'est que si les États-Unis occupent une position de prééminence que nous pourrons contribuer à décider si ce nouvel océan sera une mer de paix ou un nouveau terrifiant théâtre de guerre.

Aujourd'hui, les connaissances acquises grâce à l'exploration spatiale ont donné au monde l'internet et d'autres outils de communication qui ont permis à des milliards de personnes d'être interconnectées de tant de façons différentes qui ont changé leur vie. Elles nous ont également fait découvrir les applications de l'énergie comme une source de bienfaits pour la transformation de la vie rurale et urbaine. En fait, les objectifs de développement durable (ODD) des Nations unies ont identifié l'électrification universelle comme un lien essentiel vers une énergie moderne pour tous, qui soit également abordable, durable et fiable.

L'utilisation durable de toutes ces technologies pour le bien de tous dépend de la manière dont elles sont mises en œuvre. Si les services essentiels relèvent de la compétence de l'État, les organisations doivent également faire partie de la solution pour un accès plus large et plus équitable. Pour les minorités et les groupes vulnérables du monde entier, y compris ceux qui vivent dans les pays développés, l'accès aux services essentiels peut inclure les éléments suivants :

Les systèmes de transport : ils permettent aux gens de se déplacer facilement d'un endroit à l'autre en les connectant à l'éducation, aux soins de santé, aux emplois et à d'autres opportunités. Historiquement, ces systèmes ont été utilisés pour diviser les communautés, établir des barrières artificielles qui marginalisent des groupes de personnes par manque d'accès et ont réduit la vitalité économique de trop de groupes minoritaires et vulnérables.

Énergie propre - électricité : l'évolution mondiale actuelle vers les énergies propres contribue à réduire la dépendance à l'égard des combustibles fossiles et constitue donc un remède essentiel à la hausse des températures. La fourniture d'énergie propre et renouvelable, le changement climatique et l'éradication de la pauvreté dans le monde sont des préoccupations liées. Ils sont liés car la résolution d'un problème - le manque d'électricité ou d'électricité fiable dans les zones rurales - peut également contribuer à réduire les émissions de CO_2 et à créer des emplois propres durables. Selon les données de l'Alliance mondiale pour l'énergie au service des populations et de la planète, les pays pauvres en énergie représentent aujourd'hui 25 % des émissions mondiales de CO_2, mais cette contribution devrait atteindre 75 % d'ici 2050. Il est intéressant de noter que l'accès des pays pauvres au financement de l'énergie représente 13 % alors qu'ils abritent 50 % de la population mondiale (TRF 2021). L'accès à l'énergie propre ne peut être déterminé par des privilèges, mais par notre responsabilité commune d'utiliser efficacement les ressources dont nous avons besoin aujourd'hui tout en veillant à ce que les générations futures disposent des ressources nécessaires pour satisfaire les leurs.

Internet à haut débit et connectivité des téléphones portables : l'accès aux services de téléphonie mobile n'est pas seulement essentiel, il est aussi devenu un élément vital pour la plupart des gens, qu'il s'agisse des transactions commerciales quotidiennes, des relations familiales ou des études. Ces possibilités de connectivité nous ont permis de poursuivre nos activités comme si de rien n'était, alors que COVID-19 nous obligeait à effectuer des transactions de manière inhabituelle. Les minorités et les groupes vulnérables, en particulier ceux des zones rurales, ont besoin de connexions Internet à haut débit pour combler le fossé technologique qui se creuse chaque jour entre ceux qui y ont accès et ceux qui ne l'ont pas. Cela fait de l'internet à haut débit et de la connectivité des téléphones portables un problème pour les consommateurs de DE&I et un appel à l'action pour la responsabilité sociale des entreprises.

L'alimentation : l'insécurité alimentaire peut être une source importante de gaspillage de l'énergie humaine, obligeant les gens à se concentrer sur la survie d'un jour de plus, d'un autre hiver torride, d'une autre tempête de feu déchirante, ou d'un approvisionnement alimentaire injuste pour les riches alors que les pauvres languissent dans des périodes de faim évitables. Dans les pays développés, ce sont plutôt des normes sociales dictées par des politiques qui empêchent les fournisseurs et les distributeurs de produits alimentaires traditionnels de s'installer dans les quartiers désignés (dans le cas de l'Amérique) comme D par les reliques du redlining. Ironiquement, ces quartiers, essentiellement des « déserts alimentaires », ont généralement un accès plus facile aux boissons alcoolisées qu'aux aliments nutritifs essentiels.

L'eau : une nécessité essentielle pour les fonctions corporelles humaines - élimination des déchets, fonction cellulaire et régulation de la température, pour n'en citer que quelques-unes. L'accès à l'eau potable est une question de DE&I et un droit humain fondamental. La nécessité d'améliorer l'approvisionnement et la distribution d'eau potable et le déploiement de technologies permettant de restaurer l'eau polluée ou de convertir l'eau salée en eau potable de qualité deviennent un défi pour l'humanité, nécessitant de nouvelles idées et solutions.

Les services publics : L'accès universel aux services publics est un droit, en particulier dans les régions où des taxes sont perçues auprès de tous les électeurs pour financer l'existence du service public. Si l'État fixe les règles et les statuts qui régissent les services publics, on sait qu'ils répondent moins aux intérêts des minorités, des groupes vulnérables et des pauvres dans chaque groupe racial. Ainsi, les politiques relatives à la collecte « d'informations sur les consommateurs, les dépôts de garantie et les paiements anticipés pour le service, les frais de retard de paiement, (Directives de l'ONU 2016) » et la gestion « de la résiliation et du rétablissement du service, l'établissement de plans de paiement et la résolution des litiges entre les consommateurs et les fournisseurs de services publics (Directives de l'ONU 2016) » sont toutes des questions de DE&I.

Produits pharmaceutiques : Ceux qui investissent dans la recherche et le développement de produits pharmaceutiques devraient pouvoir profiter de leurs investissements, bien sûr. Mais les produits pharmaceutiques peuvent être un service essentiel et l'accès à des médicaments qui sauvent ou changent la vie doit être considéré comme une question de DE&I. L'accessibilité des vaccins Covid-19 dans le monde en est un bon exemple. L'ensemble de l'écosystème des produits pharmaceutiques - le développement, la distribution, l'approvisionnement, les distributions, les accords de licence et même la disponibilité de l'information pharmaceutique - sont tous des questions de DE&I car chacun d'entre eux est essentiel ou contribue à l'accès aux services pharmaceutiques essentiels. J'ai précédemment abordé les droits de brevet et la manière dont ils peuvent être déployés pour le bien, en particulier lorsque, par le passé, ils ont été manipulés pour accentuer les normes qui divisent. Nous devons créer un système gagnant-gagnant dans lequel les entreprises pharmaceutiques peuvent prospérer grâce à leurs investissements tout en servant notre humanité commune en rendant l'accès à leurs produits et services abordables ou disponibles pour ceux qui en ont besoin.

ACCÈS AUX SERVICES ESSENTIELS
Opportunité/réconciliation/disruption de l'équité motivée par la créativité

L'accès aux services essentiels est une question de DE&I. Les organisations devraient voir au-delà des seuls bénéfices et envisager les possibilités d'utiliser leurs décisions et leurs activités comme des véhicules du bien, soit en tant que partie prenante d'intérêt ou d'influence dans la défense et la promotion d'initiatives locales et mondiales (le cas échéant) qui réduisent la fracture numérique. Les experts s'accordent à dire que l'accès à l'énergie stimule la croissance et la vitalité économiques.

En 2021, une nouvelle initiative mondiale a été lancée par l'Alliance mondiale pour les peuples et la planète, avec l'objectif audacieux de réunir 100 milliards de dollars auprès d'entités publiques et privées pour :

> [A]ccélérer les investissements dans les transitions énergétiques vertes et les solutions d'énergie renouvelable dans les économies en développement et émergentes du monde entier. Au cours de la prochaine décennie, l'Alliance vise à débloquer 100 milliards de dollars de capitaux publics et privés et à s'attaquer simultanément à trois profonds problèmes humains : (1) L'ÉNERGIE - permettre à un milliard de personnes de bénéficier d'une énergie fiable et renouvelable ; (2) LE CLIMAT - éviter et prévenir quatre milliards de tonnes d'émissions de carbone ; et (3) L'EMPLOI - mettre en place une rampe d'accès aux opportunités en créant, facilitant ou améliorant 150 millions d'emplois. Elle a également lancé un appel mondial pour des partenariats nationaux transformationnels, invitant les économies en développement et émergentes à demander un soutien technique et un financement pour faire progresser les écosystèmes des projets d'énergie propre (TRF 2021).

Ce sont les types d'initiatives et d'engagements d'investissement qui sont transformateurs et créent une plateforme pour rendre notre monde beaucoup plus équitable et juste. L'accès à l'énergie propre est un lien essentiel pour combler les fossés qui ont rendu notre passage sur la planète Terre prospère pour certains et tortueux pour la grande majorité, avec des inégalités généralisées qui accentuent la pauvreté à l'échelle mondiale au lieu de l'éradiquer. Combler les écarts peut bénéficier de l'utilisation de l'objectif d'équité en 3 étapes pour trouver des opportunités et réconcilier notre engagement commun sur la façon dont nous déployons, distribuons et rendons l'accès à l'énergie propre abordable pour tous les consommateurs. Nous devons perturber ou arrêter les pratiques qui excluent les autres de leur contribution à la résolution des problèmes liés au changement climatique.

POSSIBILITÉ D'ÉQUITÉ DANS L'ACCÈS AUX SERVICES ESSENTIELS

Au minimum, les organisations doivent s'engager à veiller à ce que les minorités et les groupes vulnérables ne soient pas privés de l'accès aux services essentiels. Ces organisations doivent s'assurer que leurs décisions et activités ne perpétuent pas le racisme et d'autres formes de normes de division qui marginalisent les groupes de personnes. La norme ISO 26000 fournit les grandes orientations suivantes :

ISO

Un organisme qui fournit des services essentiels devrait :

☐ *en fixant les prix et les charges, offrir, chaque fois que cela est autorisé, un tarif qui fournira une subvention à ceux qui sont dans le besoin ; [et]*

☐ *opérer de manière transparente, en fournissant des informations liées à la fixation des prix et des charges [...].*

ISO 26000:2010, page 59.

Les organismes qui ne fournissent pas d'accès aux services essentiels mais dont les produits et services requièrent l'utilisation de ces services devraient également examiner comment ils peuvent aider les communautés vulnérables à enrichir leurs expériences avec leurs produits et services. Cela fait partie du continuum de la durabilité globale. Par exemple, un fournisseur de téléphones portables peut acheter pour ses activités un mini-réseau électrique d'une capacité suffisante pour distribuer de l'éclairage et d'autres services énergétiques à une communauté rurale, à des fins lucratives. Un entrepreneur local pourrait également acheter un mini-réseau et vendre de l'énergie à une société de téléphonie mobile en tant que client de charge d'ancrage tout en fournissant de l'énergie supplémentaire aux entreprises et aux foyers locaux. Les organisations disposant d'un excédent de capital inactif peuvent en utiliser une partie pour financer ce type d'entreprises dans le monde entier, dans le cadre de leur responsabilité sociale et de leurs objectifs de développement durable.

CONCILIATION DE L'ÉQUITÉ DANS L'ACCÈS AUX SERVICES ESSENTIELS

Une organisation doit évaluer ses produits et services et les aligner, le cas échéant, sur le cycle de vie des services essentiels afin de s'assurer que ses décisions et activités sont équitables et justes pour tous ceux qui en dépendent. Cette vision holistique porte les services essentiels au-delà de la vision traditionnelle de qui est responsable de leur fourniture. La norme ISO 26000 fournit les orientations suivantes :

ISO

Un organisme qui fournit des services essentiels devrait :

☐ *étendre leur couverture et fournir la même qualité et le même niveau de service sans discrimination à tous les groupes de consommateurs ; [et]*

☐ *gérer toute réduction ou interruption de l'approvisionnement de manière équitable, en évitant toute discrimination à l'encontre d'un groupe de consommateurs [...].*

ISO 26000:2010, page 59.

Par exemple, une entreprise de technologies de l'information pourrait chercher des occasions d'investir dans la construction de systèmes de réseaux intelligents dans des communautés vulnérables, afin que davantage de personnes dans le monde entier puissent bénéficier de l'utilisation de leurs produits et services. Comme le dit la Fondation Rockefeller, « ...fournir un accès à une électricité fiable et abordable pour une utilisation productive peut stimuler des opportunités économiques durables et apporter une qualité de vie meilleure et plus saine aux personnes pauvres et vulnérables vivant dans des régions mal desservies en Inde, au Myanmar et en Afrique (TRF 2022). "

RUPTURE D'ÉQUITÉ DANS L'ACCÈS AUX SERVICES ESSENTIELS

Le comportement des consommateurs n'est pas seulement une mine d'or pour les spécialistes du marketing ; il peut les aider à déterminer leurs propres services essentiels, c'est-à-dire ce dont ils ne peuvent se passer. Pour certains, il s'agit des informations ou des nouvelles qu'ils consomment sur l'internet (réelles ou imaginaires), tandis que pour d'autres, il pourrait s'agir d'un simple air non pollué. Lorsqu'une organisation découvre que ses décisions et activités en matière d'« accès aux services essentiels » sont discriminatoires de manière disproportionnée à l'égard d'un groupe quelconque, elle doit chercher des solutions rapides et décisives. La norme ISO 26000 fournit les grandes orientations suivantes :

ISO

Un organisme qui fournit des services essentiels devrait :

☐ *ne pas déconnecter les services essentiels pour non-paiement sans donner au consommateur ou au groupe de consommateurs la possibilité de demander un délai raisonnable pour effectuer le paiement. Elle ne doit pas recourir à une déconnexion collective des services qui pénalise tous les consommateurs indépendamment de leur paiement ; [et]*

☐ *maintenir et mettre à niveau ses systèmes pour aider à prévenir les interruptions de service.*

ISO 26000:2010, page 59.

ACCÈS AUX SERVICES ESSENTIELS

Mesures à prendre pour une inclusion centrée sur la gouvernance

L'accès aux services essentiels doit faire partie de la politique et des pratiques de DE&I axées sur la gouvernance afin de garantir que les services ne sont pas utilisés pour perpétuer le racisme ou d'autres inégalités. Cela implique de s'attaquer aux inégalités héritées des infrastructures, comme les tuyaux à base de plomb encore utilisés dans les zones pauvres (comme Flint, Michigan). La conception des autoroutes est une autre iniquité historique, souvent placée dans des communautés moins riches sans tenir compte de l'impact des routes. La déconnexion rapide et disproportionnée des services aux communautés privées de leurs droits est également un problème courant. Parfois, ces inégalités sont délibérées, parfois elles sont l'héritage de pratiques discriminatoires passées. Quelle que soit leur origine, elles doivent être identifiées et traitées de manière appropriée.

Étapes concrètes de l'inclusion axée sur la gouvernance : accès aux services essentiels

1. En examinant les politiques et procédures de votre organisation en matière d'accès aux services essentiels, comment s'alignent-elles sur votre politique de DE&I, vos engagements et les proclamations de l'entreprise en la matière ?
2. S'il y a des lacunes, quelles sont les étapes et les échéances que vous avez identifiées pour les réduire ou les éliminer en vous basant sur le modèle de l'optique d'équité en 3 étapes guidé par les principes d'inclusion en 3 étapes ?
3. Toutes les parties prenantes pertinentes ont-elles été identifiées et impliquées dans la révision, la modification ou le développement de vos politiques et procédures concernant vos pratiques d'accès modéré aux services essentiels en matière de DE&I ?

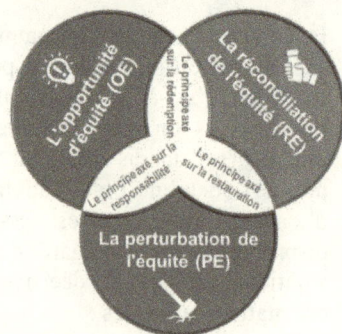

QUESTION DE CONSOMMATION 7 : LE DE&I COMME MODÉRATEUR DES PRATIQUES D'ÉDUCATION ET DE SENSIBILISATION

Les programmes d'éducation et de sensibilisation d'une organisation sont un bon moyen d'orienter ses politiques et procédures autour de ses engagements en matière de DE&I. La norme ISO 26000 le résume comme suit :

ISO *En Les initiatives d'éducation et de sensibilisation permettent aux consommateurs d'être bien informés, conscients de leurs droits et de leurs responsabilités, plus susceptibles d'assumer un rôle actif et d'être en mesure de prendre des décisions d'achat éclairées et de consommer de manière responsable. Les consommateurs défavorisés des zones rurales et urbaines, y compris les* *consommateurs à faible revenu et ceux qui ont un faible niveau d'alphabétisation, ont des besoins particuliers en matière d'éducation et de sensibilisation. Chaque fois qu'il existe un contrat formel entre une organisation et un consommateur, l'organisation doit vérifier que le consommateur est correctement informé de tous les droits et obligations applicables. L'objectif de l'éducation des consommateurs n'est pas seulement de transmettre des connaissances, mais aussi de leur donner les moyens d'agir sur la base de ces connaissances. Il s'agit notamment de développer des compétences pour évaluer les produits et les services et pour effectuer des comparaisons. Elle vise également à les sensibiliser à l'impact de leurs choix de consommation sur les autres et sur le développement durable. L'éducation ne dispense pas une organisation d'être responsable si un consommateur subit un préjudice lors de l'utilisation de produits et de services.*

ISO 26000:2010, page 60 (références supprimées).

Chapitre onze

DE&I COMME MODÉRATEUR DE L'IMPLICATION ET DU DÉVELOPPEMENT DE LA COMMUNAUTÉ

L a participation et le développement de la communauté sont essentiels à la réduction de la pauvreté et des nombreuses normes de division qui y sont associées, comme le manque d'accès à l'éducation, les inégalités entre les sexes, les maladies curables et le transfert de la pauvreté d'une génération à l'autre, pour n'en citer que quelques-unes. La plupart des gens s'accordent à dire - qu'ils soient experts ou non - que la relation entre les organisations et les communautés dans lesquelles elles opèrent est importante. Dans les chapitres précédents, nous avons discuté des normes de division qui marginalisent et privent les communautés de leurs droits par le biais de politiques et de contrats sociaux. Notre discussion a présenté le riche paysage à partir duquel les organisations peuvent participer à la résolution des contrats sociaux qui ont divisé notre humanité de manière négative. S'il faut un village pour élever un enfant, il faut aussi des organisations pour changer le cours de nos disparités systémiques et structurelles en matière de racisme, de tribalisme, de genre, d'orientation sexuelle et d'autres classes protégées.

Dans ce chapitre, l'accent est mis sur la manière dont les organisations développent des relations et des partenariats avec les communautés dans lesquelles elles opèrent. Nous allons examiner les domaines dans lesquels leurs décisions et leurs activités ont le potentiel de renforcer la société civile par l'élaboration et la mise en œuvre d'objectifs de développement durable. La communauté, telle que définie par la norme ISO 26000,

ISO *[Se réfère aux établissements résidentiels ou autres établissements sociaux situés dans une zone géographique qui se trouve à proximité physique des sites d'un organisme ou dans les zones d'impact d'un organisme. La zone et les membres de la*

416

communauté affectés par les impacts d'une organisation dépendent du contexte et surtout de l'ampleur et de la nature de ces impacts. En général, cependant, le terme communauté peut également être compris comme un groupe de personnes ayant des caractéristiques particulières en commun, par exemple une communauté « virtuelle » concernée par une question particulière.

L'implication de la communauté et le développement communautaire font tous deux partie intégrante du développement durable. L'implication de la communauté va au-delà de l'identification et de l'engagement des parties prenantes en ce qui concerne les impacts des activités d'une organisation ; elle englobe également le soutien à la communauté et l'établissement d'une relation avec elle. Par-dessus tout, elle implique la reconnaissance de la valeur de la communauté. L'implication d'un organisme dans la communauté devrait découler de la reconnaissance du fait que l'organisme est une partie prenante de la communauté, partageant des intérêts communs avec elle.

ISO 26000:2010, pages 60-61.

Les organismes peuvent développer ces relations visant le bien public de multiples façons - en travaillant avec des individus, des associations, ou en soutenant et en encourageant leurs employés à s'impliquer dans des activités communautaires. L'ISO 26000 propose des principes supplémentaires qui sont plus adaptés à l'implication et au développement de la communauté :

ISO
Une organisation devrait :
☐ *se considérer comme faisant partie de la communauté, et non comme étant séparé d'elle, lorsqu'il aborde l'implication et le développement communautaires ;*
☐ *reconnaître et prendre dûment en compte les droits des membres de la communauté à prendre des décisions concernant leur communauté et à rechercher, de la manière qu'ils choisissent, les moyens de maximiser leurs ressources et leurs opportunités ;*
☐ *reconnaître et tenir dûment compte des caractéristiques, par exemple, les cultures, les religions, les traditions et l'histoire de la communauté lorsqu'ils interagissent avec elle ; et*
☐ *reconnaître la valeur du travail en partenariat, en favorisant l'échange d'expériences, de ressources et d'efforts.*

ISO 26000:2010, page 61.

L'influence et l'efficacité d'un organisme en matière de développement communautaire peuvent améliorer le bien-être général d'une communauté et fournir les ressources financières et humaines nécessaires pour remédier à une négligence persistante. Le développement communautaire socialement responsable devrait être source de vie et enrichir les expériences de qualité de vie de la communauté. Comme l'affirme à juste titre la norme ISO 26000,

ISO
Le développement communautaire n'est pas un processus linéaire ; de plus, c'est un processus à long terme dans lequel des intérêts différents et conflictuels seront présents. Les caractéristiques historiques et culturelles rendent chaque

Déterminer à quoi ressemble la responsabilité partagée est le premier défi que nous devons relever. Il s'agit de comprendre quels sont les problèmes, les défis et les opportunités de la communauté qui peuvent créer une relation et un partenariat sains entre les organisations et les communautés. Dans le cadre de la construction de la responsabilité sociale modérée par DE&I, l'implication et le développement de la communauté doivent transcender le simple fait de jeter de l'argent dans les événements communautaires. Elle doit inclure plus délibérément les trois cadres suivants :

1. Comprendre les besoins et les intérêts de la communauté
2. Soutenir les politiques publiques qui renforcent les intérêts de la communauté
3. Contribuer au développement de la communauté par des activités de base

Comprendre les besoins et les intérêts de la communauté par le biais d'un processus de planification de l'identification et de l'engagement des parties prenantes qui ne prétend pas savoir ce dont une communauté a besoin ou ce qui l'intéresse sans consulter au préalable ses membres. Cela est particulièrement vrai lorsqu'il existe une dichotomie préexistante entre majorité et minorité, où les normes sociales établies par des contrats sociaux diviseurs sont intégrées dans la culture et les valeurs de l'organisation. Une meilleure approche consiste pour une organisation à rechercher d'abord les impacts qu'elle espère obtenir et à élaborer un plan en consultation avec les parties prenantes, ainsi qu'à atténuer les impacts négatifs. Il va sans dire que dans une approche par les parties prenantes, l'organisation doit rechercher un large éventail de personnes, en particulier les groupes minoritaires et vulnérables qui ont longtemps été marginalisés et désavantagés. La norme ISO 26000 fournit les orientations suivantes :

Soutenir les politiques publiques qui élèvent les intérêts de la communauté en intégrant les politiques publiques existantes qui s'attaquent aux obstacles systémiques et structurels à la vie, à la liberté et à la poursuite du bonheur. Les organisations ne peuvent pas rester neutres dans les discours publics sur les normes qui divisent, car le silence les rend complices. Lorsque les décideurs gouvernementaux sont divisés sur la façon de faire ce qui est juste pour tous les citoyens en raison d'expédients politiques, les organisations et leurs dirigeants sont le dernier vestige d'espoir pour les groupes minoritaires et vulnérables. Il ne s'agit pas seulement d'une responsabilité sociale, mais aussi d'une responsabilité morale. En défendant et en soutenant les législations qui servent leurs intérêts, les organisations peuvent aussi étendre ces intérêts à ceux qui contribuent à mettre fin aux contrats sociaux qui divisent et marginalisent les groupes de personnes sur un grand nombre de questions discriminatoires. La norme ISO 26000 fournit les grandes orientations suivantes :

ISO Les organisations rejoignent souvent des partenariats et s'associent à d'autres pour défendre et faire avancer leurs propres intérêts. Toutefois, ces associations devraient représenter les intérêts de leurs membres en respectant les droits des autres groupes et individus à faire de même, et elles devraient toujours fonctionner d'une manière qui accroît le respect de l'état de droit et des processus démocratiques... Le développement communautaire est généralement avancé lorsque les forces sociales d'une communauté s'efforcent de promouvoir la participation publique et de poursuivre l'égalité des droits et des niveaux de vie dignes pour tous les citoyens, sans discrimination. Il s'agit d'un processus interne à la communauté qui tient compte des relations existantes et surmonte les obstacles à la jouissance des droits. Le développement communautaire est renforcé par un comportement socialement responsable.

ISO 26000:2010, pages 61, 51.

Contribuer au développement de la communauté par le biais d'activités essentielles, en les intégrant, lorsque cela est possible, dans ses décisions et ses activités afin de maximiser leurs avantages au sein des communautés sur lesquelles elles ont un impact. L'ISO 26000 fournit les exemples suivants :

ISO *Voici quelques exemples de la manière dont les activités principales d'un organisme peuvent contribuer au développement de la communauté :*
- une entreprise qui vend des équipements agricoles pourrait proposer une formation aux techniques agricoles ;
- une entreprise qui prévoit de construire une route d'accès pourrait faire participer la communauté au stade de la planification afin de déterminer comment la route pourrait être construite pour répondre également aux besoins de la communauté (par exemple, en offrant un accès aux agriculteurs locaux) ;
- les syndicats pourraient utiliser leurs réseaux d'adhérents pour diffuser des informations sur les bonnes pratiques sanitaires auprès de la communauté ;
- une industrie à forte consommation d'eau qui construit une station d'épuration pour ses propres besoins pourrait également fournir de l'eau propre à la communauté ;
- une association de protection de l'environnement opérant dans une région éloignée pourrait acheter les fournitures nécessaires à ses activités auprès du commerce et des producteurs locaux ; et

☐ un club de loisirs pourrait autoriser l'utilisation de ses installations pour des activités éducatives destinées aux adultes analphabètes de la communauté.

ISO 26000:2010, page 63.

La responsabilité sociale des organisations peut contribuer à dynamiser le développement d'une communauté, en l'aidant à investir du temps, des ressources et du personnel dans la culture d'un écosystème sain de défense et de soutien des petites entreprises. En utilisant le modèle d'opportunité d'équité, de réconciliation et de perturbation axé sur la créativité, les organisations peuvent minimiser ou éviter les impacts négatifs dans leur engagement communautaire grâce à une approche holistique qui intègre ses engagements fondamentaux en matière de DE&I dans le cadre de la mission de croître ensemble de manière durable. Cependant, il convient également de noter que tous les investissements qu'une organisation consacre au développement communautaire ne sont pas canalisés par ses activités opérationnelles de base ; certains sont canalisés par la philanthropie. L'approche philanthropique soutient les communautés par le biais de subventions, de dons, de cadeaux et de dotations.

La philanthropie est importante, mais l'approche du développement et du soutien des entreprises est plus puissante, car elle repose sur des partenariats qui renforcent la capacité de la communauté à s'autofinancer au fil du temps. Comme l'a bien noté la norme ISO 26000, « les activités philanthropiques seules ne permettent pas d'atteindre l'objectif d'intégration de la responsabilité sociale dans l'organisation. » Pour grandir ensemble et construire un engagement et un développement communautaires forts, les stratégies d'une organisation doivent transcender la philanthropie et intégrer la défense et le soutien des petites entreprises, car elles soutiennent une communauté sur le plan économique, social et environnemental. J'ai élaboré six étapes nécessaires pour soutenir de manière holistique les petites entreprises dans les communautés marginalisées et défavorisées :

1. La passation de marchés et l'emploi : Les organisations socialement responsables doivent permettre ou soutenir la création de nouvelles opportunités d'affaires et d'emploi qui incluent les groupes minoritaires et défavorisés dans le cadre de leur politique, de leurs principes et de leurs engagements fondamentaux en matière de DE&I. Les petites entreprises sont l'âme de la société. Les petites entreprises sont le moteur de la plupart des communautés minoritaires et défavorisées. Selon l'ONU :

   Les micro, petites et moyennes entreprises représentent environ 90 % des entreprises mondiales, plus de 60 % des emplois et la moitié du produit intérieur brut (PIB) dans le monde. Elles sont le poumon économique des communautés du monde entier. Mais elles ont également été touchées de manière disproportionnée par une multitude de défis qui perturbent les économies - de la catastrophe climatique à COVID-19 en passant par les retombées mondiales de la guerre en Ukraine.

Les opportunités de marchés qui incluent délibérément des petites entreprises issues de groupes minoritaires et vulnérables permettent aux propriétaires et à la communauté de devenir autonomes et même de bénéficier d'un transfert de richesse entre générations. Ils peuvent également embaucher davantage de personnes au sein de leurs communautés respectives. L'extension du développement humain et le recrutement intentionnel de groupes minoritaires et vulnérables dans la main-d'œuvre de l'organisation et dans les réseaux de partenaires de travail sont autant de mesures positives et réalisables qui peuvent faire évoluer la conversation sur les normes de division systémiques et structurelles soutenues par des normes sociales racistes et sexistes.

2. L'éducation : Les organisations qui ont la capacité d'offrir des possibilités de formation en cours d'emploi aux propriétaires d'entreprises minoritaires et défavorisées ne devraient pas hésiter à le faire. Le transfert de connaissances permet aux petits entrepreneurs d'apprendre à pêcher par eux-mêmes dans des domaines où les organisations ont déjà établi leurs propres prouesses et leur expertise grâce à leur personnel. Inciter les employés à redonner à leur communauté en soutenant la création, le développement, le soutien et le mécénat des petites entreprises est un cadre gagnant pour la responsabilité sociale.

3. Les soins de santé : Lorsque les propriétaires de petites entreprises s'inquiètent de leurs soins de santé ou de ceux de leurs employés - parce qu'ils ne peuvent pas en assumer les coûts - ils se détournent des exigences quotidiennes de la gestion d'une petite entreprise. Parfois, ces propriétaires d'entreprise sont contraints d'ignorer les habitudes de bien-être et d'équilibre au travail liées à la santé, simplement pour maintenir leur entreprise. Lorsque les organisations socialement responsables ont les moyens d'apporter leur aide, elles devraient envisager de financer des initiatives de soins de santé communautaires qui multiplient les options de soins de santé pour les groupes minoritaires et vulnérables. Comme nous l'avons vu dans les chapitres précédents, certaines inégalités dans les résultats des soins de santé associés aux groupes minoritaires (comme les maladies respiratoires) sont les résultats directs de politiques et de politiques d'ingénierie sociale défavorables et, à ce titre, méritent d'être corrigées.

4. Le logement : L'accès à la propriété assure la stabilité des petits entrepreneurs, qui sont plus susceptibles de posséder une maison dans les communautés défavorisées et mal desservies. Les minorités et les groupes vulnérables, quel que soit le lieu, sont plus susceptibles de vivre dans des logements non conformes aux normes, témoins de pratiques d'investissement discriminatoires historiques, comme l'ont montré les chapitres précédents. Un logement abordable destiné aux propriétaires de petites entreprises appartenant à des minorités et à leurs employés est une action de soutien communautaire sur tous les fronts - pour le propriétaire de l'entreprise, les employés et les diverses autres entreprises qu'ils fréquentent et soutiennent dans leurs communautés respectives. Les décideurs politiques et les responsables d'organisations devraient envisager d'utiliser les investissements et les développements délibérés en matière de logement abordable communautaire comme des voies clés pour soutenir les communautés qui ont longtemps subi des désinvestissements. Ces voies restent nécessaires parce qu'il y a encore des banques qui ne sont pas prêtes à accorder des prêts immobiliers aux minorités et aux groupes vulnérables. Les organisations devraient envisager d'utiliser leur levier financier dans ces situations pour accroître l'accession à la propriété dans les communautés défavorisées dans le cadre de leur responsabilité sociale globale, en particulier pour les petites entreprises de leur chaîne de valeur. Il s'agit d'une

utilisation utile des ressources avec un rendement disproportionné, et un investissement marginal dans des initiatives de logement abordable ne brisera pas une banque et ne mettra pas une multinationale en faillite.

5. Stabilisation socio-économique : Les petites entreprises des communautés défavorisées et marginalisées ne devraient pas être traitées principalement par des ONG fournissant des services de soutien social et des filets de sécurité. Les petites entreprises de ces communautés ont besoin de plus que de dons et de cadeaux bienveillants - elles ont besoin de contrats et d'autres opportunités de soutien économique (comme les investissements, l'accès au capital, etc.) pour prospérer en tant qu'entités commerciales légitimes au sein des économies traditionnelles. Lorsque les petites entreprises des communautés minoritaires et vulnérables sont autosuffisantes, elles peuvent embaucher davantage de personnes au sein de leur communauté et améliorer la vitalité socio-économique de l'ensemble de la communauté. Les décideurs politiques et les responsables d'organisations peuvent jouer un rôle essentiel dans la pérennisation de ces communautés en investissant et en fournissant un soutien technique et de renforcement des capacités aux petites entreprises des minorités et des groupes vulnérables (leurs propriétaires et leurs employés) par le biais d'un continuum d'initiatives d'investissement philanthropiques et sociales.

6. Stabilisation démographique : Les politiques de réingénierie sociale des communautés ont longtemps marginalisé des groupes de personnes et fait de leurs communautés la cible de désinvestissements, ce qui a conduit au délabrement. Ces politiques ont à leur tour fait des communautés des minorités et des groupes vulnérables un refuge pour toutes les mauvaises mesures de performance, les rendant vulnérables à l'émigration, à l'embourgeoisement et à d'autres maladies. Des investissements communautaires appropriés peuvent aider à guérir ces maladies lorsqu'elles se manifestent, au lieu de nier les causes sous-jacentes des régressions. Dans la mesure du possible, les organisations devraient utiliser leur pouvoir de persuasion pour promouvoir et parrainer les réseaux de soutien aux petites entreprises et les chambres de commerce ethniques en tant qu'actions socialement responsables. Dans les endroits où l'émigration a eu un impact significatif sur les communautés minoritaires traditionnelles, les organisations devraient également envisager d'inclure leur restauration dans le cadre de leurs efforts globaux de défense et de croissance des entreprises. La croissance économique commune dans l'économie de l'information et l'économie verte devrait aller de pair avec la restauration, lorsque cela est possible, d'une partie du caractère des communautés minoritaires qui ont souffert de pratiques injustes et inéquitables.

Cadre de soutien aux petites entreprises en 6 étapes d'Ajiake

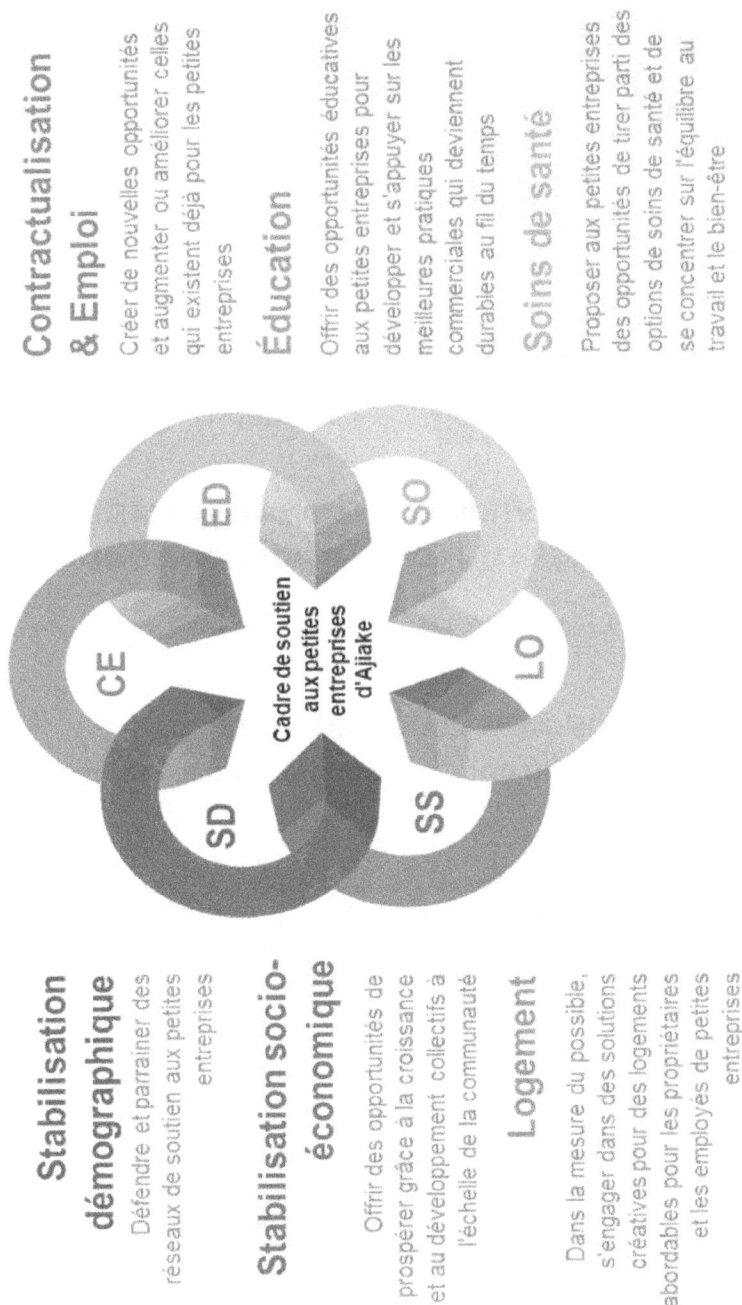

Contractualisation & Emploi

Créer de nouvelles opportunités et augmenter ou améliorer celles qui existent déjà pour les petites entreprises

Éducation

Offrir des opportunités éducatives aux petites entreprises pour développer et s'appuyer sur les meilleures pratiques commerciales qui deviennent durables au fil du temps

Soins de santé

Proposer aux petites entreprises des opportunités de tirer parti des options de soins de santé et de se concentrer sur l'équilibre au travail et le bien-être

Stabilisation démographique

Défendre et parrainer des réseaux de soutien aux petites entreprises

Stabilisation socio-économique

Offrir des opportunités de prospérer grâce à la croissance et au développement collectifs à l'échelle de la communauté

Logement

Dans la mesure du possible, s'engager dans des solutions créatives pour des logements abordables pour les propriétaires et les employés de petites entreprises

423

Les Sept Enjeux de la Participation Communautaire et du Développement

Création D'emplois et Développement des Competences

Développement et Accès aux Technologies

Création de Richesses et de Revenus

Éducation et Culture

03 · 04 · 05

Santé

02 · 06

Implication dans la Communauté

01

MODÉRÉ PAR
Diversité, Équité et Inclusion

07

Investissement Social

ENJEU DE LA PARTICIPATION COMMUNAUTAIRE 1 : LE DE&I COMME MODÉRATEUR DE L'IMPLICATION COMMUNAUTAIRE

Votre organisation inclut-elle le DE&I dans ses activités d'engagement communautaire ?

IMPLICATION DANS LA COMMUNAUTÉ
Appel à l'action pour la diversité fondée sur la connaissance

L'engagement communautaire d'une organisation peut être vital pour les communautés qui ont souffert de privations historiques de leurs droits. Par conséquent, tout engagement communautaire des organisations doit être stratégique et, le cas échéant, adapté pour s'attaquer aux normes de division, passées et présentes. En s'associant avec des organisations et des parties prenantes locales, une organisation peut assumer sa responsabilité sociale en tant que citoyen de la communauté ou citoyen du monde par les questions, les défis et les opportunités dans lesquels elle s'implique pour l'amélioration de la communauté et de notre humanité commune.

La génération actuelle de l'humanité ne peut aspirer à poursuivre un développement durable qui réponde aux besoins du présent en ignorant les besoins des groupes minoritaires et vulnérables. Comme le dit l'ONU :

> Le développement durable appelle des efforts concertés pour construire un avenir inclusif, durable et résilient pour les personnes et la planète.
>
> Pour parvenir au développement durable, il est essentiel d'harmoniser trois éléments fondamentaux : la croissance économique, l'inclusion sociale et la protection de l'environnement. Ces éléments sont interconnectés et tous sont cruciaux pour le bien-être des individus et des sociétés. L'éradication de la pauvreté sous toutes ses formes et dans toutes ses dimensions est une condition indispensable au développement durable. À cette fin, il faut promouvoir une

croissance économique durable, inclusive et équitable, créer de plus grandes opportunités pour tous, réduire les inégalités, élever les niveaux de vie de base, favoriser un développement et une inclusion sociale équitables, et promouvoir une gestion intégrée et durable des ressources naturelles et des écosystèmes (Nations unies, s.d.).

En cherchant à être un bon citoyen, une organisation devrait envisager de se familiariser avec les besoins et les priorités de la communauté ou de la société afin de les aligner stratégiquement ensemble. Elle devrait identifier les parties prenantes et faire participer la communauté par le biais d'individus, de groupes de discussion, d'enquêtes, d'institutions civiles et d'autres formes de réseaux, qui sont autant de rayons importants dans la roue du progrès, tout en reconnaissant ce qui suit :

ISO

Certaines communautés traditionnelles ou autochtones, des associations de quartier ou des réseaux Internet s'expriment sans constituer une « organisation » formelle. Une organisation doit être consciente qu'il existe de nombreux types de groupes, formels et informels, qui peuvent contribuer au développement. Une organisation doit respecter les droits culturels, sociaux et politiques de ces groupes. Il est important que les actions visant à impliquer la communauté respectent l'état de droit et les processus participatifs qui respectent les droits et tiennent compte des opinions des autres pour exprimer et défendre leurs propres intérêts.

ISO 26000:2010, page 63.

Puisque nos normes de division sont généralement les mêmes, mais qu'elles sont habillées différemment selon le contexte, une organisation peut commencer ses plans d'engagement communautaire axés sur la DE&I en se familiarisant avec certains de nos problèmes mondiaux communs, ainsi qu'avec les défis et les opportunités. Le tableau 11.1 présente une liste de ces enjeux, adaptée des Objectifs de développement durable des Nations Unies :

Figure 11.1 : Implication et développement de la communauté par l'adaptation des objectifs de développement durable

Objectifs de développement durable des Nations Unies	Quelques statistiques clés de l'ONU sur les besoins et les opportunités d'implication et de développement des organisations
ODD-1: Pas de pauvreté	• Les retombées de la pandémie mondiale pourraient accroître la pauvreté dans le monde de près d'un demi-milliard de personnes, soit 8 % de la population humaine totale. Ce serait la première fois que la pauvreté augmente dans le monde depuis 1990. • Plus de 700 millions de personnes, soit 10 % de la population mondiale, vivent encore aujourd'hui dans l'extrême pauvreté, luttant pour satisfaire les besoins les plus élémentaires comme la santé, l'éducation, l'accès à l'eau et aux installations sanitaires, pour n'en citer que quelques-uns. • La majorité des personnes vivant avec moins de 1,90 dollar par jour vivent en Afrique subsaharienne. À l'échelle mondiale, le taux de pauvreté dans les zones rurales est de 17,2 %, soit plus de trois fois supérieur à celui des zones urbaines (ONU 2021).
ODD-2: Zéro Faim	• Selon les estimations actuelles, près de 690 millions de personnes souffrent de la faim, soit 8,9 % de la population mondiale, ce qui représente une augmentation de 10 millions de personnes en un an et de près de 60 millions en cinq ans. • Le monde n'est pas sur la bonne voie pour atteindre la faim zéro d'ici 2030. Si les tendances récentes se poursuivent, le nombre de personnes touchées par la faim dépassera les 840 millions d'ici à 2030. (ONU 2020g).
ODD-3: Bonne santé et bien-être	• En 2018, on estime que 6,2 millions d'enfants et d'adolescents de moins de 15 ans sont morts, principalement de causes évitables. Parmi ces décès, 5,3 millions sont survenus au cours des 5 premières années, dont près de la moitié au cours du premier mois de vie. • Chaque jour en 2017, environ 810 femmes sont mortes de causes évitables liées à la grossesse et à l'accouchement. • 38 millions de personnes dans le monde vivaient avec le VIH en 2019. Dans le monde, les adolescentes et les jeunes femmes sont confrontées aux inégalités, à l'exclusion, à la discrimination et à la violence fondées sur le genre, ce qui les expose à un risque accru de contracter le VIH (ONU 2020k).
ODD-4: Éducation de qualité	• Avant la crise du coronavirus, les projections montraient que plus de 200 millions d'enfants ne seraient pas scolarisés et que seuls 60 % des jeunes termineraient le deuxième cycle de l'enseignement secondaire en 2030. • Avant la crise du coronavirus, la proportion d'enfants et de jeunes non scolarisés dans le primaire et le secondaire était passée de 26 % en 2000 à 19 % en 2010 et 17 % en 2018. • Quelque 750 millions d'adultes - dont deux tiers de femmes - étaient toujours analphabètes en 2016. La moitié

	de la population analphabète mondiale vit en Asie du Sud, et un quart en Afrique subsaharienne (ONU 2020).
ODD-5: Égalité des sexes	• Dans le monde, 750 millions de femmes et de filles ont été mariées avant l'âge de 18 ans et au moins 200 millions de femmes et de filles dans 30 pays ont subi des mutilations génitales féminines. • Les taux de filles âgées de 15 à 19 ans qui subissent des MGF (mutilations génitales féminines) dans les 30 pays où cette pratique est concentrée ont chuté de 1 fille sur 2 en 2000 à 1 fille sur 3 en 2017. • Une femme et une fille sur cinq, dont 19 % des femmes et des filles âgées de 15 à 49 ans, ont subi des violences physiques et/ou sexuelles de la part d'un partenaire intime au cours des 12 derniers mois. Pourtant, 49 pays n'ont pas de lois qui protègent spécifiquement les femmes contre cette violence (ONU 2020f).
ODD-6: Eau potable et assainissement	• 3 personnes sur 10 n'ont pas accès à des services d'eau potable gérés en toute sécurité et 6 personnes sur 10 n'ont pas accès à des installations sanitaires gérées en toute sécurité. Chaque jour, près de 1 000 enfants meurent de maladies diarrhéiques évitables liées à l'eau et à l'assainissement. • La pénurie d'eau touche plus de 40 % de la population mondiale et devrait s'aggraver. Plus de 1,7 milliard de personnes vivent actuellement dans des bassins fluviaux où la consommation d'eau dépasse la recharge. • 2,4 milliards de personnes n'ont pas accès à des services d'assainissement de base, tels que des toilettes ou des latrines. Au moins 892 millions de personnes continuent de pratiquer la défécation en plein air (ONU 2020i).
ODD-7: Une énergie propre et abordable	• 3 milliards de personnes dépendent du bois, du charbon, du charbon de bois ou des déchets animaux pour cuisiner et se chauffer. • L'énergie est le principal facteur contribuant au changement climatique, puisqu'elle représente environ 60 % du total des émissions mondiales de gaz à effet de serre. • La pollution de l'air intérieur due à l'utilisation de combustibles pour l'énergie domestique a causé 4,3 millions de décès en 2012, dont 6 sur 10 chez les femmes et les filles (ONU, n.d.).
ODD-8: Travail décent et croissance économique	• À l'échelle mondiale, 61 % de tous les travailleurs occupaient un emploi informel en 2016. Si l'on exclut le secteur agricole, 51 pour cent de tous les travailleurs appartenaient à cette catégorie d'emploi. • Les hommes gagnent 12,5 pour cent de plus que les femmes dans 40 des 45 pays disposant de données. • L'écart de rémunération entre les sexes s'élève à 23 pour cent à l'échelle mondiale ; sans action décisive, il faudra encore 68 ans pour parvenir à l'égalité salariale. Le taux de participation des femmes à la population active est de 63 pour cent alors que celui des hommes est de 94 pour cent (Martin & Dpi 2020).

ODD-9: Industries, innovation et infrastructures	• En 2018, 96 pour cent de la population mondiale vivait à portée d'un signal mobile-cellulaire, et 90 pour cent des personnes pouvaient accéder à Internet grâce à un réseau de troisième génération (3G) ou de qualité supérieure. 16 % de la population mondiale n'a pas accès aux réseaux mobiles à large bande. • Les pays les moins avancés ont un immense potentiel d'industrialisation dans les secteurs de l'alimentation et des boissons (agro-industrie), du textile et de l'habillement, avec de bonnes perspectives de création d'emplois durables et d'augmentation de la productivité. • Les pays en développement ont continué de devancer les économies développées en matière d'investissements dans les énergies renouvelables. En 2019, ils ont engagé 152,2 milliards de dollars, contre 130 milliards de dollars pour les pays développés (Martin & Dpi 2020).
SDG-10, Réduction des inégalités	• La protection sociale a été considérablement étendue au niveau mondial, mais les personnes handicapées sont jusqu'à cinq fois plus susceptibles que la moyenne d'encourir des dépenses de santé catastrophiques. • Jusqu'à 30 % des inégalités de revenus sont dues aux inégalités au sein des ménages, notamment entre les femmes et les hommes. Les femmes sont également plus susceptibles que les hommes de vivre en dessous de 50 pour cent du revenu médian. • Seuls 28 % des personnes souffrant d'un handicap important ont accès aux prestations d'invalidité dans le monde, et seulement 1 % dans les pays à faible revenu (ONU 2020h).
ODD-11, Villes et communautés durables	• La moitié de l'humanité - 3,5 milliards de personnes - vit aujourd'hui dans des villes et 5 milliards de personnes devraient y vivre d'ici 2030. • Les villes du monde n'occupent que 3 % des terres émergées de la planète, mais elles représentent 60 à 80 % de la consommation d'énergie et 75 % des émissions de carbone. • D'ici 2050, on prévoit que 70 % de la population mondiale vivra dans des établissements urbains (ONU 2020c).
ODD-12, Consommation et production responsables	• Chaque année, on estime qu'un tiers de l'ensemble des denrées alimentaires produites - soit l'équivalent de 1,3 milliard de tonnes, d'une valeur d'environ 1 000 milliards de dollars - finit par pourrir dans les poubelles des consommateurs et des détaillants, ou par se gâter en raison de mauvaises pratiques de transport et de récolte. • Si la population mondiale adoptait des ampoules à faible consommation d'énergie, le monde économiserait 120 milliards de dollars par an. • Si la population mondiale atteint 9,6 milliards d'habitants d'ici 2050, l'équivalent de près de trois planètes pourrait être nécessaire pour fournir les ressources naturelles indispensables au maintien des modes de vie actuels (ONU 2020e).

ODD-13, Action en faveur du climat	• De 1880 à 2012, la température moyenne de la planète a augmenté de 0,85°C. Pour mettre cela en perspective, pour chaque degré d'augmentation de la température, le rendement des céréales diminue d'environ 5 %. Le maïs, le blé et d'autres cultures majeures ont connu des réductions de rendement significatives au niveau mondial de 40 mégatonnes par an entre 1981 et 2002 en raison d'un climat plus chaud. • Les océans se sont réchauffés, les quantités de neige et de glace ont diminué et le niveau de la mer a augmenté. De 1901 à 2010, le niveau moyen mondial de la mer a augmenté de 19 cm, car les océans se sont élargis en raison du réchauffement et la glace a fondu. L'étendue de la glace de mer de l'Arctique a diminué au cours de chaque décennie successive depuis 1979, avec une perte de 1,07 million de km² de glace par décennie. • Compte tenu des concentrations actuelles et des émissions en cours de gaz à effet de serre, il est probable que, d'ici la fin du siècle, l'augmentation de la température mondiale dépassera 1,5 °C par rapport à la période 1850-1900 dans tous les scénarios sauf un. Les océans de la planète vont se réchauffer et la fonte des glaces va se poursuivre. L'élévation moyenne du niveau de la mer devrait être de 24 à 30 cm d'ici à 2065 et de 40 à 63 cm d'ici à 2100. La plupart des aspects du changement climatique persisteront pendant de nombreux siècles, même si les émissions sont arrêtées (ONU 2020b).
ODD-14, La vie sous l'eau	• Les océans couvrent les trois quarts de la surface de la Terre, contiennent 97 % de l'eau de la planète et représentent 99 % de l'espace vital de la planète en volume. Plus de trois milliards de personnes dépendent de la biodiversité marine et côtière pour leur subsistance. • Dans le monde, un million de bouteilles en plastique sont achetées chaque minute, tandis que jusqu'à 5 000 milliards de sacs en plastique à usage unique sont utilisés chaque année dans le monde. • Les transports durables et résilients au changement climatique, y compris les transports maritimes, sont essentiels au développement durable. Environ 80 % du volume du commerce international de marchandises est transporté par voie maritime, et ce pourcentage est encore plus élevé pour la plupart des pays en développement (ONU 2022).
ODD-15, Vie sur terre	• L'activité humaine a modifié près de 75 % de la surface de la terre, réduisant la faune et la flore dans un coin de plus en plus petit de la planète et augmentant les risques de zoonoses comme le COVID-19. • Environ 1,6 milliard de personnes, dont 70 millions d'autochtones, dépendent des forêts pour leur subsistance. • Le braconnage et le trafic illicites d'espèces sauvages continuent de contrecarrer les efforts de conservation, avec près de 7 000 espèces d'animaux et de plantes signalées dans le commerce illégal impliquant 120 pays (ONU 2020).

ODD-16, Paix, justice et institutions fortes	• Les conflits, l'insécurité, la faiblesse des institutions et l'accès limité à la justice restent une grande menace pour le développement durable. • En 2019, l'ONU a recensé 357 meurtres et 30 disparitions forcées de défenseurs des droits de l'homme, de journalistes et de syndicalistes dans 47 pays. • Et les naissances d'environ un enfant de moins de 5 ans sur quatre dans le monde ne sont jamais officiellement enregistrées, ce qui les prive d'une preuve d'identité légale cruciale pour la protection de leurs droits et l'accès à la justice et aux services sociaux (ONU 2020d).
ODD-17, Partenariat pour les objectifs	• 79 % des importations en provenance des pays en développement entrent dans les pays développés en franchise de droits. • Près de la moitié de la population mondiale n'est pas connectée à l'internet, notamment dans les pays pauvres (ONU 2021).

IMPLICATION DANS LA COMMUNAUTÉ
Opportunité/réconciliation/disruption de l'équité motivée par la créativité

L'implication d'une organisation peut grandement contribuer à améliorer la vitalité économique, sociale et environnementale d'une communauté. Tout engagement en faveur du développement communautaire doit inclure les caractéristiques culturelles et historiques propres à la communauté, ainsi que l'intégration de ses intérêts sociopolitiques, économiques et culturels divergents ou conflictuels. Des objectifs communs sont atteints lorsque les considérations d'équité dirigent le dialogue dans trois domaines : l'opportunité d'équité, la réconciliation et la perturbation. Ensemble, ils fournissent un guide structurel qui peut aider les organisations à rendre effectifs leurs engagements en matière de responsabilité sociale. En utilisant la lentille d'équité en 3 étapes présentée ici, une organisation devrait prendre en compte les lignes directrices suivantes fournies par l'ISO 26000 pour encadrer ses pratiques d'implication dans la communauté, modérées par DE&I.

POSSIBILITÉ D'ÉQUITÉ DANS L'ENGAGEMENT COMMUNAUTAIRE

ISO
Une organisation devrait :
☐ *consulter les groupes communautaires représentatifs pour déterminer les priorités en matière d'investissement social et d'activités de développement communautaire. Une attention particulière doit être accordée aux groupes vulnérables, discriminés, marginalisés, non représentés et sous-représentés, afin de les impliquer d'une manière qui contribue à élargir leurs options et à respecter leurs droits ; [et]*
☐ *consulter et accommoder les communautés, y compris les populations autochtones, sur les termes et conditions du développement qui les affectent. La*

CONCILIATION DE L'ÉQUITÉ DANS L'IMPLICATION DES COMMUNAUTÉS

ISO   *Une organisation devrait*

☐ *participer aux associations locales dans la mesure où cela est possible et approprié, dans le but de contribuer au bien public et aux objectifs de développement des communautés ;*

☐ *entretenir des relations transparentes avec les fonctionnaires et les représentants politiques locaux, sans corruption ni influence inappropriée ; [et]*

☐ *contribuer à la formulation des politiques et à l'établissement, la mise en œuvre, le suivi et l'évaluation des programmes de développement. Ce faisant, un organisme devrait respecter le droit des autres à exprimer et à défendre leurs propres intérêts et tenir compte de leurs opinions.*

ISO 26000:2010, page 64.

RUPTURE D'ÉQUITÉ DANS L'IMPLICATION DE LA COMMUNAUTÉ

ISO   *Une organisation devrait*

☐ *entretenir des relations transparentes avec les fonctionnaires et les représentants politiques locaux, sans corruption ni influence indue ; [et]*

☐ *encourager et soutenir les personnes à se porter volontaires pour le service communautaire ; [et].*

ISO 26000:2010, page 64.

IMPLICATION DANS LA COMMUNAUTÉ
Mesures à prendre pour une inclusion centrée sur la gouvernance

Une organisation socialement responsable doit déployer des efforts de sensibilisation proactifs pour impliquer la communauté dans le développement de partenariats avec les parties prenantes et les organisations locales. C'est un moyen plus efficace non seulement de résoudre les problèmes, mais aussi de les prévenir avant qu'ils ne se produisent. L'implication de la communauté peut être un bon point d'entrée pour la politique et les initiatives DE&I de l'organisation, car elle permet d'identifier les besoins et les priorités de la communauté afin d'aligner ses propres efforts de responsabilité sociale sur les priorités de la communauté. L'implication de la communauté permet également à une organisation d'identifier et de travailler avec divers réseaux communautaires, tant formels qu'informels, afin de développer des programmes efficaces qui répondent aux besoins des deux parties dans les systèmes de produits et de cycle de vie complet de l'organisation. Elle donne également aux groupes vulnérables l'occasion de présenter et de défendre leurs intérêts dans un forum plus proactif, pour autant que l'organisation soit sincère dans ses efforts et respectueuse des droits de tous les participants.

L'inclusion centrée sur la gouvernance : étapes concrètes de l'implication communautaire

1. En examinant les politiques et procédures de votre organisation en matière de participation communautaire, comment s'alignent-elles sur votre politique de DE&I, vos engagements et les proclamations de votre entreprise en la matière ?

2. S'il y a des lacunes, quelles sont les étapes et les échéances que vous avez identifiées pour les réduire ou les éliminer en vous basant sur le modèle de l'optique d'équité en 3 étapes ?

3. Toutes les parties prenantes pertinentes ont-elles été identifiées et engagées dans la révision, la modification ou le développement de vos politiques et procédures autour de vos pratiques d'implication communautaire modérées par DE&I ?

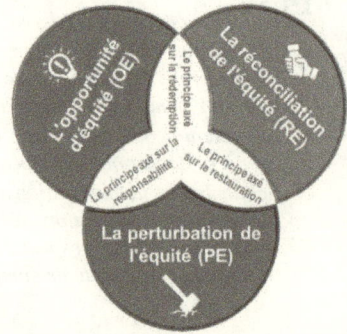

L'opportunité d'équité (OE) — Le principe axé sur la rédemption

La réconciliation de l'équité (RE) — Le principe axé sur la restauration

Le principe axé sur la responsabilité

La perturbation de l'équité (PE)

ENJEU DE LA PARTICIPATION COMMUNAUTAIRE 2 : LE DE&I COMME MODÉRATEUR POUR L'ÉDUCATION ET LA CULTURE

En abordant l'éducation et la culture, votre organisation tient-elle compte des questions de DE&I ?

ÉDUCATION ET CULTURE
Appel à l'action pour la diversité fondée sur la connaissance

Le racisme systémique et structurel et les inégalités entre les sexes étaient fermement ancrés avant que nous ne commencions à poursuivre des discours de responsabilité sociale et des objectifs de développement durable pour sauver notre planète du changement climatique. Les désinvestissements historiques dans les communautés de couleur ont des répercussions sociales et économiques sur ces communautés, en influençant de manière négative leur niveau d'éducation et leur maintien socioculturel. Les organisations qui cherchent à s'impliquer dans la résolution des problèmes communautaires devraient tenir compte des fondements éducatifs et culturels qui les ont façonnés ; comme le stipule la norme ISO 26000, « [l]a préservation et la promotion de la culture et la promotion d'une éducation compatible avec le respect des droits de l'homme ont des effets positifs sur la cohésion sociale et le développement ».

ÉDUCATION ET CULTURE
Opportunité/réconciliation/disruption de l'équité motivée par la créativité

Certaines inégalités fondamentales sont intégrées dans l'éducation publique aux États-Unis, notamment le lien entre les ressources éducatives et les taxes foncières locales. Fondamentalement, la plupart des fonds sont collectés et dépensés localement. Les écoles des districts les plus riches auront toujours plus de ressources dans le cadre de ce modèle, et les États font peu d'efforts pour promouvoir l'équité dans le système. COVID-19 a également laissé des traces sur la fréquentation scolaire des enfants dans le monde. Selon l'ONU, en 2020, près de 1,6 milliard d'enfants et de jeunes ont cessé d'aller à l'école ; l'une des conséquences de cette situation est que près de 369 millions d'enfants qui dépendaient de la nourriture subventionnée à l'école ont été contraints de trouver d'autres sources (ONU 2021).

Une organisation devrait considérer les différentes inégalités systémiques dont nous parlons ici ainsi que les objectifs des ODD de l'ONU comme un modèle pour développer des solutions créatives qui ont marginalisé des groupes de personnes, les empêchant de profiter des avantages d'une économie du savoir. En utilisant l'optique de l'équité en 3 étapes, une organisation devrait prendre en compte les lignes directrices suivantes fournies par l'ISO 26000 pour encadrer les pratiques d'éducation et de culture qui sont modérées par la DE&I.

OPPORTUNITÉ D'ÉQUITÉ DANS L'ÉDUCATION ET LA CULTURE

ISO *Une organisation devrait :*

- *promouvoir et soutenir l'éducation à tous les niveaux, et s'engager dans des actions visant à améliorer la qualité et l'accès à l'éducation, à promouvoir les connaissances locales et à contribuer à l'éradication de l'analphabétisme ;*
- *en particulier, promouvoir les possibilités d'apprentissage pour les groupes vulnérables ou discriminés ;*
- *encourager la scolarisation des enfants dans l'enseignement formel et contribuer à l'élimination des obstacles à l'obtention d'une éducation par les enfants (tels que le travail des enfants) ; et*
- *envisager de faciliter l'éducation et la sensibilisation aux droits de l'homme [...].*

ISO 26000:2010, pages 64-65.

CONCILIATION DE L'ÉQUITÉ DANS L'ÉDUCATION ET LA CULTURE

ISO *Une organisation devrait :*

- *promouvoir des activités culturelles lorsque cela est approprié, reconnaître et valoriser les cultures et les traditions culturelles locales, conformément au principe du respect des droits de l'homme. Les actions visant à soutenir les activités culturelles qui renforcent l'autonomie des groupes historiquement défavorisés sont particulièrement importantes comme moyen de lutte contre la discrimination ;*

☐ *contribuer à la conservation et à la protection du patrimoine culturel, notamment lorsque les activités de l'organisation ont un impact sur celui-ci ; et*

☐ *le cas échéant, promouvoir l'utilisation des connaissances et des technologies traditionnelles des communautés autochtones.*

ISO 26000:2010, pages 64-65.

RUPTURE D'ÉQUITÉ DANS L'ÉDUCATION ET LA CULTURE

ISO

Une organisation devrait :

☐ *contribuer à la conservation et à la protection du patrimoine culturel, en particulier lorsque les activités de l'organisme ont un impact sur celui-ci ; et*

☐ *le cas échéant, promouvoir l'utilisation des connaissances et des technologies traditionnelles des communautés autochtones.*

ISO 26000:2010, page 64-65.

ÉDUCATION ET CULTURE
Mesures à prendre pour une inclusion centrée sur la gouvernance

La cohésion sociale et le développement sont encadrés par le respect des droits de l'homme et la préservation et la promotion d'une éducation et d'une culture pertinentes. Ils jouent un rôle central dans l'identité, la préservation, l'inclusion et la durabilité d'une communauté. En utilisant l'optique de l'opportunité d'équité, de la réconciliation et de la perturbation, une organisation peut contribuer à façonner ou à remodeler le paysage du développement social et économique, en favorisant les opportunités d'apprentissage pour les groupes vulnérables ou historiquement exclus. Il peut s'agir de parrainer certains d'entre eux pour qu'ils retournent à l'école afin d'acquérir des connaissances précieuses que l'organisation juge nécessaires à la mobilité ascendante dans ses rangs, notamment aux postes de direction.

Étapes concrètes de l'inclusion axée sur la gouvernance : éducation et culture
1. En examinant les politiques et les procédures de votre organisation en matière de concurrence loyale, comment s'alignent-elles sur votre politique de DE&I, vos engagements et les proclamations de votre entreprise en la matière ?

2. S'il y a des lacunes, quelles sont les étapes et les échéances que vous avez identifiées pour les réduire ou les éliminer en vous basant sur le modèle de l'optique d'équité en 3 étapes ? 3. Toutes les parties prenantes pertinentes ont-elles été identifiées et engagées dans la révision, la modification ou le développement de vos politiques et procédures concernant vos pratiques d'engagement politique responsable modéré par DE&I ?	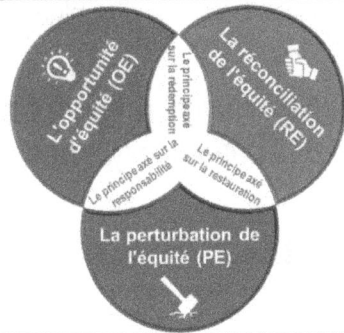

ENJEU DE LA PARTICIPATION COMMUNAUTAIRE 3 : LA DE&I COMME MODÉRATEUR DE LA CRÉATION D'EMPLOIS ET DU DÉVELOPPEMENT DES COMPÉTENCES

Dans ses pratiques de création d'emplois et de développement des compétences, votre organisation tient-elle compte des préoccupations liées à la DE&I ?

CRÉATION D'EMPLOIS ET DÉVELOPPEMENT DES COMPÉTENCES Diversité fondée sur la connaissance – appel à l'action

La pauvreté est l'un des héritages les plus durables de la marginalisation systématique des groupes minoritaires et vulnérables. Pour l'atténuer, il faut d'abord créer des emplois et des emplois rémunérés durables. L'emploi, comme le précise l'ISO 26000, est un objectif internationalement reconnu du développement économique et social qui contribue à la réduction de la pauvreté et constitue une composante essentielle du développement des compétences. Travailler avec les communautés pour améliorer les compétences de ses membres est vital pour le développement économique et social. En 2018, l'ONU a déclaré que 8 % des travailleurs salariés et de leurs familles vivaient encore dans l'extrême pauvreté, et pour les enfants, ce chiffre était d'un sur cinq. Le développement des compétences en matière d'emploi, associé à une protection sociale pour tous les enfants, pourrait faire une différence significative dans la réduction de la pauvreté, a attesté l'ONU.

CRÉATION D'EMPLOIS ET DÉVELOPPEMENT DES COMPÉTENCES Opportunité/réconciliation/perturbation de l'équité fondée sur la créativité

En utilisant le prisme de l'équité en 3 étapes, une organisation devrait prendre en compte les lignes directrices suivantes fournies par l'ISO 26000 pour encadrer ses pratiques de création d'emplois et de développement des compétences, modérées par le DE&I bien sûr.

OPPORTUNITÉ D'ÉQUITÉ DANS LA CRÉATION D'EMPLOIS ET LE DÉVELOPPEMENT DES COMPÉTENCES

ISO

Une organisation devrait :

☐ *envisager de participer à des programmes locaux et nationaux de développement des compétences, y compris des programmes d'apprentissage, des programmes axés sur des groupes défavorisés particuliers, des programmes d'apprentissage tout au long de la vie et des systèmes de reconnaissance et de certification des compétences ;*

☐ *envisager d'aider à développer ou à améliorer les programmes de développement des compétences dans la communauté lorsqu'ils sont inadéquats, éventuellement en partenariat avec d'autres membres de la communauté ; et*

☐ *envisager de contribuer à promouvoir les conditions cadres nécessaires à la création d'emplois.*

ISO 26000:2010, page 65.

CONCILIATION DE L'ÉQUITÉ DANS LA CRÉATION D'EMPLOIS ET LE DÉVELOPPEMENT DES COMPÉTENCES

ISO

Une organisation devrait :

☐ *prendre en compte l'impact du choix technologique sur l'emploi et, lorsque cela est économiquement viable à long terme, sélectionner des technologies qui maximisent les opportunités d'emploi ;*

☐ *prendre en compte l'impact des décisions d'externalisation sur la création d'emplois, tant au sein de l'organisation qui prend la décision qu'au sein des organisations externes affectées par ces décisions ; [et]*

☐ *considérer l'avantage de créer des emplois directs plutôt que de recourir à des arrangements de travail temporaire [...].*

ISO 26000:2010, page 65.

RUPTURE D'ÉQUITÉ DANS LA CRÉATION D'EMPLOIS ET LE DÉVELOPPEMENT DES COMPÉTENCES

ISO

Une organisation devrait :

☐ *analyser l'impact de ses décisions d'investissement sur la création d'emplois et, lorsque cela est économiquement viable, faire des investissements directs qui réduisent la pauvreté par la création d'emplois ;*

CRÉATION D'EMPLOIS ET DÉVELOPPEMENT DES COMPÉTENCES

Mesures à prendre en matière d'inclusion axées sur la gouvernance

Les organisations, grandes et petites, devraient chercher à inclure les voix et la participation des groupes vulnérables et discriminés et prendre en compte les questions abordées dans les droits de l'homme et les pratiques de travail. Le développement des compétences aide les individus et les groupes vulnérables et discriminés à obtenir des emplois bien rémunérés et stimule leur développement économique et social, individuellement et en tant que communauté.

Étapes concrètes de l'inclusion axée sur la gouvernance : création d'emplois et développement des compétences

1. En examinant les politiques et procédures de votre organisation en matière d'emploi et de relations professionnelles, comment s'alignent-elles sur votre politique de DE&I, vos engagements et les proclamations de l'entreprise en la matière ?
2. S'il y a des lacunes, quelles sont les étapes et les échéances que vous avez identifiées pour les réduire ou les éliminer en vous basant sur le modèle de l'optique d'équité en 3 étapes ?
3. Toutes les parties prenantes pertinentes ont-elles été identifiées et engagées dans la révision, la modification ou le développement de vos politiques et procédures relatives à vos pratiques d'emploi modéré et de relations d'emploi DE&I ?

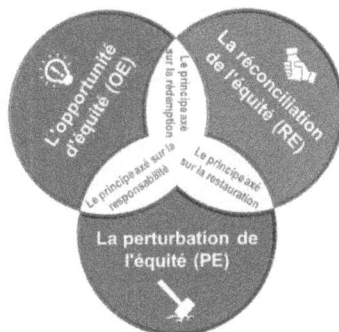

ENJEU DE LA PARTICIPATION COMMUNAUTAIRE 4 : LA DE&I COMME MODÉRATEUR DU DÉVELOPPEMENT ET DE L'ACCÈS À LA TECHNOLOGIE

Votre organisation recherche-t-elle la DE&I dans son développement et son déploiement technologiques ?

DÉVELOPPEMENT ET ACCÈS AUX TECHNOLOGIES
Appel à l'action pour la diversité fondée sur la connaissance

Le développement et l'accès aux technologies sont des outils puissants pour réduire les normes de division qui ont rendu les riches plus riches et les pauvres plus pauvres. La question est de savoir si les organisations ont la volonté de s'impliquer et d'utiliser ces outils et leurs innovations pour combler ce fossé social et économique. Les communautés et leurs membres ont besoin d'aide en matière de développement économique et social, ce que les organisations peuvent généralement faciliter mieux que les organismes gouvernementaux. Pourtant, comme les entreprises technologiques rédigent leurs propres règles d'engagement, la surveillance gouvernementale est essentielle pour que des pratiques équitables et justes prévalent.

ISO Pour contribuer au développement économique et social, les communautés et leurs membres ont besoin, entre autres, d'un accès complet et sûr aux technologies modernes. Les organisations peuvent contribuer au développement des communautés dans lesquelles elles opèrent en appliquant des connaissances, des compétences et des technologies spécialisées de manière à promouvoir le développement des ressources humaines et la diffusion des technologies. Les technologies de l'information et de la communication caractérisent une grande partie de la vie contemporaine et constituent une base précieuse pour de nombreuses activités économiques. L'accès à l'information est essentiel pour surmonter les disparités qui existent entre les pays, les régions, les générations, les sexes, etc. Un organisme peut contribuer à améliorer l'accès à ces technologies par la formation, les partenariats et d'autres actions.

ISO 26000:2010, page 65.

Une bonne infrastructure de gestion des données devrait être considérée comme l'une des meilleures armes pour égaliser les chances sur le plan économique, un grand égalisateur au même titre que l'éducation en général. Les organisations peuvent promouvoir la diffusion des technologies et le développement des ressources humaines en utilisant des connaissances, des compétences et des technologies spécialisées pour impliquer les communautés marginalisées. Améliorer l'accès à la technologie et à l'information et proposer des formations, des partenariats et d'autres actions pour favoriser l'inclusion numérique est une étape essentielle pour lutter contre les inégalités sociales et économiques.

DÉVELOPPEMENT ET ACCÈS AUX TECHNOLOGIES
Opportunité/réconciliation/disruption de l'équité motivée par la créativité

Grâce aux outils d'analyse de données et d'intelligence artificielle, une organisation peut contribuer à faire avancer les choses dans les communautés défavorisées en favorisant le développement des ressources humaines et la diffusion des technologies. Elle le fait de multiples façons : premièrement, en mettant en œuvre des formations, des partenariats et d'autres solutions créatives en accord avec les besoins individuels et communautaires. Deuxièmement, la technologie elle-même peut être utilisée pour documenter plus précisément les schémas de discrimination et d'inégalité qui peuvent être difficiles à repérer autrement. En utilisant le prisme de l'équité en 3 étapes, une organisation devrait prendre en compte les lignes directrices suivantes fournies par l'ISO 26000 pour encadrer ses pratiques de développement et d'accès aux technologies modérées par le DE&I.

OPPORTUNITÉ D'ÉQUITÉ DANS LE DÉVELOPPEMENT ET L'ACCÈS AUX TECHNOLOGIES

ISO

Une organisation devrait :

☐ *envisager de contribuer au développement de technologies innovantes qui peuvent aider à résoudre des problèmes sociaux et environnementaux dans les communautés locales ; [et]*

☐ *envisager, lorsque cela est économiquement faisable, de développer les connaissances et technologies locales et traditionnelles potentielles tout en protégeant le droit de la communauté à ces connaissances et technologies ; [et].*

ISO 26000:2010, page 66.

CONCILIATION DE L'ÉQUITÉ DANS LE DÉVELOPPEMENT ET L'ACCÈS AUX TECHNOLOGIES

ISO

Une organisation devrait :

☐ *envisager de contribuer au développement de technologies à faible coût, facilement reproductibles et ayant un fort impact positif sur la pauvreté et l'éradication de la faim ;*

☐ *envisager de s'engager dans des partenariats avec des organisations, telles que des universités ou des laboratoires de recherche, pour renforcer le développement scientifique et technologique avec des partenaires de la communauté, et employer des personnes locales dans ce travail [...].*

ISO 26000:2010, page 66.

RUPTURE D'ÉQUITÉ DANS LE DÉVELOPPEMENT ET L'ACCÈS AUX TECHNOLOGIES

ISO

Une organisation devrait :

☐ *adopter des pratiques qui permettent le transfert et la diffusion des technologies, lorsque cela est économiquement faisable. Le cas échéant, un*

DÉVELOPPEMENT ET ACCÈS AUX TECHNOLOGIES
Mesures à prendre pour une inclusion centrée sur la gouvernance

Le développement et l'accès aux technologies sont des éléments clés qui changent la donne en cette ère de l'information. Ils offrent également les meilleures possibilités connues de l'humanité pour lutter contre les normes de division toujours plus nombreuses qui ont exacerbé les inégalités dans tous les domaines mesurables. Le secrétaire général des Nations unies, M. Guterres, a lancé un avertissement : « *La fracture numérique renforce les fractures sociales et économiques, de l'alphabétisation aux soins de santé, des zones urbaines aux zones rurales, de la maternelle au collège. En 2019, quelque 87 % des habitants des pays développés ont utilisé l'internet, contre seulement 19 % dans les pays les moins avancés. Nous risquons d'avoir un monde à deux vitesses.* "

Figure 11.2 : Utilisation d'Internet (pays développés vs pays les moins développés)

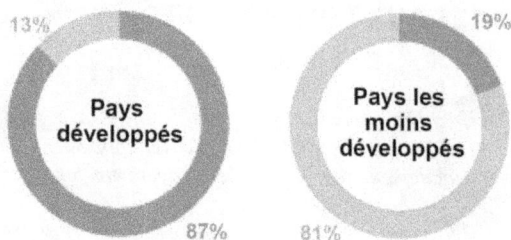

Utilisation d'Internet

En 2019, quelque 87% des habitants des pays développés utilisaient Internet, contre seulement 19% dans les pays les moins avancés

Avoir utilisé internet
Have not used internet

Pays développés — 13% / 87%
Pays les moins développés — 19% / 81%

Source : Adapté et traduit dans Humankind Shared Planet Divided by Norms à partir de la source originale : Guterres, 2017.

Les organisations doivent évaluer leur position actuelle et souhaitée dans le paysage du développement et de l'accès aux technologies et, si possible, faire partie de la solution pour réduire les écarts actuels dans l'utilisation de l'internet dans le cadre d'une stratégie globale.

<table>
<tr><td colspan="2">

Étapes concrètes de l'inclusion axée sur la gouvernance : développement et accès aux technologies

</td></tr>
<tr><td>1.</td><td>En examinant les politiques et procédures de votre organisation en matière de développement et d'accès à la technologie, comment s'alignent-elles sur votre politique de DE&I, vos engagements et les proclamations de votre entreprise en la matière ?</td></tr>
</table>

2.	S'il y a des lacunes, quelles sont les étapes et les échéances que vous avez identifiées pour les réduire ou les éliminer en vous basant sur le modèle de l'optique d'équité en 3 étapes ?	
3.	Toutes les parties prenantes ont-elles été identifiées et engagées dans la révision, la modification ou le développement de vos politiques et procédures concernant vos pratiques de développement et d'accès aux technologies modérées par le DE&I ?	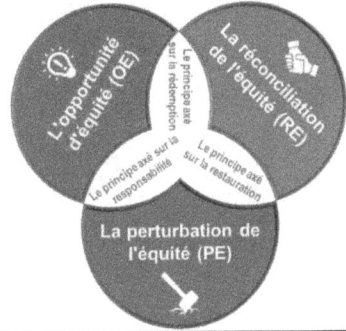

En abordant la question de la mobilisation de son époque, le Dr King a lancé l'appel suivant pour que tous participent aux activités de défense des droits civiques : *« Si vous ne pouvez pas voler, courez, si vous ne pouvez pas courir, marchez, si vous ne pouvez pas marcher, rampez, mais quoi que vous fassiez, vous devez continuer à avancer ».*

Aujourd'hui, ce cri d'alarme s'applique lorsqu'il s'agit du « danger d'un monde à deux vitesses » et les organisations et les individus peuvent jouer un rôle de plusieurs façons dans le domaine du développement et de l'accès aux technologies. Que ce soit en tant que défenseur, investisseur, fournisseur ou partisan, une vue synthétique de ce qui se passe dans un système de données national intégré offre plusieurs possibilités de s'engager et de faire quelque chose :

Figure 11.3 : Vue d'ensemble d'un système national de données intégré

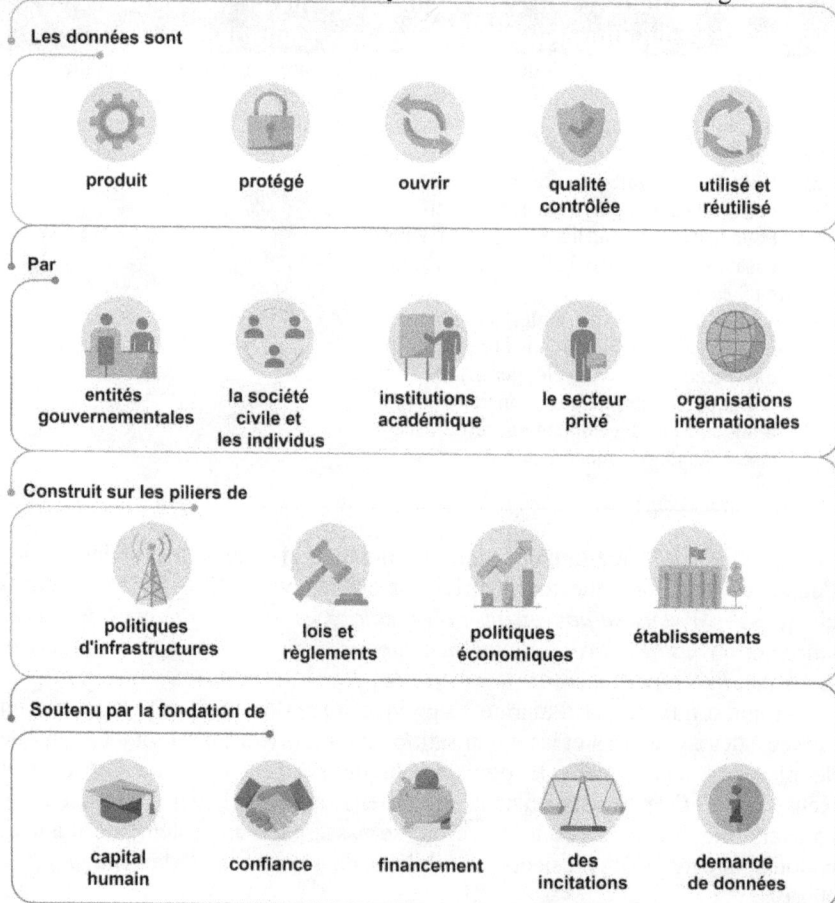

Les données sont

| produit | protégé | ouvrir | qualité contrôlée | utilisé et réutilisé |

Par

| entités gouvernementales | la société civile et les individus | institutions académique | le secteur privé | organisations internationales |

Construit sur les piliers de

| politiques d'infrastructures | lois et règlements | politiques économiques | établissements |

Soutenu par la fondation de

| capital humain | confiance | financement | des incitations | demande de données |

Source : *Adapté et traduit dans Humankind Shared Planet Divided by Norms à partir de la source originale : Banque mondiale 2021.*

IMPLICATION DE LA COMMUNAUTÉ ET DÉVELOPPEMENT
QUESTION 5 : LA DE&I COMME MODÉRATEUR DE LA
CRÉATION DE RICHESSES ET DE REVENUS

Votre organisation intègre-t-elle la DE&I dans son continuum de création de richesses et de revenus - de votre organisation aux communautés, en particulier celles qui sont historiquement défavorisées et marginalisées ?

CRÉATION DE RICHESSES ET DE REVENUS
Appel à l'action pour la diversité fondée sur la connaissance

La création de richesses et de revenus est une question de DE&I car elle reflète le résultat de normes discriminatoires. L'argent, c'est le pouvoir, et la marginalisation de tout groupe vise généralement, au moins en partie, à détourner l'argent de ce groupe d'une manière ou d'une autre. Appliquer un filtre DE&I au monde de la génération et de l'allocation des ressources est essentiel pour parvenir à un véritable changement. Si nous ne parvenons pas à briser le cercle des disparités de richesse et de revenus entre générations, fondées sur des démarcations humaines artificielles, nous ne serons pas en mesure de nous attaquer véritablement à certaines des causes profondes des inégalités actuelles. Le secrétaire général des Nations unies, M. Guterres, a dépeint de sombres perspectives :

> Plus de 70 % de la population mondiale vit avec une inégalité croissante des revenus et des richesses. Les 26 personnes les plus riches du monde détiennent autant de richesses que la moitié de la population mondiale. Mais les revenus, les salaires et la richesse ne sont pas les seules mesures de l'inégalité. Les chances des personnes dans la vie dépendent de leur sexe, de leur famille, de leur origine ethnique, de leur race, de leur handicap ou non, et d'autres facteurs. Les inégalités multiples se croisent et se renforcent mutuellement au fil des générations. La vie et les attentes de millions de personnes sont largement déterminées par leur situation à la naissance (Nations Unies 2022).

L'élimination de la pauvreté est possible si chaque génération s'efforce de réduire les écarts de richesse et de revenu. L'ISO 26000 fournit les orientations suivantes :

ISO Des entreprises et des coopératives compétitives et diversifiées sont cruciales pour créer de la richesse dans toute communauté. Les organismes peuvent aider à créer un environnement dans lequel l'esprit d'entreprise peut prospérer, apportant des avantages durables aux communautés. Les organisations peuvent contribuer positivement à la création de richesses et de revenus par des programmes d'entrepreneuriat, le développement de fournisseurs locaux et l'emploi de membres de la communauté, ainsi que par des efforts plus larges pour renforcer les ressources économiques et les relations sociales qui facilitent le bien-être économique et social ou génèrent des avantages pour la communauté. En outre, en contribuant à la création de richesses et de revenus au niveau local et en favorisant une répartition équilibrée des avantages économiques entre les membres de la communauté, les organisations peuvent jouer un rôle important dans la réduction de la pauvreté. Les programmes d'entrepreneuriat et les coopératives ciblant les femmes sont particulièrement importants car il est largement reconnu que l'autonomisation des femmes contribue grandement au bien-être de la société.

ISO 26000:2010, page 66.

Parfois, les organisations ne sont pas en mesure d'investir davantage dans le développement communautaire en raison du manque de structures organisationnelles appropriées. Il s'agit souvent d'une décision économique, car ces investissements ne peuvent pas être déduits des impôts si les organisations communautaires ne sont pas reconnues par l'État comme des entités légalement constituées. Offrir des déductions fiscales pour le travail considéré comme bénéfique pour la communauté (comme celui des organisations à but non lucratif) est un moyen important pour les gouvernements d'encourager un développement communautaire constructif. Cependant, tous les groupes ne sont pas en mesure d'obtenir ce statut de déductibilité fiscale. Plutôt que de laisser ces obstacles réglementaires entraver les investissements communautaires, une organisation peut contribuer à stimuler la création de richesses et de revenus par leur intermédiaire en les aidant à se structurer correctement. L'ISO 26000 fournit les orientations suivantes :

ISO *Un organisme contribue au développement en se conformant aux lois et aux règlements.*

Dans certaines circonstances, l'incapacité des groupes communautaires à fonctionner dans le cadre légal prévu est une conséquence de la pauvreté ou des conditions de développement. Dans ces circonstances, une organisation qui s'implique avec des groupes opérant en dehors du cadre légal doit chercher à réduire la pauvreté et à promouvoir le développement. L'organisme devrait également chercher à créer des opportunités qui permettront à ces groupes de se conformer davantage, et finalement totalement, à la loi, en particulier en ce qui concerne les relations économiques.

ISO 26000:2010, page 66.

CRÉATION DE RICHESSES ET DE REVENUS
Opportunité/réconciliation/disruption de l'équité motivée par la créativité

Nous avons examiné plusieurs pratiques d'ingénierie sociale qui ont fait que les communautés minoritaires et vulnérables sont restées désavantagées malgré le fait que la société ait connu certaines des plus grandes percées et booms économiques de l'histoire humaine. Les organisations qui ont bénéficié de ces périodes d'essor ont la responsabilité sociale d'aider à s'engager de manière créative auprès des groupes minoritaires et vulnérables afin de remédier aux inégalités de création de richesse et de revenus. La norme ISO 26000 fournit les grandes orientations suivantes :

ISO *La création de richesses et de revenus dépend également d'une répartition équitable des bénéfices de l'activité économique. Les gouvernements comptent sur le fait que les organisations remplissent leurs obligations fiscales pour obtenir des revenus permettant de traiter les questions de développement critiques. Dans de nombreuses situations, l'isolement physique, social et économique des communautés peut constituer un obstacle à leur développement. Les organisations peuvent jouer un rôle positif dans le développement des communautés en intégrant les populations, groupes et organisations locales dans leurs activités ou leur chaîne de valeur. De cette manière, les considérations relatives au développement des communautés peuvent devenir une partie intégrante des activités principales des organisations.*

En utilisant le prisme de l'équité en 3 étapes, une organisation devrait prendre en compte les lignes directrices suivantes fournies par l'ISO 26000 pour aider à encadrer ses pratiques de création de richesse et de revenu modérées par le DE&I.

OPPORTUNITÉ D'ÉQUITÉ DANS LA CRÉATION DE RICHESSE ET DE REVENUS

ISO

Une organisation devrait :

☐ *envisager de soutenir les initiatives appropriées pour stimuler la diversification de l'activité économique existante dans la communauté ;*

☐ *envisager de donner la préférence aux fournisseurs locaux de produits et de services et contribuer au développement des fournisseurs locaux lorsque cela est possible ;*

☐ *s'engager dans des activités économiques avec des organisations qui, en raison de leur faible niveau de développement, ont des difficultés à respecter les exigences légales, uniquement lorsque :*

    o *l'objectif est de lutter contre la pauvreté*

    o *les activités de ces organisations respectent les droits de l'homme, et l'on peut raisonnablement s'attendre à ce que ces organisations s'efforcent constamment de mener leurs activités dans le cadre juridique approprié ;*

☐ *encourager l'utilisation efficace des ressources disponibles, y compris le bon entretien des animaux domestiques ;*

☐ *envisager de soutenir les organisations et les personnes qui apportent des produits et des services nécessaires à la communauté, ce qui peut également générer des emplois locaux ainsi que des liens avec les marchés locaux, régionaux et urbains lorsque cela est bénéfique pour le bien-être de la communauté ; [et]*

☐ *envisager des moyens appropriés pour aider au développement d'associations communautaires d'entrepreneurs [...].*

ISO 26000:2010, pages 66-67.

CONCILIATION DE L'ÉQUITÉ DANS LA CRÉATION DE RICHESSES ET DE REVENUS

ISO

Une organisation devrait :

☐ *envisager l'impact économique et social de son entrée ou de son départ d'une communauté, y compris les impacts sur les ressources de base nécessaires au développement durable de la communauté ;*

☐ *envisager de contribuer à des programmes et partenariats durables qui aident les membres de la communauté, en particulier les femmes et d'autres groupes socialement défavorisés et vulnérables, à créer des entreprises et des coopératives, à améliorer la productivité et à promouvoir l'esprit d'entreprise. Ces programmes pourraient, par exemple, fournir une formation à la planification d'entreprise, au marketing, aux normes de qualité requises pour devenir fournisseur, à la gestion et à l'assistance technique, à l'accès au financement et à la facilitation des coentreprises ;*

☐ *envisager des moyens appropriés pour rendre les opportunités d'approvisionnement plus facilement accessibles aux organisations communautaires, y compris, par exemple, par le renforcement des capacités sur le respect des spécifications techniques, et la mise à disposition d'informations sur les opportunités d'approvisionnement [...].*

ISO 26000:2010, pages 66-67.

RUPTURE D'ÉQUITÉ DANS LA CRÉATION DE RICHESSES ET DE REVENUS

ISO

Une organisation devrait :

☐ *envisager d'entreprendre des initiatives pour renforcer la capacité et les possibilités des fournisseurs locaux à contribuer aux chaînes de valeur, en accordant une attention particulière aux groupes défavorisés au sein de la communauté ;*

☐ *s'acquitter de ses responsabilités fiscales et fournir aux autorités les informations nécessaires pour déterminer correctement les impôts dus ; et*

☐ *envisager de contribuer aux pensions de retraite et aux retraites des employés.*

ISO 26000:2010, pages 66-67.

CRÉATION DE RICHESSES ET DE REVENUS
Mesures à prendre pour une inclusion centrée sur la gouvernance

Une organisation peut jouer un rôle déterminant dans le développement de la création de richesses au sein d'une communauté de plusieurs manières. Elle peut faciliter les programmes économiques et sociaux par le développement de fournisseurs locaux, l'emploi de membres de la communauté et la promotion de l'entrepreneuriat, entre autres activités. La création de richesses et de revenus par une grande organisation au niveau local peut être l'un des moyens les plus efficaces de réduire la pauvreté. En utilisant la devise de responsabilité sociale de DE&I, les organisations peuvent aider les communautés isolées et les personnes économiquement et socialement défavorisées en les incluant dans leur chaîne de valeur. Lorsque les organisations jouent un rôle actif pour combler le fossé de la création de richesses et de revenus pour les individus et les groupes vulnérables et discriminés, cela se voit dans la démographie de l'emploi, dans les chiffres d'utilisation des fournisseurs, des entrepreneurs et des prestataires de services, et dans leurs programmes d'autonomisation entrepreneuriale. Cela garantit l'intégration de la DE&I dans l'ensemble de l'écosystème d'une organisation. Elle contribue également au renforcement de la résilience économique des communautés vulnérables et discriminées, à l'expansion de leurs ressources économiques et à la mise en place d'un continuum de réseaux de relations sociales, ce qui permet de réduire les inégalités et la pauvreté. Tous ces éléments peuvent être intégrés dans une mesure d'évaluation sociale utilisant l'optique d'équité en trois étapes.

Étapes concrètes de l'inclusion axée sur la gouvernance : création de richesses et de revenus

1. En examinant les politiques et procédures de votre organisation en matière de création de richesses et de revenus, comment s'alignent-elles sur votre politique de DE&I, vos engagements et les proclamations de votre entreprise en la matière ?

2. S'il y a des lacunes, quelles sont les étapes et les échéances que vous avez identifiées pour les réduire ou les éliminer en vous basant sur le modèle de l'optique d'équité en 3 étapes ?

3. Toutes les parties prenantes pertinentes ont-elles été identifiées et engagées dans la révision, la modification ou le développement de vos politiques et procédures relatives à vos pratiques d'emploi modéré et de relations d'emploi DE&I ?

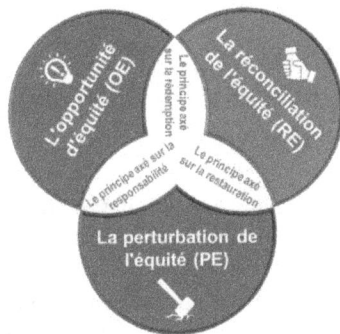

ENJEU DE LA PARTICIPATION COMMUNAUTAIRE 6 : LE DE&I COMME MODÉRATEUR DE LA SANTÉ

Votre organisation, lorsqu'elle aborde la santé et les questions liées à la santé, tient-elle compte de l'impact de la DE&I dans son approche globale ?

SANTÉ
Appel à l'action pour la diversité fondée sur la connaissance

La pandémie de COVID-19 a mis en évidence la disparité des ressources en matière de soins de santé, qui reste une relique et un héritage du racisme structurel. Même les hôpitaux bien équipés et dotés en personnel ont eu du mal à suivre le rythme de l'attaque punitive de la nouvelle maladie ; les communautés pauvres et négligées n'avaient que peu de chances, et les communautés qu'elles servaient en ont souffert. Pourtant, les soins de santé sont un droit de l'homme reconnu parce qu'ils constituent une partie essentielle de notre humanité. La négligence des problèmes de santé des groupes minoritaires et vulnérables crée un écosystème injuste et inéquitable qui se moque de notre humanité commune. De nombreuses maladies qui frappent les minorités et les groupes vulnérables dans le monde ont été éradiquées depuis longtemps dans les pays plus avancés. Les organisations peuvent contribuer à remédier à ces disparités en matière de santé dans le cadre de leurs engagements en matière de DE&I et de développement.

La santé, dit l'adage, est une richesse. Les deux sont liées par la nature et les opportunités. Les organisations devraient envisager, dans la mesure du possible, de s'engager dans un débat plus large et de soutenir les initiatives de santé communautaire dans les communautés mal desservies. Même lorsqu'une organisation ne peut pas investir financièrement dans des programmes de santé communautaire, elle peut mobiliser ou encourager son personnel et ses partenaires de travail à devenir des défenseurs et des partisans de la réduction des impacts des déserts de santé au sein des communautés minoritaires et des groupes vulnérables. Ce type de mouvement devrait unir la société civile, les jeunes, le secteur privé, les régions et les villes pour soutenir la lutte contre le désert sanitaire. Pour les sociétés cotées en bourse, cela pourrait faire partie de leur argument de vente ESG.

SANTÉ

Opportunité/réconciliation/disruption de l'équité motivée par la créativité

Les décisions politiques peuvent créer des environnements dans lesquels les groupes minoritaires et vulnérables manifestent des prédispositions sanitaires qui n'ont rien à voir avec leur ADN. Les problèmes de santé tels que l'asthme, l'hypertension artérielle, etc. sont tous liés à des facteurs environnementaux. Les politiques publiques qui ont délimité les quartiers, en plaçant des centres de transport et des industries polluantes dans des quartiers peuplés de groupes marginalisés, ont eu des conséquences à vie pour des millions de personnes, de génération en génération.

Les enfants des minorités et les autres enfants nés dans ces quartiers désinvestis sont désavantagés sur le plan de la santé dès leur premier souffle. Les disparités en matière de santé sont donc une question de DE&I qui nécessite un effort large et concerté pour les traiter à la fois comme une responsabilité sociale et une préoccupation de développement durable. En général, en ce qui concerne les questions de santé en tant que responsabilité sociale, la norme ISO 26000 offre les orientations générales suivantes :

ISO

[Tous les organismes, grands et petits, doivent respecter le droit à la santé et contribuer, dans la limite de leurs moyens et selon qu'il convient, à la promotion de la santé, à la prévention des menaces pour la santé et des maladies et à l'atténuation des dommages causés à la collectivité... Cela peut inclure la participation à des campagnes de santé publique. Elles devraient également contribuer, lorsque cela est possible et approprié, à améliorer l'accès aux services de santé, notamment en renforçant et en soutenant les services publics. Même dans les pays où il incombe à l'État de fournir un système de santé publique, toutes les organisations peuvent envisager de contribuer à la santé des communautés. Une communauté saine réduit la charge du secteur public et contribue à un bon environnement économique et social pour toutes les organisations.

ISO 26000:2010, page 67.

En utilisant le prisme de l'équité en trois étapes, une organisation devrait, dans la mesure du possible, tenir compte des lignes directrices suivantes fournies

448

par la norme ISO 26000 pour encadrer ses pratiques de soutien et de promotion de la santé modérées par DE&I.

OPPORTUNITÉ D'ÉQUITÉ EN SANTÉ

ISO
Une organisation devrait :
☐ *Envisager de sensibiliser aux menaces pour la santé et aux principales maladies et à leur prévention, telles que le VIH/sida, le cancer, les maladies cardiaques, le paludisme, la tuberculose et l'obésité ; et*
☐ *Envisager de soutenir l'accès durable et universel aux services de soins de santé essentiels, à l'eau potable et à un assainissement approprié comme moyen de prévention des maladies.*

ISO 26000:2010, page 68.

CONCILIATION DE L'ÉQUITÉ EN SANTÉ

ISO
Une organisation devrait :
☐ *Envisager de promouvoir la santé, par exemple en contribuant à l'accès aux médicaments et à la vaccination et en encourageant des modes de vie sains, notamment l'exercice physique et une bonne alimentation, la détection précoce des maladies, la sensibilisation aux méthodes contraceptives et le découragement de la consommation de produits et de substances malsaines. Une attention particulière doit être accordée à la nutrition des enfants [...].*

ISO 26000:2010, page 68.

PERTURBATION DE L'ÉQUITÉ EN SANTÉ

ISO
Une organisation devrait :
☐ *en éliminant, si possible, ou en réduisant le plus possible tout impact négatif des produits et services sur la santé et l'environnement, [.]*

ISO 26000:2010, page 68.

SANTÉ
Mesures à prendre pour une inclusion centrée sur la gouvernance

Les organisations devraient considérer les questions, défis et opportunités plus larges discutés ci-dessus à travers la lentille d'équité en 3 étapes pour évaluer où elles en sont à la fois dans leurs pratiques actuelles et dans leurs engagements en matière de DE&I :

1. En examinant les politiques et procédures de votre organisation en matière de santé, comment s'alignent-elles sur votre politique de DE&I, vos engagements et les proclamations de votre entreprise en la matière ?
2. S'il y a des lacunes, quelles sont les étapes et les échéances que vous avez identifiées pour les réduire ou les éliminer en vous basant sur le modèle de l'optique d'équité en 3 étapes ?
3. Toutes les parties prenantes ont-elles été identifiées et impliquées dans la révision, la modification ou le développement de vos politiques et procédures relatives à vos pratiques de prévention de la pollution modérée par le DE&I ?

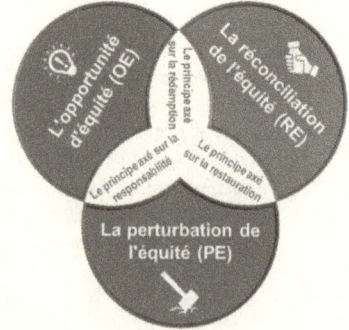

ENJEU DE L'ENGAGEMENT COMMUNAUTAIRE 7 : LA DE&I COMME MODÉRATEUR DE L'INVESTISSEMENT SOCIAL

Votre organisation a-t-elle un plan d'investissement social, et ce plan intègre-t-il la DE&I comme devise de responsabilité sociale ?

INVESTISSEMENT SOCIAL
Appel à l'action pour la diversité fondée sur la connaissance

Les organisations d'aujourd'hui disposent de plus de ressources que jamais, et exercent un pouvoir et une influence considérables sur la société dans son ensemble. L'ampleur de ces organisations, dont beaucoup ont une portée mondiale et ont accès à d'énormes quantités de technologies et d'informations, est sans précédent. L'ère numérique a grandement favorisé ce phénomène. Idéalement, la richesse nouvellement créée confère une responsabilité sociale, celle d'en utiliser une partie pour réaliser de bonnes œuvres au profit de l'humanité. Malheureusement, bon nombre d'organisations mondiales n'ont pas utilisé leur pouvoir pour orienter la croissance économique. Il y a plus de richesse que jamais, mais les communautés de couleur continuent à ne pas avoir accès au capital.

Il est intéressant de noter que bon nombre de ces entreprises mondiales disposent de milliards, voire de billions, de dollars cachés dans des institutions financières qui sont elles-mêmes les gardiennes de pratiques oppressives. Le racisme systémique a conduit à des refus de crédit de longue date et à d'autres formes de pratiques discriminatoires. Ces actifs organisationnels, au lieu de permettre l'accès au capital pour les communautés minoritaires et défavorisées du monde entier, deviennent les derniers vestiges d'un espoir différé. Même un investissement de 1 à 2 % de ces fonds en tant que fonds d'opportunités d'investissement fournirait la capitalisation dont les communautés minoritaires et défavorisées du monde entier ont tant besoin. Il s'agirait d'une étape facile qui permettrait en outre de réconcilier les engagements d'une organisation en matière de participation et de développement communautaires avec ses obligations en matière de responsabilité sociale, en mettant fin aux pratiques discriminatoires qui ont provoqué des désinvestissements historiques dans ces communautés. L'ISO 26000 fournit ces grandes orientations :

ISO *Il y a investissement social lorsque des organisations investissent leurs ressources dans des initiatives et des programmes visant à améliorer les aspects sociaux de la vie communautaire. Les types d'investissements sociaux peuvent inclure des projets liés à l'éducation, à la formation, à la culture, aux soins de santé, à la création de revenus, au développement des infrastructures, à l'amélioration de l'accès à l'information ou à toute autre activité susceptible de promouvoir le développement économique ou social. En identifiant les opportunités d'investissement social, une organisation doit aligner sa contribution sur les besoins et les priorités des communautés dans lesquelles elle opère, en tenant compte des priorités fixées par les décideurs politiques locaux et nationaux. Le partage d'informations, la consultation et la négociation sont des outils utiles pour une approche participative de l'identification et de la mise en œuvre des investissements sociaux.*

ISO 26000:2010, page 68.

INVESTISSEMENT SOCIAL
Opportunité/réconciliation/disruption de l'équité motivée par la créativité

Une organisation peut jouer un rôle clé dans la revitalisation économique et sociale des communautés défavorisées grâce à son investissement social lorsqu'elle déploie la DE&I comme monnaie d'échange pour modérer les bonnes œuvres. Une organisation consciente du DE&I peut offrir des opportunités à des communautés qui n'en ont pas, dont certaines peuvent avoir des impacts significatifs avec des effets d'entraînement à long terme. Grâce à des investissements sociaux dans les initiatives de développement économique de ces communautés, à l'expansion des initiatives d'éducation et de développement des compétences, et à la fourniture ou au financement de services de santé communautaires et de préservation culturelle, une organisation peut contribuer de manière substantielle à la richesse, à la création de revenus et à la durabilité des communautés minoritaires et vulnérables. Comme l'a bien exprimé la norme ISO 26000 :

ISO *Les investissements sociaux n'excluent pas la philanthropie (par exemple, les subventions, le bénévolat et les dons). Les organisations devraient également encourager la participation de la communauté à la conception et à la mise en œuvre des projets, car cela peut aider les projets à survivre et à prospérer lorsque l'organisation n'est plus impliquée. Les investissements sociaux devraient donner la priorité aux projets qui sont viables à long terme et contribuent au développement durable.*

ISO 26000:2010, page 68.

En utilisant le prisme de l'équité en 3 étapes, une organisation devrait prendre en compte les lignes directrices suivantes fournies par l'ISO 26000 pour encadrer ses pratiques d'investissement sociétal modérées par DE&I.

OPPORTUNITÉ D'ÉQUITÉ DANS L'INVESTISSEMENT SOCIÉTAL

ISO
Une organisation devrait
- *envisager de s'associer à d'autres organisations, y compris des gouvernements, des entreprises ou des ONG, afin de maximiser les synergies et d'utiliser des ressources, des connaissances et des compétences complémentaires ; et*
- *envisager de contribuer à des programmes qui permettent l'accès à la nourriture et à d'autres produits essentiels pour les groupes vulnérables ou discriminés et les personnes à faible revenu, en tenant compte de l'importance de contribuer à l'accroissement de leurs capacités, ressources et opportunités.*

ISO 26000:2010, page 68.

CONCILIATION DE L'ÉQUITÉ DANS L'INVESTISSEMENT SOCIAL

ISO
Un organisme devrait :
- *prendre en compte la promotion du développement communautaire dans la planification des projets d'investissement social. Toutes les actions devraient élargir les opportunités pour les citoyens, par exemple en augmentant les achats locaux et toute externalisation afin de soutenir le développement local ; [et]*
- *évaluer ses propres initiatives existantes liées à la communauté et en rendre compte à la communauté et aux personnes au sein de l'organisation et identifier les améliorations possibles [...].*

ISO 26000:2010, page 68.

RUPTURE D'ÉQUITÉ DANS L'INVESTISSEMENT SOCIAL

ISO
Un organisme devrait :
- *éviter les actions qui perpétuent la dépendance d'une communauté à l'égard des activités philanthropiques, de la présence permanente ou du soutien de l'organisme[.]*

ISO 26000:2010, page 68.

INVESTISSEMENT SOCIAL
Mesures à prendre pour une inclusion centrée sur la gouvernance

Il y a investissement social lorsque des organisations investissent des ressources dans des infrastructures et d'autres programmes destinés à améliorer les aspects sociaux de la vie communautaire. Ces investissements peuvent inclure la formation, l'éducation, les soins de santé, la culture, le développement des infrastructures, la génération de revenus, l'amélioration de l'accès à l'information ou d'autres activités de développement économique ou social. L'ISO 26000 souligne le rôle que jouent les organisations dans l'identification et l'investissement dans des projets et programmes prioritaires qui s'alignent sur les priorités locales et nationales fixées par les décideurs politiques. C'est un moyen plus efficace de répondre aux besoins et aux priorités des communautés dans lesquelles elles opèrent. Les organisations qui ont l'intention de réaliser des investissements sociaux devraient intégrer des outils tels que les approches participatives, la négociation et la consultation, le partage d'informations, etc. lors de l'identification et de la mise en œuvre des investissements sociaux. Si la philanthropie peut faire partie de ce mélange, elle doit être alignée sur les objectifs de renforcement des capacités locales et nationales qui se concentrent sur les programmes et projets de développement. Les projets durables à long terme, selon l'ISO 26000, sont ceux qui impliquent fortement la communauté dans leur conception et leur mise en œuvre. Lorsque la communauté est impliquée dès le début, les programmes ont tendance à survivre et à prospérer longtemps après que l'organisation qui investit n'est plus impliquée.

Étapes concrètes de l'inclusion axée sur la gouvernance : l'investissement social

1. En examinant les politiques et procédures de votre organisation en matière de dialogue social, comment s'alignent-elles sur votre politique de DE&I, vos engagements et les proclamations de votre entreprise en la matière ?

2. S'il y a des lacunes, quelles sont les étapes et les échéances que vous avez identifiées pour les réduire ou les éliminer en vous basant sur le modèle de l'optique d'équité en 3 étapes ?

3. Toutes les parties prenantes ont-elles été identifiées et engagées dans la révision, la modification ou le développement de vos politiques et procédures concernant vos pratiques de dialogue social modéré en matière de DE&I ?

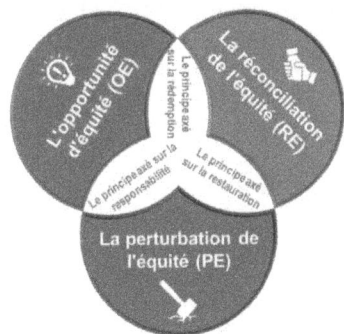

Conclusion

CONCLUSION

Nous savons que le passé ne meurt jamais. Comme nous l'avons vu, il s'agit d'une salle de classe vivante qui nous permet d'apprendre sur les systèmes de division brisés qui ont permis à des pratiques injustes et inéquitables de prospérer. L'endurance de ces systèmes brisés peut sembler décourageante, mais une fois la lumière faite sur eux, nous pouvons nous engager à adopter des pratiques justes et équitables pour l'avenir. L'humanité a été déchirée par des normes de division et des préjugés qui dressent les frères les uns contre les autres en raison de la pigmentation de la peau, les frères contre les sœurs en raison des différences de genre, les frères et les sœurs les uns contre les autres en raison de différences nationales, religieuses, régionales, tribales et autres - de nombreux autres facteurs qui ont été inventés pour diviser et conquérir, établissant des dichotomies dans lesquelles quelqu'un est toujours supérieur à quelqu'un d'autre. Le secrétaire général des Nations unies, dans une conférence Nelson Mandela de juillet 2020, a bien exprimé ce sentiment :

Même avant la pandémie de COVID-19, de nombreuses personnes à travers le monde ont compris que l'inégalité sapait leurs chances de vie et leurs opportunités. Ils voyaient un monde déséquilibré. Ils se sentaient laissés pour compte. Ils ont vu les politiques économiques canaliser les ressources vers le haut, vers quelques privilégiés... Des millions de personnes de tous les continents sont descendues dans la rue pour faire entendre leur voix. Les inégalités élevées et croissantes étaient un facteur commun. La colère qui alimente deux mouvements sociaux récents reflète une désillusion totale face au statu quo. Partout, les femmes ont dénoncé l'un des exemples les plus flagrants d'inégalité entre les sexes : la violence perpétrée par des hommes puissants à l'encontre de femmes qui tentent simplement de faire leur travail. Le mouvement antiraciste qui s'est propagé des États-Unis au monde entier à la suite du meurtre de George Floyd est un signe supplémentaire que les gens en ont assez : Assez de l'inégalité et de la discrimination qui traitent les gens comme des criminels sur la base de leur couleur de peau ; assez du racisme structurel et de l'injustice systématique qui privent les gens de leurs droits humains fondamentaux (ONU 2022).

Ces normes artificielles ont maintenu l'humanité suffisamment distraite pour ignorer notre responsabilité sociale envers les autres et la nature. Comme l'a bien exprimé Nelson Mandela, « L'un des défis de notre temps... est de réinstiller dans la conscience de notre peuple ce sens de la solidarité humaine, d'être dans le monde les uns pour les autres et à cause des autres et par les autres (ONU 2022) ». Selon l'ONU, dix-sept pour cent des enfants nés en l'an 2000 dans des pays à faible développement humain étaient morts en 2020, emportant avec eux des remèdes qui n'ont jamais été inventés, des livres qui n'ont jamais été écrits et d'innombrables activités de collaboration avec leurs contemporains qui ne seront jamais réalisées.

Figure 00.1 Taux de mortalité des enfants nés dans les pays à faible développement humain

Taux de mortalité des enfants nés dans les pays à faible développement humain

17% des enfants nés il y a vingt ans [en 2020] sont déjà décédés.

Source : Adapté et traduit dans Humankind Shared Planet Divided by Norms à partir de la source originale : Guterres, 2017.

Le changement climatique et les autres pratiques et conséquences de la dégradation de la nature sont également devenus normaux, bien que leurs effets soient surtout ressentis par les groupes marginalisés et vulnérables. Comme l'a noté le secrétaire général des Nations unies, « les pays les plus touchés par le dérèglement climatique sont ceux qui ont le moins contribué au réchauffement de la planète (ONU 2022). » Au total, cela signifie que notre don humain de la vie, de la liberté et de la poursuite du bonheur n'est pas accessible à une grande majorité de nos contemporains, et que les générations futures sont également en danger. Pourtant, parce que nous sommes dotés de la capacité de réexaminer, de réimaginer et de nous réinventer, tout espoir n'est pas perdu.

Les normes qui nous divisent continuent de s'envenimer et de croître de génération en génération parce que nous n'avons pas réussi à libérer toute la puissance de notre ingéniosité humaine commune pour les aborder de manière holistique. Nous devons adopter une approche axée sur le cycle de vie et la responsabilité sociale mondiale, avec des implications en matière de développement durable. Nous devons nous rappeler qui nous sommes au niveau élémentaire - principalement l'eau - et pourquoi nous ne pouvons pas nous permettre de ne pas vivre et de ne pas circuler dans la recherche du bien pour nous-mêmes, pour nos postérités et pour notre humanité et notre planète communes. Comme l'eau, les humains doivent suivre le courant, en recherchant des conditions de concurrence équitables pour faire ce que nous faisons le mieux : vivre pour nous-mêmes et pour notre postérité, en prenant des décisions et en adoptant des pratiques quotidiennes justes et équitables !

N'oubliez pas que le DE&I et tous ses problèmes, défis et opportunités sont autant des questions familiales que sociétales et organisationnelles. Bon nombre des modèles et des outils discutés sont applicables à au moins certains des problèmes auxquels la famille, la société et les organisations sont confrontées lorsqu'elles abordent la DE&I dans leurs écosystèmes respectifs. N'oubliez pas non plus que chaque famille, organisation, société, communauté, localité, pays ou continent aura toujours ses normes et ses préjugés. Chaque être humain vivant aujourd'hui aura toujours au moins une norme ou un préjugé. Cela fait partie de l'être humain. Travailler pour s'améliorer, pour surmonter nos limites innées et nous réévaluer, fait également partie de l'être humain.

Les normes et les préjugés sont logés dans les recoins internes de notre esprit, d'où qu'ils aient été acquis, et ils se manifestent dans nos décisions sans permission, en influençant nos croyances, nos valeurs et nos comportements par le biais des trois modèles de pensée : les modèles automatiques, sociaux et mentaux. Pourtant, les normes et les préjugés ne sont pas forcément source de division. Ils peuvent aussi être des connecteurs nerveux vers la bonté durable de l'humanité qui donne la vie, illustrée par la bonne volonté envers tous, en pratiquant une responsabilité sociale délibérée. Cela fait de l'intégration de la DE&I dans tous les aspects de notre développement humain une nécessité, et non une abstraction ; en tant que science sociale émergente, elle devient un outil très important et une structure systémique pour aborder les normes organisationnelles qui sont injustes et inéquitables.

L'ANATOMIE DU CHANGEMENT SOCIAL SELON LE DR. MARTIN LUTHER KING

Au terme de notre voyage, nous pouvons tirer une conclusion globale du discours « I have a dream » prononcé par le Dr Martin Luther King, Jr. en 1963. Ce discours a capturé l'essence même de l'anatomie du changement social en utilisant le cadre de la responsabilité sociale et les trois modèles que j'ai présentés dans ce livre : CCG, l'optique d'équité en 3 étapes d'Ajiake et les principes d'inclusion en 3 étapes. J'ai inclus le texte complet du discours dans l'annexe, mais ici, je les réorganise pour résumer les parties de l'anatomie du changement social en examinant comment un leader a appelé son pays à une responsabilité sociale et à une poursuite du développement durable sur les relations raciales motivées par les lignes de fond des personnes, de la prospérité et de la planète :

Appel à l'action en faveur de la diversité fondée sur la connaissance

Lorsque nous avons peur d'apprendre comment les normes et les préjugés qui divisent font partie de la monnaie d'échange de notre dialogue racial et de genre, nous consentons consciemment à deux réalités : (1) le désir de maintenir les normes de division et (2) le déni de notre propre humanité en effaçant l'existence de ceux qui nous ont précédés, y compris ceux qui sont irrévocablement gravés dans notre ADN. Le passé ne meurt jamais, et il ne peut être ignoré, nié ou effacé par ceux qui l'ont vécu ou non, ou qui l'ont personnellement vécu. Notre passé humain est aussi vivant que ceux qui l'ont vécu. Il reste à jamais vivant parce que leur sang continue de couler dans nos veines. La recherche de connaissances - de données éclairées sur notre passé nous donne la motivation et l'envie de rechercher des actions axées sur la diversité.

<u>Résumez le problème :</u> En cherchant à aborder les questions, les défis et les opportunités de changement social, il est important d'être d'abord guidé par les causes profondes - l'histoire du problème et la raison pour laquelle il continue à être un problème : Le Dr King l'a exprimé de la façon suivante :

Il y a cinquante ans, un grand Américain, dans l'ombre symbolique duquel nous nous tenons aujourd'hui, a signé la Proclamation d'émancipation. Ce décret capital a été une grande lueur d'espoir pour des millions d'esclaves noirs qui avaient été brûlés dans les flammes de l'injustice. Il est venu comme une joyeuse aube pour mettre fin à la longue nuit de leur captivité. Mais 100 ans plus tard, le Noir n'est toujours pas libre. Cent ans plus tard, la vie du Noir est toujours tristement handicapée par les chaînes de la ségrégation et de la discrimination. Cent ans plus tard, le Noir vit sur une île isolée de pauvreté au milieu d'un vaste océan de prospérité matérielle. Cent ans plus tard, le Noir croupit toujours dans les recoins de la société américaine et se retrouve en exil dans son propre pays. Nous sommes donc venus ici aujourd'hui pour mettre en scène une condition honteuse. En un sens, nous sommes venus dans la capitale de notre nation pour encaisser un chèque.

<u>Redéfinir les normes de division humaine en tant que problème(s) de responsabilité sociale :</u> Le Dr King a rappelé à tous les Américains, à tous les âges, que les pères fondateurs avaient imaginé un pays inclusif où tous pouvaient faire l'expérience de la vie, de la liberté et de la poursuite du bonheur ensemble :

Lorsque les architectes de notre république ont écrit les mots magnifiques de la Constitution et de la Déclaration d'indépendance, ils signaient un billet à ordre dont chaque Américain devait devenir l'héritier. Ce billet était une promesse que tous les hommes - oui, les hommes noirs comme les hommes blancs - se verraient garantir les droits inaliénables de la vie, de la liberté et de la poursuite du bonheur. Mais il y a quelque chose que je dois dire à mon peuple qui se tient sur le seuil chaleureux qui mène au palais de justice. Dans le processus d'obtention de la place qui nous revient, nous ne devons pas nous rendre coupables d'actes illicites. Ne cherchons pas à satisfaire notre soif de liberté en buvant à la coupe de l'amertume et de la haine. Nous devons toujours mener notre lutte sur le plan élevé de la dignité et de la discipline. Nous ne devons pas permettre à notre protestation créative de dégénérer en violence physique. Encore et toujours, nous devons nous élever aux hauteurs majestueuses de la rencontre de la force physique avec la force de l'âme.

Le nouveau et merveilleux militantisme qui s'est emparé de la communauté noire ne doit pas nous conduire à nous méfier de tous les Blancs, car beaucoup de nos frères blancs, comme en témoigne leur présence ici aujourd'hui, ont pris conscience que leur destin est lié au nôtre. Et ils ont pris conscience que leur liberté est inextricablement liée à notre liberté. Nous ne pouvons pas marcher seuls. Et pendant que nous marchons, nous devons faire la promesse que nous irons toujours de l'avant. Nous ne pouvons pas faire demi-tour.

<u>Tirer une conclusion indiscutable du ou des problèmes :</u> Déterminer pourquoi le changement social est un problème permet d'amener la plupart des gens à la table d'accord sur le fait que le problème est réel, qu'il ne peut être nié ou souhaité et qu'il doit être abordé de front. Pour que la prospérité, la paix et le bonheur véritables prennent racine à partir du racisme systémique et structurel et de la maison qu'il a construite grâce au privilège, à la politique et aux politiques des Blancs, la reconnaissance de la race devient une nécessité, et non un cadeau de la part de ceux qui ont bénéficié des normes et des préjugés qui divisent. Le Dr King a fait cette observation et lancé cet appel à l'action :

Il est évident aujourd'hui que l'Amérique n'a pas respecté ce billet à ordre en ce qui concerne ses citoyens de couleur. Au lieu d'honorer cette obligation sacrée, l'Amérique a donné au peuple noir un chèque sans provision, un chèque qui est revenu avec la mention « fonds insuffisants ».

Il serait fatal pour la nation d'ignorer l'urgence du moment. L'été étouffant du mécontentement légitime des Noirs ne passera pas sans un automne vivifiant de liberté et d'égalité. 1963 n'est pas une fin, mais un début. Ceux qui espèrent que le Noir a eu besoin de se défouler et qu'il sera désormais satisfait auront un réveil brutal si la nation reprend ses activités habituelles. Il n'y aura ni repos ni tranquillité en Amérique tant que le Noir n'aura pas obtenu ses droits de citoyen. Les tourbillons de la révolte continueront à secouer les fondations de notre nation jusqu'à ce que le jour lumineux de la justice émerge.

L'assassinat sacrificiel de George Floyd en 2020 et les troubles nationaux et mondiaux qui ont suivi nous ont rappelé de manière poignante qu'après 57 ans d'échec à résoudre les problèmes du racisme systémique et structurel, les problèmes n'ont pas disparu, et les mots du Dr King sont restés sinistrement vrais : *« Il n'y aura ni repos ni tranquillité en Amérique tant que le Noir n'aura pas obtenu ses droits de citoyen ».*

<u>Reconnaître la douleur, la souffrance et le triomphe du changement social de manière contextuelle et perpétuelle :</u> Le Dr King reconnaissait ceux qui étaient à l'avant-garde du changement social que les Américains étaient appelés à embrasser - avec un engagement optimiste qui faisait partie intégrante de ce que signifie être un Américain dans un écosystème démocratique :

Je ne suis pas sans savoir que certains d'entre vous sont venus ici après de grandes épreuves et tribulations. Certains d'entre vous viennent tout juste de cellules de prison étroites. Certains d'entre vous viennent de régions où votre quête de liberté vous a laissés battus par les tempêtes de la persécution et chancelants par les vents de la brutalité policière. Vous avez été les vétérans d'une souffrance créative. Continuez à travailler avec la foi que la souffrance non méritée est rédemptrice. Retournez au Mississippi, retournez en Alabama, retournez en Caroline du Sud, retournez en Géorgie, retournez en Louisiane, retournez dans les bidonvilles et les ghettos de nos villes du Nord, en sachant que d'une manière ou d'une autre, cette situation peut être et sera changée. Ne nous vautrons pas dans la vallée du désespoir, je vous le dis aujourd'hui, mes amis.

Alors, même si nous sommes confrontés aux difficultés d'aujourd'hui et de demain, j'ai toujours un rêve. C'est un rêve profondément enraciné dans le rêve américain. Je rêve qu'un jour, cette nation se lèvera et vivra la véritable signification de son credo : Nous tenons ces vérités pour évidentes, que tous les hommes sont créés égaux. Je fais le rêve qu'un jour, sur les collines rouges de Géorgie, les fils d'anciens esclaves et les fils d'anciens propriétaires d'esclaves pourront s'asseoir ensemble à la table de la fraternité. Je fais le rêve qu'un jour, même l'État du Mississippi, un État étouffant sous la chaleur de l'injustice, étouffant sous la chaleur de l'oppression, sera transformé en une oasis de liberté et de justice.

Contextualiser la complicité en tant que némésis du changement social : Le Dr King a reconnu qu'il y aura de bonnes personnes qui se demanderont néanmoins pourquoi nous ne pouvons pas simplement accepter le statu quo aujourd'hui et laisser le temps apporter le changement social que nous recherchons demain. La réponse du Dr. King était à la fois contextuelle et transcendantale en tant que modèle mental pour les défenseurs complices :

Il y a ceux qui demandent aux dévots des droits civils, quand serez-vous satisfaits ? Nous ne pourrons jamais être satisfaits tant que le Noir sera victime des horreurs indicibles de la brutalité policière. Nous ne pourrons jamais être satisfaits tant que nos corps, alourdis par la fatigue du voyage, ne pourront pas se loger dans les motels des autoroutes et les hôtels des villes.

Nous ne pourrons jamais être satisfaits tant que la mobilité de base du Noir sera d'un ghetto plus petit à un ghetto plus grand. Nous ne pourrons jamais être satisfaits tant que nos enfants seront dépouillés de leur identité et privés de leur dignité par des panneaux indiquant : « réservé aux Blancs ». Nous ne pourrons pas être satisfaits tant qu'un Noir du Mississippi ne pourra pas voter et qu'un Noir de New York croira qu'il n'a rien pour quoi voter. Non, non, nous ne sommes pas satisfaits, et nous ne serons pas satisfaits tant que la justice ne coulera pas comme l'eau, et la droiture comme un puissant ruisseau.

Opportunité, réconciliation et perturbation de l'équité fondées sur la créativité

Tout au long de ce livre, j'ai établi le lien entre les valeurs acquises, les comportements et les modèles de pensée en relation avec les normes de division, car nous ne pouvons pas parler de DE&I sans d'abord comprendre comment notre histoire et les influences sociétales contribuent à la façon dont nous traitons les décisions quotidiennes. Une fois que nous comprenons les normes de division que nous voulons aborder, l'opportunité d'équité, la réconciliation et la perturbation fondées sur la créativité deviennent des outils utiles et une structure systémique pour les aborder dans une perspective holistique et vivifiante. Voici comment le discours du Dr King aborde chacune d'entre elles :

- Opportunité d'équité : Je fais le rêve que mes quatre petits enfants vivront un jour dans une nation où ils ne seront pas jugés par la couleur de leur peau mais par le contenu de leur caractère. Je fais un rêve aujourd'hui.
- La réconciliation équitable : Je fais le rêve qu'un jour, en Alabama, avec ses vicieux racistes, avec son gouverneur dont les lèvres dégoulinent des mots « interposition » et « nullité », un jour, ici même en Alabama, les

petits garçons noirs et les petites filles noires pourront se donner la main avec les petits garçons blancs et les petites filles blanches comme des sœurs et des frères. Je fais un rêve aujourd'hui.

- Perturbation de l'équité : Je fais le rêve qu'un jour, toutes les vallées seront élevées, toutes les collines et les montagnes seront abaissées, les endroits rugueux seront aplanis, et les endroits tortueux seront redressés, et la gloire du Seigneur sera révélée, et toute chair la verra ensemble.

Inclusion centrée sur la gouvernance - Mesures à prendre :

Humankind Shared Planet Divided by Norms a exploré nos expériences passées sur les questions DE&I et a fourni des outils et des structures pour les aborder dans une perspective de responsabilité sociale et de développement durable. L'inclusion centrée sur la gouvernance est essentielle pour mettre en œuvre les solutions que nous avons créées en utilisant la DE&I comme modérateur des sept principes et des sept sujets fondamentaux présentés par l'Organisation internationale de normalisation dans sa norme ISO 26000 sur la responsabilité sociale, renforcée par les objectifs de développement durable des Nations unies.

Puisque chaque pays a des problèmes, des défis et des opportunités en matière de DE&I, les structures de gouvernance - politiques et procédures et engagement en matière de DE&I - en font des valeurs et des comportements organisationnels et sociétaux souhaités, sous forme d'étapes réalisables. La manière dont nous rassemblons ces normes qui divisent et les abordons à partir d'une approche systémique applicable aux familles, aux organisations, aux pays, aux cultures et aux inclinations sociétales sera contextuelle et déterminée par la culture.

Lorsque nous nous concentrons sur ce que nous savons d'une norme de division ou d'un préjugé (histoire, impacts, etc.), nous pouvons créer et documenter des solutions adéquates, justes et équitables, centrées sur l'inclusion et établies comme des principes intransigeants. Les principes directeurs sont des pensées contextuelles faciles à formuler qui aident à obtenir une adhésion plus large, car ce sont des déclarations d'espoir affirmatives et tournées vers l'avenir, qui ne peuvent être déçues même si la réalité actuelle est loin de ce que l'on souhaite. Le Dr King a formulé les problèmes raciaux de l'Amérique dans le contexte d'un espoir de résultat futur qui inclurait tous les Américains :

Ceci est notre espoir. C'est avec cette foi que je retourne dans le Sud. Avec cette foi, nous serons capables de tailler dans la montagne du désespoir une pierre d'espoir. Avec cette foi, nous serons capables de transformer les discordes de notre nation en une belle symphonie de fraternité. Avec cette foi, nous serons capables de travailler ensemble, de prier ensemble, de lutter ensemble, d'aller en prison ensemble, de défendre la liberté ensemble, en sachant que nous serons libres un jour.

En intégrant la DE&I dans tous les aspects de notre prise de décision et de nos pratiques en créant des solutions à nos normes de division, nous devrions être guidés par les principes d'inclusion en 3 étapes, afin de ne pas créer involontairement des normes et des préjugés supplémentaires qui ne sont pas inclusifs et acceptés de manière saine. Dans cet exemple avec le discours I have a

Dream, les principes d'inclusion en 3 étapes et les modèles de lentille d'équité en 3 étapes s'alignent contextuellement sur une base individuelle, bien que ce ne soit pas toujours une relation individuelle car elle dépend du contexte. Le discours du Dr King a fourni un bon exemple intégratif :

- Le principe de rédemption nous permet de prendre des décisions sur les opportunités d'équité maintenant, car ce sont des fruits faciles à cueillir qui n'ont pas besoin d'être étudiés ou débattus - il suffit de les traiter. Le Dr King l'a décrit de la manière suivante :

  Nous refusons de croire qu'il n'y a pas assez de fonds dans les grandes voûtes d'opportunité de cette nation. Nous sommes donc venus encaisser ce chèque, un chèque qui nous donnera sur demande les richesses de la liberté et la sécurité de la justice.

- Le principe axé sur la restauration nous permet de faire des demandes de réconciliation en matière d'équité qui sont guidées par l'examen de nos décisions et pratiques actuelles par rapport à ce que nous prétendons être dans notre vision, nos déclarations de mission et dans nos engagements DE&I. Il arrive que la réconciliation de nos engagements DE&I déclarés avec nos politiques et procédures nécessite également une restauration immédiate de ce qui a été perdu, endommagé ou pris aux minorités et aux groupes vulnérables. Le Dr King l'a décrit de la manière suivante :

  Nous sommes également venus sur ce lieu sacré [Abraham Lincoln] pour rappeler à l'Amérique l'urgence féroce du moment présent. Ce n'est pas le moment de s'engager dans le luxe du refroidissement ou de prendre la drogue tranquillisante du gradualisme. Le moment est venu de concrétiser les promesses de la démocratie. C'est le moment de quitter la vallée sombre et désolée de la ségrégation pour rejoindre le chemin ensoleillé de la justice raciale. Le moment est venu d'élever notre nation des sables mouvants de l'injustice raciale au rocher solide de la fraternité. Le moment est venu de faire de la justice une réalité pour tous les enfants de Dieu.

- Le principe centré sur la responsabilité nous permet de perturber ou d'arrêter les décisions et les pratiques qui renforcent nos normes de division en les déracinant de manière responsable, même si elles sont issues d'objectifs ambitieux. Le Dr King l'a décrit de la manière suivante :

  Ce sera le jour où tous les enfants de Dieu pourront chanter avec une nouvelle signification : Mon pays, c'est de toi, douce terre de liberté, c'est de toi que je chante. Terre où mes pères sont morts, terre de la fierté des pèlerins, de chaque flanc de montagne, que la liberté résonne. Et si l'Amérique doit être une grande nation, cela doit devenir vrai. Que la liberté résonne depuis les sommets prodigieux du New Hampshire. Que la liberté résonne depuis les puissantes montagnes de New York. Que la liberté résonne depuis les hauteurs des Alleghanys de Pennsylvanie. Que la liberté sonne depuis les Rocheuses enneigées du Colorado. Que la liberté sonne depuis les pentes courbes de la Californie. Mais pas seulement ça, que la liberté sonne depuis la Stone Mountain de Géorgie. Que la liberté sonne depuis Lookout Mountain, dans le Tennessee. Que la liberté sonne de chaque colline et taupinière du Mississippi. De chaque flanc de montagne, que la liberté résonne.

L'Amérique attend toujours la ou les générations qui se réuniront et commenceront métaphoriquement à chanter ce vieux negro spiritual, parce que leurs organisations et leur société reflètent la liberté pour tous les Américains, quelle que soit la couleur de leur peau. Le 19 juin étant enfin devenu une fête nationale, peut-être sommes-nous enfin sur la voie de la fin du racisme systémique et structurel et des inégalités entre les sexes. Lorsque cela arrivera, ce sera parce que les leaders organisationnels auront ouvert la voie en paroles et en actes !

Les problèmes de l'Amérique sont sous les feux de la rampe, mais le reste du monde ne peut pas se reposer sur ses propres normes de discrimination et de division en attendant que l'Amérique mette de l'ordre dans ses disparités raciales et de genre. En fait, le meurtre de George Floyd a rassemblé le monde entier pour protester contre les traitements injustes et inéquitables infligés aux minorités et aux groupes vulnérables. Le cri de la justice pour tous a résonné dans le monde entier, et c'est un cri durable car il a des implications très larges, y compris les injustices que nous infligeons à notre planète. Ensemble, alors que nous sommes contraints de faire face aux impacts du changement climatique parce que nos vies mêmes et les générations futures de l'humanité exigent des actions, nos normes humaines de division exigent que nous y répondions également. En 1968, le grand musicien et auteur-compositeur américain Louis Armstrong a offert au monde une magnifique chanson qui résumait les possibilités de notre planète partagée par l'humanité - une chanson que les générations de l'humanité (actuelles et futures) trouveront toujours significative et pertinente :

Quel monde merveilleux (What a Wonderful World Lyrics)
Je vois des arbres verts, des roses rouges aussi
Je les vois fleurir pour moi et pour toi
Et je me dis
Quel monde merveilleux
Je vois des cieux bleus et des nuages blancs
Les jours lumineux et bénis, les nuits sombres et sacrées.
Et je me dis
Quel monde merveilleux
Les couleurs de l'arc-en-ciel
Si jolies dans le ciel
Sont aussi sur les visages
Des gens qui passent
Je vois des amis qui se serrent la main en disant : « Comment allez-vous ? »
En réalité, ils disent : « Je t'aime ».
J'entends les bébés pleurer, je les regarde grandir
Ils apprendront bien plus
Que je n'en saurai jamais
Et je me dis

Quel monde merveilleux
Oui, je me dis
Quel monde merveilleux
Oui, je me dis

En conclusion, en tant qu'êtres humains, nous avons la volonté individuelle et collective de réévaluer, réimaginer ou réinventer notre engagement dans les pratiques sociétales injustes et inéquitables du passé et de devenir la génération qui commence à s'attaquer aux normes de division de l'humanité en les considérant comme un paria individuel, sociétal, national et mondial. Ceci en reconnaissance du fait que nous resterons toujours une partie d'une tapisserie transcendante. Même lorsque nous serons décédés, nos décisions et nos activités resteront une partie intégrante de l'histoire humaine sur la planète Terre. N'oubliez pas que le passé est aussi vivant que ceux qui l'ont vécu restent à jamais vivants, car nous sommes des humains même lorsque nous ne sommes plus en vie physiquement.

Qu'aurez-vous donc ajouté à l'histoire du continuum de l'humanité lorsque votre propre histoire humaine sera entièrement écrite, et que le point final sera en place, sans possibilité de recommencer ? J'espère que les questions, les défis et les opportunités présentés dans ce livre sur notre humanité divisée vous ont donné l'élan nécessaire pour continuer à rechercher le bien de l'humanité dans vos décisions et vos activités. Même si ce n'est pas le cas, j'espère que vous avez trouvé une inspiration, une motivation et un but dans les pages de ce livre et le courage de les poursuivre.

Pour l'avenir, je vous invite à poursuivre le voyage avec moi en explorant les histoires de DE&I du monde entier, en commençant par Humankind Shared Planet : Global DE&I Stories Volume II - Brésil, Inde, Nigeria et États-Unis.

RÉFÉRENCES

Alpizar, F., Carlsson, F., & Naranjo, M. A. (2011). The effect of ambiguous risk, and coordination on farmers' adaptation to climate change-A framed field experiment. *Ecological Economics*, *70*(12), 2317.

Andrew Johnson, Freedmen's Bureau Bill veto message. (1866, 19 février). House Divided : Le moteur de recherche sur la guerre civile au Dickinson College, https://hd.housedivided.dickinson.edu/node/45150., https://hd.housedivided.dickinson.edu/node/45150.

Associated Press. (2020, 17 juin). Après 130 ans, Aunt Jemima va disparaître des emballages. PBS News Hour. https://www.pbs.org/newshour/nation/after-130-years-aunt-jemima-will-vanish-from-packaging (consulté le 3 mai 2022).

Bellis, M. (24 janvier 2021). Biographie d'Elijah McCoy, inventeur américain. ThoughtCo. https://www.thoughtco.com/elijah-mccoy-profile-1992158

Bennhold, K. (2013). Le ministère britannique des Nudges. New York Times. http://www.nytimes.com/2013/12/08/business/international/britainsministry-of-nudges.html?pagewanted=all&_r.

Boffey, P. (1984). Un désastre en Inde aiguise le débat sur les affaires dans le tiers monde ; les pesticides modernes aident à assurer plus de nourriture pour les pays les plus pauvres. New York Times. https://www.nytimes.com/1984/12/16/world/disaster-india-sharpens-debate-doing-business-third-world-modern-pesticides-aid.html

Bourdieu, P. (1997). *Outline of a Theory of Practice*, Cambridge University Press, UK.

Brakkton, B. (13 juillet 2020). After Mounting Pressure, Washington's NFL Franchise Drops Its Team Name. NPR.KQED. https://www.npr.org/sections/live-updates-protests-for-racial-justice/2020/07/13/890359987/after-mounting-pressure-washingtons-nfl-franchise-drops-its-team-name (consulté le 3 mai 2022).

Britannica, Les éditeurs de l'Encyclopédie. (2017). *Land-Grant Universities*. Encyclopédie Britannica. https://www.britannica.com/topic/land-grant-university.

Dictionnaire Cambridge | Dictionnaire anglais, traductions et thésaurus. (20 juillet 2022). Dictionnaire de Cambridge. https://dictionary.cambridge.org/

Cassels, J. (1993). *La promesse incertaine du droit : Lessons from Bhopal* (p. 43). Toronto: University of Toronto Press.

Cohen, G. L., Garcia, J., Purdie-Vaughns, V., Apfel, N., & Brzustoski, P. (2009). Processus récursifs dans l'affirmation de soi : Intervenir pour combler l'écart de réussite des minorités. *science*, *324*(5925), 400-403.

Loi sur le réinvestissement communautaire (CRA). (24 juin 2022). *Qu'est-ce que le Community Reinvestment Act (CRA) ?* Board Of Governors Of The Federal Reserve System. https://www.federalreserve.gov/consumerscommunities/cra_about.htm.

Conagra Brands. (17 juin 2020). Conagra Brands annonce la révision de la marque Mrs. Butterworth's. Communiqué de presse. https://www.conagrabrands.com/news-room/news-conagra-brands-announces-mrs-butterworths-brand-review-prn-122733 (consulté le 3 mai 2022).

Congressional Record. (10 janvier 1874). House, 43rd Cong., 1st sess, 565–567.

Cragg, W. (Ed.). (2005). *Ethics codes, corporations, and the challenge of globalization.* Edward Elgar Publishing.

Deloitte et le Pacte mondial des Nations Unies. (2010). *Modèle de gestion du Pacte Mondial des Nations Unies :* Cadre de mise en œuvre. https://www.unglobalcompact.org/library/231.

Devillard, S., Sancier-Sultan, S., Zelicourt, A. D., & Kossoff, C. (2016). Les femmes comptent 2016 : Réinventer le lieu de travail pour libérer le potentiel de la diversité des genres. *McKinsey & Company*, 1-34.

Diamond, S. (1985) La catastrophe de Bhopal : des leçons pour l'avenir. New York Times. https://www.nytimes.com/1985/01/30/world/the-disaster-in-bhopal-workers-recall-horror.html (consulté le 25 décembre 2021).

Diamond, S. (1985). L'usine devait être conçue et exploitée localement. New York Times. https://www.nytimes.com/1984/12/13/world/plant-had-to-be-locally-designed-and-operated.html.

DiMaggio, P. (1997). Culture et cognition. Revue annuelle de sociologie, 23(1) : 263–87. doi : 10.1146/annurev.soc.23.1.263.

Dorian, M., Gorin, T., Yamada, H., & Yang, A. (10 juin 2021). Erin Brockovich : la véritable histoire de la ville trois décennies plus tard. ABC News. https://abcnews.go.com/US/erin-brockovich-real-story-town-decades/story?id=78180219

Earley, P. (16 février 1986). *DESMOND TUTU.* The Washington Post. https://www.washingtonpost.com/archive/lifestyle/magazine/1986/02/16/desmond-tutu/3fc3da7f-4926-44cf-896a-5d1bf7f00206/#comments.

Facebook Business. (21 août 2018). Maintenir la sécurité et la civilité de la publicité. Meta. https://web.facebook.com/business/news/keeping-advertising-safe-and-civil?_rdc=1&_rdr (consulté le 2 mai 2022).

Commission fédérale du commerce. (17 décembre 1980). Déclaration de politique générale de la FTC sur la déloyauté. https://www.ftc.gov/legal-library/browse/ftc-policy-statement-unfairness

Feigenberg, B., Field, E., & Pande, R. (2013). Le rendement économique de l'interaction sociale : Preuve expérimentale de la microfinance. *Review of Economic Studies, 80*(4), 1459-1483.

Fink, L. (2022). *Lettre de Larry Fink de 2022 aux CEOS :* Le pouvoir du capitalisme. BlackRock. https://www.blackrock.com/corporate/investor-relations/larry-fink-ceo-letter?cid=ppc:CEOLetter:PMS:US:NA&gclid=CjwKCAjwlcaRBhBYEiwAK341jap6a0UEmKs4YwI39TZYGQW03DKVB1JvTk3O0Je6-CLY2O0i_O_q4hoCpFIQAvD_BwE&gclsrc=aw.ds

Fondation Ford. (2022). Diversité, équité et inclusion. https://www.fordfoundation.org/about/people/diversity-equity-and-inclusion/ (Acquitté le 22 juillet 2022).

Fouché, R. (2003). *Black Inventors in the Age of Segregation: Granville T. Woods, Lewis H. Latimer, and Shelby J. Davidson.* JHU Press.

Ghosh, I. (2020). *These countries will have the largest populations - by the end of the century.* Forum économique mondial. https://www.weforum.org/agenda/2020/09/the-world-population-in-2100-by-country/

Giang, A., & Castellani, K. (2020). Les indicateurs cumulatifs de la pollution atmosphérique mettent en évidence des modèles uniques d'injustice dans les zones urbaines du Canada. *Environmental Research Letters, 15*(12), 124063.

Goetzmann, W. N. (2022) Shareholder democracy, meet memocracy, Financial Analysts Journal, 78:3, 5-8, DOI : 10.1080/0015198X.2022.2074773

Gray, C. B. (27 avril 2021). *Coca Cola's racially discriminatory outside counsel policy.* Boyden Gray & Associates PLLC. https://mma.prnewswire.com/media/1498756/POFR_COKE_Boyden_Gray_2_1_4_27_Letter_to_Coca_Cola_FINAL.pdf?p=pdf

Guterres, A. (2017). *Tackling the inequality pandemic: a new social contract for a new era.* The 18th Nelson Mandela annual lecture. Les Nations Unies. https://www.un.org/en/coronavirus/tackling-inequality-new-social-contract-new-era.

Guyon, N., & Huillery, E. (2014). Le piège aspiration-pauvreté : Pourquoi les élèves issus de milieux sociaux défavorisés limitent-ils leurs ambitions ? Evidence from France. *documento de trabajo disponible en https://www. unamur. be/en/eco/eeco/pdf/paper_autocensure_feb2014. pdf.*

Hall, C. C., Zhao, J., & Shafir, E. (2014). L'affirmation de soi chez les pauvres : Implications cognitives et comportementales. *Psychological science, 25*(2), 619-625.

Hamilton, I. A. (13 octobre 2018). Pourquoi il n'est absolument pas surprenant que l'IA de recrutement d'Amazon ait été biaisée contre les femmes. Business Insider. https://www.businessinsider.com/amazon-ai-biased-against-women-no-surprise-sandra-wachter-2018-10 (Accessed May 1, 2022).

Hanly, F. (2020). Dred Scott v Sandford 60 US 393 (1867). *Plassey L. Rev., 1*, 56.

History, Art & Archives, Chambre des représentants des États-Unis, Office of the Historian (2008). *The Negroes' Temporary Farewell : Jim Crow and the Exclusion of African Americans from Congress, 1887–1929.* https://history.house.gov/Exhibitions-and-Publications/BAIC/Historical-Essays/Temporary-Farewell/Introduction/

Histoire, art et archives, Chambre des représentants des États-Unis. (2021). *Loi sur les droits civils de 1875.* https://history.house.gov/Exhibitions-and-Publications/BAIC/Historical-Essays/Fifteenth-Amendment/Civil-Rights-Bill-1875/

Histoire, art et archives, Chambre des représentants des États-Unis. (2022). La loi sur les droits civils de 1866. https://history.house.gov/Historical-Highlights/1851-1900/The-Civil-Rights-Bill-of-1866/

Rédacteurs de History.com. (23 mars 2021). La marée noire de l'Exxon Valdez. HISTOIRE. https://www.history.com/topics/1980s/exxon-valdez-oil-spill#section_2

Hoff, K., & Pandey, P. (2006). Discrimination, identité sociale et inégalités durables. *American economic review, 96*(2), 206-211.

Hoff, K., & Pandey, P. (2014). Making up people—The effect of identity on performance in a modernizing society. *Journal of Development Economics, 106*, 118-131.

Home Mortgage Disclosure Act. (n.d.). *Examination Procedures.* 1-18. https://kinginstitute.stanford.edu/king-papers/documents/i-have-dream-address-delivered-march-washington-jobs-and-freedom

https://www.hud.gov/program_offices/housing/fhahistory Date de consultation : 13 avril 2022.

https://www.hud.gov/sites/dfiles/PIH/documents/HUD_01-18-0323_Complaint.pdf (dernier accès le 2 mai 2022).

Organisation internationale du travail. (1998). Déclaration de l'OIT relative aux principes et droits fondamentaux au travail et son suivi. Organisation internationale du travail.

Organisation internationale de normalisation (ISO). (2018). *À la découverte d'ISO 26000 : Lignes directrices sur la responsabilité sociétale.* iso.org. https://www.iso.org/files/live/sites/isoorg/files/store/en/PUB100258.pdf (consulté le 8 septembre 2021).

ISO 26000 (2010*). Norme internationale :* Lignes directrices sur la responsabilité sociétale. 1ère édition [N° de référence : ISO 26000:2010(E)]. https://documentation.lastradainternational.org/lsidocs/3078-ISO%2026000_2010.pdf

JPMorgan Chase & Co. (2022). *Qui nous sommes : questions fréquemment posées.* https://www.jpmorganchase.com/corporate/About-JPMC/diversity.htm

Justia. (n.d.). Dred Scott v. Sandford, 60 U.S. 393 (1856). Résumé de l'opinion de Justia et annotations, 60. https://supreme.justia.com/cases/federal/us/60/393/

Kapila, M., Hines, E., & Searby, M. (2016). Pourquoi la diversité, l'équité et l'inclusion sont importantes. Secteur indépendant.

Keehan, C. J. (2018). Les leçons de l'allée du cancer : Comment la loi sur l'air pur n'a pas réussi à protéger la santé publique dans le sud de la Louisiane. *Colo. Nat. Resources Energy & Envtl. L. Rev.*, *29*, 341.

Kleinman, A. (2007). *What really matters: Living a moral life amidst uncertainty and danger*. Oxford University Press.

Kochhar, R., & Fry, R. (12 décembre 2014). Les inégalités de richesse se sont creusées le long des lignes raciales et ethniques depuis la fin de la Grande Récession. Pew Research Center. https://www.pewresearch.org/fact-tank/2014/12/12/racial-wealth-gaps-great-recession/.

Kumar, H., & Polgreen, L. (2010). 8 anciens dirigeants coupables de la fuite chimique de Bhopal en 1984. New York Times. https://www.nytimes.com/2010/06/08/world/asia/08bhopal.html?hp

Lane, H. M., Morello-Frosch, R., Marshall, J. D., & Apte, J. S. (2022). Historical redlining is associated with present-day air pollution disparities in US cities. *Environmental science & technology letters*, *9*(4), 345-350. https://doi.org/10.1021/acs.estlett.1c01012.

Madison. (n.d.). *The Federalist Papers: No. 43*. The Avalon Project, 271-72. https://avalon.law.yale.edu/18th_century/fed43.asp

Martin, & Dpi campaings. (23 juillet 2020c). *Energy*. Développement durable des Nations Unies. https://www.un.org/sustainabledevelopment/energy/

Martin, Blazhevska, V., & Dpi campaigns. (11 août 2020). Croissance économique. Développement durable des Nations Unies. https://www.un.org/sustainabledevelopment/economic-growth/

Martin, Blazhevska, V., & Dpi campaings. (11 août 2020). Infrastructures et industrialisation. Développement durable des Nations Unies. https://www.un.org/sustainabledevelopment/infrastructure-industrialization/

Martin, M., A, R., Blazhevska, V., Dpi Campaings, M., & Intern, D. D. (23 juillet 2020). *Education*. Développement durable des Nations Unies. https://www.un.org/sustainabledevelopment/education/

Martin. (5 janvier 2021). Partenariats mondiaux. Développement durable des Nations Unies. https://www.un.org/sustainabledevelopment/globalpartnerships

Milano, B. (20 avril 2021). *Should the internet be treated like a public utility?*. Harvard Law Today. https://today.law.harvard.edu/should-the-internet-be-treated-like-a-public-utility/?utm_source=hltTwitter (Accessed July 5, 2022).

Morenoff, D. (11 juin 2021). Lettre ouverte au nom des actionnaires aux dirigeants et aux directeurs de Coca-Cola Company. Projet américain des droits civils. https://www.americancivilrightsproject.org/blog/submissions/open-letter-on-behalf-of-shareholders-to-officers-and-directors-of-coca-cola-company/

Musgrave, G. L. (2011). Charles Wheelan, Naked Economics: Undressing the Dismal Science.

NASA. (2020). La NASA va réexaminer les surnoms des objets cosmiques. https://www.nasa.gov/feature/nasa-to-reexamine-nicknames-for-cosmic-objects

NASA. (2020, 25 février). Biographie de Katherine Johnson. National Aeronautics and Space Administration. https://www.nasa.gov/content/katherine-johnson-biography

Archives nationales. (2021). *The Freedmen's Bureau*. https://www.archives.gov/research/african-americans/freedmens-bureau (consulté le 5 janvier 2022).

Niiler, E. (20 juillet 2021). *Why Civil Rights Activists Protested the Moon Landing*. HISTOIRE. https://www.history.com/news/apollo-11-moon-landing-launch-protests

Nunn, N. (2008). Les effets à long terme de la traite des esclaves en Afrique. *The Quarterly Journal of Economics*, *123*(1), 139-176.

Nunn, N., & Wantchekon, L. (2011). La traite des esclaves et les origines de la méfiance en Afrique. *American Economic Review, 101*(7), 3221-52.

Pager, D., & Shepherd, H. (2008). La sociologie de la discrimination : La discrimination raciale dans l'emploi, le logement, le crédit et les marchés de consommation. Revue annuelle de sociologie, 34, 181-209.

Park, D. (24 mai 2019). *HUD v. Facebook* [Compliance Blog]. NAFCU. https://www.nafcu.org/compliance-blog/hud-v-facebook (consulté le 23 avril 2022).

Plessy v. Ferguson (1896). National Archives. https://www.archives.gov/milestone-documents/plessy-v-ferguson

Pramuk, J. (26 avril 2016). JPMorgan Chase nommée meilleure entreprise américaine pour la diversité. CNBC. https://www.cnbc.com/2016/04/25/jpmorgan-chase-named-top-us-company-for-diversity.html

Reddix-Smalls, B. (2018). Propriété intellectuelle, inégalité des revenus et interconnexion sociétale aux États-Unis : Le calcul social et la distribution historique de la richesse. *North Carolina Central University Science & Intellectual Property Law Review, 11*(1), 1.

Richter, P. (1989). *Règlement de 470 millions de dollars pour Bhopal OKd : Union Carbide to Pay 500,000 Claimants in India Gas Leak.* New York Times. https://www.latimes.com/archives/la-xpm-1989-02-15-mn-2452-story.html

Fondation Robert Wood Johnson. (n.d.). Qu'est-ce qu'une culture de la santé ? Des preuves pour l'action. https://www.evidenceforaction.org/about-us/what-culture-health

Safe at Work California. (23 décembre 2020). *Qu'est-ce que la culture de la sécurité ?* https://www.safeatworkca.com/safety-articles/what-is-safety-culture/?utm_source=Paid_Search&utm_medium=SafetyAtWork&utm_campai gn=Safe_At_Work_California_2021&utm_content=General&gclid=CjwKCAi AvriMBhAuEiwA8Cs5la96-YdIWCep69pirMZIk-uKLyPp3uJaxv3ETrDaQ_1yh1b0zuMmVRoC2DoQAvD_BwE

Section 8 (Pouvoirs énumérés). https://constitution.congress.gov/browse/article-1/section-8/clause-8/

Loi sur le réajustement des militaires (1944). Archives nationales. https://www.archives.gov/milestone-documents/servicemens-readjustment-act.

Shepherd, V. A. (2000). Trade and Exchange in Jamaica in the Period of Slavery. *Caribbean Slavery in the Atlantic World: A Student Reader.*

Sherman, C. (17 juin 2020). L'évolution de la marque Uncle Ben's. Communiqué de presse. https://www.mars.com/news-and-stories/press-releases/uncle-bens-brand-evolution (consulté le 3 mai 2022).

Son, H. (13 décembre 2019). Jamie Dimon dit qu'il est « dégoûté par le racisme » et que des progrès sont nécessaires chez JP Morgan après le rapport. CNBC. https://www.cnbc.com/2019/12/13/jamie-dimon-says-hes-disgusted-by-racism-and-progress-is-needed-at-jp-morgan-after-report.html

Statista. (7 juin 2022). Nombre d'employés de JPMorgan Chase 2008-2021. https://www.statista.com/statistics/270610/employees-of-jp-morgan-since-2008/

Streitfeld, D. (2021). Comment Amazon écrase les syndicats. The New York Times. https://www.nytimes.com/2021/03/16/technology/amazon-unions-virginia.html

Swidler, A. (1986). Culture in action : Symboles et stratégies. *American sociological review*, 273-286.

Swidler, A. (1986). Culture in action : Symboles et stratégies. *American sociological review*, 273-286.

Tessum, C. W., Paolella, D. A., Chambliss, S. E., Apte, J. S., Hill, J. D., & Marshall, J. D. (2021). PM2. 5 polluent de manière disproportionnée et systématique les personnes de couleur aux États-Unis. *Science Advances*, *7*(18), eabf4491. https://doi.org/10.1126/sciadv.abf4491.

The Coca.Cola Company. (2022). *Diversité, équité et inclusion.* https://www.coca-colacompany.com/shared-future/diversity-and-inclusion.

The Coca.Cola Company. (n.d.) Engagement envers la diversité, l'appartenance et la diversité des conseillers externes. https://www.coca-colacompany.com/media-center/bradley-gayton-on-commitment-to-diversity.

Le prix Nobel. (11 décembre 1964). La quête de la paix et de la justice. Conférence Nobel Martin Luther King Jr. https://www.nobelprize.org/prizes/peace/1964/king/lecture/.\

La Fondation Rockefeller. (11 janvier 2021). Une alliance historique est lancée à la COP26 pour accélérer la transition vers les énergies renouvelables, l'accès à l'énergie pour tous et l'emploi. Communiqué de presse. https://www.rockefellerfoundation.org/news/historic-alliance-launches-at-cop26-to-accelerate-renewable-energy-climate-solutions-and-jobs/ (Accessed April 23, 2022).

La Banque Mondiale. (2022). Stratégies et planification intégrées de l'électrification. ESMAP. https://esmap.org/integrated_electrification_strategies_planning

Tutu, D. [@DesmondTutuPF]. (18 août 2015). Toute notre humanité dépend de la reconnaissance de l'humanité chez les autres [Tweet]. Twitter. https://twitter.com/DesmondTutuPF/status/633608189288693760/photo/1

Sénat des États-Unis : Lois sur le bureau des freedmen de 1865 et 1866. (12 janvier 2017). Sénat des États-Unis. https://www.senate.gov/artandhistory/history/common/generic/FreedmensBureau.htm

Documents de l'ONU. (n.d.). *Notre avenir commun :* Rapport de la Commission mondiale sur l'environnement et le développement. http://www.un-documents.net/ocf-02.htm#IV

CNUCED. (2016). Lignes directrices des Nations unies pour la protection des consommateurs. Nations Unies, New York et Genève. 1-35. https://unctad.org/system/files/official-document/ditccplpmisc2016d1_en.pdf

Pacte mondial des Nations unies. (2012). *Pacte mondial pour le 10e principe :* La durabilité des entreprises dans l'intégrité. https://www.unglobalcompact.org/library/151

Pacte mondial des Nations unies. (n.d.). *Principe quatre :* Travail. https://www.unglobalcompact.org/what-is-gc/mission/principles/principle-4

Pacte Mondial des Nations Unies. (n.d.). *Principe Sept :* Environnement. https://www.unglobalcompact.org/what-is-gc/mission/principles/principle-7 ?.

Pacte mondial des Nations unies. (n.d.). *Principe dix :* Anti-Corruption. https://www.unglobalcompact.org/what-is-gc/mission/principles/principle-10

Les Nations Unies. (11 août 2020). Forêts, désertification et biodiversité. Développement durable des Nations Unies. https://www.un.org/sustainabledevelopment/biodiversity/

Les Nations Unies. (23 juillet 2020). *Education.* Développement durable des Nations Unies. https://www.un.org/sustainabledevelopment/education/

Les Nations Unies. (11 août 2020b). Changement climatique. Développement durable des Nations Unies. https://www.un.org/sustainabledevelopment/climate-change/

Nations Unies. (11 août 2020c). Villes - Action 2015 des Nations Unies pour le développement durable. Développement durable des Nations Unies. https://www.un.org/sustainabledevelopment/cities/

Les Nations Unies. (11 août 2020d). Paix, justice et institutions fortes. Développement durable des Nations Unies. https://www.un.org/sustainabledevelopment/peace-justice/

Les Nations Unies. (11 août 2020e). Consommation et production durables. Développement durable des Nations Unies. https://www.un.org/sustainabledevelopment/sustainable-consumption-production/

Les Nations Unies. (23 juillet 2020f). L'égalité des sexes et l'autonomisation des femmes. Développement durable des Nations Unies. https://www.un.org/sustainabledevelopment/gender-equality/

Les Nations Unies. (23 juillet 2020g). *Objectif 2 :* Zéro Faim Développement durable des Nations Unies. https://www.un.org/sustainabledevelopment/hunger/

Les Nations Unies. (23 juillet 2020h). Réduire les inégalités au sein des pays et entre eux. Développement durable des Nations Unies. https://www.un.org/sustainabledevelopment/inequality/

Les Nations Unies. (23 juillet 2020i). Eau et assainissement. Développement durable des Nations Unies. https://www.un.org/sustainabledevelopment/water-and-sanitation/

Les Nations Unies. (8 juillet 2020j). *Équité et accessibilité en temps de pandémie :* Construire des « villes pour tous » après le COVID19. Département des affaires économiques et sociales de l'ONU. https://www.un.org/development/desa/disabilities/news/news/building-cities-for-all.html

Les Nations Unies. (23 juillet 2020k). Santé. Développement durable des Nations Unies. https://www.un.org/sustainabledevelopment/health/

Les Nations Unies. (2021). L'épidémie de COVID-19 et les personnes handicapées. Département des affaires économiques et sociales de l'ONU. https://www.un.org/development/desa/disabilities/covid-19.html

Les Nations Unies. (5 janvier 2021). Partenariats mondiaux. Développement durable des Nations Unies. https://www.un.org/sustainabledevelopment/globalpartnerships/

Les Nations Unies. (2022). *Combattre l'inégalité :* Un nouveau contrat social pour une nouvelle ère. https://www.un.org/en/coronavirus/tackling-inequality-new-social-contract-new-era

Les Nations Unies. (10 mai 2022). Océans. Développement durable des Nations Unies. https://www.un.org/sustainabledevelopment/oceans/

Les Nations Unies. (n.d.) *Transformer notre monde : le Programme 2030 pour le développement durable.* https://sdgs.un.org/2030agenda.

Les Nations Unies. (n.d.). *#Envision2030 : 17 objectifs pour transformer le monde des personnes handicapées.* Département des affaires économiques et sociales de l'ONU. https://www.un.org/development/desa/disabilities/envision2030.html

Les Nations Unies. (n.d.). Assurer l'accès à une énergie abordable, fiable, durable et moderne. Développement durable. https://www.un.org/sustainabledevelopment/energy/ (Accessed April 23, 2022).

Les Nations Unies. (n.d.). *Objectif 9 :* Construire des infrastructures résilientes, promouvoir une industrialisation durable et favoriser l'innovation. Développement durable des Nations Unies. https://www.un.org/sustainabledevelopment/infrastructure-industrialization/

Les Nations Unies. (n.d.). Promouvoir une croissance économique inclusive et durable, l'emploi et un travail décent pour tous. Développement durable des Nations Unies. https://www.un.org/sustainabledevelopment/economic-growth/

Les Nations Unies. (n.d.). Renforcer le rôle des grands groupes, chapitre 30. Agenda 21 du Sommet de la Terre de Rio 1992. https://www.un.org/esa/dsd/agenda21/res_agenda21_30.shtml.

Sénat des États-Unis. (n.d.). *Freedmen's Bureau Acts of 1865 and 1866.* https://www.senate.gov/artandhistory/history/common/generic/FreedmensBureau.htm

Constitution des États-Unis. (n.d.). *Parcourir la Constitution annotée Article I Pouvoir législatif.*

Département américain du logement et du développement urbain. (2009). Une charge inégale : Disparités de revenu et de race dans les prêts à risque en Amérique. https://archives.hud.gov/reports/subprime/subprime.cfm.

Département américain de la justice. (n.d.). La loi sur l'égalité des chances en matière de crédit. https://www.justice.gov/crt/equal-credit-opportunity-act-3

WCED, S. W. S. (1987). Commission mondiale sur l'environnement et le développement. Notre avenir commun, 17(1), 1-91.

Weber, E. U. (1997). Perception et attente du changement climatique : Precondition for economic and technological adaptation In Bazerman M., Messick D., Tenbrunsel A., and Wade-Benzoni K.(Eds.) Psychological perspectives to environmental and ethical issues in management (314–341).

Wiener, E. L. (1988). Cockpit automation. Dans Human factors in aviation (pp. 433-461). Academic Press.

Contributeurs de Wikipédia. (28 juin 2022). *Howard University.* Wikipédia. https://en.wikipedia.org/wiki/Howard_University#cite_note-official_history-6

Witte, M. D. (1er juillet 2020). Lorsque Thomas Jefferson a écrit « tous les hommes sont créés égaux », il ne voulait pas dire l'égalité individuelle, dit un chercheur de Stanford. Stanford News Service. https://news.stanford.edu/press-releases/2020/07/01/meaning-declaratnce-changed-time/

Banque mondiale. (2012). *Baisser le chauffage :* Pourquoi il faut éviter un monde plus chaud de 4°C. Washington, DC. https://openknowledge.worldbank.org/handle/10986/11860 License: CC BY-NC-ND 3.0 IGO.'

Banque mondiale. (2015). *Rapport sur le développement dans le monde 2015 :* Esprit, société et comportement. La Banque mondiale. https://doi.org/10.1596/978-1-4648-0342-0

Banque mondiale. (2021). *Rapport sur le développement dans le monde 2021 :* Des données pour des vies meilleures. Washington, DC. doi:10.1596/978-1-4648-1600-0.

Banque mondiale. (2022). Combler le fossé entre les sexes. ESMAP. https://www.esmap.org/closing_the_gender_gap.

Index

473

9 781600 121159